냉전과 신중국 외교의 형성
冷戰與新中國外交的緣起1949~1955

冷戰與新中國外交的緣起1949~1955

by 牛軍

This edition is an authorized translation from the Chinese language edition
Published by arrangement with SSAP
All rights reserved

The Korean Copyright ⓒ Hankukmunhwasa Publishers 2015
이 책의 한국어 판권은 SSAP와의 독점계약에 의해 한국문화사에 있습니다.

냉전과 신중국 외교의 형성
冷戰與新中國外交的緣起 1949~1955

뉴 쥔(牛軍) 지음
박대훈 옮김

한국문화사

냉전과 신중국 외교의 형성
冷戰與新中國外交的緣起 1949~1955

초판1쇄 발행 2015년 10월 31일

원　　제 冷戰與新中國外交的緣起 1949~1955
지은이 뉴 쥔(牛軍)
옮긴이 박 대 훈
편　　집 전 혜 미
펴낸이 김 진 수
펴낸곳 **한국문화사**
등　　록 1991년 11월 9일 제2-1276호
주　　소 서울특별시 성동구 광나루로 130 서울숲IT캐슬 1310호
전　　화 02-464-7708
전　　송 02-499-0846
이메일 hkm7708@hanmail.net
홈페이지 www.hankookmunhwasa.co.kr

책값은 뒤표지에 있습니다.

잘못된 책은 바꾸어 드립니다.
이 책의 내용은 저작권법에 따라 보호받고 있습니다.

ISBN 978-89-6817-298-4　93340

이 도서의 국립중앙도서관 출판예정도서목록(CIP)은 서지정보유통지원시스템
홈페이지(http://seoji.nl.go.kr)와 국가자료공동목록시스템(http://www.nl.go.kr/kolisnet)에서
이용하실 수 있습니다.(CIP제어번호: CIP2015028773)

| 머리말 |

    1947년 9월 22일은 국제 냉전사에 기념비적인 날이다. 이날 전 세계의 시선은 모두 유럽을 향하고 있었고, 전 세계는 이날을 기점으로 미소 양국을 정점으로 상호 대립하는 두 개의 진영으로 분리되었다.

    이날 유럽의 영국, 프랑스 등 16개 국가가 참여한 유럽경제회의는 파리에서 유럽경제합작위원회의 최종보고에 서명하였다. 이 보고서는 미국의 전후 유럽부흥을 위한 원조가 매우 중요하기 때문에 미국과의 긴밀한 관계 유지를 특별히 강조하였다.[1] 유럽경제회의 이전에 소련 외교부장 몰로토프(V. M. Molotov)는 파리에서 열린 영국, 프랑스, 소련 삼국 외무장관 회의에서 영국, 프랑스 양국에 얼마 전 미국이 제안한 마샬플랜(Marshall plan)을 받아들이지 말라고 경고하였다. 그는 만약 영국과 프랑스가 마샬플랜을 받아들인다면 유럽은 장차 양대진영으로 쪼개지게 될 것이라 하였다.[2] 결과적으로 그의 경고는 아무 소용이 없게 되었다.

    사실 소련 역시 유럽의 분할 상황을 공개적으로 준비하고 있었다. 소련은 같은 날 폴란드의 슬라스크(Slask) 온천에서 소련, 동유럽 국가, 프랑스 공산당, 이태리 공산당 대표들이 참가한 유럽 9개국 공산당 및 노동당 정보국 창립회의를 개최하였다. 이 회의는 「국제정세에 관한 선언」을 선포하여 온 세상에 '양대진영'이 출현하였음을 알렸다. 선언에서 소위 양대진영은 '제국주의의 반민주진영'과 '반제국주의의 민주진영'을 말하

---

[1] 參閱 ≪戰后世界歷史長編≫編委會: ≪戰后世界歷史長編(1947)≫, 第3卷, 上海人民出版社1977年版, 第144頁.
[2] 參閱 王繩祖 主編: ≪國際關系史(1945-1949))≫, 第七卷, 世界知識出版社1996年版, 第133-134頁.

며, 희망과 민주의 신세계를 열어가기 위해 반제국주의 민주진영은 결연히 투쟁해야 한다고 강조하였다.[3]

이렇듯 유럽은 두 개로 갈라지고 흔히 말하는 '양대진영'이 출현하여 전 세계는 정치적으로 둘이 되고 만다. 영국의 유명작가인 조지 오웰(George Orwell)은 2차 세계대전 후 이러한 국제정치의 변화를 '냉전'이라고 명명하였고, 냉전은 이후 새로운 시대의 본질적 특징을 가장 정확하게 설명하는 단어가 되었다.

9월 14일, '양대진영'을 선포하기 일주일 전 중국 허베이성(河北省) 우안(武安)시 부근 마을 예타오(冶陶)에서 당일자「런민르바오(人民日報)」가 발행되었다. 당시「런민르바오」는 중국 공산당 산시(山西), 허베이, 산둥(山東), 상하이 지역 중앙국(中央局)의 기관지에 불과했다. 이날 신문에는「인민해방군 대반격」이라는 제목의 사설이 실렸다. 사설은 중국 공산당 군대의 위대한 반격이 이미 시작되었다고 선포하고 해방의 깃발을 전 중국에 휘날리자고 강조하였다.[4] 당시에는 런민르바오 사설이 주장한 내용의 의미가 얼마나 중요한지 아무도 의식하지 못하였다. 그러나 2년 뒤 동아시아에서 거의 유럽 크기인 중국 땅에서 수십 년에 걸친 전란으로 사분오열된 국가가 대통일의 위업을 달성하였다. 또한 중국 공산당의 정권획득은 중국외교에 혁명적인 변화를 가져오게 되고, 세계사에서 흔치 않은 방식으로 과거 중국의 대외관계 시스템을 철저히 파괴하여 국제정치에 격렬한 진동과 상당한 영향을 불러일으키게 되었다.

이 책에서 서술하는 역사는 시기적으로 1949년 10월 1일 중화인민공화국 탄생부터 1955년까지의 이야기이다. 중국 역사 가운데 이 시기는 중국 공산당이 혁명운동 최후의 승리를 획득하고 건국으로 전환하는 과

---

3 ≪共産党情報局會議文件≫, 人民出版社1954年版, 第4-8頁。
4 晋冀魯豫邊區 ≪人民日報≫, 1947年9月14日。

도기이며, 중화인민공화국의 외교 역시 이에 따라 순차적으로 생겨났다. 범위를 세계로 넓히면 이 시기는 미소 양국이 최초로 긴장국면을 형성하고 관계가 경색된 이후 점차 완화되던 시기로 이는 일부 동아시아 지역에서 일시적인 긴장완화 효과를 가져오기도 하였다. 냉전의 발발과 중국 정국의 급변은 앞서 언급한 내용과 교묘하게 중복되는데 이는 단지 우연처럼 보이기도 한다. 그러나 세계사를 장시간 관찰하게 되면 이러한 우연은 상당히 직관적으로 미소대항이 유럽으로 확대되고, 동아시아에 만연되어 중국의 운명이 냉전과 필연적으로 얽혀있음을 보여주고 미래 중국의 대외관계 역시 냉전과의 상호작용 과정에서 발생하고 발전하고 있음을 보여준다.

1947년 10월 10일, 중공 중앙은 「중국 인민해방군 선언」과 「해방군 구호」를 발표하고, 전국 정권을 쟁취한다는 전략목표를 공개적으로 선포하였다.[5] 이때부터 관련 국가들은 격렬한 사회혁명 중에 부상하고 있는 새로운 국가를 어떻게 대처해야 할지 그리고 대외정책을 어떻게 수립해야 할지 어쩔 수 없이 고민하게 되었다. 역사학자들은 미소의 역사 문건을 상세히 분석하고 이를 토대로 추론 가능한 논리적인 분석을 쏟아내었다. 그러나 수십 년이 지난 오늘날 말할 수 있는 사실은 과거 역사학자들의 논리적인 추론방식으로 이해되었던 미소의 대중국정책 등이 사실은 미소가 유럽에서 첨예한 대립을 진행하면서 대중국 관계 역시 이러한 역사적 관성에 의해 처리되었거나 아니면 해당국의 지도자들이 중국의 정국 급변을 대처할 대 기본적으로 열정이 부족했거나 이미 손을 쓸 수 없는 상황이었다는 점이다. 그들의 정책은 적어도 심사숙고의 결과라고 말할 수 없었다. 그들 간의 차이는 단지 각자의 대중국 정책의 역사와

---

5 ≪中國人民解放軍口号≫, 1947年10月10日, 中央檔案館編: ≪中共中央文件選集≫, 第16冊, 中央党校出版社1992年版, 第551頁.

과거 국민당, 공산당과의 관계에 근거할 뿐이었다. 현상적으로는 양국 간의 정책조정이 빠른가 느린가의 차이일 뿐이었다. 이점은 이후 동아시아 국제정치의 변화와 이러한 배경이 밀접한 관계가 있음을 보여준다. 즉, 신중국 외교와 국제 냉전 체제 간의 상호작용 중 정책 결정자들의 무경험, 경시, 인지 불충분 및 맹목 등의 주관요소가 만들어낸 부정확성과 부정적 영향이 존재한다는 점이다. 정책 결정권자에 대해 말하자면 그들의 인지과정 중에는 확실히 수많은 무경험에 바탕을 둔 시도와 탐색이 존재하고 있었다.

중국 공산당 지도자의 입장을 살펴보면 외교문제 처리시 앞에서 언급한 급박함 이외에도 예상보다 빨랐던 내전의 승리와 건국이라는 중임 역시 예상치 못한 상황이었다. 사실 이러한 이유로 발생한 외교문제가 아니라 하더라도 외교는 그들에게 가장 익숙하지 않은 영역이었다. 그들은 국제 냉전 체제의 다양한 고려와 정책이 가지고 있는 기정목표를 계산해야 함과 동시에 국내외의 복잡하고 시시각각 급변하는 상황을 끊임없이 탐색하고 관망해야만 했다.

한층 더 깊게 살펴보자면 소위 '신중국 외교'는 혁명과 건국이 겹쳐지는 시기의 외교라 할 수 있다. 당시 신중국 외교가 직면한 외부세계는 냉전이었으며, 이에 미소 간 전 세계에 걸친 대결로 형성된 심각한 외부환경에 대한 구체적인 대응이 필요했다. 반면 내부적으로 직면한 것은 혁명에서 건국으로 진행되는 과도기의 각종 요구였다. 이러한 내부의 요구는 중국인의 대외정세에 대한 반응을 결정하였다.

만약 혁명과 건국의 관점에서 과도기를 정의하면 중화인민공화국은 신해혁명부터 시작된 현대 민족국가 건설의 특수한 단계라고 할 수 있다. 20세기 신흥 민족국가 특히 2차 세계대전 이후 다수의 아시아 신흥 민족국가들처럼 이 시기의 중국은 몇몇 해결이 필요한 기본문제를 안고 있었다. 기본문제들은 주로 다음의 여러 부분을 포함하고 있다.

첫 번째는 주권과 영토보전의 확보이다. 주권과 영토보전은 국가의 생존과 발전의 기본조건으로 국가는 침략과 훼손을 받을 수 없다. 그리고 이 국가에서 살고 있는 국민들이 보편적으로 불안함을 느끼는 정도까지의 위협을 받아서도 안 된다. 다음은 경제발전과 사회진보의 실현이다. 이 문제 역시 국가의 생존을 유지하는 기본조건으로 중국에서는 특수한 역사적 중요성이 있다. 세 번째는 국가의 통일과 유지이다. 이는 의심할 여지 없는 중국외교의 중요한 추진력이자 목표이다. 네 번째는 사회 핵심가치의 구축과 국가의 동질성 형성이다. 이는 일반 대중의 국가 특성과 기본 이미지에 대한 인지와 승인을 포함하며 국가에 대한 충성과 국가 기본제도에 대한 신뢰와 믿음을 포함한다. 2차 세계대전 후 모든 신흥독립 국가들의 지도자들은 모두 합법성의 도전을 받았다. 집권세력이 처음 국민의 지지를 얻은 것은 혁명단계에서 국민들의 민족해방과 국가주권 독립에 대한 요구를 만족시켰기 때문이다. 그러나 이러한 역사적 사명을 완수한 후에 국민들에게 기본적인 안전감과 필요한 자긍심을 제공하고 국가 경제발전과 사회진보에 대한 나날이 강해져 가는 국민들의 요구를 만족시키는 문제는 바로 합법성에 대한 도전으로 이어졌다.

중국 역시 집권세력의 권력이 합법성을 가질 수 있느냐 하는 문제는 이러한 기본 문제를 해결하고 인민들의 기본 요구에 어떻게 응답하느냐와 관련이 있었다. 집권 세력이 내세우는 각종 사상과 정책들은 반드시 이러한 문제를 해결하거나 적어도 해결하는데 도움이 되어야 한다. 이런 의미에서 중국 공산당은 전국적인 정권을 획득하고 건국을 하기 시작한 시점에서 혁명당에서 집권당으로 전환하는 역사적인 문제에 직면하고 있었다. 그런데 훗날 사실이 증명하는 것처럼 이 문제를 해결하기는 매우 어려웠다. 왜냐하면 중국 공산당은 레닌의 혁명조직 이념에 따라 생겨난 혁명 엘리트 조직으로 낙후한 국가의 정치, 사회, 경제혁명을 동시에 완성해야 하는 중임을 가졌기 때문이다. 중국 공산당은 앞서 언급한 여러 방면의 도전에 응대함과 동시에 자신을 개조해야 하는 역사적 사명에 직면하였다. 중국 공산당 지도자들의 이러한 사명에 대한 인지의 깊이는 그들의 대외관계에 대한 이해와 직접적인 관계를 가지고 있었다.

냉정히 말하면 냉전발생의 유무와 상관없이 중국에서 현대 민족국가를 건설하는 과정은 출현했을 것이다. 그리고 중국의 대외관계 역시 위의 몇몇 기본 요구조건에 따랐을 것이다. 냉전이라는 국제체계는 단지 사람들로 하여금 특수한 선택이 필요하다는 것을 일깨웠다. 한 걸음 더 나아가 이는 근본적으로 냉전과 신중국 외교 간의 관계를 결정하는데 두 가지 다른 영역의 서술이 필요하다는 것이다. 하나는 신중국과 미국 간 대항관계의 형성과 변화이고, 다른 하나는 소련 등 동맹과의 관계 형성과 발전과정이다. 외교라는 범주를 놓고 본다면 소련과의 관계내용이 더욱 복잡하고 풍부하다. 역사는 스스로 역사 서술의 내용, 줄거리와 과정을 결정한다. 신중국과 동맹국 간 관계의 역사적 내용, 복잡함 및 거대한 영향을 무시 또는 홀시 심지어 은폐해 버린다면 신중국 외교의 본질적인 특징을 온전하게 드러낼 방법이 없다.

냉전 초기 단계와 혁명에서 건국으로의 과도기적 상황은 내외가 교차하는 복잡한 상황에서 정책을 결정하는 중공 지도자들이 대외정책을 어떻게 인식하고 이해했는지를 알 수 있는 매우 중요한 단서가 된다. 실제로 국내외의 관련 대외정책의 연구성과는 다양한 증명된 사례를 제공하고 있다. 외교영역에서 전문지식 준비의 불충분, 경험과 정보의 부족 및 시간의 시급성 등의 원인 때문에 지도자들은 때때로 기존의 사상과 국내 정치경험 등에 의존하고 자신의 사고 틀 안에서 정책을 제정하게 된다. 혁명 후기와 건국 초기 중공 지도자들이 대외정책을 제정할 때 기본적으로 전문지식이 부족하고 관련정보가 불충분하며 정책결정 시간이 상대적으로 촉박하여 비록 대외정책 문제에 비상한 관심을 가진다 하더라도 결과적으로 마오쩌둥과 저우언라이가 직접 이 문제를 처리할 수밖에 없었다. 사실 그들의 세계관과 주요경력, 정치경험은 대외정책을 결정하는 데 매우 중요한 역할을 하였다. 그런데 만약 중공 지도자들의 세계관과 주요 정치경험을 포괄하는 키워드를 반드시 찾아야 한다면 이는 바로 '혁명'이다.

신중국 외교의 형태와 변화를 결정하는 1세대 중공 지도자들은 대부분 제1차 세계대전을 전후해서 정치무대에 오른 사람들이다. 중국에서는 이 시기를 혁명의 시대라고 부른다. 1840년 이후의 중국 대외관계는 중국정치, 경제, 사회와 문화 등 여러 방면에 걸쳐 거대한 충격과 고통을 주었으며 지속된 정치위기는 하층 민중의 저항과 상층의 개혁운동을 불러일으켰다. 이는 20세기 초에 이르러 혁명이 아니면 안된다라는 형세를 만들었고, 사회 분위기 역시 일촉즉발의 상황으로 몰고 갔다. 저명한 시인인 원이두어(聞一多)가 당시 20세기는 저항의 세기라고 한 것처럼 말이다. 자유는 우리가 권력에 대항하는 무기가 되었고, 이로써 혁명의 물결이 현대문명의 특색이 되었다.[6]

시대는 대량의 혁명가를 양성해 내었다. 그들은 혁명적 사유방식과 격정으로 급진적인 변혁을 믿기 시작했으며, 혁명이야말로 중국을 철저히 변화시킨다고 확신하였다. 당시 공산당 인사들의 정치생애를 살펴보면 거의 모두 구국에서 혁명으로, 서구학습에서 러시아의 볼셰비키 혁명으로, 마지막으로 레닌주의를 신봉하는 과정을 거쳐왔다. 혁명은 그들의 구국을 위한 마지막 선택이었으며, 레닌주의와 연결시켜주는 핵심 부분

---

6 聞一多: ≪女神時代之精神≫, ≪聞一多詩文選集≫, 人民文學出版社1955年版, 第160頁.

이었다. 아편전쟁부터 신해혁명까지 역사를 분석해 보면 공산당 인사들은 급진적인 정치와 사회혁명을 통해야만 근본적으로 중국의 국제사회에서의 치욕적인 지위 또는 철저히 훼손된 국제체제를 끝낼 수 있다고 믿었다. 중국의 근대사회 변혁운동의 경험은 중국의 민족해방운동과 급진적인 정치, 사회혁명이 상호보완적이며, 중국의 미래 혁명운동 역시 필연적으로 정치개조와 민족해방의 두 가지 사명을 띠게 될 것임을 말해주고 있다. 따라서 이들의 목표는 완전히 새로운 대외관계 수립을 포함하여 새로운 국제질서 수립에 노력하여 중국이 특별히 중요한 또는 존경을 받는 지위에 도달하는 것이었다.

마오쩌둥은 그들 중에서도 가장 전형적이고 대표적인 인물이었다. 20세기 초 중국의 개혁에서 혁명에 이르는 정치적 스펙트럼 가운데 처음의 그는 결코 급진적인 혁명의 대열에 동참하지 않았다. 그러나 후의 정치적 경험과 사상의 발전 결과 혁명은 마오쩌둥 이데올로기의 본질적인 내용이 된다. 마오쩌둥이 정치무대에 처음 나섰을 때만 하더라도 그는 세계의 본질은 운동과 변화이며, 인류역사는 혼란한 상황을 다스리고 이를 다시 파괴하는 것의 반복된 순환이라고 여겼다. 그는 어지러움과 파괴는 새로운 역사 재건의 힘으로써 각각의 세기마다 각각의 민족들은 각각의 대혁명을 통하여 옛것을 씻어내고 새것으로 물들이는 대변화를 이루어 내었다라고 하였다.[7] 그는 다른 한편으로 세계정치에 불안함과 위기가 가득 차 있다고 보고, 부자유, 불평등, 전쟁은 천지와 함께 영원하여 결코 단절되지 않을 것이라고 하였다.[8] 마오쩌둥은 특히 당시 중국이 직면하고 있던 혼란과 참담한 국면에 분노하고 강권정치가 중화민족에 주입하는 압력을 강렬히 통탄하였다. 마오쩌둥의 눈에는 제1차 세계대전 후 "국가

---

[7] 同上, 第201頁.
[8] 毛澤東: ≪<倫理學原理>批注≫, 第184頁.

역시 사악함이 극에 달했고, 인류의 고통 역시 정점에 달했으며, 사회의 어두움 역시 한계에 달하였다."라고 보였다.[9]

이 시기 마오쩌둥은 다양한 사회사조의 영향을 받았지만, 그의 사상의 선명성과 관련된 일관된 특징은 어느 국가를 막론하고 사회 기층의 풀뿌리 혁명에 대해서는 동정과 찬사를 보냈다는 점이고 동시에 사회기층 민중운동과 연합을 해야지만 불합리한 국제질서를 무너뜨릴 수 있다고 믿었다는 점이다. 제1차 세계대전 이후 열강에 대한 실망, 분노와 함께 볼셰비키 혁명의 승리 및 세계 각지 기층 민중혁명에 대한 동경은 두 가지 방향으로 마오쩌둥의 급진혁명의 경향을 강화시켰다. 그는 세계는 이미 둘로 갈라졌다고 보았다. 한쪽은 서구 열강들의 무리로 이미 파리강화회의에서 수단과 방법을 가리지 않고 권모술수가 넘쳐나고 피비린내가 진동하는 형국이며, 다른 한쪽은 러시아 볼셰비키를 대표로 하는 기층 민중혁명으로 현재 에너지를 응집해 세계적 조류를 형성하고 있으며 그 기세가 당당하여 감히 막을 수 없는 지경이라는 것이다.[10]

이상과 낭만이 가득한 청년 지식인이던 마오쩌둥은 당시 중국의 급진적인 사상가들의 영향을 받았고 이를 통해 세상은 세계혁명의 신기원을 향해 달려가고 있으며, 중국의 민족해방운동과 사회혁명운동은 국제차원의 혁명운동의 일부분이며 중국의 개조는 세계의 개조와 긴밀하게 연관되어 있다고 믿게 되었다. 그는 중국인이 중국에서 사회혁명을 수행하는 것은 스스로 태어난 곳에서 혁명에 투신하는 것이 편리하기 때문이고, 그 위대한 의미는 중국이라는 지역에서 세계혁명 차원에서 최선을 다한

---

9 毛澤東: ≪民衆的大聯合≫, 1919年7月21日, 26日, 8月4日, 引自中國人民大學中共党史系資料室編: ≪中共党史教學參考資料(党的創立時期)≫, 第124頁.
10 毛澤東: ≪民衆的大聯合(一)≫, 1919年7月14日; ≪民衆的大聯合(三)≫, 1919年8月4日; ≪炸彈爆擧≫, 1919年7月14日; ≪不許實業專制≫, 1919年7月14日; 見 ≪湘江評論≫, 1919年7月14 日、7月21日和8月4日号.

다는 점이라고 하였다.[11] 그는 중국의 혁명운동은 반드시 전 세계 민족해방운동 세력과 손을 잡아야 한다고 하였다.[12]

마오쩌둥이 사회변혁에 투신한 후 그의 사상은 점점 더 혁명화되었고 마침내 그는 레닌주의의 신봉자가 되었다. 마오쩌둥의 혁명으로의 전환을 부추긴 것은 1919년 여름 후난(湖南)에서 시작된 군벌 장징야오(張敬堯) 축출운동과 이어 벌어진 후난 자치운동에 참가하면서부터이다. 후난 자치운동은 그가 처음으로 건국운동에 참가한 것이다. 이는 개조의 방법으로 자치형태의 후난 공화국을 건설하고자 한 것이였는데 결과적으로 실패하였다. 마오쩌둥이 이 운동의 실패에서 얻은 교훈은 가장 급진적인 수단을 통해 혁명을 진행해야지 중국에서 성공할 수 있다는 사실이었다. 마오쩌둥은 이때부터 러시아 볼셰비키 10월 혁명의 경험을 긍정적으로 평가하고 연구하기 시작하였으며, 마음속으로 러시아를 몹시 부러워하였다. 그는 레닌(Lenin, Vladimir llyich)이 백만 당원으로 평민혁명이라는 사상 초유의 대업을 이루고, 반혁명당을 소탕하였으며, 굳건한 당 조직에 의지하여 한번 혁명을 외치자 전 국민 가운데 80~90%를 차지하는 노동자, 농민들이 호응한 점을 높게 평가하였다. 그는 "러시아 혁명의 성공은 바로 이러한 점 때문이다. 만약에 중국에도 이러한 전체혁명이 있다면 나도 찬성한다."고 하였다.[13] 그는 차이허선(蔡和森)에 대해 이렇게 평가한 바 있다. "내가 보기에 러시아식 혁명이 우리에게 주는 시사점은 이러저러한 이유나 변수를 고려하거나 더 나은 방법이 있어 포기하는 것이 아니라 반드시 해야 한다는 이 공포스런 방법이 중요한

---

11 毛澤東: ≪致周世釗≫, 1920年3月14日, 見中共中央文獻研究室、中共湖南省委 ≪毛澤東早期文稿≫編輯組編: ≪毛澤東早期文稿≫, 第474頁.
12 毛澤東: ≪湖南建設的根本問題--湖南共和國≫, 第505頁.
13 毛澤東: ≪打破沒有基础的大中國建設許多的中國從湖南做起≫, 1920年9月5日, 中共中央文獻研究室、中共湖南省委 ≪毛澤東早期文稿≫編輯組編: ≪毛澤東早期文稿≫, 第507-508頁.

것이다."¹⁴ 마오쩌둥은 이후 마르크스주의를 본격적으로 연구하기 시작하였으며 신속히 공산주의자로 변신하였다.

보다 정확하게 이야기하자면 마오쩌둥은 실제 레닌의 학설을 신봉하는 중국 혁명가로서 레닌의 이론을 받아들이는 것은 그에게 있어 새로운 사상적 진화를 촉진했다고 볼 수 있다. "제국주의는 전쟁이다.", "제국주의는 무산계급 혁명의 전야(前夜)이다."라는 레닌의 말들은 마오쩌둥의 마음속의 세계와 너무나도 가까웠으며, 마오쩌둥의 위기의식과도 절묘하게 닿아 있었다. 따라서 레닌의 이야기들은 마오쩌둥이 혼탁하고 어두운 세계정치를 받아들이는데 이론적인 해석의 틀을 제공했고, 이를 통해서 마오쩌둥의 사상적 경향과 관점은 점차 하나의 고정화된 관점체계를 이루게 되었다. 그는 신속하게 레닌의 관점을 받아들이고 곧 자신만의 새로운 언어를 통하여 국제정치의 본질을 상세히 서술하기 시작한다. 즉, 1차 세계대전 후 국제정치의 전체적인 추세는 여전히 긴장된 충돌과 대립이며, 대립하는 쌍방은 코민테른과 국제연맹이 각각 대표하는 '피압박 계급'과 '반혁명 세력'이며 이렇게 양분된 세계에서 양대 세력은 최후의 투쟁을 벌이고 있다라는 것이다.¹⁵ 양대 세력의 투쟁이 국제정치 시스템을 지배하고 있는 가운데 피압박 계급과 민족은 급진적인 혁명과 러시아와의 연합정책을 제외하고는 별다른 선택의 여지가 없었다. 중국에 있어서도 언제 어느 곳에서 어느 누구와 제국주의 간에 관계가 발생하여도 인민들은 그들을 친구로 여기지 않는다.¹⁶ 만약 이전에 마오쩌둥이 세계를 관찰할 때에는 아직도 다원적이고 변화의 여지가 있었다고 한다면

---

14 毛澤東: ≪致蔡和森等≫, 1920年12月1日, 中共中央文獻研究室編: ≪毛澤東書信選集≫, 人民出版社1983年版, 第6頁。
15 毛澤東: ≪中國社會各階級的分析≫, 1925年12月1日, ≪毛澤東選集≫, 第一卷, 第4頁;
16 毛澤東: ≪中國國民党之反奉宣傳大綱≫。

이때는 오직 한 가지 즉, 혁명이라는 관점뿐이었다. 지적할 만한 사실은 마오쩌둥의 이 시기의 인식은 중공의 집체의식을 반영하고 있다는 것이다. 국제정치에 대한 이러한 인식은 세계혁명정책이라고 말할 수는 없지만 적어도 논리적으로 중국의 외교정책에 영향을 미쳤다. 이는 확실히 중공 지도자들이 이론적으로 국제정치를 이해하는 시작점이자 기초가 되었다.

1920년대 초 발생한 혁명운동부터 2차 세계대전 후 국공 양당의 결전에 이르기까지 중국의 정치무대에 나타난 것은 질풍노도식의 조직화된 군중운동과 대규모의 폭력혁명이었다. 이러한 격렬하고도 장관인 운동과 혁명의 표면적 배후에는 바로 혁명 이데올로기, 혁명의 격정 그리고 혁명의 사회심리가 자리잡고 있었다. 이 시기 마오쩌둥은 이미 이러한 현상이 나타나도록 하는 창시자이자 인도자, 숭배자, 대표자 역할을 하였다. 그는 자신의 저명한 철학 논저에서 혁명을 사회운동의 기본규율로 올려놓았다. 즉, 계급사회에서 혁명과 혁명전쟁은 피할 수 없으며, 이를 버리고 사회발전을 완성할 수 없고 반동의 통치계급을 전복시킬 수 없으며, 인민이 정권을 획득할 수 없다고 하였다.[17] 모든 정치투쟁 중 혁명은 가장 극렬하지만 필수불가결한 행동방식이며, 폭동은 하나의 계급이 다른 계급을 전복시키는 매우 급박한 행동이라고 하였다.[18] 마오쩌둥은 혁명이야말로 완전히 새로운 중국을 만들 수 있으며 일백 년 넘게 이어온 오욕의 역사를 씻고 천하대동(天下大同)의 새로운 국제질서를 수립할 수 있다고 보았다.

마오쩌둥의 혁명에 대한 생각은 최종적으로 그가 중화민족의 특성에 대한 인식과 동질감을 하나로 묶어내었다는 점이다. 그는 중화민족이 사

---

17 毛澤東: ≪矛盾論≫, 1937年8月, ≪毛澤東選集≫, 第一卷, 第334頁.
18 毛澤東: ≪湖南農民運動考察報告≫, 1927年3月, ≪毛澤東選集≫, 第一卷, 第17頁

상 초유의 위기에 직면하고 있다고 봄과 동시에 중화민족의 능력을 점점 확신하게 되어 최종적으로는 급진적인 반항을 통해서 새로운 생명을 얻을 수 있다고 보았다.[19] 옌안(延安)에서 충분한 사색의 시간을 거친 마오쩌둥은 모호하고 거친 견해들을 이론으로 발전시켰다. 그의 논술에서 중화민족은 통치집단의 압박에 반항하고 외래민족의 압박에 반대하며 반대의 수단을 사용하여 이런 압박을 없애는 영광의 혁명전통이 있는 민족이라고 하였다.[20] 중화민족의 역사에서 계급혁명과 민족혁명에 대한 고도의 긍정적인 평가는 마오쩌둥이 구상하는 혁명 민족주의의 중요한 구성요소가 되었다.

비록 마오쩌둥의 혁명과 관련된 이론이 날이 갈수록 성숙해지고, 책략 사상이 점차 완벽해졌지만, 그의 혁명이 만들어낸 인물의 정신상태에 대한 열망과 찬미는 이전처럼 그의 말 속에 드러났다. 그가 이해한 마르크스주의의 정수에 관한 표현은 실로 대단하다. "마르크스주의의 도리는 두서를 잡지 못한 채 난해하다. 그러나 근본을 따져보면 바로 이 말, 즉, 조반유리(造反有理: 반란을 일으키는 데에는 이유가 있다.)이다. 이 조반유리 원칙에 근거하여 저항을 하고, 투쟁을 하며, 사회주의를 하는 것이다."[21] 마오쩌둥은 이런 간결하고도 핵심적인 표현으로 마르크스주의의 본질을 설명하였으며, 부분적인 해석을 대중적인 언어로 바꾸어 인민들이 혁명에 투신하도록 유도하였다. 그의 이러한 언어 이면에 있는 논리의 정확한 표현은 마오쩌둥의 마르크스주의에 대한 독특한 이해로 표출되었다. 즉, 이 이론의 본질적인 특징은 현존하는 질서에 반항하고 철저한

---

19 毛澤東: ≪民衆的大聯合(三)≫。
20 毛澤東: ≪中國革命和中國共産党≫, 1939年12月, ≪毛澤東選集≫, 第二卷, 第623頁。
21 毛澤東: ≪在延安各界慶祝斯大林六十壽辰大會上的講話≫, 1939年12月20日, ≪人民日報≫, 1949年12月20日。

혁명을 진행하는 것이며, 인민이 혁명을 통해서 전체 세계를 얻는 것으로 그 대가는 단지 목 위에 있는 쇠사슬을 끊어내는 것뿐이라는 것이다.

혁명승리의 최후 단계에서 중공 지도자들은 이미 중국 밖 지역의 혁명에 대한 지지와 관심을 표시하였다. 이는 적어도 일부 지역에서는 중국혁명의 내재적 충동에 기인하였다. 즉, 중국혁명의 승리가 전 세계 적어도 중국 주변지역에는 거대한 영향이 있어야 한다는 점이다. 중국혁명이 세계혁명의 일부분이라면 중국혁명의 승리는 필연적으로 국제정치 구도에 중대한 변동을 일으키기 마련이다. 이러한 충동과 갈망은 그들이 중국 이외 지역에서 중요한 행동을 결정하게 하는 큰 힘이 되었다. 이 시기의 어떤 중요한 외교적 사건을 묘사하고 분석할 때 이러한 역사적인 문제를 진지하게 고려할 필요가 있다. 즉, 마오쩌둥과 그 세대 사람들은 중국사회에서 혁명에 대한 장기적인 숭배를 만들어냈고 이는 신중국 외교에 거대한 영향을 미쳤으며 장기간 이어져왔다.

요컨대 냉전, 혁명과 건국 그리고 혁명 이데올로기간의 상호작용이 냉전과 신중국 외교의 형성이라는 이러한 역사과정의 출발점과 기본 실마리, 프레임을 설명 분석해 주고 있는 것이다. 신중국 외교는 바로 이러한 상호작용의 역사적 진전 과정 중에 발생하고 변화한 것이며 점차 체계적인 이론 및 외교행위 방식을 구성하고 상당히 오랜 기간 동안 영향을 발휘하는 중요한 특징을 형성하였다.

본서는 상술한 구성을 시간순서에 따라 1949~1955년 중국외교의 역사적 장면을 풀어놓는다. 전체 책 구성에는 머리말, 4장 11절 그리고 맺음말이 포함된다. 머리말 부분은 주로 본서의 분석과 논술 구조를 소개하고, 이 시기 냉전과 중국외교 관계의 기본요소와 실마리에 대해 논한다. 제1장은 건국 전후 중공이 소련과는 동맹을 미국과는 대항의 길을 선택한 과정을 논술하고 그 역사적 원인과 신중국 외교에 대한 영향을 다룬다. 제2장은 건국 후 중국이 베트남전쟁과 한국전쟁에 참여하게 된 경위를 서술하고, 중국이 인도차이나와 한반도에서 군사행동을 선택한 이유 및 냉전이 동아시아에 만연하게 된 배경을 분석한다. 제3장은 1953년에서 1955년까지 중국 주변을 둘러싼 세 차례의 중요한 외교활동 즉, 한국전 정전, 인도차이나 평화회복 및 제1차 타이완 해협 위기의 해결 및 중미 간 대사급 회담의 시작에 관해 논한다. 세 사건의 내재적 연관관계를 분석함으로써 중국 주변정책의 본질과 특징에 대해 논술한다. 제4장은 1954년 7월 중국의 대외정책의 중대한 조정, 즉 중국이 핵무기 개발을 결정하고 동아시아 지역에서 전면적이고 적극적인 외교활동을 전개하여 중국외교가 이 시기를 기점으로 새로운 단계에 접어든 것에 대해 심도 있게 논의한다.

이상 각 장에 포함된 많은 사건들은 중국 국내 사람들이면 누구나 자세히 말할 수 있고 국내외 학술계에서도 그동안 많은 연구토론이 있었고 성과가 있었으므로 여기에서 상세히 소개하지 않는다. 본서의 공헌은 각각 나누어져 연구된 중요사건들을 내재적 연관관계와 운행기제가 있는 역사구조로 두어 이러한 사건을 일으키는 외부와 내부조건을 분석하고 드러내는 것이다. 의심의 여지 없이 이렇게 하는 것은 관련 사건들에 대해 가능한 한 상세한 고증을 필요로 하며 동시에 새로운 역사문건과 역사적 사실을 발견하여 과거 연구된 일련의 정설들을 보충 또는 수정해야 가능한 것이다.

이 자리를 빌어 미국 윌슨 연구센터 냉전 국제사 프로젝트(Cold War International History Project, Woodrow Wilson International Center for Scholars), 조지 워싱턴대학 동유럽, 러시아 및 유라시아 연구소(Institute for European, Russia and Eurasian Studies, George Washington University), 화둥사범대학 국제 냉전사 연구센터 등에 진심으로 감사드린다. 그들의

진심 어린 지지와 도움으로 나는 이 기구들을 방문하고 자료를 수집하고 학술 교류할 기회를 가졌다. 특히 화둥사범대학 국제 냉전사 연구센터 주임이신 선즈화(沈志華)교수는 대량의 진귀한 역사문건을 제공해 주셨다. 그리고 중국 사회과학출판사 쉬스옌(徐思彦) 주편과 전창웨이(陳長衛) 박사의 도움에도 진심으로 감사드린다. 마지막으로 나의 가족과 갖은 도움을 준 주변의 친구와 학생들에게 감사드리며, 이 책을 그들에 대한 보답으로 바치고자 한다.

뉴쥔(牛軍)

|차례|

머리말 _ v

제1장 / 동맹과 대립 _ 1

들어가며 ··· 3
제1절 철의 장막 ·· 5
제2절 동맹의 시작 ··· 32
제3절 대립의 길 ·· 63

제2장 / 천하해방과 국가안보 _ 93

들어가며 ··· 95
제1절 혁명과 국방 ·· 98
제2절 원월항법(援越抗法) ·· 117
제3절 압록강에서 삼팔선까지 ··· 160

제3장 / "냉전공존(冷戰共存)"의 길 _ 231

들어가며 ··· 233
제1절 한국전쟁 휴전 ·· 237
제2절 인도차이나 정전 ··· 279
제3절 타이완 해협 고담(高談) ·· 335

제4장 / 신중국(新中國) 외교의 형성 _ 375

들어가며 ··· 377
제1절 소량의 원자탄 제조 ··· 379
제2절 중간지대의 재건 ··· 401

맺음말 _ 436
참고문헌 _ 439
찾아보기 _ 450

제1장
동맹과 대립

들어가며

1948년 11월 14일 중공군이 선양을 점령하고 얼마 뒤 중국 공산당 지도자는 "향후 1년 이내에 국민당 반동정부를 완전히 타도할 수 있을 것이다."라고 선포하였다.[1] 그들은 이때부터 외교적 실천을 시작하고 미래 신정권의 대외정책을 고민하기 시작했다. 따라서 그들은 이미 형성된 국제정치와 관련된 개념을 정립해 두는 것이 필요하다고 생각했다. 여기에는 국제정치의 중심과 미소 냉전의 특징, 중국혁명과 미소 냉전의 관계 및 냉전체제 하의 중공의 미소 정책에 대한 시각 등을 포함한다.

중화인민공화국의 대외관계는 중공혁명과 자연스런 연관관계를 가진다. 즉, 본질적으로 혁명실현이라는 목표로부터 출발하였다. 혁명의 사유방식과 혁명운동의 기본이념, 특히 마지막 단계에서의 대규모 군중동원과 폭력투쟁의 진행과 형태 그리고 이러한 형태의 근저에 반영되고 있는 중공 영수들의 정치사회문제 해결에 대한 인지 등은 필연적으로 그들의 외교정책결정 과정에서 중미, 중소관계의 변화방향을 규정하게 되었다.

실천적인 측면에서 중공 중앙은 신중국 건국 이전에 외부세계와 연결

---

* 이 책에서 언급되는 중국어 지명, 인명은 국립국어원의 외래어표기법에 의해 표기하였다. 다만, 일부 지명과 인명 등은 어감과 상황에 따라 한자어로도 표기하였음을 알려 둔다.

[1] 《中共中央負責人評中國軍事形勢》, 1947年11月14日, 中國人民大學中共黨史系編: 《中共党史教學參考資料(解放戰爭)時期》, 下冊, 第311頁.

고리가 있었다. 당연하지만 주로 소련과 코민테른과의 관계였고 건국 이전에 이미 소련 고위층과 비밀리에 상호방문이 진행되고 있었다. 이밖에 중공은 외국의 민족혁명운동 조직과 간헐적인 관계를 지속하고 있었다. 항일전쟁 중에는 미국, 영국의 중국주재 기구들과도 왕래가 있었다. 특별히 2차 세계대전 종료를 전후해 중공 지도자들은 미국대사인 헐리(Patrick Jay Hurley)와 미국 대통령 특사인 마샬(George Catlett Marshall)과도 접촉이 있었다. 건국 즈음해서는 미국대사인 스튜어트(John Leighton Stuart)와 비밀 담판을 벌이기도 하였다. 이러한 대외관계들은 비록 풍부하다고 말할 수는 없지만 중공 지도자들의 관념, 대외기구의 조직 및 인원구성 등의 문제에 관해서는 중요한 흔적을 남겼다. 역사의 출발점이 이렇게 복잡하였기 때문에 신중국과 미소 양국 간의 관계가 후에 극단으로 치닫게 된 이유를 분석할 필요가 생긴다. 실제로 중소동맹과 중미 간 대립은 일련의 사건들이 누적되면서 생긴 결과이다. 만약 후에 구체적이고 우발적인 사건이 발생하지 않았다면 신중국 외교는 다른 형태를 띠게 되었을 것이고, 합리적인 가정을 하였더라면 신중국의 대외관계 형태는 적어도 그렇게 격렬하거나 극단적이지는 않았을 것이다.

제1절

철의 장막

1946년 3월 5일 중국의 충칭(重慶), 옌안(延安), 미국의 풀톤(Fulton), 워싱턴(Washington), 소련의 모스크바 등지에서 일련의 사건들이 발생하였다. 이 사건들은 훗날 아주 중요한 의미를 포함하고 상호 간에는 밀접한 관련이 있음이 드러났다. 이는 전후 미국, 소련, 국민당, 공산당 간의 상호작용과 추세의 전환이 바로 이날 발생한 사건을 축으로 진행되었음을 의미한다.

이날 미국의 미주리 주 풀톤시 웨스터민스터(Westminster) 대학에서 전 영국 수상 처칠(Winston Leonard Spencer Churchill)은 트루먼(Harry S. Truman) 미국 대통령의 영접하에 이른바 「평화의 연설」을 하였다. 이 연설은 무선으로 전 미국과 영국으로 생중계되었다. 연설에서 처칠은 "전후 세계는 전쟁과 폭정이라는 두 개의 공포스러운 위협에 직면하고 있다. 발트해의 스테틴(Stettin)에서 아드리아 해의 트리에스테(Trieste)까지 철의 장막이 유럽대륙을 가로질러 드리워지고 있다. 만약 즉각적인 조치를 취하지 않으면 영원히 회복할 수 없을지 모른다."고 하였다.[2] 이 때부터 냉전의 서막이 열리기 시작하였다.

---

[2] 轉引自 ≪戰后世界歷史長編≫編委會編: ≪戰后世界歷史長編1946年≫, 第一編, 第二分冊, 上海人民出版社1976年版, 第44-50頁.

당일 미국 워싱턴 정부는 미국 국무원 모스크바 주재 대리대사 조지 케넌(Kennan, George Frost)에게 전보를 보내어 소련 지도자들에게 미국은 국민당 정부가 동북을 접수하고 난 후 중소 간에 동북지방의 경제문제를 재논의 하기를 희망한다는 의사를 전달하라는 지시를 내렸다.[3]

당일 중국 제2의 수도 충칭에서 국민당 정부는 소련정부에 각서를 통해 소련의 동북지방에 대한 경제적 요구를 공식적으로 거절한다고 밝혔다. 국민당 정부는 최종적으로 더 이상 담판을 통해 소련과 동북지역의 경제문제에 관한 분쟁해결을 하지 않겠다고 결정하였다.

같은 날 소련의 모스크바에서는 소련과 이란의 담판이 공식적으로 막을 내렸는데 쌍방은 이란에서의 소련군 철수에 관해 합의에 이르지 못하였다. 다음날 미국은 소련 외교부에 각서를 보내 미국은 이란문제에서 소련이 테헤란 회담과 유엔 헌장을 위반하는 것에 대해 더 이상 무관심할 수 없다고 선포하였다.[4] 곧이어 미국 전함 미주리호는 명령을 하달받고 이스탄불로 향하였으며 특공부대가 동행하였다.

이날 중국의 옌안에서는 미국 특사 마샬(Marshall, George Catlett)이 오전에 저우언라이(周恩來)와 함께 비행기를 타고 우한(武漢)으로 이동하여 정전(停戰)상황을 시찰하였다. 마오쩌둥(毛澤東) 등은 직접 공항으로 나와 배웅하였고 그와 악수를 하며 헤어짐을 고했다. 마샬은 중공 영수들에게 우리의 회담은 역사적 의의가 있다라고 말하였다. 마오쩌둥은 그에게 중국 인민의 평화, 민주, 단결, 통일을 위한 노력을 도와주는 것에 진심으로 감사한다고 하였다.[5] 마샬이 떠난 지 얼마 후에 류샤오치(劉少

---

[3] "The Secretary of State to the Charge in the Soviet Union (Kennan)", Washington, March 5, 1946, 8 p.m., *FRUS*, 1946, Vol.10, The Far East: China, p. 1114.
[4] 轉引自李春放: 《伊朗危机与冷戰的起源(1941-1947)》, 社會科學文獻出版社 2001年版, 第277頁.
[5] 逢先知主編: 《毛澤東年譜1893-1949》, 下卷, 第58頁.

奇)는 공산당 동북국(東北局)에 내린 지시에서 동북에서의 국공(國共) 간의 충돌은 앞으로도 일정기간 지속될 것이며, 미국, 영국, 프랑스, 소련 간 합의가 있는 경우에만 국공 간의 타협이 가능할 것이라고 하였다.[6]

중국 공산당 지도자들은 3월 5일 당일 세계 곳곳에서 발생한 여러 사건을 알 도리가 없었다. 동시에 훗날 명성이 자자했던 케난이 이미 2주 전에 8천 자에 달하는 장문의 전보를 워싱턴에 보내 미국정부가 소련을 억제해야 한다고 독촉한 사실 역시 몰랐다. 새로운 국제정치의 형태인 냉전이 이미 급속히 자라나고 있었고 동시에 중국의 형세에도 영향을 주기 시작하였다. 특히 이 시기 중국 공산당은 화북과 동북지역의 제공권을 다투는 과정에서 각각 미국, 소련과 전략적인 대립과 협력을 진행하고 있었다.

돌이켜보면 1945년 말부터 1946년 3월 5일 이날까지 국공 간에는 협의를 통해서 내전을 피할 수 있는 기회가 있었다. 왜냐하면 이때까지만 해도 미소의 대중국정책이 타협할 수 있는 여지가 있었고, 국공 쌍방도 정치적으로 문제를 해결할 수 있다고 보았기 때문이다. 특히 최악의 상황을 가정해 본다고 하더라도 즉시 전쟁을 할 경우 쌍방 모두 승산이 크지 않다고 판단하였다. 물론 모든 기회는 특정한 시간, 공간 속의 특수한 조건을 말한다. 냉전과 중국이라는 틀을 통해 이 문제를 연구한다면 이 연구의 핵심은 중국내전 발발과 미소 냉전 발발 간의 관계를 어떻게 규명하는 것인가 하는 문제와 중공 중앙이 냉전의 시작과 미소의 정책조정을 어떻게 인지하고 이용하였느냐의 문제이다. 이것은 신중국 성립 전후 중국의 대외정책에 매우 중요하며, 이 과정 중에 발생한 수많은 사건들로 인해 마오쩌둥 등 중공 지도자들의 국제정치에 대한 입장과 관점은 동요를 일으키게 되었다.

---

6 中共中央文獻硏究室編: 《劉少奇年譜1898-1969》, 下卷, 中央文獻出版社1996年版, 第24-25頁.

충칭 담판과 쌍십협정(雙十協定)의 체결 후 화북지역에서 국공 내전이 더욱 격렬해지긴 하였지만, 중공 중앙은 여전히 향후 6개월이 평화단계로 넘어가는 과도기임을 확신하였고, '평화, 민주, 단결, 통일'이 장차 실현될 거라고 보았다.[7] 왜냐하면 중공 지도자들은 이 시기 국제문제의 주요이슈는 미소 간의 다툼으로 이는 중국의 국공 간의 싸움을 반영하고 있다고 보았다. 그리고 미소 간의 타협은 전후 국제정치의 주요한 추세이며, 국민당과 공산당 간 역시 필연적으로 타협하게 될 것이라고 보았다.[8]

1945년 12월 15일 트루먼은 대중국 정책을 발표하여 국공 간의 평화회담을 주장하고 당시 신망이 높던 마샬을 중국에 특사로 파견하여 쌍방 간의 중재를 하겠다고 선포하였다. 중공 지도자들은 즉시 국공 간의 회담을 재개하기로 결정하였고 동시에 이 회담이 실질적인 진전을 가져올 것이라고 여겼다.[9] 중공 중앙은 일찍이 특별회의를 소집하여 미국의 대중국정책을 논의한 바 있다. 회의 참석자들은 여러 상황을 종합해 볼 때 미국의 장제스(蔣介石)에 대한 지지는 심각한 제지를 받을 것이라고 판단하였다. 12월 19일, 중공 중앙은 당내 지시를 통해 소위 "중립미국(中立美國)"이라 불리는 정책을 제기하였다. 이 지시는 "미국은 이미 직접 중국내전에 참가하지 않기로 결정했으며, 장제스가 무력으로 중국을 통일하는 것을 지원하지 않고 중국의 평화통일을 지지한다. 소위 이러한 미국의 정책변화는 중국 인민들의 민주평화를 요구하는 현재의 투쟁에 유리하다."고 분석하였다. 이런 이유로 각 부대는 미군과의 관계를 완화하고 중국 주둔 미군과 미국 인사들에 우호적인 태도를 유지하며, 중공군

---

7 ≪中央關于過渡時期的形勢和任務的指示≫, 1945年10月20日, ≪中共中央文件選集≫, 第15冊, 第371-372頁.
8 ≪中央關于對美蔣斗爭策略的指示≫, 1945年11月28日, 第455-456頁.
9 ≪軍委關于保衛張家口、承德的部署≫, 1945年12月29日, ≪中共中央文件選集≫, 第15卷, 第494-495、526頁.

이 장악하고 있는 지역에서 미군에 선의(善意)로 대하고, 중공 관할 지역에 들어오는 미국기자의 자유취재와 보도를 도움으로써 그들이 우호적인 시각을 가지도록 해야 한다고 하였다.[10] 둘째 날, 충칭의 중공대표 왕뤄페이(王若飛)는 명을 하달받아 중국주재 미국대사관을 방문하여 중공 중앙은 트루먼의 성명에 찬성하고 마샬의 중재를 기대한다고 하였다.[11]

나흘 뒤 첫 번째 국공 간의 회담이 시작된 후 저우언라이 등 중공 담판 대표들은 마샬에게 상당히 적극적으로 협력하였다. 마샬 역시 국공 간의 담판이 전례 없는 성과를 거두도록 노력하였다. 협상 초기 마샬의 구체적인 조치와 장제스의 통 큰 양보는 국민당과 공산당이 정전협상과 정치협상회의를 개최하기로 합의하는 중요한 원인이 되었다. 2월 25일 국민당과 공산당은 「군대 재편성과 중공부대의 국군 통일편성에 관한 방안」에 합의를 보았다. 이러한 진전은 중공 중앙의 이전의 판단이 옳았음을 증명하였고 중공 지도자들 역시 마샬의 태도가 매우 공정하여, 협상안을 받아들일 수 있을 뿐만 아니라 군대 재편안 역시 수긍할 부분이 많다는데 동의하였다.[12] 중공 지도자들 중에는 상당히 낙관적인 견해를 가진 사람들도 나왔는데 이들은 "이미 평화민주의 새로운 단계가 시작되었다."라고 하였다.[13] 중국 공산당 내에서도 한동안 마샬의 중재에 호감을 드러냈

---

10 ≪中央關于美國對華政策變動和我党對策的指示≫, 1945年12月19日, ≪中共中央文件選集≫, 第15冊, 第494-495頁.

11 "Colonel Ivan D. Yeaton, Commanding Officer of the Yenan Observer Group, to Lieutenant General Albert C. Wedemeyer", Yenan, December 20, 1945, *FRUS*, 1945 Vol. 7, The Far East: China, pp.794.

12 周恩來: ≪中共愿在公正的基礎上同美國和國民黨繼續合作≫, 1946年1月31日, 中共中央文獻研究室、中共南京市委編: ≪周恩來一九四六年談判文選≫, 中央文獻出版社1996年版, 第92-94頁; ≪毛澤東盛贊政協成就≫, 見重慶 ≪新華日報≫, 1946年2月13日; ≪中共中央關于与國民党談判軍隊整編的方針的指示≫, 1946年2月8日.

13 劉少奇: ≪時局問題的報告≫, 1946年1月31日, 中國人民大學中共党史系編: ≪中共党史參考資料解放戰爭時期(上)≫, 第120頁.

고, 심지어 일부 중공 지도자들은 진심으로 마샬을 신뢰하여, 마샬의 도움 하에 중국은 평화민주의 새로운 단계에 진입할 것이라 하였다.[14] 그러나 마오쩌둥은 미국인을 그렇게 믿지 않았다. 그는 마샬의 동기는 아직 검증을 더해야 하며, 특히 미국이 어느 정도 장제스를 통제할 수 있는지 그리고 미국이 장제스 통제를 원하는지 여부를 확인해야 한다고 생각하였다.

이 시기 중공과 소련의 관계는 다소 복잡하게 보인다. 전후 초기 중공군이 동북에 진입했을 때 그들은 동북주재 소련군의 암묵적인 지지와 격려를 받았다. 그러나 쌍방의 합작이 안정되지 않자 소련군은 국민정부를 더욱 중요시하였다. 특히 화북지역의 미군이 동북에 진입하는 것을 막기 위해서 동북에 진입한 중공군대를 지지하지 않으려고 하였다. 중공 중앙은 소련의 정책을 통해 깨달은 바가 있었다. 1946년 초 국공 담판기간에 중공 지도자들은 소련의 참여를 요청하고자 하였다. 심지어 내부에서는 노골적으로 이이제이(以夷制夷) 정책을 이야기하였다. 그들은 소련을 동북관련 담판에 참가하도록 하여 동북의 마샬 역할을 하도록 하는 것을 구상한 적도 있었다.[15] 훗날 소련이 중공에 대해 국민당에 더욱 많은 양보를 요구할 것이라 우려하여 다시는 소련의 개입을 요청하지 않았다.[16]

국공 간의 담판이 중요한 진전을 이루고 있을 때 국민당 정부와 소련 사이에는 다시금 심각한 균열이 발생하였다. 직접적인 원인은 미국이 동북지역의 경제와 관련된 중소 간의 담판에 관여하기 시작했기 때문이다. 국공 간의 담판이 순조롭게 진행되었기 때문에 마샬은 국민당 정부가

---

14 《中共中央關于目前形勢与任務的指示》, 1946年2月1日, 《中共中央文件選集》, 第16冊, 第62-67頁.
15 《中央關于提議英國蘇聯參加國共談判問題的指示》, 1946年1月3日.
16 《中央關于東北停戰談判情況致東北局電》, 1946年2月12日, 中央統戰部和中央檔案館編: 《中共中央解放戰爭時期統一戰線文件選編》, 第77-78頁.

재차 소련에 양보를 할 필요가 없음을 일깨워줄 필요가 있다고 생각하였다. 그래서 그는 트루먼에게 더 많은 행동을 취해 소련이 동북에서 철군하도록 압박해야 한다고 건의하였다.[17] 2월 9일, 미국은 국민당 정부와 소련정부에 각각 각서를 보내 중소 양국만이 동북에서의 일본재산을 처리하는 것에 반대한다고 하였다.[18] 그리고 얼마 지나지 않아 미국과 영국 양국은 얄타 비밀협의 내용을 공포하였다. 양국의 여론 역시 이 사실을 보도하고 소련이 동북지역에서 무리한 요구를 하고 있고, 이란에서처럼 동북에서 철군하지 않으려 한다고 지적하였다.

장제스는 이러한 미국의 정책변화를 주시함과 동시에 민감한 반응을 보였다. 그는 즉시 동북주재 야전사령부에 지시를 내려 소련과의 경제합작을 축소할 수는 있으나 너무 과도한 것은 적절하지 않다고 하였다.[19] 국민당 정부의 대표는 소련의 각종 제안을 거절하였다. 3월 16일 국민당 6기 2중 전회는 특별 제안을 통과시키고, 효과적인 교섭을 통해 동북의 소련군이 즉시 철수하도록 독촉할 것을 요구하였다.[20] 이로써 중소 간의 조금 남아있던 온기는 연기처럼 사라지게 되었고, 중소 간의 경제담판 역시 흐지부지되었다. 동시에 동북에서 국공 간의 관계 역시 긴장되기 시작했다.

---

17 "General Marshall to President Truman", Chungking, 9 February 1946, *FRUS*, 1946, Vol.9, The Far East: China, pp. 427-429.
18 "紅軍從滿洲搬走'戰利品'", ≪中美關系資料匯編≫, 第一輯, 第617頁. "The Secretary of State to the Chargg in the Soviet Union (Kennan)", Washington, March 5, 1946-8 p.m., *FRUS*, 1946, Vol.10, The Far East: China, p. 1114.
19 ≪蔣委員長致張嘉璈主任委員指示對蘇談判東北經濟合作問題方案電, 民國三十五年一月二十一日≫; ≪蔣主席致張嘉璈主任委員告以對蘇經濟合作不宜太寬函, 民國三十五年一月二十六日≫, 秦孝儀主編: ≪中華民國重要史料初編-戰后中國第七編(1)≫, 第417-418, 420-421頁.
20 ≪對蘇聯提出抗議, 嚴重交涉限期撤退其東北駐軍≫, ≪對于外交報告之決議案≫, 1946年3月16日, 榮孟源主編: ≪中國國民黨歷次代表大會及中央全會資料≫, 光明日報出版社1985年版, 第1049頁.

마오쩌둥 역시 국제정세의 변화를 주시했고 이에 민감하게 반응했다. 3월 15일 중공 정치국은 소련군의 선양 철수 이후 동북의 정세에 대해 토론을 벌였고, 회의 결과 중공 중앙의 정책이 근본적으로 변화하기 시작하였다. 마오쩌둥은 회의에서 더 이상 장제스에 양보할 수 없다고 하고, 당내 장제스에 대한 환상이 존재하는 것에 대해 비판을 가했다. 동시에 소련이 중공 중앙에 시종일관 타협을 요구하는 것에 대해 불만을 전달하였다. 특히 주목할 점은 그가 급변하는 국제정세에 대해 자신의 독특한 견해를 표출하였다는 것이다. 그는 국제정치가 세 가지의 중요한 요인에 의해 결정되고 있다고 판단하였다. 첫 번째 독일, 이태리, 일본의 실패가 혁명운동에 새로운 길을 열어주었다는 것이다. 두 번째는 독일, 이태리, 일본의 잔여세력과 미국, 영국의 친 파시즘 세력이 현재의 주적(主敵)이며, 이들은 지속적으로 반소와 반혁명을 도모하고 제3차 세계대전을 일으키고자 한다는 것이다. 세 번째는 미국과 영국의 내부는 모순으로 가득 차 있다는 것이다. 일반 국민들을 제외하고 자산계급 중에도 친소와 친공산당파들이 존재한다는 것으로 마오쩌둥은 이점에 근거하여 중국 공산당의 노선은 일반 국민과 자산계급 가운데 중도, 좌파와 연합하여 자산계급 중의 반혁명 세력을 타도해야 한다고 주장했다. 그는 정치협상 협의를 체결한 후 중공의 일부 지도자들이 장제스의 반혁명적인 부분을 잊었다고 비판하고 이것은 매우 위험하다고 비판하였다.[21]

회의 참석자들은 모두 적어도 동북지역에서는 국민당과의 투쟁을 강화해야 한다는데 인식을 같이했다. 회의에서 통과시킨「현재 시국과 대책에 관한 중국 공산당의 지시」는 "소련군의 선양 철수 후 동북지역에서 국민당과 공산당 군대의 충돌이 시작될 것이다. 이에 중공군은 동북에서의 전쟁준비에 만전을 기함과 동시에 미국인을 쟁취하는데 주의해야 한

---

21 逄先知主編: ≪毛澤東年譜1893-1949≫, 下卷, 第61頁。

다. 왜냐하면 국민당 정부가 현재 미국과 소련의 충돌을 선동하고 있기 때문이다."라고 하였다.[22] 마오쩌둥은 당일 충칭에 있는 저우언라이에 전보를 보내 충칭의 소련 사람들은 너무 나약하기 때문에 그들의 말을 모두 믿지는 말도록 지시하였다.[23] 거의 모든 정치가들이 소련이 강경하다고 판단했을 때 마오쩌둥은 연약하다고 생각했다. 심지어 과도하게 연약하다고 하였다. 이는 마오쩌둥의 냉전초기 단계 소련에 대한 일반과는 다른 구체적인 반응이었다.

미소관계의 악화가 중국의 정국에 미치는 직접적인 영향은 동북지역에서 국공 간의 충돌이 고조됨과 동시에 충돌이 일단 시작되면 수습할 수 없다는 점이었다. 이는 중공 중앙의 정책결정에 결정적인 영향을 주었다. 중공 지도자들의 목표는 2차 대전 후 우선 화북과 동북에서 확실히 유리한 지위를 차지하거나 한 걸음 더 나아가서 자치적 지위를 쟁취하는 것이었다.[24] 동시에 중공이 동북지역에서 어떠한 지위를 획득하던 간에 미소 간 타협이 이루어지는 국제적인 조건이 있어야 한다는 것이다.[25] 그들은 비록 동북에서 국민당 군대를 물리친다 하더라고 미군이 동북에 진입할 가능성이 있다는 점을 우려했다.[26] 소련 측에는 동북에서 발생한 내전은 장차 미군이 몰려들어올 경고가 되어 의심의 여지 없이 그들의 걱정을 강화시킬 것이다.[27] 소련은 우리가 동북에서 내전을 벌이는 것을

---

22 《中央關于目前時局及對策的指示》, 1946年3月15日, 《中共中央文件選集》, 第16冊, 第92-95頁.
23 逢先知主編: 《毛澤東年譜1893-1949》, 下卷, 第60頁.
24 《中央關于過渡時期的形勢和任務的指示》, 1945年10月20日; 《中央關于全力控制東北拒止蔣軍登陸着陸給東北局的指示》, 1945年10月28日, 《中共中央文件選集》, 第15冊, 第388-389頁.
25 《中央關于東北工作方針与任務給東北局的指示》, 1945年12月7日, 《中共中央文件選集》, 第15冊, 第465-466頁.
26 《中央關于東北工作方針与任務給東北局的指示》, 1945年12月7日, 第465-466頁.
27 《彭眞關于友人警告東北絶不能打》, 1946年1月26日, 參閱 《彭眞傳》編寫組編: 《彭眞年譜1902-1997》, 上卷, 第362頁.

돕지 않을 것이며, 국민당과 타협하는 것을 지원할 것이다라고 생각했다.[28] 한편 미국은 중공이 혼자 동북을 점령할 뜻이 없다고 판단한다면 동북문제의 평화적 해결을 반대하지 않을 것이라고 생각하였다.[29]

중요한 점은 중국 공산당은 이미 동북에서 보호할 필요가 있는 전략적 이익이 있었다는 점이다. 당시 동북의 중공군과 정치간부의 수는 이미 30만 명에 달하였다. 만약 일련의 중소도시가 근거지로 없었다면 이 대군 세력 역시 존재할 수 없었다. 문제는 국민당 군대가 이미 남만주 지역에서 5개의 정예군을 집결시키고 있었다는 점이다. 국민당의 우세한 병력을 마주한 마오쩌둥은 만약 국민당 군대를 격파한다면 국민당 정부는 중공의 동북에서의 존재를 인정할 것이고 반대로 그렇지 못할 경우 중공은 동북에서 아무런 지위도 확보하지 못할 것이라 믿었다.[30] 따라서 중공 지도자들에게 미소 간의 타협이 매우 중요하긴 하지만 객관적으로 국민당 정부가 동북 독점 정책을 포기하지 않는다면 중공군은 반드시 군사적 반격을 해야 한다고 생각하였다.

당시 소련은 이미 중공에 대한 원조를 중지하였을 뿐만 아니라 동북문제 해결을 위한 담판에 참여하길 원하지 않았다. 그들이 중공에 영향을 미친 유일한 방법은 미국이 직접 간섭할 것이라는 점이다. 그러나 이것이 장기적으로 유효했는지는 의심의 여지가 있다. 당시 중공 중앙은 계속적인 양보가 자신들의 전략적 이익을 훼손시킬 뿐만 아니라 심지어 당내 분쟁을 야기할 것이라 판단하였다. 동북의 중공부대는 시종일관 강경한

---

28 ≪中央關于采取和平方法力求解決東北給重慶代表團的指示≫, 1946年1月26日, ≪中共中央解放戰爭時期統一戰線文件選編≫, 第52-53頁.
29 ≪中央關于目前東北工作的方針問題給東北局的指示≫, 1946年1月26日, 第57-58頁; ≪中央關于采取和平方法力求解決東北給重慶代表團的指示≫, 1946年1月26日, 第53頁. 第77頁.
30 ≪中央關于目前東北工作的方針問題給東北局的指示≫, 1946年1月26日, 第57-58頁; ≪中央關于采取和平方法力求解決東北給重慶代表團的指示≫, 1946年1月26日, 第53頁.

주장을 내세웠다. 그들은 국민당 군대에 대한 양보를 결연히 반대했을 뿐만 아니라 소련군이 자신들에게 주둔지역에서 철수를 요구하는 것에 반감을 가졌고, 심지어 소련군과 전투를 벌이는 것을 마다하지 않는다는 입장을 표명하기도 하였다.[31] 중공 지도자들은 충칭에 있는 담판대표단에 동북국과 옌안 및 충칭 대표단의 생각에는 상당한 거리가 있으며, 그들의 야심이 매우 크다는 점을 밝혔다. 그러나 중공 중앙은 점차 강경한 정책을 채택하는 것이 좋겠다는 방향으로 기울기 시작했다.[32] 이밖에 동북에서의 소련군의 존재는 미국과 장제스에 모두 근심거리가 되었다.[33]

3월 초 소련군은 동북에서 신속하게 철수하기 시작한다. 그리고 미소 관계의 긴장관계 형성과 중소 간 동북 경제담판의 정체로 소련군은 중공의 북만주 지역 통제를 결정하게 된다. 그들은 중공 군대가 창춘(長春), 하얼빈(哈爾濱), 치치하얼(齊齊哈爾)을 접수하는 것을 지지하였다.[34] 중공 중앙은 즉시 이 기회를 이용하였다. 3월 24일 중공 중앙은 동북국에게 북만주 지역 통제를 지시하였다. "전력을 다해 창춘, 하얼빈 두 도시와 동북전선을 통제하라. 어떠한 희생도 아끼지 말고 장제스 군대가 창춘, 하얼빈과 중둥철도(中東鐵道, 중국 동북지방의 철도)를 차지하는 것을 막아라."[35] 과거 소련의 석연치 않은 행적을 고려하여 중공 중앙은 동북

---

31 ≪彭眞傳編寫組≫編: ≪彭眞年譜1902-1997≫, 上卷, 第362頁.
32 ≪彭眞傳≫編寫組編: ≪彭眞年譜一九0二-一九九七≫, 上卷, 第386頁.
33 ≪中央關于目前東北問題的談判方針給東北局和中共赴渝談判代表團的指示≫, 1946年3月13日, ≪中共中央文件選集≫, 第16冊, 第89-91頁.
34 ≪中央關于控制長春, 哈爾濱及中東路保衛北滿給東北的指示≫, 1946年3月24日, ≪中共中央文件選集≫, 第16冊, 第100-101頁. ≪可把我不占沈陽不斷電源作爲同國民党談判資本≫, 1946年3月18日; ≪速向蘇方交涉力爭我接管長, 哈, 齊≫, 1946年3月26日; ≪彭眞關于蘇軍撤退日期致李, 黃電≫, 1946年4月3日; 參閱 ≪彭眞傳≫編寫組編: ≪彭眞年譜一九0二-一九九七≫, 上卷, 第396, 402頁.
35 ≪中央關于控制長春、哈爾濱及中東路保衛北滿給東北局的指示≫, 1946年3月24日; ≪中央關于東北停戰前堅決保衛戰略要地給林彪, 彭眞等的指示≫, 1946年3月25日, ≪中共中央文件選集≫, 第16卷, 第100-103頁.

국에 명확한 교섭을 주문하였다. 왜냐하면 장차 국민당 정부와의 경제합작 문제가 해결될 경우 소련이 장제스에 대해 호감을 표시할 수 있기 때문이었다.[36]

4월 18일, 소련군이 창춘에서 철수한지 3일 후 중공 부대는 창춘을 공격하였다. 이후 하얼빈과 치치하얼을 연이어 점령하였다. 이즈음 국민당 정부 역시 북만주 지역을 반드시 수중에 넣어야 한다고 판단하였다. 4월 1일, 장제스는 연설을 통해 "단지 주권 회복만 있을 뿐이다. 어느 누구도 외교적 어려움을 이용하여 정부를 압박할 수 없다."라고 하였다.[37] 국민당 군대는 즉시 쓰핑(四平)의 공산당 방어군을 향해 공격을 개시하였다. 처절했던 쓰핑 공방전은 무려 1개월 동안 지속되었고, 결과적으로 중공군은 쓰핑에서 철수하였다. 이어 국민당 군대는 대대적으로 창춘을 점령하고 쑹화장(松花江) 이남 지역 전체를 장악하게 되었다.

동북지역에서 국공 간의 군사충돌은 이것이 도화선이 되어 신속하게 전면적인 내전으로 확대되어갔다. 중공 지도자들에게 중공군의 동북지역에서의 대응은 미소관계에 대해 결론을 내리는데 아주 큰 도움이 되었다. 즉, 미국이 군사적으로 직접 개입할 가능성은 전혀 없다는 점이었다. 그리고 중공 지도자들은 실천과정에서 미소 간의 갈등을 이용할 수 있음을 깨달았다. 마샬이 중국에 온 뒤 중재 초기에 중공 지도자들은 미소 간의 갈등을 이용하여 마샬에게 압력을 가할 수 있다고 생각했다. 그들은 미국의 개입을 받아들임과 동시에 소련의 중재 참여를 제안함으로써 이익을 극대화하고자 하였다. 그들은 충칭담판에 참여하고 있던 저우언라이에게 전보를 보내 직설적으로 중국 전통사상인 "노이(奴夷)"의 도를 언급하였다. 즉, "중국은 대대로 이이제이(以夷制夷)라 불리는 정책을

---

36 《中央關于東北問題的指示》, 1946年3月5日, 參閱 《彭眞傳》編寫組編: 《彭眞年譜1902-1997》, 上卷, 第382-383頁.
37 《中國現代政治史資料匯編》, 第四輯, 第二冊.

통해 몇몇 국가들을 서로 견제시킴으로써 독립을 유지해왔다. 만약에 중국이 하나의 강국에 의해 통제되었다면 이미 옛날에 멸망하고 말았을 것이다. 따라서 영국과 소련까지 끌어들이면 더욱더 좋다."[38] 중공 지도자들의 이러한 변화는 중시할 필요가 있다. 구체적인 조건이 갖추어지면 역사적 근거가 있는 책략사상이 의식적으로 다시금 실천에 활용될 수 있음을 보여준다.

2차 세계대전 후 초기 중국 공산당과 미국 간의 동북문제에서의 갈등은 쌍방이 대립의 길을 가게 되는 결정적인 요인이 되었다. 마오쩌둥 입장에서 내전의 발발은 그가 미국인에 대해 시종일관 견지했던 의심과 경고의 시각이 정확했음을 보여주고 있다. 중공의 지도자들은 일찍이 동북에서 충돌이 발생한다 하더라도 마샬 본인은 국민당 정부가 발동한 전면적인 내전을 지지하지 않을 것임으로 여전히 그를 통해 국면을 완화시킬 필요가 있다고 생각하였다. 따라서 미국인과의 관계를 개선하고 가능한 범위 내에서 미국인을 우리 편으로 끌어들여야 한다고 주장하였다.[39] 그러나 마샬의 행동을 통해서 중공 지도자들은 미국의 입장을 최종적으로 확인하였다. 그는 국민당 정부를 통제할 능력이 없을 뿐만 아니라 점차 장제스와 보조를 맞추고 있기 때문에 미국의 의도와 역할을 새로이 평가해야 한다는 것이었다.[40] 내전이 전면적으로 발발한 후 중공은 미국을 다시 제국주의 국가로 명명하고 전면적인 비난을 시작하였다.

중공이 동북지방에서 평화와 전쟁을 선택하는 과정은 모두 소련의 영

---

[38] 《中央關于停戰、受降、恢复交通等問題給重慶代表團的指示》, 1946年1月2日; 《中央關于英國蘇聯參加國共談判問題的指示》, 1946年1月3日, 。
[39] 《周恩來年譜(1898-1949)》, 第665, 668頁; 《中央關于東北局勢及作戰問題給林彪、彭眞同志的指示》, 1945年5月15日; 《中央關于時局及對策的指示》, 1946年5月15日, 《中央關于發表紀念"七七"宣言后對美國及國民党斗爭問題的指示》, 1946年7月6日, 《中共中央文件選集》, 第16冊, 第161-163, 230-231頁。
[40] 中共中央文獻研究室編: 《周恩來年譜1898-1949》, 第674頁。

향을 받았다. 동시에 중공은 소련과의 협력에 노력하였지만, 소련인의 변덕스러움은 중공 정책 결정자들의 소련에 대한 의심만을 가중시켰다. 중공 지도자들이 국민당과의 철저한 결별을 결심하였을 때 그들은 더 이상 소련 외교전략의 구속을 받지 않겠다고 결심하였다. 역사적으로 재미있는 사실은 중공 중앙이 독자노선을 결정하였을 때 공교롭게도 냉전이 발발하여 소련 역시 더 이상 중공 중앙을 구속하지 않기로 하였고 후에는 심지어 중공을 지원하는 문제에서 더욱 적극적이기까지 하였다.

내전 발발 후 국민당과 공산당은 마침내 철저히 결별하였다. 그리고 동아시아의 정세는 국공 내전의 결과에 따라 좌우되었다. 먼저 미소의 중국에서의 관계는 실질적으로 역사적인 한 단계를 마무리하였다. 중공이 끊임없이 싸움에서 승리함에 따라 미국과 소련의 중국에 대한 영향력은 상반된 방향으로 변화하였다. 미국의 영향력은 점차 쇠락하기 시작하여 중국에서 철저히 몰려나기 시작한 반면 소련은 정치적 영향력이 점차 확대되어 신중국과 동맹을 결성할 정도가 된다. 이러한 결말은 미소의 동아시아 정책이 거의 동시에 발생한 변화와 일정한 관계가 있다. 1948년 봄, 소련은 중공을 지원하는 것을 골자로 동아시아에 보다 적극적으로 간여하기로 결정한다. 반면 미국 정부는 동아시아 대륙에서 철수하고 장차 전략의 중심을 일본으로 옮기는 것을 검토한다. 그러나 더욱 직접적인 원인은 미소의 중국 공산당과의 관계에 있었다. 간단히 말하면 소련은 중공의 지지자인 반면에 미국은 중국혁명의 반대자 또는 방해자였다.

중공 중앙의 선택은 가장 결정적이었다. 그들이 이러한 선택을 하게 된 가장 큰 이유는 이 시기 중공 지도자들의 미소 간 다툼과 중국 정국(政局)간의 관계를 바라보는 시각에 중요한 변화가 생겼기 때문이다. 비록 내전이 발발하고 미소 간 격렬해지는 전면적인 대항과도 상관이 있었지만 무엇보다도 중공 지도자들은 중국의 정세변화와 그들 사이에 그렇게 긴밀한 연관 관계가 없다고 판단하였다. 오히려 미소가 중국문제에 개입할 능력과 희망 모두 상당히 제한적이라고 보았다.

1946년 4월 마오쩌둥은 국제정세에 대한 자신의 새로운 견해를 발표했다. 이는 아주 짧은 문건의 형태로 중공 중앙의 부문별 간부들에게 회람되었다. 당시 중공 내에는 비관적인 관점이 돌고 있었다. 즉, 국공 간의 동북에서의 충돌은 전면적인 내전으로 확대되어 미국의 군사적 간섭이 뒤따를 것이라는 생각이다. 이때는 처칠이 풀턴에서 연설을 한 지 한 달쯤 되는 시점으로 국제적으로 관련 대국들간 충돌이 발생할 것이라는 여론이 싹트고 있었다. 이는 중공 당내의 우려를 낳았고 심지어 공포심마저 조성하였다. 이런 상황을 겨냥하여 마오쩌둥은 처음으로 자신의 판단을 제시하였다. 그는 미소 관계는 아직까지 타협을 위주로 하며 다음의 두 가지 중요한 점이 있다고 지적했다. 첫째, 대국 간의 타협으로 전 세계 모든 민주세력이 오로지 미국과 결연한 투쟁을 벌일 수밖에 없다. 둘째, 소련과 미국, 영국, 프랑스 간의 타협은 이로 인해 자국 내 국민들의 타협을 요구하지는 않을 것이다. 다시 말하면 중공 중앙은 소련의 대외정책에 부합하기 위해서 국민당 정부에 끊임없이 양보를 할 필요가 없다는 것이다.[41] 이는 중공 지도자들의 냉전과 중국혁명운동과의 관계에 대한 인식에 중요한 변화가 발생했다는 신호였다.

전면적인 내전이 발발한 지 얼마 지나지 않아 마오쩌둥은 '중간지대'라는 용어를 사용하여 그의 국제정치에 대한 이해를 개괄적으로 설명하였다. 8월 6일, 마오쩌둥은 미국 기자 안나 루이스 스트롱(Anna Louise Strong)과의 회견에서 처음으로 '중간지대'라는 개념을 제기하였다. 마오쩌둥은 전후 국제정치의 주된 모순은 미소 간의 투쟁이 아니라고 보았다.

---

41 毛澤東: ≪關于目前國際形勢的几点估計≫, 1946年4月, 見 ≪毛澤東選集≫, 第四卷, 第1184-1185.

그가 묘사한 국제정치와 지연정치 전략도에는 미국과 소련의 중간에 심히 광대한 지대가 놓여 있는데 이것이 바로 중간지대였다. 마오쩌둥의 중간지대에는 유럽, 아시아, 기타 대륙의 수많은 자본주의 국가와 식민지, 반식민지 국가가 있다. 미국의 첫 번째 목표는 바로 이러한 국가를 억압하고 복종시키는 것이지 소련을 공격하는 것이 아니다. 그의 논술에 의하면 '중간지대'는 지연정치와 국제정치의 두 가지 중요성을 포함하고 있으며, 미소 간에 존재하고, 그 범위는 매우 광활하며 국가와 인구 역시 매우 많았다. 마오쩌둥은 3월 발발한 냉전은 미국이 내세운 연막작전에 불과하며, 미국의 진정한 목적은 소련을 공격하는 것이 아니라 미국의 국내외 문제를 해결하고 침략세력을 확대하여 모든 국가들을 미국의 부속물로 만드는 것이라고 하였다. 따라서 전후 국제정치의 주요 갈등은 미소 간의 다툼이 아니라 미국의 확장과 중간지대 국가들의 미국 반대 투쟁이라 할 수 있다.[42]

11월 21일, 마오쩌둥, 류샤오치, 저우언라이 등 3인은 옌안의 자오위안(棗園)에서 회의를 가졌다. 당시 회의는 루딩이(陸定一)가 기록하였는데 이는 그들이 이날 회의의 내용을 정식으로 선전하고자 했음을 암시한다. 마오쩌둥은 발언을 통해 다시금 '중간지대' 문제를 거론한다. 그는 현재 세계는 삼분되어 있으며, 미국, 소련 그리고 미소 간의 중간지대가 바로 그것이다. 이 세 지역 간의 주된 모순은 미국 반동파와 세계 인민의 대립으로 중국 역시 이러한 대립을 반영하고 있으며, 중국의 혁명운동 역시 주요 모순중의 하나로(소련 때문은 아니며) 국제사회와 밀접한 관계를 가지고 있다라고 하였다. 또한 그는 장차 미국과 기타 자본주의 국가와의 관계는 국제사회의 주요모순으로 발전할 것이며, 2차 세계대전이 발발한

---

42 《和美國記者安娜. 路易斯. 斯特朗的談話》, 1946年8月6日, 見 《毛澤東選集》, 第四卷, 第1193-1194頁.

것처럼 미소 간의 모순은 국제정치의 중심이 아니다라고 하였다.[43] 몇몇 작은 문제에 대해 합의를 본 후 마오쩌둥은 루딩이에게 이에 관한 전문적인 글을 써서 공산당 전체의 인식통일을 도모하라고 주문했다. 루딩이는 단시간 내 초고를 완성하고 두 번에 걸친 마오쩌둥의 지시와 수정을 거친 후 류샤오치와 저우언라이의 동의를 거쳐 1947년 1월 4일 「제팡르바오(解放日報)」에 발표하였다. 이 신문에 게재된 문장은 아주 명확하게 당시의 상황을 지적하고 있다. 즉, 현재 세계의 주된 모순은 미국 인민과 미국 반동파의 모순, 그리고 영미 간 모순과 중미 간의 모순이며, 국제정치 중 미소 간의 모순이 주요모순이라는 관점에 대해서는 중국과 외부 반동파의 독단적인 선전이라고 일축하였다.[44]

마오쩌둥이 '중간지대'라는 개념을 제기한 것은 먼저 중공의 전략변화에 대한 필요성 때문이었다. 당시 중국 공산당은 국민당과의 결전을 선택하였는데, 이는 필연적으로 자신들의 선택이 국제정치와 어떠한 연관성을 가지고 있는지 설명할 필요가 있었다. 이런 관점에서 보자면 마오쩌둥의 국제정치에 대한 묘사는 매우 실용적이라 할 수 있다. 사실 당시 그의 국제정치에 대한 분석을 아주 정확하다거나 체계적이라 말할 수 없지만 적어도 중공의 실행전략 변화라는 기본적인 필요조건은 만족시켰다고 할 수 있다. 즉, 마오쩌둥은 중국혁명운동은 이미 스스로의 길을 갈 수 있는 조건이 발생하여 상시적으로 미소관계를 고려할 필요가 없다고 설명함으로써 실질적인 문제를 해결할 기반을 마련하였다. 사실 미국과 소련은 국공 내전에 개입할 능력도 의지도 없는 상황이었다.

'중간지대' 사상의 핵심은 세계 각국과 각 지역의 민족해방과 혁명운

---

43 毛澤東: ≪要胜利就要搞好統一戰線≫, 1946年11月21日, 見 ≪毛澤東文集≫, 第四卷, 第197頁.
44 陸定一: ≪對于戰后國際形勢中几个基本問題的解釋≫, 1947年1月2日, ≪解放日報≫, 1947年1月4日.

동이 미소관계보다 더 중요한 영향력을 가지고 있으며, 이 운동이야말로 전 세계의 앞날을 결정하는 주요역량이고 중국의 혁명 역시 이 가운데에서 중요한 위치를 차지하고 있다는 것이다. 루딩이는 문장에서 "현재 세계적 차원의 통일전선이 형성되고 있는데 이는 십여 억에 달하는 거대한 대오를 포함하고 있으며, 동시에 세계 역사의 새로운 한 페이지를 장식하고 있다. 특히 중요한 사실은 중국혁명이 이 중 중요한 부분을 차지하고 있다는 것이다."라고 서술하였다.[45] 이러한 새로운 관점은 중공 지도자들이 중국의 국제지위를 새롭게 정의 내리는데 논리적인 영향을 미쳤다. 그러나 당시에는 미처 현실이 되지 못하였다.

'중간지대' 개념이 제기된 후 1년여의 시간이 지난 1947년 9월, 유럽 9개국 정보국 회의(코민포름)가 소집되었는데 이때 마오쩌둥의 언행에서 중간지대의 개념이 사라졌다. 회의에서 소련 공산당 대표 안드레이 즈다노프(Zhdanov, Andrei)는「국제정세를 논함」이라는 보고를 작성하고, 본 회의는 이것에 근거하여「국제정세에 관한 선언」을 통과 시켰다. 이 선언은 세계는 이미 미소를 중심으로 하는 양대진영을 형성하였고, 미소 양국은 사활을 건 투쟁을 진행하고 있으며, 각국 공산당의 주요임무는 바로 소련을 중심으로 단결하여 미국의 노역과 침략에 반대하는 것이라고 하였다.[46] 10월 5일 소련 공산당 기관지「프라우다(Pravda)」는 유럽 노동자당과 코민포름(Cominform, 공산당 정보국)이 결성되었음을 알렸다. 소련은 이를 통해 향후 상기 조직이 국제 반미투쟁을 이끌고 조직할 것이라고 공개적으로 선포하였다. 이 사실이 중공 중앙에 미친 영향이 얼마나 컸을지는 언급할 필요도 없다. 마오쩌둥은 신속하게 소련의 관점을 받아들인다고 선포하고 세계에는 이미 상대적으로 대립하는 양대진

---

45 陸定一:《對于戰后國際形勢中几个基本問題的解釋》.
46 《共産情報局會議文件集》, 第5頁.

영이 존재하며, 소련은 혁명진영의 의심할 여지 없는 지도국임을 공개적으로 천명하였다. 마오쩌둥은 또한 신속하게 코민포름의 선언을 이용하여 미국은 이미 세계를 노예화 시키는 계획을 수립하였다고 하였다. 그러나 우세를 점한 곳은 바로 우리 쪽이며 적들이 아니다라고 하였다. 이어 그는 중공은 내부에 있는 나약하고 무능한 생각을 없애야 하고, 적들의 역량을 과대평가하고 인민의 역량을 과소평가하는 착오를 범하지 않아야 한다고 강조하였다.[47]

마오쩌둥의 중간지대 사상과 코민포름의 주장을 간단히 비교해 보자면 이 사이에 분명한 차이가 있음을 어렵지 않게 발견하게 된다. 마오쩌둥의 중간지대론은 중국혁명은 비록 유일한 중심은 아니지만 국제정치의 중심에 자리잡고 있다고 주장한다. 그러나 코민포름의 선언은 국제정치의 중심은 여전히 미국과 소련이며, 지연정치(地緣政治)의 각도에서 보자면 유럽 역시 여전한 중심이라고 하고 있다. 코민포름은 중공이 수행하는 혁명을 언급하지도 않았으며, 소련 지도자들이 중공을 공산당으로 인정하는지 여부도 여전히 의문이었다.

실제로 마오쩌둥과 중공 중앙이 소련과 코민포름의 주장을 즉시 수용한다고 표시한 것은 매우 현실적인 선택이었다. 어쨌든 이번 코민포름의 선언은 혁명과 투쟁을 고무하고 있어서 이전 소련의 타협과 양보와는 달랐기 때문이다. 소련정책의 변화는 중공 중앙이 코민포름의 선언을 지지하게 하는 가장 중요한 요소였다. 중공 지도자들의 공산당 창립부터 전국적인 내전 발발까지 20여 년 간의 정치여정을 개괄해 보면 그들은 단지 2차대전 이후 아주 짧은 기간 동안 열강들 간의 타협과 협력이 국제정치의 주류가 될 수 있으며, 이런 이유로 각국 내부의 정치투쟁 역시 완화될 수 있다고 믿었다. 그러나 냉전과 내전의 발발에 따라 그들은 완

---

[47] ≪目前形勢和我們的任務≫, 第1259-1260頁.

화와 안정은 비현실적이며 제한적이고 일시적이라는 결론에 도달했다. 강대국 간의 갈등과 충돌은 가장 근본적인 문제로 국제정치에서 다양한 위기는 끊임없이 무조건 발생한다는 것이다. 이 시기를 기점으로 완화라는 생각은 마오쩌둥을 비롯한 공산당 지도자들의 마음에서 사라졌다. 그들은 열강들 간의 지속적인 분쟁 속에서 그들의 갈등을 이용하는 것이 바로 대외정책의 정수라고 믿었다.

혁명 민족주의의 진작은 중국 공산당 전략적 판단의 기본배경이다. 이는 신중국 외교사상의 근원이며 오랜 세월 영향을 미쳐왔다. 2차 대전 후 중국에서는 민족주의가 다시 활기를 띠기 시작했다. 중국 공산당이 이끄는 혁명 역시 만일 민족주의의 요구를 반영하지 못한다면 어떠한 성공의 기회도 보장할 수 없었다. 실제 중국혁명 자체는 급진적인 민족주의를 포함하고 있다. 중공 지도부는 비록 그들이 미국의 간섭을 피하고 소련과의 관계를 처리하기 위해 신중에 신중을 기하긴 하였지만 기본적으로 중국혁명에 대한 외부의 방해와 간섭에 대해 상당한 반감을 가지고 치열하게 투쟁하였다. 중공의 정치동원 과정을 살펴보더라도 민족주의는 가장 효과적인 방법임을 여실히 증명하고 있다. 특히 혁명 대오들의 투지를 자극하고 희생과 열정, 용기를 북돋는데 큰 역할을 하였다.

이 시기 중공의 혁명 민주주의는 전후 동아시아 국제질서의 도전, 충돌 그리고 최종적으로 근본적인 문제인 혁명과 전복 문제를 겨누고 있었다는 점에서 뚜렷한 특징이 있다. 이런 특징은 2차 대전이 끝나는 시점에 표출되기 시작하였고, 중간지대론의 제기는 혁명 민주주의의 첫 번째 이론화 시도였다. 중공의 전략변화에 따라 혁명 민주주의는 1947년 가을을 기점으로 최고조에 다다르기 시작했다. 당시 혁명 민주주의를 대표하는 키워드는 바로 '두려워 마라.'였다. 이는 결국 미국의 간섭을 두려워하지 마라는 의미였다.

'두려워 마라.'라는 구호가 처음 나타난 것은 일본이 투항을 선포하기 전날 마오쩌둥이 옌안에서 행한 정치동원 보고에서였다. 그는 회의에 참가한 중공 간부들에게 "우리는 아무 거리낌이 없다. 미국이 장제스를 지지하는 걸 두려워 마라. 제국주의자들이 겁을 주려는 전형적인 수법이다. 식민지의 많은 사람들이 이를 두려워한다. 그러나 우리 중국의 일부 사람들은 두렵지 않다."라고 하였다.[48] 내전이 전면적으로 발발한 이후 마오쩌둥은 미국을 종이호랑이에 비유하고 중공은 한바탕 바람에 결코 무서워하지 않는다고 하였다.[49] 이때부터 마오쩌둥은 중공내부에서 의식적으로 미국을 두려워하는 심리를 없애기 위해 노력하였고, 반미(反美)는 중공 중앙이 진행하는 정치동원의 중요한 내용이 되었다. 반미와 공미(恐美) 제거 사상은 이후 신중국 건국 후 지식인 사상개조 운동을 벌일 때까지 지속적으로 중요한 영향을 미치게 된다.

1947년 12월, 중공 중앙은 미즈현(米脂縣) 양자거우(楊家溝)에서 확대회의를 소집하고 중공군대의 전략적인 공세 이후 국내정세와 중공의 전략계획에 대해 토론하였다. 이 회의에서 결정한 주요내용은 앞에서 언급한 바와 같이 소련과 코민포름 회의가 선포한 양대진영에 관한 선언을 받아들인다는 것이었다. 그러나 회의기간 동안의 토론은 당의 지도부에 다른 의견이 있음을 보여주었다. 예를 들어 회의에 참석한 일부 간부들은 여전히 대규모 국제충돌이 발생할 가능성이 크며, 전 세계 인민은 아직 전쟁을 억제할만한 역량을 보유하지 못한다 등의 문제를 제기하였다.

마오쩌둥은 일부 중공 간부들이 미국이라는 말만 듣고도 무서워한다

---

48 毛澤東: ≪抗日戰爭勝利后的時局和我們的方針≫, 19545年8月3日, 第12和 17-18頁。
49 毛澤東: ≪和美國記者安娜路易斯斯特朗的談話≫, 第1195頁; 毛澤東: ≪在小河中共中央擴大會議上的講話≫, 1947年7月21日, 中共中央文獻研究室編、中國人民解放軍軍事科學院編: ≪毛澤東軍事文集≫, 第四卷, 第268頁。

고 신랄하게 비판하였다. 그는 미국을 두려워하는 것은 역사적으로 이어져온 부산물인데 중국이 다년간 제국주의와의 투쟁 끝에 실패를 맛봄으로써 정신적으로 두려움이 존재한다고 보았다. 또한 그는 "소련 사람들도 미국을 두려워한다. 그들은 미국의 캔 제품을 좋아하고, 미국 담배를 좋아하면서 위대한 현실은 무시한다. 이는 전쟁 때문에 발생한 상처이며 아직까지 정신적으로 해방이 되지 않아 종이호랑이를 두려워한다."고 하였다. 주의할만한 사실은 마오쩌둥이 티토(Tito)가 이끄는 유고슬라비아 공산당을 찬양했다는 점인데, 마오쩌둥은 전후 티토만이 미국에 대한 두려움이 없었으며 지속적으로 무장투쟁을 진행하여 안정을 찾았다고 보았다.

그는 즈다노프와 몰로토프가 미국에 대해 조금은 연약한 모습을 보이고 있음을 암시했다. 유고슬라비아 공산당에 대한 칭찬과 소련 공산당에 대한 비꼼은 중공과 소련의 관계에 부정적인 영향을 미칠 수도 있었지만, 이때 마오쩌둥이 더욱 중요시 했던 것은 중공 간부와 지휘관들이 정신해방을 얻는 것이었다. 그는 중공이 전국적인 정권을 획득하려면 반드시 정신을 해방시켜야 하고 이를 위해선 먼저 미국의 군사적 간섭을 두려워하지 않아야 한다고 생각하였다.[50]

마오쩌둥의 '두려워 마라.' 사상은 당시 국제정세에 대한 독특한 분석에서 비롯되었다. 그가 회의에서 한 최종보고를 살펴보면 국제정세 중 3가지의 기본 문제가 중공에 매우 중요한 것으로 나타난다. 첫 번째는 세계대전은 발발하지 않을 것이며 미소 양국은 조만간 타협할 것이다. 두 번째는 미소 간의 타협에는 한계가 있을 것이다. 모든 문제에서 타협하기란 어려울 것이다. 세 번째는 소련의 미국에 대한 타협은 결코 각국

---

50 ≪毛主席在一九四七年十二月中央會議上的談話≫, ≪陳毅傳達毛主席十二月中央會議談話≫.

공산당에게 이로 인한 국내의 타협을 요구하지는 않을 것이다. 그들은 서로 다른 상황에 맞게 서로 다른 투쟁을 진행하여야 한다.[51] 마오쩌둥이 이렇게 말한 것에는 고도의 목적이 있었다. 그는 냉전이 발발하는 상황하에 중공의 대내외 정책에 설득력 있는 근거를 제공하고 다양한 선택의 여지를 갖기 위해 이렇게 말했던 것이다.

1948년 1월 15일, 마오쩌둥은 서북 야전군 확대회의에서 조금의 거리낌도 없이 이전 회의에서 발표하였던 그의 관점을 재차 언급했다. 그는 "중국의 내전은 미국이 장제스를 적극적으로 지원함으로써 조기에 발생하였다. 그러나 우리는 미국인을 두려워하지 않는다. 오히려 미국인을 무시한다. 어떤 제국주의도 두렵지 않다. 우리는 적을 얕잡아 보아야 한다. 현재 적을 쉽게 보는 동지는 아직 많지 않다. 보이지 않는 곳에서 미국과 4대 매판가족에 대해 무서워하는 이들이 많다. 그러나 두려워 말아야 한다."고 하였다.[52] 마오쩌둥의 연설에는 전례가 없을 정도로 정신해방에 대한 강조가 많이 녹아 있었다. 회의가 끝난 후 중공 지도자들은 대규모 정치동원을 시작했다. 여기에는 중공 내부에 존재하고 있는 미국에 대한 두려움을 제거하는 활동이 포함되어 있었다.[53]

새로운 정치동원의 효과는 실로 놀라웠다. 1947년 12월과 1948년 5월 주더(朱德)가 군 간부들과 나누었던 대화 내용을 비교해 보면 중공군 지휘관들의 정신상태에 이미 거대한 변화가 생겨났음을 살펴볼 수 있다.

---

51 毛澤東: 《在楊家溝中共中央擴大會議上的講話(二)》, 1947年12月28日, 中共中央文獻研究室編: 《毛澤東文集》, 第四卷, 人民出版社1996年版, 第333頁.
52 毛澤東: 《在前委擴大會議上的講話》, 1948年1月15日, 參閱逢先知主編: 《毛澤東年譜1893-1949》, 下卷, 第267-268頁.
53 《朱總司令在晉察冀野戰軍干部會議上的講話(記彔稿, 本人未審)》, 1947年12月; 《周恩來同志在西北高干擴大會議上關于全國戰爭形勢的報告》, 1948年1月11日; 鄧小平: 《在野戰軍直屬股長營級上干部會議上的報告》, 1947年6月21日, 中國人民大學中共黨史系資料室編: 《中共黨史教學參考資料"解放戰爭時期"》, 上冊, 第390頁.

1947년 12월 주더는 진차지(晋察冀, 허베이성 바오딩시에 있는 관광지)에서 열린 야전군 간부회의에 참가했다. 그는 연설을 통해 정세가 매우 좋음을 강조하였다. "현재 소련이 견고해지고 있다. 세계 각국의 인민들도 단결하고 있다. 중공은 더 이상 홀로 전쟁을 준비하지 않아도 된다." 회의에 참가한 간부들이 제기한 문제 중에는 미국과 관련된 질문이 적지 않았다. 예를 들어 미국이 군사를 파병해 장제스를 도울 것인가? 반미운동이 3차 세계대전을 일으키지는 않을 것인가? 등등이었다. 기록에 따르면 주더는 미국은 아마도 출병하지 않을 것이며 따라서 제3차 세계대전 역시 일어나지 않을 것이라고 간단명료하게 대답한 것으로 나온다.[54] 1948년 5월 14일 주더는 화동지역 야전군 간부회의에 참가하였다. 회의 참가자들은 "4대 가족이 미국으로 도망을 갔다는데 다시 데리고 와서 공개재판을 할 수 있는지?"를 물었고, 이에 대해 주더는 "데려오지 않을 것이다. 미국 인민들이 혁명을 일으켜 잡을 것이다."라고 대답하였다.[55]

두 번의 회의에서 기층 지휘관들이 제기한 질문을 비교해 보는 것도 의미 있는 일이다. 첫 번째 회의의 질문을 보면 회의 참석자들에게는 미국의 직접적인 군사적 간섭에 대한 두려움이 있음을 알 수 있다. 그러나 두 번째 회의의 질문을 살펴보면 회의 참석자들에겐 이미 이러한 걱정은 없고 최종적인 승리에 대한 자신감으로 가득 차 있다. 따라서 미국으로 쫓아가 장제스 관련 인사들을 체포할 수 있는가? 하는 문제까지 생각이 미치고 있다. 이런 문제는 당연히 질문자의 일종의 무지를 반영하고 있다. 그러나 더욱 중요한 것은 간부와 사병의 정신상태에 근본적인 변화가 발생했다는 것이다. 다시 말하면 중공 중앙은 미국을 두려워해 감히 반미투쟁을 진행하지 못하는 우경화된 관점을 바로잡는 정치동원의 목적을

---

54 ≪朱總司令在晋察冀野戰軍干部會議上的講話≫, 1947年12月。
55 ≪朱總司令在華東野戰軍干部會上的四次講話≫, 1948年5月14日。

달성했다.[56]

　이런 정치동원의 결과는 이후 중공 지도자들이 대외정책의 세부사항을 결정하는데 직접적으로 영향을 주었다. 이는 1948년 이래 중공 중앙이 발표한 외교관련 문건에 사용된 표현을 통해 더욱 명확히 알 수 있다. 예를 들어 관련대표들이 외교 장소에서 외국의 간섭을 반대해야 하며, 상대의 도발성을 경고하고, 면전에서 폭로하며, 결연히 거절한다 등의 표현이 바로 그것이다.[57] 1948년 11월 중순을 기점으로 중공 중앙의 정책은 명백히 강경해졌다. 이는 동북 야전군이 선양을 점령한 후 미국, 영국, 프랑스 영사관과의 왕래와 그 후의 결과와 직접적인 관련이 있다. 이 사건과 연이은 외교관련 사건을 통해 중공 중앙은 지역 지도자, 군대 지휘관 등과 이미 상호 교감을 주고받는 상태였으며, 당내와 지휘관들에게 이미 고도의 민족주의 정신이 파급되어 중공 중앙의 대외정책을 견인하기 시작했음을 확인할 수 있다. 물론 당과 군대내의 정신상태는 중공 중앙의 생각과 부합하였고 따라서 이런 추세는 지속적으로 발전할 수 있는 힘을 얻었다.

　1949년 1월 6일에서 8일, 중공 정치국은 시보포(西柏坡, 허베이성 스자좡시 핑산현 소재)에서 회의를 소집했다. 회의에서 중공 지도자들은 처음으로 외교문제를 토론하고 외교업무에 관한 지시 초안을 전문적으로 마련했다. 마오쩌둥은 발언을 통해 "두려워하는 심리는 아직 해결되지 않았다. 사람들은 보이지 않는 것을 두려워하기 싶다. 국민당은 이러한 보이지 않는 것으로 사람들을 공포스럽게 한다. 중공은 미국, 영국,

---

56 ≪中央關于對美外交斗爭策略的指示≫, 1948年3月24日, 參閱中共中央文獻硏究室編: ≪周恩來年譜1898-1949≫, 第767頁.
57 ≪中央關于在歐洲活動方針給中央工委轉東北局、劉宁一同志≫, 1948年3月19日; ≪中央關于与英商談貿易問題給方同志的指示≫, 1948年9月25日, 參閱中共中央文獻硏究室編: ≪周恩來年譜1898-1949≫, 第767, 789頁.

프랑스 등 국가를 타도할 것이며 승인하지 않는다."라고 하였다.⁵⁸ 저우언라이의 발언 역시 정신해방을 강조하였다. 그는 "중국인은 백여 년 동안 압박을 당해왔지만 마침내 지금 일어서기 시작하였다. 우리는 기개를 가져야 하며 미국을 두려워하는 마음을 반대하고 스스로의 의지를 키워야 한다. 또한 미국이 우리를 찾지 않으면 안될 상황이 올 것이며 우리는 급할 필요가 없다. 종합하면 모든 사고관념을 변화시켜야 한다."고 하였다.⁵⁹

회의가 끝난 후 중공 중앙은 정식으로 지시문을 발송하여 다수의 제국주의 국가의 중국주재 대표를 정식 외교인원으로 인정하지 않는다고 하였다. 이렇게 해야지만 외교에서 주도적인 지위를 차지할 수 있고 과거 굴욕외교의 속박에서 벗어날 수 있다고 본 것이다.⁶⁰ 3월 개최된 제7기 2중 전회기간 동안 외교정책을 설명하는 자리에서 마오쩌둥은 전국에서 승리를 거둔 후 상당기간 동안 미국 등이 새 정권을 승인하는 문제에 굳이 급히 해결할 필요가 없으며, 만약에 그들이 우리에 대한 적대적인 태도를 바꾸지 않는다면 그들에게 중국에서의 합법적인 지위를 인정하지 않을 것이라고 하였다. 그는 이러한 논리에 근거하여 외교를 고민해야지만 진정으로 중국인이 떨치고 일어나게 될 것이라고 믿었다.⁶¹

제7기 2중 전회는 중공 중앙의 향후 외교정책이 주로 두 가지 부분의 내용을 포함하게 될 것임을 보여주고 있다. 첫째는 혁명과 전쟁을 통해서 전후 열강이 동아시아에서 구축한 국제질서를 무너뜨린다는 것이고, 중국의 세계지위에 대한 새로운 인식을 바탕으로 미래의 대외관계를 구축

---

58 胡喬木: ≪胡喬木回憶毛澤東≫, 第537,546-547頁.
59 中共中央文獻研究室: ≪周恩來年譜1898-1949≫, 第805-806頁.
60 ≪中央關于外交工作的指示≫, 1949年1月19日, 中央檔案館編: ≪中共中央文件選集≫, 第18冊, 第44頁.
61 毛澤東: ≪在中國共産黨第七屆中央委員會第二次全体會議上的報告≫, 1949年 3月5日, 見 ≪毛澤東選集≫, 第四卷, 第1434-1435頁.

하겠다는 것이다. 둘째는 혁명적인 외교행동을 통해 이전 역대 정부가 중국에서 구축해 놓았던 외교체제와 대외관계의 기본 틀을 없애겠다는 것이다. 특별히 중요한 부분은 중공 지도자들의 몇몇 언급에서 살펴 볼 수 있다. 중공 지도자들은 앞으로도 공산당 성립시기의 이론과 논리를 근거로 신정권의 외교범위를 주로 미국 등 서방국가와의 관계와 소련 진영 국가와의 관계로 정하였다. 그리고 외교업무와 관련하여 국제공산주의 운동 중 공산당 간의 관계가 중국의 외교관계를 우선적으로 주도할 것이라 하였다.

이상의 논술은 중공 지도자들이 냉전 국제체제와 대외정책을 사고하는 내재논리와 혁명의 최종단계에서의 전략변화의 주요 영향요인을 설명하고 있다. 그러나 이 시기 그들은 여전히 관망하거나 탐색을 하고 있었다. 특히 경험이 부족했기 때문에 외교행동을 취할 때 상당히 신중하였고, 어휘 선택에도 매우 엄격하였다.[62] 특히 예상치 못한 많은 사건의 영향으로 훗날 일변도(一邊倒)라는 모 아니면 도 식의 선택을 강화하게 되었음을 부인할 수 없다. 또한 이는 소련과 동맹을 맺고 미국과 대립의 길을 걷게 하는데 막대한 영향을 미쳤다.

---

62 ≪中央關于對法國領事要求与我建立外交關系問題給華北局的指示≫, 1948年 7月28日; ≪中央關于与英商談貿易問題給方方同志的指示≫, 1949年9月25日。

제2절
동맹의 시작

　1949년 6월 30일 마오쩌둥은「인민민주 독재를 논한다」를 발표하고 확실한 승리에 도달하기 위해서는 반드시 일변도(一邊倒) 정책을 취해야 한다고 선포하였다.[63] '일변도'는 이로부터 한 시기 중국의 대외정책을 포괄하는 용어가 되었다. '일변도'는 구체적인 이미지가 있는 동시에 간단명료하다. 특히 냉전초기 중공 지도자들의 선택 속에 숨어있는 양자택일이라는 특성을 생생하게 보여주고 있다. 당시 이 문장의 발표시기는 매우 중요했다. 류샤오치를 대표로 하는 중공 대표단은 이미 모스크바 비밀방문 여정에 올랐기 때문에 이는 중국 지도자들이 장차 소련 일변도로 냉전에 참가하겠다는 의지와 결심을 보여주는 것이었다. 사실이 이러하다 하더라도 우리는 이전부터 오랫동안 내려온 중국의 결정배경과 이 시기 발생한 일련의 사건들을 자세히 고찰해 볼 필요가 있다.
　다수의 냉전사 연구는 그 시작을 1차 세계대전 이후 미국과 소련의 대외정책 및 그 사이의 관계에서 비롯된다고 본다. 만약 이러한 장시간에 걸친 역사를 통해 중국 공산당이 수행한 혁명운동과 냉전의 관계를 관찰

63　毛澤東:《論人民民主專政》, 1949年6月30日,《毛澤東選集》, 第四卷, 第1472-1473頁.

한다면 이 사이에는 자연스런 연관관계가 있다고 말할 수 있다. 중공은 중국 민족해방운동의 가장 급진적인 세력으로서 탄생과 더불어 소련 공산당을 선생님 또는 지도자로 여겼고, 소련을 정신적 고향으로 삼았다. 실천과정에서도 중공 중앙은 오랜 기간 동안 모스크바의 사상과 정책지도를 받았다. 중공의 국제사회와의 모든 관계는 코민테른(Komintern, 국제 공산당)의 일개 지부로서 소련의 지도하에 있는 국제 공산주의 운동의 편에 서는 것이었다. 레닌주의와 스탈린주의의 이데올로기와 언사체계는 중국 공산당과 소련 공산당의 관계에서 결정적인 작용을 하였고, 중국 지도자들의 세계관 형성에 일조하였다. 물론 이는 단지 거시적인 개괄일 뿐이며, 중국 공산당 지도자들의 입장에서 소련과의 관계를 어떻게 합리적으로 인식하고 처리하느냐는 것은 매우 복잡하고 심각한 문제였다. 1950년 2월 14일 소련과의 동맹이 체결될 때까지 이러한 인식의 과정은 끝나지 않았고 많은 곡절을 겪어야만 했다.

2차 세계대전 기간 동안 중공과 소련의 관계는 전체적으로 점진적으로 냉각화된 추세라고 할 수 있다. 중공 중앙은 쌍방 간의 연결고리를 유지하기를 희망했지만 주도권은 마오쩌둥의 수중에 있지 않았다. 전후 초기 쌍방의 관계는 동북지역에서 긍정적인 발전을 이루어냈다. 그러나 마오쩌둥은 줄곧 소련이 미국과 함께 얄타체제를 형성하는 것에 반감을 가지고 있었고, 중공이 소련에 협조하여 국민당과 타협을 이루는 것에 매우 큰 불만을 가졌다. 그는 '중간지대' 사상을 내세울 때 소련은 세계의 앞날을 결정하는 가장 중요한 세력이 아니라고 생각하였다. 1947년 여름에 이르러서야 중공 지도자들은 소련과의 관계를 강화해야한다는 간절한 희망을 표현했고 당내에는 대소 관계 발전을 위한 사상동원이 시작되었다.

중공 중앙이 이 시기 대소관계 진행과정을 어떻게 토론하고 분석했는지는 아주 명확하지는 않다. 다만 알려진 사실은 마오쩌둥이 스탈린에게

1948년에 모스크바 방문을 요청하고 적극적으로 준비에 착수했지만, 스탈린은 마지못해 환영을 표시했다는 점이다.⁶⁴ 1948년 4월 26일의 전보에서 마오쩌둥은 스탈린에게 1~3개월 동안 출국해서 동유럽 국가들을 포함한 인민전선을 시찰하려 한다고 하였다.⁶⁵ 7월 4일, 마오쩌둥은 재차 소련방문의 상세 계획을 보냈다. 그러나 10일 후인 7월 13일 스탈린은 회신을 통해 소련 공산당 지도자들이 모두 가을 추수에 나서니 마오쩌둥의 소련방문을 조금 늦추길 희망한다고 하였다. 중공 지도자들을 수행했던 소련의사 오르로프(Orlov Terebin)의 말해 의하면 마오쩌둥은 전문 번역을 들으면서 연신 알았다 좋다고 하면서 방문을 늦추는데 동의하였다.⁶⁶ 4일 후 오르로프는 스탈린에게 보낸 전보에서 "6년여 동안 마오쩌둥을 관찰한 경험에 의하면 그의 마음속에 어떠한 생각이 있는지 헤아리기 매우 어렵다. 그는 아마도 스탈린이 자신을 거절했다고 의심할 가능성이 있다."라고 하였다.⁶⁷ 사실 마오쩌둥의 방소(訪蘇) 계획은 내전기간 동안 시종일관 실현되지 못했다. 이는 중공이 소련과의 관계 강화를 간절히 원하는 모습처럼 보였다.

소련과 유고슬라비아 간의 충돌은 중공 중앙이 스탈린에게 자신들의 태도를 표명하는 중요한 계기가 되었다. 1948년 3월부터 소련과 유고슬

---

64 關于毛澤東訪蘇問題有几种不同的說法, 中方記彔可見師哲: ≪在歷史巨人身邊≫, 第366頁; 聶榮臻: ≪聶榮臻回憶彔≫, 下冊, 解放軍出版社1984年版, 第675頁。蘇方可見"Cable, Stalin (Kuznetsov) to Mao Zedong (via Terebin), 15 June, 1947; "Cable, Stalin (Kuznetsov) to Maozedong (via Terebin), 16 December, 1947; "Cable, Stalin(Kuznetsov) to Mao Zedong (via Terebin)",20 April,1948, see in *CWIHP*, Issue 16, Fall 2007 / Winter2008, p113。

65 "Cable,Stalin(Kuznetsov) to Mao Zedong (via Terebin)",20 April,1948, *CWIHP*, Issue 16, Fall 2007 / Winter2008, p116。

66 "Cable,Terebin to Stalin", 14 July,1948, *CWIHP*, Issue 16, Fall 2007 / Winter2008, p118。

67 "Cable,Terebin to Stalin (via Kuznetsove)", 14 July,1948, *CWIHP*, Issue 16, Fall 2007 / Winter2008, p119。

라비아의 관계가 갑자기 악화되었다. 스탈린은 재빨리 코민포름 내부에서 유고슬라비아 공산당에 대한 숙청작업을 결정했다. 6월 19일, 코민포름은 회의를 소집하여 유고슬라비아 공산당이 소련 공산당에 대해 정확하지 않은 적의를 가지고 있다고 질책하고, 각국의 당은 유고슬라비아 공산당과 경계를 명확히 하고 티토를 축출할 것을 호소하였다.[68] 이는 소련진영에서 벌어진 첫 번째 심각한 분열이었다.

소련과 유고슬라비아의 충돌 원인은 매우 복잡하다. 유라시아 대륙 동쪽 끝에서 전쟁을 지휘하고 있던 중공 중앙으로서는 유럽의 하복부에서 발생한 소련과 유고슬라비아 간 충돌의 본질을 알기 어려웠지만 재빨리 자신들의 입장을 표명했다. 7월 10일 중공 중앙은 "유고슬라비아 공산당은 부르주아 민주주의와 부르주아 계급정당의 수렁에 빠졌다."라고 비난하는 결의문을 통과시켰다.[69] 중요한 점은 중공 중앙이 소련의 유고슬라비아 공산당에 대한 숙청작업을 어떤 이유로 지시하였는가에 상관없이 중공내부가 중요한 입장의 전환을 이루었다는 점이다. 즉 항일전쟁과 2차 대전 후 초기의 곡절을 겪은 후 중공 중앙의 국제정치에 대한 인식은 양대진영이라는 사상적 프레임으로 통일되기 시작하였다. 11월 7일 「런민르바오」는 류샤오치가 서명한 「국제주의와 민족주의를 논함」이라는 장문의 글을 싣고, 후에 증명된 세 가지 사실이 매우 중요한 판단의 근거임을 제기하였다. 세 가지 사실 중 첫 번째는 세계는 미소를 중심으로 하는 양대진영이 출현하였고 모든 국가는 미국진영에 편입되거나 소련진영의 입장에 서 있다. 둘째, 양대진영이 상호 격렬히 투쟁하는 상황에서 중립은 불가능하다. 셋째, 소련과 연합할 것인가? 아니면 미국과 연합할 것인가? 하는 문제는 애국과 매국의 경계이자 혁명과 반혁명의 경계

68　參閱張盛發: ≪斯大林与冷戰≫, 第296-297頁.
69　≪中國共産党中央委員會關于南斯拉夫共産党問題的決議≫, 1948年7月10日.

이며 진보의 길을 갈 것인가? 퇴보의 길을 갈 것인가의 경계이다.[70] 중공 중앙의 유고슬라비아 공산당에 대한 반대의견은 중공 중앙이 대소련정책에 있어서 당 전체의 사상통일을 이루었으며 비교적 체계적인 이분법적인 입장을 갖추게 되었음을 의미한다. 역사를 회고해보면 유고슬라비아 공산당에 대한 비판은 중공 지도자들이 초기 국제정치사상으로 회귀했음을 보여준다.

당시 중공 중앙이 유고슬라비아 공산당을 비판한 원인에는 복잡한 측면이 있다. 예를 들어 중공 중앙의 결의는 실제상황을 고려하여 당내의 티토 지지경향과 강대국 지지경향을 예방하고자 한 것이다.[71] 이에 대해 각 지역의 지도자들은 서로 다른 반응을 보였다. 예를 들어 화동지역의 지도자는 유고슬라비아 공산당 반대의 핵심은 단결을 유지하는 것이며, 군대 간부 중에서 무규율 무정부 상태를 반대하는 투쟁과 연관시켜야 한다고 했다.[72] 동북국은 맹목적인 반소사상과 반소정서의 잔재를 없애는 것을 특별히 강조하고, 중소 우호에 대한 도전에는 반드시 경고의 목소리를 높여야 한다고 주장했다.[73]

이 시기 소련의 대중국 정책 역시 조용히 변화하고 있었다. 1948년 2월 10일, 스탈린은 모스크바에서 유고슬라비아 공산당 대표단을 접견하였다. 유고슬라비아 공산당 대표단이 소련의 유고슬라비아 및 동유럽 정책에 대해 질문하였을 때 스탈린은 "과거 소련 역시 몇 가지 어리석은 짓을 한 적이 있다. 예를 들면 소련 공산당 중앙의 전후 중국정세에 대한

---

70 劉少奇: 《論國際主義与民族主義》, 1948年11月1日, 《人民日報》, 1948年11月7日.
71 《中國共産党中央委員會關于南斯拉夫共産党問題的決議》, 1948年7月1日; 《中央軍委給各野戰兵團的指示》, 1948年8月14日, 參閱逄先知主編: 《毛澤東年譜1893-1949》, 下卷, 第334-3335頁.
72 《中央軍委給各野戰兵團的指示》, 1948年8月14日.
73 《中央批轉東北局關于學習南共問題決議的指示》, 1948年8月4日.

판단은 틀린 것이다. 이미 발생한 사실이 중공 중앙의 판단이 맞고 우리가 틀렸다는 것을 증명하고 있다."고 하였다.[74] 이는 스탈린이 처음으로 기타 국가 공산당 대표에게 전후 소련의 대중국정책이 틀렸으며 이에 곧 정책을 조정할 것이라는 사실을 인정한 것이다. 이 시기 소련의 정책은 비교적 긍정적으로 아시아의 혁명운동을 지지하는 방향으로 전환하고 있었다. 스탈린 역시 동아시아 지역의 혁명운동을 이끌어 나갈 인물을 물색하고 있었다.[75]

이후 얼마 지나지 않아 소련 공산당 중앙은 중공 동북국의 요청에 따라 빠른 시간 내에 철도전문가 그룹을 파견하기로 결정하였다. 이로써 소련의 중국에 대한 대규모 전문가 파견의 역사가 시작되었다. 5월 스탈린은 중국 동북의 철도수리 원조를 떠나는 전문가 그룹 책임자인 코발레프(Kovalev, I. V.)에게 소련은 장차 모든 역량을 동원하여 중공을 도울 것이며, 양국이 같은 길을 가기만 한다면 전 세계에서 사회주의의 승리는 보장된 것이나 마찬가지라고 하였다.[76] 이것은 중요한 신호였다. 이전에 소련과 중공이 동북지역에서 협력을 진행한 것은 단기적, 지역적 행동이라고 할 수 있지만, 이후 중공에 대한 원조는 장기적인 전략에 따른 것이라 할 수 있다. 코발레프가 동북에 온지 얼마 되지 않아 그는 린뱌오(林彪)와의 회담 중에 후자를 언급하면서 스탈린이 동북국의 철도회복에 대한 요구를 매우 중요시하고 있으며, 직접 최대한 협조하라고 지시하였다고 전하였다. 마오쩌둥은 대화의 내용을 듣고 난 후 7월 3일 동북국에 회신을 보내 기쁨의 뜻을 표시하면서 소련의 태도가 적극적이니 우리

---

74 米洛凡·杰拉著、趙洵和林英譯: ≪同斯大林的談話≫, 吉林人民出版社1983年版, 第143,146頁.
75 沃捷特尼·馬斯特尼著、郭懋安譯: ≪斯大林時期的冷戰与蘇聯的安全觀≫, 广西師范大學出版社2002年版, 第57頁.
76 N. B. 科瓦廖夫: ≪斯大林和毛澤東的對話≫, ≪國外社科信息≫, 1992年, 第21期, 第29頁.

역시 적극적으로 그들과 협력하여 철도를 회복하고 공업을 발전시켜야 한다고 하였다.[77]

이 시기 중공과 소련의 동북에서의 관계는 진일보하였다. 특히 동북지역에서 소련과의 무역이 신속히 발전하면서 중공이 전체 동북지역을 장악하는데 유리한 조건을 제공하였다. 중공 동북국이 지역을 장악하고 소련과의 무역을 발전시킨 것은 동북국의 자발적인 요구하에 1946년 가을에 시작되었다. 당시 동북 중공군은 지역을 장악하는 과정에서 심각한 물자부족에 직면하고 있었다. 중공 동북국은 소련과의 무역만이 이 문제를 해결할 수 있다고 판단하였다. 만약 피치 못한 사정으로 북한과 무역을 하더라도 그 과정은 매우 어렵고 효과 또한 크지 않다고 생각하였다.

그해 11월 중공 동북국은 수차례의 노력 끝에 마침내 모스크바를 방문하고 소련 당국과 동북지역에서 경제무역 합작을 진행하기로 합의하였다. 12월 21일 쌍방은 하얼빈에서 처음으로 무역 협상을 거행하고 초보적인 협의서를 교환한 후 현물무역을 실시하기로 합의하였다. 그해 소련에서는 식량난이 발생하였기 때문에 중공 동북국이 동북지방의 식량과 육류를 제공하고 소련에서 필요한 물자를 제공받기로 하였다. 쌍방의 무역액은 1947년 9,300만 루블에 이르렀고, 1948년에는 거래가 급증하여 1억 5,100만 루블, 1949년에는 2억 500만 루블에 도달했다. 중공 동북국은 쌍방 간의 무역이 중공의 동북지역 경제회복과 발전에 상당한 도움이 되었다고 평가하였다.[78]

---

77 ≪毛澤東給東北局電報≫, 1948年7月3日。
78 孟憲章主編: ≪中蘇貿易史資料≫, 中國對外經濟貿易出版社1991年版, 第534-536頁; 王首道: ≪東北解放區人民政權的建立及財政經濟工作≫, 中共中央党史資料征集委員會、中國人民解放軍遼沈戰役紀念館建館委員會、≪遼沈戰役≫編審小組編: ≪遼沈決戰≫, 下, 人民出版社1988年版, 第367-369頁; 孟憲章主編: ≪中蘇貿易史資料≫, 中國對外經濟貿易出版社1991年版, 第531-535頁; 沈志華: ≪蘇聯專家在中國≫, 中國國際广播出版社2003年版, 第

소련이 중공에 제공한 또 다른 중요한 도움은 중공이 다롄(大連)지역에서 각종 군사와 경제활동을 하도록 허락한 데 있다. 1947년 봄, 쌍방 간의 무역이 점진적으로 전개됨에 따라 중공의 지방정권과 소련군은 연이어 협의를 체결하고 4곳의 합영(合營)회사를 설립했다. 즉, 극동 전업 공사(아래로 몇 곳의 발전소와 30여 개의 중대형 금속기계 회사 보유), 중소합영 석유공사, 중소합영 소금공사, 중소합영 조선소(다롄 조선소)가 그것이다. 합영회사 설립제안과 협의 초안은 모두 다롄의 소련주둔군이 제안한 것이었고, 중공 대표단은 즉시 소련의 제안을 수용하였다. 네 곳의 합영회사 중 중국의 지분은 모두 51%였고, 소련은 49%를 차지했다. 회사의 이윤은 지분비율에 따라 나누기로 결정하였으며, 제품 대부분은 소련에 판매하기로 하였다.[79] 이 회사들은 마오쩌둥의 소련방문 이후 중국 측에 넘겨졌으며, 이 회사들은 후의 중소 합영기업 사업의 초기 모델을 제공하였다. 또한 훗날 소련과 합작경영을 함에 있어 심리적인 장애요인이 없도록 하였다.[80] 다롄에는 또한 동북지역 최대의 무기공장이 있었는데 이곳에서는 화포와 탄약을 대량으로 생산하였다. 동북지역에서 중공과 소련 간의 무역의 증가와 경제협력의 시작은 쌍방의 동북에서의 전략관계를 강화시키는 중요한 요인이 되었다.

의심의 여지없이 중공 지도자들은 공산당 동북국이 소련과 적극적으로 협력하는 것을 지지하였다. 그러나 이것 때문에 이미 열렬히 고조된 혁명 민족주의의 격정이 동북지역에서의 소련과의 협력에 아무런 영향

32頁. 陳暉論文提供的數字略高一些, 參見陳暉: ≪馬歇爾使華与蘇聯對華政策≫, ≪歷史研究≫2008年第6期, 第154頁. 由于当時双方在東北是易貨貿易, 這些數字是如何統計出來的也沒有具体說明, 故兩組數字都是參考.
79 中共吉林省委党史硏究室、吉林省東北抗日聯軍基金會編: ≪韓光党史工作文集≫, 中央文獻出版社1997年版, 第339-340頁.
80 劉少奇: ≪關于中蘇兩國在新疆設立金屬和石油股份公司的問題給毛澤東的電報≫, 1950年1月2日, 中共中央文獻硏究室、中央檔案館編: ≪建國以來劉少奇文稿≫, 第一冊, 第275-276頁.

도 미치지 않은 것은 아니다. 실제로 경제와 정치분야에서 중공의 소련에 대한 합작에 관한 입장은 신중하고도 유보적이었다. 1948년 12월 초 동북국은 중공 중앙에 보고서를 제출하였는데 이 보고는 소련의 일련의 정책이 중공에 정치적 어려움을 초래하고 있다는 내용이었다. 이 문제들 중 일부는 국민정부와 소련이 담판을 했을 때와 똑같은 문제였다. 예를 들어 소련이 임의로 점유하지 않도록 중국 창춘철도(中長路)[81]의 재산경계를 어떻게 확정할 것인지? 그리고 소련이 동북에서 뜯어간 기계설비 중 일부분의 반환을 요구하는 것 등등이었다.[82] 1949년 초 일부 민주인사들은 동북에 도착해 중공 중앙은 동북국이 소련과의 협상준비에 만전을 기해 소련군이 가져간 기계설비에 대한 질문에 대한 답변준비를 잘할 것을 요구하고 소련군의 주의력을 분산시킬 것을 요구하였다.[83] 사실 동북국의 의문과 경향은 당내에서도 존재하고 있었으며 일부 민주인사의 문제만은 아니었다.

소련과의 관계가 가장 밀접한 중공의 군사, 경제이익의 중요 근거지인 다롄 지역의 중공 지방 당위원회 내부에서 소련군과의 관계처리 문제에 대해서 심각한 분란이 일어났다. 예를 들어 일부 간부들은 중소 합영에 대해서 매국주의를 조장한다고 하고, 뤼순, 다롄 지역에서 동북국이 제안한 소련 위주의 방침이 모두 소련군과 한통속이라고 비판한 것이 그것이다.[84] 이러한 갈등의 심각성은 1947년 10월과 1948년 6월 중공 다롄 지방

---

81 만주 횡단철도 또는 시베리아 횡단철도로 불리는 이 철도는 1891년 제정러시아 황제인 알렉산데르 3세에 의해 시베리아 횡단철도 건설의 일환으로 진행되었다. 2차 세계대전 후 중국의 통제권에 들어오면서 이름도 중국 창춘철도로 바뀌었고 중국에서는 중창루(中長路)라고 부른다.
82 ≪東北局致中央對蘇經濟關系的几个問題≫, 1948年12月2日。
83 ≪對訊問蘇聯搬拆我東北机器問題答夏≫, 1949年2月7日。
84 中共吉林省委党史硏究室、吉林省東北抗日聯軍基金會編: ≪韓光党史工作文集≫, 第351頁。伍修權: ≪我的歷程(1908-1949)≫, 解放軍出版社1984年版, 第189頁。

위원회가 두 차례에 걸쳐 회의를 소집하고 소위 소수의 민족주의라고 비판하는 일까지 불러일으켰다. 1947년 10월 회의에서 당시 뤼순, 다롄 지방위원회 지도부는 모든 정책은 소련의 대외정책에 복종해야 한다는 제안을 하였으나 회의 참가자들에게 받아들여지지 않았다. 1948년 6월의 회의 기간에는 동북국이 뤼순, 다롄에 파견한 새로운 지도부가 소위 애국주의와 국제주의의 변증법을 통해 의문에 대답하면서 소련 위주는 결국 우리 위주라는 결론을 내었지만, 이는 어느 정도 견강부회한 면이 있었다. 동시에 뤼순, 다롄 지방위원회는 소련군 지도부에「중공 동지들과 연합하여 소련 해군기지를 공고히 하고 완성하는 공동임무 중 업무관계에 대한 몇 가지 의견」을 제기하고 소련의 대국주의와 점령자와 같은 태도를 비판하고 소련당국의 태도 조정을 요구하였다.[85]

1948년 5월 하순, 소련의 동북 중공 군대에 대한 직접적인 원조가 시작된 시점에 중공 중앙은 동북국에 소련과의 왕래 중 필히 '사전 지시요청, 사후 보고'를 하고, 자력갱생 원칙을 수행할 것을 지시하였다. 4월 25일, 소련의 신임 하얼빈 대리 총영사 말리닌(Malinin.M.S.)은 가오강(高崗)을 만난 자리에서 소련은 장차 철도 전문가그룹을 파견하고 철로 복구를 위해 필요한 일체의 기자재를 제공할 것임을 정식으로 동북국에 통지하였다. 또한 그는 중공은 완전히 해방된 정부 건설을 이룩함으로써 소련의 원조제공에 편리해야 한다고 요구하였다.[86] 5월 26일 동북국은 중공 중앙에 소련이 차관의 형식으로 철로복구를 위한 기자재 제공에 동의하였으며, 이 차관은 동북국이 2개월 전에 소련에 요청한 것이라고 보고하였다. 가오강이 이전에 동북국이 소련에 차관을 요청하였다고 보고한 적이 없

---

85 中共吉林省委党史研究室、吉林省東北抗日聯軍基金會編:《韓光党史工作文集》, 第367-368, 380, 426頁.
86 《高崗電告毛主席、劉少奇關于蘇總領事談蘇聯政府帮我們修鐵路和成立解放區政府問題》, 1948年4月25日.

었기 때문에 중공 중앙은 회신을 통해 동북국의 차관요청을 승인함과 동시에 이후 외교와 관련된 문제는 반드시 사전에 중앙에 보고하고, 비준을 득하고, 사후에 보고하고 심사를 받아야 하며 그렇지 않을 경우에는 허가하지 않는다고 특별히 지적하였다. 그리고 중공 중앙은 동북국은 과거 진행한 모든 상업성 협정에 대해 중앙에 추가보고를 해야 하고 이렇게 중요한 외교활동에서 왜 사전에 지시를 요청하지도 않고 사후에 보고하지도 않았는지 그 이유를 충분히 설명하라고 지시하였다.[87] 확실히 중공 중앙은 소련과의 관계를 적극적으로 추진함과 동시에 소련과의 관계의 전 과정과 범위를 통제하고자 하였으며, 특히 지방 당국이 외교분야에서 독자적으로 주장하고 행동하는 것을 허용하지 않았다.

1948년 2월 소련은 헤이룽장(黑龍江) 연안 중국 쪽에 부두와 등대건설을 요구한 바 있다. 리푸춘(李富春)은 소련 측의 제안을 받은 즉시 이 시설들의 소유권이 어디에 귀속되며 중공 측의 사용권 여부를 소련 측에 문의하였다. 그는 이 문제는 중국 입장에서 주권과 관련된 부분이라고 판단하였다. 결과적으로 소련 측은 이 문제들은 모스크바의 지시를 받은 후에야 대답할 수 있다고 하였고, 이후 중간에서 흐지부지되고 말았다. 이후 1949년 3월 4일, 소련 측은 재차 헤이룽장 양국 국경의 통행지점에 등대를 건설할 것을 요구하고 소련의 소유권을 주장하였으나 결과적으로 동북국의 동의를 얻지 못했다.[88] 5월 13일 소련 외무장관 비신스키 (Vyshinsky, Andrey Yanuarevich)는 소련 항공기와 기선의 헤이룽장과 쑹화장(松花江) 지역 순찰 허가를 희망한다고 중공 동북국에 요청했다. 보고를 접한 중공 중앙은 회신을 통해 헤이룽장 지역에서만 소련 항공기

---

87 ≪蘇方答應帮我鐵路器材物款數年后還的請示及毛主席指示≫, 1948年5月26日, 5月28日.
88 ≪李、高、陳關于蘇在黑龍江我岸修碼頭、灯塔問題往來電≫, 1949年3月4日、3月7日.

와 기선의 순찰을 허락하며, 쑹화장은 중국 내부의 강으로 중국의 기선만이 순찰하여야 하며 다만 소련의 전문가를 고용하여 순찰에 참여할 수 있다고 하였다.[89]

1948년 4월부터 소련은 거듭해서 동북국 지도자에게 중공이 동북지역에서 '해방구 정부', '하나의 국가 정부' 등을 건립하기를 희망한다고 하였다. 그들은 이렇게 되면 소련이 원조를 제공하기에 훨씬 더 편리하다고 보았다. 6월 24일 린뱌오는 코발레프(Kovalyov)와의 회담 후 중공 중앙에 전한 보고에서 소련의 이러한 건의는 분명히 모스크바 고위층으로부터 비롯되었다고 분석하였다.[90] 중공 지도부는 이 일에 대해 매우 신중한 태도를 유지하였다. 그들은 두 달 뒤에 다시 회신을 주겠다고 전하였다.[91] 8월 22일 동북국은 「동북 인민정부 시정방침과 동북 인민대표회의에 관한 건의」를 발표하였고, 1949년 8월 27일 류샤오치의 모스크바 비밀방문 완료와 건국 전 1개월 전후 시점에서야 비로소 동북 인민정부를 정식으로 수립하였다.

1948년 8월 창춘철도 소련 측 국장은 장차 하이라얼(海拉爾) 동쪽의 탄광과 채굴권을 창춘철도에 귀속해야 한다고 하였다. 이에 대해 동북국은 창춘철도의 관할 범위를 나누지 않고 중소 간 조약에 규정된 권리를 확대하지 않는다는 원칙을 견지하며 별도의 지역협력 협정을 통해 이 문제를 해결하고자 하였다. 중공 중앙은 이러한 동북국의 조치가 타당하다고 인정하였다.[92] 후에 이러한 조치는 동북국이 유사한 문제를 처리하는 사례가 되었고 다른 탄광의 소련과의 합작에도 활용되었다. 동북에서

---

89 ≪蘇要求派輪船巡查黑龍江航線及滿洲里車站檢查問題≫, 1949年 5月 14日, 5月 20日。
90 ≪林彪与柯雷等談話≫, 1948年 6月 30日。
91 ≪毛澤東給東北局電報≫, 1948年 7月 3日。
92 ≪東北局、中央關于与蘇共同開發煤礦問題的往來電≫, 1948年 8月 10日、8月 17日。

발생한 이러한 사실은 중국 공산당이 점차 국가권력을 획득하고 대외사무를 장악함에 따라 그들의 머릿속에 중국 근대 역사에 돌출되었던 민족주의의 낙인이 점차 분명해 짐을 의미했다.

9월 8일에서 13일 중공 중앙은 시보포(西柏坡)에서 정치국 확대회의를 소집하고, 중앙정부 수립 문제 등 주요 과제를 역사상 처음으로 토론하였다. 마오쩌둥은 회의에서 1947년 12월 회의의 국제문제에 대한 세 가지의 기본판단은 정확했고 현재 국제사회에서 중공의 위신은 상당히 높다고 하였다. 따라서 미래의 소련과의 관계에 대해 상당한 믿음을 표시하였다. 그는 "중앙정부 수립 선포 후 소련은 우리와 합작을 할 것이며, 우리를 도울 것이다. 특히 우리의 경제발전을 도울 것이다."고 하였다.[93] 이 회의가 끝난 뒤 마오쩌둥은 여러 차례에 걸쳐 스탈린에 전보를 보내 조기에 모스크바에 방문할 의사를 표시하고 중공의 건국대업을 이야기 하였다.[94]

중공이 동북 전역을 장악한 후 스탈린은 중공 당내의 상황과 각종 정책을 더욱더 전면적으로 이해할 필요가 있음을 깨달았다. 특히 마오쩌둥이 재차 모스크바 방문을 요구함에 따라 소련 공산당 중앙은 확실히 실질적인 결정을 내릴 필요가 있었다. 1월 14일, 소련 공산당 정치국은 특별 회의를 소집하고 마오쩌둥의 방소문제를 토론하였다. 아직까지 모스크바에서 마오쩌둥을 만나고 싶지 않았던 스탈린은 소련 공산당 정치국 위원인 미코얀(Mikoyan, A. I.)을 당시 중공 중앙이 자리잡고 있던 허베이의 시보포로 보내 중공 지도자와 회담을 하게 함으로써 중공 중앙의

---

93 毛澤東:《在中共中央政治局會議上的報告和結論》, 1948年9月, 中共中央文獻研究室編:《毛澤東文集》, 第五卷, 第132、143-144頁.
94 "Cable, Mao Zedong to Stalin", 28 September,1948; "Cable, Terebin to Stalin", 17 October,1948; "Cable, Mao to Stalin", 21 October, 1948; "Cable,Mao Zedong to Stalin", 30 Dcember, 1948; *CWIHP*, issue 16, pp. 122-123.

각종 정책을 직접적이고 충분히 이해할 수 있게 하였다.[95]

소련 공산당 중앙이 상술한 결정을 내릴 때 스탈린과 마오쩌둥은 국공 간의 평화회담 문제에서 의견충돌이 발생했다. 1월 10일, 스탈린은 국민당 정부가 소련에 요청한 국공 내전 조정 건의를 마오쩌둥에 전달하고 동시에 소련이 기초한 국민당 정부에 보내는 답 글을 첨부하였다. 여기에는 소련이 줄곧 중국의 정전을 주장해 왔다는 내용이 있었다. 그러나 중재에 동의하기 전에 중공의 의견을 알고 싶다고 하였다. 스탈린은 또한 중공을 대신해 작성한 회신을 첨부하였는데 여기에는 중공 역시 평화회담을 희망하나 미국이 조정에 참여하는 것은 반대한다고 되어 있었다.[96]

13일 마오쩌둥은 답신을 통해 반대의 입장을 표명했다. 그는 소련의 답변으로 인해 미국 등도 조정에 참여할 수 있다고 여길 것이며, 국민당 정부는 이것을 빌미로 중공이 호전적인 집단이라고 책임을 묻고 이를 계기로 혁명대오 내부에 사상적 분란을 일으키게 될 것이라 하였다. 마오쩌둥은 소련이 확실히 국공 간 평화회담 조정에 참여하지 않겠다는 입장을 표명하라고 요구하였다.[97] 마오쩌둥이 전보를 보낸 당일 오르로프는 스탈린에 마오쩌둥의 평화회담 제안에 대한 반응이 매우 강렬하며 날 선 비판의 말을 매우 많이 하였다고 보고하였다.[98]

스탈린은 당연히 문제의 심각성을 의식하였다. 마오쩌둥의 회신이 모스크바에 도착하기 전에 스탈린은 두 번째 전보를 보내 그가 이전에 보낸 전보 속의 제안의 목적은 중공이 정치적으로 주도권을 잡으라는 것이지 중공이 국민당 정부의 평화회담 건의를 수용하라는 요구가 아니었다

---

[95] Andrei Ledovsky," Mikoyan's Secret Mission to China in January and February 1949", *Far East Affairs*, 1995, No.2, p 77。
[96] "Stalin to Mao Zedong", 10 Januaary, 1949, *CWIHP*, 1995/1996, Issue 6-7, p. 27.
[97] "Mao Zedong to Stalin" 13 January 1949, *CWIHP*, 1995/1996, Issue 6-7, pp.27-28.
[98] "Cable, Terebin to Stalin (via Kuznetsov)", 13 Janurary, 1949, *CWIHP*, Issue 16, p.129.

고 설명했다.⁹⁹ 마오쩌둥의 회신을 받은 스탈린은 다시 마오쩌둥에 전보를 보내 그의 목적은 단지 중공이 정치적으로 주도권을 잡는데 도움을 주려는 것이라고 상세히 설명하였다. 그는 또한 중공의 수용여부는 쌍방의 관계에 전혀 영향을 미치지 않을 것이라고 하였다.¹⁰⁰ 같은 날 마오쩌둥은 스탈린의 11일 전보회신에 근거하여 후자의 의견에 완전히 동의하며, 중공 중앙은 장차 국민당 정부와 담판을 진행하겠다고 하였다.¹⁰¹ 15일 스탈린은 마오쩌둥에게 쌍방의 오해는 이미 풀어졌다라는 의견을 마오쩌둥에게 전달했다.¹⁰²

이때 지리멸렬한 상황에 처해있던 국민당 정부는 국민당과 공산당이 천하를 양분하고 강을 경계로 각각 통치한다는 새로운 전략을 들고 나왔다. 스탈린은 이때 정전과 평화체제의 실현은 국민당 정부에게 유리할 것 같다고 다소 모호하게 자신의 입장을 밝혔다. 물론 스탈린의 이러한 의도에는 여러 가능성이 존재한다. 예를 들어 스탈린이 아주 멀리 떨어진 크렘린 궁에 있어서 아직 중국의 정치형세의 급속한 변화와 복잡함을 잘 이해하지 못했다거나 스탈린이 중공 중앙에 전보를 보낼 때 일찍이 충칭 담판 때 소련이 중공에 압력을 행사하고 그로 인해 발생한 심각한 결과를 정말로 잊어버렸거나 하는 것이다. 그러나 가장 현실성 있는 가능성은 스탈린이 미국의 혹시 있을지도 모르는 간섭을 지나치게 우려했기 때문이라는 점이다.

스탈린이 중국정치의 복잡함을 이해했는지 여부를 논하지 않더라도 중공 지도자들은 이때 일반적으로 국공 간 평화회담 논의의 결과에 대해

---

99 "Stalin to Maozedong", 11 January 1949, *CWIHP*, 1995/1996, Issue 6-7, p. 27.
100 "Stalin to Mao Zedong", 14 January, 1949, *CWIHP*, 1995/1996, Issue 6-7, pp. 28-29.
101 "Mao Zedong to Stalin", 14 January 1949, *CWIHP*, 1995/1996, Issue 6-7, p. 29.
102 "Stalin to Mao Zedong", 15 January 1949, *CWIHP*, 1995/1996, Issue 6-7, p. 29.

서 알고 있었다. 그리고 전후 소련의 몇 차례에 걸친 국공 간 투쟁에 대한 개입 전례에 근거하여 스탈린이 중공 중앙에 타협을 요구할 수 있으며 이러한 결과는 아마도 국민당 정부가 의도한 강을 두고 통치한다는 구상이라는 결과를 초래할 것이라 믿었다. 이것이 바로 마오쩌둥이 왜 그리 민감했는지 그리고 직설적으로 스탈린에 중공은 이미 압도적인 우세를 점하고 있어 국공 평화회담이라는 우회적인 전술을 사용할 필요가 없다고 말한 이유가 되었다.

오르로프의 보고에 근거하여 1월 13일 마오쩌둥은 스탈린의 국공 간 평화회담에 대한 제안을 거절함과 동시에 만약 1월 말에 출발하지 못하면 모스크바에 갈 방법이 없음을 알렸다.[103] 4일 후, 마오쩌둥은 스탈린에게 전보를 보내 14, 15일의 전보를 받았으며 모스크바행을 포기한다고 말하고 소련이 정치국 동지를 중국에 파견하기를 희망한다고 하였다.[104] 중공 중앙과 소련 공산당 중앙의 첫 번째 고위층 간의 직접회담이 이렇게 확정되었다.

1월 30일 미코얀은 시보포에 도착하였다. 첫 번째 회담에서 미코얀은 스탈린이 그를 시보포로 보내고 마오쩌둥을 모스크바로 초청하지 않은 것은 업무 지휘를 용이하게 하기 위함이라고 설명하였다. 마오쩌둥은 아주 겸손한 태도로 "나는 스탈린의 학생이다. 스탈린은 소련 인민의 선생일 뿐 아니라 중국 인민의 선생이다. 우리는 러시아에 비해 매우 낙후되어 있다."라고 하였다. 이어진 3일 동안 마오쩌둥과 중공 지도자들은 미코얀과 장시간에 걸친 회담을 진행하였다. 미코얀은 회담의 내용을 스탈린에게 보고하였고 중공 지도자들에 스탈린의 대답을 전달하였다.

---

103 "Cable, Terebin to Stalin (via Kuznetsov)", 13 Janurary, 1949, *CWIHP*, Issue 16, p.129.
104 "Cable, Mao Zedong to Filippov (Stalin)", 17 Janurary, 1949, *CWIHP*, Issue 16, p.129.

미코얀과 중공 지도부간에 진행된 3일간의 회의는 주로 다음의 세 가지 부분을 포함한다. 첫째는 중공 중앙의 중국정세에 대한 판단, 중공의 전략과 각종 정책에 대한 것으로 쌍방은 이 부분에 있어서 별다른 이견이 없었다. 둘째는 중소 양당 간의 관계 문제였다. 중공 지도부는 이 시기 양당 간의 관계와 직접적인 관계 구축에 큰 관심을 보였다. 그들은 스탈린과 소련 공산당의 중공에 대한 의심이 심각하다는 소문을 듣고 소련이 이끌고 있는 국제 공산주의 운동에서 배제되는 것을 우려하였다. 마오쩌둥은 미코얀에게 왕밍(王明)의 이견을 소개함으로써 스탈린의 의혹을 없애려고 하였다. 마오쩌둥은 회의에서 적극적으로 중소 양당의 관계는 필히 직접적이어야 하며, 미래의 중국주재 소련 대사관에는 반드시 당무 업무를 관장하는 고문이 있어야 한다고 주장하였다. 저우언라이는 보충 설명에서 진심으로 소련과 중국 공산당 간의 거리가 가까워지기를 희망하며 이렇게 해야 자주 의견을 교환할 수 있다고 하였다.[105] 미코얀은 중공 당내 투쟁에 개입할 의사가 없음을 표명하고 아시아와 유럽의 상황이 다르기 때문에 중공은 코민포름에 참여할 필요가 없고, 중공을 중심으로 하는 아시아 공산당 정보국을 건설하는 것이 바람직하다고 하였다.

세 번째 회담의 내용은 향후 중소 양국 간의 관계에 대한 것으로 여기에는 특별히 소련과 국민당 정부가 체결한 중소조약이 언급되었다. 중공 지도부는 주로 두 개의 문제에 관심을 보였다. 즉, 외몽고의 지위와 소련의 동북에서의 권리를 어떻게 해결하는가 하는 문제였다. 그들은 먼저 중소조약 중 외몽고 독립에 관한 문제를 제기하였다. 2월 4일, 마오쩌둥은 레닌의 민족자결권 이론에 근거해 미코얀에게 건국 후 외몽고는 내몽고와 합쳐 중국의 품으로 귀속되어야 한다고 하였다. 이에 대해 미코얀은 받아들일 수 없다고 하였다. 그는 회담 후 스탈린에게 즉시 보고하고 다

---

105 ≪米高揚与毛澤東的會談記彔≫ 1949年2月4日。

음날 스탈린의 회신을 마오쩌둥에게 전하였다. 즉, 소련의 입장은 외몽고의 독립지위는 변할 수 없다는 것이었다. 마오쩌둥은 이에 대해 진지하게 고려해야 한다고 중국의 입장을 표명하였다.[106]

소련의 동북에서의 권리에 관해서 마오쩌둥은 쌍방이 중국 창춘철도와 관련된 재산의 귀속과 관련해 이견이 있으며, 스탈린은 조약을 폐기하지 않는 범위 내에서 개별문제를 처리하려 한다고 판단하였다. 뤼순과 다롄에 관해서 미코얀은 뤼순과 관련된 조약은 불평등조약으로 중공이 국가를 건립한 후 소련군은 언제든지 철수할 준비가 되어있다고 말했다. 중둥철도와 관련해서 미코얀은 소련이 평등의 원칙을 실현하지 못했음을 인정하고 향후 관련 회담을 개최할 수 있다고 하였다. 마오쩌둥은 중공은 아직 조약에 담고 있는 세부 내용을 즉시 폐기할 생각은 없으나 이후에는 그래야 한다고 미코얀에게 알렸다.

쌍방은 또한 양자관계 중 기타 일련의 문제를 논의하였다. 여기에는 소련의 중국에 대한 원조, 위구르 문제 등이 포함되어 있었고 회의결과를 통해 쌍방이 중공의 대내외 정책에 대해 기본적으로 의견의 일치를 보았음을 알 수 있다. 중국과 소련이 동맹조약을 맺는 것은 회담과정에서 우연히 제기되었고 당시에는 논의가 진전되지 않았다. 미코얀과 1945년 중소조약을 이야기할 때 마오쩌둥이 겸사겸사로 중공의 힘이 커지면 소련이 동북에서 철수할 수 있고 그렇게 되면 쌍방은 소련과 폴란드 조약처럼 중소 상호원조조약을 맺을 수 있겠다고 하였다.[107] 이것은 중공 지도자가 처음으로 중소동맹조약 체결을 제안한 것이며, 이때 그들은 어떠한 신중한 고려도 거치지 않은 상태였다.

미코얀과 중공 지도부의 회담은 중공과 소련의 관계에 긍정적인 영향

---

106 《米高揚与毛澤東的會談備忘彔》, 1949年2月4日, 2月6日, 華東師範大學冷戰國際史研究中心資料室, N.16472,16474。
107 《米高揚与毛澤東的會談備忘彔》, 1949年2月6日, 第18,24頁。

을 미쳤다. 미코얀의 방문과 이어진 중공과 소련관계의 발전은 중공 중앙이 최후의 결정을 내리는 촉매제가 되었다. 3월초 소집된 중공 제7기 2중 전회에서 마오쩌둥은 소련 공산당과 중국 공산당은 밀접한 형제관계이고, 중국과 소련은 같은 전선에 서있는 동맹이며, 소련의 원조는 신생국가의 생존과 번영에 필수불가결한 부분이라고 열정적으로 상호관계를 치켜 올렸다. 그리고 그는 회의의 정식보고를 통해 건국 후 '일변도' 정책을 추진할 것을 선포하였다.[108] 이는 중공 중앙이 소련과의 동맹정책을 최종적으로 결정한 징표였다. 여기서 지적이 필요한 것은 바로 마오쩌둥의 언급논리이다.

중공군이 창장(長江)을 건넌지 얼마 지나지 않아 중공 중앙은 비밀리에 류샤오치 일행을 모스크바로 파견하기로 결정했다. 6월 30일, 류샤오치가 출발은 했지만, 아직 모스크바에 도착하지 않은 시점에 마오쩌둥은 「인민민주 독재를 논함」을 발표하였다. 그는 레닌의 문장 스타일을 모방하여 논리 반박의 형식으로 신중국이 소련진영 일변도 정책을 펼칠 것임을 공개적으로 선포하였다.[109] 다수의 중국외교와 관련된 저작들은 단지 '일변도' 이 단어에 초점을 맞추고 있으나, 이 문장의 전체 논리가 마오쩌둥의 레닌의 혁명경험에 대한 사고와 결론을 관통하고 있고, '일변도'가 중국혁명과 러시아 혁명의 비교과정에서 나온 것임은 간과하고 있다. 그는 중공이 정권을 획득한 후에 100% 소련모델에 따라 건국할 것이라 하였다. 왜냐하면 현재의 중공은 당시 레닌에 비해 훨씬 좋은 조건하에 있기 때문이라고 분석했다. 그는 제7기 2중 전회에서 "중공의 건국과 사회주 실행조건은 레닌의 시대보다 훌륭하다. 우리는 외부 특히

---

108 胡喬木 ≪胡喬木回憶毛澤東≫, 第547、548頁; 毛澤東: ≪在中國共產党第七届中央委員會第二次全体會議上的報告≫, 1949年3月5, 第1434－1435頁.
109 毛澤東: ≪論人民民主專政≫, 1949年6月30日, ≪毛澤東選集≫, 第四卷, 第1472－1473頁.

소련의 원조가 있다. 10월 혁명 때의 소련은 또 다른 소련이 그들을 원조하지 않았다."라고 하였다.[110] 이어서 그는 "레닌은 이렇게 불리한 조건에서 사회주의 혁명을 완성했다. 중공은 소련이라는 동맹이 있으니 더욱더 자신감을 가지고 당연히 성공을 거두어야 한다."고 강조했다.

 마오쩌둥이 가장 중시했던 레닌의 저작 중 하나는 바로 「공산주의 운동 중 '좌파'의 유치병을 논함」이었다. 그는 일찍이 여러 차례에 걸쳐 중공 간부들이 이 소책자를 진지하게 학습해야 한다고 강조하였다. 그는 이 책에서 중국혁명의 발전과 소련 공산당의 경험 사이에는 유사점이 매우 많은데 요약하면 갖은 고초를 다 겪은 후에야 마르크스주의를 찾았다는 점이라고 하였다. 다른 점은 중국에서의 마르크스주의는 소련 쪽에서 쾅 하고 포성이 울리고 난 뒤 들어온 점이라는 것이다. 그가 이끈 중국혁명과 레닌이 영도한 러시아 혁명은 모두 낙후된 국가에서 발생하였다는 점에서 매우 비슷했다. 다만 다른 점은 중국이 더 낙후하였다는 점이다.[111] 이 부분을 지적한 이유는 중공 지도부가 자발적으로 소련과의 동맹을 선택하였다는 것이고 이들은 소련과의 동맹을 혁명의 이상을 실현하는 주요 외부조건으로 보았기 때문이다. 확실히 마오쩌둥이 '일변도' 정책을 주장한 논리는 그가 장차 중국을 소위 말하는 '신민주주의'의 길로 인도하지 않을 것임을 보여주는 것이다. 그의 마음속에 신중국은 사회주의의 길을 갈 뿐 아니라 더욱더 빨리 더욱더 훌륭하게 가야 한다는 생각뿐 이었다.

 마오쩌둥이 류샤오치가 소련을 방문하기 전에 '일변도'를 공개적으로 선언한 것은 매우 실질적인 목적이 있었다. 그는 7월초 두장전역(渡江戰役, 역자주: 두장전역은 2차 대전 후 국공 간의 최후의 결전 중에 인민해

---

110 ≪毛澤東在七屆二中全會的報告記錄≫, 1949年3月5日, 。
111 毛澤東: ≪論人民民主專政≫, 1949年6月30日。

방군이 창장(長江)을 건넜을 때의 해당 전역을 가리킴) 전임 서기인 덩샤오핑에게 "일전에 미국대사 스튜어트(John Leighton Stuart)와 비밀리에 접촉한 것은 모두 탐색차원에서였다. 이를 미국과 영국이 봉쇄의 패를 낼 때까지 계속 진행하였다. 지금은 미국의 경제봉쇄를 무너뜨리기 위해서 군사행동을 제외하고 외교정책의 일변도를 추진하는 것이다. 일변도는 조치를 빨리 취하면 취할수록 우리에게 더욱 유리하다."라고 전하였다. 덩샤오핑은 화동국(華東局)의 전우들에게 "마오 주석이 말씀하시길 이것은 자발적이고 주도적인 일변도인데 장차 인위적으로 일변도 되지 않기 위해서다."라고 말하였다.[112]

류샤오치의 모스크바 비밀방문은 신중국 건국 이전 중공과 소련 간의 관계에서 매우 중대한 사건이었다. 이 방문으로 양국은 기본적으로 중소동맹의 초석을 닦았다. 류샤오치가 이끄는 중공 대표단은 모스크바에 도착해 스탈린과 1차 회담을 진행한 후 쌍방 간의 소통에 어려움이 많음을 발견했다. 스탈린과 소련 공산당 지도부는 중공 대표단이 언급하는 각종 문제와 정책을 이해할 방법이 없었다. 이는 적어도 그들이 중국에 관한 일에 많은 정력을 소비하지 않았음을 보여준다. 비록 그들이 적지 않은 지시를 내리고 중공 중앙이 이를 진지하게 응대하였다 하더라도 말이다. 그래서 중공 대표단은 스탈린과 소련 공산당 중앙에 전하는 서면보고를 작성함으로써 토론 이전에 상대방이 준비를 할 수 있도록 하였다.

중공 대표단은 보고를 통해서 적어도 아래에 열거하는 몇 가지 문제에서 소련과 의견의 일치를 보기를 희망했다. 서면 보고의 구체적인 내용은 다음과 같다. (1) 소련이 신정권의 성립과 일련의 정치방침에 대해 이해하고 찬성해 줄 것 (2) 국제정세와 대외정책 부분에서 소련의 일치된 입장을

---

112 鄧小平, ≪打破帝國主義封鎖之道≫, 1949年7月19日, ≪鄧小平文選≫, 第一卷, 人民出版社1994年版, 第134頁.

유지해 줄 것 (3) 건국 후 소련과 동유럽 국가들이 최대한 빨리 중국을 승인해 줄 것 (4) 위구르와 타이완 문제를 해결할 때 소련의 도움을 받을 것 (5) 소련이 경제와 기술 원조를 제공하고 고문을 파견해 줄 것 (6) 1945년 소련과 국민당 정부 간에 체결된 조약을 토론하고 처리할 것 (7) 양당 간의 관계준칙을 확정하고 중공 중앙은 소련 공산당의 결의에 복종하고 집행하도록 준비하며 쌍방 간에 정치적으로 책임있는 인사를 파견할 것. 보고의 마지막에는 마오쩌둥이 공개적으로 모스크바를 방문하기를 희망하며 스탈린이 구체적 시기와 방법을 고려해 줄 것을 삽입하였다.[113]

7월 11일, 스탈린은 류샤오치를 접견하고 회담 후 함께 4편의 영화를 보고 이를 친히 소개하기도 하였다. 회담기간 동안 다른 사람들은 거의 말이 없었고 주로 스탈린이 발언을 하였다. 류샤오치가 중공 중앙에 보낸 보고를 보면 스탈린은 중국의 국내정책에 관련한 문제에 기본적으로 찬성을 표시했다. 중공이 희망한 경제, 기술, 군사원조에 대해서도 긍정적인 대답을 주었다. 스탈린은 양당 간의 관계도 당연히 긴밀해져야 한다고 하였지만 쌍방 간 정치대표의 파견은 동의하지 않았다. 마오쩌둥의 소련 방문 시기에 대해서 스탈린은 건국 후 언제라도 모스크바에 올 수 있다고 하였다. 양국 간 수교문제에 있어서 스탈린은 중국에 새로운 정부가 성립됨을 선포함과 동시에 소련은 외교적으로 승인을 할 것이라 하였다. 소련과 국민당 정부가 체결한 조약에 관해서는 미코얀이 시보포에서 전한 견해를 반복하면서 모든 것은 마오쩌둥이 모스크바를 방문할 때 처리하자고 하였다.[114]

---

113 劉少奇: ≪代表中共中央給聯共(布)中央斯大林的報告≫, 1949年7月4日, 中共中央文獻研究室、中央檔案館編: ≪建國以來劉少奇文稿≫, 第一冊, 第1-17頁.
114 劉少奇: ≪關于中共中央代表團與聯共(布)中央斯大林會談情況給中央的電報≫, 1949年7月18日, 中共中央文獻研究室、中央檔案館編: ≪建國以來劉少奇文稿≫, 第一冊, 第30-37頁。

27일 스탈린은 쿤체보에 있는 자신의 별장으로 류샤오치 일행을 초대하고 연회를 베풀었다. 이 자리에서 그는 "중공 지도자들은 중국의 마르크스주의자이며, 소련과 유럽 사람들 모두 그들에게 배워야 한다. 혁명의 중심이 중국과 동아시아로 이동하고 있다. 중공의 책임이 날로 커진다." 등의 말로 중공 지도자들을 특별히 칭찬하였다. 이 밖에도 "당신들은 동아시아 각국의 혁명에 대해 책임을 다해야 한다. 동남아 각국과 밀접한 관계를 형성하라."라고 하였다. 또한 마오쩌둥을 재촉해 충칭담판에 임하게 한 사건에 대해서는 책임을 회피하고 당시 미국 등의 압력이 있었기 때문이며 실제로는 아무것도 하지 않았다고 변명하였다.[115]

류샤오치는 이번 비밀방문을 통해 먼저 중소 양당 간의 관계가 건국 후 중소관계의 핵심이 될 것임을 확인하는 동시에 소련 공산당과 중국 공산당 간의 지도와 복종이라는 관계준칙을 확정하였다. 다음으로 중공은 기본적으로 소련과의 동맹 준비를 완성하였고 이제 남은 것은 과거의 중소조약을 어떻게 처리할지 문제와 그리고 새로운 조약을 체결할지의 여부였다. 바로 양자관계에서 가장 골치 아픈 문제만 남게 되었다.

1945년 체결된 중소조약을 처리함에 있어서 중공 지도부의 심경은 상당히 복잡하였다. 소련과의 동맹을 결정하였을 때의 처지 역시 매우 난처하였다. 만약 소련의 침략이익을 포기하라고 요구하지 않는다면 엄청난 국내의 의혹을 받게 될 것이었다. 비록 이로 인해 국면 장악이 어렵지는 않겠지만 그들의 애국자라는 이미지 역시 심각한 타격을 받게 될 것이기 때문이었다. 한편 그들은 이 문제에 있어서 소련 지도자들에 어떤 태도를 유지해야할지 사실 아무런 자신이 없었다. 전후 소련의 행동으로 보면 스탈린이 내내 입에 달고 다녔던 '무산계급 국제주의'를 이행할 것인지

---

115 劉少奇: ≪同斯大林談判推翻國民黨問題≫, 1949年7月27日, 中共中央文獻研究室、中央檔案館編: ≪建國以來劉少奇文稿≫, 第一冊, 第40-41頁.

에 대해서 의문이 드는 것도 당연했다. 이런 와중에 미코얀의 시보포 비밀방문과 류샤오치의 모스크바 방문을 통해 중공 지도부는 스탈린의 중소조약에 대한 태도를 통해 나름의 셈법을 가지게 되었다.

중공 군대가 도강하기 전 중공 지도부는 이미 당 외의 인사들에게 대외조약 중 일부는 폐기하고, 일부는 수정하며, 일부는 유지할 것임을 알렸다.[116] 여기서 수정을 하거나 유지한다고 한 것은 주로 중소조약을 가리키는 것이었다. 류샤오치의 모스크바 비밀방문 전에 중공 중앙은 자연스레 새로운 조약 체결 문제를 토론하였다. 류샤오치는 스탈린에게 새로운 동맹조약 체결을 요청하였지만 소련에 선택의 여지를 남겼다. 그는 세 가지 선택안을 제안하였다. 첫 번째 안은 1945년의 조약을 유지하고 새로운 정권을 승인한다. 두 번째 안은 1945년의 조약을 폐기하고 새로운 조약을 체결한다. 세 번째 안은 양국 정부가 각서를 교환하고 잠시 1945년의 현황을 유지하면서 적당한 시기에 새로운 조약체결을 준비한다.[117] 즉, 중공 중앙은 류샤오치를 통해 소련 측에 새로운 조약체결의 방식과 소련과의 동맹에 관해 분명하게 의사를 표명했다. 그러나 류샤오치는 스탈린의 명확한 답변을 듣지 못했다. 류샤오치의 소련방문은 중공 중앙이 소련과의 동맹을 맺는 첫걸음이었으며, 1945년 중소조약의 존폐여부가 쌍방 간 동맹체결을 위한 핵심요인이 되었다.

마오쩌둥은 조금도 주저하지 않고 크렘린 궁을 향해 나아갔다. 그가 달성하고자 하는 목표는 1945년의 조약을 폐기하고, 소련과 새로운 동맹조약을 체결하는 것이었다. 12월 16일, 마오쩌둥은 모스크바에 도착한 당일 스탈린과 회담을 진행했다. 마오쩌둥은 회의가 시작되자마자 "중국은 3~5년 정도 안정적으로 숨을 돌릴 시간이 필요하다. 이 시간을 통해

---

116 周恩來: ≪關于和平談判的報告≫, 1949年4月17日, ≪周恩來選集≫, 上卷, 人民出版社1981年版, 第321頁.
117 劉少奇: ≪代表中共中央給聯共(布)中央斯大林的報告≫, 1949年7月4日, 第15頁.

전쟁 전의 경제수준을 회복하고 전국의 국면을 안정시킬 것이다."라고 공개적으로 선언하였다. 실제로 그는 소련과의 동맹체결이라는 중국의 주요목표를 제시하였다. 즉, 소련과의 동맹을 통해 안전보장, 정치적 지지 그리고 경제적 원조 획득을 희망하였다. 그는 새로운 중소조약의 체결이 이러한 목표를 달성하는데 유리할 것이라 판단하였다. 그는 스탈린에게 류샤오치가 귀국한 후에 중공 중앙은 소련과의 조약체결 문제를 토론하였다고 전했다. 이로써 중공 지도부는 새로운 조약체결을 이번 중소회담의 가장 주요한 안건으로 올려놓았다.

스탈린도 이 문제에 대해 진지하게 생각하였다. 그리고 바로 자신의 의견을 피력했다. 소련은 지금 1945년 조약을 수정해서는 안 된다. 이래야만 미국에게 얄타 비밀협정을 개정하려는 빌미를 주지 않게 된다. 그렇지 않으면 쿠릴열도, 사할린 열도 등의 협의까지 연관되어 소련에 매우 불리하게 된다. 스탈린이 제시한 가능한 방법은 조약의 형식은 변동이 없지만 소련군은 실제 뤼순에 주둔하지 않는다 였다. 그리고 중국 창춘철도에 대한 의견대립에 대해서도 부분적으로 수정을 본다는 것이었다. 스탈린은 과거와 동일하게 뤼순과 소련 주둔군 문제를 고려하였고, 소위 조약의 미 개정은 바로 뤼순과 관련된 부분을 손대지 않는다는 것을 가리킨다. 조약의 핵심부분과 기타 유관협정에 관해서 스탈린은 마오쩌둥과 논의할 생각이 없었다.

마오쩌둥은 중공 중앙이 아직까지 미국과 영국의 얄타협정에서의 입장을 고려하지 않았고, 현재 조약을 수정할 필요는 없으며, 급히 뤼순에서 철군할 필요도 없다는 중국의 입장을 표명했다. 그러나 중국 국내 여론에 이미 국민당 정부는 무너졌고 따라서 1945년의 조약 역시 의미가 없어져 버렸음을 강조했다. 마오쩌둥의 입장표명에 스탈린도 양보를 하여 1945년의 조약은 수정할 수 있으며 또한 큰 폭의 변화를 주어야 한다고 하였다. 단, 2년간 유예한 뒤에 다시 논의하자고 하였다. 마오쩌둥은 결코 달갑지 않았다. 왜냐하면 신정권이 1945년 체결된 조약이 여전히 존재하는 상황에서 소련과 동맹을 맺을 수 없었기 때문이다. 그렇게 되면 중공 집권의 합법성에 심각한 손상을 줄 수 있었다. 그런데 소련과 동맹을 맺지 못한다면 마오쩌둥의 방소 의미도 대대적으로 퇴색할 수밖에 없었다. 따라서 스탈린이 저우언라이는 모스크바에 올 필요가 없다고 할 때에도 몇몇 협의를 체결해야 하니 저우언라이는 와야 한다는 입장을 굽히지 않았다.[118]

이 회담이 끝난 후 마오쩌둥은 중공 중앙에 보고를 하였다. 단, 조약과 관련된 문제는 아직 더 협상을 진행해야 한다고 하였다. 중공 정치국은 21일 회의를 소집하였는데 그들은 회의의 결말에 어떠한 확신도 없었다. 회의 후 그들은 전보를 통해 저우언라이의 모스크바 행 여부는 마오쩌둥의 모스크바에서의 진전된 협상결과에 따라 결정하자고 하였다.[119] 다음 날 마오쩌둥은 회신을 통해 23일 또는 24일 스탈린과의 회담에서 최종방침을 확정할 것이라고 하였다.[120] 같은 날, 마오쩌둥은 코발레프를 통해 스탈린에게 두 가지 회담방안을 제출했다. 첫째는 저우언라이가 모스크바에 와서 1945년 중소조약 문제를 담판 짓자는 것이고, 두 번째는 쌍방이 광범위하게 관련문제를 토론하되 반드시 협의에 도달할 필요는 없다는 것이다.[121]

---

118 ≪斯大林与毛澤東會談記彔≫, 1949年12月16日, 華東師範大學國際冷戰史硏究中心資料室, NO.00255; 參閱裴堅章主編: ≪中華人民共和國外交史(1949 - 1956)≫, 世界知識出版社1994年版, 第17-18頁; ≪斯大林与毛澤東會談記彔≫, 1949年12月16日, ≪党史研究資料≫, 1998年第5期.
119 劉少奇: ≪關于周恩來去莫斯科的時机等問題給毛澤東的電報≫, 1949年12月21日, 中共中央文獻研究室、中央檔案館編: ≪建國以來劉少奇文稿≫, 第一冊, 第218頁.
120 參閱裴堅章主編: ≪中華人民共和國外交史(1949 - 1956)≫, 第18頁.
121 N. B. 科瓦廖夫: ≪毛澤東与斯大林的對話≫, 第32頁.

24일, 마오쩌둥은 재차 스탈린과의 회담을 가졌다. 이때 스탈린은 매우 부정적으로 변해있었다. 앞선 마오쩌둥의 건의에 대해 대답을 하지도 않았을 뿐만 아니라 1945년 중소조약과 관련한 문제를 다시 논의하지도 않았다. 그의 태도는 마오쩌둥이 보기에 1945년 중소조약 문제를 해결할 의지가 전혀 없는 것으로 보였고, 심지어 다른 협의 서명에도 관심이 없는 듯 보였다. 이것은 대국주의의 오만함으로 비쳐졌고, 이후 마오쩌둥은 한동안 우울증에 빠지게 되었고, 마침내 참지 못하고 소련에 불만을 표출하였다.[122]

스탈린이 부정적인 태도로 나온 주요 원인은 소련 공산당 내부의 중공 중앙의 대내외 정책에 대한 시각에 변화가 발생했기 때문이다. 22일, 코발레프는 마오쩌둥과 회담을 한지 얼마 후 스탈린에게 중국의 정세에 대한 1부의 보고서를 제출하였다. 여기에는 중공의 모든 정책에 대해 부정적인 평가 일색이었다. 중공 중앙이 1월 이후 스탈린이 제기한 여러 제안을 집행하는데 거의 모든 부분에 문제가 있으며, 중공 중앙정부는 아직까지 전체 국가에 중앙의 영도를 실시할 방법이 없고, 대외정책에서 영국과 미국의 승인문제에 환상을 가지고 있으며, 심지어 유고슬라비아와의 수교문제에 있어서도 고의로 침묵을 유지하고 있다고 하였다.[123] 코발레프의 보고는 소련 공산당 지도층의 주목을 끌었다. 왜냐하면 소련 공산당 내부에 한동안 중공 중앙에 대한 의혹이 존재하고 있었기 때문이다. 코발레프 본인이 이렇게 행동한 동기 역시 매우 의심스럽다. 그는 중국에 있을 때 오랫동안 중국 공산당 지도자들과 왕래를 하였는데 무엇 때문에 이 시기에 갑자기 과거의 인식과 전혀 다른 보고를 스탈린에게 올렸을까? 혹은 그가 스탈린의 마음을 알아차리고 그의 의심에 부합하는 행동을 한 것인가? 어떤 이유인지는 모르나 스탈린은 코발레프의 영향을 받을 수 밖

---

122 師哲: 《在歷史巨人身邊》, 第438頁
123 《科瓦廖夫給斯大林的報告》, 1949年12月24日, 華東師範大學國際冷戰史研究中心資料室, NO. 13860(20745).

에 없었다. 후에 스탈린은 코발레프의 비밀 보고서를 마오쩌둥에게 주면서 코발레프가 대단히 적절치 않게 정치에 관여했다고 비판하였다.

1950년 1월 2일, 소련의 태도에 결정적인 변화가 나타났다. 당일 몰로토프 등은 마오쩌둥이 머물고 있는 곳으로 가서 다음 회담의 내용과 중공 중앙의 생각에 대해 마오쩌둥과 회담을 나누었다. 마오쩌둥은 소련 측에 세 가지 선택방안을 제시하였다. 첫째는 1945년 조약을 폐기하고 새로운 조약을 체결하자는 것이었고, 둘째는 양국의 통신사가 양국이 주요문제에서 의견의 일치를 보았다고 간단한 성명을 발표하는 것, 셋째는 공동성명을 발표하여 양국관계의 요점을 설명하는 것이었다. 몰로토프는 즉시 첫 번째 방안이 가장 좋다고 하고 저우언라이를 모스크바로 초청해서 담판을 진행할 수 있다고 하였다.[124]

마오쩌둥은 기분이 대단히 좋아서 즉시 중공 중앙에 저우언라이에게 만반의 준비를 하게 한 후 즉시 출발하라고 전보를 보냈다. 그리고 저우언라이가 출발하기 전에 당 내부에서 이번 담판은 새로운 중소우호동맹조약 체결을 위한 것이라는 점을 확실히 하도록 주문했다. 당시 마오쩌둥은 새로운 조약에서 뤼순, 다롄 문제에서는 부분적인 변화가 있겠지만 기본정신은 여전히 원 조약의 외부침략 반대와 외몽고의 독립승인이라고 보았다. 이런 조건하에 중소동맹 체결의 이점은 새로운 정권이 보다 유리한 위치에 설 수 있다는 것이었다. 즉, 미국 등으로 하여금 무조건적인 외교적인 승인을 요구할 수 있고 그들이 경거망동하지 않도록 할 수 있다는 것 등이다. 결론적으로 말하자면 비록 사람의 뜻대로만 되지는 않지만 그래도 신정권의 국제적 지위를 올리는데 유리하다는 사실이다.[125]

---

124 ≪毛澤東關于周恩來去蘇聯參加談判問題給中共中央的電報≫, 1950年 1月 2日, 中共中央文獻研究室編: ≪建國以來重要文獻選編≫, 第1冊, 第95-96頁.
125 ≪毛澤東關于周恩來去蘇聯參加談判問題給中共中央的電報≫, 1950年 1月 3日, 中共中央文獻研究室編: ≪建國以來重要文獻選編≫, 第1冊, 第97頁.

마오쩌둥은 새로운 조약의 일부 내용은 국내에서 다른 반응이 나오리라고 예상하였다. 따라서 그는 기회가 될 때마다 새로운 조약은 양국 간의 완전히 새로운 관계를 반영해야 한다고 소련 측을 설득하였다. 그는 소련사람들에게 "중국 인민 중 일부 사람들은 현존하는 중소조약에 대해 지속적인 불만을 가지고 있다."라고 하였다.[126]

류샤오치가 마오쩌둥에게 보낸 전보를 보면 민주당파는 새로운 조약 체결에 반대하지 않지만 세부문제에서까지 모두 동의하는 것은 아니다라고 하고 있다.[127] 마오쩌둥은 귀국 후 재삼 중소조약은 애국주의 조약이며, 중국 경제건설과 국가안보에 부합한다고 강조하였다.[128] 3월 중소 간 석유 주식회사와 유색금속 주식회사 설립 협정체결이 국내에서 일으킨 소란은 간접적으로 그가 앞서 언급한 내용의 필요성을 간접적으로 증명하고 있다. 류샤오치가 초안한 문건을 보면 앞의 두 협정을 공포한 후 일부 청년학생의 의문과 강한 반발이 있었음을 알 수 있다.[129]

1월 20일 저우언라이가 모스크바에 도착했다. 22일, 마오쩌둥과 저우언라이는 스탈린과 회담을 갖고 다음 단계 회담의 주요내용과 원칙을 확정하였다. 이번에 스탈린은 매우 통쾌하게 이후의 담판은 우선적으로 1945년 조약문제를 해결할 것이라 하였다. 마오쩌둥은 새로운 조약이 세 가지 내용을 필히 포함해야 한다고 주장했다. 즉, 양국 간의 우호관계, 경제협력 및 안보동맹을 확인해야 한다는 것이다. 스탈린은 이에 찬성의

---

126 ≪毛澤東与維辛斯基談話紀要≫, 1950年1月6日, ≪党史硏究資料≫, 1998年 第5期, 第10頁.
127 劉少奇: ≪關于党派協商會議等情況給毛澤東的電報≫, 1950年1月8日, 中共中央文獻硏究室編、中央檔案館: ≪建國以來劉少奇文稿≫, 第一冊, 第240頁.
128 毛澤東: ≪締結中蘇條約和協定的重大意義≫, 1950年4月11日, 中華人民共和國外交部、中共中央文獻硏究室編: ≪毛澤東外交文選≫, 第131-132頁.
129 劉少奇: ≪中央關于向群衆解釋中蘇合辦股份公司問題的電報≫, 1950年3月30日. 中共中央文獻硏究室、中央檔案館編: ≪建國以來劉少奇文稿≫, 第一冊, 第501-502頁.

사를 나타냈다. 그들은 또한 중국 창춘철도, 뤼순, 다롄 등의 구체원칙과 차관, 군사원조 및 경제협력 처리원칙에 대해서도 논의하였다.[130] 스탈린과 중공 지도자 간의 이번 회담은 의심할 여지가 없이 성공적이었다. 그러나 회담이 23일을 기점으로 조약의 구체세부 조항을 논의하는 단계에 이르면서 양측의 회담대표인 저우언라이와 비신스키는 핵심문제인 중국 창춘철도, 뤼순, 다롄 문제 등에 있어서 첨예한 대립과 협상을 진행하였다. 이밖에 스탈린은 군사원조를 제공함을 빌미로 동북과 위구르 지역에 기타국가의 진입을 제한하는「부가협정」체결을 끝까지 주장하였다.[131]

1950년 2월 14일, 쌍방은「중소우호동맹조약」을 체결하였다. 조약의 체결은 중소 간의 동맹이 마침내 탄생되었음을 의미한다. 회담 자체에 관해서 말하자면 최종적으로 합의한 협의내용은 당연히 100% 모두를 만족시키진 못했지만, 이 협의는 일련의 협조와 타협의 결과물로 많은 국가들 간의 담판과 별다른 점은 없다. 다만, 특정한 역사의 단계라는 측면에서 동맹이 중국 지도자들에게 차지하는 의미는 매우 복잡하고도 다양하다.

먼저, 중소동맹의 체결은 신중국이 장차 철저히 소련 일변도 입장에서 냉전에 참가할 것임을 선포했다는데 의미가 있다. 중공은 아주 지난한 과정을 거쳐 소련과의 동맹을 체결하였지만, 동맹이라는 생각의 제기는 일정 부분 우연성이 자리한다. 중공 지도부는 양당 간의 혁명관계를 더욱 중요시했으며, 그들은 동맹을 맺고 책임져야 할 가장 중요한 의무는 아시아의 혁명을 지원하는 것이라고 생각했다. 이는 중국이 얼마 지나지 않아

---

130 ≪斯大林与毛澤東的會談記彔≫, 1950年1月22日, 華東師范大學國際冷戰史研究中心資料室, NO.00260。
131 談判的具體情況可參閱: 沈志華主編: ≪中蘇關系史綱1917-1991年中蘇關系若干問題再探討≫, 社會科學文獻出版社2011年版, 第117-122頁; 裴堅章主編: ≪中華人民共和國外交史(1949-1956)≫, 第21-25頁; ≪与毛澤東的談話記彔≫, 1956年3月31日, ≪國外中共党史研究≫, 1995年, 第2期, 第21－22頁。

인도차이나와 한반도의 군사충돌에 연루되는 직접적인 동기가 되었다.

다른 한편 중공 지도자들에게 중소동맹은 모순의 발전과정이었다. 중공 지도부는 대규모 폭력혁명에서 건국으로 넘어가는 과도기에 소련과의 동맹을 결정했다. 그들이 동맹을 추진한 결정적인 힘은 바로 혁명운동의 목표와 이상을 실현하고자 함이었다. 그러나 혁명운동이 얼마나 큰 파급력이나 영향력이 있었는지를 논할 필요 없이 건국이라는 과업은 시작부터 대외정책에서 큰 위력을 발휘하였다. 건국은 혁명운동과 다른 점이 있었고 때로는 공존이 불가능하기도 하였다. 소련과의 동맹을 자발적으로 추구하는 과정에서 중공 지도부의 입장은 국가이익을 점차 더 반영하기 시작하고, 국내의 민족주의 요구에도 어쩔 수 없이 호응하였다. 만약 그렇지 않았다면 중공 혁명의 합법성은 심각한 좌절을 맛볼 수 있었다. 마오쩌둥은 혁명목표를 실현하기 위해서 소련과의 동맹을 추구하였으나 동맹과정에서 신중국 건국을 위하여 스탈린과 협상을 하기도 하고 스탈린에 원망의 감정을 가지기도 하였다. 결론적으로 소련과의 동맹은 중소관계의 숙명적인 역사의 시작이라고 할 수 있다.

제3절
대립의 길

　중공 지도자들은 소련과의 동맹을 모색함과 동시에 미국과의 대립의 길을 선택했다. 이러한 두 가지 선택의 동시 병행은 얼핏 보기에도 상충되지 않는다. 1948년 봄여름, 중공 군대는 지속적으로 화북지방의 주요 도시들을 접수하고 있어서 중공 지도자들은 마침내 미국, 영국, 프랑스 등 국가들의 관방기구와의 관계를 직접 처리할 상황에 맞닥뜨렸다. 그들은 이때부터 대미정책을 의사일정에 포함하여 반제국주의 구호를 중심으로 정치동원을 진행함과 동시에 미국의 군사간섭을 저지하고 미국의 외교승인 문제 등 보다 복잡한 문제를 고려해야만 하였다.

　미국의 군사개입을 저지하는 문제에 대한 중공 중앙의 정책은 과거와 마찬가지로 선전용 언사는 격렬하지만 행동은 지극히 신중하고 섬세한 태도를 견지하였다. 특히 중국 주둔 미군과의 충돌과 분쟁에 대해서 중공 지도자들은 사전에 지시를 구한다는 원칙을 엄격하게 지킬 것을 요구하였다. 1948년 3월 24일, 중공 중앙은 화동국에 5명의 미군 억류인원의 처리에 관한 지시에서 무엇이 유리하고, 어떤 것이 예의에 맞는 것인지를 상세히 설명하고, 특별히 어떠한 외교담판이라 하더라도 중앙에서 지방으로 지시가 전해져야 하며 외교대표는 중앙의 지시 없이 담판의 결렬을 선포할 수 없으며, 앞으로 모든 외교문건은 반드시 중앙의 비준을 거쳐야만 발표할 수 있다고 하였다.¹³² 외교승인과 관련한 문제는 상대적으로 훨씬 더 복잡하였다.

중공 지도부는 처음에는 지방정권 차원에서 미국 등의 국가와 관방관계를 수립할 의사가 있었다. 1948년 7월 하순 중공 화북국은 중공 중앙에 프랑스 영사가 중공 현지당국과 외교관계를 맺기를 희망한다고 보고했다. 이에 대해 중공 중앙은 화북국에 비공식적인 동의를 할 수 있다고 하였다. 그들은 프랑스는 아마 미국의 부탁을 받고 중국의 입장을 탐색하는 것이라 판단하고 이런 이유로 동북국은 화북의 해방구에서 각국과 외교관계 수립을 희망한다고 의사표시를 하게 하였다.¹³³ 중공 지도부의 이러한 반응은 심사숙고 끝에 나왔다고 말하기는 어렵다. 그들은 이 문제의 상황을 충분히 이해하지 못했고 경험도 일천했기 때문에 반응 역시 비교적 신중했다. 예를 들어 앞선 원칙은 화북 지역으로만 한정하고 구체 협정체결을 서두르지 않아야 한다고 규정하였다.¹³⁴

중공 중앙의 화북지역에서의 상술원칙은 빠른 시간에 동북지역까지 확대되었고 적극적인 변화도 나타났다. 11월 2일, 중공군이 선양을 점령하자마자 선양의 미국 영사관을 어떻게 대해야 하는지 문제가 대두되었다. 중공 중앙은 이에 대해 처음으로 명확하게 미국, 영국, 프랑스 등은 중공 지방정권의 합법성을 인정해야 한다고 주장하였다. 10월 29일, 중공 중앙은 미국, 영국, 프랑스 등 국가들의 영사관과 교민문제에 대해 동북국에 특별 지시를 내려 반드시 전문적인 외사기구를 건립하고 중공

---

132 ≪中央關于對美國外交斗爭策略的指示≫, 1948年3月24日。
133 ≪中央關于對法國領事要求与我建立外交關系問題給華北局的指示≫, 1948年 7月28日。
134 ≪中央關于對法國領事要求与我建立外交關系問題給華北局的指示≫, 1948年 7月28日; ≪中央關于与英商談貿易問題給方方同志的指示≫, 1948年9月25日, 中共中央文獻研究室編: ≪周恩來年譜1898-1949≫, 中央文獻出版社与熱敏出版社1989年版, 第789頁。

의 지시를 필히 준수하며, 어떠한 조치를 취하기 전에 명령을 하달 받으며, 절대로 경거망동하지 말라고 하였다. 이 시기 중공 중앙의 의도는 결코 미국과의 관계를 단절하기 위함이 아니었고 미국을 압박하여 어쩔 수 없이 중공 지방정권의 정부지위와 권력을 인정하도록 하는 것이었다.[135]

11월 1일, 동북국은 중공 중앙에 선양 점령 후 외사문제를 어떻게 처리할 것인지 지시를 요청했다. 여기에는 외국은행을 폐쇄할 것인지 여부와 미국, 영국 영사관에 군사를 보내 경호를 할 것인지 하는 문제가 포함되었다. 그들은 선양에서 소련과 미국, 영국, 프랑스 등 국가들의 상업기구들이 동시에 존재하는 상황에 어떻게 대처해야 하는지 몰랐다. 이 외에도 그들은 국민당 특수요원들의 외국 영사관 공격으로 인해 선양에서 외교적 마찰이 일어날 것에 대해서도 우려하였다.[136] 저우언라이는 당일 장문의 전보를 동북국에 보내 지시하길 "선양의 특수상황을 특별히 중시하여야 한다. 매사에 신중을 기하기 위해 동북국은 잠시 외국은행의 영업을 중지시키지 말고, 외국 영사관에 대해서도 무장보호를 제공하여야 한다. 동시에 해당 인원과 실내에 검사를 진행하지 말아야 한다."라고 하였다. 아울러 "우리는 아직 수많은 외교사무와 국제관례를 숙지하지 못하고 있다. 동북국은 소련 측 관련인사들에게 도움을 요청하여야 한다. 다만 소련의 의견은 참고만 하기 바란다. 정책관련 인원들은 필히 사전에 중앙에 보고하고 지시를 득하여야 한다."라고 하였다. 저우언라이는 또한 동북국이 각국 영사관에 사람을 보내 무선 통신기를 만들지 말도록 지시하였다. 만약 이미 무선 통신기가 있다면 중공 선양정부에 이 사실을 보고하고 반납해야 한다고 지시했다. 저우언라이는 미국, 영국 영사관에 비밀 무선 통신기가 있으리라 생각했지만 동북국이 행동을 취하기 전에 필히

---

135 《中央關于對英、美、法等國領事館及僑民的態度和方針應按丑虞電處理給東北局的指示》, 1948年10月29日。
136 《東北局關于處理外國銀行、領事館的請示》, 1948年11月1日。

비밀리에 증거를 수집해야 하며, 중앙에 보고하고 허락을 얻은 후에야 내부 수색을 할 수 있다고 하였다.[137]

11월 5일, 중공 선양시장 주치원(朱其文)은 사전 지시를 받지 않고 미국, 영국, 프랑스 선양주재 영사를 접견하고 3일 후 이 국가들의 영사관을 답방하였다. 주치원의 이러한 행동은 중공 중앙의 정책을 100% 위반하였다고는 할 수 없다. 왜냐하면 그가 이렇게 하지 않았을 경우 10월 29일 중공 중앙의 지시 중 일부 요구를 집행하기 어려웠기 때문이다. 즉, 미국, 영국, 프랑스에 동북국의 관련 규정을 전달하고 상대를 압박하여 중공 선양정권의 합법성을 승인하도록 하는 목적을 달성하라는 지시 관련 업무를 말한다. 당시 동북국은 즉각 주치원에 신랄한 비판을 가하고 중공 중앙에 보고하였다. 그러나 중공 중앙이 중시한 것은 주치원이 사전에 중앙의 지시 없이 시장의 신분으로 미국, 영국, 프랑스의 관방대표를 접촉했다는 점이다. 분명한 사실은 이 시기 중공 내부에 여전히 상하간의 호흡이 일치하지 않았다는 점이고, 지방의 책임자들의 외교규율에 대한 민감도나 중시도는 중공 지도자들의 요구에 한참이나 못 미치고 있었다는 점이다.

11월 10일, 중공 중앙은 동북국의 보고에 근거하여 군사통제를 통한 미국, 영국, 프랑스 관련 인원의 활동 제한을 제안하였다. 동북국의 보고에 의하면 미국, 영국, 프랑스 영사관은 중공 선양정권의 합법적 지위를 인정하지 않을 것이라 예측되었기에 장기적인 군사통제를 통해 그들을 철수시킬 수 있으리라 보았다. 중공 중앙은 동북국에 첨예하게 맞섬과 동시에 신중히 행동하고 사전에 보고하라고 지시하였다.[138] 이즈음 중공

---

137 ≪中央關于處理外國銀行及領事館問題給東北局的指示≫, 1948年11月1日, 參閱中共中央文獻研究室編: ≪周恩來年譜1898-1949≫, 第794頁.
138 Chen Jian, *Mao's China and The Cold War*, pp. 39; 楊奎松: ≪中華人民共和國建國史研究(2)≫, 第55頁; 中共中央文獻研究室編: ≪周恩來年譜1898-1949≫, 第796頁.

지도자에겐 이미 미국, 영국, 프랑스 영사관의 선양 철수 계획이 싹트고 있었으나, 구체적 조치를 취함에 있어서는 매우 신중하였다.

15일, 중공 선양 군사통제 위원회는 미국, 영국, 프랑스 영사관에 통지를 보내 36시간 이내에 보유하고 있는 무선 통신기를 반납하라고 하였다. 동북국이 이 조치를 취한 이유는 한편으로는 중공 중앙의 앞선 지시를 수행하기 위함이었고, 다른 한편으로는 급변하는 정세와 소련의 반응 때문이었다. 랴오선(遼沈, 요녕심양) 전역[139]이 종결될 시점에 마오쩌둥은 이미 린뱌오 등과 함께 제4 야전군을 비밀리에 화북으로 보내 핑진(平津) 전역[140]에 참가시켰다. 11월 중순 중공 중앙은 동북의 주력부대를 조기에 철수시키고 전열을 재정비하여 비밀리에 화북으로 진입시키기로 결정하였다. 중공 중앙과 제4 야전군 사령부는 비밀유지가 정책 성공의 관건이라고 판단하였다. 마오쩌둥은 선양의 외국 영사관 무선 통신기에 극도로 민감했다. 그는 심지어 선양 부근의 부대에 "출발시간을 늦추는 게 좋겠다. 선양에 적들의 무선지국이 있으니 우리가 행동을 하면 필히 경각심을 가질 것이다."라고 명령을 내렸다. 군사적 승리가 모든 것을 압도하는 시기에 외교는 단지 군사행동에 보조를 맞출 뿐이고 협조를 할 수 없는 상황이면 반드시 양보를 하여야 한다. 이는 중공정책의 변화와 미국 영사관의 이후 운명을 결정한 매우 중요한 배경이다.

선양의 군사 통제위원회가 통지를 한 다음날, 하얼빈 주재 소련 영사 말리닌(Malinin)은 가오강(高崗)에게 선양의 미국, 영국, 프랑스 영사관

---

[139] 역자주: 제2차 국공 내전의 3대 전역 중 하나로써 1948년 9월 12일 시작되어 11월 2일까지 모두 52일간 진행되었다. 중국 인민 해방군을 이를 통해 랴오닝(遼寧)과 선양(瀋陽)을 획득하고 처음으로 병력의 수에서 국민당 군을 뛰어넘게 되었다.
[140] 역자주: 국공 내전의 3대 전역 중 하나로써 1948년 11월 29일부터 1949년 1월 31일까지 모두 64일에 걸쳐 진행되었다. 중국 인민 해방군 동북 야전군과 화북 군구 부대 100만 명이 국민당 3개 병단 52만 명과 싸움을 벌여 베이핑(北平, 지금의 베이징)과 텐진(天津)을 중심으로 한 화북지역의 패권을 장악하게 된 싸움이다.

의 무선 통신기를 몰수해야 한다고 하였다. 그는 이는 소련과 관련된 매우 중요한 사건이라고 하고 이것이 소련 고위층의 생각임을 은연중에 암시하였다. 가오강은 즉시 말리닌에게 이미 삼국 영사관에 무선 통신기를 접수하겠다고 통지하였고, 동북국은 앞으로 미국 영사관을 쫓아버릴 예정인데 무선 통신기를 몰수하는 것은 이를 위해서라고 하였다. 이어서 그는 중공 중앙에 전보를 보내 자신이 말리닌과의 담화에서 얘기했던 미국 영사관 축출을 고려해 달라고 요구하였다.[141] 중공 지도부는 신속히 회신을 보내 가오강의 미국, 영국, 프랑스 영사관 축출 방침에 동의하며, 말리닌에게 중공의 외교정책은 반드시 소련과 협의해서 처리할 것임을 전하도록 하였다. 전문의 마지막은 가오강에게 여전히 신중하게 처리할 것을 요구하며 모든 외교방침과 책략은 별도의 전보를 통해서 알리겠다고 하였다.[142] 미국 영사관의 축출방침은 이렇게 결정되는가 싶었다. 그러나 중공 지도자들은 보다 넓은 범위에서 그 영향을 고려할 필요를 느꼈다.

중공 중앙은 비록 축출 방침을 허락하였지만 선양 군사관리 위원회가 사전에 지시요청을 하지 않는 것은 결코 용납할 수 없었다. 11월 17일, 선양 군사관리 위원회는 통보를 한지 36시간이 지난 후 중공 중앙에 전보를 보내왔다. 보고에는 미국 측이 회신을 통해 교민 중에 무선 통신기는 없고 영사관에 있는지 여부는 말하지 않았다고 하면서 따라서 무선 통신기를 반납하지도 않았다고 하였다. 그들은 중공 중앙에 선양 군사관리 위원회가 미국 영사관에 진입하여 탈취할 수 있도록 허락을 요청하였다.[143] 이에 대해 중공 중앙은 전보를 통해 선양 군사관리 위원회를 엄중히 비판하였다. 즉, 15일 통보를 하기 전에 지시를 요청하지 않았으며, 미국 영사관이 36시간이 경과한 후 무선 통신기를 반납하지 않은 후 또

---

141 ≪友方要求沒收美英法在沈電台≫, 1948年11月16日.
142 ≪同意擠走沈陽美英法領事館的方針≫, 1948年11月17日.
143 ≪請卽示對外領電台處理方法≫, 1948年11月17日.

통보 내용을 집행하지 않았고 오히려 중앙에 어떻게 처리할지를 물었는데 이것들은 실로 엄청난 잘못이라는 것이다. 중공 중앙의 전보는 선양 군사관리 위원회가 미국 영사관에 경고를 하고, 일정 시간이 지난 후에도 여전히 무선 통신기를 반납하지 않으면 선양 군사관리 위원회가 영사관에 들어가 몰수하고 미국 영사관원들에게 선양 군사관리 위원회의 명령을 어겼음을 고지하고 외부와의 자유왕래를 금지하도록 지시하였다. 중공 중앙은 먼저 미국 구 영사관을 통제함으로써 그들을 어려움에 처하게 하고 이로써 미 영사관 축출의 목적을 달성할 수 있다고 판단하였다.[144]

중공 중앙의 전보를 받은 후 선양 군사관리 위원회 부주임 우슈취안(伍修權)은 미국 영사 워드(Ward)를 만나 무선 통신기 제출을 요구하였으나 거절당했다. 동북국은 즉시 중공 중앙에 미국 영사관에 진입해 강제로 몰수할지 여부를 문의하였다. 18일 마오쩌둥은 전보를 통해 자신의 의견을 기술하였는데 이때 그의 마음은 이미 평온을 되찾은 것으로 보인다. 그는 "무선 통신기의 소유권은 여전히 미국 측에 있다. 우리는 잠시 대리관리 할 것이며, 향후 양국 간에 외교관계가 성립되면 돌려주는 것이 비교적 타당하다."라고 썼다.[145] 물론 이 시기 중공 중앙 지도부는 결코 미국과의 대립을 심화시킬 의도가 없었다.

다음날, 저우언라이는 회신 초안을 작성하였는데 사용 어휘는 부드러웠고 내용은 주도면밀했다. 그는 선양 군사관리 위원회에 미국 영사관에 진입하여 무선 통신기를 몰수할 때 명확한 어조로 절대로 상대를 외교기구로 인정하지 않는다고 공표하고, 교민의 안전을 보호하는 비공식적 외교왕래로 보아야 한다고 하였다. 만약 상대가 법령에 위배되는 행동을 할 경우에 군사관리 위원회는 인신의 자유를 제한하거나 심지어 국외로 추방

---

144 《關于沈陽旧領事館交出電台問題》, 1948年11月18日。
145 《林羅陳關于到美領事館强取電台向中央的請示》, 1948年11月18日。

할 권리가 있다고 하였다. 특별히 중요한 대목은 해당 전보는 선양 군사 관리 위원회가 성명을 발표하여 수거하는 무선 통신기는 중공이 보관하는 것이지 몰수하는 것이 아님을 밝히라는 것이다. 즉, 향후 양국 간의 외교 관계가 수립되거나 구 영사관 인원들이 선양으로 돌아올 때 당연히 되돌려준다는 것이다. 전보는 또한 선양 군사관리 위원회에 행동을 함에 특별히 신중함을 요구하였고 미국에 어떠한 빌미도 제공하지 않을 것을 주문했다.[146] 이것은 현시점까지 중공 중앙이 처음으로 미국과의 외교관계 수립 전망을 내놓고 미 관방기구에 입장표명을 한 최초의 기록이다.

동북국은 이튿날 오후 6시에야 저우언라이의 전보를 받았다. 5시간 전에 선양 군사관리 위원회는 이미 미국 영사관에 진입하여 무선 통신기와 관련 설비들을 수납하고 미 영사관에 대한 봉쇄조치를 실행하였다. 관련 인원의 운신의 자유를 제한하고 전화와 전기 등을 단절한 것이다. 무선 통신기를 찾은 후의 이러한 조치들은 소련의 제안에 따른 것이었다. 동북국은 중공 중앙에 보낸 전보를 통해 소련인들이 그들에게 과거 국민당 정부가 이렇게 소련의 선양주재 기구들을 대했다고 말했다고 했다. 동북국은 또한 무선 통신기를 찾는 과정에서 미국 영사관의 태도는 차분했지만 이미 국외 추방의 명분은 충분하다고 보고하였다.[147] 동북국은 최대한 빨리 미국 영사관을 축출하기를 희망하였다. 지방 지도자들에게 외교는 매우 번거로운 일이었기 때문에 그들은 비교적 간단한 방법을 통해 문제를 해결하고 싶어했다. 그중 가장 좋은 방법은 바로 그들의 관할 지역에 미국인이 없는 것이었다.

선양 군사관리 위원회가 취한 조치는 이미 중공 중앙이 부여한 권한 위임의 범위를 뛰어넘는 것이었다. 선양 군사관리 위원회의 미국 영사관

---

146 ≪中央關于沈陽旧美領事館拒交電台處理辦法給林彪等同志的指示≫, 1948年 11月19日.
147 ≪東北局常委關于接收旧美國領事館電台情況的報告≫, 1948年11月20日.

봉쇄소식을 듣고 난 후 마오쩌둥은 먼저 영국, 프랑스 영사관에 대한 태도는 미국 영사관에 비해 한결 부드러워야 한다고 지시하였다. 동시에 동북국이 중앙의 권위를 무시하였다고 신랄하게 비판하였다. 그는 "선양의 외교행동은 여전히 사전에 지시를 요청하지 않고 있다. 이는 실로 위험한 일이다."라고 하였다.[148] 중공 중앙이 동북국의 외사규율 위반을 재삼 비판한 것은 선양 군사관리 위원회의 행동이 중공 중앙의 정책노선과 거리가 있으며, 이는 단지 외사규율을 집행하는 문제만이 아니라는 점을 증명하고 있다.

11월 23일, 중공 중앙은 동북국 지도자들에 전보를 보내 대미정책을 체계적으로 설명하였다. 그들은 다시 한 번 모든 외교행동은 반드시 사전에 지시를 받아야 함을 강조하고, 동북국이 미국 영사관의 전화와 전기를 차단한 행동은 모든 외교행동은 사전에 지시를 받아야 한다는 규정을 위반한 것이라고 비판하였다. 그리고 동북 지구는 전체 국면을 고려해야 하며 경거망동하지 말 것을 지시하였다. 중요한 사실은 중공 중앙은 앞으로 미국과 정부 간 공식적인 관계를 발전시킬 수 있으므로 현재 동북에서의 행동 역시 외교 전체와 관련이 있음을 설명하였다는 점이다. 중공 중앙이 제기한 원칙은 다음과 같다. 첫째, 미국을 대하는 것과 영국, 프랑스를 대하는 것에는 차이가 있다. 둘째, 동북은 특수한 지역으로 동북지역에서 미국 영사관을 축출한다는 전술방침을 다른 지역에서도 실행할 수 있다고 하기 어렵다. 셋째, 국민당 정부와 미국 등 국가와의 외교관계를 인정하지 않는다는 것은 영원히 이러한 제국주의 국가들과 외교관계를 수립하지 않는다는 것을 의미하지는 않는다는 점이다.[149] 중공 중앙은 이미 17일의 전보에서 동북국에 알린 바가 있으며, 별도의 전보를 통해

---

148 ≪對英法態度應較對美稍微和緩些≫, 1948年11月21日。
149 ≪中央關於擠走美英法領事館問題給東北局電≫, 1948年11月23日, 參閱中共中央文獻研究室編: ≪周恩來年譜1898－1949≫, 第799-800頁。

서도 전체 외교방침과 책략에 대해 알린다고 하였다. 5일간의 심사숙고 끝에 중공 지도자들은 마침내 자신들의 생각을 체계적으로 설명하였다. 그들의 생각은 공개적으로 발표한 반미 언사와 같이 간단하지 않았으며 적어도 미래를 고려하여 일부 선택의 여지를 남겨두었다.

얼마 후 동북국은 1명의 간첩과 간첩조직을 체포하였으며, 이들이 선양 미 영사관과 연관이 있다고 자백했음을 보고하였다. 또한 동북국은 미 영사관에 비밀 무선 통신기가 있으리라 추측하였다. 그들은 최대한 빠른 시간 내에 간첩조직과 미국인의 관계를 조사해 내기를 희망하였다. 중공 지도부는 빠른 회신을 통해 동북국의 과감한 행동에 기쁨과 위로를 표하고, 그들은 이미 오래전에 선양 지역에 간첩조직의 무선 통신기가 있다는 정보를 입수했으며 이것이 제4 야전군의 화북진입에 위협이 될까 걱정하고 있음을 밝혔다. 그들은 또한 해당 간첩조직과 미 영사관의 직접적인 관계가 드러나지 않거나 미 영사관에 비밀 통신기가 있음을 증명하지 못할 경우 동북국이 미 영사관 인원 간의 왕래를 단절하는 것을 찬성할 수 없으며 미국 영사 워드의 사저 수색을 허락할 수 없음을 밝혔다. 그러나 동북국은 간첩사건의 단서를 찾기 위하여 영사관 인원 간의 왕래를 금지할 필요가 있었다. 12월 하순, 중공 중앙은 동북국에 내린 지시를 통해 간첩사건에 새로운 변화가 없는 상황에서 크리스마스 당일부터 미국 영사관 인원들에 대한 통제를 적당히 완화하라고 지시하였다.[150] 이후 선양 미 영사관 사건은 잠시 보류된 체 별다른 해결기미 없이 지속되었음을 알 수 있다.

선양 미 영사관 문제를 해결하는 과정을 살펴보면 당시 중공의 정책이 명확하지도 안정적이지도 않았음을 알 수 있다. 외교적 지식과 경험이

---

150 ≪中央關于對沈陽之美英法旧領事館人員的對策給東北局的指示≫, 1948年 12月25日.

부족한 상황에서 중공 지도부는 매우 신중했으며 심지어 긴장하기까지 하였다. 한편 중공 중앙과 동북국 그리고 선양 군사관리 위원회간의 정책은 결코 협조적이거나 순조로웠다고 말할 수 없다. 중공 지도자들은 어떤 경우 동북 지방당국의 행동을 직접적으로 통제하는데 어려움을 느꼈다. 그들은 줄곧 미국과의 관계가 격화되는 것을 피하고자 하였고 동시에 선양의 행동이 자연스레 다른 지역으로 전파되지 않기를 희망하였다.

선양 미 영사관 문제를 처리하던 후반기에 이 일과 무관한 사건들이 연이어 발생하여 중공 중앙의 정책결정에 영향을 주었다. 12월 초, 중공 중앙은 홍콩으로부터 비밀보고를 접수했다. 해당 보고에서 레이라고 불리는 미국기자는 중공의 홍콩대표에게 현재 미국의 대중국 정책의 핵심은 신중국 정권내부에 어떻게 유효한 반대파를 형성할 수 있는가 하는 문제라고 하였다. 미국 정부는 장차 중국의 새 정부를 승인할 의향이 있으며, 그 조건은 정부 내에 미국이 받아들일 수 있는 반대파가 있어야 하고, 미국의 상하이와 칭다오의 군대 주둔권을 허락해야 한다는 것이다. 이에 대한 마오쩌둥의 반응은 강렬했다. 그는 미국이 중공 내부에 반대파를 조직하려고 기도하고 있다고 판단하고 미국의 정치적 음모를 분쇄해야 한다고 하였다. 그는 주변의 전우들에게 이 보고서를 열람하게 하였다.[151] 12월 30일 마오쩌둥은 「혁명을 끝까지 완수하자」라는 제목의 신년사에서 미국을 가장 치명적인 위협으로 묘사하고, 현재 혁명진영 내부에 반대파를 조직함으로써 중공이 미국의 이익에 침범하지 못하도록 획책하고 반동파들이 숨을 쉴 수 있는 기회를 만들고 난 후 어느 날 아침 사납게 달려들어 혁명을 말살하고자 한다고 하였다.[152]

1949년 1월 초순에 소집된 정치국 회의에서 중공 지도자들은 전쟁의

---

151 毛澤東: ≪對(雷和文談話摘要)的批語≫, 1948年12月4日。
152 毛澤東: ≪將革命進行到底≫, 1948年12月31日, 見 ≪毛澤東選集≫, 第四卷, 人民出版社2001年版, 第1375頁。

최종승리를 획득하기 위한 방법과 미국과의 상호승인에 관한 문제를 주로 논의하였다. 그들은 미국이 눈속임을 하고 있다고 여겼다. 심지어 미국은 신정권 승인을 통해 합법적인 지위를 획득하여 내부를 쉽게 무너뜨리고자 한다고 하며, 이러한 미국의 음모에 대해 결연히 대항해야 한다고 하였다.[153] 한편 선양에서 직면한 복잡한 국면으로 인해 중공 지도자들은 대미 외교가 절박하지 않을 뿐만 아니라 매우 번거로워서 잠시 방치해 두는 것이 가장 효과적인 선택임을 깨달았다. 그들은 회의에서 미국과의 외교적인 승인문제에 급할 것이 없다는 입장을 확정했다. "우리는 그들을 타도하려는 것이지 승인하려는 것이 아니다. 그리고 아직 외교적 경험이 부족하기 때문에 급히 문제를 해결할 필요가 없다."라고 하였다. 심지어 마오쩌둥은 불승인이 가장 좋다고 하였다. 회의가 끝난 후 얼마 후 소련 공산당 중앙정치국 위원인 미코얀은 시보포를 방문하여 중공과 소련의 관계는 한 단계 더 발전하였고, 이를 통해 중공 지도자들의 불승인 경향은 더욱 강화되었다.

3월의 제7기 2중 전회에서 마오쩌둥은 미국과의 외교적 승인문제를 급히 해결하지 않겠다는 방침을 제기하고 장기적으로 준비하겠다고 하였다.[154] 회의 후 발표한 문건에서 중공 중앙은 기존 국민당 정부의 대외관계를 일률적으로 승인하지 않겠다는 원칙을 재확인하고, 미국의 관방대표에 대해 병사를 파견하여 감시하고 자유를 허락하지 않는 것을 포함하는 보다 엄격한 통제를 가할 것이라고 하였다.[155] 그러나 중공 군대의 난징(南京) 점령 전후 발생한 일련의 사태를 보면 마오쩌둥이 제기한 불

---

153 ≪目前形勢和党在1949年的任務≫, 1949年1月8日, 中央檔案館編: ≪中共中央文件選集≫, 第18冊, 中央党校出版社1992年版, 第17-18頁.
154 毛澤東: ≪在中國共産党第七屆中央委員會第二次全體會議上的報告≫, 1945年 3月5日, ≪毛澤東選集≫, 第四卷, 第1435頁.
155 ≪中央關于外交工作的指示≫, 1949年1月18日, 中央檔案館編: ≪中共中央文件選集≫, 第18冊, 第45頁.

승인은 처음처럼 그렇게 확고부동하지는 않았다.

4월 17일, 저우언라이는 신정치협상회의에 참가하는 민주인사에게 비록 외교의 원칙 문제에서 양보할 수 없지만 행동에 있어서는 신중하여야 하며 조리 있고 절도 있게 문제를 처리해야 한다고 하였다. 그는 "미국도 중국과 왕래를 하지 않으려는 것이 아니며, 스튜어트는 계속해서 우리와의 관계의 끈을 이으려고 한다. 우리의 입장은 담판을 진행하는 것이다. 즉, 관계를 단절하지 않으나 외교관계 수립에 급하지 않는다."는 입장이었다.[156] 이때 중공 중앙은 이미 옌징대학을 졸업한 황화(黃華)를 난징으로 보내 스튜어트와 접촉하도록 결정하였다. 그들의 언행으로 보아 '불승인' 원칙은 이 시기 이미 '비단절' 원칙으로 확대되었다.

이 시기 중국주재 미국 대사관은 국민당 정부를 따라 광저우로 옮겨가지 않았다. 스튜어트 본인 역시 중공과의 관계를 수립할 경로를 다방면으로 찾고 있었다. 그의 이런 행동은 미국 국무원의 동의를 얻었다.[157] 미국의 행동은 사람들의 주목을 받기에 충분했다. 그러나 단지 이점 때문에 중공의 대미정책이 앞서 언급한 바와 같이 급변했다고 보기에는 무리가 있다. 이 외에도 일련의 다른 요인들이 존재한다. 먼저, 마오쩌둥과 스탈린 간 상호신뢰의 증대는 소련 측이 중공 중앙의 미국과의 관계완화를 방해하지 않거나 희망하도록 만들었다.

4월 13일, 코발레프는 스탈린에게 전보를 보내 그와 마오쩌둥 등 중공 지도부와의 회담내용을 보고했다. 보고에 따르면 마오쩌둥은 '불승인' 정책을 소개하면서 경제적인 문제 때문에 중공은 장차 부득이하게 자본주의 국가와 사실상의 관계를 유지할 예정이나 합법적인 관계를 수립하

---

156 周恩來: ≪關于和平談判問題的報告≫, 1949年4月17日, 中共中央文獻編輯委員會編: ≪周恩來選集≫上, 人民出版社1997年版, 第321-322頁.
157 時殷弘: ≪敵對与冲突的由來-美國對新中國的政策与中美關系由來(194-1950)≫, 南京大學出版社1995年版, 第66-67頁.

지는 않을 것이라 하고, 이를 반(半) 방관외교라고 하였다. 이외에 4일 전 그는 홍콩으로부터 전보를 받았는데 미국 전(前) 부통령인 월레스(Wallace)가 소개한 미국 무역회사가 중공과 무역상담을 원하고 있고, 미국이 시티은행을 통해 중공에 차관을 제공한다는 소식이 있음을 알렸다. 종합해 보면 마오쩌둥은 적지 않은 경제문제와 어려움을 토로하고 이에 대한 중공 중앙의 대응조치를 설명하였다. 그리고 이 과정에서 중공 중앙은 소련의 입장이 어떤지 궁금해했고, 마오쩌둥은 코발로프에 중공 중앙은 이에 아직 답하지 않고 있다고 전하였다.[158]

4월 19일 스탈린은 마오쩌둥에 회신을 보내 중공은 미국을 포함한 자본주의 국가들과의 공식관계 수립을 거절해서는 안 된다고 하였다. 그가 내세운 근거는 이것이 국가 통일대업 완성에 유리하고, 소련은 일시적으로 차관을 제공할 수 없으니 중공은 미국 등 국가들의 차관과 무역을 거절해서는 안 된다는 것이다.[159] 스탈린의 태도표명은 중공 중앙이 보다 나은 선택의 여유를 가지도록 하였다.

미국의 군사간섭에 대한 걱정과 경계 역시 중공 중앙이 미국과의 접촉을 추진하게 만든 계기가 되었다. 4월 20일, 21일, 중공군은 창장(長江) 싼장잉(三江營) 지구에서 수 척의 영국 군함과 치열한 포격전을 벌였다. 동아시아 지역에는 갑자기 긴장이 고조되었고 미국, 영국, 소련 등 동아시아 주둔 군대 역시 긴급 전쟁 준비태세에 들어갔다. 중공 중앙은 21일 외국 군함의 창장 유역에서의 순찰상황을 보고받고 전선 지휘부에 작전지역에 들어와 작전수행을 방해하는 모든 군대와 함정은 국적을 막론하고 모두 포격을 가하라고 지시하였다.[160] 스탈린은 즉시 마오쩌둥에 현재

---

158 "Bable, Kovalev to Filippov (Stalin)", 13 April,1949, *Cold War International History Project Bulletin* (after here *CWIHP*, Issue 16, pp. 159-160.
159 "Bable, Kovalev to Filippov (Stalin)", 17 April, 1949, *CWIHP*, Issue 16, pp. 160-161.
160 ≪凡妨碍我渡江作戰的兵艦均可轟擊≫, 1949年4月21日, 參閱逢先知主編: ≪毛

가장 위험한 것은 미군이 화북지역의 항구로 상륙하여 중공군 배후를 공격하는 것이라고 상기시켰다.[161] 미국의 군사간섭을 어떻게 방지하느냐 하는 문제는 창장 포격전이라는 돌발사건을 통해 중공 중앙의 가장 중요한 관심사항이 되었다.

중공군의 난징 점령 이후 발생한 외교관련 사건은 중공 지도부의 걱정을 심화시켰다. 4월 25일, 난징을 점령한 중공 35군의 일부 병사들이 스튜어트의 관저에 진입하였다. 이는 국제적으로 큰 파장을 일으켰고 긴장이 다시 고조되기 시작하였다. 소식을 들은 중공 중앙은 27일 해당 지도부에 전보를 보내 휘하 부대가 적시에 외교정책 교육을 실시하지 않은 점을 신랄하게 비판하였다. "이 일은 반드시 관심을 끌게 될 것이고 잘 처리하지 않으면 큰일이 날 것이다."라고 하였다.[162] 얼마 지나지 않아 중공 중앙은 외부로부터 중공 난징 주둔군이 명령을 내려 외국기자가 외부로 전보원고를 발송하는 것을 금했다는 소식을 들었다. 중공 중앙은 즉시 해당 지도부에 전보를 보내 이 규정을 취소하도록 하고, 난징은 각국 대사와 공사가 집중된 지역으로 외관과 관련된 일을 이처럼 함부로 처리하는 것은 매우 위험하다고 경고하였다.[163] 이후 중공 중앙은 35군 외교사건 처리문제에 대해 이 사건의 영향이 매우 크고 위험하다고 재차 지적하였다.[164]

"큰일이 발생할 것이다.", "매우 위험하다."와 같은 표현으로 우리는

澤東年譜1893-1976≫, 下卷, 中央文獻出版社、人民出版社1993年版, 第485頁.
161 尼·特·費德林、伊·弗·科瓦廖夫、安·梅·列多斯基著, 彭卓吾譯: ≪毛澤東与斯大林、赫魯曉夫交往彔≫, 東方出版社2004年版, 第167-169頁
162 ≪速査告三十五軍派兵進入司徒雷登住宅經過≫, 1949年4月27日, 參閱逄先知主編: ≪毛澤東年譜1893-1976≫, 下卷, 第489頁.
163 ≪外交事件不論大小均須經中央同意方能辦理≫, 1949年4月29日, 參閱逄先知主編: ≪毛澤東年譜1893-1976≫, 下卷, 第489,492-493頁.
164 ≪對三十五軍擅自處理外交事件等重大問題的處理意見≫, 1949年5月3日, 參閱逄先知主編: ≪毛澤東年譜1893-1976≫, 下卷, 第495頁.

당시 중공 지도자들이 외교사무를 매우 중요시했고 난징에서 발생한 사건에 대해 극도로 불만족했음을 알 수 있다. 중공 중앙의 입장에선 만약 적시에 상황을 통제하지 못하고 소문이 새어나가게 되면 이는 외국의 군사간섭으로 이어질 수 있고 이것은 중공 중앙이 우려하는 최악의 시나리오였다. 실제 기층 사병들은 중공 중앙의 비평에 대해 100% 받아들이지 못하였다. 그들은 제국주의를 타도하고 이를 위해 전투에 나서는 것은 이해하지만 중공 중앙이 지시를 통해 강조한 융통성에 대해서는 난해하다는 반응이었다. 그들의 말을 빌리자면 어쨌든 유연해지지 않는다는 것이었다. 총전위(總前委)는 중공 중앙에 보낸 보고에서 사병들의 이러한 반응은 진실되며 합리적인 것이다라고 하고, 매우 구체적인 규정을 정해야 한다고 지적했다. 군대내부의 이러한 상황은 중공 중앙에 부담으로 다가왔다. 그들이 곧이어 발표한 유관규정의 구체성은 모두를 놀라게 하였다. 지정된 인원을 제외하고는 다른 어떤 인원도 외국 거류민과의 왕래를 금하며, 이야기조차 할 수 없다. 경호부대는 어떤 시간대에도 외국 거류민에게 무기를 사용할 권한이 없으며, 총 쏘는 것을 엄금하는 것 등이 바로 그 내용이다.[165]

중공 중앙은 이후 전개되는 미국과의 비밀 교섭에 대처하기 위하여 부대 내 장병들을 엄격히 통제하였다. 4월 28일 마오쩌둥은 전보를 통해 총전위의 덩샤오핑 등에게 "미국은 이미 사람을 통해 우리와의 외교관계를 수립하려고 한다. 만약 미국이 국민당 정부와의 관계를 끊을 수 있다면 중공은 장차 미국과의 국교수립을 검토할 것이다."라고 하였다.[166] 4월

---

165 中共中央文獻研究室編: 《鄧小平年譜1904-1974》, 中, 中央文獻出版社2009年版, 第822-823頁.
166 毛澤東: 《如果美英斷絶同國民党的關系, 可考慮和它們建立外交關系》, 1949年 4月28日, 中華人民共和國外交部和中共中央文獻研究室編: 《毛澤東外交文選》, 世界知識出版社、中央文獻出版社1994版, 第83頁; 逄先知主編: 《毛澤東年譜1893-1976》, 下卷, 第490頁.

30일, 마오쩌둥은 리타오(李濤)라는 필명으로 중국과 영국 간의 창장 포격전에 대해 성명을 발표하고, 신정권은 외국정부와 외교관계를 수립할 의사가 있음을 선포하였다. 단, 조건은 외국정부가 필히 국민당 정부와 단교를 진행하고 중국에서 철수해야 한다는 것이다.[167] 저우언라이는 난징으로 가는 황화에게 스튜어트와 접촉해도 되며, 그에게 어떤 요구조건이나 희망사항이 있는지 살펴보라고 하였다.[168] 이로써 중공과 스튜어트 간의 난징 비밀접촉의 서막이 올랐다.

5월 7일, 스튜어트의 비서 푸징보는 황화의 사무실을 방문해 스튜어트가 중공과 직접적인 접촉을 원한다고 전하였다. 당시 그는 스튜어트가 국민당 정부를 따라 광저우에 가지 않고 중공과 관계 수립을 희망하고 있으며, 스튜어트의 이러한 행동은 애치슨(Dean Gooderham Acheson)의 허락을 얻었다고 하였다.[169] 이 소식이 베이징에 전달된 후 중공 지도자들이 어떻게 생각하든 그들의 머리 속에 있던 미국인에 대한 부정적인 생각은 달라질 수밖에 없었다.

마오쩌둥은 3일 후 친필로 지시를 내리고 스튜어트와의 접촉의 범위를 대폭 완화하였다. 그는 황화에게 스튜어트를 초청해 만나는 것을 허락하였는데 그 목적은 미국정부의 의도를 탐색하기 위해서였다. 스튜어트가 계속해서 대사 자리를 원하는 것과 중공과의 교섭 및 중미 간 통상조약 수정 등에 관해서는 거절의 의사를 표시하지 말라고 하였다. 마오쩌둥은 마치 자신이 현장에 임하는 것과 같이 그의 지시는 크고 작은 것의 구별이 없이 황화가 여러 상황에서 자세와 태도를 어떻게 조정해야 하는지 등을 세세하게 설명하였다. 그는 만약 스튜어트의 태도가 우호적이면 황

---

167 毛澤東: ≪中國人民解放軍總部發言人爲英國軍艦暴行發表的聲明≫, 1949年 4与30日, 見 ≪毛澤東選集≫, 第四卷, 第1461頁.
168 黃華: ≪親歷与見聞-黃華回憶彔≫, 世界知識出版社2007年, 第79頁.
169 黃華: ≪親歷与見聞-黃華回憶彔≫, 第80頁.

화 역시 우호적인 태도를 견지해야 한다고 하면서 위엄이 있으면서도 부드러운 태도를 요구하였다.[170]

　5월 13일 저녁 8시, 황화는 개인 신분으로 스튜어트의 관저에 도착하여 그와 두 시간에 걸친 회담을 진행하였다. 쌍방이 중점적으로 토론한 문제는 중국주재 미군의 향후 진로와 승인 두 개의 문제였다. 중국 측의 기록에 의하면 스튜어트는 미국 대사관이 난징에 남은 것은 국무원이 비준한 것이며, 스튜어트 본인은 중미 쌍방 간 평등호혜의 외교관계 수립을 희망하고, 연합정부에 광범위한 민주인사들이 참가하기를 희망한다고 하였다. 황화가 리타오 성명에 관한 견해를 물었을 때 스튜어트는 미국은 현재 국민당 정부와의 관계를 단절할 수 없으며, 중공의 새 정부가 아직 성립되지 않았으므로, 신정부가 수립된 후에야 요구를 제출할 수 있으며 미국의 승인이 가능하다고 하였다. 푸징보는 이때 신정치협상회의가 언제 소집되며, 신정부는 언제 수립되는지를 묻고, 신정부가 수립된 후 스튜어트가 한 차례 귀국을 했다가 다시 국내로 파견되어 오면 승인문제는 자연스럽게 해결될 것이라고 하였다. 중국 주재 미군문제에 관해서 스튜어트는 철군은 이미 문제가 아니다라고 직언하였다. 중공 중앙이 매우 주시하던 미군의 화북지방 상륙 가능성에 대해 스튜어트는 칭다오의 미군은 중공군이 도착한 후 바로 철수했다라고 말하였다. 당시 중공 중앙은 긴급히 상하이 주둔 미군의 동향을 파악하는데 몰두한 바 있다.[171] 스튜어트는 이에 대해 그곳에 육군 전투부대 몇백 명이 있는데 이는 미국 교민을 보호하기 위해서다. 중공 군대가 도착하면 그들 역시 철수할 것이다. 총밍다오(崇明島) 이남의 미군함 역시 미국 교민 철수가 끝나면 떠날 것이

170　毛澤東: ≪黃華同司徒雷登談話應注意的几个問題≫ 1949年5月10日, 中華人民共和國外交部和中共中央文獻硏究室編: ≪毛澤東外交文選≫, 第87-88頁.
171　毛澤東: ≪要做好接收上海的准備工作≫, 1949年4月27日, 中共中央文獻硏究室、中國人民解放軍軍事科學院編: ≪毛澤東軍事文集≫, 第五卷, 第560頁.

라고 하였다. 스튜어트는 또한 본인은 35군 장병들이 관저에 진입한 행위에 개의치 않는다고 하였다. 난징시 위원회가 중공 중앙에 보낸 보고는 스튜어트와의 회담을 다음과 같이 정리하고 있다. 즉, 칭다오와 상하이의 미군은 중공군대가 도달하기 전에 철수할 것이며, 외교적으로 비공식 왕래와 영사지위 승인을 요구할 것이고, 스튜어트는 난징에 오래 남아 있을 것 같지 않으며, 본인은 관저 침입에 대해 개의치 않아 하고 있고, 연합정부 내에 미 제국주의의 주구가 포함되어야 한다고 생각하고 있다. 마지막으로 스튜어트는 익숙하고도 관용적이며 우호적인 태도를 보였다.[172]

황화가 스튜어트를 회담한 결과는 비록 그들의 언사에는 여전히 날카로움과 적의가 충만하였지만 중공 지도자들의 스튜어트에 대한 신뢰를 증가시켰다. 이러한 신뢰는 주로 중공 중앙의 군사 정책결정 과정에 반영되었다. 회의가 발생하기 이전 중공 중앙은 총전위에 명령을 내려 우쑹(吳淞)과 자싱(嘉興) 등 주요 지역을 점령할 때 외국 군함과의 충돌이 발생하지 않도록 극도로 조심하라고 하였다.[173] 회의 후, 중공 중앙은 미군이 군사적 개입할 뜻이 없음을 확신하고 외국 군함과의 작전제한을 대대적으로 완화시켰으며, 어떤 외국 군함도 황푸장(黃浦江)에 진입하는 것을 불허하였다.

5월 20일, 마오쩌둥은 총전위에 "감히 진입을 시도하거나 자유행동을 하는 자는 모두 공격을 할 것이며, 우리에게 발포하는 자들도 반드시 보복공격을 하라. 이는 상대를 격침시키거나 우리 영토를 벗어날 때까지 실시한다."라고 명령을 내리게 된다.[174] 다음날, 총전위는 우쑹 주둔군에

---

172 ≪黃華訪司徒接談要点≫, 1949年5月17日.
173 毛澤東: ≪占領吳淞嘉興等地應注意的問題≫, 1949年5月6日, 中共中央文獻硏究室、中國人民解放軍軍事科學院編: ≪毛澤東軍事文集≫, 第五卷, 第575頁, 1949年5月6日。
174 毛澤東: ≪對外國軍艦輪船進入黃浦江的處理辦法≫, 1949年5月20日, 中共中央文獻硏究室、中國人民解放軍軍事科學院編: ≪毛澤東軍事文集≫, 第五卷, 第589頁

명령을 하달하여, 황푸장에 대해 포화봉쇄를 실시하며, 만약 우리에게 포격을 하는 자가 있다면 응당 되갚아주어야 한다고 하였다. 여기서 주의할 점은 총전위의 명령 중 봉쇄를 실시한다는 것은 당시 외국함정 다수는 국민당 해군이 가짜로 사칭한 것으로 스튜어트는 개인이 책임지고 우쑹에는 이미 미군이 없다라고 말한 바 있다.[175] 5월 23일, 중공 중앙은 제3 야전군에 조기에 푸젠지역 진입을 준비하라고 지시하고, 상하이, 닝보, 푸저우 그리고 칭다오 지역을 점령한다면 미국의 출병 간섭의 가능성이 아주 작아진다고 보았다.[176] 당연히 이 시기 마오쩌둥이 스튜어트의 말 때문에 완전히 마음을 놓았다고 말할 수는 없다. 5월 28일, 중공 중앙은 다시금 각급 야전군에 '제국주의 국가들의 연합간섭의 상징들"이라는 경고문을 발급하였다.[177] 그러나 화동국과 총전위는 이튿날의 보고에서 조금은 다른 견해를 표명하였다. 그들은 금후 최대의 문제는 아마도 제국주의가 경제방면에서 압력을 행사해 오는 것이며 이에 따라 중앙의 유비무환한 신중한 배치가 반드시 필요하다고 하였다.[178]

5월 23일, 마오쩌둥은 코발레프에 황화와 스튜어트 간 회담상황을 보고했다. 여기에는 미국이 국민당 정부를 지지하지 않으며, 미군은 중국에서 철수할 것이라는 내용과 함께 연합정부 수립 문제 등이 포함되었다. 그는 스튜어트의 입장을 빌어 미국은 이미 국민당 정부 지지를 중단했으며, 미국이 대사관을 난징에 둔 것이 바로 그 예라고 하였다. 또한 미군은 장차 중공군대가 도착한 도시에서 철수할 것이며, 현재 미군이 칭다오와

---

175 ≪總前委關于對敵艦應施行炮火封鎖致粟張、軍委電≫, 1949年5月21日。
176 毛澤東: ≪對各野戰軍的進軍部署≫, 1949年5月23日, 中共中央文獻研究室、中國人民解放軍軍事科學院編: ≪毛澤東軍事文集≫, 第五卷, 第591頁。
177 毛澤東: ≪預籌帝國主義武裝干涉的對策和部署≫, 1949年5月28日, 中共中央文獻研究室、中國人民解放軍軍事科學院編: ≪毛澤東軍事文集≫, 第五卷, 第600頁。
178 ≪華東局總前委關于入川閩及攻青島等部署向中央軍委報告≫, 1949年5月29日。

상하이에 주둔하고 있는 것은 그곳에 많은 미국인들의 재산을 보호할 필요가 있기 때문이라고 하였다. 그는 또한 연합정부는 보다 광범위한 대표성이 있기를 희망한다는 입장을 표명하였다. 그러나 마오쩌둥은 스튜어트가 거짓말을 하고 있으며 맥아더의 행동과도 일치하지 않는다고 말하였다. 그리고 모든 자본주의 국가들의 대사관이 모두 중국에서 철수한다면 우리는 아주 기쁠 것이라고 하였다.[179] 마오쩌둥의 이번 회담에 대한 소개는 정치적 입장을 많이 띠고 있었고, 소련은 중공과 스튜어트와의 접촉에 아무런 부정적인 평가를 하지 않았다.

미군이 칭다오에서 철수한 후, 황화와 스튜어트 간의 접촉은 쌍방 간 관방관계를 수립할 것인지 여부에 시선이 모아졌다. 6월 3일, 중공 중앙은 스튜어트의 귀국과 관련하여 난징 군사관리 위원회에 지시를 내렸다. 즉, 황화는 스튜어트를 만날 수 있으며, 그가 상하이에 시찰하러 오는 것에 동의한다. 동시에 미국이 국민당 정부에 대일 평화조약 문제를 꺼내지 않아야 한다고 공개적으로 밝혀야 한다. 또한 특별지시로 황화는 개인의 입장으로 스튜어트에 새로운 정치협상회의는 중공군대가 광저우를 점령한 뒤 소집될 것이라고 밝혀도 좋다고 하였다.[180] 마지막 부분이 시사하는 바는 매우 컸다. 왜냐하면 불과 4일 전 마오쩌둥은 신화사의 사설 「상하이 해방을 축하함」에서 다음과 같이 말하였기 때문이다. "외국 정부가 만약 중국내부의 사변 중에서 교훈을 얻고자 한다면 당장 중국내정을 간섭하는 잘못된 정책을 수정하고 중국인민과 우호관계를 수립하는 정책을 수립해야 한다."[181] 이때부터 한동안 방치되었던 선양 주재 미국

---

[179] "Bable, Kovalev to Filippov Stalin, Report on May 22 CCP CC Poliburo Discussion", 23 May, 1949, *CWIHP*, Issue 16, pp. 165.
[180] ≪可允許司徒及傅涇波赴美≫, 1949年6月3日, 參閱逄先知主編: ≪毛澤東年譜1893-1976≫, 下卷, 第514頁
[181] 參閱逄先知主編: ≪毛澤東年譜1893-1976≫, 下卷, 第511頁.

영사관 사건해결에 완화된 조짐이 보이기 시작했다. 해당 영사관은 난징과 베이징의 미국 관방기구에 정식으로 허락된 전신부호로 통신이 허락되었고 워드 등 인원들도 얼마 지나지 않아 선양을 떠날 수 있게 되었다.[182]

6월 6일, 황화와 스튜어트 간의 두 번째 회담이 열렸는데 회담내용은 대단히 광범위했다. 스튜어트가 제안한 상하이행과 푸징보의 미국행에 대해 황화는 중공이 그렇게 할 수 있음을 표시했다. 황화가 제기한 대일 강화조약 문제에 대하여 스튜어트는 미국은 카이로 회의의 결정에 입장의 변화가 없으며, 대일 강화조약 체결 후 타이완을 중국에 돌려주는데 동의한다고 하였다. 황화가 제기한 미국 정부가 국민당 정부와의 관계를 단절해야 한다는 요구에 관해서 스튜어트는 미국 대사관이 난징에 남았다는 사실 자체가 이미 미국의 입장을 표명하고 있으며, 앞으로 국민당 정부가 어디로 옮겨가는가와 상관없이 미국대표는 함께 가지 않을 것이라고 하면서 현재 중국의 정국이 아직 뚜렷하지 않아서 미국은 현재 피동적으로 사태를 관망하고 있다고 하였다. 미국의 원조에 대해서는 이는 작년에 내린 결정이며 이미 얼마 남지 않았다고 말했다. 황화는 관례에 따라 미국의 국민당 정부에 대한 원조를 지적하였고, 스튜어트 역시 미국의 수교문제에서의 어려움을 토로하였다. 즉, 미국인은 공산주의를 두려워하며 향후 민주적이고 생각이 깨어있는 인사들을 정부에 참석시키기를 희망한다고 하였다. 이에 황화가 다시 반박을 하였고 이들의 담화는 이내 끝을 고하고 만다.[183]

회담의 내용으로 보자면 미국 정부와 중공 중앙의 기본방침은 수교문제를 급히 해결하지 않는다는 것이었다. 비록 스튜어트 본인은 과거 선교사로서 워싱턴보다 의도가 조금 더 강했다 할지라도 말이다. 5월 13일,

---

182 參閱時殷弘: 《敵對与沖突的由來-美國對新中國的政策与中美關系由來(194-1950)》, 第90-91頁.
183 《黃華与司徒談話內容》, 1949年6月7日.

스튜어트는 국무원에 중국주재 미국 대사, 영사관 지위에 관한 6가지 건의를 제출했다. 여기에는 국민당 정부가 아주 확실하게 멸망하지 않는 이상 미국과 중공의 접촉은 미국인의 복리, 재산 등 부문의 자문과 항의에 한정한다는 내용이 포함되어 있었다.[184] 이와 동시에 애치슨은 미국이 신정부를 승인하는 세 가지 조건을 제시하였다. 첫째, 실질적으로 해당 국가의 영토와 행정기구를 통제하고 있을 것. 둘째, 국제의무를 집행할 능력과 의사가 있을 것. 셋째, 해당 국가 국민들의 보편적인 지지를 받고 있을 것이다.[185] 결과적으로 보면 뒤에 진행된 회담에서 쌍방은 각자의 입장만을 이야기한 것이다. 황화는 미국이 먼저 행동을 취해 인민 민주 정부와의 관계를 수립해야 한다고 주장했고, 스튜어트는 미국은 단지 피동적 위치에 처해있을 뿐이라는 말을 반복하였다.[186] 이렇게 누가 먼저 한 걸음을 내딛느냐? 에 관한 논쟁은 이후 몇십 년 동안 지속되었다.

비록 이런 상황이었지만 중공 중앙은 미국과의 접촉을 단절하는 결정을 내리지는 않았고, 오히려 쌍방 간 접촉을 강화하고자 하였다. 6월 8일 푸징보는 황화를 만나 스튜어트가 귀국하기 전에 베이징을 방문하기를 희망한다고 전하였다. 그는 또한 미국정부 내부의 관련상황에 대한 견해를 상세하게 설명하였으며, 스튜어트가 중앙의 최고 지도자들의 의견을 알아야 돌아가서 말을 하는데 힘을 실을 수 있다고 하였다. 당시 황화는 미국이 아직 국민당 정부와의 관계를 끊는다고 입장표명을 하지 않았기 때문에 스튜어트의 베이징 방문은 대단히 어려운 일이 될 것이라고 하

---

[184] Kenneth W.Rea and John C. Brewer edited: *The Forgotten Ambassador: The Reports of John Leighton Stuart, 1946-1949*, (NY: Westview Press, Inc, 1981), p.323.
[185] "The Secretary of State to Certain Diplomatic and Consular Officers", Washington, May 6, 1949, 5 p. m.; "The Secretary of State to the Ambassador in China (Stuart)", Washington, May 13, 1949, *FRUS*, 1949, pp. 17, 22-23.
[186] Kenneth W.Rea and John C. Brewer edited: *The Forgotten Ambassador*, pp.322, 325, 328.

였다.[187] 다음 날 난징시 위원회는 회담내용을 중공 중앙에 보고하였다.

중공 중앙은 난징시 위원회의 전보를 받은 후 비공식 경로를 통해 스튜어트와 접촉을 진행하는 것이 더욱 편리하다고 보아 옌징대학 총장인 루즈웨이(陸志偉)를 통해서 스튜어트를 옌징대학으로 초청하도록 하였다.[188] 12일, 루즈웨이는 스튜어트에 보내는 편지 초안을 작성하였는데 그 내용과 표현이 주목을 끌만 하다. 루즈웨이는 편지에서 그는 11일 오전에 저우언라이를 만났으며, 마오쩌둥은 스튜어트가 이미 옌징에 오는 것을 알고 있다고 하였다. 그는 "내 추측에 정부가 당신의 이번 방문을 동의할 것이다."라고 하였다.[189] 그런데 루즈웨이의 편지가 발송되기 전인 6월 14일 저우언라이는 난징시 위원회에 지시를 내려 스튜어트와 푸징보가 다시 베이징 방문을 요청하면 스튜어트의 미국방문 이전에 옌징대학 방문에 동의할 수 있으며, 저우언라이를 만날 수 있는지 여부는 그가 도착한 후에 다시 결정한다고 하였다.[190] 15일, 마오쩌둥은 신정치협상회의 준비회의에서 연설을 발표한다. 그는 예전처럼 제국주의의 간섭과 음모를 질책한 후에 어떠한 외국정부도 리타오 성명의 입장을 받아들여야만 외교관계 수립문제를 논할 수 있다고 하였다.[191] 루즈웨이의 편지는 16일 발송되었는데 이것이 시간적으로 우연의 일치였는지는 매우 말하기 어려운 부분이다.

6월 18일, 푸징보는 재차 황화를 방문하였고 그의 미국의 승인문제에

---

187 中共中央文獻硏究室、中央檔案館編: ≪建國以來周恩來文稿≫, 第一冊, 中央文獻出辦社2008年版, 第21頁; 黃華: ≪親歷与見聞-黃華回憶彔≫, 第83頁.
188 黃華: ≪親歷与見聞-黃華回憶彔≫, 第83頁.
189 參閱朱夢熹: ≪司徒雷登与中國政局≫, 新華出版社2001年版, 第262-263頁.
190 中共中央文獻硏究室、中央檔案館編: ≪建國以來周恩來文稿≫, 第一冊, 第21頁.
191 毛澤東: ≪在新政治協商會議籌備會上的講話≫, 1949年6月15日, ≪毛澤東選集≫, 第四卷, 第1466頁.

서의 태도에 대한 진술은 난징시 위원회의 중시를 받았다. 푸징보는 스튜어트가 최근에 국무원의 지시를 받았다고 말했다. 해당 지시에서 미 국무원은 중공과 연락하는 것을 찬성하며, 그가 미국으로 돌아가고 난 두 달 뒤에 잠시 개인적인 신분으로 베이징에 돌아가기를 희망하며, 장차 양국 간 수교 후에 새롭게 중국주재 대사로 임명할 수 있다고 하였다. 난징시 위원회는 당일 중공 중앙에 보고를 하고 푸징보가 미국으로 돌아가기 전에 베이징 방문을 다시 언급하지 않았는데 어떠한 암시가 있는지를 물었다.[192]

21일, 중공 중앙은 난징시 위원회에 스튜어트는 답신을 통해 아마도 미국으로 돌아가기 전에 베이징 방문을 요구할 것 같으며, 루즈웨이 역시 편지를 통해 그가 오기를 원한다면 허가를 얻을 수 있을 것이라고 암시했다고 밝혔다. 이에 대해 마오쩌둥은 만약 그가 다시 베이징 방문을 요청지 않는다면 우리는 잠시 우리의 입장을 밝힐 필요가 없으며 상황의 변화를 지켜보면 된다고 하였다. 아래의 문구가 매우 중요한데 마오쩌둥은 직접 내용을 추가해서 "그가 미국으로 돌아가기 10일 전후에 만약 그가 베이징에 가길 원한다면 허락을 받을 수 있고 동시에 당국자와 회담을 할 수도 있다."고 하였다.[193] 이 전보는 중공 중앙의 정책에 변화가 생긴 중요한 신호인데 다만 이 변화는 조금만 늦어도 사라져 버리는 기회였다.

같은 날, 난징시 위원회는 다시금 보고를 써서 스튜어트의 베이징 방문에 대해 어떻게 할 것인지 중공 중앙의 지시를 기다렸다. 난징시 위원

---

192 中共中央文獻研究室、中央檔案館編: ≪建國以來周恩來文稿≫, 第一冊, 第21-22頁。
193 周恩來: ≪中央關于司徒雷登欲來北平事給南京市委的電報和批語≫, 1949年 6月21日, 中共中央文獻研究室、中央檔案館編: ≪建國以來周恩來文稿≫, 第一冊, 第19頁。

회의 해당 보고는 미국의 정책에 대해 긍정적인 평가를 하고, 스튜어트의 베이징 방문요청을 지지하는 등 매우 세세하였다. 난징시 위원회는 스튜어트가 베이징 방문을 요구하는 가장 큰 이유는 미국이 장차 중공정권을 승인한 후 중공이 임명된 중국대사를 받아들이지 않을까 하는 염려 때문이라고 보았다. 아직까지 중공 중앙이 당일 보낸 지시를 받지 못했기 때문에 그들은 마오쩌둥이 스튜어트의 옌징대학 방문에 동의하는지 전혀 몰랐고 따라서 보고에서 한 걸음 더 나아가 스튜어트의 베이징행의 구체 임무를 탐색할 필요가 있는지 여부를 묻고 있었다.[194]

　루즈웨이가 12일 작성한 편지는 16일에 발송되었고, 편지는 여러 곳을 전전한 끝에 26일에야 스튜어트의 수중에 닿았다. 스튜어트는 당일 자신의 일기에 그는 저우위강(周裕康)과의 대화에서 그가 베이징에 갈 경우에 마오쩌둥이 그를 오랜 친구로 대할 것이라고 들었으며, 오늘 받은 루즈웨이의 편지에서도 내가 베이징에 여행가는 일이 언급되어 있다고 하였다.[195] 앞의 일부 중간인사들이 전한 소식은 스튜어트가 명확한 결론을 내리는데 부족한 면이 있다는 것이었고, 사실 그는 확실히 곤혹스러운 입장에 있었다. 이 시기 스튜어트는 천밍수(陳銘樞)를 통해 중공 지도자들에게 만남의 뜻을 전달하였다. 그는 다시 한 번 중공 중앙의 그의 베이징 방문에 대한 태도를 살펴보기 위해 황화를 자신의 생일 파티에 초대하기도 하였다. 중공 중앙은 당시 황화에게 이 요청을 거절하게 하였는데 이는 그들의 결정 역시 시간이 필요했기 때문이다.

　이 시기 중공과 미국과의 관계는 점차 대립의 기운이 높아져가고 있었다. 미군이 이미 칭다오에서 철수하여 중공 중앙은 군사적으로 걱정이 없었기 때문에 6월 중순 선양 미국 영사관의 간첩사건 연루안을 발표하

---

194 《司徒對黃華邀請處理請示》, 1949年6月21日.
195 司徒雷登著、陳礼頌譯: 《司徒雷登日記-美國調停國共爭持期間前後》, 香港文史出版社1982年版, 第75頁.

였다. 중국 주재 미국 대사관과 영사관을 겨냥하였고, 미국 여론은 중국이 국제법을 위반하였다고 강렬히 비난하는 가운데 중공은 미국 영사관의 사건 연루인원을 심판하겠다고 공개적으로 선포하였다. 22일, 중공 중앙은 동북국에 지시를 내려 선양 미 영사관의 어떤 인원도 선양을 떠날 수 없다고 하였다.[196] 다음날, 중공 중앙은 상하이, 난징 등 시 위원회에 제국주의자들이 이익으로 유혹하고 동시에 위협을 가하는 두 가지 수단을 사용하여 합법적인 지위를 쟁취하려 한다고 하였다.[197] 중공 중앙이 선양 간첩사건을 처리하는 것은 사실상 미국에 신호를 보낸 것인데 즉, 군사적 간섭을 할 생각을 하지 말고 내부로부터 파괴행위를 기도하지 말라는 강력한 경고였다. 동시에 스튜어트에 압력을 가해 그 긴박함을 더할 의도도 포함되어 있었다.

27일, 푸징보는 루즈웨이가 스튜어트에게 보내는 편지를 가지고 황화를 만나서 스튜어트가 편지를 받고 의외라고 느껴 중공의 의도가 무엇인지 알고 싶다고 전하였다. 황화는 이미 베이징에 보고를 하였으나 아직 지시를 받지는 못했다고 설명하였다. 그리고 스튜어트가 요구사항이 있다면 그가 대신 전해주겠다고 하였다. 푸징보는 이때 가장 바람직하지 않은 외교적 자세를 보였다. 그는 스튜어트가 원래 베이징으로 갈 생각이 있었지만 지금은 일정이 촉박하기 때문에 중공이 동의한다면 조속히 결정을 내려야 한다고 하였다. 28일 황화는 저우언라이의 지시를 받은 후 스튜어트를 만났다. 그는 저우언라이의 지시에 따라 베이징의 결정을 바로 알려주었다. "스튜어트의 베이징행에 동의하며 당국과 만나서 논의하는 것도 가능하다."고 하였다. 당시 스튜어트는 몹시 기뻐했으며, 즉시 비록 많은 어려움이 있겠지만 애치슨에게 보고하여 결정을 기다리겠다

---

196 ≪不要讓美領館任何人离沈≫, 1949年6月22日。
197 ≪對紫石英号的處理方針≫, 1949年6月23日, 參閱逢先知主編: ≪毛澤東年譜 1893-1976≫, 下卷, 第520-521頁。

고 하였다.[198] 그런데 이후 사태의 발전은 오히려 전면적으로 역전되었다.

중공 지도부의 태도는 이후 이틀 사이에 급격한 변화가 발생하였다. 6월 28일, 황화는 27일 28일 이틀간의 회담상황을 중공 중앙에 보고하였다. 저우언라이는 이를 읽고 회신을 작성하였는데 27일 푸징보가 소지하고 있던 루즈웨이의 편지의 내용은 실제와 맞지 않다고 여겼다. 그는 루즈웨이가 스튜어트에게 쓴 편지는 나의 동지를 통해서 건네졌는데 내용이 푸징보가 말한 것과 다르다고 하였다. 또한 저우언라이는 6월 14일, 15일에 루즈웨이를 만난 적이 없으며 더욱이 루즈웨이와 스튜어트 문제에 관해 얘기한 적이 없다고 하였다. 그는 루즈웨이가 가짜 편지로써 자신을 알리려 했거나 아니면 푸징보가 여러 이야기로 스튜어트의 몸값을 올리려고 한 것 같다고 하였다. 그는 황화에게 필히 정해진 원칙만을 받아들여야 하는데 이것은 중공이 스튜어트의 베이징행은 허락하였지만 그를 초청하거나 환영하지 않았으며, 스튜어트가 당국과의 만남도 가능하길 희망하였지만 이것 역시 그가 제안한 것이지 우리의 요청은 아니라는 사실이며 이점에 한 치의 의문이 있어서는 안 된다는 점을 강조하였다. 전보 마지막에 우리는 미 제국주의 정책의 몽상에 절대로 변화하지 않을 것이다라고 하였다.[199]

현재로썬 당시 중공의 정책이 이틀이라는 시간 동안 급박하게 변한 직접적인 원인을 확인할 방법은 없다. 루즈웨이의 편지 내용으로 볼 때 푸징보가 정보를 전달하는 과정에서 루즈웨이의 편지와 저우위강의 스튜어트에 대해 했던 말을 섞어서 혼란이 발생하지 않았나 추측해 볼 수 있다. 황화와 스튜어트 사이 왕래과정에서 푸징보가 쌍방 간 상호 승인의

---

198 ≪司徒談話經過≫, 1949年6月28日.
199 周恩來: ≪中央關于司徒雷登欲來北平事給南京市委的電報和批語≫, 1949年6月30日, 中共中央文獻研究室、中央檔案館編: ≪建國以來周恩來文稿≫, 第一冊, 第20頁.

의사를 과장했을 가능성도 없지 않다. 저우언라이도 이런 요구에 따라 비서인 양차오디아오(楊超調)로 하여금 루즈웨이가 스튜어트에 전한 중국어와 영문 원고를 읽고 누가 음모를 제기한 것인지 찾고자 하였다.[200] 그러나 더욱 중요한 것은 중공 지도자들의 행위방식으로 알 수 있듯이 그들은 이미 미국과의 외교관계 발전이라는 생각을 접고, 난징의 비밀회담에 계속 참가하지 않겠다고 결정한 점이다.

6월 30일 저우언라이가 상술한 전보를 보낸 당일 마오쩌둥은「인민민주 독재를 논함」을 발표하고, 당내의 소식통을 인용해 선양 간첩사건 심리를 통해 미국 대사관이 과거에 간첩업무에 종사한 사실이 밝혀졌다고 하였다.[201] 이때 류샤오치는 이미 모스크바를 향하고 있었고, 마오쩌둥은 이주일 뒤에 덩샤오핑에게 난징에서 스튜어트와의 접촉은 미국을 복종하게 하기 위함이었는데 1개월 여의 경험으로 보아 제국주의를 길들이는 것은 결코 쉽지 않은 일이었으며, 따라서 하루빨리 '일변도'를 행동으로 구체화시켜 미국의 봉쇄를 깨뜨려야 한다고 하였다.[202]

미국의 입장에서 보자면 당시 푸징보는 먼저 일을 처리하고 사후에 보고하자는 건의 즉, 스튜어트가 먼저 베이징에 가고 그 뒤에 국무원에 보고하자는 제안을 하였다. 그러나 스튜어트는 감히 이렇게 하지 못하고, 6월 30일 애치슨에게 아주 낙관적인 지시 전보를 보낸 후 비준되기만을 기다렸다. 결과적으로 그의 베이징행은 부결되었으며, 애치슨은 다음날 회신을 통해 스튜어트가 7월 25일 워싱턴으로 복귀하고 중도에 경유할 수 없으며 특히 어떤 상황하에서도 베이징을 방문할 수 없다고 하

---

200 周恩來:《中央關于司徒雷登欲來北平事給南京市委的電報和批語》, 1949年 6月30日, 中共中央文獻研究室、中央檔案館編:《建國以來周恩來文稿》, 第一冊, 第21頁.
201 《美使館曾從事間諜工作》, 1949年6月30日.
202 鄧小平:《打破帝國主義封鎖之道》, 1949年7月19日,《鄧小平文選》, 第一卷, 人民出版社1994年版, 第134頁.

였다.[203]

　만약에 미 국무원이 스튜어트의 베이징 방문을 불허하고 중공 중앙의 6월 30일 전보와 마오쩌둥이 당일 발표한「인민민주 독재를 논함」등을 중공과 미국 간 접촉의 종결로 본다면, 미국정부가 8월 5일 발표한「중미관계 백서」와 마오쩌둥이 후에 직접「백서」에 대한 비판운동에 참여한 것은 중미 간 전면적 대립의 시작으로 볼 수 있다. 당시 마오쩌둥은 연속해서 5편의 문장을 발표하여 오랜 시간 쌓여왔던 분노를 표현하였다. 5편을 발표하고서도 분이 풀리지 않아 후챠오무(胡喬木)와 천보다(陳伯達)에게 6번째, 7번째 미국에 대한 비평을 쓰게 하였다.

　중미 간 대항의 최초 결과는 미국 관방인원들이 1950년 4월 30일 전부 철수한 것이었다. 그리고 두 달 뒤 발발한 한국전쟁은 신중국과 미국의 무장충돌을 일으켰으며, 이로 인해 미국의 중국에 있던 각종 세력과 영향력은 빠른 속도로 청산되었다. 신중국과 미국의 대립구도는 이렇게 고정되기 시작하였으며, 이로부터 20년 동안 지속되어 동아시아 냉전추세를 좌우하는 가장 심각한 사태가 되었다.

---

203 *Foreign Relation of United States*, States Department edited, 1949, Vol.8, pp. 377, 766-769.

제2장

천하해방과 국가안보

들어가며

중화인민공화국은 성립된 지 얼마 지나지 않아 인접한 한반도와 인도차이나 반도에서 두 차례 중요한 군사행동을 진행하였다. 1950년 3월부터 1954년 7월까지의 제1차 베트남전쟁과 1950년 10월부터 1953년 7월까지의 한국전쟁이 바로 그것이다. 이 두 차례 군사행동은 모두 소련과의 동맹과 미국과의 대립 초기 단계에 발생하였고 이에 중국 지도자들은 이 사건들을 단순한 지역 내 충돌로 판단하지 않았다. 그들의 결정은 냉전과 냉전 중 중국의 전략적 지위에 근거한 사고의 결과물이었으며, 여기에는 중국 지도자들의 냉전 체제하에서의 국제정치 본질에 대한 이해와 이 시기 세계전략 형세에 대한 인식 그리고 중국혁명의 범위를 벗어나는 영향에 대한 기대 등을 대폭 포함하고 있었다.

다른 한편으로는 건국 초기 인도차이나전쟁과 한국전쟁에 대한 정책 결정과 행동과정을 어느 각도에서 서술한다 하더라도 근대 이래 중국인의 지정학적 안보관의 변화를 전면적으로 관찰하는 것 역시 매우 필요하다고 할 수 있다. 왜냐하면 어떤 인물의 사고는 그가 생활하고 있는 역사 구조의 영향을 받지 않을 수 없기 때문이다. 이러한 구조 가운데에는 특정한 시기 일련의 기본 요소와 역사적 사실 간의 상호작용이 있거나 특정한 경험과 사고가 함께 만든 결론이 존재하기도 한다.

자고이래로 중국인은 '천하'라는 용어를 사용하여 그들이 볼 수 있는 세계의 범위를 규정하였다. 그리고 중심이라는 개념으로 천하를 바라보면 고대의 '천자는 사방의 오랑캐로부터 중원을 지킨다.'라는 말을 주목할 필요가 있다. 근대 서구열강들의 아시아에 대한 확장정책은 중국의 지정학적 안보환경에 근본적인 변화를 가져왔다. 당시 사람들의 표현을 빌리자면 여러 군웅들이 호시탐탐 기회만을 노리는 형국이 된 것이다. 이러한 묘사는 부분적으로 중국인의 불안전감을 반영하고 있으며 이는 중국 지도자들로 하여금 주변의 지연정치 안보환경을 처음부터 다시 확정하도록 하였다. 1881년 한림원 학사 주덕윤(周德潤)은 광서제(光緒帝)에 상소를 올렸는데 그 내용은 중국인의 주변 환경변화에 대한 인식의 발전을 정확히 묘사하고 있다. 그는 "신이 듣기로 천자(天子)께서는 사방 오랑캐들로부터 중원을 지키는 데 뜻을 두셨으니 이는 진실로 원대하고 깊은 계책이라 할 수 있습니다. 예로부터 적국의 외환(外患)은 미미한 곳에서 감추어진 채 오랜 동안 쌓여왔습니다. 사방 오랑캐를 막지 않은 채 변경을 지킨다면 성공할 수 없습니다. 변경을 지키지 않고 중원을 지킨다는 것은 더욱 성공할 수 없습니다. 우리 왕조의 강역(疆域)은 널리 퍼져서 사방 먼 곳에 이르기까지 모든 나라들을 번국(藩國: 울타리가 되는 제후국)으로 삼았습니다. 유구(琉球)로 동남쪽을 지키고, 고려(高麗)로 동북쪽을 지키며, 몽고(蒙古)로 서북쪽을 지키고, 월남(越南)으로 서남쪽을 지킵니다. 이른바 '황하가 띠처럼 가늘어지고 태산이 조약돌처럼 작아질 때까지' 무궁한 시간 동안 우리 왕조와 기쁨과 근심을 함께할 자들이 아니겠습니까?"[1] 서구 열강들의 중국에 대한 팽창이 수천 년 동안에도 없었던 미증유의 대변혁 중 주변국가에 대한 중국의 전략적 관념은 이미 속국에서 벗어나 중국과 열강 사이의 안전 보호막이 되어 버렸다. 이는 중국인의 중국 근대 지연정치와 지연 안보환경의 근본적 변화에

---

[1] 轉引自蔣廷黻: ≪中國近代史≫, 團結出版社2006年版, 第87頁.

대한 반응이며, 이에 따라 중국 안보전략의 기본 내용, 기본 추구 및 외교의 기본 임무가 되었다.

객관적으로 말하자면 중공 지도자들의 전략적 사고 중에는 확실히 상술한 역사적 변화와 관련된 지연정치와 국가안보에 대한 관심이 존재하였다. 이것들에 기반하여 중국의 아시아 각 지역에 대한 정책을 이끌고 규범화 하였는데 여기에는 중요한 군사적 행동도 포함되었다. 물론 중공 지도자들의 이러한 관심은 과거 혁명기에 처했던 환경과 관련되었는데 애초에는 그들의 혁명과정에서 축적된 전쟁경험이 반영된 것이었다. 그때는 중공의 생존공간으로써 거의 모든 근거지가 적들의 군사에게 장기적으로 포위되어 있어서 대규모 내전시기를 제외하고 그들이 자주 접했던 것은 국민당 군대와의 각기 다른 상황하에서의 군사적 충돌이었다. 바로 이런 요소들은 그들의 국가안보관이 형성되는 과정에서 준수했던 기본적인 논리였다. 따라서 혁명시기의 이론과 실천이 긴밀히 연관되고, 혁명 목표를 추구하는 것과 국가안보를 추구하는 것 사이의 관계에서 어느 요소가 실천 과정에서 전략적 우선순위에 놓이는가 하는 등등의 문제는 일련의 중요한 정책결정 과정에서 점차 정리되기 시작하였다. 따라서 건국 초기의 전략결정 과정에서 초기 단계부터 명확한 결론이 있었다고 말하기는 매우 어렵다.

제1절
혁명과 국방

1936년 7월, 미국 기자 에드가 스노우(Snow, Edgar P.)는 갖은 고생 끝에 중공 중앙의 소재지인 산시(陝西)의 바오안(保安)에 도착했고 그곳에서 4개월을 머물렀다. 마오쩌둥은 그의 방문을 매우 중요시해서 자주 한 무더기의 보고와 전보를 물리고 회의를 취소하면서 그와 긴 이야기를 나누었다고 한다.[2] 스노우가 후에 발표한 당시의 방문 기록은 마오쩌둥의 알려지지 않은 생각과 사고의 면면을 기록하고 있다. 이 중에서 몇몇 중요한 기록을 살펴보자. 어느 날 마오쩌둥 본인이 혁명의 길을 걷게 된 심리적 변화 과정을 이야기할 때 한 권의 작은 책자가 그의 청년기의 대오각성에 특별한 영향을 주었음을 회고한 바 있다. 이윽고 그는 이 책자의 처음 부분을 암송하기 시작했다. "오호 통재라. 중국이 장차 망국의 길을 걷고 있도다!" 그는 당시 이 책이 일본의 조선, 타이완의 점령과정과 베트남과 미얀마 등지에서 종주권의 상실을 언급하고 있었음을 구체적으로 기억하고 있었다. 그는 "내가 이 책을 다 읽고 난 뒤 우리나라의 앞날에 대해 절망하게 되었고 나라의 흥망성쇠는 일반 백성들에게도 책

---

[2] 埃德加·斯諾: 《夏始之旅》, 《斯諾文集》, 新華出版社1984年版, 第一卷, 第192頁.

임이 있음을 깨닫게 되었다."라고 말하였다.[3] 현재의 국가관념에서 평가하자면 타이완 지역을 제외하고 마오쩌둥이 언급한 몇몇 국가들은 사실 중국의 흥망과는 크게 관계가 없다. 그리고 그의 마음 속 중국은 흡사 왕조 체제하에서의 천하의 개념이지 국경선을 명확히 나누는 현대적 국가개념은 아니었음을 증명하고 있다.

마오쩌둥이 스스로 공산주의자로 변신하였음을 인정한 후에 그는 공식적인 이론 논술과정에서 계급론을 이용하여 국가의 성질과 애국주의 사상을 설명해 왔기 때문에 스노우에게 이렇게 말한 것은 매우 이례적이었다. 왜냐하면 그는 미국 기자에게 혁명 애국주의자라는 자신의 이미지를 충분히 보여주었기 때문이다. 그는 청소년기부터 중국 대륙을 잊은 적이 없으며 천하를 걱정하는 자신의 심경과 조국의 온전한 해방에 대한 원대한 의지를 밝히기도 하였다. 이는 마오쩌둥의 세계관을 이해하는데 의미가 있다.

코민테른의 초기 활동 중에는 '동방'이라는 개념이 있었다. 여기서 '동방'이라 함은 지리의 개념이자 정치적 개념이었다. 지리적으로는 아시아 지역을 포함하는데 주로 지금의 동아시아와 남아시아 지역을 일컫는다. 당시 중공 지도자들은 이를 통칭하여 동아시아라고 불렀다. 정치적으로 이 지역은 일반적으로 서구 열강의 식민지 또는 반식민지를 지칭하였다.[4] 중국은 바로 이러한 '동방'의 일부분이었다. 동방에 관한 이러한 언급은 중공 지도자들에게 특수한 동질감을 형성하였다. 즉, 중공은 국제 공산주의 운동과 세계 무산계급 혁명의 일부분인 동시에 동아시아(후에 이 개념은 아프리카 라틴 아메리카까지 확대됨) 민족해방운동의 일부분이라는 것이다. 국제정치적인 차원에서 동아시아라는 개념은 그들의 마음속

---

3 埃德加·斯諾: ≪西行漫記≫, 三聯書店1979年版, 第111-112頁。
4 參閱 ≪共産國際第四次全國代表大會關于東方問題的總提綱≫, 1922年11月, 中國人民大學中共黨史系中國革命問題教研室編: ≪共産國際有關中國革命教學參考資料≫, 上冊, 1985年印刷, 第23-24頁。

에 국제 공산주의 운동에 대한 인식 다음가는 것으로 특별한 지역적인 동질감을 가지고 있었다. 그들은 식민주의와 제국주의를 반대하고 민족해방을 추구하는 것은 동아시아 지역 정치의 주요 모순이자 내용이라고 생각하였다. 중국 공산당 2차 대회의 선언은 동아시아 지역 정치에 대한 그들의 구상을 다음과 같이 묘사하고 있다.

"아주 긴 세월 동안 동아시아 각 민족은 영국·미국·프랑스·일본 등 국가들의 군화 발에 찢겨져 왔다. 지난 세계대전 이후 제국주의의 동아시아 각 민족에 대한 침략은 더욱 악랄해졌다. 미국은 필리핀 섬을 멈춰 세우고 한편으론 자비로운 모습으로 다른 한편으로는 그들에 대한 경제적 침탈을 계속해 왔다. 영국은 인도의 목을 조르면서 강경책과 온건책을 병용하는 방식으로 인도의 독립운동을 저지하면서 매년 백만 명의 인도 노동자가 영국 자본가의 말발굽 아래에 죽어가는 상황을 유지해 왔다. 베트남 농민은 프랑스 제국주의의 압박하에 소나 말처럼 노역을 하여 미곡을 프랑스 상인들에게 착취당하고 있다. 베트남에서는 매년 몇십만 명의 농민이 아사하는 반면 프랑스 미곡 상인의 수출 물량은 도무지 줄어들 기세가 보이지 않는다. 일본은 조선 인민의 피땀을 갈취하고 있으며 그들의 횡포는 비할 바가 없으며 일본 물건의 수입으로 인해 이천만 조선 농민이 기아로 굶어 죽을 처지에 놓이게 되었다.

제국주의 열강의 중국 침략과정을 보면 세계 자본주의 제국주의의 진면목을 제대로 볼 수 있다. 중국은 광대하고도 비옥한 토지가 있고 무한량의 물산과 수많은 저렴한 노동력을 가지고 있어서 제국주의 열강이 너도나도 탐내는 시장이 되었다. 모든 제국주의 국가들이 가장 우월한 권리를 따내기 위해 다투었기 때문에 오늘날 국제사회에서 중국의 특수한 위치가 형성되었다."[5]

---

5 ≪中國共産党第二次全國代表大會宣言≫, 1922年5(7)月, 第101頁.

이러한 묘사는 의미가 있다. 왜냐하면 여기에서의 '동방'의 개념은 마오쩌둥을 포함한 대다수 중국인들의 마음속 '천하'와 상당 부분 중복되기 때문이다. 이는 중공 지도자들이 동아시아 지역의 발전에 더욱 관심을 가지고, 인근 국가의 혁명운동과 운명에 더욱 많은 동질감과 의무감을 느끼게 하였다. 역사, 지리, 근대 이후 겪었던 고통 등은 중공 지도자들의 마음속에 동아시아를 하나의 혁명 공동체로 묶게 만들었다. 중국은 이 공동체의 일부분인 동시에 그 지위는 특수했다. 즉, 인민들이 받는 고통과 압박은 가장 심각했고, 반항과 혁명은 가장 맹렬하고 자연스러웠다. 당연히 중국의 국가 규모가 아주 큰 것도 중요하다고 할 수 있다.

이후 중국의 내전 때문에 중공 지도자들은 오랜 기간 아주 드물게 '동방'의 개념을 이야기하였고 동시에 이 지역 국가들에 대한 언급도 마찬가지였다. 항일 전쟁 시기 중공 지도자들의 국제정세에 대한 관심이 늘긴 하였지만, 이 부분의 주의력 역시 미국, 영국, 소련 등 대국과 유럽 및 태평양 전쟁에 집중되었다. 긍정할 만한 사실은 중국이 항일 전쟁 시기 세계 4대 강국의 하나로 평가되어 다른 중국인들과 마찬가지로 중공 지도자들의 대국의식을 자극하였다는 점이다. 이는 중국 지도자들이 대국 정치에 더욱 관심을 가지게 되는 원인 중 하나가 되었다. 비록 사실이 이러하다 하더라도 동아시아 공동체라는 생각이 중공 지도자들의 마음속에서 완전히 사라졌다고 말할 수는 없다. 중국 내부 정세가 급변함에 따라 이 문제는 자주 자연스레 다시 수면 위로 떠오르게 되었다.

1945년 8월 10일에서 11일 사이 소련군은 참전을 선포하고 동북 지방으로 공격을 감행하였다. 이때 중공 중앙은 주더 총사령관 명의로 투항과 각 지역별 진군에 관한 7개의 명령을 연이어 발표하였다. 이 중 제6호 명령은 화북지역에 있던 조선 의용대 사령관 무형(武亭) 등에 즉시 부대를 이끌고 팔로군(八路軍)과 함께 동북으로 병력을 이동해 적을 섬멸하고 동북의 조선 인민군을 조직함으로써 조선 해방의 임무를 달성하도록 요구하였다.[6] 이것은 듣기에 따라서 전혀 실현 가능성이 없는 명령 같지만 실제로는 마음속에서 우러나온 자연스런 관심의 표현이었다. 8월 29일과 30일 「제팡르바오(解放日報)」는 연이어 조선해방 축하 기고문을 싣고 우리 중화민족은 새로운 이웃의 출현을 환영하며 지속적인 협력을 원한다라고 하였다.[7]

중국의 혁명이 전국적인 승리를 거둠에 따라 중공 지도자들의 마음속 주변지역에 대한 관심은 더욱더 선명해졌다.

1947년 12월, 중공 중앙이 전국에 걸친 정권획득을 결심하던 시기 마오쩌둥은 중공 확대회의에서 회의 참석자들에게 호치민(Ho Chi Minh)이 영도하는 대불(對佛) 투쟁에 원조 제공을 준비하고 있다고 보고하였다. 그는 베트남의 바오 다이(Bao Dai)가 프랑스에 의지하고 있는 상황에서 호치민이 주요 진지를 상실하고 아직까지 무기와 탄약도 없이 농촌을 중심으로 유격전을 벌이고 있다고 하면서 중공이 광둥(廣東)과 광시(廣西)를 타도하기만 하면 그들을 원조할 것이라고 하였다.[8] 1949년 1월 중공 중앙의 회의에서 대외정책을 논할 때에도 저우언라이는 회의 참석자들에게 소련과 미국이 이끄는 양대진영을 고려함과 동시에 동남아시아 식민지의 독립운동 문제에도 주의를 기울여야 한다고 하였다.[9]

소련의 대외정책 변화는 중공 지도자들이 1949년 여름부터 동아시아 지역혁명 문제를 진지하게 고려하기 시작한 주요 요인이었다. 미소 간의 냉전이 유럽에서 최고조에 이른 후 스탈린은 중부유럽과 동유럽에서 끊임없이 발생하는 위기에 대응함과 동시에 아시아의 혁명운동을 적극적

---

6 朱德: 《延安總部命令第六号》, 1945年8月11日, 《解放日報》, 1945年8月12日。
7 廖今文: 《三十五年的枷鎖打碎了》, 《解放日報》, 1945年8月29日、30日。
8 《毛主席在一九四七年十二月中央會議上的談話》。
9 《中央政治局1949年1月會議記錄》。

으로 지원하기로 결정하였다. 소련 공산당 중앙은 1947년 여름 이후 동남아시아 지역 내 혁명 운동 추진을 중요시하기 시작하였다. 당의 유관기구가 최초로 관심을 표명한 곳은 인도네시아 공산당과 베트남 공산당이었으며, 당의 지도자들은 일찍이 인도네시아 공산당이 이 지역 혁명운동의 기수 역할을 담당해 주기를 희망한 바 있다.[10] 그들은 또한 인도네시아 공산당에게 아시아의 리더 역할을 맡기려는 생각도 하였다.[11] 그러나 스탈린은 최종적으로 중공이 아시아 지역 혁명의 핵심 역할을 하는 것으로 결정하였다. 왜냐하면 외부에서 보기에 인도 공산당과 인도네시아 공산당의 경우 국내 분위기가 아직 형성되지 않았을 뿐만 아니라 혁명에의 열망도 부족했고 지역 내에서의 영향력도 크지 않았기 때문이다. 이와 반대로 중공은 전략적인 반격을 진행하고 있었고 전국에 걸친 정권을 획득할 가능성도 많았다. 특히 중공 지도자들은 점차 확고한 태도로 스탈린의 지도를 받기 원한다고 하였다. 스탈린은 의심이 아주 많은 사람으로 그는 줄곧 마오쩌둥이 아시아의 티토가 될지 모른다고 의심해왔다. 훗날의 사실은 그의 이러한 의심이 결코 근거가 없지 않았음을 보여준다. 마오쩌둥은 소련과의 반목의 이유가 티토와는 달랐지만 최종적으로 소련 휘하의 낮은 지위에 만족하지만은 않았다. 그러나 스탈린은 여전히 중공을 소련진영으로 끌어들이고자 노력하였고 1948년 봄에 이를 실행하기로 결정하였다. 그는 만약에 중공이 소련편에 서게 된다면 이는 승리를 보장하는 것이라 믿고 있었다.[12]

---

10 Larisa Efimofa, "Did the Soviet Union instruct Southeast Asian communists to revolt? New Russian evidence on the Calcutta Youth Conference of February 1948", Journal of Southeast Asian Studies, 40(3), October 2009, pp 449‐469.
11 沃捷特克.馬斯特尼著、郭懋安譯: ≪斯大林時期的冷戰与蘇聯的安全觀≫, 广西師范大學出版社2002年版, 第57頁。
12 N. B. 科瓦廖夫: ≪斯大林和毛澤東的對話≫, ≪國外社科信息≫1992年第21期, 第29頁。

1949년 미코얀은 시보포를 방문하면서 중공 중앙에 스탈린의 상술한 의도를 분명하게 전달하였다. 미코얀은 중국혁명이 아시아에서 가지는 의미를 강조할 때 화려한 언사를 구사하는데 주저하지 않았다. 그는 마오쩌둥 등 중공 지도자들은 겸손할 필요가 없으며 "중국혁명은 역사적으로 위대한 사건이다." "중국 공산당의 경험은 역사적 의의를 지니고 있고 마르크스주의 과학을 풍부하게 하였다." "중국혁명의 경험은 아시아 국가의 혁명에 중요한 이론적 가치를 가진다."라고 하였다. 미코얀은 볼셰비키의 논증방식을 이용해 마오쩌둥 등에게 묻기도 하였다. "설마 이 점을 부인하지는 않겠죠? 당연히 안 되겠죠?" 등이 그 예이다. 그는 이어 아시아 국가 공산당 간의 단체 행동의 가능성에 관해 물었고 마오쩌둥은 이 문제에 대해 구체적으로 생각해 보지 않았다고 대답했다. 미코얀은 소련 공산당 중앙을 대표하여 중공 지도자들에 중국은 코민포름에 참가하지 않아야 하며, 중국 공산당을 중심으로 공산당 동아시아 국가국을 설립해야 한다고 제안하였다. 마오쩌둥은 이같은 구상에 대해 찬성 입장을 표시하고 가능한 한 빠른 시일 내 설립해야 한다고 답했다. 그는 "우리와 인도차이나, 조선 공산당 간의 관계는 긴밀한 편이고 다른 공산당과의 연락은 비교적 드물다."라고 하였다. 이후 그들은 구체적인 방법과 조치에 관해 토론하였는데 마오쩌둥은 중공 군대가 화남지방을 점령하고 상황이 안정된 후에 다시 진일보한 문제를 토론할 것을 제안하였다.[13] 이후 마오쩌둥은 실제로 스탈린과 공산당 동아시아 국가국 설립문제를 의논하게 된다. 이렇듯 상술한 미코얀과의 회담을 통해 중공 지도자들은 새롭게 인식을 공유하기 시작했는데 그들은 이때부터 중국이 동아시아 혁명운동의 중심이라는 역사적 책임감을 가지게 되었고, 이는 이후 중국

---

13 ≪米高揚与毛澤東的會談備忘彔≫, 1949年2月3日, 華東師大國際冷戰史研究中心資料室存: NO.16471.

의 동아시아 정책에 매우 중요한 영향을 미치게 되었다.

3월에 열린 공산당 제7기 2중 전회기간 동안 중공 지도자들 간에 적어도 한 차례 이상 중공의 동아시아 혁명 운동중의 지위와 역할에 관한 토론이 벌어졌다. 마오쩌둥은 이때 상당히 신중한 태도를 보였는데 이는 당시 그의 주된 고민과 맞물려 있었다. 그는 전당에 걸쳐 겸손함을 유지하고 조급하지 말 것이며, 신중하고 심사숙고 할 것을 요구하였다.[14] 3월 13일 마오쩌둥은 회의 총괄 보고에서 중국혁명은 20세기 러시아 10월 혁명, 제2차 세계대전 승리와 비견될 만한 제3의 위대한 승리하고 하였다. 그러나 그는 왕밍(王明)이 마오쩌둥 사상을 마르크스 레닌주의의 식민지 반식민지에서의 구체적 운용과 발전이라 정의한 것에 대해서는 찬성하지 않았다. 그는 다음과 같은 몇 가지 이유를 근거로 제시하였다. 첫째, 이렇게 정의하는 것은 마치 스탈린은 공업이 발전한 지역만을 관리하고 식민지 반식민지는 우리가 관리하는 것 같은 인상을 준다는 것이다. 둘째, 만약 어떤 나라가 중국의 말을 듣지 않고 직접 모스크바에 가서 물건을 살 경우 어떻게 할 것인가? 하는 문제다. 셋째, 너무 급히 생각을 넓힐 필요가 없다는 것이다. 먼저 중국의 일부터 잘해 놓고 만약 기회가 있어 다른 국가들에 사용될 기회가 있다면 자연스럽게 활용하면 될 것이라는 입장이다. 그는 또한 자신은 마르크스, 엥겔스, 레닌, 스탈린과 같은 항렬에 놓지 말기를 주문하였다. 왜냐하면 그가 생각하기에 중공의 이론 수준은 아직 많이 부족하다고 생각했기 때문이었다.[15] 이 시기 마오쩌둥은 여전히 겸손하였다. 그렇지만 그가 중국혁명이 식민지 반식민지에서의 가장 중요한 위치에 있다는 점마저 부인한 것은 아니었다.

---

14 毛澤東: ≪在中國共産黨第七屆中央委員會第二次全體會議上的報告≫, 1949年 3月5日.
15 毛澤東: ≪在中共七屆二中全會上的總結≫, 1949年3月13日, 中共中央文獻硏究室編: ≪毛澤東文集≫, 第五卷, 第260-261頁.

류샤오치가 모스크바를 비밀 방문하는 동안에 스탈린도 직접 중공이 동아시아 혁명운동의 중심이 되기를 희망한다고 언급한 바 있다. 그는 동아시아와 중국이 세계정치에서 차지하는 위치와 역할을 명확하게 부각시키면서 류샤오치에게 세계혁명의 중심이 지속적으로 서구에서 동양으로 옮겨가고 있다고 강조하였다. 즉, 마르크스와 엥겔스 사후 혁명의 중심이 유럽에서부터 동쪽 즉 러시아로 옮겨왔고, 지금은 중국과 동아시아로 옮겨가고 있다라고 하였다. 그는 중공은 아주 높은 위치에 있으며 이 때문에 책임 역시 막중하다고 하였다. 회담 중 가오강은 중공이 코민포름에 참가하기를 희망한다고 하였다. 이에 대해 스탈린은 중국과 동유럽 국가의 상황이 다음의 두 가지 부분에서 중요한 차이가 있다고 평가하였다. 즉, 첫째는 중국은 장기간 제국주의의 압박과 착취를 경험한 국가이라는 점이며 둘째는 중국의 자산계급이 동유럽과는 다르다는 것이다. 이에 그는 동아시아 각국의 상황들이 중국과 유사한 점이 많기 때문에 동아시아 국가 간 공산당 연맹을 설립할 것을 제안하였다. 이에 중국 혁명의 경험은 동아시아에서 보편적인 의의를 가지며 소련 역시 동아시아 공산당 연맹에 참여할 수 있다고 하였다.[16] 스탈린의 이러한 평가는 중공 지도자들의 동아시아 지역혁명에 대한 동질감과 책임감을 극도로 강화시켰다. 비록 그들이 전국적 범위의 정권을 획득하고 이를 공고히 하기 전까지 중요한 행동을 취하지는 않았지만 그들은 이러한 사명을 기꺼이 받아들이는 모습이었다. 적어도 당시 모스크바의 중공 대표단은 이미 동아시아 혁명의 관점에서 문제를 고려하기 시작했다. 류샤오치는 동아시아 혁명에 대한 구체적 책략 문제를 스탈린에게 특별보고하였다. 이 보고에서 그는 혁명의 주된 형식은 이미 또는 조만간 무장 형식의 유격전이 될 것이며, 도시에서는 소리를 내지 않는 은밀한 책략을 써야

---

16 ≪斯大林談話≫, 1949年7月27日。

한다고 하였다. 그는 이러한 판단은 중국의 경험에 근거한 것임을 직접적으로 밝혔다.[17]

건국 후 얼마 후 중공 지도자들은 그들이 아시아 혁명에서 지도자 역할을 담당할 의무가 있음을 공개적으로 선포하였다. 신중국 성립 후 단지 45일 만에 아시아와 오세아니아 지역 업무회의가 베이징에서 개최되었고, 이 회의를 통해 많은 결의들이 통과되었다. 이중 가장 중요한 것은 세계 노동자 연합의 아시아 오세아니아 연락국 설립을 결정한 것이다. 류샤오치는 이 회의의 의장직을 맡고 행한 개막사에서 중국혁명의 경험은 식민지와 반식민지에서 보편성을 띠며, 중국혁명의 길은 마오쩌둥의 길이고, 많은 식민지 반식민지 국가의 국민들이 민족 독립과 인민 민주를 쟁취하기 위해 가야만 하는 길이라고 하였다.[18] 뿐만 아니라 중국혁명은 자본주의 국가의 혁명에도 매우 중요한 의의가 있었다. 류샤오치는 중국 노동자 계급이 승리를 획득한 것은 국제적으로 세계 각국의 자본주의 국가 특히 아시아, 오세아니아의 식민지 반식민지 국가의 노동자 계급과 노동 인민에 대해 막중한 책임을 다할 수 있음을 의미하고 중국은 이러한 영광스런 책임을 회피할 생각이 없다고 하였다.[19] 류샤오치의 연설은 그들의 지역에 대한 동질감과 이해 그리고 지역혁명 지원에 대한 의무감을 명확하게 보여주고 있다. 사실 그들이 최우선적으로 맞닥뜨린 선택은 바로 동아시아 지역 가운데 인도차이나 반도와 한반도에서의 군사개입이었다.

신중국의 탄생과 더불어 중국 내에서는 동아시아 인근 지역의 혁명

---

17 劉少奇: 《關于東亞民族革命運動策略問題給斯大林的報告》, 1949年8月14日, 中共中央文獻研究室、中央檔案館編: 《建國以來劉少奇文稿》, 第一冊, 1949年8月14日, 第51頁.
18 劉少奇: 《在亞洲澳洲工會會議上的開幕詞》, 1949年11月16日, 中共中央文獻研究室、中央檔案館編: 《建國以來劉少奇文稿》, 第一冊, 第160-161頁.
19 劉少奇: 《在北京各界慶祝亞洲澳洲工會會議成功大會上的講話》, 1949年11月23日, 中共中央文獻研究室、中央檔案館編, 《建國以來劉少奇文稿》, 第一冊, 第176-177頁.

운동에 대한 관심과 지지가 표출되기 시작하였다. 이러한 관심과 지지는 간략히 외장력(外張力)이라는 개념으로 부를 수 있다. 이것은 중국혁명의 승리가 전 세계 적어도 중국의 주변지역에서 거대한 영향력이 발생하기를 기대하는 내재적 충동에 기반한다. 신중국 지도자들은 중국혁명이 세계혁명의 일부분이라면 중국혁명의 승리는 필연적으로 국제정치 정세에 거대한 변동을 일으켜야 한다고 믿고 있었다. 특히 중국혁명이 광활한 동아시아 중심지대에서 천하를 놀라게 한 승리를 거둔 경험은 필연적으로 보편적인 의의를 가진 것이고, 더불어 국제 공산주의 운동의 지도자인 스탈린 역시 세계혁명의 중심이 이미 중국으로 옮겨왔다라고 인정하였기 때문이다.[20]

마오쩌둥과 스탈린 사이에 진행된 모스크바 회담의 내용과 동아시아 정책에 대해 어떠한 공감대를 형성했는지에 대해서는 진일보한 연구가 필요하다. 실제 마오쩌둥은 스탈린과 인도차이나의 혁명과 한반도 문제를 논의한 바 있다. 1950년 3월 4일, 마오쩌둥과 저우언라이 등은 모스크바에서 베이징으로 돌아왔다. 10일 후 류샤오치는 중공 중앙에서 동아시아 혁명 지원과 관련한 당내 지시 초안을 마련하였다. 이러한 시간적인 연결과정은 결코 단순한 우연이 아니었다. 당내 지시에는 "아시아 각국의 피압박 민족의 공산당과 국민들이 해방을 쟁취하도록 모든 사용 가능한 방법을 이용해 지원하며 더 나아가 중국 공산당과 중국 인민은 국제적 책임을 회피하지 않을 것이다. 이는 또한 국제사회에서 중국혁명 승리를 공고히 하는 가장 중요한 방법중의 하나이다."라고 하였다. 그리고 중국 공산당은 각국 공산당과 혁명 단체에 형제와 같은 도움을 주어야 한다고 하였다. 구체적으로 그들에게 중국혁명의 경험을 소개하여야 하

---

20 這方面較有代表性的論述可見周恩來: ≪民族解放運動的地位和作用≫, 1951年 4月9日, 中華人民共和國外交部・中共中央文獻研究室編: ≪周恩來外交文選≫, 第34-37頁. 劉少奇: ≪在亞洲澳洲工會會議上的開幕詞≫, 130-135頁.

고, 결코 냉담하거나 교만한 자세를 보여서는 안 된다고 하였다.[21] 이것은 중소동맹이 중국의 동아시아 정책에 중대한 영향을 준 상징적인 사건으로 이를 통해 중국 공산당 지도자들은 최종적으로 동아시아 혁명의 중심이라는 중임을 맡기로 결정하였다.

신중국 외교에 존재하는 외장력과 이것의 거대한 영향력은 이론의 여지가 없는 사실이다. 그러나 지적할 점은 적어도 일부 시기 동안에는 이러한 외장력이 압도적인 영향력을 발휘하지 못했다는 것이다. 이는 신중국 외교에 여전히 태생적인 내향성(內向性)이 존재하고 있었기 때문이다. 사실 신중국 외교는 과거 중국의 외교와 심층적인 연속성을 가지고 있었는데 이러한 연속성은 주로 내향성의 형태로 표출되었다. 즉, 중국의 대외정책은 자주 국내 정치의제에 따라 결정되는 면이 많았으며 빈번히 국내정치의 심각한 영향을 받았다. 이는 장기간에 걸친 중국 역사의 누적물로 19세기 중엽 근대 외교가 시작되면서부터 존재하였고 20세기까지 지속되었다. 이러한 내향성은 중국의 국토가 넓은 것과 자연스런 관계가 있었다. 중공이 내전 후기 장악하는 지역이 넓어지면 넓어질수록 이것의 영향력은 더욱 분명해졌다.

앞서 언급한 바와 같이 미코얀을 통해 스탈린이 중국은 이미 동방혁명의 중심이라고 말한 소식이 전해진 후 마오쩌둥이 중국 공산당 제7기 2중 전회를 통해 보여준 반응은 비교적 신중하였다. 이미 열거한 몇 가지 이유 이외에 그는 자신의 가장 주요한 관심사항인 중국혁명의 최종 승리와 미국의 군사적 간섭을 방지하는 문제에 대해 직접적으로 언급하지 않았다. 이후 스탈린과의 전보 왕래를 통해서 마오쩌둥은 그의 마음속 전략의 핵심을 구체적으로 표시하였다. 중공 군대가 창장을 건넌 후 마오

---

21 中共中央文獻研究室編: ≪劉少奇年譜1898-1969≫, 下卷, 中央文獻出版社 1996年版, 第245頁.

쩌둥은 코발레프를 통해 아직까지 동아시아 공산당 정보국 설립이 적절하지 않다는 입장을 스탈린에게 전달하였다. 스탈린은 이에 동의를 표하고 중공은 우선적으로 미국의 간섭을 방지하는데 주의를 기울여야 한다고 하였다. 그는 마오쩌둥에게 중공 군대가 남부 국경지대까지 접근함에 따라 인도차이나, 미얀마, 인도 심지어 필리핀과 인도네시아 등지에도 혁명의 분위기가 조성될 것이라 하였다. 물론 이는 미국 등 국가의 간섭을 불러일으켜 그들이 화남지역을 장악하는데 도움이 될 수 있었다. 이런 결과를 방지하기 위해 스탈린은 중공 군대가 인도차이나, 미얀마와 인도 등의 접경지대에서 전쟁을 서두르지 말고 화북지역에서 일체의 군사적 간섭에 반대하는 준비만을 하도록 제안하였다.[22] 많은 중공 지도자들은 스탈린의 이러한 전략적 배치를 찬성하지 않았다. 그들은 전 중국으로의 진군을 결심하였다. 이는 당연히 중국의 모든 국경지역에 도달하는 것을 포함하는 것으로 중국의 영토주권의 독립과 보전을 지키기 위함이었다.[23] 마오쩌둥은 스탈린에 회신을 통해 중공 군대는 장차 전국의 모든 지역에 도달할 것이며, 다만 국경을 넘을 생각은 없다고 하였다. 또한 빠른 시일 내 국민당 정부를 무너뜨리고 적절한 군사적 배치를 하면 미국의 간섭 가능성이 그다지 크지 않을 것이라고 예상하였다.[24]

특별히 분석할만한 가치가 있는 것은 마오쩌둥이 이 시기에 이미 "영원한 국방"이라는 개념을 사용하여 스탈린과 중국 국가안보와 관련한 의견을 교환하기 시작했다는 점이다.[25] 새로운 국가의 성립에 따라 중공

---

22 ≪斯大林給科瓦廖夫轉毛澤東的電報≫, 1949年5月26日, 存華東師大國際冷戰史研究中心資料室: NO.16522.
23 毛澤東: ≪向全國進軍的命令≫, 1949年4月21日, ≪毛澤東選集≫, 第四卷, 第1451頁.
24 ≪毛澤東通過科瓦廖夫給斯大林的報告≫, 1949年6月12日, 存華東師大國際冷戰史研究中心資料室: NO.16525.
25 ≪毛澤東通過科瓦廖夫給斯大林的報告≫, 1949年6月12日, 存華東師大國際冷

지도자들은 내전의 마지막 단계에서 전국적 범위의 정권을 획득하고 미국의 군사적 간섭을 방지하는 사고와 조치를 채택하는 등 신속하게 국방전략을 전환하였다. 중공 지도자들은 국가 지도자가 된 후 곧바로 국방의 개념을 사용하여 미국의 군사적 간섭의 성질과 군사전략 사고를 새롭게 정의하였다. 같은 역사의 과정에 있었기 때문에 중공 지도자들은 미국의 간섭을 새로운 국가에 대한 가장 직접적인 위협으로 보기 시작하였고 미국의 군사적 침입을 막는 것을 국가안보전략과 국방정책의 핵심문제로 삼았다.

마오쩌둥의 머리 속 국방과 관련된 첫 번째 군사적 배치는 바로 미국의 침입에 대한 것이었다. 그는 건국 1개월 후 전국에 걸친 국방전략 배치계획을 발표하였다. 즉, 중국의 국방 핵심은 톈진, 상하이 그리고 광저우 세 곳을 중심으로 하는데, 이중 가장 걱정이 되는 곳은 화북 지역으로 3개 군단과 6개 사단 병력밖에 없어서 일단 일이 생기면 병력이 절대적으로 부족하게 된다. 이에 6개 군단 규모의 20만 명에 달하는 군사들이 서로 다른 방향에서 언제 어디서나 화북을 지원하도록 준비할 것을 요구하였다.[26] 마오쩌둥은 중공 군대가 창장을 건너면 미군이 화북지방에 상륙하여 배후에서 공격할 것이라는 판단하에 화북군의 병력 부족을 걱정하였던 것이다. 류샤오치는 모스크바에 있을 때 스탈린에게 "제국주의가 10, 20만 명을 파견하여 중국의 3, 4개 항구를 점령하거나 일련의 혼란을 일으키는 무장공격을 할 가능성이 여전히 있다."라고 하였다.[27] 국제사회에서 충돌의 반복은 국가안보가 긴박한 위협에 처해있다고 믿게 되면 왕왕 군사적 충돌로 이어진다는 점을 증명하고 있다. 내전 후반기의 인식

戰史硏究中心資料室: NO.16525。
[26] 毛澤東: ≪關于兵力部署的几点意見≫, 1949年10月31日, 中共中央文獻選集、解放軍軍事科學院編: ≪毛澤東軍事文集≫, 第六卷, 第35-36頁。
[27] 劉少奇: ≪代表中共中央給聯共(布)中央斯大林的報告≫, 1949年7月4日, 第3頁。

역시 여러모로 건국 초기 중국 지도자들의 군사정책에 영향을 미쳤는데 이 문제에 대해서는 향후 진일보한 연구가 필요하다.

마오쩌둥이 미국이 화북지역으로부터 중국을 위협할 것이라 걱정한 데에는 또 다른 이유가 있었다. 그는 6월에 스탈린에게 외부 적의 침입만 없다면 내전은 일단락 짓게 될 것이며, 중공은 평화건설 단계에 접어들게 될 것이라 하였다.28 마오쩌둥이 모스크바에서 스탈린을 처음 만났을 때 했던 말은 바로 "가장 중요한 문제는 평화 보장 문제이다. 중국은 3년에서 5년 가량 평화롭게 숨 쉴 시간이 필요하다. 이 시기를 이용하여 전쟁 전의 경제수준을 회복하고 전국에 걸친 안정을 이룩해야 한다. 중국의 가장 중요한 문제를 해결하기 위해선 평화라는 선결조건이 필요하다."였다. 스탈린은 마오쩌둥에게 안심하라고 하면서 실제 아무도 중국과 전쟁을 하지 않을 것이라고 하였다.29 사실 마오쩌둥이 이렇게 말한 데에는 이유가 있었다. 마오쩌둥은 10월 21일 스탈린에게 전보를 보내 김일성의 무력을 통한 한반도 통일 의지를 없애달라고 요구하였다. 스탈린은 답신을 통해 마오쩌둥의 제안에 동의를 표하고 동시에 이런 정신에 근거하여 조선 친구들에게 우리의 충고를 전달하겠다고 하였다.30 이 부분은 마오쩌둥이 왜 10월 31일 만약에 일이 발생하면이라고 걱정을 표시하고 '국방 중점'을 위해 대규모 군사배치를 조정하며 화북지방에 특별히 관심을 가졌는지를 충분히 설명해 준다. 이렇게 신중국의 동아시아 정책은 장차 한반도 정세변화에 심각한 영향을 받게 되었다.

중국에 있어 동아시아에서 가장 통제하기 어려운 지역은 바로 한반도

---

28 ≪毛澤東通過科瓦廖夫給斯大林的報告≫, 1949年6月12日, 存華東師大國際冷戰史硏究中心資料室: NO.16525.
29 ≪斯大林与毛澤東的會談記彔≫, 1949年12月16日。
30 ≪葛羅米柯關于向毛澤東轉交史達林的答夏致科瓦廖夫電≫, 1949年11月5日, 沈志華編: ≪朝鮮戰爭: 俄國檔案館的解密文件上冊≫, 中央研究院近代史硏究所2003年版, 第276頁.

다. 이곳은 미소 양국이 적군을 격퇴한 지역으로 전후 중국이 참견할 여지가 없는 지역이었다. 또한 한반도 남북은 모두 무력으로 국가를 통일하려는 의지를 가지고 있었다. 특히 북한은 중국혁명 승리에 고무되어 통일전쟁을 발동하려는 열망이 점차 커지고 있었다. 이러한 국면에 어떻게 대처하는가 하는 문제는 중국 지도자들이 건국 후 맞닥트린 첫 번째 난제였다. 그들의 처리 방법은 이 시기 중국의 동아시아 정책의 내재적 모순을 비교적 뚜렷하게 반영하고 있다.

앞서 언급한 바와 같이 중국의 지도자들은 김일성의 무력 통일정책에 반대할 만한 충분한 이유가 있었고 분명하게 자신들의 입장을 표명하였다. 그러나 그들의 김일성에 대한 영향력은 제한적이어서 모스크바를 통해야만 북한을 설득시킬 수 있었다. 류샤오치는 모스크바 비밀 방문 기간 동안 스탈린에게 압록강 소풍만(小豊滿) 수력 발전소에서 중국에 송전하는 문제로 발생한 분규를 해결해 주기를 요구하였고, 북한이 동북지역에 일부 전력을 보내주기를 희망하였다. 그는 단독으로 북한과 협상을 시도했지만 성공하지 못했다고 당시 중국의 난처한 입장을 설명하였다.[31] 김일성은 중국 대표의 면전에서 거침없이 스탈린 동지의 지시가 그에게는 바로 법이라고 하였다.[32]

한편 중국 지도자들이 동아시아 혁명의 중심 역할을 담당하기로 결정한 것은 김일성의 무력통일을 방지하려고 하는 합리적 논리를 상실한 것이다. 특히 만약 김일성이 중국의 원조를 통한 전쟁수행을 원하지 않는다고 할 경우 마오쩌둥이 전쟁을 거부하는 것은 현실적으로 어려운 문제가 돼버린다. 1950년 1월 1일 마오쩌둥의 모스크바 방문 기간 동안 중공

---

31 《科瓦廖夫給斯大林的報告》, 1949年7月6日, 華東師范大學國際冷戰史研究中心資料室: No.16528.
32 《什特科夫關于金日成提出向南方發動進攻問題致維辛斯基》, 1950年1月19日, 沈志華編: 《朝鮮戰爭: 俄國檔案館的解密文件》, 上冊, 第305頁.

중앙 군사위원회는 제4 야전군 내 조선족 부대의 귀국을 결정하고 김일성의 계획에 따라 4월에 북한으로 돌아가도록 배정하였다.[33] 제4 야전군은 전군 감원의 필요에 따라 중공 중앙에 이미 전투의 의무가 없는 조선족 부대의 북한으로의 귀국을 제안하였다. 소련은 당시 북한에 이 부대의 귀국에 대한 의사를 확인하고 싶어 했고 김일성은 소련의 의혹을 일으키지 않기 위해서 심지어 소련대사에게 어떻게 중국에 답하면 좋을지를 묻기까지 하였다.[34]

중공 군사위원회가 결정을 내린 시기는 사실 매우 민감한 때였다. 그들의 목적은 단순 명확했지만 소련과 북한 간의 모순까지 이해하지는 못하였다. 1월 17일, 김일성은 오찬 연회에서 소련 대사 스투코프의 면전에다 대고 스탈린이 그의 무력통일 방안에 찬성하지 않는다며 불만을 표시하였다. 그는 만일 스탈린이 모스크바에서 그를 만나지 않으려고 한다면 그는 베이징에 가서 마오쩌둥과 남쪽에 대한 공격과 동아시아 공산당 정보국을 세우는 문제에 관해 논의할 것이라 하였다.[35] 김일성은 양국 사이에서 올바르지 않은 방법을 통해 소련의 정책에 영향을 미쳤다. 스탈린은 보고를 받은 후 즉시 스투코프를 통해 김일성에게 모스크바는 단기간 내 그를 맞이할 의사가 있으며, 구체적 정세를 살핀 후 북한에 필요한 지원을 제공하겠다고 하였다.[36] 1월 30일의 이 전보는 소련 정책의 전환점이 되었다. 이후 얼마 지나지 않아 김일성은 모스크바를 방문하였고, 스탈린의 북한의 전쟁 발동에 대한 지원에 파란 불이 들어왔다.

---

33 劉少奇: ≪軍委同意第四野戰軍中朝鮮官兵會朝鮮的報告≫, 1950年1月, 中共中央文獻研究室、中央檔案館編: ≪建國以來劉少奇文稿≫, 第一冊, 第319-321頁.
34 ≪什特科夫關于朝鮮同意接收中國人民解放軍中朝鮮族人電≫, 1950年1月11日, 沈志華編: ≪朝鮮戰爭: 俄國檔案館的解密文件≫, 上冊, 第281頁.
35 ≪什特科夫關于金日成提出向南方發動進攻問題致維辛斯基電≫, 1950年1月11日, 沈志華編: ≪朝鮮戰爭: 俄國檔案館的解密文件≫, 上冊, 第305頁.
36 ≪斯大林關于同意會晤金日成討論統一問題致什特科夫電≫, 1950年1月30日, 沈志華編: ≪朝鮮戰爭: 俄國檔案館的解密文件≫, 上冊, 第336頁.

여기에서 두 가지 문제에 대해 진일보한 논의가 필요해 보인다. 첫째는 스탈린이 한반도 정책을 바꿀 때 마오쩌둥도 아직 모스크바에 있었는데 그가 과연 이 사실을 알았는가? 하는 문제이다. 둘째는 스탈린이 왜 정책을 바꾸었는가? 하는 문제이다. 먼저 마오쩌둥이 이 사실을 알았을 가능성은 높지 않다. 왜냐하면 스탈린은 당시 여전히 김일성의 계획과 북한의 실제 상황을 먼저 이해할 필요가 있다고 여겼기 때문이다. 여기에는 두 가지 가능성이 존재하는데 먼저 스탈린이 생각하기에 이미 소련과 중국 사이 동맹관계가 형성되어 김일성을 다시 거절할 이유가 없으며 이 때문에 과거 중국의 혁명을 반대한다고 했던 유사한 실수를 저질러서는 안 된다고 믿었기 때문이다. 또 다른 가능성은 김일성의 소련에 대한 불만 때문에 중국의 품 안에 안기게 될 것을 두려워했다는 점이다. 실제 김일성은 이미 중국행을 준비하기 시작했으며 소련도 대략 중국과 북한 간의 교류 상황을 이해하고 있었다.[37]

어떤 이유에 기인하던 간에 스탈린과 김일성의 결정은 중국에 상당히 심각한 영향을 미쳤다. 그들은 중국을 전쟁으로 이끌 계획이었기 때문이다. 중국의 전략적 이익에 근거하여 마오쩌둥은 김일성의 계획에 결연히 반대했어야 하며 실제 그럴 기회도 있었다. 소련은 중국의 동맹으로서 중국이 전쟁에 휘말리게 될 결정을 하기 전에 중국의 동의를 구할 의무가 있었다. 스탈린도 역시 자신의 의무를 이행했다. 그는 김일성에게 필히 중국 지도자들의 동의를 얻어야지만 전쟁을 일으킬 수 있다고 말했다.[38] 스탈린의 행동을 분석하여 그가 고의로 중국을 물에 빠트렸다고 보는 견해는 약간 억지스럽다. 왜냐하면 만약에 이럴 경우 그가 받게 되는

---

[37] 《伊格納季耶夫關于毛澤東會見李周淵的情況致維辛斯基電》, 1950年4月10日, 沈志華編: 《朝鮮戰爭: 俄國檔案館的解密文件》, 上冊, 第336頁.

[38] 《斯大林關于同意朝鮮同志建議致毛澤東電》, 1950年5月14日, 沈志華編: 《朝鮮戰爭: 俄國檔案館的解密文件》, 上冊, 第384頁.

비판은 상상을 초월하며 소련은 중국을 배신한 것으로 낙인이 찍힐 수도 있기 때문이다.

5월 13일, 김일성이 베이징으로 와서 마오쩌둥 등 중국 지도자들과 회견을 가졌다. 그는 스탈린과의 교감상황을 소개하였고 중국 지도자들이 소련과 같이 그의 사업을 지지해 줄 것을 희망하였다. 또한 그는 중국의 어떤 구체적 원조도 필요하지 않다고 말했다. 저우언라이는 당일 중국 주재 소련 대사관 관원을 만나 김일성이 한 말이 사실인지 여부를 확인 요청하였다. 스탈린은 다음날 답신을 통해 그가 김일성의 무력통일 방안에 동의하였지만, 만약 중국 지도자들이 찬성하지 않는다면 모든 사항을 재고하겠다는 입장을 밝혔다.[39] 전보의 행간 의미를 보면 이전에 스탈린과 마오쩌둥 사이에는 공감대가 형성되어 있었던 것으로 보인다. 즉, 북한은 무력통일을 서두르지 않아야 한다는 사실로 그렇지 않다면 스탈린이 마오쩌둥이 찬성하지 않으면 별도로 이 문제를 다루어야 한다고 이야기했을 리가 없다. 마오쩌둥은 당시 김일성의 계획에 결연한 반대의 입장을 표시하지 않았는데 이는 결과적으로 전쟁을 방지할 유일한 기회를 놓치게 되었다.

중국 지도자들의 동아시아 정책 발전과정을 살펴보면, 중소동맹과 3월 14일의 지시 이 두 가지 사건으로 인해 중국 지도자들은 김일성의 계획을 거절하기 힘든 상황에 놓여 버렸다. 하물며 이때 중국은 이미 호치민이 영도하는 베트남전쟁을 지원하기 시작하였다. 중국은 1950년 3월부터 이 두 곳의 반도에서 발생한 군사적 충돌을 모면할 수 없게 되어 버렸다.

---

39 ≪什特科夫關于金日成訪華計划致維辛斯基電≫, 1950年5月12日, 沈志華編: ≪朝鮮戰爭: 俄國檔案館的解密文件上冊≫; ≪什特科夫關于金日成与毛澤東會談情況的電報≫, 1950年5月13日, 沈志華編: ≪朝鮮戰爭: 俄國檔案館的解密文件≫, 上冊, 第381, 383頁.

제2절

원월항법 (援越抗法)

'원월항법(援越抗法, 역자 주: 베트남을 지원하고 프랑스에 항거한다는 의미로 일반적으로 제1차 베트남전쟁을 중국에서 부르는 명칭)'은 신중국의 동아시아 정책 기원을 이해하는 첫 번째 이야기이다. 이는 신중국이 주변국가의 혁명에 군사적 지원을 제공한 첫걸음으로써 신중국의 동아시아 정책에 결정적인 영향을 미쳤다.

중국의 베트남에 대한 정책을 시기별로 나누면 다음과 같다. 1949년 이후 중국의 인도차이나 정책은 본질적으로 역사적 색채가 농후한 지정학적 고려가 포함되었다고 할 수 있다. '원월항법' 정책은 신중국 성립 초기에 형성되어 1954년까지 지속되었고, 이후 중국은 1954년과 1962년 두 번에 걸친 제네바 회의를 통해서 이 지역의 평화를 유지하기 위해서 심대한 외교적 노력을 다하였다. 1960년대 중반부터는 무려 10년에 걸친 '원월항미'(援越抗美, 역자 주: 베트남을 지원하고 미국에 항거한다는 의미로 일반적으로 제2차 베트남전쟁을 중국에서 부르는 명칭) 정책을 집행하였고, 1970년대 중반부터 시작된 중국 베트남 관계의 악화는 1979년 베트남에 대한 징벌성 군사 타격으로 이어졌다. 이후 비교적 작은 규모의 국경분쟁이 상당히 오랜 시간 동안 지속되어 왔다. 만약 지정학적 안보의 관점에서 본다면 신중국의 인도차이나 지역 관여는 목적 차원에서 상당한 연관성을 가진다. 즉, 전체 지역을 장악하는 군사 정권이 출현할 수 없는 것을 포함하여 어떠한 강제 권력도 이 지역을 통제할 수 없도록 하는 것이다. 중국은 냉전 시기 군사원조 제공과 군사 행동을 포함하여 무려 40여 년 동안 베트남에 노력을 기울였다. 군사원조 제공을 통해 처음에는 프랑스, 다음에는 미국, 마지막으로는 소련을 순차적으로 인도차이나 지역에서 쫓아냈으며 동시에 베트남 사람들이 인도차이나 연방 설립을 통하여 그들이 이끄는 지역 군사동맹의 꿈 역시 붕괴시켰다. 본질적으로 말하면 중국 지도자들은 이곳이 중국의 안전에 대한 완충지역이라 여겨 다른 사람들이 함부로 자신의 이익을 침범하는 것을 받아들일 수 없었다. 그러나 의미 있는 문제는 이러한 정책이 중국혁명의 마지막 단계이자 냉전이 격렬해지던 시대에 탄생했다는 사실이며, 이러한 역사적 과정은 해당 정책에 어떠한 영향을 미친 것인지? 그리고 어떤 낙인을 찍은 것인지? 하는 것이다.

중국의 '원월항법' 정책이 확정되기 시작한 것은 대략 1950년 3월 마오쩌둥이 모스크바에서 베이징으로 돌아온 후 3월 14일 류사오치가 초안한 <신중국의 동아시아 정책지침>에서 베트남을 지원하고 프랑스에 항거한다는 '원월항법' 지도원칙을 인용하면서이다. 의심의 여지 없이 중공 군대가 창장을 건넌 후 중공 지도자들은 한동안 서구 열강의 군사적 간섭을 미연에 방지한다는 차원에서 인도차이나 형세를 고려하였고, 따라서 그곳이 서구 열강의 중국에 대한 간섭의 기지로 변하는 것을 방지하기 위해 노력하였다. 중공 지도자들은 미국, 영국, 프랑스 등이 인도차이나 반도에서 군사력을 강화시킬 것이지만 이곳에서 군사적 간섭행동을 할 가능성은 결코 크지 않으며 중공의 군사력이면 이에 충분히 대응할 수 있을 것이라 보았다.[40]

---

40 《毛澤東通過科瓦廖夫給斯大林的報告》, 1949年 6月 12日.

내전 후기 중공 지도자들의 이런 사고를 분석하는 것은 매우 중요한 의미를 가진다. 왜냐하면 훗날의 사태 발전을 통해 그들이 건국 후 국방정책을 확정할 때에도 여전히 인도차이나 지역이 중국의 안보에 위협을 주는 지역으로 판단했음을 알 수 있기 때문이다. 특히 새로운 국가의 건설이 진행됨에 따라 지정학적 안보에 대한 고려 중 인도차이나 정책이 차지하는 비중은 점차 높아져 갔다. 한편으로 중공 지도자들은 위와 동시에 호치민이 영도하는 항불(抗佛) 운동을 매우 주목하여 1947년 봄에 베트남 공산당과 정식으로 무선전신 연락관계를 수립하였다. 마오쩌둥은 얼마 후 이미 호치민을 지지할 생각이 생겨나기 시작하였다고 표명한 바 있다.

중공 지도자들이 내전이 전환기에 접어들었을 때 마침 베트남 공산당을 지원하겠다는 생각이 든 것은 그들이 중국혁명과 베트남의 호치민이 영도하는 혁명 간에 자연스런 연관관계가 있다고 판단하였기 때문이다. 쌍방 관계의 근원은 바로 코민테른이었다. 그들과 호치민은 오래전에 코민테른의 조직 틀에서 협력을 진행한 적이 있으며 당시 양당 지도자들은 중국 공산당과 베트남 공산당은 소련과 코민테른의 지도하에 있는 국제 공산주의 운동 중 유이한 동아시아 공산당 사이이며 동지관계라는 사실을 공동으로 인식하였다. 이런 관계는 동지에 형제라는 수식어가 더해질 만큼 양국 간 돈독한 관계로 발전했다. 이에 호치민이 1949년 신중국 성립 이전에 중공에 원조를 청하였을 때에도 결코 어떠한 심리적인 걸림돌이 없이 중공 지도자들도 자연스런 의무로 호치민과 베트남 공산당을 도와주기로 마음먹게 된다. 물론 스탈린의 동의와 격려 그리고 중소동맹 등은 중공 지도자들의 베트남 공산당 지원에 대한 열정과 용기를 고무하였고, 이러한 소련의 태도 표명은 중공 지도자들의 뒷 근심을 없애주는데 유리하게 작용하였다.

당시 중공 중앙은 베트남 혁명 투쟁의 주요 형식을 무장 유격전쟁인 동아시아 국가로 규정하고 있었다.[41] 당시 광시지역의 중공 지방조직과 베트남 공산당 간에는 이미 구체적인 왕래가 있었다. 그러나 전반적으로 보자면 중공 중앙과 베트남 공산당 간의 왕래는 끊어졌다 이어졌다를 반복하여 관계가 결코 깊다고 말할 수 없었는데 이런 상황은 중공 군대가 서남지역으로 진군할 때까지 줄곧 이어졌다. 건국 전야에 「런민르바오」에 월맹의 프랑스에 대한 항전투쟁 관련 보도가 증가하였다. 여기에는 소련 「프라우다」의 문장을 전재하여 월맹이 프랑스군을 섬멸하였다는 소식 등이 포함되었다. 이중 「프라우다」의 기사에는 베트남의 전략적 지위가 비교적 상세히 소개되었다. 즉, 미국이 긁어모은 '태평양 연맹'의 중심 지역이며, 월맹이 영도하는 베트남민주공화국은 2천만 인구 가운데 90% 이상의 국토를 장악하고 있으며, 월맹은 이곳에서 깊이 있는 민주개혁을 시도하고 있고 이러한 민주개혁을 통해 힘을 얻고 있다는 것이다.[42] 물론 이런 평론은 확실히 과장된 면이 있으며, 중국 공산당에 대한 영향도 결코 유익하지만은 않았다.

1949년 10월, 베트남 공산당 중앙은 리반(李班)과 루안더뤼(阮德瑞)를 비밀리에 중국에 파견하여 군사원조와 중국 베트남 양당 간 고위층간의 직접적인 연락 재개를 요청하였다. 이때 중공 중앙은 베트남 공산당이 광시, 윈난(雲南) 등지의 국민당 군대가 베트남 국경으로 도망가 그곳을 자신들의 피난처로 삼는 것을 막아주기 바란다는 입장을 전달하였다. 당시 중공 중앙은 중공군이 국경선을 넘어 전투를 벌이지 않는다는 입장을 명확히 하였기 때문에 베트남 공산당의 도움이 더욱더 중요하게 되었다. 더불어 중공 중앙은 어떻게 베트남 공산당에 군사원조를 제공할 것인지

---

41 劉少奇: ≪關于東亞民族革命運動策略問題給斯大林的報告≫, 1949年8月14日, 第50頁.
42 "英勇抵抗法帝侵略 越南共和國益强固", ≪人民日報≫, 1949年9月10日.

를 고려하기 시작했다.⁴³ 쌍방 간 관계의 실질적인 발전은 마오쩌둥의 모스크바 방문기간에 발생하였다.

12월, 중국과 베트남 간의 관계가 신속히 변화하였다. 이 기간 중국 지도자들은 두 가지 중요한 결정을 하게 된다. 즉, 베트남에 군사원조를 제공하는 것과 당시로는 아직 '밀림 정권'이었던 베트남민주공화국과 외교관계를 맺는 것이었다. 중국 지도자들이 베트남을 중요시하게 된 직접적인 이유는 중국 서남지역의 형세발전과 연관되어 있다. 마오쩌둥의 내전 후기 구상은 만약 바이충시(白崇禧) 부대가 계속해서 버티게 되면 중공 군대가 이를 포위해서 섬멸할 것이고, 만약 이 부대가 인도차이나로 퇴각한다면 중공군은 끝까지 추격해서 격퇴할 것이며, 동시에 다른 항거하는 반동파들 역시 없애 버리겠다는 것이었다.⁴⁴ 스탈린은 일찍이 이런 이유로 중공 군대가 인도차이나에 진입해서는 안 된다고 권고하였다. 그래야 미국, 영국, 프랑스의 간섭을 피할 수 있으며 심지어 그는 마오쩌둥이 화남지역의 변경지대로 군대를 급하게 파견하지 않는 것이 좋겠다고 하였다.⁴⁵

마오쩌둥이 모스크바를 향해 떠난 지 얼마 지나지 않아, 광시 전투가 마무리되고 국민당의 리미(李弥) 부대가 윈난 국경지대로 옮겨가기 시작했다. 리미 부대의 향방은 중국 지도자들의 경계심을 불러일으켰는데, 그들은 특히 이 부대가 베트남으로 진입하여 후방으로부터 베트남 공산

---

43 劉少奇:《關于截擊和解交逃入越南境內國民黨軍殘部問題的電報》, 1949年 12月, 1950年2月、3月;《軍委爲准備進軍云南給林彪等的電報》, 1949年12月 8日, 中共中央文獻研究室、中央檔案館編:《建國以來劉少奇文稿》, 第1冊, 第197-199、201頁.
44 "Cable, Kovalev to Stalin, Report on the 22 May CCP CC Politburo Discussion", 23 May, 1949, *CWIHP*, Issue 16, p. 164.
45 "Cable, Stalin to Mao Zedong (via Kovalev)", 26 May, 1949, *CWIHP*, Issue 16, p. 166.

당을 위협할 것을 걱정하였다. 이에 여러 차례 유관 부대가 퇴로를 신속하게 차단할 것을 요구하였다.[46] 이 시기 프랑스 식민당국은 중국의 전쟁 상황이 베트남 국내로 유입되는 것을 막기 위하여 중국과 베트남 국경지대에 군사 배치를 강화하기 시작하였다. 이는 중공 중앙의 걱정을 불러일으켰고, 중공 중앙은 프랑스 식민당국이 국민당 군대에 피난처를 제공하지 않을까 우려하였다. 1949년 11월 30일, 저우언라이는 외교부장 명의로 성명을 발표하여 프랑스 식민당국이 국민당의 반동 무장부대를 수용해서는 안 된다고 경고하였다.[47] 국민당 군대의 베트남 역내진입과 프랑스 식민정부의 국경지대에서의 군사배치 강화 등은 중국 지도자들이 베트남 정세에 간여할 필요가 있다는 명분을 주었다고 말할 수 있다.

12월 24일, 류샤오치는 모스크바에 있던 마오쩌둥에게 윈난의 정치와 군사상황에 대해 보고함과 동시에 베트남 공산당 대표가 이미 두 가지 요구를 해왔음을 알렸다. 첫째는 중국이 상당한 금액의 군사원조를 제공해 주기를 희망한다는 것으로 여기에는 3개 사단 규모의 군사장비와 물자 그리고 1,000만 달러에 해당하는 재정 지원뿐만 아니라 군사간부를 베트남에 파견하여 작전 지휘를 도와줄 것이 포함되었다. 중국에 군사간부 파견을 요청한 것은 베트남에 대한 군사고문단 파견의 시작점이다. 두 번째는 중국의 호치민의 공화국에 대한 외교적 승인 요구이다.

군사원조에 대해 류샤오치는 마오쩌둥에 원조는 가능하지만 과해서는 안 되며, 부분적인 물자는 무역을 통해 해결해야 하고, 1천만 달러에 해당하는 재정지원은 불가능하며, 군사간부 파견은 가능하지만, 먼저 루어구이보(羅貴波)에게 무선 통신기를 가지고 가게 해서 상황을 이해해야 한다는 입장임을 보고하였다. 전체적으로 베트남 공산당의 요구에 대해

---

46 劉少奇: ≪軍委命令林彪部迎擊國民党軍的電報≫, 1949年12月26日, 中共中央文獻研究室、中央檔案館編: ≪建國以來劉少奇文稿≫, 第1冊, 第233頁.
47 ≪人民日報≫, 1949年11月30日.

즉시 그리고 완전히 받아들일 수는 없다는 입장이었다.

외교적 승인 문제에 관해 정치국은 회의를 열어 이해득실을 따져보았다. 류샤오치는 마오쩌둥에게 정치국은 프랑스가 중국을 승인하기 전에 호치민과 외교관계를 맺는 것은 가능하며 이득이 손실보다 많다는 입장을 전달하였다. 여기서 가능하다고 표현한 것은 매우 적극적인 태도를 보인 것은 아니라는 점이며, 그들이 보기에 해(害)는 여전히 존재하나 상대적으로 이득이 더 많다는 것이다. 여기서 해가 무엇인지에 관해서 류샤오치는 말하지 않았으며 단지 그는 마오쩌둥이 가부를 결정해주기를 요청하였다.[48] 사실 프랑스와 먼저 수교를 맺을 것인지 아니면 베트남민주공화국과 수교를 맺을 것인지의 문제는 그렇게 쉽게 결론이 날 문제가 아니었다.

마오쩌둥은 이때 마침 세계혁명의 중심인 모스크바에 있었다. 그는 류샤오치의 전보를 받은 당일 회신을 통해 국민당 군대의 베트남 진입방지가 얼마나 중요한 일인지를 강조하고 이외에 베트남 공산당에 대한 원조에 특별한 관심을 표하였다. 그는 류샤오치에게 베트남 공산당에게 다음 사항을 전달하기를 요구하였다. 즉, 정치적으로 책임을 질만한 대표단을 공개적으로 중국에 파견하는 것이 필요하며 베이징도 이를 공개적으로 환영할 것이라고 하였다. 그리고 베트남에 대한 물자 원조는 시간을 두고 증대시킬 것이며 이 과정을 통해 베트남 공산당이 필요한 물자에 대한 파악이 용이하게 하겠다고 하였다. 이밖에 루어구이보가 무선 통신기를 가지고 베트남에 가는 것은 매우 필요하며, 간곡히 부탁하기를 우호협력의 자세로 적극적으로 격려하고 비판을 하지 않아야 한다고 하였다. 마오쩌둥은 전보에서 처음으로 베트남에 파견하는 군사간부는 단지 고문역

---

48 劉少奇: 《關于云南軍情和援助越南問題給毛澤東的電報》, 1949年12月24日, 中共中央文獻研究室、中央檔案館編: 《建國以來劉少奇文稿》, 第1冊, 第226-227頁。

을 맡게 될 것임을 밝혔다.[49]

이 시기 베이징의 지도자들은 마오쩌둥에 비해 신중하였다. 그들은 베트남 공산당의 실제상황을 구체적으로 이해하기 전에 경솔하게 더욱 많은 원조를 제공할 의사가 없었다. 류샤오치는 마오쩌둥의 지시를 받은 후 즉시 베트남 공산당 중앙에 정치적으로 책임을 질 수 있는 대표단의 베이징 방문을 요청하였다. 그러나 그가 마오쩌둥과 달랐던 점은 베트남 공산당 대표단이 반드시 비밀리에 중국에 와야 한다는 점이며 이를 공개해서는 안 된다는 점이었다.[50] 다음날, 류샤오치는 베트남 공산당 중앙에 어휘 사용에 있어 매우 신중한 전보를 보내고, 베트남 공산당에 일련의 원조를 제공하기를 매우 희망하며, 1명의 대표와 5, 6명의 수행인원이 무선 통신기를 가지고 베트남 공산당 통제구역에 갈 수 있기를 바란다고 하였다.[51]

이때 린뱌오는 마침 제4 야전군 151사단을 라오제징(老街靖) 국경 방향으로 진군시켰다. 이로써 중국은 중국 베트남 국경 무역과 유관 인원의 왕래에 관한 관리를 눈에 띄게 강화하기 시작하였다. 1950년 원단(元旦)의 보고에 따르면 류샤오치는 린뱌오 등에게 베트남 공산당 군대가 작전상의 필요 때문에 중국 국경을 넘어 잠시 숨을 수는 있지만 이는 반드시 비공식적인 허락이어야 하며, 상대에게 필요한 경우가 아니라면 중국 국내에 들어와서는 안되고, 만약 국경을 넘을 필요가 있는 경우에는 반드시

---

49 中共中央文獻研究室、中央檔案館編: ≪建國以來劉少奇文稿≫, 第1冊, 第228頁.
50 劉少奇: ≪中共中央關于接待印度支那共産党中央代表團問題的電報≫, 1949年 12月24日, 中共中央文獻研究室、中央檔案館編: ≪建國以來劉少奇文稿≫, 第1冊, 第229頁.
51 劉少奇: ≪中共中央關于擬派代表赴越南問題給印度支那共産党中央的電報≫, 1949年12月25日, 中共中央文獻研究室、中央檔案館編: ≪建國以來劉少奇文稿≫, 第1冊, 第231頁.

야간에 비밀행동을 해야 하고, 상대방이 탄약과 식량 등이 필요하면 일시적으로 그들에게 많지 않은 양만을 제공할 수 있다고 하였다. 마오쩌둥은 모스크바에서 즉시 이러한 신중함에 반대한다는 입장을 표명하였다. 따라서 류샤오치는 5일 후 린뱌오에게 마오쩌둥이 월맹 사람과 베트남 인민들에게 가능한 한 편의와 도움을 주어야 하며, 베트남에 필요한 탄약과 식량 등은 최선을 다해 도와주라는 입장을 전달하였다. 또한 마오쩌둥은 국내의 동료들에게 앞으로 베트남 공산당을 우리의 동지 대하듯 하라는 등의 요구를 하였다.[52]

1월 2일 류샤오치는 일찍이 린뱌오 등에게 베트남 공산당 대표의 베이징 방문에 대해 중공 중앙이 공표하기 전까지 잠시 비밀을 유지해주기를 요청하였다. 마오쩌둥의 지시를 받고 난 후 류샤오치는 다시 린뱌오에게 베트남 공산당 대표단을 열정적으로 대하고 가장 신속한 방법을 선택해 그들을 베이징으로 보내라고 하였다.[53] 그러나 그는 이때에도 여전히 쌍방의 연락이 순조롭지 않고 베트남 공산당이 파견한 대표가 도대체 어떠한 원조가 필요한지 확실하게 설명하지 못한다고 판단해 베트남의 요구대로 들어줄 수 없다고 생각하였다.[54] 따라서 베트남 공산당 대표는 공개적으로 베이징을 방문할 수 없었다. 류샤오치는 이때만 하더라도 그가 장차 베이징에서 맞이할 베트남 공산당 대표가 바로 베트남 공산당의 영수인 호치민인 줄 상상도 못하였다.

---

52 劉少奇:《關于允許越南軍隊必要時到我國境內躱避等問題的電報》, 1950年1月 1, 5日, 中共中央文獻硏究室、中央檔案館編:《建國以來劉少奇文稿》, 第一冊, 第70-711頁。
53 劉少奇:《中央爲護送越南代表團來北京事給林彪等的電報》, 1950年1月2, 6日, 中共中央文獻硏究室、中央檔案館編:《建國以來劉少奇文稿》, 第一冊, 第231頁。
54 劉少奇:《關于援助越南軍火物資問題的電報》, 1950年1月11日, 中共中央文獻硏究室、中央檔案館編:《建國以來劉少奇文稿》, 第一冊, 第315頁。

호치민의 베이징 방문은 중국 지도자들이 베트남의 항전 지원을 결정하는 중요한 전환점이 되었다. 그는 베이징에서만이 베트남 공산당의 군사부분의 어려움을 해결할 수 있다고 생각하였다. 1월 15일, 베트남 공산당 중앙은 호치민이 여정을 떠날 시점에 즈음하여 베트남민주공화국 정부는 중화인민공화국과의 정식 외교관계 수립을 승인하기로 했다고 선포하였다. 저우언라이는 3일 후 회신을 통해 중화인민공화국과 호치민의 공화국이 수교하기로 했음을 선포하였다.[55] 호치민 정권과의 수교는 중국이 '원월항법'으로 방향을 트는 결정적인 한 걸음이었다. 이는 베트남 공산당에 대한 심리적인 지지라는 면에서 매우 중요했다. 베트남 공산당 중앙 기관지인 「인민보」는 일찍이 1월 18일은 외교적 승리의 기념일이 될 것이며, 전국이 기쁨과 환희로 들끓게 될 것이라고 보도한 바 있다.[56]

그러나 호치민이 밀림에서 출발할 때 그는 마오쩌둥이 아직 모스크바에서 스탈린과 중소동맹 조약 관련 담판을 벌이고 있는지도 몰랐고, 심지어 루어구이보가 비서를 대동하고 무선 통신기를 가지고 이미 베트남 밀림으로 출발했다는 사실도 몰랐다. 중국 측도 마찬가지였다. 1월 25일, 호치민이 우한(武漢)에 도착하였는데 이때가 되어서야 류샤오치는 중남국(中南局) 지도자들이 보낸 전보를 통해서 방중하는 책임질 위치에 있는 베트남 공산당 대표가 바로 호치민 본인이라는 사실을 알게 되었다.

류샤오치는 바로 사태의 엄중함을 알았다. 어찌되었던 간에 이 문제는 양국 간의 문제가 되었고 그는 첫 번째로 신중국을 방문한 국가원수를 어떻게 접대해야 할지 몰랐다. 물론 호치민 본인 역시 이점을 의식하지 못한 것은 마찬가지였다. 류샤오치는 즉시 중남국에 이 일을 공개하지

---

55 周恩來: ≪關于中國与越南建交的電報≫, 1950年1月18日, ≪人民日報≫, 1950年1月19日。
56 郭明, 羅方明, 李白茵編: ≪現代中越關系資料選編上≫, 時事出版社1986年版, 第10頁。

말고, 당내에서만 비밀리에 환영을 표하고 정성껏 접대한 후에 주도면밀하게 베이징으로 보낼 것을 지시하였다. 다음날, 류샤오치는 마오쩌둥에게 전보를 보내 베트남에서 온 사람은 다름아닌 호치민 본인이며, 이미 우한에 비밀리에 호치민을 접대하도록 지시를 내렸다고 보고하고, 베이징 도착 후 이들을 공개적으로 환영해야 할지 여부를 물었다.

　마오쩌둥은 회신을 통해 극도의 애정을 표현하였다. 그는 류샤오치, 주더, 동비우(董必武), 니에룽전(聶榮臻) 등이 모두 역에 가서 호치민을 맞이하도록 하고, 베트남이 원조를 요구한 부분에 대해서 가능하면 모두 들어주도록 하였다. 또한 호치민이 그와 저우언라이가 베이징으로 돌아온 후 소위 말하는 정상회담을 거행할 것을 희망하였다. 그는 베이징이 접대해야 할 대상이 단순히 동지와 형제 차원이 아닌 국가 원수라는 사실을 잊어버린 것 같다. 만약 공개적으로 접대해야 한다면 엄청난 규모의 절차와 행사를 필요로 하였다. 그런데 상황 역시 신속히 변화하고 있었다. 28일, 류샤오치는 호치민의 전보를 마오쩌둥에 전달하였는데, 그는 마오쩌둥과 스탈린 그리고 저우언라이에 비밀리에 모스크바 방문의사를 전달하고 모스크바 방문을 통해 중국, 베트남 간 정상회담과 소련, 베트남 간 정상회담을 실현하기를 희망하였다. 호치민은 혁명을 진두지휘한 인물로 혁명론자의 뚜렷한 개성은 제도와 규칙에 대해 그다지 개의치 않는다는 점이다.

　1월 30일, 호치민이 베이징에 도착했다. 당시 류샤오치는 비밀을 유지하기 위해 양상쿤(楊尙昆)만을 역에 보내 호치민을 맞이하게 하였다. 저녁 류샤오치는 연회를 베풀어 호치민을 접대하고 열띤 분위기하에 회담을 거행하였다. 호치민이 얻기를 희망한 원조는 그야말로 다양하였다. 그는 심지어 회담 중에 비행기를 제공할 것을 요구하였다. 류샤오치는 비행기를 제외하고 그의 대부분 요구를 들어주겠다는 의사를 표명하였고, 원조의 구체적 내용과 방법에 관해서는 마오쩌둥과 상의한 후에 결정하겠다고 하였다. 또한 류샤오치는 중국은 프랑스와의 수교에 조급해하지 않으며, 베트남 공산당에 대한 지원이 프랑스의 중국 승인에 실질적인 영향을 미치지는 않을 것이라 하였다.[57] 그러나 실제 상황은 정반대로 중국과 베트남민주공화국 간의 수교는 프랑스가 당시 영국처럼 신중국과 관계 수립 모색을 하지 않는 직접적인 이유가 되었다.

류샤오치의 호치민에 대한 인상은 아주 강렬했다. 회담 후 그는 마오쩌둥에게 보고를 통해 호치민은 나이가 벌써 60이지만 보기에 매우 마르고 건강하다고 하면서 맨발로 17일 동안 걸은 후에야 중국 땅에 진입하였다고 하였다. 호치민은 이미 전투지역을 떠난 지 한 달이 지났으며, 모스크바 왕복에 몇 달이 걸린다고 하니 모스크바행을 취소하려고 하며, 마오쩌둥을 만나기 위해 베이징에서 1개월을 기다리는 것 역시 불가능하다고 하였다. 마오쩌둥은 즉시 회신을 보내 호치민의 모스크바행을 진심으로 요청하였다. 그는 호치민의 모스크바 방문 전보를 받은 후 스탈린과 통화를 했으며, 스탈린 역시 소련이 베트남을 승인한 후 공개적으로 방문하기를 희망한다고 전했다. 마오쩌둥은 호치민이 비밀리에 방문하기를 희망한다고 하였고 스탈린은 이에 대해 조금 전에 허락을 하였다고 했다. 즉, 스탈린은 마오쩌둥의 권유로 인해 즉시 호치민을 접대하는 것에 동의하였던 것이다. 호치민이 만약에 길이 멀어서 오기를 원하지 않는다면 그는 스탈린과 다시 협상을 벌여야만 하였다.

류샤오치는 전보를 받은 후 다시금 호치민과 상의를 했으며, 호치민은 결연히 모스크바행을 결정하고, 2월 3일 출발하였다. 그들은 즉시 중국 주재 소련 임시 대리대사와 기차를 타고 갈 것인지 비행기를 타고 갈 것인지 상의하였다. 이때 모스크바에서 마오쩌둥과 저우언라이로부터 축하 전문이 도착했다. 이 전문에서 소련은 이미 베트남을 인정하였으며,

---

57 可參閱 Zhai Qiang, "Transplanting the Chinese Model: Chinese Military Advisers and the First Vietnam War, 1950-1954", *The Journal of Military History*, Vol. 57, October 1993, No.4, p 692,

중국은 이미 베트남이 요구했던 소련 진영 국가들의 승인과 수교에 관한 문건을 대신 전달하였고, 모든 국가들이 승인할 것이라고 하였다. 중국은 이렇듯 순조롭게 북베트남을 소련 진영으로 이끌게 되었다.

호치민의 순조로운 방문을 성사시키기 위해 마오쩌둥은 모스크바에서 지속적인 노력을 하였다. 2월 3일, 그는 류샤오치에게 전보를 보내 스탈린이 비행기를 보내어 호치민의 모스크바행을 진행하기로 한 사실을 알려왔다. 그러나 류샤오치는 동시에 소련의 대리 사무소로부터 비신스키의 통지를 받았는데 여기에는 비행기는 이미 취소되었고 호치민은 기차를 타고 만저우리(滿洲里)로 간 후 소련이 보낸 기차를 타게 될 것이라고 하였다. 호치민은 당일 저녁 출발을 결정하였고 동시에 소련 측에 비행기를 치타(Chita) 또는 이르쿠츠크(Irkutsk)로 보내줄 것을 요구하였다. 류샤오치는 마오쩌둥에게 모스크바에서 직접 비신스키와 연락하기를 요청하였다.[58] 호치민은 2월 6일 모스크바에 도착하였는데 시간으로 볼 때 소련에서 마지막에 비행기를 제공하였던 것으로 보인다.

모스크바에서 호치민은 스탈린을 만날 기회가 있었다. 밝혀진 회담 내용을 보자면 상징적인 의미가 더 크다고 할 수 있다. 스탈린이 호치민을 초청한 것은 주로 베트남 공산당에 대한 인정과 지지를 표시한 것이다. 호치민이 모스크바에 도착하기 전 스탈린은 마오쩌둥에게 베트남 공산당 지원의 중임을 중국이 맡을 수 있으며 소련은 일련의 물자 제공과 함께 측면 지원을 하겠다고 하였다.[59] 호치민과 회견 때에도 스탈린은 이

---

58 劉少奇: 《關于胡志明訪問中國和蘇聯的電報》, 1950年 1月, 2月, 中共中央文獻研究室、中央檔案館編: 《建國以來劉少奇文稿》, 第一冊, 第421-426頁; 《毛澤東、周恩來爲問候胡志明給劉少奇的電報》, 1950年2月1日, 中共中央研究室編: 《建國以來毛澤東文稿》, 第一冊, 第254頁.
59 寶金波: 《參加赴越軍事顧問團紀行》, 見 《中國軍事顧問團援越抗法實彔》 編寫組: 《中國軍事顧問團援越抗法實彔(当事人的回憶)》, 中共党史出版社 2002年版, 第191頁.

러한 자신의 생각을 전달하였다. 호치민은 당연히 소련과의 관계가 더욱 밀접해지기를 희망하였다. 2월 16일, 스탈린은 연회를 열어 중국 대표단을 접대하였다. 호치민은 연회 참가기회를 빌어 스탈린에게 베트남 공산당과 소련 간 동맹조약 체결을 제안하였지만 스탈린은 이에 대해 가부간의 입장을 표명하지 않았다.[60]

마오쩌둥은 베이징으로 돌아오자마자 루어구이보가 베트남 최전방에서 보내온 전보를 받았다. 여기서 루어구이보는 중국 베트남 접경지대인 가오핑(高平)과 라오제(老街) 등 지역에서 전투를 벌여 양국 간 국경 교통을 열기를 제안하였다. 그는 또한 베트남 공산당에게 1만 5천 명 분의 무장을 제공하고, 일부 영관급에서 군관급 간부를 전방의 군사고문으로 보내자고 하였다. 중국 지도자들은 전보를 받은 후 바로 회의를 소집하고 베트남 지원 문제를 토론하였다.[61] 중국 공산당은 이 회의를 통해 개략적인 '원월항법' 정책을 확정하고, 군사 지원을 제공하고 군사고문단을 파견하는 형식으로 베트남 공산당이 프랑스 식민통치를 물리치는데 도움을 제공하기로 하였다.

4월부터 9월까지 중국은 국경 전투를 실시하기 위하여 베트남 공산당에 각종 총기류 15,700자루, 화포 및 바주카포 500여 문 그리고 대량의 탄약, 식량, 약품과 통신기기 등을 제공하고 다수의 베트남 군인들이 중국 국경지대로 들어와 군사훈련을 받고 무기 장비를 제공받도록 하였다.[62] 이와 동시에 중앙 군사위원회는 회의 결정에 따라 즉시 웨이궈칭(韋國清)을 군사고문단 단장으로 임명하고, 4월 17일 각 야전군에 일부 간

---

60 伍修權: ≪在外交部八年的經歷1950.1-1958.10≫, 世界知識出版社1983年版, 第13頁.
61 參閱張广華: ≪中國援越抗法重大決策秘彔≫, ≪中國軍事顧問團援越抗法實彔≫編寫組: ≪中國軍事顧問團援越抗法實彔(当事人的回憶)≫, 第28頁.
62 中國軍事顧問團歷史編寫組編: ≪中國軍事顧問團援越抗法斗爭史實≫, 解放軍出版社1990年版, 第44頁.

부를 차출하여 군사고문단을 구성하라는 명령을 내렸다. 군사고문단 구성업무는 5월 중순에 완성되었고, 모두 연대 이상의 간부로 모두 281명을 소집하였다.[63]

한국전 발발 이틀 뒤인 6월 27일, 마오쩌둥, 류샤오치, 주더 등은 중난하이(中南海)에서 군사고문단 간부들을 접견하였다. 그들이 이 회의에서 '원월항법' 정책과 이전 정책결정 과정을 설명한 것을 분석해보면 이 정책의 특징을 개략적으로 귀납해 볼 수 있다. 간단명료하게 말하자면 "적극적으로 원조는 하되 모든 일을 떠맡지는 않는다."는 입장이다. 앞서 언급한 바와 같이 마오쩌둥은 처음부터 베트남 공산당 지원에 거대한 애정을 가지고 있었다. 이는 신중국 건설 후 처음으로 이행하는 무산계급 국제주의의 실천이었기 때문이다. 다른 중국 지도자들도 마찬가지였다. 그들의 언행을 통해 특별히 숭고한 신성감과 사명감을 느끼고 있음을 발견할 수 있다. 특히 마오쩌둥 본인은 도덕적인 측면에서의 지원을 각별히 중시하였다.

마오쩌둥은 고문단원들을 접견하면서 그가 이해하고 있는 국제적 의무에 대해 특별히 명확하게 이야기하였다. 즉, 국가의 정권을 획득한 공산당은 남을 도와주어야 하며 이를 국제주의라고 한다는 것이다. 그는 고문단의 매 개별 성원들에 베트남 생활은 매우 힘들고 희생의 위험이 있으니 극도로 고상한 정신을 발휘하기를 주문하고, 언제 돌아올 수 있는가 하는 문제에 대해서는 급히 생각하지 말아야 한다고 하였다. 류샤오치와 주더 등도 베트남 원조는 세계적인 의미를 가지는 중요한 국제적 의무임을 강조하였다.[64] 마오쩌둥은 또한 군사고문단원들에게 어떻게 행동

---

63 中國軍事顧問團歷史編寫組編: ≪中國軍事顧問團援越抗法斗爭史實≫, 第3頁.
64 于化辰: ≪援越抗法斗爭中的韋國淸同志≫, ≪中國軍事顧問團援越抗法實彔≫ 編寫組: ≪中國軍事顧問團援越抗法實彔(当事人的回憶)≫, 第38頁. 中國軍事顧問團歷史編寫組編: ≪中國軍事顧問團援越抗法斗爭史實≫, 第6-7頁.

해야 할지를 간곡하게 타이르면서 다른 사람들을 무시하지 말고, 성실 근면한 태도로 일을 하며, 승리자와 같은 오만한 모습을 보이지 말 것을 주문하였다. 특히, 고문단이 매일 또는 일주일마다 어떤 부분이 잘못되었는지 진지하게 생각하고 반성하도록 하였다.

마오쩌둥의 이상은 완벽한 국제주의 이미지를 수립하는 것이었다. 그는 심지어 한(漢) 왕조 때 중국이 베트남을 괴롭힌 적이 있음을 상기시키면서 따라서 고문단은 이러한 역사 문제에 대해 베트남 공산당에 사과해야 한다고 하였다. 어쨌든 결론은 본보기의 힘은 무궁무진한 것으로 중국 고문단이 잘하기만 하면 베트남 공산당은 진심으로 이를 받아들이게 될 것이라는 것이다. 중국 공산당 중앙과 베트남 공산당 중앙 간의 토지개혁 등에서의 이견에 관해서 그는 고문단에서 베트남 공산당의 건군(建軍)과 전쟁 수행에만 신경을 쓰고 기타 문제에 관해서는 의견발표를 최소화하여 베트남 공산당이 스스로 깨달을 수 있도록 하라고 하였다. 류샤오치 역시 회견 중에 유사한 담화를 발표하였다.[65] 마오쩌둥은 후에 왕자샹(王稼祥)이 초안한 군사고문단의 「업무수칙」에 친히 다음과 같은 말을 보태었다. 즉, 베트남 인민들의 풀 한 포기, 나무 한 그루를 사랑하며, 베트남 민족 독립과 베트남 국민의 풍속과 습관을 존중한다는 것이다.[66] 이는 펑더화이(彭德懷)가 중국 지원군과 조선 인민군 연석회의에서 한 보고에 그가 첨언한 것과 매우 비슷하다. 즉, "교육 지휘관과 전투원들은 조선의 온 산하를 사랑하며, 조선 인민들의 작은 재물 하나도 가지지 않는다."[67]이다.

중국 지도자들이 국제주의를 일종의 인도주의의 구체적 표현으로 보

---

65 參閱于化辰: ≪援越抗法中的韋國淸同志≫, 38-39頁。中國軍事顧問團歷史編寫組編: ≪中國軍事顧問團援越抗法斗爭史實≫, 第6頁。
66 羅貴波: ≪无産階級國際主義的光輝典范≫, 第14頁。
67 毛澤東: ≪志愿軍要愛護朝鮮的一山一水一草一木≫, 1951年1月19日, 中共中央文獻研究室、中國人民解放軍事科學院編: ≪建國以來毛澤東軍事文稿≫, 第一卷, 第449頁。

게 된 것은 중공이 겪은 비참한 경험에 기반한다. 루어구이보가 회고하길 마오쩌둥은 일찍이 그에게 조금은 흥분된 어조로 중앙 소련군 지구의 코민테른 군사고문 브라운(Otto Braun)에 대해 이야기한 적이 있다. 마오쩌둥의 마음속에 각인된 브라운의 나쁜 점은 단순히 그가 중공의 사업에 막대한 손실을 끼쳤을 뿐만 아니라 그의 사람됨이 아주 나빴기 때문이었다. 그는 일을 독단적으로 처리하고, 거만스레 남을 능멸하며, 삿대질하면서 말하기도 하고, 자신의 생각을 강요하는 등 흠차대신(欽差大臣, 역자 주: 흠차대신이란 중국 청나라 때의 임시관직으로 황제가 특정한 사건을 처리하기 위하여 둔 관직이다. 대표적인 흠차대신으로는 도광제(道光帝)때 아편 단속에 전권을 행사한 임칙서(林則徐)가 있다.)처럼 행동하였다. 마오쩌둥은 결단코 그의 휘하 장병들이 브라운처럼 변하는 것을 받아들일 수 없었다. 그는 루어구이보 등에게 신중하고 조심해야 하며, 자만하지 않아야 한다고 하고 만약 그렇지 않으면 중국의 베트남 지원은 순조롭게 진행되지 않을 수 있다고 하였다. 고문단의 군관들이 도덕에 부합하지 않는 일을 하는 것을 방지하기 위하여 마오쩌둥은 루어구이보 등에게 어떤 중요한 문제에 맞닥뜨렸을 때 지시요청 보고를 할 것을 요구하였다.[68]

확실히 중국 지도자들은 처음에 새로운 형태의 당 관계를 수립하는데 많은 신경을 썼고, 이 와중에 중국은 고상하고 도덕적인 이미지의 역할을 해야만 했다. 그들의 고상한 도덕에 대한 이해의 일부는 중국 전통문화 중의 도덕준칙에서 유래되었고, 일부는 소련과의 왕래과정 가운데 경험과 느낌에서 비롯되었다. 말을 바꾸면 소련은 당간의 관계를 처리할 때 중국인이 느끼기에 불합리적이거나 불편한 언행을 하여 무산계급 국제주의 도의에 부합하지 않는다고 중국 지도자들은 여겼기 때문에 중공

---

68 羅貴波: ≪无産階級國際主義的光輝典范≫, 第12-13頁。

중앙은 이를 피해야만 하였다.

중국 지도자들은 직접적으로 중국의 지역안보에 대한 관심을 표출하였다. 그들은 베트남 공산당을 돕는 것은 자신의 안보에도 유리한 일거양득의 일이라고 믿었다.[69] 앞서 언급한 바와 같이 내전의 최후 단계에서 중국 지도자들은 줄곧 인도차이나에 대한 열강의 간섭 진행방향을 주목하고 있었다. 당시 중국 베트남 간의 국경지대 형세로 볼 때 중국 지도자들이 프랑스의 인도차이나에서의 군대 존재에 대해 걱정을 하는 것은 충분한 이유가 있었다. 프랑스인들은 국공 내전이 베트남까지 확대되는 것을 막기 위하여 중국 베트남 국경지대의 군사 배치와 정찰 활동을 강화하였다. 그러나 그들의 주된 목적은 국민당 정부를 돕기 위한 것은 아니었고, 프랑스 정부는 다만 중공이 전국에 걸친 정권을 획득한 후 베트남 공산당을 지지할 것을 걱정하고 있었다.[70] 냉전이 신속하게 동아시아 지역에 만연하는 가운데 프랑스는 미국의 원조를 더욱더 바라게 되었고, 미국 역시 인도차이나 지역을 억제 전략을 실시하는 새로운 장소로 확실히 인지하기 시작하였다.

냉전이 인도차이나 지역으로 퍼지게 되는 과정은 확실히 양대진영 간의 상호작용에 기인한다. 1950년 2월 1일, 즉 소련이 호치민 정권을 인정하고 하루 뒤 그리고 마오쩌둥이 스탈린을 설득하여 호치민의 방소(訪蘇) 요청을 한 당일 미국 국무원의 한 업무그룹은 인도차이나 지역에 대한 보고서를 제출하였다. 해당 보고는 "중국과 소련은 현재 공동의 노력하에 반공을 국시로 하는 동남아 국가의 전복을 기도하고 있으며, 이곳은 이미 공산당 통치하의 위험상황에 접어들었다. 프랑스 군대는 현재

---

69 竇金波: ≪參加赴約軍事顧問團紀行≫, ≪中國軍事顧問團援越抗法實彔≫編寫組: ≪中國軍事顧問團援越抗法實彔(当事人的回憶)≫, 第190頁.
70 參閱于格.代爾泰: ≪法國對中國在印度支那戰爭中的作用的看法≫, 見楊保筠、于向東主編: ≪變動世界中的奠邊府戰役与日內瓦會議≫, 第118頁.

중국 공산주의의 남쪽으로의 확장에 저항하고 있으며, 원조가 필요한 상황이다. 미국의 선택은 인도차이나의 프랑스인을 지지하거나 아니면 공산주의의 동남아에서의 만연을 두 눈으로 목도하는 것 중의 하나가 될 것이다."라고 하고 있다.[71] 2월 7일, 트루먼 정부는 프랑스 정부가 바오다이 정부를 지지하는 것을 승인하였다. 5월 1일 트루먼 대통령은 바오다이 정부에 1,000만 달러에 해당하는 원조계획에 사인하였다. 이와 동시에 트루먼 정부는 프랑스에 대한 원조제공을 선포하게 된다.

한국전이 발발한 후, 트루먼 정부는 전면적인 개입을 선포함과 동시에 인도차이나 지역에 군사원조를 제공하고 미국의 필리핀에서의 군사력 증강계획을 비준하였다.[72] 트루먼은 이어서 프랑스에 1,500만 달러 규모의 군사원조를 선포하였고, 미군은 이틀 뒤부터 수송기를 통해 베트남 주둔 프랑스군을 위해 물자를 공중투하하기 시작하였다. 미국의 프랑스 식민정부에 대한 원조는 그 해에만 1.5억 달러에 달하였다. 8월 12일, 중국의 군사고문단은 베트남 가오핑의 광위안(廣淵) 지역에 도착하였다. 한 달 후 미국은 프랑스의 요청에 따라 베트남에 군사지원 고문단을 파견하였고, 프랑스가 베트남 군대를 훈련시키고 전략자문을 하는 것을 도왔다.[73] 중국의 한국전 참전 역시 미국의 인도차이나 지역 문제에 대한 전략적 결정에 엄청난 영향을 주었다. 이전의 미국은 인도차이나 문제의 핵심은 소련의 영향력이 확대되는 것을 억제하는 것이었는데 중국이 한국전에 참전하고 나서 미국은 중국이 아시아에서 미국의 직접적인 위협이라고 판단하고 동남아시아 전략의 중점 역시 중국을 억제하는 것으로

---

[71] Gareth Porter, *Vietnam: A History in Documents*, (NewYork: New American Library, 1979), pp. 86-87.
[72] 哈里.杜魯門著, 李石譯: ≪杜魯門回憶彔≫, 第二卷, 三聯書店1974年版, 第400頁。
[73] George C. Herring, *America's Longest War: The United States and Vietnam 1950-1975*, p.20.

옮겨졌다.74 이러한 전략적 사고의 변화는 트루먼 정부가 프랑스에 더 많은 원조를 제공하게 하는 계기가 되었다.

미국의 동아시아 지역에 대한 전면적인 간섭정책은 의심의 여지 없이 중국 지도자들의 인도차이나 지역 안보에 대한 걱정을 심화시켰다. 6월 27일, 트루먼 정부가 프랑스 휘하의 인도차이나에 대한 원조 강화를 선포한 날, 마오쩌둥과 류샤오치는 미국의 인도차이나에서의 프랑스 원조는 조선에 대한 간섭과 마찬가지로 우리를 포위하는 형세를 만들고자 함이며, 일단 기회가 발생하면 직접 우리를 대적할 것으로 입술이 없어지면 반드시 이가 시린 법이라고 하였다.75 이후 마오쩌둥의 관심은 점점 지정학적 안보에 경도되기 시작하였다. 11월, 루어구이보가 베트남에서 베이징으로 돌아와 업무보고를 하였다. 마오쩌둥은 이 자리에서 중국 베트남 관계 가운데 전략적 함의에 관한 그의 견해를 설명하였는데 그것은 바로 쌍방 간에 공동의 적인 프랑스가 있다는 것이었다. 그는 베트남 공산당은 프랑스 식민주의자들을 베트남에서 몰아낼 것이며, 이로써 중국의 남부 변경지대는 프랑스 식민주의자로부터의 위협이 사라지게 될 것이다라고 하였다.76 이때 중국 군대는 이미 한국전에 참전하고 있었고, 한국전 참전 여부에 관한 토론은 그들의 지정학적 안보에 관한 문제로 업그레이드 되었다.

지역 안보에 대한 관심은 중국 지도자들이 베트남 공산당에 대해 원조는 하되 모든 것을 책임지지 않는다는 정책을 집행한 주요 요인이 되었다. 중국 지도자 가운데 특히 마오쩌둥은 베트남 공산당을 지원해 프랑스에 대항하는 것에 대해 상당한 관심을 보였지만, 일단 지원을 시작한 후

---

74 Russell D. Buhite, *Soviet-American Relations in Asia, 1945-1954*, (University of Oklahoma Press,1981), pp.205-206.
75 竇金波: 《參加赴約軍事顧問團紀行》, 第187, 190頁.
76 羅貴波: 《无産階級國際主義的光輝典范》, 第8頁.

제한적 범위 내의 지원 방침 즉, 모든 것을 책임지지는 않는다는 방침을 확정하였다. 이는 중국 군대가 결단코 먼저 직접적으로 인도차이나 전투에 참가하지 않음을 의미한다. 중국 지도자들은 시종일관 이 원칙을 견지하였다. 비록 중국의 군사고문단이 중국군이 베트남 국경지대에 진입하여 작전을 돕는 것을 요청하였어도 그들에게 결연히 받아들여지지 않았다.

1952년 7월 11일, 루어구이보는 중앙 군사위원회에 보낸 전보에서 서북 전역의 계획을 순조롭게 완성하기 위하여 베트남 공산당이 중국의 윈난 부대가 작전에 참가하기를 희망한다고 하였다. 중앙 군사위원회는 10일 후 답신을 보내 거절 의사를 밝히고 군사를 베트남 경내에 파견해 작전을 함께하지 않는다는 것은 이미 오래전에 결정한 중요한 원칙임을 밝혔다.[77] 중국 지도자들이 군대를 직접적으로 파견하지 않는다는 원칙을 견지한 것은 첫째 미국, 영국, 프랑스 등의 중국에 대한 군사적 간섭을 모면하기 위해서였다. 이 원칙은 마오쩌둥이 1949년 창장 전투 후 스탈린에게 답을 했을 때에 결정된 것이었다. 당시 스탈린은 중공 군대가 서남지역 중심도시를 점령한 후에 국경지대로 급히 진군할 필요가 없다고 하였다. 마오쩌둥도 중국 전역에 걸친 국토를 통제하려면 국경을 넘지 않아야 외국의 군사간섭을 피할 수 있다고 생각하였다.[78] 동시에 중국 지도자들은 베트남 공산 부대가 중국 영토에 진입하여 작전을 펼치는 것도 허가하지 않았다. 1950년 1월 23일, 베트남 공산당 중앙은 부대를 중국영토에 파견하여 국민당 잔여 부대의 퇴로를 공격할 것을 제안한 바 있다. 그들은 프랑스군이 중국 베트남 국경지대를 봉쇄하고 있어서 베트남군이 국경 내에 어떠한 행동도 할 수 없다고 판단하였다. 26일, 류샤오치는 베트남 공산당 중앙에 답신을 보내 완곡하게 그들의 제안을 거절하였다.

---

77 中國軍事顧問團歷史編寫組編: ≪中國軍事顧問團援越抗法斗爭史實≫, 第58頁。
78 ≪斯大林給科瓦廖夫轉毛澤東的電報≫, 1949年5月26日; ≪毛澤東通過科瓦廖夫給斯大林的報告≫, 1949年6月12日。

그는 국민당 군대는 이미 소멸되어 베트남 부대가 중국 국경에 올 필요는 없다라고 하였다.[79]

마오쩌둥이 모스크바를 방문하는 동안 제시한 베트남에 군사 고문을 파견한다는 구상 역시 소련을 학습한 결과 가운데 하나이다. 소련은 중국의 내전기간 동안 중공에 원조를 제공할 때 동북지역에 기술 고문을 파견하는 등 미국에 소련이 중국의 내전에 개입한다고 지적할 만한 구실을 만들지 않기 위해서 많은 노력을 기울였다. 모스크바를 방문하고 처음 스탈린을 만났을 때 마오쩌둥은 해방군이 타이완을 공격할 경우 소련이 비밀리에 군대를 보내줄 것을 요청하였다. 스탈린은 이에 대해 "원조의 형식은 모든 것을 세세히 따져볼 필요가 있다. 여기서 중요한 문제는 미국인들이 간섭할 빌미를 제공하지 않는 것이다."라고 하고 이에 그는 참모와 교관 파견을 제안하였다.[80] 이것은 마오쩌둥이 호치민의 원조 요구를 받았을 때 군사고문 파견을 결정한 직접적인 이유였다. 왜냐하면 소련과 마찬가지로 중국 역시 인도차이나에서 미국의 간섭에 구실을 제공해서는 안 되는 유사한 상황에 놓여 있었기 때문이다. 실제로 중국 지도자들이 군사고문을 파견하는 문제에서 상당히 신중한 태도를 견지했고, 군사고문단은 반드시 비밀 형식을 취해야 한다고 생각하였다. 마오쩌둥은 일찍이 베트남에 파견하는 군관들에게 행동에 있어서 반드시 비밀을 지켜야 하고, 어느 곳에서도 떠벌리지 말아야 하며, 친구 사이에도 비밀을 지켜야 하며, 고문단은 베트남에서 약호를 사용해야 하고, 파견 인원은 평상복을 입거나 베트남 군복을 입어야 한다고 강조하였다. 어찌되었건 중국은 미국, 영국, 프랑스 등의 국가들에 빌미를 주지 않으

---

79 劉少奇: ≪中共中央爲告國民党軍殘部已基本被消滅給印度支那共産党中央的電報≫, 1950年1月23日, 中共中央文獻硏究室·中央檔案館編: ≪建國以來劉少奇文稿≫, 第1冊第401-402頁.
80 ≪斯大林与毛澤東的會談記錄≫, 1949年12月16日, 第56頁.

려고 하였다.[81]

　신중국 성립 초기 마오쩌둥이 주시했던 전략의 중심지는 줄곧 화북지역이었다. 그는 베트남 공산당에 대한 과도한 원조로 인해 중국 군대가 서남 방향에서 견제당하는 것을 원하지 않았다. 얼마 후 발발한 한국전은 마오쩌둥의 북쪽으로부터의 안보에 대한 걱정이 일리가 있었음을 증명하고 있다. 중국 군대가 한국전에 참전한 이후 마오쩌둥은 더욱더 군대를 파병하여 인도차이나 지역에 들어가려 하지 않았다. 마오쩌둥이 한반도에서 군사를 사용할지언정 중국군이 인도차이나 지역 분쟁에 직접 휘말리기를 원하지 않았던 것은 스탈린의 인도차이나 문제에 대한 태도와 일정한 관련이 있다. 스탈린은 호치민이 비밀리에 베이징을 방문했을 때 아직 모스크바에 있던 마오쩌둥에게 중국이 나서서 호치민을 지원하고 소련은 완전히 막후에 숨기를 희망한다고 하였다.[82] 소련의 소극적인 태도는 실제로 중국의 정책 선택을 제한하였다.

　중국군이 대규모로 압록강을 넘었을 때 중국 지도자들은 인도차이나에서 군대를 쓰지 않는다는 원칙을 견지하고 있었다. 그들은 심지어 중국 베트남 접경지역에서 소규모 지원작전 실시도 거부하였고, 베트남군이 프랑스 전쟁 포로를 광시 지역으로 보내는 것도 불허하였다.[83] 이것은 베트남 공산당 입장에선 이해하기 힘든 일이었다. 이에 중국 베트남 관계에는 잠재적으로 부정적인 영향이 존재하고 있었다 할 수 있다. 특히 호치민은 베트남의 프랑스에 대한 항전을 북한의 전투와 동등하게 대우해 주기를 희망하고, 북한의 승리는 동시에 우리의 승리이기 때문에 베트남

81　竇金波: ≪參加赴約軍事顧問團紀行≫, 第195頁.
82　參閱張广華: ≪中國援越抗法重大決策秘泉≫, 第23頁.
83　毛澤東: ≪在爭奪戰中大量殲敵有生力量是很有利的≫, 1950年9月21日, 中共中央文獻研究室、解放軍軍事科學院編: ≪建國以來毛澤東軍事文稿≫, 上卷, 第215頁.

위문단을 조직하여 북한에 파견할 것을 제안하기도 하였다.[84] 베트남 공산당 지도자들은 중국이 한국전이 끝난 후 인도차이나에도 출병하기를 희망하곤 하였다. 마오쩌둥 역시 이점을 분명하게 눈치챘다. 실제로 그는 베트남 공산당에게 한반도 정세를 설명해야 되었을 뿐 아니라 먼저 베트남에 파견된 중국 대표들에게도 확실하게 설명할 필요가 있었다. 즉, 중국의 북한에 대한 원조와 베트남에 대한 원조의 의의는 똑같이 중요하다. 북한에 출병하는 것과 베트남에 출병하지 않는 것은 현지의 실제 상황에 근거한다. 그렇다면 도대체 어떠한 실제 상황인가 하는 문제는 군사원조가 반드시 비밀리에 진행되어야 하기 때문에 마오쩌둥도 구체적으로 설명하지는 않았다.[85]

사실이 증명한다. 중국 지도자들이 이 원칙을 지킨 이유는 중국의 안보 환경을 유지하는데 필수적이었기 때문이다. 특히 중국 군대가 한국전쟁에 참가한 이후 미국 정부 역시 인도차이나 전쟁에 직접적으로 개입할 뜻이 없었다. 그러나 미국에겐 조건이 있었는데 만약 중국 군대가 베트남에서 직접 전투에 참여하면 미국 역시 적어도 해공군을 파견시킬 것이고, 심지어 해공군을 이용하여 중국 본토를 공격할 가능성도 존재하였다.[86]

중국이 모든 것을 책임지지 않는 정책은 당시 넘치지 않을 만큼 베트남 공산당의 원조 요구를 만족시킴을 의미한다. 베트남 공산당이 처음 제기한 원조 요구는 무제한적인 경향을 보였다. 최초로 베이징에 온 이반 등 2인은 1,000만 달러 지원을 포함하는 무리한 원조 요구를 하여 류샤오치는 이 두 명의 대표가 제기한 원조 요구의 필요성에 의심을 표시하였

---

84 胡志明: ≪一九五三年慶祝八月革命節和國慶節的号召書≫, ≪胡志明選集≫, 人民出版社1962年版, 第254頁.
85 羅貴波: ≪无産階級國際主義的光輝典范≫, 第5-6頁.
86 George C. Herring, *America's Longest War: The United States and Vietnam 1950-1975*, p.22.

다. 그는 반드시 사람을 베트남에 파견하고 전선의 현황을 파악한 후에야 결정할 수 있다고 하였다. 호치민이 베이징에 처음 도착했을 때에도 항공기 원조를 포함하는 터무니 없는 요구를 한 바 있다. 그는 베이징에서 베트남으로 돌아간 지 얼마 지나지 않아 중국에 인력과 각종 물자와 장비 그리고 3,000톤 규모의 양식을 제공해줄 것을 요구하였다.[87] 마오쩌둥이 모스크바에 체류할 때는 물론 조금 관대하긴 하였지만, 베이징으로 돌아온 뒤에는 변화가 있었다.

4월부터 베트남에 대한 원조가 시작되면서 윈난지역에서 직접 원조를 책임진 부대로부터 중공 중앙에 보고가 속속 올라오기 시작했다. 즉, 베트남 공산당이 요구한 항목이 너무 많아 공급할 방법이 없다고 하였고, 심지어 일부는 베트남에 식량 제공을 거절하기까지 하였다. 류샤오치는 군사고문 단장인 천겅(陣賡) 등에 지시를 내려 정확한 수량과 중국의 지불능력 등 두 가지 기준에 의거해 원조를 제공하며, 베트남 측에 식량제공을 완전히 거절한 것은 아니라는 입장을 설명하라고 하였다.[88] 중공 중앙은 루어구이보에게 보낸 전보에서도 베트남의 요구에 반드시 응할 필요는 없다고 하고 할 수 없는 것은 공급할 수 없다고 하였다.[89] 실제로 중국 지도자들은 '원월항법' 기간 동안 줄곧 베트남 공산당의 요구를 통제하려고 하였다.

중국 지도자들의 상술한 행동은 그들이 중국혁명 기간 동안 겪은 경험과 일부 관련이 있다. 특히 혁명 기간 동안 소련의 원조문제를 처리한 경험과 직접적인 연관관계가 있었다. 그들은 6월 27일 고문 단원들을 만

---

87 胡志明給中東中央的電報內容見中共中央文獻研究室、中央檔案館編: ≪建國以來劉少奇文稿≫, 第2冊, 第44頁.
88 劉少奇: ≪中央關于帮助越南部隊來云南整訓和裝備的電報≫, 1950年5月23日; ≪關于支援越南粮食及解決援越物資運輸問題的電報≫, 1950年6月17日, 中共中央文獻研究室、中央檔案館編: ≪建國以來劉少奇文稿≫, 第2冊, 第186-187頁.
89 中共中央文獻研究室編: ≪劉少奇年譜≫, 下卷, 第186, 249頁.

났을 때 특별히 베트남 공산당은 반드시 자력갱생(自力更生) 원칙을 배워야 한다고 하였다. 마오쩌둥은 아주 명확한 어조로 그들의 요구를 전부 다 떠맡을 수는 없다라고 하였다. 주더 역시 중국의 도움에 의지하는 것만이 유일한 방법은 아니며 베트남 공산당이 자력갱생 원칙을 견지할 수 있도록 도와주어야 한다고 하였다.⁹⁰ 루어구이보는 일찍이 마오쩌둥의 면전에서 베트남이 요청한 원조 사항이 매우 많으며 요구가 과다하다고 언급한 바 있다. 마오쩌둥도 실제로 루어구이보의 판단을 받아들였다. 그는 인내심을 가지고 그들을 도우며, 부드럽고 권유하듯 베트남의 요구가 너무 많지 않도록 할 것이며, 중국은 베트남이 실제로 필요한 것과 중국이 가지고 있는 것을 공급하겠다고 하였다.⁹¹ 훗날 중국의 베트남 원조 과정에서 맞닥뜨린 문제를 통해 알 수 있듯이 중국 지도자들이 이 원칙을 지킨 것은 매우 큰 필요성이 있었음이 드러났다.

1951년 3월 18일, 호치민은 중공 중앙에 전보를 보내 쌀 1,500톤, 차량 150대, 여름옷 10만 세트에 해당하는 원조를 요청했다. 중공 중앙은 즉시 쌀 500톤을 먼저 원조하기로 결정하였다.⁹² 5월 15일, 호치민은 중공 중앙에 또다시 전보를 보내 베트남은 현재 보릿고개를 겪고 있어서 식량 원조가 없을 경우 모두 끼니를 굶는 사태가 발생할 것이라 하였다. 이에 그는 재차 1,500톤에서 2,000톤에 이르는 쌀을 신속히 지원해 주기를 요청하였다. 류샤오치는 다음날 바로 식량 제공을 허락하고, 방법만 있다면 그들에게 이곳의 식량을 가지고 가서 먹이겠다고 하였다. 그러나 실제상황은 매우 아이러니했다. 베트남 공산당은 이만한 양의 식량을 가지고 갈 능력도 없었으며 관리 역시 매우 혼란스러웠다. 6월 21일, 중공 중앙

---

90 中國軍事顧問團歷史編寫組編: 《中國軍事顧問團援越抗法斗爭史實》, 第6頁.
91 羅貴波: 《无産階級國際主義的光輝典范》, 第8頁.
92 劉少奇: 《關于援助越南粮食問題的批語和電報》, 1951年4月30日, 中共中央文獻研究室、中央檔案館編: 《建國以來劉少奇文稿》, 第三冊, 第157-158頁.

근거지에서 베트남 공산당 중앙에 보낸 회신에 의하면 3월에 베트남 라오제(老街)지역 인근 허커우전(河口鎭)에 보내졌던 쌀 500톤을 아직도 가져가지 않고 있기 때문에 더 이상 쌀을 보내지 않겠다고 하였다."[93]

군사원조 분야에서도 유사한 상황이 발생하였다. 중국 지도자들은 1951년 초 이미 베트남 공산당이 임의로 원조 리스트를 작성하고, 때론 항목도 너무 많으며, 심지어 어떤 요구는 도리에 맞지 않는 경우가 있음을 알게 되었다. 그들은 중국 군사고문단의 베트남 공산당에 대한 원조에는 마땅히 책임질만한 심사과정이 있어야 하며 불합리하거나 불가능한 요구에 대해서는 삭제 또는 원조를 감할 것이라 하였다. 이와 동시에 베트남 공산당에게 무기와 탄약을 아껴 사용할 것을 요구하였다.[94] 5월 2일, 류샤오치는 중국 군사고문단에게 보내는 전보에서 베트남에 제공하는 무기장비의 관리문제에 대해 전문적으로 언급하였다. 그는 난닝에서 온 보고에 의하면 베트남에 제공한 250대의 자동차 중 베트남은 65대만을 가지고 갔으며, 베트남 측의 물자 보관은 너무 형편없었다고 지적하였다. 도로 양편으로는 수많은 탄약들이 버려져 있고, 이미 녹이 슬어 사용하기 힘든 수준이었으며, 가지고 가서 폐기 처리한 탄약은 300여 톤 이었다는 것이다. 이에 루어구이보는 이러한 사실을 반드시 호치민에게 알려야 하며, 군사고문단은 금후에 필히 베트남 측이 요청하는 군사원조 항목을 심사해야 한다고 하였다.[95]

한국전쟁의 심화와 이로 인한 중국의 재정압박 때문에 중국의 베트남에 대한 원조 역시 많은 영향을 받았다. 이에 중국 정부는 베트남에 제공

---

93 劉少奇: ≪關于援助越南糧食問題的批語和電報≫, 1951年5月16日, 中共中央文獻研究室、中央檔案館編: ≪建國以來劉少奇文稿≫, 第三冊, 第362-363頁。
94 劉少奇: ≪關于援助越南武器裝備問題的批語和電報≫, 1951年1月31日, 中共中央文獻研究室、中央檔案館編: ≪建國以來劉少奇文稿≫, 第三冊, 第64-65頁。
95 劉少奇: ≪關于改善援越物資管理等問題的電報≫, 1951年5月2日, 中共中央文獻研究室、中央檔案館編: ≪建國以來劉少奇文稿≫, 第三冊, 第290-291頁。

하는 물자의 관리와 통제를 점차 강화하기 시작하는데 여기에는 물자에 대한 지급 혼란 문제를 해결하고자 하는 것이 포함된다. 1951년 4월 7일, 화남분국(華南分局)은 중공 중앙에 전보를 보내 베트남 공산당 중앙이 하이난다오 주재 연락인원을 통해 하이난 지역 당 위원회에 대량의 차관을 요청한 사건이 있었음을 보고 하였다. 류샤오치는 회신을 통해 이후 베트남에 대한 차관은 반드시 먼저 예산을 고려해야 하고 동시에 중공 중앙의 비준을 받은 후에야 제공할 수 있다고 하였다. 하이난 지역의 당 위원회는 임의로 그들에게 돈을 빌려주어서는 안 되며, 이전에 비준을 받지 않고 빌려준 것 역시 잘못된 것이라고 하였다.[96] 8월 10일과 13일, 루어구이보는 중공 중앙에 베트남 공산당의 재정문제와 중국 베트남 간 무역현황을 보고하였다. 그는 중국 베트남 간 무역은 매우 불균형적이며, 베트남은 왕왕 과거의 빚을 상환하지도 않은 상태에서 새로운 요구를 하기도 하고 실제로 그렇게 많은 돈이 필요한 지도 의문이라고 하였다. 그는 중국과 베트남 간의 무역은 현재 정상적인 무역관계로 발전해 나갈 수 없다고 하였다. 중공 중앙은 답신을 통해 그의 중국 베트남 간 무역이 정상화 될 수 없다는 견해에 동의하지 않음을 표명하고, 중국 베트남 간 무역은 일반 무역규칙의 등가교환 원칙에 따라 진행되어야 하며, 재정 원조와는 혼동해서는 안 되고, 베트남은 수출물자의 생산을 높여 중국에 상환해야 한다고 하였다.[97]

한편 중공 중앙 역시 베트남 공산당 중앙의 재정제도 구축을 도와 전시경제를 지지할 의도를 가지고 있었다. 1951년 초부터 루어구이보 등 중국 대표들은 베트남 공산당 중앙이 재정문제를 해결하는데 막대한 도

---

96 劉少奇: 《關于越南勞動党駐海南島辦事處經費問題的報告》, 1951年4月10日, 中共中央文獻研究室、中央檔案館編: 《建國以來劉少奇文稿》, 第三冊, 第271頁.
97 劉少奇: 《關中央關于中越貿易等問題給羅貴波的指示》, 1951年8月16日, 中共中央文獻研究室、中央檔案館編: 《建國以來劉少奇文稿》, 第三冊, 第674-675頁.

움을 주었다. 특히 중국혁명시기 근거지의 재정제도를 학습하고 생산과 무역활동을 어떻게 장악하는가 하는 문제에서 많은 도움을 주었다. 중국 지도자들은 루어구이보에게 호치민에게 다음과 같이 전하라고 하였다. 즉, 베트남 공산당 중앙은 자력갱생의 방법을 통하여 전시 재정문제를 기본적으로 해결하며, 핵심은 베트남 공산당 중앙이 자력갱생이 매우 중요한 기본전략임을 깨닫는 것으로, 베트남에서 자력갱생의 원칙을 사용하여 필요에 따라 문제를 해결해야 한다는 것이다.[98]

루어구이보 등의 업무는 탁월한 효과를 거두었다. 그들은 베트남 공산당 중앙이 비교적 완정한 재정제도를 만들고 또한 효과가 있음을 증명하는데 크나큰 도움을 주었다. 4월 14일, 루어구이보는 중공 중앙에 행한 보고에서 세수를 정돈하고, 화폐발행을 통제하며, 재정관리를 엄격히 하는 등의 조치를 통해서 베트남이 당해 년도 재정수지 균형을 쟁취하는데 객관적 조건을 갖추었다고 하였다.[99] 5월 31일, 호치민은 중공 중앙에 전보를 보내 베트남 공산당은 수입이 적고 지출이 많은 곤란한 상황을 해결할 방법이 없다고 하였다. 3주 후 류샤오치는 회신에서 아주 분명한 어조로 베트남 국민은 매우 근면하고, 베트남에서 생산되는 물산 역시 아주 풍부하며, 여기에 베트남 공산당의 정확한 지도가 있으니, 베트남의 예산에서 수입은 초과될 것이며, 지출 역시 줄일 수 있을 것이다라고 하였다. 결론적으로 베트남 공산당의 재정상의 어려움은 극복해 낼 것이라고 하였다.[100] 중국 지도자들은 베트남 공산당 중앙이 중국혁명의 경험으

---

98 劉少奇: ≪關于越南克服戰時財政經濟困難的電報≫, 1951年4月20日, 中共中央文獻研究室、中央檔案館編: ≪建國以來劉少奇文稿≫, 第三冊, 第275-277頁。
99 參見中共中央文獻研究室、中央檔案館編: ≪建國以來劉少奇文稿≫, 第三冊, 第277-276頁。
100 劉少奇: ≪關于越南可以進一步克服財政困難問題給胡志明的電報≫, 1951年6月25日, 中共中央文獻研究室、中央檔案館編: ≪建國以來劉少奇文稿≫, 第三冊, 第502-503頁。

로부터 자력갱생을 배우기를 간절히 희망하였고 동시에 중국 역시 모든 요구를 다 들어줄 수는 없다고 판단하였다.

한편 중국 지도자들은 베트남전쟁의 시간개념에 대하여 기본적인 판단을 하고 있었다. 그들은 베트남 공산당이 프랑스인들을 내쫓는 데에는 오랜 시간이 걸릴 것이며. 이에 처음부터 군사고문단에 장기 분투의 준비를 하라고 지시하였다. 류샤오치의 판단에 의하면 군사고문단은 적어도 3년 정도 활동할 준비를 해야 한다고 보았다.[101] 이러한 시간에 대한 판단은 의미가 있는 것이다. 왜냐하면 이는 중국 지도자들이 대략적으로 '원월항법'을 수행하는데 있어서 시간적인 마지노선을 정해주었기 때문이다. 훗날 인도차이나 정전과정으로 볼 때 대략 4년여의 시간이 소요되었다.

중국 지도자들이 제기한 시간문제와 그들이 당면한 구체적인 문제 사이에는 직접적인 연관이 있었다. 즉, 일부 선발된 간부들은 베트남에 군사고문으로 가기를 원하지 않았고, 후에 일부 간부들은 베트남에서 장기간 일하지 않으려는 상황이 발생하였다. 류샤오치는 6월 27일 고문단 구성원들을 만나는 자리에서 먼저 마오쩌둥이 일이 있어서 늦게 도착한다고 하였다. 류샤오치는 만남의 초반에 일부 인원이 베트남에 가서 일하기를 원하지 않는 상황을 언급하고 이에 그는 베트남에 대한 지원이 국제주의와 국가안보에 얼마나 큰 의미가 있는지를 강조하였다. 마오쩌둥은 이 문제의 실제적인 부분을 언급하였다. 그는 고문들이 가려고 하는 지역은 많이 힘들 것이므로 시계, 가죽신발, 만년필 등의 물자는 그들의 요구를 모두 만족시켜 줄 것이며, 이들에 대한 수당도 증가시킬 것이라고 하였다.[102]

후에 발생한 상황으로 보건대 군사고문단의 베트남에서의 장기적인

---

101 中國軍事顧問團歷史編寫組編: 《中國軍事顧問團援越抗法斗爭史實》, 第7頁.
102 竇金波: 《參加赴約軍事顧問團紀行》, 第186, 197頁.

업무는 여전히 일련의 내부문제를 야기하였다. 일부 고문단의 군관은 모진 조건과 참혹한 전쟁으로 인해 심리적 스트레스를 받아 조기 귀국을 요청하였다. 마오쩌둥 본인은 루어구이보의 이러한 문제 보고를 들으면서 캐나다 의사인 노먼 베쑨(Dr. Henry Norman Bethune)을 생각하고, 그곳의 군관들이 국제주의 전사가 되어 베트남에서 견뎌내기를 희망하였다. 물론 그도 이것이 결코 쉽지 않음을 알고 있었다.[103] 이 문제는 중국이 정책결정을 하는 중요한 요인 가운데 하나가 되었다. 특히 1953년 여름 때마침 한국전쟁이 종결됨에 따라 군사고문단은 중국 지도자들의 최초의 구상에 맞게 베트남에서 벌써 3년을 보냈던 것이다.

중국의 베트남 파견 지원 4년 중 가장 의미 있는 부분은 중국이 베트남을 위해 중국의 혁명경험을 전파했다는데 있다. 의심의 여지없이 중국 지도자들과 군사고문단 간부들은 중국혁명의 경험이 동아시아 민족해방운동에서도 보편적으로 적용된다고 믿었다. 따라서 베트남 공산당이 진지하게 학습하고 이러한 경험을 활용해야 한다고 생각하였다. 그러나 그들은 과거 소련이 중국에 강제적으로 행사했던 방식이 아닌 모범적인 행동만이 더욱더 큰 호소력이 있음을 믿었고, 적극적이고 사심이 없는 원조와 군사고문단의 도덕적 품격에 의지하여 베트남 공산당이 최종적으로 중국의 모범을 학습할 수 있을 것이라 생각했다. 모든 중국의 지도자들은 베트남으로 떠나는 군관들에게 승리자의 오만한 마음을 가지지 말고, 상대를 강제하지 않으며, 대국적인 태도를 버리라고 강조하였다.[104]

루어구이보는 베트남에 도착한 후 상당히 엄격하게 마오쩌둥 등이 강조한 도덕원칙을 실행하였고, 베트남 공산당 중앙의 정치사무에는 가능한 한 개입하지 않았다. 특히 베트남 공산당 내부문제를 언급할 때는 특

---

103 羅貴波: 《无産階級國際主義的光輝典范》, 第14頁.
104 中國軍事顧問團歷史編寫組編: 《中國軍事顧問團援越抗法斗爭史實》, 第6頁.

별히 언행에 신중하였는데, 그는 이 문제가 도덕적인 원칙문제와 연관이 있다고 판단했기 때문이다. 1951년 6월 2일, 루어구이보는 중공 중앙에 보고를 통해 그가 자주 베트남 공산당 중앙 정치국 회의에 참가하라는 요청을 받으며 의견을 제기하라는 요구를 받는다고 하였다. 이에 그가 견지했던 원칙은 회의에 참가하지 않을 수 있으면 가능하면 참가하지 않는다는 것이고, 스스로 상황을 이해하고 있는 의견이나 성숙한 의견 그리고 상대방이 받아들일 수 있는 의견만을 말하며, 중요한 문제는 먼저 중공 중앙에 보고하여 지시를 받고, 모든 베트남 공산당 내부와 관련된 인사, 역사 등의 문제에 관해서는 참여하지 않거나 의견을 발표하지 않는 다는 것이었다. 그가 지켜낸 이런 원칙들은 중국 지도자들의 인정을 받았을 뿐만 아니라 긍정적인 평가를 받았다.[105]

1951년 11월. 호치민은 마오쩌둥의 면전에서 루어구이보를 베트남 공산당 중앙 정치국 회의에 참가시킬 것을 요구하였다. 마오쩌둥은 당시 바로 의견 접수의사를 나타내었지만 호치민이 가고 난 후 루어구이보에게 필히 언행에 신중해야 함을 강조하였다. 이후 루어구이보는 베트남 공산당 중앙에 어떤 의견을 내기 전 모두 사전에 중공 중앙의 의견을 물었고, 명확한 지시를 받은 후에야 행동을 취했다. 중국 지도자들은 베트남 국민들이 최종적으로 중국혁명이 만들어 놓은 길을 따라가는 것이 아니라 그들의 마음으로부터 받아들여야지만 이것이 바로 무산계급 국제주의의 최고 단계이자 가장 확실한 효과라고 믿었다. 소련 사람들은 이점을 이행하지 못했기 때문에 중공 지도자들은 그들에 대해 아주 불만이었다.

베트남에 대한 원조정책을 실시한 후 베트남 공산당의 중국혁명경험

---

105 劉少奇: ≪中央關于羅貴波參加越南勞動黨會議及提供意見時應采取態度的指示≫, 1951年6月25日, 中共中央文獻研究室、中央檔案館編: ≪建國以來劉少奇文稿≫, 第三冊, 第504-505頁.

에 대한 태도 역시 뚜렷하게 관심을 받기 시작했다. 처음 베트남에 도착한 루어구이보는 베트남 공산당이 중국혁명에 대한 경험을 그다지 중요시하지 않는다고 중공 중앙에 보고하였다. 5월 8일, 류샤오치는 회신을 통해 루어구이보에게 "베트남 동지들의 이런 나쁜 점에 너무 많은 신경을 쓸 필요는 없다. 더군다나 그들의 이러한 나쁜 점을 비판해서도 안 된다."고 하였다. 여기서 그가 말한 나쁜 점이란 루어구이보의 관찰에 의하면 베트남 사람들은 자신의 결점이나 실수를 말하는 것을 두려워하며, 중국혁명의 경험을 중시하지 않고, 외부 원조에 의지하고, 쉽게 입을 열어 도움을 요청하는 것이다. 류샤오치는 루어구이보에게 성실하고 진정성 있게 그리고 열정적으로 모든 부분에 걸쳐 제안을 하고 중국의 경험을 소개하면 효과를 보게 될 것이라고 하였다.[106] 20여 일이 지난 6월 2일, 루어구이보는 류샤오치에게 그간 다방면에 걸쳐 과거의 오류를 고치려고 하는 노력을 보인 이후 베트남 공산당 중앙은 기본적으로 중국혁명의 경험을 환영하고 받아들인다는 입장이며, 그들은 대체적으로 중국혁명의 많은 경험은 기본적으로 베트남에 적합하다고 판단하고 있다고 하였다. 이뿐만 아니라 베트남 공산당 중앙은 과거 베트남이 해결하지 못했던 문제에 대해 지금은 해결 방법이 생겼으며, 과거 찾지 못했던 방향에 관해서도 지금은 방침이 생겼다라고 여기기 시작했다고 보고하였다.[107] 현재로는 베트남 공산당 지도자들에게 어떻게 이렇게 큰 변화가 생겼는지 그리고 루어구이보가 어떻게 이런 짧은 시간 내에 베트남 공산당 중앙의 입장이 과거와 다르게 되도록 하였는지 알 수 있는 방법은 없다. 어쨌든 류샤오치는 빠른 회신을 통해 루어구이보에게 "베트남 동지들이 중국의 혁명경험을 중시하고, 이를 학습하게 하며 이전 실수를

---

106 劉少奇: ≪中央對羅貴波在越南工作的有關問題的指示≫, 1950年5月8日, 中共中央文獻研究室、中央檔案館編: ≪建國以來劉少奇文稿≫, 第2冊, 第146-147頁。
107 見 ≪建國以來劉少奇文稿第2冊≫, 第211頁。

교정하도록 한 것은 매우 잘한 일이다."라고 치하하였다. 그는 루어구이보와 다른 사람들이 중국혁명의 경험을 소개하는데 보다 노력할 것을 격려하면서도 절대로 급하게 그리고 오만하게 하지 말 것을 주문하였다.[108]

전쟁기간 동안에는 전쟁에 승리하는 것이 모든 것을 결정한다. 베트남 공산당의 중국혁명경험에 대한 태도는 국경지대 전투 후에 근본적인 변화가 일어났다. 즉, 베트남 공산당 중앙은 전쟁의 승리를 통해 중국 군사고문단을 믿기 시작하였다. 국경 전투가 시작되기 전 베트남군은 원래 가오핑을 먼저 공략하려고 하였다. 그런데 천경이 베트남에 온 뒤 먼저 둥시(東溪)를 먼저 공략할 것을 제안하고 중공 중앙의 동의를 얻어 베트남 군사 지휘관을 설득하기 시작했다. 그가 설득과정 중에 주로 사용한 근거는 중공이 상대적으로 우세한 병력에 집중하여 적의 전투력을 갖춘 부대를 섬멸한 경험이 있다는 것이었다. 전투가 끝난 후 호치민은 중공 중앙에 전보를 보내 국경지대 전투의 승리는 혁명 국제주의인 마오쩌둥 노선의 승리라고 하였다.[109] 10월 하순 베트남군은 국경지대 전투 총괄회의를 소집하였는데 여기에는 베트남 공산당의 주요 지도자들이 모두 참석하였다. 천경은 회의에서 마오쩌둥의 인민전쟁 사상과 인민군 사상을 심도 있게 설명하였으며, 중국의 혁명전쟁 경험도 소개하였다. 호치민은 발언을 통해 중국의 원조를 매우 중시하고 있으며, 국경지대 전투의 승리는 무산계급 국제주의의 승리라고 하였다. 창정(長征)의 발언은 확실히 중국 지도자들을 기분 좋게 하였다. 그는 국경지대 전투는 마오쩌둥 군사사상과 호치민 사상이 서로 결합된 승리이며, 특히 베트남군이 마오쩌둥

---

108 劉少奇: ≪中央關于援越工作的有關問題給羅貴波的電報≫, 1950年6月7日, 中共中央文獻研究室、中央檔案館編: ≪建國以來劉少奇文稿≫, 第2冊, 第210頁.
109 羅貴波: ≪无産階級國際主義的光輝典范≫, 第7頁.

군사사상을 베트남전쟁에 완벽하게 적용할 수 있게 되었다고 하였다.[110] 베트남 공산당 중앙은 이후 계속해서 소련 공산당과 중국 공산당의 경험을 비교 선전하기 시작하였고, 그들은 중국의 경험이 베트남의 환경과 수준에 가장 적합하기 때문에 특별히 중국의 경험을 학습하고자 한다고 하였다.[111]

얼마 후 루어구이보는 다시 귀국하여 업무보고를 하였다. 마오쩌둥은 진지하게 그의 보고를 들은 후 중국이 겸허한 태도로 국제주의 의무를 다하면 장차 효과가 더욱 크게 될 것이라 하고, 본인의 느낌 역시 신속히 격상되는 느낌이라고 하였다. 당시 마오쩌둥은 중국의 원조는 어떠한 정치적 조건이 없는 것이어야 한다고 주장하였다. 이는 개괄적으로 중국의 대외원조의 도덕적 원칙을 설명하는 최초의 발언이라 할 수 있다. 루어구이보도 크게 감동하여 마오쩌둥의 이러한 국제주의는 세계에서 찾아보기 힘들다고 여겼다.[112] 총괄적으로 보자면 중국의 국제주의가 소련과 비교하여 더욱 높은 수준에 있는 것만은 사실이었다.

베트남에서의 경험은 마오쩌둥이 북한의 김일성과의 관계를 처리하는 데에도 영향을 주었다. 이때에는 지원군의 제1차 전투가 막 끝이 난 상태로 중국과 북한 간의 작전 지휘 협조과정에서 문제가 발생하였다. 주로 북한 측에서 중국 지원군 사령부의 군사지도를 받으려고 하지 않는 점이었다. 11월 12일, 마오쩌둥은 펑더화이에게 전보를 보내 "지원군이 북한에 제시한 의견은 합당한 것이다. 그러나 완곡하고 온화한 태도를 견지해야 한다."고 하였다. 그는 "중국과 북한 군대 간의 논쟁과 대립은 앞으

---

110 中國軍事顧問團歷史編寫組編: ≪中國軍事顧問團援越抗法斗爭史實≫, 第24-25頁.
111 ≪外交胜利紀念日≫, 越南 ≪人民報≫, 1953年1月12日, 見郭明、羅方明、李白茵編: ≪現代中越關系資料選編≫, 上, 第11頁.
112 羅貴波: ≪无産階級國際主義的光輝典范≫, 第7頁.

로도 장기간 존재할 것이며, 이는 군사적 승리를 통해서만이 중국의 의견이 증명되는 것으로, 이를 통해 북한으로부터 동의와 신뢰를 받을 수 있다."라고 하였다.[113]

마오쩌둥은 김일성 등이 최종적으로 군사작전의 승리를 통해 중국을 인정하게 될 것이며, 마오쩌둥의 군사사상과 중국혁명의 경험 역시 한반도에서 적용될 수 있을 것이라 믿었다. 베트남 공산당 중앙의 진일보한 행동은 마오쩌둥의 믿음을 더욱더 강화시켰다. 1951년 2월, 베트남 공산당은 제2차 전국대표대회를 개최하였는데 그중 하나의 의사일정은 바로 중국혁명경험과 마오쩌둥 사상의 지도적 지위를 확인하는 것이었다. 대회는 당 장정 규정을 통과시켜 "베트남 노동당은 마르크스, 엥겔스, 레닌, 스탈린의 학설과 마오쩌둥 사상 및 베트남의 혁명실천 과정을 모아 당의 사상적 기초와 모든 행동의 표본으로 삼는다."라고 하였다.[114] 이 대회를 전후하여 베트남 공산당 중앙의 「인민보」는 지속적으로 문장을 발표하여, 중국혁명경험을 학습하는 주요 의의를 언급하였다.

베트남에 중국혁명경험을 전파했던 모범사례는 베트남 군대 내부에서 중공 군대가 내전이 전면적으로 발발한 후 전개했던 정군(整軍) 운동과 유사한 운동을 진행한 것에서 찾아볼 수 있다. 1952년 겨울 호치민은 재차 모스크바를 방문하여 스탈린에게 베트남 혁명의 일부 중요문제에 대한 지도를 요청하였다. 그중 하나가 바로 토지개혁 문제였다. 1953년 1월, 베트남 공산당 중앙 4중 전회에서는 결의를 통과시키고 토지개혁 실행을 준비하였다. 3월 초, 호치민과 웨이궈칭(韋國淸)은 중국에서 같은 차를 타고 베트남으로 돌아갔다. 여행 중 호치민은 웨이궈칭에게 베트남 공산당이 토지개혁을 하는 것은 스탈린 그 노친네의 생각인데 그는 오히

---

113 毛澤東:《与朝鮮同志商談應注意方式》, 中共中央文獻研究室、解放軍軍事科學院編:《建國以來毛澤東軍事文稿》, 上卷, 第348頁.
114 黃文歡:《滄海一粟: 黃文歡革命回憶彔》, 第277-278頁.

려 중공이 도움을 주었으면 좋겠다는 의사를 은연중에 내비치었다. 웨이궈청은 중국혁명의 경험이 떠올라 호치민에게 즉시 토지개혁은 전국적인 정권을 획득하는데 영향력이 매우 크다는 사실을 알려 주었다. 그리고 베트남 토지개혁 실시 이후 베트남군 내부에 일부 흔들림이 있는 것에 비추어 보아 그는 베트남군에 교육과 정돈(整頓) 즉, 새로운 형태의 정군 운동이 필요하다고 하였다.[115] 군사고문단의 지도하에 베트남군은 중공 군대의 정군 운동을 참고하여 부대 내의 군인들을 동원해 스스로 겪었던 압박과 착취를 고백하는 것을 포함한 정치 교육을 실시하고 계급 간의 원한을 극대화시켰다. 어떤 베트남 부대는 중국 영화 「백모녀(白毛女)」를 관람하였는데, 현장에서 10여 명이 울다 쓰러지고, 어떤 병사는 은막 앞으로 가서 총으로 공격하기도 하였다고 한다.[116] 여기에서 묘사된 베트남군의 반응은 당시 중공 군대의 반응과 거의 같아서 효과 역시 만점이었다. 이러한 기록은 살아있는 생생한 예로 직접적으로 중국 지도자들의 중국혁명의 경험이 동방의 혁명운동에 확실하게 적용되고 있음을 보여 주고 있었다.

1950년의 국경전투부터 1954년의 디엔비엔푸(奠邊府) 전투까지 중국 고문단은 베트남군이 일련의 군사적 승리를 거두는데 협력과 지도를 아끼지 않았다. '원월항법' 기간 동안 중국이 베트남 공산당에 제공한 군사 지원 규모는 실로 막대하다. 여기에는 각종 총기류 15만 5천여 점, 탄약 5,785만여 발, 화포 3,692문, 탄두 108만여 발, 수류탄 84만여 발, 자동차 1,231대, 군복 140여만 세트, 식량 및 부식 1.4만여 톤, 유류 2. 6만여 톤 등이 포함된다. 정전이 이루어졌을 때 베트남 공산당 군대는 이미 군사 28만 4천 명에 다양한 병종을 포함하는 정규군으로 재편되어 있었다.

---

115 于化辰: ≪援越抗法斗爭中的韋國淸同志≫, 第66-67頁.
116 中國軍事顧問團歷史編寫組編: ≪中國軍事顧問團援越抗法斗爭史實≫, 第84頁.

비록 이렇다 할지라도 쌍방 간의 군사협력 가운데에는 여전히 일부 문제가 존재하고 있었다. 즉, 원조의 항목과 수량에 있어서 중국은 베트남 공산당의 모든 요구를 들어줄 수 없었고 또 이를 만족시켜 주려고도 하지 않았다. 이 밖에도 중국 군사 고문들의 일상생활 속 베트남군의 태도나 베트남군 내부의 중국 군사고문단에 대한 불신문제 등이 있었다. 이중 쌍방의 군사전략 부분에서의 의견차이는 상대적으로 가장 심각한 문제였다고 할 수 있다.

중국 군사고문단의 베트남 군대에 대한 군사전략 역시 줄곧 비교적 큰 영향을 주었다. 구체적으로 전략계획에서든 전투설계 과정에서든 중국 군사고문단의 의견은 때때로 결정적이었는데 당시 중국 군사고문단은 중공 중앙의 직접적인 지휘를 받고 있었다. 즉, 중국 군사고문단의 주요 전략에 관한 구상은 모두 중공 중앙의 견해를 반영하고 있었다. 이런 상황은 중국 군사고문단이 풍부한 작전 경험을 가지고 있었을 뿐 아니라 베트남군이 무기장비에서 중국에 의존하고 있었기 때문에 가능했다. 만약 중국의 원조가 없었다면 베트남군이 비교적 대규모의 전투를 수행하는 것은 거의 불가능한 상황이었다.

1951년 여름, 한반도에서 남북 양측이 38도선을 경계로 형성한 전선이 기본적으로 고정된 후 중앙 중앙의 인도차이나에서의 전략사상 역시 점차 명확해졌다. 주된 원칙은 베트남군 주력을 집중하여 점차 베트남 남북부와 라오스 상료(上寮)의 전략요지를 획득하고, 거기에 중국을 배후로 하는 전략 근거지를 건립한다는 것이다.

세 번에 걸친 핑위안(平原) 전투 후 베이징에서 베트남으로 돌아온 지 얼마되지 않은 루어구이보는 1952년 2월 16일에 그해 하반기 서북전투를 시작하고 이후 군대를 이끌고 라오스로 들어가 전투를 벌이자고 제안하였다. 이 작전계획은 중공 중앙의 동의를 얻었다. 왜냐하면 그들은 라오스 해방을 돕는 것은 매우 중요한 일이라고 판단하였기 때문이다.[117] 3월 18일, 베트남 군사위원회는 회의를 소집하여 서북 작전 계획에 대해 논의하였다. 회의에 참석한 대다수의 베트남 군 간부들은 중국 군사고문단이 9월부터 서북전투를 조직한다는 계획에 찬성하지 않았다. 그들의 이유는 각양각색이었는데, 이 중 일부는 중국의 전략적 의도에 대해 심각한 의문을 가지고 있었고, 이런 입장은 후에 증명이 되었듯이 기본적으로 변화가 없었다. 웨이궈칭이 마오쩌둥에 한 보고에 따르면 당시 베트남군의 고급 간부 중에 심지어 일부는 중국 군사고문단이 서북 전투를 제안하는 목적이 바로 중국의 국경지대를 공고히 하려는 순수히 중국에 유리하게 하기 위함이라고 판단하였다.[118]

중국의 전략 계획에 이러한 의도가 포함되었는지 여부는 연구해 볼만한 가치가 있다. 마오쩌둥의 최초 전략구상에 의하면 중국 군사고문단은 처음 시작할 때 베트남군을 도와서 중국의 배후 지역에서 새로운 국면을 열고 안정적인 근거지를 마련해야만 했다. 이러한 전략적 계획은 점차 중국 군사고문단의 작전 계획에도 관철되었다. 1950년 12월 상순, 중국 지도자들은 이미 먼저 북부 지역을 완전히 통제하고 난 후 중부와 남부를 공격하겠다는 전략적 사고를 가지고 있었다.[119] 이러한 전략적 선택은 앞선 중국혁명 때의 경험 때문이라 할 수 있다. 특히 중공은 전후에 화북 지역을 장악하고 소련을 등지면서 안전한 전략기지를 획득하고, 소련으로부터 대량의 원조를 얻은 바가 있었다. 또 다른 이유는 중국 군사고문단의 베트남의 전략적 환경에 대한 견해와 관련이 있다. 그들은 베트남

---

117 參閱中國軍事顧問團歷史編寫組編: ≪中國軍事顧問團援越抗法斗爭史實≫, 第56頁.
118 于化辰: ≪援越抗法斗爭中的韋國淸同志≫, 第75頁.
119 毛澤東: ≪請求蘇聯帮助解決汽車和汽油問題≫, 1950年12月8日, 中共中央文獻硏究室·中國人民解放軍軍事科學院編: ≪建國以來毛澤東文稿≫, 第一卷, 第403頁.

남부지역이 지휘센터로부터 너무 멀고 프랑스군에 봉쇄되어 있으며 교통 및 연락도 매우 힘들어 군사작전을 수행할 방법이 매우 낮아서 남쪽은 유격전으로 발전시켜 북부 전장과 보조를 맞추고, 전략적 중점은 마땅히 북부지역에 두어야 한다는 의견을 제시하였다.[120]

만약에 중국의 전통 전략사상에 익숙하다면 중국 지도자들이 잠재적으로 이런 전략을 선택할 것이라 예상할 수 있다. 1950년 9월 시작한 국경 전투는 프랑스군으로 하여금 중국 프랑스 접경지대의 대부분 근거지를 포기하게 하였다. 베트남군은 5개의 주요 성과 진을 점령하였으며, 무려 750킬로미터에 해당하는 중국과 인접한 국경지대를 장악하게 되어, 베트남 북쪽 근거지는 중국과 하나로 연결되었다. 중국 역시 중국의 광시, 원난 지역에서 당시 진행하던 간첩 숙청 투쟁이 남부 변경지대의 국방을 공고히 하는데 유리하다고 판단하였다.[121] 후에 연이어 실시한 서북 전역과 라오스 상료(上寮) 전역, 디엔비엔푸(奠邊府) 전역 전투 등은 모두 베트남 북부지역과 중국이 접경을 이루는 지역을 통제하는 것과 연관이 있다. 한편 당시 중국은 나날이 악화되어 가는 전략적 환경에 처해 있었다. 중국 군대가 한국전에 참가한 후, 미국은 동남아시아에서 중국을 겨냥한 군사 포위망을 구축하고 있었다. 1950년 10월, 미국은 우선 태국과 《군사원조협정》을 체결하였다. 12월 23일, 미국과 프랑스 그리고 바오 다이 정부는 정식으로 군사원조 협의에 서명하였다. 1951년 8월, 미국은 필리핀과 《공동방어조약》을 체결하였으며, 9월에는 호주, 뉴질랜드와 《미국·호주·뉴질랜드 안보조약》에 서명하였다. 중국 지도자들

---

120 劉少奇: 《中央關于暫時不派中國顧問到越南南部游擊區的電報》, 1951年3月 12日, 中共中央文獻研究室、中央檔案館編: 《建國以來劉少奇文稿》, 第三冊, 第155-156頁.
121 王硯泉: 《越南邊界戰役前后的陳賡同志》, 《中國軍事顧問團援越抗法實彔》 編寫組: 《中國軍事顧問團援越抗法實彔(当事人的回憶)》, 第129頁.

의 인도차이나 전쟁에 대한 고려는 바로 이러한 미국의 군사 배치의 영향을 받았다고 할 수 있다.

1952년 9월 하순, 호치민은 비밀리에 베이징을 방문하고, 중국 지도자들과 직접적인 협의를 통해 서북 전역 계획을 비로소 최종적으로 확정하였다. 10월 18일, 베트남 공산당 중앙 정치국은 회의를 소집하였고, 웨이궈칭, 루어구이보 등도 이 회의에 참가하였다. 회의는 호치민과 중공 중앙이 상의한 원칙을 집행하기로 결정하였으며, 계획에 따라 서북 전역을 집행하기로 하였다.[122] 중국 군사고문단은 얼마 후에 시작된 라오스 작전에 참여하였다. 중국의 '원월항법'은 이로부터 실제적으로 베트남의 경계를 뛰어넘게 되었다. 중공 중앙이 상료 전투를 벌이게 된 목적은 서북 전역을 공고히 하기 위함으로 장차 베트남 공산당의 서북 근거지와 라오스 북부를 하나로 이을 생각이었다. 중국의 입장에선 이렇게 함으로써 중국-베트남과 중국-라오스 간 변경지역에 하나의 보호벽이 생긴 것을 의미한다.

서북 전역과 이어서 치른 상료 전역에서 거둔 거대한 승리로 인해 국면이 베트남 공산당에게 매우 유리해지긴 하였지만 그래도 베트남 공산당 일부의 중국에 대한 의심이 완전히 없어진 것은 아니었다. 이 지역에서 견고한 기초를 만들지 않았더라면 후에 디엔비엔푸 전역의 승리도 없었을 것이다. 1953년 여름, 중국 군사고문단은 동절기 작전계획을 수립하고 이어 디엔비엔푸 전투를 시작하였다. 이즈음 베트남 군대 간부 가운데 다시금 의견이 분분하였다. 웨이궈칭이 마오쩌둥에게 보낸 보고서에서 쓴 말을 인용하면 고질병이 또 도진 꼴이었다. 그들은 다시금 중국 군사고문단의 작전계획의 동기를 의심하였다. 중국 지도자들은 이에

---

122 參閱中國軍事顧問團歷史編寫組編: ≪中國軍事顧問團援越抗法斗爭史實≫, 第60頁.

대해 어찌 되었든 간에 중국의 전략계획에 따라야 하며, 베트남 서북지역과 라오스의 상료 지역을 완전히 장악해야 한다고 하였다. 그들은 이때 이미 프랑스군의 나와얼(納瓦爾) 계획을 파악하고 있었는데, 이 계획의 주요내용은 지속적인 작전을 통해 최종적으로 베트남 북부지역에서 베트남군 주력을 섬멸한다는 것이었다. 이 계획은 7월에 시작되어 프랑스군은 북부에서 중부, 남부를 거쳐 소탕작전을 펼치게 되었다.

11월 20일, 프랑스 공수부대가 서북지역의 중요도시인 디엔비엔푸를 점령하였다. 중국 지도자들은 만약 미국의 지지를 얻은 나와얼 계획이 실현된다면 이는 베트남 공산당에 불리할 뿐만 아니라 중국의 서남부 지역의 안보환경을 개선하는 데에도 매우 치명적이 될 것이라 판단하였다. 이에 반격이 필요하며 절대로 프랑스군이 베트남 서북지역에서 발붙일 공간을 주어서는 안 된다고 생각하였다. 1953년 11월 24일, 웨이궈칭은 베트남 공산당 군사위원회 고급간부 회의에서 동절기 공세의 의의에 관해 전면적으로 서술하였다. 그는 지속적으로 베트남 북부지역을 전략의 중심으로 삼는 것은 실제 상황과 부합하는 것이며, 이러한 전략적 선택은 중국혁명이 걸었던 길과 같은 길을 걷게 되는 것이라 하였다.[123] 베트남군은 다시 한 번 중국 군사 고문의 작전계획을 수용했다. 프랑스군이 군사 배치를 조정하고 베트남군이 동계 공세로 전환하였기 때문에 그 유명한 디엔비엔푸 전역이 형성되었다. 디엔비엔푸 전역의 발생은 당연히 군사적인 원인에 기인하지만 실제로는 장차 진행될 제네바 회의의 외교적 승리의 기반이 되었다.

1954년 5월 중국은 베트남 공산당 군대가 국경 전역, 중요우 전역(中游戰役), 동북 전역(東北戰役), 닝핑 전역(寧平戰役), 서북 전역(西北戰役)과 디엔비엔푸 전역(奠邊府戰役) 등지에서 중요한 군사적 승리를 거

---

123 王硯泉: ≪越南邊界戰役前后的陳賡同志≫, 第81-83頁.

두는데 도움을 주었다. 저우언라이가 제네바 회의에서 베트남을 남북으로 경계를 나누어 정전하는 방안을 제안했을 때, 중국 군사고문단이 이에 맞춰 실시한 군사 작전으로 얻은 전략적 이익은 매우 컸다. 즉, 베트남 공산당은 국토면적과 인구가 객관적으로 보장된 전략적 기지가 생긴 것이며, 중국은 서남 방향에 안전에 관한 완충지대가 생기게 된 것이다.

제3절
압록강에서 삼팔선까지

1950년 1월 30일, 스탈린은 크렘린 궁에서 김일성에게 한 통의 전보를 보냈다. 그는 전보에서 "무력을 사용하여 조선을 통일해도 되나 너무 큰 모험은 하지 않아야 한다."고 하였다. 이어 스탈린 본인은 언제든지 김일성을 만날 수 있으며, 스탈린이 이러한 결정을 내린 것에 대한 대가로 북한은 매년 소련에 25,000톤의 납을 제공하기만 하면 된다고 하였다.[124] 소련의 주 북한주재 대사인 시티코프 테렌티 포미치(Shtykov, T.F.)는 원래부터 김일성이 꿈을 실현하는데 열성적으로 도움을 주었는데, 스탈린의 전보를 받은 날 당일 김일성을 만났다. 그는 김일성을 만난 뒤 스탈린에게 전한 전보에서 "김일성은 매우 만족스럽게 나의 전갈을 들었다. 아마도 전혀 예상 밖이었기 때문이다. 김일성은 진짜로 스탈린 동지를 만나러 가도 되는지를 다시 물었다. 이에 나의 대답은 확실히 그렇소."였다.[125]

당시 마오쩌둥은 모스크바에 있었고, 그는 많은 시간을 들여 스탈린과 소련이 호치민의 베트남민주공화국을 승인해야 하고, 중국이 장차 베트남

---

124 ≪史達林關于同意會晤金日成討論統一問題致什特科夫電≫, 1950年1月30日, 沈志華編: ≪朝鮮戰爭: 俄國檔案館的解密文件≫, 上冊, 第309頁.
125 ≪什特科夫關于金日成准備訪蘇事宜致斯大林電≫, 1950奶年月31日, 沈志華編: ≪朝鮮戰爭: 俄國檔案館的解密文件≫, 上冊, 第310頁.

공산당을 도와 대 프랑스 전쟁이라는 중임을 맡게 될 것이라고 하는 문제 등에 관한 이야기를 나누었다. 스탈린이 김일성에게 전보를 보낸 당일 마오쩌둥 역시 스탈린에게 전화를 걸어 호치민이 공식적으로 모스크바를 방문할 수 있는지 여부를 문의하였다.[126] 아마도 그는 이때 스탈린이 북한의 무력사용 통일을 고려하고 있으며, 이런 결정의 결과 장차 중국이 미국과의 전쟁에 휘말리게 될 것인지 미처 알지 못했을 것이다. 실제로 이미 1949년 5월 김일성은 김일(金一)을 대표로 비밀리에 중국을 방문하였을 때 마오쩌둥에게 이 일을 이야기한 바 있었다. 마오쩌둥은 당시 북한이 적극적으로 공격하려는 생각을 하지 말것을 요구하였다. 소련 사람들의 표현에 의하면 마오쩌둥은 입장은 아주 명확하였다. 즉, 중공은 북조선 동지들을 도울 수 있지만, 이것은 남쪽으로부터 공격을 받은 상황에서 중국이 허락한 것을 실행하는 것을 전제로 말하는 것이라고 하였다.[127]

마오쩌둥이 모스크바를 방문하던 기간 동안 스탈린과 북한은 화급하게 군사적 공격을 감행하려는 문제에 대해 토론 하였다. 시점은 대략 1월 19일에서 30일 사이로 보인다. 그들은 당시 어떠한 결론도 내지 못하였고 후에 다시 논의하기로 하였다.[128]

4월 10일, 스탈린은 모스크바에서 비밀리에 김일성을 다시 만났고, 쌍방은 북한이 군사 행동을 취하는 것에 대해 의견의 일치를 보았다. 앞서 말한 바와 같이 김일성은 5월 13일 비밀리에 베이징을 방문하였고, 스탈린의 지시에 따라 마오쩌둥에게 모스크바 회담 결정을 보고 하였다. 저우언라이는 당일 긴급히 소련의 주중대사인 로시친(Roschin, N)을 만나 스

---

126 中共中央文獻硏究室、中央檔案館編: ≪建國以來劉少奇文稿≫, 第1冊, 第425頁。
127 ≪科瓦廖夫關于毛澤東与金一會談的情況致斯大林電≫, 1949年5月18日, 沈志華編: ≪朝鮮戰爭: 俄國檔案館的解密文件≫, 上冊, 第189-190頁。
128 尤.米.加列諾維奇著, 部彦秀和張瑞璇譯: ≪兩大領袖斯大林与毛澤東≫, 四川人民出版社1999年版, 第429頁。

탈린 본인이 정말로 김일성의 계획에 동의하였는지 여부를 확인하였다. 로시친은 모스크바에 보낸 전보에서 "중국 동지들이 신속한 회신을 원한다."라고 하였다.[129] 다음날, 스탈린은 소련의 중국주재 대사관을 통해 마오쩌둥에게 "국제정세가 이미 바뀌었으므로, 김일성의 계획을 허락하였다. 그러나 만약 마오쩌둥이 동의하지 않는다면 이 문제를 다시 논의할 수 있다."라고 하였다.[130] 마오쩌둥은 김일성의 모험을 반대할 기회가 있었지만 결과적으로 그렇게 하지 않았다. 직접적인 이유는 당시 김일성과 스탈린이 모두 승리에 대한 자신감을 가지고 있었고, 특히 김일성이 북한은 중국의 원조가 필요 없다고까지 표현하였기 때문이다.[131] 이런 상황하에서 마오쩌둥은 뚜렷하게 반대할 이유를 찾지 못했던 것이다.

전후 한반도의 형세를 살펴보면 한반도는 줄곧 미소 간 경쟁의 무대였고, 이곳의 형세는 미소 간 외교적 충돌과 절충의 무대였다. 중국의 입장에서 보자면 국민 정부의 경우 이 지역에 전혀 관심을 두지 않았고, 중국공산당 역시 북한과의 관계가 그리 깊지는 않았다. 물론 북한은 일찍이 동북의 중공 군대에 일부 물자 지원을 제공한 적이 있으며, 중공 군대 역시 일찍이 북한의 국경지대에 보호소를 건립하여 부상병을 돕고 물자를 비축한 적이 있었다.

중공군이 창장을 건넌 후, 김일성은 마오쩌둥과 스탈린에게 동아시아 공산당 정보국과 같은 조직 건설을 제안하였다. 1949년 3월 상순 그는 모스크바를 방문하였다. 2개월 후, 그는 중공 지도자들에게 동아시아 공산당 정보국 건립을 적극적으로 지지한다고 하면서 이를 통해 중국과

---

129 ≪羅申關于金日成与毛澤東會談情況的電報≫, 1950年5月13日, 沈志華編: ≪朝鮮戰爭: 俄國檔案館的解密文件≫, 上冊, 第383頁.
130 ≪史達林關于同意朝鮮同志建議致毛澤東電≫, 1950年4月14日, 沈志華編: ≪朝鮮戰爭: 俄國檔案館的解密文件≫, 上冊, 第384頁.
131 ≪什特科夫關于金日成訪華計划致維辛斯基電≫, 1950年5月12日, 沈志華編: ≪朝鮮戰爭: 俄國檔案館的解密文件≫, 上冊, 第381-382頁.

북한이 더욱 긴밀하게 묶이기를 희망하였다.[132] 한편 만약에 동아시아 공산당 조직이 생긴다면 북한으로서는 대국정책에 영향을 미칠 무대가 하나 더 생기는 것을 의미했다. 또한 이곳에서 무산계급 국제주의의 도덕원칙이 장차 주도적인 지위를 가지게 될 것이고, 이에 북한이 민족해방의 깃발을 휘날리면 거대한 시너지 효과를 낼 것이라고 본 것이다. 김일성의 건의는 마오쩌둥과 스탈린에게 거절당했다. 그들이 거부한 이유는 서로 달랐다. 마오쩌둥은 스스로 그렇게 하는 것을 좋아하지 않았고, 스탈린은 마오쩌둥이 그렇게 하는 걸 좋아하지 않았다. 당시 중국 지도자들은 대부분 국내 업무에 집중하고 있어서 중국 군대의 주요 임무 역시 티베트에 대한 진군과 타이완 공격을 준비함으로써 악당 토벌을 완료하는 것이었다. 중국 지도자들은 확실히 이 부분을 더욱 중요시하고 있었다.

사실이 증명하듯 김일성의 무력사용을 허락하고 지지한 것은 스탈린의 심각한 전략적 판단 착오였다. 한국전 발발 후 미국은 신속히 참전했을 뿐만 아니라 동아시아 지역 전체에서 군사 행동을 시작했다. 6월 25일 회의에서 트루먼은 제7함대의 타이완 해협 진입을 비준하였다. 다음날 그는 인도차이나의 프랑스 군대와 바오 다이 정권에 대규모의 군사적 지원을 허락하고 필리핀에 있는 미군의 군사력을 강화시켰다.[133] 결과적으로 미국은 동아시아에서 비중 축소라는 전략적 방침을 완전히 바꾸게 되었고, 이로 인해 이 지역의 전략적 배치에도 실질적인 변화가 생기게 되어 중국은 장차 동북아, 동남아 그리고 타이완 해협 등 세 개의 전략적 중심에서 미군의 압력과 마주하게 되었다.

---

132 ≪科瓦廖夫關于毛澤東与金一會談的情況致斯大林電≫, 1949年5月18日, 第189-190頁. ≪史達林与金日成、朴憲永的會談記錄≫, 1950年4月10日, ≪科瓦廖夫關于毛澤東与金一會談的情況致斯大林電≫, 1949年5月18日, 沈志華 編: ≪朝鮮戰爭: 俄國檔案館的解密文件≫, 上冊, 第334頁.
133 資中筠: ≪戰后美國外交史--從杜魯門到里根≫, 上冊, 第206-207頁.

트루먼 정부의 군사배치는 한 가지 기본적인 판단하에 결정되었다. 즉, 소련은 이 전쟁에 직접 참전하지 않을 것이라는 사실이었다. 김일성의 이러한 모험은 때마침 미국이 가치 있는 행동을 하는데 좋은 기회를 제공하였다.[134] 그들의 판단은 정확하였다. 스탈린은 북한의 침략을 지지하였지만, 김일성의 실패로 인해 많은 대가를 치를 생각은 없었다. 트루먼 정부가 대대적으로 전쟁 참가를 선포하던 그 순간부터 스탈린은 자신의 전략적 판단의 실패를 깨닫고 마음이 불안해지기 시작하여 시선을 중국으로 돌리기 시작하였다. 왜냐하면 중국과 북한은 1,300여 킬로미터에 해당하는 국경선을 공유하고 있었고 동북지방은 중국의 중공업 기지였기 때문이다. 사실 중국의 한반도에서의 전략적 이익은 소련을 뛰어넘고 있었다. 중국의 동북지방은 전쟁 발발과 더불어 전쟁에 휘말려 북한의 전략적 후방기지 역할을 하고 있었다. 7월 상순 동북지방은 소련에 의해 북한에 물자를 운송하는 주요 기지로 선정되었다.[135] 동북의 안전은 이 때문에 북한이 처한 어려움과 분리할 수 없었다. 이 밖에 황해의 화북지역 안전에 대한 가치는 말하지 않아도 알 것이다. 순망치한(脣亡齒寒)이란 사자성어를 통해 한반도의 중국 화북지역의 지정학적 안보에 대한 의미를 표현하는 것은 실제로 그럴만한 이유가 있는 것이었다.

중국 지도자들과 미군의 개입 후 소련에서 한반도 정세에 관한 토론을 최초로 기록한 날은 7월 2일이다. 즉, 미군이 전면적으로 참전한 삼일째 되는 날로 저우언라이와 주중 소련 대사인 로시친(Roschin)이 회담을

---

134 "Memorandwinm of Conversation, by the Director of the Office of Chinese Affairs (Clubb)", [Washington,] August 14, 1950, FRUS, 1950, VOL.II, The United Nations, p. 263.
135 周恩來: 《中央關于幇助朝鮮運輸物資事給高崗的電報》, 1950年7月9日; 《中央關于向蘇聯臨時開放航空及鐵路事給高崗的電報》, 1950年7月11日, 中共中央文獻硏究室、中央檔案館編: 《建國以來周恩來文稿》, 第三冊, 中央文獻出版社2008年版, 第17, 31-32頁.

거행하였다. 저우언라이는 회견 중에 김일성의 군사적 모험에 불만을 표시했다. 그는 미군의 참전형세를 분석한 후 만약 미군이 38선을 넘는다면 중국은 장차 지원군을 보내 전쟁에 참여하겠다고 하였다.[136] 중국 지도자들의 이러한 우려에는 일리가 있었음이 증명되었는데 사실 그들은 북한의 앞날에 대해 심각한 걱정을 가지고 있었다. 7월 5일, 스탈린은 이번 회담의 보고를 받은 후 로시친을 통해 저우언라이에게 중국의 군사적 준비는 정확한 것이며, 소련은 장차 최선을 다해 참전 부대를 위한 공중 엄호를 제공하겠다고 하였다.[137] 스탈린은 특히 직접 나서서 중국 지도자들이 최대한 빨리 북한에 대표를 파견하여 연락을 쉽게 하고 신속히 문제를 해결할 것을 독촉하였다.[138] 확실히 이때 그는 마음의 안정을 찾지 못한 면이 있었다. 그러나 이때의 왕래로 인해 소련이 중국의 한국전 출병에 가장 중요한 작용을 하였다라고 단정짓는 것은 사실과 부합하지 않는 과장된 표현이라 할 수 있다.

내전의 발발과 신중국 성립 전후까지 중국의 지도자들은 미국을 혁명의 주적이자 국가안보의 핵심 위협으로 보고 있었다. 이는 그들이 소련과의 동맹을 결정하게 된 주요원인 가운데 하나였다. 그러나 그들은 당시 미국의 군사위협이 바로 눈앞에 놓여진 것이라고는 생각하지 않았다. 심지어 해방군이 타이완을 공격한다 하더라고 미국이 직접적으로 군사적 간섭을 할 가능성은 크지 않다고 보았다.[139] 그러나 미국의 동아시아에서

---

136 參閱沈志華主編: 《中蘇關系史綱》, 第128頁。
137 《史達林關于中國在中朝邊境集結部隊問題致羅申電》, 1950年7月5日, 沈志華編: 《朝鮮戰爭: 俄國檔案館的解密文件》, 上冊, 第431頁。
138 《史達林關于中國盡快向朝鮮派出代表問題致羅申電》, 1950年7月8日, 沈志華編: 《朝鮮戰爭: 俄國檔案館的解密文件》, 上冊, 第437頁。
139 可參閱 He Di, "The Last Campaign to Unify China': The CCP's Unmaterialized Plan to Librate Taiwan, 1949-1950", *Chinese Historians*, Spring 1992, Vol. 5, No.1, p.13

의 전면적인 군사개입은 중국 지도자들의 지역 내 안보 형세에 대한 판단에 근본적인 변화를 가져 왔으며, 그들의 이러한 불안감은 전쟁에서 북한이 주도권을 상실함에 따라 점차 커져갔다.

북한군이 아직까지 전쟁의 주도권을 쥐고 있을 때 중국 관방매체의 미국의 간섭에 대한 비난은 주로 미군의 타이완 해협 봉쇄에 집중되었다. 그러나 내부적으로 중국 지도자들의 상황 판단은 심각했다. 그들은 미국이 한반도에서 무력을 사용할 뿐만 아니라 타이완 해협과 동남아시아에서도 군사적 배치를 강화할 것이라고 여겼다. 이는 한국전이 미국이 동아시아에서 보다 큰 규모로 군사적 확장을 진행하는 빌미가 될 것임을 보여주는 것이었다.[140] 8월 26일 저우언라이의 연설은 이러한 견해를 반영한다. 즉, "미국은 한반도에서 돌파구를 찾으려 하고 있으며, 다음은 필연적으로 베트남과 기타 원 식민지 국가를 힘으로 굴복시키는 것이 될 것이다. 이 때문에 한국전은 적어도 동아시아 투쟁의 초점이 된다."[141] 이러한 도미노 효과에 대한 걱정은 미군이 38선을 넘은 이후 더욱 심화되었고, 결국 중국 지도자들이 파병을 결정하는 거시적인 배경이 되었다. 마오쩌둥은 후에 중국의 파병 이유를 설명하는 자리에서 시종일관 국제정세를 강조하였는데, 특히 이중에서도 전체 동아시아 정세의 필요를 강조하였다.[142] 중요한 사실은 중국의 군사고문단이 마침 이때 베트남에 진입하여, 중국이 한반도와 인도차이나 두 곳에서 군사행동을 진행하는 것에

---

140 ≪周恩來外長斥責美國武裝侵略台湾的聲明≫, 1950年6月28日, ≪中美關系資料匯編≫, 第二輯, 第91--92頁
141 周恩來: ≪充分准備, 出手卽胜≫, 1950年8月26日, 中共中央文獻研究室、解放軍軍事科學院編: ≪周恩來軍事文選≫, 第四卷, 第43-44頁.
142 毛澤東: ≪志愿軍入朝參戰及參戰后的戰略方針問題≫, 1950年10月2日, 中共中央文獻研究室、中央檔案館編: ≪毛澤東軍事文集≫, 第六卷, 第106--108; ≪毛澤東關于中國人民志愿軍應当和必須入朝參戰給周恩來的電報≫, 1950年10月13日, ≪党的文獻≫, 2000年第5期.

는 명백한 상호작용이 존재하였다.

7월 7일, 중앙 군사위원회는 동북 변방군을 조직하기로 결정하였다. 원래 타이완 공격 작전지휘를 맡았던 쑤위(粟裕)가 동북 변방군의 총사령관이자 정치위원에 임명되었다.[143] 8월 4일 정치국 회의에서 마오쩌둥은 재차 미국의 한국전 개입으로 인한 도미노 효과를 언급하였다. 그는 "만약 미 제국주의가 승리한다면 득의양양하게 될 것이고, 우리를 위협하게 될 것이다. 따라서 반드시 북한을 도와야 한다."고 하였다.[144] 8월 26일 저우언라이는 군사회의에서 필연적으로 타이완 공격을 연기하고, 해방군은 북한 원조를 준비함으로써 미군과의 전투에 대비해야 한다고 이야기하였다.[145] 중국은 이후 동북지역에서 대규모로 군대를 집결시키고, 기존 4개 군을 8개 군으로 증가시키며, 동북의 방공능력 강화에 착수하였다.[146] 원래 타이완 공격을 준비하던 제9병단과 해산중이던 제19병단 역시 텐진, 푸커우와 룽하이, 쉬저우로 집결시켰다. 중앙 군사위원회의 계획에 따르면 동북으로 들어온 주력부대는 9월에 작전준비를 완료해야만 했다.[147] 중국 지도자들의 전세에 대한 판단은 스탈린의 생각보다 훨씬 더 심각했다.

---

143 中共中央文獻硏究室、中央檔案館編: ≪建國以來周恩來文稿≫, 第3冊, 第34-35頁。
144 薄一波: ≪若干重大決策与事件的回顧≫, 中共中央党校出版社1991年版, 上卷, 第43頁。
145 周恩來: ≪充分准備, 出手卽胜≫, 1950年8月26日, 中共中央文獻硏究室、解放軍軍事科學院編: ≪周恩來軍事文選≫, 第四卷, 第43-45頁; 雷英夫: ≪抗美援朝戰爭几个重大決策的回憶(續一)≫, ≪党的文獻≫, 1994年第一期, 第24-25頁。
146 毛澤東: ≪須集中十二个軍以便机動≫, 中共中央文獻硏究室、解放軍軍事科學院編: ≪毛澤東軍事文集≫, 第六卷, 第97頁。
147 毛澤東: ≪東北邊防軍務必在九月三十日以前完成一切作戰准備≫, 1950年8月18日, 中共中央文獻硏究室、解放軍軍事科學院編: ≪建國以來毛澤東軍事文稿≫, 上卷, 第184頁。

소련의 평양주재 대사관과 북한 군대에 있던 소련 고문은 스탈린에게 전쟁의 상황을 사실대로 보고하지 않았거나 적시에 전쟁에서 발생한 핵심적인 변화를 보지 못했을 가능성이 높다. 8월 28일, 스탈린은 북한주재 소련 대사를 통해 김일성에게 편지 한 통을 보냈다. 편지에서 스탈린은 김일성이 영도하는 위대한 해방전쟁이 찬란한 승리를 거둠을 축하하고, 유엔군이 빠른 시일 내에 한반도에서 쫓겨나게 될 것을 확신한다는 말을 하였다. 3일 후 김일성은 회신을 통해 깊은 감동을 받았으며, 경애하는 지도자에 감사드리며, 미국의 간섭에 반대하는 철저한 승리를 거둘 것을 다짐한다고 하였다.[148] 스탈린이 축하 전문을 보내기 3일 전인 8월 25일, 저우언라이는 국무원 제47차 정무회의에서 한국전쟁은 오래 지속될 가능성이 높아졌으며, 북한은 장기전에 대비해야 한다고 지적하였다.[149]

8월 31일, 김일성이 스탈린에게 공개적으로 철저한 승리를 거둘 것이라고 선언한 당일, 해방군 제13병단의 지도자인 덩화(鄧華), 훙쉐즈(洪學智)와 제팡(解放) 등은 연명(連名)으로 중국의 한국전 전략분석 보고서를 제출하였다. 그들은 모두 제4 야전군의 장군들이었으므로 이 보고는 린뱌오에게 전해졌다. 린뱌오는 보고를 본 후 마오쩌둥에게 전달하였다. 이 보고서는 단언컨대 북한은 이미 승리의 기회를 상실하였고, 전쟁은 이미 장기전이 되어 가고 있으며, 북한의 지상군의 우세도 그다지 크지 않다고 설명하고 있다. 보고서는 또한 중국이 참전을 면하기 어려운 상황이며 문제는 만약 공군의 참여가 없다면 신속하게 적을 섬멸하는 목적을 이루기 매우 어렵다고 하였다.[150] 후의 상황 발전은 해당 보고서의 판단이

---

148 轉引自尤.米.加列諾維奇著, 部彦秀和張瑞璇譯: ≪兩大領袖斯大林与毛澤東≫, 第436頁.
149 中共中央文獻研究室編: ≪周恩來年譜1949-1976≫, 上卷, 第69頁.
150 ≪關于邊防軍作戰准備情況問題給林彪的報告≫, 1950年8月31日, ≪志愿軍第一任參謀長解方將軍≫編寫組編: ≪志愿軍第一人參謀長解方將軍(1908-1984)≫, 軍事科學出版社1997年版, 第94-95頁.

정확하고 선견지명이 있었음을 반증한다. 이 보고서는 중국 군사정책 결정 과정중의 실무적인 면모를 특별히 반영하고 있다. 린뱌오가 후에 출병문제에서 신중에 신중을 기했던 것도 그의 휘하에 있던 여러 장군들의 생각과 매우 큰 관계가 있었기 때문이다.

9월 1일, 동북에 있던 가오강 역시 마오쩌둥에게 한국전 전세와 동북지방의 안보상황에 대해 종합적인 보고서를 제출하였다. 그는 북한이 만약 작전방침을 바꾸지 않는다면 큰 손해를 입을 가능성이 많고, 중국의 참전은 충분한 후방보급이 필요할 뿐만 아니라 동북이 장차 대규모 폭격을 받을 수 있음을 필히 고려해야 한다고 지적하였다. 그는 방공을 강화하고 남만주 지역의 주요 공장설비를 내륙으로 옮겨 폭격을 피해야 한다고 제안하였다.[151] 마오쩌둥은 이때만 하더라도 중국의 참전은 즉시 진행될 것이 아니라고 생각했으며, 북한이 이미 무력통일을 실현할 수 없긴 하지만 여전히 많은 병력을 활용할 수 있어 비교적 장시간 버틸 수 있다고 보았다.[152] 이때 그는 여전히 손수 베트남의 국경작전을 지휘하고 있었고, 동남 연해의 군사방위 업무 배치작업도 하고 있어서 북한에 군사 관찰인원을 파견하는 것에 그다지 적극적이지 않았다.

9월 15일, 미군의 인천상륙으로 한반도 정세가 급변하기 시작하였고 북한에는 곧바로 패배의 조짐이 나타났다. 9월 18일, 북한 주재 중국대사인 니즈량(倪志亮)은 상황이 급변하고 있음을 알려왔다. 중국 지도자들은 즉시 회신을 통해 김일성에게 속전속결의 환상을 버리고 자력갱생과 장기전투를 준비해야 하며, 관건은 바로 38선 이북을 지켜내는 것임을

---

151 中共中央文獻研究室、解放軍軍事科學院編: 《建國以來毛澤東軍事文稿》, 上卷, 第200頁.
152 毛澤東: 《對東北邊防軍准備工作等問題報告的批語和夏信》, 1950年9月3日; 《朝鮮戰局和我們的方針》, 1950年9月5日; 中共中央文獻研究室、解放軍軍事科學院編: 《建國以來毛澤東軍事文稿》, 上卷, 第198,201頁.

전달하였다.¹⁵³ 이로써 알 수 있듯이 중국 지도자들은 참전이 그들의 피치 못할 선택이 되기를 희망하지 않았다. 그들은 이때 동북에서의 전투 준비 업무를 강화하여 동북의 방위능력을 강화하고자 하였다. 그러나 동북에서의 방위능력 강화과정 중 발견한 문제는 오히려 중국 지도자들이 북한에 군사를 파견하는 상당히 중요한 이유가 되었다.

가장 우선적인 문제는 동북지방의 방공문제였다. 저우언라이는 공군사령부 유관부서 보고를 통해 동북지역에 작전수행 비행장을 수리 또는 건설하는 계획을 심의할 당시 비록 군사적으로 필요하다 하더라도 그 건설유지 비용이 이미 국가재정이 감내할 수준을 많이 넘었음을 알고 있었다. 그는 마오쩌둥에게 보낸 보고에서 "가장 어려운 문제는 예산 비준의 문제이며, 동북에서 하나의 비행장을 유지하기 위해서는 1억 근에 해당하는 식량을 써야 하는데 이 경우 장차 얼마의 손해를 보게 될지 모르겠다."라고 하였다. 마오쩌둥 역시 저우언라이의 의견에 공감하였다.¹⁵⁴

다음은 동북의 공장 이전 문제였다. 가오강이 남만주 지역의 공장 이전을 제안한 후, 마오쩌둥은 "문제가 심각하다. 적극적인 방공부터 착수하며, 주요 부분은 옮기지 않고 부분적으로 옮기는 것이 좋겠다."라고 하였다.¹⁵⁵ 후에 입안된 공장이전 원칙을 보자면 이것은 거의 완성이 불가능한 계획이었다. 하물며 이 원칙은 이미 이전 준비가 완료된 계획에 한하며, 생산에 가능한 한 영향을 미치지 않는다는 생각의 기초하에서 만들어졌다. 이를 통해 공장이전 계획이 실제로 집행하기 어려웠음을 알 수

---

153 周恩來: ≪關于朝鮮人民軍作戰方針的電報≫, 1950年9月20日, 中共中央文獻研究室、中央檔案館編: ≪建國以來周恩來文稿≫, 第3冊, 第311頁.
154 周恩來: ≪關于空死修建机場經費問題給毛澤東的報告≫, 1950年9月29日, 中共中央文獻研究室編: ≪建國以來周恩來文稿≫, 第3冊, 第342-343頁.
155 毛澤東: ≪對東北邊防軍准備工作等問題報告的批語和夏信≫, 1950年9月3日, 第199頁.

있다.[156] 더욱 번거로운 일은 동북에서 북한을 위해 물자를 보관해야 한다는 사실이었고, 북한도 역시 동북으로 기계설비를 옮기고자 하였다. 북한은 이미 동북을 그들의 전략적 후방기지로 삼고 있었다.[157]

결과적으로 동북의 전쟁준비 과정 중 악순환이 발생하였다. 중국 지도자들은 대규모로 공장과 광산 설비를 옮기는 것을 원하지 않았고, 적극적인 방공활동을 통해 문제를 해결하기를 희망하였다. 그러나 방공에 필요한 비행장은 막대한 자본이 들어 재정적으로 부담하기가 어려웠던 것이다. 따라서 북한에 직접 가서 작전을 함으로써 동북을 안보의 위협에서 벗어나게 하는 것이 더욱 합리적이었던 것이다. 10월 24일, 중국이 참전한 지 얼마 되지 않은 시점에 저우언라이는 광범위한 회의석상에서 정책 결정과정 중 맞닥뜨렸던 어려움과 중국 파병의 부득이한 점을 소개하였다.[158]

북한군은 마오쩌둥이 예상한 것처럼 그렇게 오랜 시간을 버티지 못하였다. 그들은 미군이 인천에 상륙한 후 신속하게 붕괴되기 시작하였다. 9월 27일, 소련 공산당 중앙정치국 위원들은 회의를 소집하였는데 그들이 토론한 내용과 결정은 보기에 황당한 면이 적지 않다. 회의는 한반도의 군사 상황을 토론하고 스탈린이 북한에 있는 소련 고문들에게 지시하는 전보를 비준하였다. 스탈린은 전보에서 소련 고문의 실수를 호되게 야단친 후 탱크, 대포 및 장애물 이용방법에 대해 진지하게 이야기하였으며, 교량, 산 어귀, 나루터 등 중요지역을 반드시 점령함으로써 주력이 통과하는데 도움이 되어야 한다고 하였다. 결과적으로 새로운 방어선 건

---

156 中共中央文獻硏究室編: ≪建國以來周恩來文稿≫, 第3冊, 第294-295頁。
157 周恩來: ≪關于同意朝鮮在中國設立倉庫等事給倪志亮等的電報≫, 1950年9月29日, 中共中央文獻硏究室編: ≪建國以來周恩來文稿≫, 第3冊, 第345頁。
158 周恩來: ≪抗美援朝, 保衛和平≫, 1950年10月24日, 中共中央文獻硏究室、解放軍軍事科學院編: ≪周恩來軍事文選≫, 第4卷, 人民出版社1997年版, 第77頁。

립방법을 강구한 것이다.¹⁵⁹ 전술적 측면의 이러한 지시를 보냈다는 것은 스탈린의 군사문제에 대한 사고가 이미 심각한 혼란에 빠져 있었으며 기본적으로 어찌할 바 모르는 것을 증명할 뿐이었다. 회의의 또 다른 결정은 UN 주재 소련대표에게 미국과의 접촉방법을 찾아보고 한반도 문제의 평화로운 해결 가능성에 대해 이야기 해보라는 것이었다. 이 시기에 미국에 한반도 문제의 평화로운 해결 제안을 검토했다는 것은 매우 황당한 일이었다. 이러한 외교적 자세는 자신의 전략적 상대에게 소련은 김일성을 버릴 준비를 하고 있으며, 가장 좋은 예상 역시 굴욕적인 조약을 맺는 것임을 말해주는 것이었다.

평양 역시 당황해서 어찌할 바를 몰랐다. 9월 30일, 김일성은 시티코프를 만나 북한 군대에 기율이 느슨하고 명령에 불복종하는 등의 문제가 있음을 이야기하였다. 그는 소련 대사에게 북한이 어떻게 하면 좋을지? 그리고 미군은 38선을 넘을 것인지? 만약 미군이 38선을 넘지 않는다면 북한은 스스로의 힘으로 나라를 통일할 수 있지만, 만약 반대의 경우라면 북한은 효과적으로 적을 공격하는 것이 힘들다고 하였다.¹⁶⁰ 김일성의 말에 조리가 없고 논리에 문제가 있는 것을 통해 그의 마음이 이미 극도로 혼란했음을 알 수 있다. 김일성은 또한 시티코프를 통해 스탈린에게 한 통의 원조 요청서를 보냈다. 그는 편지에서 경애하는 스탈린 동지가 죽음의 위기에 이른 그를 한번만 구해 주기를 요청하고, 북한은 소련의 직접적인 군사원조가 간절히 필요하다고 하였다. 그는 매우 감정에 사로잡힌 말투로 만약 경애하는 이오시프 비사리오노비치 주가시빌리(역자 주: 이

---

159 《聯共(布)中央政治局關于扭轉朝鮮局勢指示的決議》, 1950年9月27日; 《聯共(布)中央政治局關于同意与美方接触的決議》, 1950年9月27日; 沈志華編: 《朝鮮戰爭: 俄國檔案館的解密文件》, 中冊, 第555,556頁.

160 《什特科夫關于与金日成的會談情況致葛羅米柯電》, 1950年9月30日, 沈志華編: 《朝鮮戰爭: 俄國檔案館的解密文件》, 中冊, 第561-562頁.

오시프 비사리오노비치 주가시빌리는 스탈린의 본명이다.)께서 소련의 직접적인 출병을 원하지 않으면 중국 등의 국가가 지원 부대를 조직하여 북한에서 전투에 참여할 수 있도록 도와달라고 하였다.[161]

스탈린은 확실히 소련군 파병을 원하지 않았다. 소련 공산당 정치국이 30일 당일 내린 결정에서도 비록 북한의 멸망을 좌시할지언정 미국과는 전투를 벌이지 않겠다고 하였다. 다음날 스탈린은 김일성의 요구에 답하고 동시에 자신이 면한 어려움에서 벗어나기 위하여 베이징에 중국이 군사를 파병하여 북한을 돕기를 원한다는 전보와 편지를 보냈다. 스탈린은 전보에서 먼저 북한은 소련이 일찍이 제시했던 정확한 지시를 집행하지 않아 지금은 저항할 수 없는 무력한 부대가 되었다고 하였다. 그리고 그는 중국에 비록 5, 6개 사단이라도 좋으니 북한이 38선 이북에서 예비역량을 조직하는데 도움이 되었으면 한다고 하였다. 그는 김일성과 중국의 파병과 관련한 논의를 할 생각이 없다고 말했는데 이는 중국 지도자들에게 선택을 할 여유를 주겠다는 의미였다.[162]

김일성 본인은 당일 심야에 평양주재 중국대사인 니즈량을 만나 미군이 38선을 넘으면 중국군이 출병하여 원조해주기를 바란다는 요청을 하였다. 김일성은 또한 박헌영과 연명으로 마오쩌둥에게 편지를 써서 중국이 군사적 지원을 해주기를 희망하였다.[163] 이때 한국군은 이미 38선을 넘어서기 시작하였고, 중국 지도자들은 어쩔 수 없이 한반도에 군대를 파병해 직접적으로 미국과 전투를 벌일지 여부를 선택하게 되었다. 그들의 최종적인 판단은 결과적으로 근 30여 년 동안 동아시아 냉전체제를

---

161 ≪什特科夫關于轉呈与金日成給史達林的求援信致葛羅米柯電≫, 1950年9月30日, 沈志華編: ≪朝鮮戰爭: 俄國檔案館的解密文件≫, 中冊, 第563-565頁.
162 ≪史達林關于建議中國派部隊援助朝鮮問題致羅申電≫, 1950年10月1日, 沈志華編: ≪朝鮮戰爭: 俄國檔案館的解密文件≫, 中冊, 第571頁.
163 逄先知、金冲及主編: ≪毛澤東傳1949-1976≫, (上), 中央文獻出版社2003年版, 第113頁.

지속하게 만들었고 그 주된 특징은 중미 간의 치열한 대립과 위기의 모습으로 나타났다.

마오쩌둥은 모스크바와 평양으로부터 도움 요청을 받은 후에 먼저 스탈린에게 보내는 보고서를 만들었다. 이 보고서가 보내졌는지는 불분명하다. 그는 이 전보에서 북한이 중국의 경고를 무시하고 군사적 모험을 했으며, 김일성은 계속해서 중국이 미군의 인천상륙을 방지하라는 경고를 무시하여 지금의 참혹한 결과를 가져왔다고 지적했다. 이를 통해 당시 중국 지도자들은 북한의 모든 정책결정에 대해 상당한 불만을 가지고 있음을 알 수 있다. 실제로 이는 스탈린을 간접적으로 비판한 것이라 할 수 있다.[164] 그러나 다른 한편으로 마오쩌둥은 가오강에게 즉시 베이징의 회의에 참석할 것을 명령하고, 동시에 동북 변방군에게 전투준비를 마치고 언제든지 출동할 준비를 하며 원 계획에 따라 새로운 적과 싸움을 할 수 있도록 하라고 지시하였다.[165] 그는 또한 김일성에게 전보를 보내 전략적 위로를 하면서 아직 희망은 있으며, 지금 중요한 것은 두려워하거나 동요하지 않는 것이라 하였다.[166]

이 시기 마오쩌둥 본인은 파병에 대해 한치의 망설임도 없었다고 할 수 있다. 이는 이미 형성된 그의 미국의 위협에 대한 인식과도 연관이 있었고, 그의 장기적인 전쟁경험과도 연관이 있었으며, 그의 베트남전쟁 과정 중 형성된 국제주의 의무감과도 관련이 있었고, 그가 이미 배치한 군사적인 준비와도 관계가 있었다. 물론 이중 가장 중요한 점은 바로 마오쩌둥의 뚜렷한 개성과 연관이 있었다는 점이다. 모든 중국의 지도자들

---

164 參見逢先知、金沖及主編: ≪毛澤東傳1949-1976≫≫, (上), 第113頁.
165 毛澤東: ≪東北邊防軍隨時待命出動≫, 1950年10月2日, 中共中央文獻研究室、解放軍軍事科學院編: ≪建國以來毛澤東軍事文稿≫, 上卷, 第225頁.
166 毛澤東: ≪无法北撤的朝鮮人民軍應在原地堅持打游擊≫, 1950年10月2日, 中共中央文獻研究室、解放軍軍事科學院編: ≪建國以來毛澤東軍事文稿≫, 上卷, 第229頁.

이 같은 상황에 처한다고 하더라도 당시 이렇게 즉각적으로 명확하고 격렬한 반응조치를 취할 수 있는 사람은 마오쩌둥이 유일무이하다.

마오쩌둥은 서기처의 회의를 소집하기 전에 먼저 스탈린에게 보내는 전보를 통해 그가 군사를 이끌고 압록강을 건너려고 하는 웅대한 의지를 표명하였다. 그는 스탈린에게 중국의 전략적 안보이익을 뛰어넘는 동아시아라는 가장 높은 단계에 서서 베이징은 이미 중국군을 파견하여 북한에서 미군과 전투를 벌이기로 결정하였으며, 그렇지 않으면 미군이 한반도 전체를 점령한 후 더욱 멋대로 날뛰게 되어 전체 동아시아에 불리하게 될 것이라 하였다. 중국 군대의 참전 목표는 스탈린이 말한 바와 같이 단지 북한이 38선을 지켜내고, 북한 내에서 미국과 기타 국가의 침략군을 섬멸하고 쫓아내는 것이 아니었다. 마오쩌둥은 중국이 참전하기로 했으면 적어도 미국이 중국을 상대로 전쟁상태에 돌입한다고 선포하는 것을 준비해야 하며, 미 공군이 중국의 많은 대도시와 공업기지를 폭격하고 해군을 동원하여 연해지방을 공격하는 것도 감내해야 한다고 하였다. 마오쩌둥은 관건은 중국군이 북한 내에서 미군을 섬멸할 수 있는지 여부이며, 북한에서 전쟁에서 이긴다면 상황은 유리해질 것이라고 보았다. 물론 그도 가장 나쁜 경우를 예상하였는데 이는 양국군의 대치상황이 교착상태에 빠지고, 미국이 다시 한 번 중국과 공개적으로 전쟁상태에 돌입하는 것이라 하였다.[167] 이 전보는 사실 상당히 완정한 전략방안이라 할 수 있으며, 비교적 분명하게 마오쩌둥이 쟁취하고자 하는 최상의 목표와 피하고자 하는 최악의 국면을 서술하고 있다.

마오쩌둥의 이 전보는 결국 발송되지 않았다. 왜냐하면 이어서 소집된 중앙 서기처 회의에서 아무도 그의 선택을 지지하지 않았기 때문이다.

---

[167] 毛澤東: 《關于派志愿軍入朝參戰問題》, 1950年10月2日, 中共中央文獻研究室、解放軍軍事科學院編: 《建國以來毛澤東軍事文稿》, 上卷, 第226頁.

마오쩌둥은 회의 참석자들에게 상황이 이미 매우 심각함을 설명하였으나 결과적으로 아무런 효과를 거두지 못했다. 이 회의는 린뱌오를 대신해 펑더화이(彭德怀)를 지원군 사령관으로 임명하고, 4일 확대 정치국 회의를 소집하여 파병문제를 토론하였다. 마오쩌둥은 둘째 날 중국주재 소련 대사에게 정책 결정집단의 반대의견을 설명하고, 미국과 중국의 직접적인 충돌이 중국의 평화건설 계획을 파괴하고, 이로 인해 국내에서 갖은 불만을 일으키고 있음을 걱정하였다.[168] 이는 마오쩌둥과 회의 참석자들이 모두 걱정하는 가장 부정적인 영향이었다. 중국 정책 결정자들에게 이런 상황이 오게 된 이유는 비록 중국 지도자들이 계속해서 군사적인 준비를 해오긴 했지만 실제로 이렇게 어쩔 수 없는 상황에서 전쟁에 참여하는 것을 생각해 본 적이 없기 때문이다. 북한 군대는 당시 하나의 변변한 방어선조차 만들지 못하고 있었다.

9월 15일 이후 중국은 미국을 겨냥한 일련의 외교적 행동을 취했다. 이러한 외교적 행동의 특징으로 볼 때 이를 일종의 국제위기 관리이론으로 분류할 수 있다. 당시 중국 지도자들은 다수의 외교적 경로를 통하여 미국에 중국의 안보에 대한 관심과 전략적 이익을 표명하였고, 직접적인 군사적 충돌을 모면하기 위해 중국이 받아들일 수 있는 마지노선을 분명히 전달하였다. 즉, 미군 지상군의 한반도에서의 작전범위가 38선을 넘지 않아야 한다는 것이다. 이러한 외교적 행동은 중국이 이후 국제위기 관리를 진행하는 기본모델의 초석을 다졌다고 할 수 있다.

9월 21일, 저우언라이는 중국주재 인도대사인 파니카(Panikkar)를 만난 자리에서 중국은 UN에 대해 어떠한 의무도 지지 않는다고 말하였다. 며칠 후 니에룽전(聶榮臻)은 파니카에 중국은 미국의 침략에 반격하기

---

168 ≪羅申關于毛澤東對出兵的態度問題致史達林電≫, 1950年10月7日, 沈志華 編: ≪朝鮮戰爭: 俄國檔案館的解密文件≫, 中冊, 第588-590頁.

위한 모든 준비를 마쳤다라고 하였다.[169] 9월 30일, 저우언라이는 베이징에서 국경절 연설을 통해 확실하게 경고를 한다. 즉, "중국 인민은 외국의 침략을 결코 용인할 수 없으며, 제국주의자들이 우리의 이웃에 대해 마음대로 행동하고 짓밟는 것을 받아들일 수 없다."라고 하였다.[170] 이 연설의 내용은 당연히 최고위층간의 토론을 거쳐 비준된 것으로 중국 지도자들의 이전 행동과 비교해 볼 때 그들 사이에 전쟁 위기감이 급속도로 증폭되었음을 반영하고 있다. 그들이 발표한 내용은 자국의 영토를 보위해야 할 뿐만 아니라 미국의 군사행동에 반격을 가해야 함을 보다 진일보하게 표현하고 있다. 왜냐하면 미군이 38선을 넘어 북한에 진입하는 것을 중국의 이웃에 대한 침략으로 보았기 때문이다.

10월 2일 중앙 서기처 회의가 끝난 후, 중국 지도자들은 위기관리를 위한 최후의 노력을 하였다. 저우언라이는 3일 새벽 중국주재 인도대사인 파니카를 방문하여 중국이 받아들일 수 있는 마지노선에 대해 분명하게 설명하였다. 즉, "미국 군대가 현재 38선을 넘어 전쟁을 확대하려고 하고 있다. 만약 미국군이 정말 이렇게 한다면 우리는 이를 결코 좌시할 수 없다."는 것이다. 저우언라이는 미군이 38선을 넘어서는 안 되는 이유는 이 선이 중국이 군대 파병을 결정하는 마지노선이기 때문임을 밝히고 있다.[171] 연설이 행해진 시간으로 볼 때 이때는 중국 정책 결정권자들 사이에 공통된 인식이 형성되었음을 보여준다.

중국 지도자들의 외교적 노력은 수포로 돌아갔다. 그러나 그들은 원래

---

169 參閱章百家: ≪"抗美援朝"与"援越抗美"－－中國如何應對朝鮮戰爭和越南戰爭≫, 見張沱生、史文主編: ≪中美安全危机管理案例分析≫, 世界知識出版社 2007年版, 第117頁.
170 周恩來: ≪爲鞏固和發展人民的胜利而奮斗≫, 1950年9月30日, 中共中央文獻研究室編輯委員會編: ≪周恩來選集≫, 下卷, 人民出版社1984年版, 第37頁.
171 周恩來: ≪美軍如越過三八線, 我們要管≫, 中共中央文獻研究室、中國人民解放軍軍事科學院編: ≪周恩來軍事文選≫, 第四卷, 第67－－68頁.

여기에 그다지 큰 희망을 걸지는 않고 있었다. 인도 측은 재빨리 영국 외교부를 통해 저우언라이의 말을 미국 정부에 전달하였다. 미국 국무원은 관련 부서의 보고를 받은 후 즉시 트루먼과 군대 지도자들에게 보고하였다. 동아시아와 중국 업무를 주관하는 국무원 책임자들은 모두 저우언라이의 경고에 대해 매우 신중하게 대하여야 하며, 결코 간단한 위협으로 보아서는 안 된다고 판단하였다. 그들은 일련의 조치를 취해 중국이 개입할 위험을 감소시켜야 한다고 제안하였다.[172] 그러나 미국 지도자들은 끝까지 선입견을 버리지 않고 중국 지도자들이 북한에 군대를 보낼 의지와 결심이 있다는 사실을 믿지 않았다. 그들은 중국 지도자들의 경고를 단순한 위협으로 보았다. 트루먼은 심지어 파니카를 공산당에 동조하는 인물로 보고 그가 중국 측의 반응을 확대했을 가능성을 이야기하면서 이런 이유로 심각하게 대처할 필요가 없고, 저우언라이의 말 역시 단지 UN에 대한 위협에 불과하다고 판단하였다.[173] 이런 역사를 좌지우지할 판단은 결국 미국에게 재앙과 같은 결과로 이어지게 된다.

저우언라이의 담화 발표 당일, 미 국무원은 인도주재 미국대사인 핸더슨(Henderson)에게 인도를 통해 중국 정부에 미국은 중국이 보낸 경고가 법률과 도덕의 근거가 부족하다고 여기고 있다는 점을 전달하도록 지시하였다. 또한 인도 측에 요청하여 인도주재 중국 대사관 인원들과 직접적으로 접촉할 기회를 만들어 미국은 중국과 충돌할 의도가 없으며, UN군 역시 중국의 안전에 위협을 가하지 않을 것이고, 미국 정부는 실태의 정

---

172 "Memorandum by the Deputy Assistant Secretary of State for Far Eastern Affairs (Merchant) to the Assistant Secretary of State for Far Eastern Affairs (Rusk)", [Washington,] October 3, 1950-10:30 a.m.; "*Memorandum by the Director of the Office of Chinese Affairs (Clubb) to the Deputy Assistant Secretary of State for Far Eastern Affairs (Merchant)*", [Washington,] October 4, 1950, *FRUS*, 1950, Vol. Ⅶ,KoreaWar: pp. 848-849, pp. 864-866.
173 杜魯門: ≪杜魯門回憶彔≫, 第二卷, 第431--432頁。

확한 조사를 통해 미군 항공기의 오폭으로 인해 중국 측에 발생한 손실을 배상할 준비를 하고 있음을 전달하고자 하였다.[174] 중국은 미국 측의 제안을 거절하였다. 왜냐하면 미국 측이 중국의 안전문제에 대해 어떤 확실하고도 의미 있는 표시를 하지 않았을 뿐만 아니라, 다른 어떠한 외교적 조치도 취하지 않았기 때문이었다. 중미 간 전쟁을 피할 수 있었던 최후의 기회가 이렇게 없어져 버렸다.

이후 며칠 동안 중공 정치국은 연이어 회의를 소집하고 파병문제를 토론하였다. 마오쩌둥은 펑더화이의 적극적인 지지하에 마침내 그의 동료들을 설득하였다. 10월 5일, 스탈린은 마오쩌둥에게 한 통의 전보를 보내어 소련은 장차 조약의 의무를 이행할 것임을 약속하였다. 그는 미국 역시 대규모 전쟁을 할 준비는 하지 않고 있으며, 만약 미국이 전쟁을 중국으로 확대한다면 소련은 중국과 함께 전쟁에 참여할 것이라 하였다. 그는 중국이 파병을 하게 되면 미국의 양보를 이끌어 내어 타이완을 포기하게 할 것이라 하였다. 그러나 만약 중국이 파병을 하지 않는다면 심지어 타이완 조차도 얻을 수 없을 것이라 하였다.[175] 그러나 이 전보는 다음날에서야 마오쩌둥의 수중에 도착하였다. 대략 스탈린이 앞서 언급한 전보를 보낸 시점에 중공 정치국은 이미 중국군 파병에 대한 최종결정을 내렸으며, 펑더화이는 당일 오후 마오쩌둥이 격앙된 어조로 의견을 말하는데 중요한 역할을 하였다.[176]

---

174 "The Ambassador in the Soviet Union (Kirk) to the Secretary of State", Moscow, October 3, 1950, 6 p. m.; "The Ambassador in India (Henderson) to the Secretary of State", New Delhi, October 5, 1950, FRUS, 1950, Vol.Ⅶ, Korean War, pp.851,876。
175 ≪史達林關于中國出兵問題致金日成的信≫, 1950年10月8日, 沈志華編: ≪朝鮮戰爭: 俄羅斯檔案館的解密文件≫, 中冊, 第591-592頁。
176 徐焰: ≪出兵入朝參戰決策确定的曲折過程≫, 見 ≪党史研究資料≫, 1991年第4期, 第11頁; 沈志華: ≪中國出兵朝鮮的決策過程≫, 見 ≪党史研究資料≫, 1996年第1期, 第9頁。

10월 6일, 마오쩌둥은 베트남의 중국 군사고문단이 이틀 전에 보내온 지시 요청전보에 답할 시간이 생겨 베트남 북부 국경지대에서 국경전투를 벌이라고 직접적으로 지도하였다. 마오쩌둥은 이때부터 중국 국경 밖 두 곳의 반도에서 동시에 전쟁을 지휘하기 시작하였다. 이에 아마도 스스로 자신의 군사 생애 중 가장 빛나는 시기 중의 하나라고 여겼을 것이며, 이것의 그의 정신상태와 사유방식에 대한 영향 역시 과소평가할 수 없다. 논리적으로 살펴본다면 이는 그가 미군과의 작전에 더욱더 적극적으로 몰입하게 하여 한층 더 큰 승리를 얻도록 하였다.

중국 지도자들의 미국의 군사간섭 이후에 대한 상황판단은 그들이 군사를 파견하여 '항미원조(抗美援朝)'를 결정하는데 지극히 중요한 요인이 되었다. 미국의 군사배치 결과 미국의 군사 간섭이 시작되자마자 한반도의 범위를 벗어난 것은 중국 지도자들의 입장에서 미국이 동아시아에서 의도적으로 중국의 전면적인 확장과 침략을 겨냥하는 것으로 느껴졌고 이에 반격하지 않는다면 국가의 기본적인 안전과 동아시아 지역의 안정을 보호하지 못할 것이라는 인식을 낳았다. 그러나 구체적인 과정을 말하자면 적어도 두 가지 사건이 중국의 파병을 되돌릴 수 없는 현실로 만들게 된다. 첫 번째는 미군의 타이완 해협 봉쇄로써 이는 중국이 준비 중이던 타이완 공격을 포기하게 만들었고, 결과적으로 타이완 공격에 사용하려던 전략적 준비부대를 신속하게 동북으로 옮길 수 있게 만들었다. 두 번째는 미군이 38선을 넘은 것으로 이는 중국 지도자들이 최종적으로 파병을 결정한 원인이 되었다.

10월 7일, UN은 결의를 통과시키고 UN군에 무력을 사용하여 한반도를 통일할 권리를 부여하였다. 미군은 이에 즉시 대규모로 38선을 뛰어넘게 된다. 10월 8일, 마오쩌둥은 <중국 인민 지원군 조직에 관한 명령>에 서명하고, 김일성에 중국군이 장차 압록강을 넘어 참전하게 될 것임을 알렸다.[177] 10월 9일, 미국 참모장 연석회의는 맥아더에게 지시를 내려 중국이 진행할지 모르는 군사적 간섭에 초점을 겨누고, 그에게 전권을 주어 승리할 자신이 있다면 계속 진군해도 된다고 하였다. 다만 전쟁을 중국으로 확대할 경우에는 필히 사전에 지시를 받도록 하였다.[178] 24일, 맥아더는 명령을 내려 참모장 연석회의가 한국 군대를 북한 북부와 중국과의 접경지대 진입시에만 사용할 수 있다고 허락한 제한을 폐지하고 미군이 압록강변까지 진군할 수 있도록 하였다.[179] 그러나 예상밖으로 비밀리에 북한에 진입해 있던 중국군대가 바로 다음 날 첫 번째 전투를 발동하여, 중미 간 무장충돌이 발생하게 되었다.

중국 지도자들은 파병 과정 중 여러 외부의 어려움에 직면하였는데, 그중 가장 복잡한 문제는 중미 간의 위기관리 문제가 아닌 동맹국인 소련과의 관계 문제였다. 그들의 정책 결정은 시종일관 어떻게 소련과의 정책 보조를 맞추느냐가 중요한 문제였는데 이는 중국이 소련진영에서 지도국가가 아닐뿐더러 군사, 경제적인 면에서 동맹국의 입장을 고려하지 않고 혼자 미국과의 작전을 수행해낼 수 없었기 때문이다. 이는 중국의 동맹이 중국의 정책결정에 미치는 영향이 미국의 동맹국이 미국의 정책결정에 미치는 영향을 훨씬 더 뛰어넘는 결과를 초래하였고, 이는 결과적으로 중국의 정책결정의 어려움을 증가시켰을 뿐만 아니라 일정한 대가를 지불하도록 하였다. 그러나 이러한 노력을 통해 얻은 전략적 결과 역시 쉽게 찾아볼 수 있는데, 이는 한국전쟁에서 미국이 중국과 소

---

[177] 毛澤東: 《決定派遣志願軍入朝作戰》, 1950年10月2日, 中共中央文獻研究室、中國人民解放軍軍事科學院編: 《建國以來毛澤東軍事文稿》, 上卷, 第237頁.
[178] "The Chargg in Korea (Dqrwmright) to the Secretary of State", SEOUL, May 5, 1950, FRUS, 1950, Vol.Ⅶ, Korean War, pp.68-70.
[179] 約翰.斯帕尼爾著, 錢宗起和邵國字譯: 《杜魯門与麥克阿瑟的冲突和朝鮮戰爭》, 夏旦大學出版社1985年版, 第132頁.

련이라는 긴밀한 협력을 진행하는 대국을 부득이하게 마주하게 되었다는 점이다.

중국 지도자들의 소련과의 정책협조는 주로 두 가지 문제에 집중되었다. 즉, 중국이 파병을 하는가 하는 문제와 중국의 파병 후 소련이 어떠한 의무를 질 것인가 하는 문제였다. 중국의 파병 여부에 관한 문제에서 소련은 당연히 중국이 파병해야 한다는 입장이었는데, 스탈린 역시 기회가 있을 때마다 중국 지도자들에게 압력을 행사하였다. 당시 중소 양국의 상대적인 지위를 고려하면 소련의 영향을 과소평가할 수 없다. 두 번째 문제에 관해서 중국 지도자들은 파병을 결정한 후 소련으로 하여금 더욱 명확한 태도로 의무 이행을 독촉할 필요를 지속적으로 느꼈다. 앞서 언급한 바와 같이 마오쩌둥은 10월 2일 스탈린에게 보낸 전보를 통해 중국이 참전하게 된 전략적 목표를 제시하였는데 그의 구상에는 미군을 한반도에서 쫓아내는 것을 포함하고 있었다. 여기서 강조해야 할 점은 마오쩌둥은 이미 앞서 언급한 제팡(解放) 등의 보고를 읽고 한반도에서 미군을 철저히 무너뜨리고 전쟁의 장기화를 미연에 방지해야 하며, 이를 위해서 공군의 엄호와 협력이 필수 조건임을 잘 알고 있었다는 사실이다. 즉, 이 전보에는 이미 소련과의 전략지도 원칙과 계획문제를 협의하려는 마오쩌둥의 강렬한 의도가 포함되어 있었다.

10월 6일, 정치국 회의에서 파병을 결정한 다음날 마오쩌둥은 로시친에게 중국의 군장비가 매우 낙후되어 급히 출동하는 것이 그다지 적합하지 않다고 말하였다. 또한 저우언라이와 린뱌오를 즉시 모스크바로 보내 중국의 모든 계획을 스탈린에게 확실하게 이해시켜야 한다고 이야기했다.[180] 이 시기 중국 지도자들이 파병 결정에 임하여 긴급히 확정해야 할

---

180 ≪史達林關于中國出兵問題致金日成的信≫, 1950年10月8日, 沈志華編: ≪朝鮮戰爭: 俄國檔案館的解密文件≫, 中冊, 第591-592頁.

문제는 바로 중국의 파병시 소련이 어떠한 의무를 질 것인가 하는 것이었다. 여기에는 소련이 중국의 요구에 의해 군사원조를 제공하는 것을 포함하는데, 만약 소련이 중국의 요구를 완전히 만족시킬 수 없을 때 중국은 장차 소련이 어떤 의무를 담보할 수 있는지 조건 여부에 따라 여전히 파병진행을 할 수 있는지 여부가 포함된다.

마오쩌둥은 처음부터 중소 간 협력이 반드시 일치되어야 하며, 소련은 중국에 도움을 제공할 의무가 있다고 생각하였다.[181] 그러나 스탈린이 10월 5일 보내온 전보에서 승낙한 것은 미군이 중국을 공격한다는 가정하에 단지 소련은 동맹의 의무를 다한다는 것이었다. 그러나 중국에게 필요한 것은 미국이 아직 중국을 공격하지 않고 중국군이 이미 참전하고 있는 상황하에 소련이 충분한 지원을 제공할 수 있는가 하는 문제였다. 중국으로서는 원조가 필요한 부분은 너무나도 많았지만 주로 다음의 세 개 부분을 포함한다. 즉, 참전하는 중국 군대에 충분한 군사 장비와 각종 물자 원조를 제공하는 것과 중국이 구매한 군용 물자를 소련이 제공한 차관으로 지불하여 중국의 재정적인 부담을 경감시키고 이로써 경제에 과도한 영향을 주어 발생하는 자국 내 국민들의 불만을 없애는 것이었다. 특히 중요한 것은 중국에 공군을 지원하는 것으로 여기에는 북한에 진입하는 중국 군대에 공중엄호를 제공하고, 중국 본토의 중요 목표물에 공중보호를 제공하며, 중국 공군에 대한 지원과 인력에 대한 훈련을 확대함으로써 중국 공군이 초기에 참전하도록 하는 것이었다.

10월 8일, 중앙 군사위원회가 <중국 인민 지원군 조직에 관한 명령>을 발표한 날, 저우언라이와 린뱌오는 스탈린과 중국의 파병여부 문제 그리고 만약 중국이 참전할 경우 소련은 어떤 지원을 제공할 것인지에 관한

---

181 毛澤東: ≪志願軍入朝參戰及參戰后的戰略方針問題≫, 1950年10月2日, 第107頁。

문제를 논의하기 위해 베이징을 떠나 모스크바로 향했다. 삼일 후인 10월 11일, 저우언라이와 린뱌오는 흑해 연안의 크림반도에서 휴양 중이던 스탈린을 찾아냈다. 스탈린은 회담에서 만약 미국이 북한을 점령하게 된다면 이는 중국의 안보상황에 장기적이고 심각한 위협이 될 것이며, 동북지방의 경제발전에도 위기상황이 될 것이라고 하였다. 저우언라이는 스탈린에게 소련이 공군을 출동시켜 공중엄호를 제공해야지만 중국은 파병할 수 있다고 하였다. 이 밖에도 중국은 다양한 무기와 탄약이 필요하다고 하였다. 스탈린은 중국의 각종 무기장비에 관한 요청을 완전히 만족시킬 수 있으나, 다만 공군을 통해 지원군의 작전시 엄호를 해주는 것은 2개월 또는 2개월 반 정도 시간이 걸린다고 하였다. 왜냐하면 소련 공군 역시 작전을 준비할 시간이 필요하여 즉시 출동이 불가능하기 때문이었다. 스탈린은 중국의 불참에 대해서도 고려한 바가 있었다. 그는 만약 북한이 점령되면 중국의 동북 지방을 김일성 망명정부의 은신처로 삼는 문제를 제안하기도 하였다.[182] 일찍이 한국전이 발발한 지 얼마 되지 않아 스탈린은 중국 지도자들에게 중국이 파병을 결정하여 전투에 참가하게 되면 소련은 장차 중국 군대에 공중엄호를 제공하겠다고 이야기한 바 있다.[183] 그러나 중국이 실제로 참전을 결정했을 때 스탈린은 공중엄호를 제공하는 문제에 관해서 크게 유보된 입장을 보였다.

저우언라이는 회담 후 스탈린의 태도를 마오쩌둥에게 보고하였고, 결과적으로 중국 정책 결정자들에게 큰 충격을 주었다. 전쟁에 참가하면서 소련 공군의 엄호를 받을 수 없기 때문에 중국 지도자들은 부득이하게 파병 원칙을 계속해서 견지할지 여부를 고민하지 않을 수 없었다. 만약 파병을 견지한다면 어떤 형태의 전쟁을 치러야 할 것인가? 마오쩌둥은

---

182 中共中央文獻研究室編: 《周恩來年譜1949-1976》, 上卷, 第85頁.
183 《史達林關于中國在中朝邊境集結部隊致羅申電》, 1950年7月5日, 沈志華編: 《朝鮮戰爭: 俄國檔案館的解密文件》, 上冊, 第431頁.

이미 동북지방에 도착한 펑더화이를 즉시 베이징으로 불러들여 기본적인 전략문제에 대해 다시 논의하였다. 13일, 중공 정치국은 회의를 소집하였고 토론의 결과는 즉시 파병을 한다는 것이었다. 마오쩌둥은 회의 후 저우언라이에게 보낸 전보에서 "정치국의 토론 후 공통된 인식은 참전이 중국과 북한, 동아시아, 세계 모두에 지극히 유리하며, 그렇지 않으면 모두에게 불리하다."라고 하였다. 그는 저우언라이에게 모스크바에서 스탈린과 지속적인 협상을 하기를 요구하고, 소련이 다음의 몇 개 항목을 승인해줄 것을 요청하였다. 첫째, 소련이 제공하는 무기장비는 임대형식으로 사용해서 지원군이 안심하고 장기적인 전쟁을 벌이며 동시에 국내의 단결을 확보할 수 있게 해야 한다. 둘째, 소련이 만약 2개월에서 2개월 반 내에 공군을 출동시켜 지원군의 작전수행 과정에서 엄호를 해 준다면 중국은 일부 손실을 감수할 수 있다. 셋째, 소련 공군이 출동하여 베이징, 톈진, 선양, 상하이, 난징, 칭다오 등의 도시를 보호한다면 중국은 장차 어떠한 공습도 두려워하지 않을 것이다. 마오쩌둥은 전보의 마지막에 저우언라이에게 반드시 흔들림 없는 참전 의지를 표시하라고 하였다. "우리는 마땅히 참전해야 한다. 참전의 이익은 매우 크며, 불참의 손해는 막대하다." 현재 상황에서 단지 위의 세 가지 사항만이었는지는 아직까지 확실하지 않다.[184] 당일 저녁, 마오쩌둥은 로시친을 만나 중공 정치국의 결정을 전달하고 동시에 소련 공군의 참전이 어떠한 경우를 막론하고 2개월을 넘어서는 안 된다고 강조하였다.[185]

10월 14일, 저우언라이는 마오쩌둥의 지시에 근거하여 한 통의 편지를

---

184 毛澤東: 《我們認爲應当參戰必須參戰》, 1950年10月13日, 中共中央文獻研究室、中國人民解放軍事科學院編: 《建國以來毛澤東軍事文稿》, 上卷, 第252-253頁.

185 《羅申關于毛澤東決定出兵等問題致史達林電》, 1950年10月13日, 沈志華編: 《朝鮮戰爭: 俄國檔案館的解密文件》, 中冊, 第597頁.

스탈린에게 전달하였다. 편지 내용은 주로 중공 정치국 회의 내용을 통보하고 8가지 원조 항목을 제시하였다. 여기에는 각종 무기 장비와 물자 기자재를 포함하고 있으며 특히 소련 공군의 북한 내 참전과 중국 근해 대도시에 대한 보호를 재차 요구하였다.[186] 스탈린은 13일 김일성에게 즉시 인원을 소개시키고 중국과 소련 국경지대로 군대를 옮길 준비를 하라고 하였다. 왜냐하면 그의 판단으로는 중국이 참전하지 않을 수도 있기 때문이었다. 14일, 스탈린은 저우언라이가 대신 전한 편지와 로시친이 보낸 전보를 받은 후 기분이 갑자기 좋아졌다. 그는 2번 연속으로 김일성에게 전보를 보내 중국 군대가 참전할 것이며, 자신도 기분이 매우 좋다고 하였다.[187]

당일, 마오쩌둥 역시 15시, 21시 두 번에 걸쳐 저우언라이에 전보를 보내 지원군의 군사계획을 알리고 스탈린에게 소련 공군이 2개월 내에 북한에서 작전을 할 수 있는지 그리고 중국의 대도시를 보호해 줄 것인지 그리고 임대방식으로 군사원조를 제공할 수 있는지 여부를 확인할 것을 요구하였다.[188] 저우언라이는 당일 저녁 마오쩌둥에게 스탈린이 몰로토프를 통해 소련은 공군을 중국 경내에 파견해 단지 방어활동만 할 수 있으며, 2개월 뒤에도 소련 공군은 북한에서 작전을 수행할 방법이 없음을 전하였다고 알려왔다.[189] 10월 18일, 저우언라이는 베이징으로 돌아왔고, 중국 지도자들은 저우언라이가 설명한 소련 측의 상황에 근거하

---

186 周恩來:《關于蘇空軍入朝作戰等問題給斯大林的信》, 1950年10月14日, 中共中央文獻研究室、中央檔案館編:《建國以來周恩來文稿》, 第三冊, 第404-405頁.
187 《史達林關于中國決定出兵援助朝鮮致金日成電》, 1950年10月14日, 沈志華編:《朝鮮戰爭: 俄國檔案的解密文件》, 中冊, 第600,601頁.
188 毛澤東:《朝鮮情況和對我軍入朝參戰的意見》, 1950年10月14日, 中共中央文獻研究室、中國人民解放軍軍事科學院編:《建國以來毛澤東軍事文稿》, 上卷, 第256-257頁.
189 中共中央文獻研究室編:《周恩來年譜1949-1976》, 上卷, 第87頁.

여 다시 한 번 파병 문제를 논의하고 최후의 결정을 내렸다. 다음날 지원군은 압록강을 넘었고, 소련 공군의 참여가 없는 상황하에 중국 국경 밖에서 미국과의 전쟁을 시작하였다. 2차 세계대전 이후 대국 간 최대 규모의 국지전이 발생한 것이다.

저우언라이의 모스크바 방문과 소련 측과의 협의 결과로 볼 때 중국이 소련으로부터 약속받은 것은 다음과 같다. (1) 일단 미국이 중국 본토를 공격하면 소련은 중소동맹 조약의 규정에 근거하여 참전하게 되는데 이는 중국 지도자들의 미국과의 전면전 발생에 대한 걱정을 해소하였다. (2) 소련은 장차 임대방식으로 중국이 필요한 모든 무기와 군용 물자를 제공하기로 하였는데, 이는 중국 군대의 작전요구를 만족시키고 중국의 재정적인 문제를 해소하여 중국이 장기전을 수행하고, 국내에서 발생할지 모르는 불만을 완화시키는데 유리하였다. (3) 중국의 대도시와 전략적 요충지에 대한 보호는 중국의 후환을 아주 크게 해소하였다. 소련이 중국을 만족시켜 주지 못한 유일한 요구는 바로 공군을 북한으로 파견하여 중국 군대에 대한 공중보호와 작전지원을 제공하는 것이었다. 이런 상황하에 중국 지도자들은 전쟁 목표를 대폭 축소시키기로 결정하고, 실행 가능한 전략적 계획을 제정함으로써 공중엄호가 없는 약점을 메우고자 하였다.

형식적인 면에서 중국 지도자들이 참전을 고려했을 때부터 그들이 제시한 작전목표는 수시로 변화하였으며 어떤 때에는 심지어 모호하기까지 하였다. 이는 마오쩌둥의 장기전쟁 과정에서 형성된 군사전략 원칙이 결정적인 작용을 하였음을 증명한다. 이 원칙은 중국군이 자주 쓰는 "원래 고정된 형식은 없고 직접 해보면서 만들어 나가면 된다."는 말로 대변할 수 있다.

중국 지도자들은 군사적 준비를 시작함에 있어 공격과 방어의 두 부분에 대한 고려를 하였다. 여기에는 김일성이 필요로 할 때에는 그들을 도와 전쟁의 승리를 획득한다가 포함된다. 여기서 승리가 포함하는 의미가 무엇인가 하는 문제는 중국 지도자들의 마음속에서 상황의 발전에 따라 결정된다. 조선 인민군이 곤경에 빠짐에 따라 8월 하순 저우언라이는 한국전은 장기화 될 것이고, 북한군은 자발적으로 퇴각하며, 중국 군대가 최종적으로 미군을 각개 격파하는 임무를 수행할 것이라 예측하였다.[190] 확실히 이 시기 중국 지도자들의 고려의 핵심은 여전히 북한을 도와 통일전쟁의 승리를 이끄는 것이었다. 이러한 생각은 스탈린과 김일성이 중국에 파병을 요청한 후에도 여전히 마오쩌둥의 사고에 영향을 미쳐서 그는 기왕에 참전을 하게 된다면 북한에서 UN군을 섬멸하고 쫓아내야 한다고 생각하게 되었다. 확실히 마오쩌둥이 10월 2일 스탈린에게 보낸 전보에서 밝힌 전쟁목표를 보면 이는 중국 지도자들의 집단 토론과 심사숙고에 의한 결과가 아닌 과거 전쟁상황의 영향을 받은 산물임을 알 수 있다. 마오쩌둥은 당시 후에 발생할 새로운 상황을 깊게 고려하지 않았고, 북한 군대의 상황에 대해서도 상세한 이해가 없었다.

토론이 깊어지고 객관적인 상황이 변화함에 따라 중국 지도자들의 참전 목표 역시 대폭 하향 조정되었다. 10월 4일, 저우언라이는 니즈량에게 보내는 전보 초안에서 북한에 파견하는 무관(武官) 참관조는 38선 이남으로 가서는 안되며, 2개의 조로 나누어서 전장에 대한 조사를 진행하라고 하였다. 마오쩌둥은 이 전문을 수정하여 2개의 조 가운데 한 조는 평양부근 및 평양안동(平壤安東), 평양집안(平壤輯安)을 조사하고, 또 다른 한 조는 평양원산(平壤元山)과 평양청진(元山淸津) 및 그 이북 지역의 상황을 조사하며 만약에 조사를 더 진행하더라도 깊게 들어가지는

---

190 周恩來: ≪充分准備, 出手卽胜≫, 1950年8月26日, 中共中央文獻研究室、中國人民解放軍軍事科學院編: ≪周恩來軍事文選≫, 第四卷, 第44－45頁.

말라고 하였다.[191] 전장 조사지역에 대한 확인은 중국 지도자들이 이미 작전구역을 대략적으로 상술한 지역으로 한정하였으며, 원대한 목표를 추구하지 않고 있으며, 심지어 즉각적으로 38선 방어를 준비하고 있지 않음을 보여주고 있다. 스탈린이 공중엄호를 제공하지 않는다고 한 후 마오쩌둥은 작전목표가 반드시 중국 군대의 작전조건과 부합해야 함을 강조하였다.

10월 12일, 저우언라이의 11일 스탈린과의 회담 내용이 담긴 전보를 받은 후 마오쩌둥은 원산, 평양 이북의 대규모 산악지역으로 군대를 파병하여 북한에서 근거지를 만들면 6개월 후에야 미군을 공격할 수 있을 것이라 하였다.[192] 10월 14일, 마오쩌둥은 펑더화이 등과 지속적으로 의견을 교환한 후 중국군의 초기 작전방침을 더욱 명확히 하였다. 즉, 마오쩌둥은 "평양, 원산 철도 이북과 덕천 영원 도로 이남 지역에 두 개 또는 세 개의 방어선을 구축한다. 만약 적이 공격해 오면 진지 앞에서 나누어져 적을 섬멸하고, 미군이 두 갈래 길로 나누어 공격해 오면 비교적 약한 길을 선택하여 고립전을 펼치자는 의도이다. 현재까지의 생각은 괴뢰군을 공격하고 일부 고립된 미군을 공격할 수도 있다는 것이다. 만약 시간이 허락한다면 진지나 참호 등을 지속적으로 강화시키고, 만약 6개월 내에 적이 평양과 원산을 고수하고 나오지 않는다면 우리 군 역시 평양과 원산을 공격하지 않을 것이다. 우리 군사장비와 훈련이 완비되고 적에 대해 압도적인 우세 조건을 갖춘 후에야 평양과 원산 등지를 공격할 수 있는데 이는 6개월 후에야 공격문제를 다시 논의해 볼 수 있다."라고 하

---

191 周恩來: 《關于中國武官參觀組在朝調查任務給倪志亮的電報》, 1950年10月14日, 中共中央文獻硏究室、中國人民解放軍軍事科學院編: 《建國以來周恩來文稿》, 第三卷, 第385頁; 毛澤東: 《關于我赴朝武官參觀組的任務》, 1950年10月4日, 中共中央文獻硏究室、中國人民解放軍軍事科學院編: 《建國以來毛澤東軍事文稿》, 上卷, 第230頁.
192 《毛澤東關于中國人民志願軍應当和必須入朝參戰給周恩來的電報》, 《党的文獻》, 2000年第5期, 第6-8頁

였다. 이것은 사실 이전에 린뱌오가 제안한 바 있는 나오되 싸우지 않는다는 방침의 개정판으로써, 북한에 군사를 보내되 직접적으로 또는 적어도 일시적으로는 미군과 싸움을 하지 않고, 전장을 중국과 북한의 국경지대에서 먼 곳으로 선택하겠다는 의도였다. 6개월 이후에 관해서는 중국 군대가 마오쩌둥이 생각한 것처럼 그러한 군사적 우위를 점할 수 있는지 적어도 이때는 예측하기 힘들었다. 따라서 이런 추측을 할 수 있는데, 비록 중국군이 어떤 조건의 한계 때문에 장기적으로 이 방어선만을 지키게 된다고 하더라고 중국 지도자들은 받아들일 수 있다는 것이다. 마오쩌둥은 "국방선을 압록강에서 덕천, 영원 및 그 이남으로 밀고 간다면 이는 우리에게 아주 유리하고 자신감을 갖게 해주는 것이다."라고 하였다.[193] 이런 전략 목표는 바로 미군이 중국의 국경지대에 근접하는 것을 방지하고, 동시에 조선 민주주의 인민공화국의 생존을 보장하는 것이었다.

중국 지도자들이 전쟁 목표를 결정한 것은 중요한 의미가 있다. 이는 중소동맹이 중대한 국제위기 발생시 얼마나 밀접한 정도까지 도달할 수 있는지와 중국과 소련 간 국지전에서의 협력의 한계가 어디인지를 반영한다. 상술한 두 개의 문제에 대한 판단에 기초하여 제기된 전쟁 목표는 중국 지도자들이 중국의 북한내의 전략적 이익에 대해 이미 매우 분명한 의식을 가지고 있었음을 나타낸다. 즉, 적대 국가의 군사력이 과도하게 중국의 국경지대에 근접하는 것을 불허하고 북한 정권이 한반도에서 생존할 수 있도록 한다는 것이다. 마오쩌둥은 이런 결정과정에서 처음으로 국방선(國防線)의 개념을 사용하였다. 이 개념을 통해 그의 마음속 전략적 이익은 바로 국가안보를 포함하는 것임을 보여주었다.

1964년 스노우의 중국 방문 기간 중 외교부장 천이(陳毅)가 말한 부분

---

193 ≪毛澤東關于朝鮮情況及我軍准備出兵朝鮮情況給周恩來的電報≫, 1950年 10月14日; ≪毛澤東關于志願軍人朝作戰的方針和部署給周恩來的電報≫, 1950年 10月14日; 見 ≪党的文獻≫, 2000年第5期, 第7-8頁.

은 상술한 관점을 증명하고 있다. 그는 베트남전쟁에 대해 이야기 할 때 스노우에게 "만약 그해 미군이 압록강변까지 공격해 오지 않았다면 중국은 참전하지 않았을 것이며, 맥아더가 평양을 점령했을 때 우리는 미국이 더 이상 북진하지 않고 김일성에게 생존할 공간을 남겨준다면 참전하지 않겠다고 말하였다. 그러나 미국은 압록강까지 공격을 해왔고, 우리는 어쩔 수 없이 참전할 수 밖에 없었다."라고 하였다.[194] 이러한 방어선을 최종적으로 어디에 긋느냐 하는 문제는 주로 전장의 상황과 중국 지도자들의 형세에 대한 느낌과 미국의 의도에 대한 판단으로 결정되었다.

중국의 참전 부대명은 중국인민지원군(中國人民志願軍)이었고 비밀리에 참전하는 방식을 선택한 것은 미국과의 전쟁상태에 처하는 상황을 가능하면 모면하자는 의도였다. 10월 19일, 중국군이 압록강을 넘은 당일 마오쩌둥은 향후 몇 개월 동안 단지 맡은 바 임무에만 충실할 뿐 어떤 이야기도 하지 말 것을 요구하였다. 작전목표 역시 북한의 북부지역에서 안정적으로 자리잡고, 기회를 잡아 기동전을 수행하며, 북한 인민들의 지속적인 분투를 지원하는 것으로 설정하였다.[195] 첫 번째 전투 발생 후에도 중국 지도자들은 여전히 비밀리에 출병하는 방식을 고수하였다. 여기에는 중국 군대의 명의로 전황 보도를 하는 것도 허용되지 않았다. 이 기간 동안 중국 지도자들은 미국과의 전면전을 준비하면서 대규모 도시에서 소개와 인구 이동을 진행하고 심지어 수도를 임시로 시안(西安)으로 옮기는 것도 검토하였다.[196] 11월 8일에 이르러서야 중국 지도자들은

---

194 《陳毅副總理會見美國作家斯諾談話記錄》, 1964年.12月.11日, 外交部檔案館: 106-01265-05。
195 《毛澤東關于志願軍出動目前只做不說的電報》, 1950年10也19日, 《党的文獻》, 2000年第5期, 第11頁。
196 周恩來: 《對楊尙昆關于中央各級机關疏散問題報告的批語》, 1950年11月, 中共中央文獻研究室、中央檔案館編: 《建國以來周恩來文稿》, 第三冊, 第477、480頁。

중국군이 북한에 들어와 전투를 벌였다는 사실을 공개하기로 결정하였다. 그들은 적들이 이미 중국 인민 지원군 부대가 참전했다고 선포하였기 때문에 국제적으로 다른 영향을 받을 가능성이 없어서 공개적으로 선전하기로 결정하였다고 하였다.[197]

이 시기 중국 지도자들은 계속해서 전쟁 목표에 대해 유연함과 모호한 입장을 유지하였다. 가장 전형적인 표현을 개괄해보면 군사적인 승리를 쟁취함으로써 미국으로 하여금 어려움을 알고 물러나게 한다는 것이다.[198] 중국군이 압록강을 건넌 후 일련의 시간 동안 중미 간의 전장에서의 겨눔은 모든 것을 결정하는 요인으로 중소 관계와 중미 관계의 방향을 결정하였다. 지원군이 북한에 진입한 초기 군사행동을 살펴보면 마오쩌둥은 작전목표를 명백히 상향 조정하였다. 이러한 행동은 점진적이고도 신속하게 진행되었다. 이렇게 된 가장 직접적인 이유는 전장의 상황이 급격히 악화되어 중국군이 원래 정한 방침에 따라 방어전을 수행할 수 없었기 때문이다. 지원군이 참전한 초기 구상은 앞서 언급한 바와 같이 먼저 북한의 북부지역에서 아직 잃지 않은 지역부터 안정적으로 확보하고 기회를 보아 기동전을 벌인다는 것이었다.[199] 이러한 구상에 근거하여 펑더화이 등은 적극적 방어 방침을 선택하였고 북한에 들어온 후 북부의 거대 지역을 쟁취하고자 하였다.[200] 구체적인 작전배치는 구성(龜城), 태

---

197 周恩來: ≪關于公開志愿軍入朝作戰問題給柴軍武的電報≫, 1950年11月8日, 中共中央文獻硏究室: ≪建國以來周恩來文稿≫, 第三冊, 第473頁.
198 周恩來: ≪抗美援朝, 保衛和平≫, 1950年10月24日; ≪對朝鮮問題的估計与我們的思想准備≫, 1950年11月13日; ≪抗美援朝局勢的發展前途≫, 1950年1月25日; ≪抗美援朝運動中存在的思想問題≫, 1950年11月25日; 均見中共中央文獻硏究室、中國人民解放軍軍事科學院編: ≪周恩來軍事文選≫, 第四卷, 第75, 92, 107, 114頁.
199 毛澤東: ≪志愿軍參戰目前只做不說≫, 1950年10月19日, 中共中央文獻硏究室、中國人民解放軍軍事科學院編: ≪毛澤東軍事文集≫, 第6卷第126頁.
200 軍事科學院軍事歷史硏究部: ≪抗美援朝戰爭史≫, 第二卷, 軍事科學出版社 2000年版, 第3頁.

천(泰川), 덕천(德川), 영원(寧遠)에서 오노리(五老里)까지 장악하는 것으로 이곳을 위주로 적극적인 방어작전을 전개하는 것이었다. 문제는 중국군이 북한에 진입하였을 때 그들은 이미 예정된 지역에 도달하여 방어전을 실시할 수 없었다는 점이다. 이때 UN군은 평양을 점령하고 신속히 북쪽으로 진격하였는데 그 전략적 의도는 북한의 북부 국경지역의 전략적 요충지를 점령하고 국경지대를 봉쇄함으로써 중국과 소련의 개입 가능성을 철저히 없애고자 함이었다. 10월 20일, 즉 지원군이 북한에 진입한 둘째 날 서부 전선의 한국군 선두부대 3개 사단은 이미 지원군의 예정 방어선에서 불과 90~130킬로미터 떨어진 덕천(德川), 신창리(新倉里), 성천(成川), 파읍(破邑)에 도달하였다. 동부 전선의 한국군 선두 부대 1개 사단은 이미 중국 군대의 방어 예정지역에 진입하였다. 이때 북한에 진입한 지원군은 4개 사단, 1개 군단으로 그들은 예정된 방어지역까지의 거리가 한국군에 비해 거의 배가량 멀었다.

10월 21일, UN군은 평양, 원산 전선에서 북쪽을 향해 대대적으로 공격을 가해왔고, 중국군은 부득이하게 원래 예정되었던 작전계획을 바꿔 공격 위주의 작전 방침을 선택하였다. 이는 그들의 과거 국내 전쟁에서의 경험과 관련이 깊다. 특히, 마오쩌둥은 내전 후반기에 몽고 제국의 화려했던 기동전과 우회 전략에 대해 호평과 함께 깊은 깨달음을 얻었음을 내비친 바 있다. 마오쩌둥은 10월 21일 펑더화이 등 지원군 지도자들에게 전보를 통해 미군과 한국군은 중국의 참전을 예상 못 할 터이니 병사를 두 갈래 길로 나누어 용감하게 북진하라고 하였다. 더불어 현재 중국 군대는 전기를 마련해야 하며 원래 구상했던 일정기간 동안 방어선을 구축한 후 공격을 논할 때가 아니라고 하였다. 마오쩌둥은 펑더화이에게 신속히 작전 계획을 완성하라고 지시하고, 한국 군대를 향해 공격을 진행하고 서부 전선의 한국군 3개 사단을 섬멸함으로써 한국전 전세를 변화시킨다는 작전 목표를 세웠다.[201] 그는 이때 한국전 전세를 변화시킨다라는 숨은 뜻을 구체적으로 설명하지 않았지만 의심의 여지 없이 그는 이미 파병 전에 세웠던 방어선을 구축하고 진지 위주의 방어전을 수행한다는 방침을 포기할 의도가 있었다.[202]

펑더화이 역시 한국전 전세의 변화를 주시하였고, 동시에 이미 예정된 작전 계획을 수행할 수 없다는 사실을 알게 되었다. 그러나 어떻게 당면한 상황에 대응하고 어떤 군사적 방침을 선택할 것인가 하는 문제에서 그와 마오쩌둥의 생각에는 약간의 거리가 있었다. 펑더화이는 지원군은 즉시 기동전의 방법으로 한국군 일부를 섬멸할 수 있으며, UN군이 무모하게 진입하지 못하게 시간을 벌면서 방어 배치를 할 수 있다고 생각했다.[203] 10월 22일 그는 전보를 통해 마오쩌둥에게 향후 반 년간의 기본 방침은 북부의 일부 지역을 지키는 것으로, 시간을 벌고 반격의 조건을 준비해야 하며, 제공권이 없으므로 동서 연해 도시와 심지어 신의주도 지키지 못할 것이므로, 이를 마땅히 포기함으로써 아무런 의미가 없는 데에 힘을 쏟는 것을 줄여야 한다고 하였다. 또한 그는 3개 군에 집중하여 기회를 보아 적군 2, 3개 사단을 섬멸함으로써 원산과 평양 및 이북 산악지역을 공고히 하며, 남한과의 유격전으로 발전시켜야 한다고 하였다.[204]

마오쩌둥은 펑더화이의 계획이 지나치게 보수적이라고 여겨 회신을 통해 지원군의 작전 방침에 근본적인 변화를 줄 것을 요구하였다. 그는 작전 초기에 아마도 세 가지의 변수가 발생할 가능성이 있다고 보았다.

---

201 毛澤東: 《志願軍打好出國第一仗》, 1950年10月21日, 中共中央文獻研究室、中國人民解放軍軍事科學院編: 《毛澤東軍事文集》, 第六卷, 第128-129頁.
202 毛澤東: 《爭取戰机迅速完成戰役部署》, 1950年10月21日, 中共中央文獻研究室、中國人民解放軍軍事科學院編: 《毛澤東軍事文集》, 第六卷第130頁.
203 軍事科學院軍事歷史研究部: 《抗美援朝戰爭史》, 第二卷, 第13頁
204 軍事科學院軍事歷史研究部: 《抗美援朝戰爭史》, 第二卷, 第14頁.

첫 번째는 만약 비교적 큰 승리를 얻게 된다면 UN군은 장차 공격을 멈추거나 또는 일부 지역에서 후퇴를 할 것이라는 것이고, 이와 반대로 전투 결과가 좋지 않다면 UN군은 신속히 증원을 하여 전세가 중국 측에 불리하게 될 것이라는 것이다. 두 번째는 만약 미 공군이 중국 군대에 심각한 손실을 입힐 경우 중국은 아주 곤란한 상황에 처할 것이고, 그렇지 않고 만약 미 공군이 심각한 손해를 입히지 못할 경우 중국군은 기동전을 통해 UN군을 섬멸하거나 미군을 압박하여 평화회담에 참석하게 하거나 모든 대도시를 하나하나씩 점유해 나갈 것이라는 것이다. 세 번째는 미군이 대량으로 군사를 증강하고 중국군의 기동전이 순조롭지 않을 경우 장차 수동적이고 곤란한 입장에 처해 질 것이라는 생각이다. 물론 반대의 경우에는 중국군에 유리하게 될 것이라는 입장이다. 이에 그는 방어전이라는 방침을 근본적으로 바꾸기로 결심하였고, "당연히 이번 전투의 원만한 승리를 위해 노력해야 하며, 안정적인 기초하에 모든 가능한 승리를 쟁취하여야 한다."고 하였다.[205]

마오쩌둥이 제시한 새로운 작전 방침에는 두 가지의 뚜렷한 특징이 있다. 첫 번째는 이전에 비해 진취적이고 공격적인 색채가 풍부해졌다는 것이다. 두 번째는 여전히 상당 부분 모호함을 유지하고 있다는 것이다. 여기서 모호함의 상한선은 기동전을 통해 대량으로 미군을 섬멸하고, 한반도에서 내쫓는 조건을 만들어 낸다는 것이며, 하한선은 매우 어려운 상황에서 장기전을 수행하며 평화회담을 쟁취해 낸다는 것이다. 마오쩌둥은 당연히 가장 좋은 결과를 얻어내야 하지만 그래도 이때 그는 신중한 태도를 견지하고 향후 곤란한 상황이 올 것에 대비해 비교적 합리적인 계산을 하고 있었다.

---

205 毛澤東: ≪在穩當可靠的基礎上爭取一切可靠的勝利≫, 1950年10月23日, 中共中央文獻硏究室、中國人民解放軍軍事科學院編: ≪毛澤東軍事文集≫, 第六卷, 第140－141頁.

중국군은 자신들이 수행한 첫 번째 전투에서 기본적으로 마오쩌둥의 새로운 방침을 실현하였다. 그러나 대량으로 UN군과 한국군을 섬멸하는 결과를 얻지는 못했다. 이에 대한 펑더화이의 평가는 아주 적절해 보인다. 즉, 전투의 의의는 북한의 민심을 안정시키고 중국 군대가 발붙일 수 있도록 한 것이지만 근본적으로 전세를 역전시키지는 못하였다는 것이다.[206] 실제로 전투가 마무리될 시점에 제42군은 동부 전선에서 여전히 UN군의 공격을 방어하고 있었다. 이러한 상황은 전세가 앞으로 어떻게 발전될지 단언하기 어려움을 의미하여, 펑더화이 등은 전장의 상황과 당면한 어려움에 근거하여 "승리를 공고히 하고, 당면한 어려움을 극복하며, 새로운 전투를 준비한다."는 방침을 제시하고, 산악지역의 은폐물을 이용하고 휴식을 통해 부대를 정돈함과 동시에 내부의 전략적 요충지에 진지와 참호 등을 구축하여 UN군이 깊숙이 공격해오기를 기다렸다가 공격한다는 입장을 밝혔다.

마오쩌둥의 전세에 대한 생각 역시 첫 번째 전투의 영향을 받았다. 전투의 승리는 한편으로 마오쩌둥으로 하여금 지속적으로 중국군이 잘하는 기동전을 계속 진행할 뿐만 아니라, 신속하고도 대규모로 UN군 전투부대를 섬멸하도록 노력하게 하였다. 다른 한편으로 그는 기왕에 첫 번째 전투에서 가장 이상적인 결과를 얻어내지 못한 바에 다음 작전에서는 근본적으로 한국전의 형세를 변화시킬 수 있어야 한다는 것이다. 즉, 한두 번의 전투를 통해서 중국군의 방어적인 국면을 공격적인 국면으로 전환시켜야 한다는 것이었다.[207] 이러한 구상에 근거하여 마오쩌둥은 11월 초에 덕천 방향을 전략의 중심으로 삼고, 전선을 원산과 평양의 정면에 놓고 덕천, 구장, 영변 이북을 서쪽지역 후방으로 삼아 장기적인 작전

---

206 軍事科學院軍事歷史研究部: 《抗美援朝戰爭史》, 第二卷, 第76頁。
207 毛澤東: 《朝鮮戰局是可以改變的》, 1950年11月13日, 中共中央文獻研究室、中國人民解放軍軍事科學院編: 《毛澤東軍事文集》, 第六卷第201頁。

에 유리하게 한다는 방안을 제시하였다.[208] 얼마 뒤에 그는 이번 달부터 12월 초까지 1개월 내에 동서부 전선에서 각각 한 두 차례 전투를 진행하도록 애를 쓰며, 전선을 평양원산간 철도선 구역으로 밀고 나갈 것이라 하였다. 그는 이렇게 하면 지원군이 근본적인 승리를 하게 될 것이라고 공언하였다.[209]

이 시기 마오쩌둥은 이미 미국은 해공군 공격을 포함하여 중국 본토를 공격할 수 없을 것이라고 판단하였다. 그는 11월 14일 <각계 각층의 한국전에 대한 반응을 종합하며>라는 전보에서 "결론적으로 제국주의 국가들은 우리 지원군의 참전에 대해 허둥대고 있으며, 이에 대해 아무런 방법이 없다."라고 하였다.[210] 얼마 후 그는 펑더화이에게 보낸 전보에서 재차 "미국, 영국, 프랑스는 우리에 대해 아무런 대책이 없다."라고 하였다.[211] 삼일 후, 그는 이전의 신중했던 태도를 바꾸어 한국전쟁 관련 보도에서 "인민군뿐만 아니라 지원군을 언급하지 않을 수 없으며, 신문은 평론을 통해 지원군을 격려해야 하고, 보도는 아무런 제목으로 미국인이 중국인을 위협하는데 도움을 주어서는 안 된다."라고 하였다.[212] 마오쩌

---

208 毛澤東: 《爭取在元山順川鐵路線以北創造戰場》, 1950年11月5日, 中共中央文獻研究室、中國人民解放軍軍事科學院編: 《毛澤東軍事文集》, 第六卷 第194頁。
209 毛澤東: 《同意志愿軍下一步的作戰方針和部署》, 1950年11月9日, 中共中央文獻研究室、中國人民解放軍軍事科學院編: 《毛澤東軍事文集》, 第六卷 第198頁。
210 毛澤東: 《對 《綜合各方對朝鮮戰爭反映》電報稿的修改》, 1950年11月14日, 中共中央文獻研究室、中國人民解放軍軍事科學院編: 《建國以來毛澤東軍事文稿》, 上卷, 第350頁。
211 毛澤東: 《只要多打几个胜仗整个國際局勢就會改觀》, 1950年11月18日, 中共中央文獻研究室、中國人民解放軍軍事科學院編: 《建國以來毛澤東軍事文稿》, 上卷, 第358頁。
212 毛澤東: 《關于朝鮮戰場新聞報道的指示》, 1950年11月17日, 中共中央文獻研究室、中國人民解放軍軍事科學院編: 《建國以來毛澤東軍事文稿》, 上卷, 第352頁。

둥의 이 시기 정신상태는 신중국 건국 이전 일정시기처럼 다시금 최고조에 올라와 있었다.

마오쩌둥의 최종적인 승리와 관련한 논술은 결코 일시적으로 사기를 진작시키기 위함이 아니라 지원군이 전쟁의 주도권을 확보할 수 있는 것으로 이해되었다. 특히 구체적으로 원산에서 평양에 이르는 전선을 공격함으로써 말이다. 목적에 도달할 수 있다면 공격과 수비를 선택할 수 있는 전략적 상황을 만들어 얼마든지 전쟁의 주도권을 확보할 수 있었다. 중국 군대의 참전 이전 확정했던 전략방침과의 차이는 단지 현재는 기동전을 통해 UN군에게 심각한 타격을 준 이후에야 실현이 가능하다는 점이다. 이런 의미에서 본다면 2차 전투는 비록 공격 작전이었지만 도달하고자 하는 목표는 파병 이전의 계획과 일치하였다.

2차 전투가 끝난 후, UN군은 38선 이남으로 후퇴하였고, 중국 군대는 평양을 점령하여 기본적으로 예상한 목표에 도달하였으며 동시에 38선을 넘을 것인지 여부의 문제에 직면하게 되었다. 앞서 언급한 바와 같이 38선을 넘는 것은 지원군이 참전 초기 반드시 실현해야 할 목표는 아니었다. 이는 중국의 안보 이익, 참전의 전략적 의도와 초기 작전 목표의 확정 등 여러 요소를 고려해 보면 명확해진다. 이점에 대해서는 대다수의 중국 지도자들도 같은 생각이었다. 따라서 언제 3차 전투를 발동할 것인지 그리고 38선을 넘을 것인지에 관해 논쟁이 벌어졌고 동맹국 사이에 의견의 충돌이 발생하기도 하였다.

12월 초, 2차 전투에서 초보적인 승리를 거두고 중국 군대가 평양 공격을 준비하고 있을 때 마오쩌둥은 38선을 넘어 서울을 공격한다는 계획을 제시하였다. 12월 3일, 마오쩌둥은 김일성을 만나 군사형세와 전략계획 그리고 중국과 북한군대의 관계조율 문제 등에 관해 토론하였다. 회담에서 마오쩌둥은 베트남 전우인 호치민을 대했던 것처럼 김일성에게 자력갱생의 원칙과 사상을 수립하기를 요구하였다. 그는 "전쟁은 빨리 끝날 수도 있지만 장기화될 수도 있다. 중국은 적어도 1년 이상 계속될 전쟁을 준비하고 있으며, 북한 역시 장기전을 준비해야 한다. 동시에 자력갱생을 주요수단으로 외부의 지원을 보조수단으로 삼아야 한다."라고 하였다.[213]

이 시기 마오쩌둥의 판단과 파병전의 상황을 비교해 보면 이때의 마오쩌둥은 이전에 비해 확실히 낙관적이 되었음을 알 수 있다. 그는 이미 전쟁이 신속히 종결될 수 있다는 가능성을 믿고 있었다. 이러한 판단에 근거하며 마오쩌둥은 기존의 목표는 마땅히 수정되어야 한다고 주장하였다. 이에 한편으로는 평양을 점령한 후에 서울을 점령하여야 하며 다른 한편으로는 한걸음 더 나아가 UN군의 전투력을 갖춘 부대 특히 한국군을 섬멸해야 한다고 생각하였다. 국제사회에서 제시하는 중재안에 대해서도 마오쩌둥은 명확한 정전조건을 밝혔다. 즉, 미국은 한반도에서 철수해야 하며, 이를 위해 먼저 38선 이남으로 철수해야 한다는 것이다. 그는 김일성에게 "미군은 한반도에서의 철수해야 하며, 먼저 38선 이남으로 철수해야만 정전회담을 할 수 있다. 만약 미국이 군대 철수를 받아들인다면 UN군은 중국과 소련의 참가에 동의한다는 조건하에 조선 전역에서 UN의 감독하에 자신의 정부를 세울 선거를 주장할 수 있다."고 하였다. 이는 마오쩌둥이 중국이 참전한 후 처음으로 군사적인 승리에 기반하여 정치적인 방식을 통한 문제해결을 주장한 것이다. 그는 중국혁명의 경험에 비추어 김일성을 각성시키는 것을 잊지 않았으며, 미국의 약속이나 협정은 모두 믿을 것이 못됨으로 최악의 상황에 대비해야 한다고 하였다.[214]

12월 3일의 담화는 마오쩌둥이 전쟁을 바라보는 시각에 두 가지 중대

---

213 毛澤東: ≪戰爭應從最坏方面着想≫, 1950年12月3日, 中共中央文獻研究室、中國人民解放軍軍事科學院編: ≪建國以來毛澤東軍文稿≫, 上卷, 第388頁.
214 毛澤東: ≪戰爭應從最坏方面着想≫, 第388頁.

한 변화가 생겼음을 알려주고 있다. 첫 번째는 전쟁을 신속히 마무리 짓겠다는 목표가 두드러졌다는 점이고, 두 번째는 UN군의 38선 이남으로의 후퇴를 정전의 필요조건으로 제기하였다는 점이다. 당연히 이것의 최종 목표는 미군의 한반도로부터의 철수였다. 마오쩌둥과 김일성의 담화 내용은 둘째 날 전보를 통해 전선에 있던 펑더화이 등 지원군의 지도자들에게 보내졌다. 여기서 발생한 문제는 마오쩌둥이 그의 동료들과 토론하고 공감대를 형성하기 이전에 이미 직접적으로 김일성에게 이런 대규모 전략 목표의 수정을 전달하였고, 이를 김일성에 전달한 후에야 전선에 있던 군 간부들에게 알렸다는 사실이다. 이는 중국 고위층의 정책결정 순서를 바꾼 것으로 동맹국 사이의 협상이 국내 정책결정 과정 위에 놓임으로써 동맹국에 대한 약속이 정책결정 과정에 대한 영향을 확대시키는 결과를 가져왔다.

마오쩌둥의 새로운 구상은 그가 제3차 전투를 고려하는 출발점이 되었다. 여기서 3차 전투를 발동하느냐 하는 것은 두 개의 문제를 포함한다. 첫째는 언제 3차 전투를 일으키느냐 하는 시기의 문제이다. 펑더화이는 마오쩌둥의 전보를 받은 후 전쟁터의 형세에 대해 진지하게 연구하였다. 이후 그들의 판단은 전쟁이 신속하게 마무리되기는 매우 어렵다는 것이었다. UN군 부대의 군사 배치를 보면 제1선에 배치된 부대는 20만에 달하는데 중국과 북한을 합치면 30만 명이어서 병력 면에서 절대적인 우세를 확보하지 못한다는 것이다. 그리고 연속된 두 번의 전투로 인해 군대의 피로감이 상당하다는 것이다. 이 밖에 걱정스러운 사실은 수송선이 2배가량 길어졌는데 수송능력은 너무도 부족해서 서부전선 20만 군대를 단지 300대의 차량이 수송을 책임지고 있는 형편이었다. 그들은 수차례에 걸친 토론 후 베이징에 새로운 전투는 1951년 봄 또는 2, 3월로 연기하는 것이 좋겠으며, 만약에 비교적 충분한 시간의 휴식과 보강이 없다면

이렇게 험난한 공격 작전을 수행하기 어렵다고 보고하였다.[215]

지원군의 정치부 주임인 두핑(杜平)은 사후에 회고를 통해 마오쩌둥의 답변은 당초 그들이 예상치 못한 것이었다고 하였다. 마오쩌둥은 오히려 그들에게 3차 전투를 1951년 1월 상순으로 앞당길 것을 요구하였는데 이유는 공격을 중지하고 장기간에 걸쳐 휴식을 하게 된다면 서방 국가들의 추측을 낳을 것이고, 소련 진영 내에서도 말이 나오게 될 것이라는 것이었다. 결과적으로 이 시기 국제정세는 마오쩌둥의 주된 관심사였다. 그러나 이런 결정은 펑더화이 등을 대단히 난처하게 하였다. 그들은 마오쩌둥이 국제정치 측면에서 결정을 내렸기 때문에 군사투쟁은 반드시 국제정치투쟁의 필요에 복종해야 함을 알지만 이와는 반대로 정치투쟁은 어떻게 군사투쟁의 실제를 고려할 수 있는지 라는 문제를 남기게 되었다.[216]

두 번째 문제는 바로 38선을 넘느냐 하는 문제였다. 펑더화이 등이 보기에 급히 38선을 넘어 작전을 수행하는 것은 상당한 어려움을 내포하고 있었다. 즉, 부대의 지나친 피로, 전선이 길어짐으로 인한 군수물자 공급의 어려움 등이 그것이다. 12월 8일, 펑더화이는 각 부대에 38선 부근으로 전진하기를 명령하고 동시에 마오쩌둥에 38선을 넘을지 여부는 전쟁 형세의 발전에 따라 다시 결정하기를 희망하였다. 그는 "만약 UN군을 대량으로 섬멸할 수 있다면 우리는 38선을 넘어 서울을 확보할 기회를 엿볼 것이지만 대량으로 적을 섬멸하지 못한다면 38선을 넘어 서울을 획득하는 것은 결코 쉽지 않다. 이 경우 38선에서 북쪽으로 수십 리 떨어진 곳에서 작전을 중단하고 적이 38선을 점령하도록 해야 한다."라고 하였다. 그는 또한 북한 인민군을 남쪽에 잠입시켜 작전을 펼쳐야 한다고

215　杜平: 《在志願軍總部》, 解放軍出版社1991年版, 第141頁.
216　杜平: 《在志願軍總部》, 第142頁; 洪學志: 《抗美援朝回憶》, 解放軍文藝出版社1990年版, 第98-99頁.

제안하였다.²¹⁷ 펑더화이는 급하게 38선을 넘어 작전을 펼치자고 주장하지 않았다.

마오쩌둥은 재차 펑더화이 등의 주장에 반대를 표시하고, 경우를 막론하고 38선을 넘을 것을 결연히 요구하였다. 그는 이에 대해 두 가지 이유를 설명하였다. 첫째는 미국의 정책 분석에 근거해서이다. 그는 국제사회의 조정을 통해 미국인은 현재 외교적 경로를 통하여 중국군이 38선 이북에 머무를 것을 요구하고 있는데, 만약 중국이 이때 작전 범위를 38선 이북으로 제한해 버리면 이는 미국사람들의 요구를 받아들이는 것이므로 이는 정치적으로 대단히 불리한 상황이 되는 것이라고 하였다.²¹⁸ 두 번째는 향후 작전에 관한 고려이다. 마오쩌둥은 이미 미국을 압박하여 한반도에서 철수를 하도록 결심하였다면, 중국군은 38선이 사람들 마음속에 자리하는 과거의 인상을 깨트림으로써 38선의 속박에서 벗어나야 한다고 주장하였다.²¹⁹ 마오쩌둥의 낙관과 믿음은 그가 얻은 정보에 근거하였다. 해당 정보에 의하면 워싱턴은 특사를 도쿄에 보내 미군의 어려움을 이해하고 있으며, 맥아더에게 한국에서 철수를 명령해 맥아더는 이미 부서 배치를 시작하였다고 하였다. 마오쩌둥은 중국군이 서울 부근까지 도달하기만 하면 이 정보가 사실인지 여부를 알 수 있을 것이라 생각하였다. 그는 펑더화이에게 이 소식을 먼저 군대 내부에 흘려 적을 가볍게 보는 상황이 발생하지 않도록 지시하였다.²²⁰ 결론적으로 아주 시도해 볼

---

217 軍事科學院軍事歷史硏究部: ≪抗美援朝戰爭史≫, 第二卷, 第163頁; 杜平: ≪在志願軍總部≫, 第147頁.
218 毛澤東: ≪我志愿軍必須越過三八線作戰≫, 1950年12月13日, 中共中央文獻硏究室、中國人民解放軍軍事科學院編: ≪毛澤東軍事文集≫, 第六卷, 第239頁.
219 毛澤東: ≪關于朝鮮戰場形勢和作戰部署≫, 1950年12月13日, ≪毛澤東軍事文集≫, 第六卷, 第245-246頁.
220 毛澤東: ≪關于美軍似准備從朝鮮撤退情報的通報≫, 1950年12月11日, 中共中央文獻硏究室、中國人民解放軍軍事科學院編: ≪建國以來毛澤東軍事文稿≫, 上卷, 第405-406頁.

만한 미래가 존재하고 있었다.

당시 미국의 정책결정 과정을 실질적인 측면에서 살펴보자면 마오쩌둥이 얻은 정보는 그것이 분석에 의한 것이든 사실에 기반한 것이든 모두 합리적인 부분이 있었다. 중국이 2차 전투를 감행하고 난 후 미군은 부득이하게 전 지역에 걸쳐 38선 이남으로 철수하였다. 맥아더는 당시 트루먼 정부에 전쟁의 범위를 중국 국경 내로 확대할 것과 대규모 군대를 증파해 줄 것을 요구하였다.[221] 결과적으로 그의 건의는 트루먼 정부에 의해 받아들여지지 않았고, 국가안보위원회의 구성원들은 거의 모두 미국의 한반도에서의 군사행동은 미소 간 전 세계에 걸친 대항과 동맹국의 단결유지 및 UN의 지지를 획득하는 틀 속에 머무를 필요가 있다고 생각하였다. 그들은 전쟁을 더욱더 확대할 어떠한 행동도 해서는 안 된다고 여겨 미국은 전쟁을 중국으로 확대해서는 안되며 단지 현재의 범위 내에서 보다 나은 결과를 획득해야 한다고 보았다.[222] 이와 동시에 트루먼 정부는 한반도에서 맞닥트린 어려움을 정치적으로 해결할 가능성과 방법을 시도하기 시작하였다. 이 때 미국 내부에서는 미군의 한반도에서의 철수를 선택사항으로 포함하여 여러 토론이 진행되고 있었다. 미군 참모장 연석회의는 일찍이 맥아더에게 중국군의 강력한 공세에 직면하여 맥아더가 미군의 한반도에서의 철수가 더욱 큰 심각한 손실을 방지할 수 있다고 판단되면 미군을 일본으로 철수할 수 있다고 통지한 바 있다.[223] 확실히 미군은 한반도에서의 철수를 고려한 적이 있었다. 비록 최종적인

---

[221] Hearings Before The Committee On Armed Services And Committee On Foreign Relations, *Military Situation in the Far East*, (Washington: US Government Printing Office, 1951), Vol. V, p.3495.
[222] "The Joint Chiefs of Staff to the Conmonander in Chief, Far East (MacArthur)", Washington, 29 November 1950, FRUS, 1950,VII, Korean War: pp. 1253-1254.
[223] "The Charge in Korea (Drumright) to the Secretary of State", Seoul, April 28, 1950, FRUS, 1950,VII, Korean War: pp. 55-56.

결정으로까지 연결되지는 않았지만 말이다.

  문제는 미군은 여전히 어려운 정책결정 상황에 놓여 있었다는 점이다. 이때 중국군 역시 매우 어려운 상황에 처해 있어 마오쩌둥이 생각한 것처럼 미군에게 심각한 타격을 줄 수 있는 능력이 없었다. 따라서 최전방에서 지휘를 하고 있던 펑더화이는 마오쩌둥의 전보를 받은 후 여러 차례 실행을 주저하곤 하였다. 다른 군사 지도자들 역시 전투의 결과에 대해 비교적 복잡한 생각을 가지고 있었다. 부 총사령관인 덩화는 펑더화이에게 보낸 편지에서 "세 번째 전투는 아마도 세 가지 결과를 낳을 가능성이 있다. 첫째는 적을 압박하여 평화 요구 담판을 하게 되는 것이고, 두 번째는 어쩔 수 없이 한반도에서 철수하게 하는 것이며, 세 번째는 하나(대구, 부산) 또는 두 개(서울, 인천)의 교두보를 마련하는 것이다. 현재의 상황으로 볼 때는 세 번째일 가능성이 가장 크다. 즉, 대량으로 UN군을 섬멸할 가능성은 그다지 크지 않기 때문에 장기전을 준비해야만 한다."[224] 베이징에서 저우언라이 역시 마오쩌둥에게 전략적 의도와 전투 간의 조화를 고려할 필요가 있음을 건의하였다. 즉, 3월 초로 연기하여 서울을 다시 공격하기를 제안하며, 그렇지 않으면 인력 보충과 공군 포병 등 참전 및 운송 부분에 충분한 준비를 하기 어렵다고 지적하였다.[225]

  펑더화이는 며칠간의 고뇌에 찬 고민 끝에 보수적인 전투계획을 통해 마오쩌둥의 정치적 고려와 군사적 기대 그리고 군대의 실질적인 어려움을 조화롭게 해결하기로 결심한다. 펑더화이는 38선을 넘어가는 작전계획을 배치함과 동시에 마오쩌둥에게 한국전은 상당히 장기적이고 어려운 전쟁이 될 것이며, 중국군의 인원이 심각히 줄어들고 있으며 후방의 배급도 매우 어려운 상황임을 알리고 군사적인 측면이나 정치적인 측면

---

224 軍事科學院軍事歷史研究部:《抗美援朝戰爭史》, 第二卷, 第165頁。
225 周恩來:《關于進攻漢城時間問題給毛澤東的信》, 1950年12月月9日, 中共中央文獻研究室、中央檔案館編:《建國以來周恩來文稿》, 第三冊, 第615頁。

에서 미국인들이 빠른 시일 내 한국에서 철수하지는 않을 것이라고 하였다.[226] 계획하고 있는 3차 전투에 관해서 펑더화이는 마오쩌둥에게 전쟁에서 패배하는 것은 불가능하지만 그렇다고 승리를 할 가능성도 크지 않다고 하였다. 마오쩌둥의 38선 돌파 지시를 수행할 때 중국군이 실제로 직면한 어려움에 적응하기 위해서 그는 안정적으로 공격하는 작전방침을 내세웠다. 즉, 전문적으로 괴뢰군만을 공격하고, 목표는 축소하며, 먹을 수 있다면 먹고, 시의 적절하게 군대를 거두어들인다는 것이다. 38선을 넘은 이후 해당지역에 관한 통제 여부 역시 상황에 따라 결정한다는 것으로 만약 군사적 필요가 발생하면 부대 역시 38선 이북으로 되돌릴 수 있다는 것이었다.[227]

펑더화이의 계획은 정치적 필요와 군사적 어려움 사이의 조화를 위한 선택이었다. 결과적으로 그의 계획은 마오쩌둥의 동의를 얻었다. 마오쩌둥은 지원군이 안정적으로 진격한다는 방침에 지지를 표명하고, 만약에 일이 순조롭지 않다면 시의적절하게 군대를 되돌리고 휴식을 취할 수 있으며, 전투가 끝난 후 몇십 킬로미터 후퇴하여 정돈을 진행해도 된다고 하였다.[228] 마오쩌둥이 펑더화이의 작전계획을 받아들인 이유는 주로 국내 전쟁의 경험에 근거해서이다. 과거의 경험에 근거해 그는 장거리 추격전과 공격전을 주장하지 않았고 오히려 차라리 38선 남북지역에서 작전을 선택하고 기동전을 통해 미군의 전투병력을 대량으로 섬멸한다는 계획을 세웠다. 중국 군대의 장거리에 걸친 공격작전은 그 자체로 모험일

---

226 中共中央文獻硏究室、中國人民解放軍軍事科學院編: ≪毛澤東軍事文集≫, 第六卷, 第246-247頁; 杜平: ≪在志願軍總部≫, 第152頁。
227 杜平: ≪在志願軍總部≫, 第152頁。
228 毛澤東: ≪關于朝鮮戰場形勢和作戰部署≫, 1950年12月21日; ≪第三次戰役結束后全軍主力均應后撤休整≫, 1950年12月26日, 中共中央文獻硏究室、中國人民解放軍軍事科學院編: ≪毛澤東軍事文集≫, 第六卷, 第245-246, 249-250頁。

뿐만 아니라 설령 일시적으로 승리를 거둬 UN군을 남쪽의 몇몇 도시나 전략적 요충지로 쫓아낸다고 하더라도 별 실익이 없다는 것은 전쟁 초기 북한군의 사례로 알 수 있었다. 심지어 마오쩌둥은 북한군을 남쪽으로 잠입시켜 작전을 펼치는 것에도 동의하지 않았는데 그는 UN군의 주요 역량을 북위 38도선과 37도선 사이에 배치하도록 유인해야지만 중국군이 그들을 섬멸하는데 유리하다고 보았다.[229]

마오쩌둥이 펑더화이의 작전계획을 받아들임에 따라 중국군이 38선을 넘어 서울을 공격할 수 있게 되었을 뿐만 아니라 군사적으로도 불가능한 임무 수행을 피할 수 있게 되었다. 3차 전투를 통해 UN군 부대를 대량으로 섬멸하지는 못했지만 중국은 강력한 정치적 지위를 획득하고 아울러 미군에 대응하여 이후 반격을 가할 군사력을 기본적으로 유지할 수 있게 되었다.

"전쟁은 정치의 연속이다." 중국군이 38선을 넘은 것은 군사적으로 임시방책이었다. 그들에게 정치적 요소에 대한 고려는 군사적인 필요를 월등히 넘어선다. 중국 지도자들은 38선을 넘는 것을 결정함과 동시에 38선 이남 지역을 포기하고 38선 이북 방위선을 지킬 준비를 하였다. 문제는 어떠한 정치적 고려가 중국 지도자들로 하여금 군사력이 절대적인 우위를 점하지 않는 상황에서 38선을 넘는 결정을 하게 되었느냐는 것이다.

마오쩌둥의 주된 고려 사항 중의 하나는 전 세계에서 중국의 정치적 명망이었다. 그 중 첫 번째는 중국의 소련 진영내의 명망이었고, 다음으로는 중국의 동아시아와 주변 지역 내에서의 명망이었다. 2차 전투를 발동한 지 얼마 지나지 않아 UN군이 다시금 심각한 타격을 받음에 따라 미국 진영 내부에서 평화 회담에 관한 주장이 제기되기 시작하였다. 동시

---

229 毛澤東:《第三次戰役結束后全軍主力均應后撤休整》, 1950年12月26日, 中共中央文獻研究室、中國人民解放軍軍事科學院編: 《毛澤東軍事文集》, 第六卷, 第249頁.

에 일부 아시아 국가들 역시 UN을 통해 한반도의 정전을 실현하고자 하는 시도들이 있었는데, 이중 가장 두드러진 것은 아시아 13개국이 중국이 38선을 넘지 말아야 한다고 호소한 사실이다.[230] 이후 그들은 <한반도 평화 방안>을 기초하고 UN에 제출할 준비를 하였다.[231] 일부 UN주재 국가의 대표 역시 사적으로 중국 측에 정전의 가능성을 물어오곤 하였다. 이는 중국 지도자들이 즉시 화해 조정안을 받아들일지 여부를 결정하는 압력이 되었다.

중국군이 참전한 뒤 얼마 후 중국 지도자들은 내부적으로 여러 차례에 걸쳐 전쟁터에서의 쌍방 간의 겨룸 이후 미국이 마지못해 담판을 통해 한반도 문제를 해결할 가능성에 관해 논의하였다.[232] 당시 그들은 평화 회담은 받아들일 수 있는 가장 현실적인 해결 방법이라는 쪽에 무게를 두었다. 앞서 언급한 바와 같이 마오쩌둥은 12월 초 베이징에서 김일성과 회담 시 미국과의 평화 회담에 관한 문제를 토론한 바 있다. 그들은 회담에 참여하는 최소한의 조건은 미군이 38선 이남으로 철수하는 것이며, 시기는 서울을 점령하고 대량으로 한국군을 무너뜨린 뒤가 가장 좋다라고 인식을 공유했다.[233] 그들이 이러한 판단을 한 이유는 당시 전쟁터의 유리한 형세가 기본적인 배경이었으며, 이 외에도 두 가지 다른 부분의 고려 사항이 있었다.

먼저 중국 지도자들은 중국군이 공격을 진행하고 명백한 우세를 점하

---

230 ≪中美關系資料匯編≫, 第二輯, 上冊, 第321頁.
231 *FRUS*, Vol. XII, 1950, Korean War, pp.1488-1489.
232 周恩來: ≪抗美援朝, 保衛和平≫, 1950年10月24日; ≪對朝鮮問題的估計与我們的思想准備≫, 1950年11月13日, 中共中央文獻研究室、中國人民解放軍軍事科學院編: ≪周恩來軍事文選≫, 第四卷, 第76, 92頁.
233 ≪中共中央致彭德怀幷高崗電≫, 1950年12月4日, 參閱中國人民解放軍軍事科學院戰史研究部: ≪抗美援朝戰爭史≫, 第二卷, 第162頁; 杜平: ≪在志愿軍總部≫, 第140頁.

고 있는 상황하에 만약 38선에서 멈춰 선다면 국제사회에 중국이 실제로 외국의 중재안을 받아들인다는 인상을 주게 될 것이라 생각하였다. 이 시기 미국은 직접적으로 나서서 정전요구를 하지 않았으며 오히려 트루먼 정부는 공개적으로 대규모 전쟁 동원을 진행하고, 군비를 확장하면서 미국은 전쟁 상태에 진입하였다고 선포하였다. 중국 지도자들이 참전을 결정한 이유는 그들이 보기에 미국의 목적은 무력을 사용하여 한반도를 점령하는 것이고, 트루먼 정부가 무력으로 한반도를 통일한다는 정책을 포기한다는 보장이 없는 상황하에 누가 정전 제안을 하던 간에 이는 미국이 시간을 벌고 진용을 재정비하고자 하는 계획으로밖에 여길 수 없다는 것이다. 실제로 그들은 이렇게 분석하였다.[234] 그들은 아주 쉽게 결론을 내었는데 즉, 중국이 경솔하게 정전이나 공격 중단요구를 받아들인다면 이는 장차 중국의 정치적 명망에 심각한 위협을 가져와 앞으로 중국이 정치적으로 문제를 해결해 나가는 과정에서 적어도 아주 유리한 위치에 처하지는 않을 것이라는 것이다. 따라서 당시 일부 국가들이 제기한 화해와 조정 요구는 시기에 적합하지도 않고 치밀한 고려도 없어서 이렇게 할 경우 중국 지도자들 간에 상호 신뢰 형성에 도움이 되지 않을 뿐만 아니라 오히려 마오쩌둥으로 하여금 중국군이 38선을 넘지 않으면 안 된다고 재촉하는 결과를 낳을 것이다라는 것이다.

다음으로 당시 중국 지도자들은 강력한 소련진영 구성원이라는 동질감을 가지고 있었는데 이는 여러 사례를 통해 증명된 바 있다. 이런 사실은 그들이 소련진영의 반응에 대해 특별히 민감할 뿐만 아니라 매우 의식하는 결과를 초래했다. 소련진영 내에서의 명망을 유지하고 제고하는 것은 각종 국제문제를 고려함에 있어 가장 중요한 문제였다. 12월 1일, 스탈린은 마오쩌둥에게 축하 전문을 보내 중국 군대의 군사적 승리를

---

234 ≪中美關係資料匯編≫, 第二輯, 上冊, 第355-358頁.

축하하고, 그들이 더욱더 분발하여 공세를 펼쳐나가기를 격려하였다.[235] 스탈린은 이렇게 크레믈린 궁에서 지도자의 느낌을 보이는 것을 좋아했다. 이 시기 중국주재 소련대표와 김일성은 여러 차례 펑더화이에게 압력을 행사하면서 중국군대가 공격을 멈춰서는 안되며 38선을 돌파하여 통일을 실현해야 한다고 하였다. 스탈린은 한편으로는 북한이 마땅히 펑더화이 등의 결정을 존중해야 한다고 하면서 동시에 소련대표는 태도를 단정히 해야 한다고 비판하였다. 그러나 그는 동시에 마오쩌둥에게 소련은 장차 지원군에게 2,000대의 차량을 더 제공할 것임을 선포하였다.[236] 이때 중국군은 후방의 공급물자 부족에 시달리고 있었기 때문에 이는 펑더화이가 신중한 태도를 유지한 이유 가운데 하나였다. 왜냐하면 전선이 길어지게 되면 운송이 더욱더 어렵기 때문이다. 이런 배경하에 마오쩌둥은 스탈린이 이렇게 하는 것은 중국군대가 계속해서 공격을 감행하라고 고무하는 것이라고 생각하게 된다.

이즈음 소련진영에서는 중요한 코민포름 회의를 준비하고 있었다. 10월 28일, 소련 공산당 중앙 정치국 회의는 <코민포름 서기처 회의 개최에 관한 결정>을 통과시켰는데, 그 내용은 주로 코민포름의 직능을 확대하고 정보국 서기처를 만드는데 있었다. 11월 22일에서 24일, 코민포름 서기처 회의가 루마니아 부쿠레슈티(Bucharest)에서 열렸다. 이 회의에서는 코민테른과 같은 상설 국제조직을 만들어 세계 각국의 공산당을 지도하고 도와준다는 중요한 결정을 하였는데 이는 코민포름이 유럽지역만을 관할하는 것과는 일정 정도 차이가 있었다. 소련대표인 수슬로프(Suslov, M. A)는 회의 발언에서 "우리는 유럽, 미주, 아시아의 코민포름에 참가

---

[235] 《史達林關于建議中國派部隊援助朝鮮問題致羅申》, 1950年10月1日, 沈志華編: 《朝鮮戰爭: 俄國檔案館的解密文件上冊》, 第571頁.
[236] 毛澤東: 《打一个胜仗后休整准備春季攻勢》, 1950年12月29日, 中共中央文獻研究室、中國人民解放軍軍事科學院編: 《毛澤東軍事文集》, 第六卷, 第252頁.

하지 않는 공산당의 이익 역시 중요시해야 한다. 따라서 이러한 정보국 설립에 대한 건의라는 당의 임무를 제기하여야만 한다."라고 하였다.[237]

국제 공산당 기구의 범위를 전 세계로 확대하는 것 외에도 회의는 이 조직에 코민테른의 지도자인 그리고르 디미트로프(Dimirtov, Georgi)와 같이 총서기 제도를 두는 것을 구상하였다. 당시 스탈린이 염두에 둔 인물은 이탈리아 공산당 지도자인 톨리아티 팔미로(Togliatti, Palmiro)였는데 결과적으로 이탈리아 공산당과 톨리아티 본인에게 거절당했다. 톨리아티는 본인이 병이 있어 임무를 감당하기 어렵다고 하였다. 그러나 실제로 그는 제2의 디미트로프가 되기를 원하지 않았던 것이다. 인선이 난항을 겪자 원래 12월 23일 개최하기로 예정되었던 회의는 부득이하게 연기되었다. 소련 공산당은 한동안 계속해서 희망을 가졌지만, 2월 12일 이탈리아 공산당 중앙이 소련 공산당이 제안한 톨리아티가 코민포름 서기처에서 직무를 맡는 안을 부결시킴에 따라 계획 중이던 공산당 정보국 대회는 유산되고 말았다.[238]

마오쩌둥이 3차 전투를 감행하고 38선을 넘은 것은 바로 소련 공산당과 공산당 정보국이 대회 소집을 계획하고 논의하던 시기였다. 이 시기 동맹국의 반응에 대한 주목과 중공 중앙이 계획 중이던 대회와 공산당 국제조직에서의 지위에 대한 고려는 그의 한반도 군사 문제에 대한 생각에 영향을 미치지 않을 수 없었다. 그는 이 시기 중국 군대가 모두를 고무시키는 군사적 승리를 획득하기를 열망하였다. 특히 38선을 넘는 것은 소련진영 내 중국의 명망을 대폭 상승시킬 것이라 생각하였다.

이 시기 중국 지도자들을 고무시킨 또 다른 이유는 중국의 아시아 민족해방운동에서의 명망 때문이었다. 즉, 중국 군대의 참전과 연속 세 번

---

237 轉引自張盛發: ≪斯大林与冷戰≫, 第441頁.
238 可參閱張盛發: ≪斯大林与冷戰≫, 第432-453頁.

에 걸친 전투의 승리로 인해 중국의 명망이 대폭 상승하였다. 중국 지도자들은 중국의 아시아 혁명운동과 민족해방운동 중의 지위 상승을 매우 중요시하였다. 그들은 점진적으로 아시아 혁명 리더라는 의식을 가지고 있었으며, 이는 그들이 더욱 많은 국제주의와 관련한 일을 스스로 원해서 맡게 하였다. 이를 통해 소련 공산당과의 관계 역시 더욱더 가깝게 되었다. 또한 이런 의식은 계획 중이던 공산당 정보국 대회와도 연결이 되어 중국 지도자들로 하여금 향후 국제 공산당 조직 내에서 더욱 높은 지위를 가지게 될 것이라는 기대를 낳게 되었다.

1950년 12월 31일, 즉 제3차 전투가 발발한 당일 마오쩌둥과 류샤오치 등은 중국주재 소련 대사인 로시친(Roschin, N)을 초대해 연회를 베풀었다. 이 자리에서 마오쩌둥은 소련 대사에게 "베이징에 인도 공산당을 제외한 모든 아시아 공산당 대표가 모였다. 중국은 그들에게 다방면에 걸쳐 도움을 주어야 한다."라고 하였다. 이후 그는 다시 한 번 아시아에서의 중소 양당의 협력강화를 제안하고, 이를 위해 소련이 베이징에 연락기구를 설립할 필요가 있다고 하였다. 1월 3일, 류샤오치는 로시친에게 아시아 국가의 모든 공산당이 중공 중앙에 상주대표를 두고 있으며, 이는 그들이 모두 자발적으로 온 것이라고 하였다. 그는 일일이 아시아 각 당의 상황을 분석한 후 소련 공산당 중앙이 베이징에 5인으로 구성된 소련 공산당 중앙의 대표처를 설립하기를 제안하고, 이 인물들은 아시아 문제의 전문가이면 가장 좋고, 적어도 아시아 혁명에 비교적 익숙해야 한다고 하였다.[239] 또한 이때 중공 중앙은 대외 연락부를 설립하기로 결정하고, 귀국하여 업무보고 중이던 소련주재 중국대사인 왕자샹(王稼祥)을 부장으로 임명하였다. 류샤오치는 임명장에서 "이 기구의 직책은 각국 공산

---

239 ≪尤金給斯大林的報告≫, 1951年1月20日, 華東師范大學國際冷戰史硏究中心資料室存: NO.20001頁.

당과의 연락을 담당하는 것으로, 구체적 임무이자 가장 중요한 임무는 동아시아의 각국 형제당과 연락하며 그들을 돕는 것이며, 국내의 많은 기구들이 대외 연락부의 업무에 도움을 주게 될 것이다."라고 하였다.[240]

상술한 국제 공산주의 운동의 중요한 사건들은 거의 동시에 발생하였으며, 마오쩌둥은 그 과정에 직접 참여하였다. 따라서 이런 일련의 사건들이 중국 지도자들의 한국전 전세에 대한 사고에 영향을 미치지 않았다고 생각하기는 어렵다. 더불어 지적할 사항은 이 시기 중국 군사고문단은 베트남군을 지휘하여 연속적인 군사적 승리를 거두고 있어서 베트남 공산당 중앙은 중국혁명의 경험을 기꺼이 받아들이고 존중하는 태도를 보이고 있었다는 점이다. 중국 지도자들은 비록 중국이 베트남에 지원한 군사 장비 등의 관리에 문제가 있어서 아주 불만이었지만 그래도 베트남 공산당 중앙의 요구에 신속히 응답하여 1951년 상반기에 베트남군에 6개의 보병단과 1개의 중포병 부대를 배치하고, 30억 인민폐(1955년 신화폐 기준 30만 위안)를 써서 광저우에 베트남 공산당을 위한 베트남어 인쇄공장을 설립하였다.[241] 중국의 베트남에 대한 원조는 이때 이미 라오스와 캄보디아를 포함하는 전체 인도차이나 지역으로 확대되어 있었다.[242]

국제정치정세 특히 국제 공산주의 운동 과정중의 중요한 사건들은 마오쩌둥의 사고에서 중요한 위치를 차지하였다. 이점은 그가 재삼 펑더화

---

240 劉少奇: ≪關于成立中共中央對外聯絡部問題≫, 1951年1月16日, 中共中央文獻研究室、中央檔案館編: ≪建國以來劉少奇文稿≫, 第三冊, 第25頁。
241 劉少奇: ≪關于援助越南武器裝備問題的批語和電報≫, 1951年2月10日; 劉少奇: ≪關于在廣州設越文印刷厂問題的批語和電報≫, 1951年2月2日、26日; 中共中央文獻研究室、中央檔案館編: ≪建國以來劉少奇文稿≫, 第三冊, 第66、68-69頁。
242 參閱中共中央文獻研究室、中央檔案館編: ≪建國以來劉少奇文稿≫, 第三冊, 第168頁。

이 등 군사 지도자들을 고무시켜 전투에 참여하게 하고 결과적으로 중국의 영향력이 확대되는 결과를 가져왔다. 그러나 반대로 만약 중국 군대가 38선을 넘지 않는다면 마오쩌둥은 이는 필히 자본주의 각국의 의심을 낳을 것이고, 민주 진영내의 각국 역시 못마땅하게 여겨 아주 많은 문제가 발생할 것이라고 보았다.[243] 마오쩌둥은 정치적 명망을 매우 중시하였는데 이는 그가 끊임없이 여러 결정을 하게 하는 원동력이었다. 중요한 결정 과정에서 하나의 외부요소가 어떤 영향을 미치는지는 일반적으로 두 가지의 조건으로 결정된다. 첫 번째는 이 외부요소가 결정 과정에서 가지는 객관적으로 가져야 되는 지위를 말한다. 다른 하나는 결정자가 관련된 외부요인을 중요시하는지 여부와 중시하는 정도를 말하며, 중시하는 정도는 때때로 외부요소가 영향을 주는 실제 효과를 결정한다. 예를 들어 만약에 중국 지도자들이 신중국이 막 성립된 시점에 소련의 언행에 대한 정치적 평가를 그다지 중요시하지 않았더라면 소련과 소련진영 일부의 의견에서 비롯된 영향력은 아주 달랐을 거라는 이야기다.

소련의 영향은 당연히 중국 지도자들이 38선을 넘기로 결정하는 중요한 이유가 되었다. 그러나 2차 전투를 진행하기 이전까지 스탈린은 적어도 표면적으로 중국의 군사전략과 전투 정책결정에 공개적으로 간섭한 적은 없었다. 애초에 스탈린의 중국의 파병숫자와 임무에 관한 생각은 비교적 간단하였다. 그가 생각한 목표는 단지 북한을 도와 38선을 지키도록 도움을 주는 것이며, 이후는 담판을 통해 북한문제를 해결해야 한다는 입장이었다. 그의 말을 빌리자면 "중국이 파병을 하고 미국과 아주 결연한 대항을 하게 된다면 미국은 어쩔 수 없이 북한문제에 대한 중재

---

[243] 毛澤東: 《我志願軍必須越過三八線作戰》, 1950年12月13日; 《關于朝鮮戰場形勢和作戰部署》, 1950年12月21日; 《打一个胜仗后休整准備春季攻勢》, 1950年12月29日, 中共中央文獻研究室、中國人民解放軍軍事科學院編: 《毛澤東軍事文集》, 第六卷, 第252-254頁.

조건을 받아 들일 수 밖에 없을 것이다."라고 하였다.[244] 중국이 참전을 결정하고 제2차 전투를 시작한 이 기간 동안 스탈린은 38선의 경계를 넘어서는 어떠한 평화 회담에 대한 구상이나 요구를 제기한 적이 없다. 말을 바꾸면 스탈린은 이 시기 중국의 참전 결과가 장차 미국인을 한반도에서 철저하게 쫓아내는 결과가 될 것이라고 결코 생각하지 않았다.

12월 초에 13개국이 정전에 관한 초안을 제시한 후 소련은 중국이 정전을 받아들이지 않았으면 하는 입장을 명확히 표명하였다. 12월 4일, 소련주재 중국대사인 왕자샹은 귀국하여 업무 보고를 하게 되었다. 그는 작별인사를 빌미로 소련 외교부장인 그로미코, 안드레이 안드레예비치 (Gromyko, A. A)에게 소련의 정전에 관한 입장을 물어보았다. 마땅히 미국과 정전 회담을 해야 하는가 하는 문제에서 그로미코는 미국이 평화적으로 한반도 문제를 해결하자는 제의를 하지 않았다고 하였다. 왕자샹이 중국 군대가 반드시 38선을 넘어야 하는가라고 자문을 했을 때 그로미코는 중국군은 쇠는 단김에 두들겨야 한다고 하였다.[245] 그로미코의 해석으로 보건대 당시 소련 지도자들은 아직까지 중국군이 38선을 넘는 문제에 관해 명확한 결정을 내리지 않았을 가능성이 많지만 그렇다 하더라도 그들은 확실히 중국군이 승리를 거둔 후 그 자리에 멈추기를 희망하지는 않았다.

왕자샹과 그로미코간의 만남이 있었던 3일 후 소련은 중국군이 반드시 38선을 넘어 서울까지 점령해야 한다는 자신들의 입장을 뚜렷하게 표명하기 시작하였다. 12월 7일, 저우언라이는 로시친에게 정전문제에서 불리한 입장에 처하지 않기 위해 중국은 관련 당사 국가들에게 정전에 관

---

244 ≪史達林關于中國出兵問題致金日成的信≫, 1950年10月8日, 沈志華編: ≪朝鮮戰爭: 俄國檔案館的解密文件≫, 上冊, 第591-592頁.
245 ≪葛羅米柯与王稼祥會談的備忘彔≫, 1950年12月5日, 沈志華編: ≪朝鮮戰爭: 俄國檔案館的解密文件≫, 上冊, 第635-636頁.

한 5개항의 조건을 제시할 준비를 하고 있다고 하였다. 그리고 저우언라이는 소련의 입장을 이해하고자 한다고 하였다.[246] 그로미코는 당일 로시친의 보고를 받은 후 바로 저우언라이에게 중국은 먼저 필히 서울을 점령한 후에 자신들의 정전조건을 제시해야 한다는 입장을 전하였다.[247] 이와 동시에 소련 공산당 정치국은 UN주재 소련대표인 비신스키를 비판하였다. 즉, UN과 같은 국제적인 장소에서 한반도 정전에 관한 제안을 해서는 안되며, 그가 해야 할 일은 바로 모든 외국 군대가 즉시 한반도에서 철수해야 한다는 입장을 표명하는 것이었다. 소련 공산당 정치국은 현재 미국이 정전을 제안한 것은 단지 실패를 만회할 시간을 벌고자 할 뿐이라고 판단하였다.[248]

소련이 이 시기 표명한 자신들의 입장은 마오쩌둥과 같았다. 그들은 중국군은 마땅히 38선을 넘어 서울을 점령하여야 하며, 유리한 국면을 만들고 난 후 정전조건을 제시해야 한다고 생각하였다. 시간의 흐름상 소련의 결정은 마오쩌둥과 김일성이 12월 3일 만난 후에 나온 것으로 따라서 소련 지도자들이 마오쩌둥의 군사계획에 대한 담화를 살펴본 후 이러한 태도를 표명했을 가능성을 배제할 수 없다. 그러나 소련의 결정은 두말할 것도 없이 중국에 대한 격려이자 동시에 중국에 대한 압력으로 작용하였다. 저우언라이는 소련의 입장을 이해한 후 바로 UN 회의에 참석하고 있던 중국대표에게 정전문제에 관한 중국의 조건을 급하게 표명하지 말고 지연하라는 방침을 내렸다.[249]

---

246 ≪羅申關于中國政府停止在朝鮮軍事行動的條件的電報≫, 1950年12月7日, 沈志華編: ≪朝鮮戰爭: 俄國檔案館의 解密文件≫, 上冊, 第639-640頁.
247 ≪葛羅米柯關于蘇聯同意中國政府停止朝鮮軍事行動的條件致羅申電≫, 1950年 12月7日, 沈志華編: ≪朝鮮戰爭: 俄國檔案館의 解密文件≫, 上冊, 第641-642頁.
248 ≪聯共(布)中央政治局關于停戰問題指示的決議≫, 1950年12月7日, 沈志華編: ≪朝鮮戰爭: 俄國檔案館의 額解密文件≫, 中冊, 第643頁.
249 周恩來: ≪對談判應取他急我不急≫, 1950年 12月8日, 中共中央文獻研究室、中國人民解放軍軍事科學院編: ≪周恩來軍事文選≫, 第四卷, 第125頁.

중국과 소련 간 38선을 넘을 것인지에 관한 결정은 사실 상호 영향을 주고 상호 추동한 것으로 보아야 한다. 처음에 중국군의 군사적 승리는 중국 지도자들이 전쟁의 목표를 높이는 결과를 낳았다. 이후 소련 지도자들은 중국 지도자들이 38선을 넘는 결정을 하도록 고무하였다. 동시에 38선을 넘기 이전에 정전협상을 하는 것에는 반대하였다. 마오쩌둥은 비록 작전수행 부대의 실질적인 어려움을 알았지만 그럼에도 불구하고 소련의 결정과 반응을 고려해야만 하였다. 최종적으로는 펑더화이가 신중한 작전방침을 정하고 정치적인 필요와 군사적인 어려움 사이를 개괄적으로 조율하는 결과를 낳았다. 이러한 결정과정을 일반적으로 말하는 선순환 과정이라고 하기는 어렵다.

제3차 전투는 기본적으로 성공하였다. 1951년 12월 31일, 중국군은 갖은 추위를 무릅쓰고 200킬로미터에 걸친 드넓은 곳에서 정면으로 공격을 감행하였고 UN군의 38선 방위선을 신속히 돌파하였다. 전투과정의 순조로움은 지원군 지도자들의 예상 밖이었다. 1월 3일, 미군 사령관인 매슈 벙커 리지웨이(Matthew Bunker Ridgway)는 모든 전선에서 UN군의 철수를 명령하였고, 다음날 중국군은 서울을 점령하였다. 서울 점령으로 인해 중국은 상당히 유리한 입장에 놓이게 되었다. 한편 이번 전투는 예정된 목표를 100% 실현하지는 못하였다. 즉, 기동전을 펼치며 대량으로 UN군의 작전능력을 섬멸하는 데에는 실패했다. 때마침 UN의 '한반도 정전 3인 그룹'은 즉각적인 정전을 주장하며 5가지 제안을 하였다. 그 내용은 저우언라이가 12월 하순에 제안한 정전 조건과 유사하였는데 무슨 이유인지 밝히지도 않고 미국은 이를 수용할 수 있다는 입장을 표시하였다.[250] 이러한 국면은 중국과 동맹국 간에 한반도의 정세와 향후 전략적 목표에

---

250 ≪五屆聯大政委會"朝鮮停火三人小組"提出的"五步方案"≫, 1951年1月11日, ≪中美關系資料匯編≫, 第二輯, 上, 第367-368頁.

관한 토론을 시작하는 계기가 되었다. 첫 번째 토론 내용은 한반도 정전 3인 그룹이 제시한 즉각적인 정전 제안을 받아들일가 하는 문제였다.

제3차 전투로 형성된 국면은 결코 군사 지도자들의 예상을 벗어나지는 않았다. 진짜 문제는 전투를 계획하는 과정 중에 이미 생겨난 속전속결 분위기였다. 이는 중국군이 38선을 넘는 가운데 신속히 퍼져나갔다. 12월 중순 중국 지도자들은 한반도 정전과 관련한 5개항 조건을 확정하였다. 이중 첫 번째 조건은 외국 군대의 철수였다. 12월 22일, 저우언라이는 UN의 정전 결의에 대해 성명을 발표하면서 회담의 기초는 바로 모든 외국 군대가 한반도에서 철수하는 것이라 하였다.[251] 확실히 이 시기 중국 지도자들은 전쟁의 목표를 높게 잡는 경향이 있었다. 1950년 1월 제3차 전투가 끝났을 때 중국 내 여론은 한반도에서 철수하기를 거부하는 미국 침략군을 바다로 쫓아내자라는 함성으로 가득 찼다.[252]

중국의 동맹군도 끊임없이 압력을 가해왔다. 먼저 김일성은 전쟁초기의 실패로 인한 교훈은 망각한 채 조금의 신중함도 없이 한반도를 급히 통일하려는 야심을 드러냈다. 그는 펑더화이의 면전에 대고 중국군이 서울을 점령한 이후 2개월 동안 휴식 정돈하는 것에 찬성하지 않으며 오히려 즉시 3개 군단을 파견하여 남쪽을 향해 공격해야 한다고 주장했다. 당시 북한주재 소련 대사였던 라주바예프(V. H. Razuvaev)는 김일성의 군사고문을 맡고 있었는데 그 역시 중국군의 정돈계획에 불만을 표시하였다. 그는 이렇게 할 경우 미군에게 숨쉴 기회를 주게 되므로 중국군은 승기를 잡았을 때 끝까지 추격해야 한다고 하였다.[253]

---

251 轉引自齊德學: 《巨人的較量－抗美援朝高層決策和指導》, 中共中央党校出版社1999年版, 第141頁.
252 參閱徐焰: 《第一次較量－抗美援朝戰爭的歷史回顧与反思》, 中國广播電視出版社1990年版, 第67頁.
253 參閱 《彭德怀傳記》組著: 《彭德怀全傳》, (三), 中國大百科全書出版社 2009年版, 第932-935頁.

1월 11일, 즉, 저우언라이가 정전 조건과 관련한 성명을 발표하기 6일 전 소련대표는 이미 UN 본 회의 발언을 통해 한반도 정전 3인 그룹의 정전 제안에 반대한다고 하였다.[254] 소련대표는 제3차 전투 이전의 태도를 유지하고 있었지만 객관적으로 중국 지도자들의 선택의 여지를 극도로 제한하고 있었다. 왜냐하면 언제 어디서 정전 조건을 제시하느냐 하는 문제에 있어서 소련의 태도는 거의 결정적인 영향을 미치기 때문이었다. 만약 UN에서 소련의 협력과 지지가 없다면 중국은 평화 회담을 처리할 방법이 없게 되는데 하물며 중국군이 소련의 군사지원에 의지하고 있는 상황에서 무슨 말이 필요하겠는가? 이는 중국 지도자들이 정전조건은 여러 측이 모두 받아들일 수 있어야 가능하다고 판단한 부분을 이해하는 데 도움이 된다. 한국전과 같은 대규모 국지전에서 중국이 동맹국 가운데 처한 입장은 중국이 동맹국 간에 유효한 전략과 정책협조 메커니즘을 만들어야지만 동맹국 간의 소통과 선택 및 집행의 정확성과 효율을 높일 수 있음을 알려준다. 다만 말처럼 그렇게 쉽지는 않지만 말이다.

펑더화이는 지속적인 공격을 반대하였다. 그는 중국군이 처한 어려움이 상당히 심각하다고 평가하였다. 그는 북한 측에서 미군이 아주 빠른 시간 내 한반도에서 철수할 것이라는 판단에 완전히 동의하지 않았으며, 동시에 중국군은 이미 빠른 시간 내에 새로운 공격을 진행할 만한 역량이 없다고 판단하였다. 1월 15일, 심지어 그는 저우언라이에게 전보를 보내 UN 한반도 정전 3인 그룹의 정전방안을 즉각적으로 거부하는 것에 반대한다는 입장을 표시하였다. 그는 필히 제한적 정전 제안을 함으로써 중국군이 2개월가량의 정돈시간을 확보해야 한다고 주장하였다.[255]

---

254 "蘇聯代表馬立克在五屆聯大政委會上關于1951年1月11日'朝鮮停火三人小組'的報告的發言", 1951年1月11日, ≪中美關系資料匯編≫, 第二輯, 上, 第369－370頁.
255 王焰編: ≪彭德怀年譜≫, 人民出版社1998年版, 第467頁.

이 시기 관건은 바로 마오쩌둥 본인의 생각이었다. 1월 14일, 마오쩌둥은 펑더화이에게 보낸 전보에서 전세에 대한 그의 판단을 상세히 피력하였다. 그는 향후 두 가지 가능성이 있다라고 보았다. 첫 번째는 미군이 약간의 저항을 한 후 한국에서 철수하는 것이고, 두 번째는 대구, 부산에서 더 이상 저항 할 수 없을 때까지 저항한 후에야 한반도에서 철수한다는 것이다. 어쨌거나 미군은 조만간 한반도에서 철수한다는 것이다. 이 때문에 그는 춘계 작전목표를 한반도 전체의 해방으로 설정했다. 관건은 그가 이처럼 중요한 전략적 변화를 스탈린에게 동시에 전달하였다는 사실이다.[256] 바로 이러한 사실은 마오쩌둥이 정전을 원하지 않게 함으로써 미래 작전 선택의 구속을 받지 않고 미군의 위협을 평가절하하지 않게 만들었다. 중요한 사실은 그의 판단이 점진적으로 중국 군대의 군사 배치와 준비에 관철되었다는 점이고 이는 중국 정책 결정층이 당시 한반도 정전 3인 그룹의 제안을 거절하는 가장 중요한 원인이 되었다. 그 결과 중국은 외교적 주도권과 적진을 분열시킬 유리한 시기를 놓치게 되었다.

군사적 측면에서 마오쩌둥은 계속해서 펑더화이의 공격을 중지하고 군대를 정돈한다는 계획을 지지하였다. 그의 장기적인 전쟁 경험은 38선 남북지역에서 기동전을 통해 미군을 대량으로 섬멸해야 장기적인 추격전이나 공격을 감행해서는 안 된다는 사실을 본능적으로 알고 있었다.[257] 따라서 마오쩌둥은 한편으로 실제와 떨어진 전략 목표를 견지하였고 최대한 빠른 정전 제안을 부정하였다. 다른 한편으로는 오히려 펑더화이의 군사 배치를 지지하고 새로운 대규모 공격을 서두르지 않도록 하였다. 1월 15일, 마오쩌둥은 손수 스탈린에게 전보를 보내 중국 군대의 작

---

256 齊德學: ≪巨人的較量≫, 第152－153頁。
257 毛澤東: ≪第三次戰役結束后全軍主力均應后撤休整≫, 1950年12月26日; ≪打一个胜仗后休整准備春季攻勢≫, 1950年12月29日; 見中共中央文獻研究室、中國人民解放軍軍事科學院編: ≪毛澤東軍事文集≫, 第六卷, 第249－253頁。

전 계획과 현재 직면한 어려움을 상세히 설명하였다. 그는 스탈린에게 만약 충분히 준비하지 않는다면 북한군이 1950년 6월에서 9월 사이 범한 실수를 다시 할 수도 있다고 경고하였다.[258] 하루 전 마오쩌둥은 스탈린에게 군사대출을 요구한 바 있는데 다음날 이처럼 분명한 태도로 공격을 반대한 것으로 그가 펑더화이의 강렬한 결심을 지지했음을 알 수 있다. 다른 한편으로 마오쩌둥은 북한이 새로운 공격 감행을 강력히 요구했을 때 그는 펑더화이에게 북한군이 스스로 계속해서 남쪽을 향해 공격하고 자생적으로 지휘하도록 하며, 중국군은 인천, 서울과 38선 이북의 수비를 담당하고 정돈을 진행하라고 지시하였다.[259]

중국과 동맹국 간의 내부협의가 아직 진행되고 있을 시점에 미군은 신속하게 강력한 반격을 감행하였다. 이는 중국 정책결정층 내부에 다시금 정전문제를 토론하게 만든 계기가 되었다. 현장의 군사 지도자중에는 이때에 여전히 단숨에 적을 섬멸하고 조선을 전부 해방시키자는 견해도 존재하였다.[260] 마오쩌둥과 다른 점은 그들은 결코 한 두 번의 전투로 이러한 목표를 달성할 것이라 생각하지 않았다는 점이며 실제 중국군은 병력과 탄약 그리고 식량이 모두 부족했다. 미군이 공격을 감행한지 얼마 지나지 않아 펑더화이는 재차 베이징에 주도적으로 제한적 정전을 할 방법을 제시할 것을 요청하고, 지원군도 주도적으로 15킬로미터에서 30킬로미터 후퇴할 수 있다고 하였다.[261]

마오쩌둥은 펑더화의의 제안을 거부하였다. 1월 28일, 그는 펑더화이에게 보낸 전보에서 제한적 정전에 관한 제안은 시기적으로 적합하지

---

258 《毛澤東關于下一步作戰計劃致史達林電》, 1951年1月15日, 沈志華編: 《朝鮮戰爭: 俄國檔案館的解密文件上冊》, 第663-664頁.
259 王焰: 《彭德怀年譜》, 第466頁.
260 杜平: 《在志愿軍總部》, 第186頁.
261 王焰: 《彭德怀年譜》, 第469頁. 軍事科學院軍事歷史研究部: 《抗美援朝戰爭史》, 第二卷, 第224頁.

않은데 그 이유는 이것이 바로 미군이 필요로 하는 것이기 때문이라고 하였다. 이뿐만 아니라 그는 재차 정전의 조건을 높여 중국군은 최대한 빨리 제4차 전투를 감행하여 적군 2, 3만 명을 섬멸해야 한다고 요구하였다. 또한 37선 이전의 대전과 안동을 점령함으로써 서울과 인천 등 지역을 안정적으로 장악해야 한다고 하였다. 그리고 그때가서 담판을 시작하는 것이 중국과 북한에 유리하며 지금 정전은 상황이 불리하기 때문에 절대로 받아들일 수 없다라고 하였다.[262] 스탈린 역시 여기에 기름을 끼얹었다. 그는 마오쩌둥에게 보낸 전보에서 국제적인 관점에서 서울과 인천을 포기해서는 안되며 계속해서 적들에게 심각한 타격을 주는 것은 매우 적합한 일이라고 하였다.[263] 펑더화이는 부득이하게 명령을 집행할 수 밖에 없었지만, 적들의 전진을 막고 착실히 전세를 변화시키며 여전히 장기적인 관점에서 진행한다는 지도방침은 반드시 관철해야 한다고 주장하였다. 동시에 마오쩌둥에게 만약에 공격이 순조롭지 못하다면 해당 부대는 후퇴할 수 있음을 상기시켰다. 결과적으로 마오쩌둥은 다시 한 번 펑더화이의 작전 방침을 비준하였다.[264]

마오쩌둥이 3인 그룹의 정전 제의를 거절한 이유는 그가 제3차 전투가 끝난 후에 명확히 전체 한반도의 해방이라는 작전목표를 제시하였기 때문이다.[265] 그가 지속적인 공격과 추격을 찬성하지 않은 것은 펑더화이의 제안을 받아들였을 뿐만 아니라 그의 군사방침에 대한 고려가 반영되었기 때문이다. 마오쩌둥은 풍부한 전쟁경험을 가지고 있어서 펑더화이의 지휘를 매우 신임한데다 이전 북한 군대의 실패라는 뼈저린 교훈이 있었

---

262 毛澤東: ≪志願軍必須立卽准備發起第四次戰役≫, 1951年1月28日, 中共中央文獻研究室、中國人民解放軍軍事科學院編: ≪建國以來毛澤東軍事文稿≫, 上卷, 第454-455頁。
263 王焰: ≪彭德怀年譜≫, 第469頁。
264 王焰: ≪彭德怀年譜≫, 第471－473頁。
265 齊德學: ≪巨人的較量≫, 第152－153頁。

기 때문에 그는 가능하면 전장의 실제 상황과 상호협조하려고 하였다. 그의 구상은 38선 남북지역에서 기동섬멸전을 벌여 대량으로 UN군의 작전능력을 제거함으로써 UN군의 한반도 철수라는 목표에 도달할 수 있을 뿐만 아니라 장거리에 걸친 추격전과 공격전을 피할 수 있다는 것이었다. 그는 제3차 전투가 끝난 후 중국 군대가 비교적 많은 시간을 들여 충분한 휴식과 정돈 작업을 하기를 희망하였고 이를 통해 현재 지역에서 더욱 강력한 공세를 취할 수 있도록 하였다.[266] 하지만 이런 고려에도 불구하고 마오쩌둥은 여전히 펑더화이가 제기한 어려움을 충분히 이해하지 못하였고, 이런 이유로 이 시기를 이용하여 일시적인 정전을 모색하는 것에 동의하지 않았다.

2월 중순 제4차 전투의 1단계가 마무리되고 중국 군대는 모든 전선에 걸쳐 기동방위전 태세에 접어들었다. 2월 17일, 펑더화이 등 군사 지도자들은 각 군의 당 위원회에 한 가지 지시사항을 내렸다. 또한 중앙 군사위원회에 보고하는 과정에서 현재 적군과 아군의 역량을 비교하면서 적군이 아직까지 일시적으로 우세를 점하고 있음을 인정하였다.[267] 펑더화이는 이 때문에 본인이 직접 베이징으로 돌아가 전략문제에 대해 마오쩌둥 등과 공감대를 형성할 필요가 있다고 보았다. 이때 중앙 군사위원회 역시 이미 전세 변화 중 불리한 요인과 중국군이 맞닥트린 어려움에 대해 주시하고 있었으며, 38선 이북지역으로 군대를 철수해야 할지 여부를 고려하고 있었다.[268] 2월 8일 중앙 군사위원회는 펑더화이에게 전보를 보냈는

---

266 毛澤東:《第三次戰役結束后全軍主力均應后撤休整》, 1950年12月26日;《打一个胜仗后休整准備春季攻勢》, 1950年12月29日; 見中共中央文獻研究室、中國人民解放軍軍事科學院編:《毛澤東軍事文集》, 第六卷, 第249-253頁.
267 軍事科學院軍事歷史研究部:《抗美援朝戰爭史》, 第二卷, 第255頁.
268 周恩來:《對敵反擊的部署与十九兵團的開進》, 1951年2月11日, 見中共中央文獻研究室、中國人民解放軍軍事科學院編:《周恩來軍事文選》, 第四卷, 第154-155頁.

데 그 내용에는 마오쩌둥 역시 이점을 의식하고 있으며 만약에 여전히 미군을 한반도로부터 쫓아내는 것을 전략목표로 할 경우 한국전쟁은 단기간에 끝나기 어려울 것이라 하였다.[269]

2월 21일, 펑더화이가 베이징에 도착하였다. 그는 당일 바로 마오쩌둥과 한국전 관련 문제에 대해 토론하였다. 이 회의는 참전의 전략방침을 조정하는 데에 있어서 결정적인 의미를 가진다. 며칠 후 펑더화이는 베이징에서 다른 군사 지도자들을 만나고 군사위원회 확대회의에 참석하여 한국전과 관련된 여러 중요한 문제를 소개하고 토론하였다. 펑더화이의 이러한 활동은 지원군의 전략방침 변화에 중요한 영향을 미쳤다. 중국 지도자들은 펑더화이의 소개를 들은 후 신속한 승리라는 목표를 포기하기 시작하였고 전쟁의 장기화를 준비하되 가능한 한 단기적인 승리를 쟁취한다는 방침을 제기하였다. 마오쩌둥 본인 역시 입장을 바꾸어 그는 "한반도에서 신속히 이길 수 있으면 이기되, 신속히 승리할 수 없다면 조금 늦은 승리도 가능하며, 다만 일을 급하게 모색해서는 안 된다."라고 하였다.[270]

3월 1일, 중국 지도자들은 그들의 결정을 전보를 통해 스탈린에게 알렸다. 이 전보는 중국 정책 결정층이 토론을 진행한 후 전세와 작전방침에 대한 결정을 내렸음을 충분히 보여주고 있다. 전략문제에 있어 펑더화이와 김일성 그리고 소련 고문간에 이견이 존재한 관계로 스탈린에게 중국의 전략조정을 광범위하게 이해시킬 필요가 있었다. 전보에서 미군과의 작전 경험과 교훈에 근거하여 지금은 반드시 장기적인 작전을 준비하여야 하며, 몇 년의 시간을 들여서 미군 몇십만 명을 제거해야지만 그들 스스로 어려움을 알고 퇴각할 것이며, 이래야 한반도 문제를 해결할

---

269 軍事科學院軍事歷史硏究部: 《抗美援朝戰爭史》, 第二卷, 第246-247頁.
270 《彭德懷傳記組》著: 《彭德懷全傳》, (3), 第952-955頁.

수 있다라고 하였다. 또한 현재 전쟁터의 형세 변화에 따라 UN군이 다시 38선 남북지역에 진출할 가능성이 있으며, 다시 서울을 점령하고 38선을 넘을 수 있으므로 흔들림 없이 싸움에 임하기 위해서는 반드시 사전준비를 해야 한다고 하였다. 전보의 말미에 펑더화이는 이미 김일성에게 중국의 전략구상을 이야기했다고 하였다.[271] 스탈린은 회신을 통해 중국 지도자들의 결정에 동의를 표시하고 소련은 계속해서 중국군의 필요에 맞게 군사적 지원을 증가시키겠다고 하였다.[272]

3월 15일, 저우언라이는 중국의 결정과 스탈린의 회신 내용을 김일성에게 알렸다. 그는 전보에서 "한국전쟁은 장기화의 가능성이 있다. 미군은 아직도 38선 남북지역까지 이를 수 있으며, 스탈린은 이미 회신을 통해 한국전 작전과 관련된 중국의 방침에 동의하였다." 등의 이야기를 하였다.[273] 이에 따라 중국은 마침내 동맹국과의 또 한 차례 정책 협조를 완성하게 되었다.

중국 정책 결정권자들이 이 시기 제시한 전략원칙은 여전히 과도기적 성격을 띠고 있어서, 이것으로 마오쩌둥의 견해에 이미 근본적인 변화가 생겼다라고 말할 수는 없다. 전쟁의 장기화를 준비하지만 가능하면 단기간에 승부를 보아야 한다는 것과 같은 화법은 마오쩌둥이 2차 전투가 끝나기 전후해서도 말한 적이 있다.[274] 중국의 정책 결정층은 여전히 작전

---

271 周恩來: 《必須准備長期作戰》, 1951年3月1日, 中共中央文獻研究室、中國人民解放軍軍事科學院編: 《周恩來軍事文選》, 第四卷, 第162--165頁.
272 《史達林關于防禦作戰等問題致毛澤東電》, 1951年3月5日, 沈志華編: 《朝鮮戰爭: 俄國檔案館的解密文件》, 中冊, 第784頁.
273 周恩來: 《搶修足够的机場是空軍早日參戰的中心課題》, 1951年3月15日, 中共中央文獻研究室、中國人民解放軍軍事科學院編: 《周恩來軍事文選》, 第四卷, 第171頁.
274 毛澤東: 《第三次戰役結束后全軍主力應后撤休整》, 1950年12月26日, 中共中央文獻研究室、中國人民解放軍軍事科學院編: 《毛澤東軍事文集》, 第六卷, 第249-250頁.

목표를 미군의 한반도로부터의 철수로 잡고 있었으며, 소위 말하는 장기전을 준비한다는 것도 이를 출발점으로 삼은 것이라 할 수 있다. 이밖에 중국 지도자들은 이때에 평화회담 문제를 토론하지 않았다. 이유는 미군이 전쟁에서 여전히 우세를 점하고 있었고 현재 대규모 공세를 벌이고 있어서 그들의 생각에 미국이 정전회담을 할 의사가 없다고 판단하였고, 더욱이 그들이 군사적으로 유리하지 않은 상황에서 정전문제를 제기하게 되면 장차 불리한 위치에 처하게 될 것이라 생각하였기 때문이다.

4월 22일, 중국과 북한군은 제5차 전투를 벌였다. 이번 전투는 대규모 진격작전으로 38선과 37선 사이에서 마주한 UN군을 대량으로 사살시키고, UN군의 상륙작전 계획을 파괴함과 동시에 주도권을 빼앗아 오는데 그 목적이 있었다.[275] 전투가 끝날 시점에 쌍방은 38선 지역에서 상대적으로 안정적인 전선을 구축하여, 전쟁은 대치상태에 빠지게 되었다. 제4, 제5 전투 상황은 중국군의 군사적인 약점을 명확히 보여준다. 만약 공군의 엄호가 없다면 부대의 기동 능력이 부족하게 되고 후방공급이 극도로 어려워지는 등의 문제가 발생한다. 이런 문제들은 일시적으로 극복하기 어려운 문제들인데 하물며 시시각각으로 미 해공군의 중국본토에 대한 공격을 준비해야 한다면 그 어려움이 얼마나 크겠는가? 다른 한편으로 미군의 전술이 신속하게 바뀜에 따라 중국군 역시 제1차, 제2차 전투처럼 기동전을 통해 미군의 작전능력을 섬멸하기란 불가능하였다.

5월 하순, 제5차 전투가 끝나고 얼마 지나지 않아 펑더화이는 덩화를 비롯한 일선 부대의 주요 지휘관들을 베이징으로 돌려보내 그곳의 정책결정자들이 중국 군대가 한국전에서 겪고 있는 어려움이 얼마나 큰지를 충분히 이해하도록 하였다. 이 시기는 중국군대가 전쟁터에서 심각한 어려움을 겪었을 뿐만 아니라 이로 인해 군사전략을 신속하고도 결연히

---

[275] 軍事科學院軍事歷史研究部: ≪抗美援朝戰爭史≫, 第二卷, 第306。

바꿀 필요가 생겼을 때였다. 게다가 소련이 약속한 군사원조 역시 기일에 맞춰 전선에 도달하지 않았다. 이는 스탈린을 비롯한 소련 공산당 지도자들이 전력을 다해 중국을 도울 의도가 없었다기 보다 소련의 군사적 능력이 중국 군대의 한국전쟁에서의 거대한 요구를 만족시킬 방법이 없었다고 보는 것이 나을 듯하다.

공교롭게도 이때 미국의 정책에서도 중요한 변화의 조짐이 나타났다. 트루먼 정부의 정책 결정자들은 정전협상을 진행할 시기가 성숙했다고 믿었다. 5월 31일, 미국대표 케넌은 UN주재 소련 대사인 말리크(Malik, Jacob)와 회담을 가지고 트루먼 정부는 가능한 한 빠른 시일 내 정전담판을 진행할 의사가 있음을 밝혔다.[276] 미국이 소련을 통하여 정전협상을 진행하고자 하는 소식을 전달한 것은 적어도 기술적인 측면에서 가치가 있는 행동이었다. 중국 정책 결정권자들은 줄곧 미국과 다른 국가들의 정전협상에 관한 여러 이야기에 대해 심각한 회의를 가지고 있었다. 이런 이유로 소련이 전달한 정보는 중국 지도층이 이번에 미국인들은 진지하다라고 쉽게 믿는 계기가 되었다. 이는 중국 정책 결정권자들이 당시 정전협상을 결심하는 중요한 요인이 되었다.

소련은 중국에게 케넌과 말리크간의 회담 내용을 재빨리 전달하였고, 이는 중국 결정권층 내부에서 정전협상을 할 것인지와 군사전략에 변화를 줄 것인지 여부를 진지하게 토론하는 직접적인 계기가 되었다. 6월 3일, 김일성은 베이징에 도착하여 마오쩌둥과 조선의 군사형세와 정전협상 문제에 관한 토론을 벌였다. 쌍방은 일시적으로 대규모 공격작전을 중지하는데 동의하였고, 미국과 담판을 진행하며, 38선을 경계로 정전을 쟁취하기로 합의하였다. 그리고 경계를 긋는 과정 중에 나타날지 모르는 구체적인 상황에 대해서도 초보적인 의견을 교환하였다. 실제로 김일성

---

[276] 參閱資中筠主編: ≪戰后美國外交史――從杜魯門到里根≫, 上冊, 第225頁.

역시 실제 상황에 근거하여 경계선을 구체적으로 나눌 수 있다는 입장을 표명하였다.[277] 이날 회담은 중국 지도자들이 정전협상을 결정하는데 매우 중요했다. 회담 후 중국 지도자들은 즉시 회의를 소집하여 정전과 관련한 결정에 대해 토론하였다. 당시 회의 참석자들 중 대다수는 38선 부근에서 전쟁과 회담을 병행하면서 담판을 통해 문제를 해결하는 것을 받아들일 수 있다는 입장이었다.[278]

6월 10일, 김일성과 가오강은 모스크바로 가서 스탈린과 함께 정전담판과 군사형세에 관해 직접 토론하였다. 6월 13일, 스탈린은 마오쩌둥에게 김일성과 가오강과 함께했던 회담의 결과를 통보하였다. 그는 현재로썬 정전이 좋은 일이기 때문에 소련은 정전담판을 진행하는데 동의한다고 하였다. 그는 또한 원조가 영향을 받는 일은 없을 것이다라고 강조하고 먼저 중국의 60개 사단에게 제공할 군사장비를 제공하고 계속해서 군사고문을 파견하겠다고 하였다. 그는 또한 마오쩌둥에게 경계를 늦추지 말 것을 주문하고 미국인들이 아마도 정전 전에 공격을 감행할 가능성이 크다고 하였다.[279] 같은 날 마오쩌둥은 김일성과 가오강에게 전보를 보내 그들이 스탈린에게 소련이 나서서 트루먼 정부에게 정전문제 관련 탐색을 해줄 것을 요청하도록 하였다. 다음으로 중국의 담판에서 주된 입장은 바로 38선을 경계로 삼는다는 것이었다. 중국의 UN에서의 합법적 지위와 타이완 문제 등은 정전회담에서 해결하지 않아도 된다는 입장

---

277 毛澤東: ≪六七兩月不進行大的反攻戰役≫, 1951年6月11日, 中共中央文獻研究室、中國人民解放軍軍事科學院編: ≪建國以來毛澤東軍事文稿≫, 上卷, 第502頁; 周恩來: ≪朝鮮停戰談判的若干問題≫, 1951年11月14日, 中共中央文獻研究室、中國人民解放軍軍事科學院編: ≪周恩來軍事文選≫, 第四冊, 人民出版社1997年版, 第250頁.
278 聶榮臻: ≪聶榮臻回憶泉≫, 下冊, 第741－742頁
279 ≪斯大林關于停戰和空軍使用問題致毛澤東電≫, 1951年6月13日, 沈志華編: ≪朝鮮戰爭: 俄國檔案館的解密文件≫, 上冊, 第806頁.

이었다.²⁸⁰ 이로써 정전협상은 마침내 중국 지도자들의 정책이 되었다.

내부적으로 공감대를 형성하고 동맹국과의 협의를 완성한 후 중국 지도자들은 마침내 충분히 지구전을 준비하고 동시에 평화 회담을 쟁취하며 이로써 전쟁을 끝낸다는 전략적 방침에 도달하였다. 6월 25일에서 27일, 북한에 있던 중국군은 고급 간부회의를 개최하고, 지구전과 적극적 방위를 관철시킬 방침에 대해 토론하고 더불어 어떻게 정전담판과 보조를 맞출지를 논의하였다. 이 회의에서 부사령관인 덩화는 <조선전장의 지구전에 대해 논함>이라는 회의 보고를 통해 한국전쟁이 조기에 종결되는 것은 불가능하며, 전군은 장기적이고 안정적으로 전투를 할 준비를 해야 하며, 구체적으로 38선까지 진출하는 것을 목표로 한다고 하였다. 이날 회의는 계획 중이던 정전회담에 관해서도 언급하였다. 덩화는 "만약 정전협상이 실패로 돌아간다면 우리는 결단코 계속해서 싸워나갈 것이다."라고 하였다.²⁸¹ 이날 회의를 기점으로 중국의 한국전 전략변화가 마침내 완성되었다.

중국군이 고급 간부회의를 소집한 당일 말리크는 UN에서 행한 연설을 통해 한국전은 담판을 통해 해결될 수 있으며, 첫 번째 발걸음으로 교전 쌍방이 정전과 휴전담판에 응하고 쌍방은 군대를 38선으로부터 철수시켜야 한다고 주장하였다.²⁸² 미국정부는 말리크의 연설이 소련정부를 대표하는 입장임을 확인한 후에 주도적으로 중국과 북한 군대의 전선 지휘관들과 직접적인 연락을 하기로 결정하였다. 미군 참모장 연석회의는 리지웨이에게 중국과 북한 대표를 초청하여 정전회담을 열고자 한다는 공

---

280 ≪毛澤東關于停戰談判問題致高崗、金日成電≫, 1951年6月13日, 沈志華編: ≪朝鮮戰爭: 俄國檔案館的解密文件≫, 上冊, 第383頁.
281 鄧華: ≪論朝鮮戰場之持久戰≫, 1951年6月下旬, 鄧華: ≪論抗美援朝戰爭的作戰指導≫, 軍事科學出版社1989年版, 第25-34頁.
282 ≪蘇聯代表馬立克關于和平解決朝鮮問題的演說≫, 1951年6月23日, ≪中美關系資料匯編≫, 第二輯, 上, 第511頁.

개성명을 발표하도록 하였다. 6월 30일, 리지웨이는 명령을 받아 전쟁지역에서 방송성명을 발표하였다. 다음날 펑더화이와 김일성은 연명하여 리지웨이에게 정전회담 진행에 동의함을 알렸다. 이때부터 한국전은 2년 남짓 38선을 두고 전쟁과 휴전이 반복되는 단계에 접어들게 되었다.

신중국으로서는 확실히 예상치 못한 상황에서 우연히 한국전에 참가하게 되었다. 한국전은 신중국의 탄생과 냉전이 격렬하게 벌어지던 단계에서 발생하였고 이로 인해 냉전이 동아시아 지역에 만연하게 되는 결과를 낳았다. 중국은 직접적으로 참전하였기 때문에 단번에 동아시아 냉전의 최선봉에 서게 되었고, 중미 간 상호 적대시와 군사적 대결은 고착화되어 장기적으로 이어지게 되었다. 이와 반대로 중소동맹은 매우 공고해져서 중국은 철저히 소련진영의 편에 서게 되었다.

인도차이나와 마찬가지로 중국 지도자들이 한반도에서 미군과 전쟁을 벌일 결심을 하였다는 것은 여기에 동아시아 국가혁명 운동을 지원하고자 하는 충동과 소련진영이라는 동질감 그리고 이로 인해 생겨난 국제주의 의무감 등의 심정이 포함되어 있었다고 할 수 있다. 이러한 요소들을 통해 중국 지도자들은 참전의 숭고함과 신성함을 느끼게 되었다. 한편 중국 지도자들의 동기 중에는 의심의 여지없이 역사적 전통에 기반한 지연정치에 대한 관심이 포함되어 있으며 이는 그들의 결심을 굳건히 함과 동시에 행동의 제한요인으로 작용하였다. 어찌되었던 간에 중국의 참전은 결국 동북아 지역에서 전후 미소 군사점령으로 형성된 기본적인 구도를 크게 변화시켰고, 중국은 적어도 부분적으로 그곳에서의 전통적인 영향력을 회복하였다.

제3장
"냉전공존(冷戰共存)"의 길

===== 들어가며

  동아시아 냉전사에서 1953년부터 1955년까지는 확실히 순탄치 않은 단계라고 할 수 있다. 동서 양대 군사집단의 관계가 냉전 초기의 격렬한 충돌로부터 점차 완화됨에 따라 동아시아 지역 정세 역시 냉각되었다가 대립 및 완화 국면이 서로 교차 되었다.

  역사는 반복된다. 대국 간의 전쟁은 전쟁 참여자의 전략관념과 전략기획에 가장 강력한 영향력을 가진다. 한국전도 예외가 아니어서 중미 간 대결의 가장 극단적인 형식으로 쌍방은 동아시아 안보관과 안보전략을 극단적으로 형성하였다. 한국전이 끝나기 전에 미국은 이미 일련의 아시아 국가들과 군사조약을 체결하고 군사동맹을 건설하였다. 1954년 말에 미국은 미일동맹과 바그다드 조약, 동남아시아 조약과 미국타이완 군사동맹 등을 연이어 통과시켜 초승달 모양의 포위권이라 칭하는 군사동맹체제를 형성시켰다. 목적은 바로 중국을 억제하는 것으로 장차 중국을 동아시아 대륙에서 봉쇄하고자 하였다. 만약 미국이 아시아에서 건설한 억제전선을 서쪽을 향해 확대시켰다면 이는 이 시기 건설된 발칸조약 및 유럽연합 등과 연결되어 미국이 구상중이던 냉전의 변경지대를 이룰 수 있었다. 이런 의미에서 신중국 외교와 국제 냉전 간의 관계는 미국이 만든 전선으로 인해 더욱 긴밀하고 직접적인 상호작용을 하게 되었다.

  동아시아는 중국의 주요한 지정학적 무대로서 이 지역에서의 미국의 행동은 필연적으로 중국의 결연한 반격을 불러일으켰다. 중국 역시 상당히 긴장된 군사와 외교적 행동을 취함으로써 미국의 중국억제라는 군사동맹 체제에 대항하였다. 당시 중국의 대부분 행동은 주변지역에 집중되어 있었으며, 주된 목표는 국경지대와 미국의 군사동맹 체제 사이에 완충지대를 건설하는 것, 즉 중국 지도자들이 말하는 평화중립 지대를 설립하는 것이었다. 중국과 미국은 억제와 반억제를 둘러싸고 중국의 주변지역에서 반복적으로 대결을 펼쳤으며, 특히 인도차이나와 타이완 해협 지역에서는 군사충돌과 대국외교의 절충된 형태가 교대로 나타났다. 1953년 7월 한국전의 정전과 1954년 7월 제네바 회의에서 체결된 인도차이나 정전 및 1955년 8월 제네바에서 거행된 중미 간 대사급 회담 등 일련의 변화과정을 거쳐 동아시아에서 중미 간 지정학적 투쟁 역시 일단락 지어졌다. 결과적으로 한반도의 38도선으로부터 타이완 해협을 거쳐 인도차이나의 17도선에 이르기까지 미국의 군사력과 중국의 국경지역 사이에는 완충지대가 형성되었다. 이를 통해 중국은 최종적으로 지정학적으로 안전한 경계를 얻게 되었고, 동시에 중미 간 군사 안보분야 대결의 경계선이 되었다. 후에 비록 변화가 있긴 하였지만 중소 간 분쟁과 중미 간 화해에 이르기까지 이시기 형성된 지정학적 안보구조에 근본적인 변화는 발생하지는 않았다.

   동아시아의 지정학 무대의 두 주인공은 바로 중국과 미국이었다. 상술한 독특한 역사과정은 재차 건국과 국제 냉전 간의 상호추동이라는 중요한 의미를 부각시켰다. 중국의 반(反) 억제전략은 표면적으로는 미국의 억제에 대한 일종의 반응이었고, 이는 당연히 냉전체제, 이데올로기 및 정치제도간의 대립과도 관련이 있었다. 그러나 그 원동력은 말처럼 그리 간단하지 않았다. 만약 장시간에 걸쳐 중국의 역사를 관찰한다면 건국 초기의 군사행동에서 전형적인 공통점을 발견할 수 있다. 한반도에서 중국이 한국전을 통해 미국의 무력통일 정책을 깨트린 후 남북 쌍방 간 장기간에 걸친 대치 상황을 형성한 것과 남아시아 반도에서 군사적 타격을 통해 인도의 지역 야심을 좌절시킨 것, 인도와 파키스탄이 상호 견제하는 국면을 형성하도록 도운 것, 인도차이나 반도에서 지속적인 군사행동 즉, 대(對) 프랑스 전쟁과 대(對) 미국 전쟁을 지원하고 베트남에 대한 자위 반격전을 수행하고 장기간에 걸쳐 캄보디아의 대 베트남전쟁을 지원한 것, 연이어 프랑스와 미국 그리고 소련을 축출하고 베트남의 인도차이나 지역 장악이라는 야심을 영원히 없앤 것 등이 그것이다. 사실이 증명하고 있다. 중국 지도자들은 전국 규모의 정권을 획득한 후 점진적으로 형성중이던 외교적 행위를 통해 지정학적 안보에 관한 고려가 날이 갈수록 명확해지고 강렬해 짐을 보여주었다. 원칙 역시 점차 뚜렷해졌는데 즉, 그 어떤 적대 대국의 군사력이 과도하게 중국의 국경지대로 접근함을 허용하지 않으며, 주변에서 지역 강권에 대한 견제구도를 형성한다는 것이다. 이러한 두 개의 원칙은 중국의 대(對) 아시아 지역에 대한 군사행동을 포함한 모든 행동의 지도원칙과 규범이 되었다.

더 나아가 중국의 행위방식과 중국이 선택한 전략목표는 국가의 기본적인 안전을 보호할 뿐만 아니라 중요한 역사적 배경을 가지고 있었다. 신중국 성립 초기 중국 지도자들 사이에는 8자로 표현된 성어가 유행하고 있었다. 즉, "주변불녕, 사지불영(周邊不寧, 四肢不靈) (역자 주: 주변이 편안하지 않으면 온몸이 편하지 못하다는 의미)였다." 지금까지 어떤 지도자가 언제 어느 장소에서 당시 중국의 안보환경에 대해 이렇게 생생한 요약을 하였는지 검증된 바는 없다. 그러나 이는 아주 정확하게 이시기 중국의 안보전략과 대외정책 가운데 대응이 필요한 가장 중요한 문제 또는 가장 어려운 문제를 지적하였다. 중국은 지역적으로 동아시아 대륙 중심에 자리하고 있는 사면팔방(四面八方)의 나라라 할 수 있다. 사면출

격(四面出擊)은 가장 나쁜 전략이 되고 반대로 사방의 안정은 가장 합리적인 선택이 되었다. 혁명운동의 퇴조에 따라 건국이 최우선 임무가 됨에 따라 사방안정은 필연적으로 국가안보전략을 좌우하는 주요관념이 되었다. 따라서 중국의 미국의 억제전략에 반격하는 내재적 동력과 행위방식을 이해하는 것은 필연적으로 동아시아 냉전 상태에 대한 이해를 풍부하게 해준다.

중국 주변을 둘러싸고 군사적 대결과 외교적 절충이 교차해서 나타나는 국면이 나타났다. 1953년 3월 스탈린의 사망부터 7월의 한국전 정전, 다시 1954년 봄 인도차이나 전쟁 확대와 7월 인도차이나 평화회복 협의에 이르기까지, 그리고 다시 타이완 해협 정세의 급격한 긴장부터 1955년 중미 대사급 회담 거행이 바로 그것이다. 세 가지의 격렬한 군사 충돌에서 국면 완화로 순환되는 과정 중에 최종적으로 냉전 초기 동아시아의 지연정치 구조가 형성되었다. 신중국 성립 초기 중대 정책결정 과정 중 지연전략 문제는 더욱 부각되었다. 협상을 하다가 전쟁을 하고, 전쟁을 하다가 협상을 하며 중국 지도자들은 동아시아 냉전 초기 몇 년간 얻은 경험에 근거하여 주변 사태의 변화를 이끌어내었다. 목적은 안정적인 안보 보호막을 만들기 위해서였다. 만약 후에 발생한 상황을 통해 거슬러 올라가보면 1951년 여름 한국전 정전협상 시작을 계기로 중국의 기본적인 안보 태세는 이미 어렴풋하게 형성되었다. 10여 년에 걸친 중국의 안보환경 구축 노력의 결과 북부와 서부지역에는 소련에 의지하고, 동남 연해방향과 한반도, 인도차이나 지역에서는 완충지대를 형성하고, 미국과는 간접적인 대치상태에 접어들어 양국 간 냉전공존이 시작되었다.

제1절
한국전쟁 휴전

　1950년 10월 초 한국전 파병 결정부터 1951년 5월 지원군이 진행한 제5차 전투 마무리를 통해 중국과 미국 간 한반도에서의 군사대결의 기본적인 형세는 고착되기 시작했다. 이후의 정전협상은 비록 2년여에 걸쳐 지속되고 교전 쌍방 간의 장기간에 걸친 다양한 규모의 공방전이 반복적으로 진행되었지만 결과적으로 38선을 둘러싸고 대치하는 기본형태는 변하지 않았다. 이는 중미 간 한반도에서의 군사대치가 기본적으로 균형상태에 이르렀음을 보여주는 것이며, 이의 배후에는 동서양 양대진영 간의 전략적 대응이 여러가지 복잡한 요소의 제약 때문에 마침내 동아시아에서 모종의 균형을 이루었음을 알려주는 것이다. 1953년 7월 27일, 한국전에 참가한 각 측은 정전합의에 이르렀는데 이는 객관적인 힘의 대비가 가져온 당연한 결과였다. 그러나 전쟁에 참여한 양측 지도자들의 전략형세에 대한 인지와 그들간의 게임 역시 전쟁의 결말에 결정적인 역할을 하였다.
　일찍이 1951년 초 전선이 38선 남북지역으로 점차 이동함에 따라 한국전의 국지화 추세가 나타나기 시작하였다. 중국 본토가 전쟁에 개입될지 모른다는 우려와 동북의 안보위협이 기본적으로 사라진 후 중국 지도자들은 국내의 업무에 관심을 돌리기 시작하였고 이에 중공 중앙은 제1차

5개년 계획 수립에 착수하게 된다. 7월 5일, 류샤오치는 중난하이(中南海)에서 <중국 공산당의 향후 역사적 임무>라는 보고를 통해 "금년에 조선 문제를 해결하고 꼭 필요한 국방업무를 제외하고 모든 업무는 경제건설에 발맞춘다."라고 하였다.¹ 1952년 가을 중국 지도자들은 건국 후 3년간의 과도기가 끝이 났으며, 1953년부터 전국에 걸쳐 대규모 경제건설에 돌입하기로 결정하였다. 이에 대외정책의 전면적인 조정은 피할 수 없는 추세가 되었다.

중국이 대규모 경제건설을 시작할 수 있는지 여부는 부분적으로 경제건설에 적합한 외부 안보환경을 얻을 수 있느냐 여부에 달려 있었다. 이 중 가장 중요한 문제는 바로 한국전쟁이었다. 미국과의 전쟁은 한편으론 국가의 안보에 심각한 위협이 되어 중국으로서는 미국이 전쟁을 연해지역으로 확대하는 것을 방지해야 할 필요가 있었다. 다른 한편으로 중국은 미국과의 전쟁을 통해 중국의 인적, 물적, 재정적 자원 대부분을 소모해 버렸다. 중공 중앙은 원래 1950년 대규모 군비 삭감을 준비중이었는데 한국전의 발발은 이런 목표를 유명무실하게 만들었다. 저우언라이가 1952년 9월 스탈린에게 밝힌 통계에 의하면 1950년 중국의 군비는 국가예산의 44%를 차지하여 원 계획을 14% 초과하였다. 1951년 중국의 군사비는 국가예산의 52%를 차지하였는데 저우언라이가 109차 재정회의에서 발표한 보고에 의하면 1951년 재정지출의 50% 이상이 군사분야에 쓰였고 이중 한국전쟁에 쓰인 비용은 총지출의 30% 이상을 차지하였다.² 1952년에 이르러서야 군비는 비로소 국가예산의 27.9%로 떨어지기 시작했지만 여전히 금액은 66억 루블(Rouble)에 이르렀다. 원래 중국이 제1차 5개년 계획 중 군사구매로 집행하고자 했던 금액은 45억 루블

---

1 劉少奇: ≪中國共産党今后的歷史任務≫, 1951年7月, 中共中央文獻研究室、中央檔案館編: ≪建國以來劉少奇文稿≫, 第三卷, 第538-539頁。
2 中共中央文獻研究室編: ≪周恩來年譜1949-1976≫, 上卷, 第255頁。

이었다.[3] 이렇듯 심각한 부담에 직면하여 중국 지도자들은 중요한 정책을 결정할 때면 어쩔 수 없이 이점을 고려할 수밖에 없었다.

그러나 상대적으로 더욱 심각한 것은 중국의 주변 안보환경이 지속적으로 악화되었다는 점이다. 미국은 한국전쟁 기간 동안 이미 중국을 억제할 군사 시스템 건립에 착수하였다. 이는 당연히 중국의 안보에 직접적인 위협요인이 되었다. 다른 한편으로 신중국은 성립되자마자 직접 또는 간접적으로 두 곳의 국외 지역전에 개입하고 아시아 혁명을 지원하는 선전활동을 지속적으로 전개함으로써 주변 국가들의 중국에 대한 걱정, 염려 심지어 두려움이 증대되었다. 일부 국가들이 차라리 미국을 선택하더라도 안전을 보장받겠다고 한 것 역시 객관적 사실이었다.

따라서 비록 일련의 조치를 통해 주변과의 군사충돌을 멈추고 외교적 수단을 통하여 주위를 안정시키는 것은 중국 지도자들의 입장에서 이미 국가안보환경을 개선시키는 가장 절박한 임무가 되었다. 역사의 발전측면에서 보자면 한국전 정전회담은 중국 지도자들이 외교적 담판이라는 형식을 통해서 미국과의 전쟁을 끝내려는 첫 번째 시도였다. 즉, 한국전 정전협상을 통해 중국 지도자들은 매우 풍부한 경험을 쌓게 되었고 또한 주변지역에서 대국과의 충돌을 종식시키는 모델을 만들어내었다.

1951년 6월, 중국 지도자들이 정전협상에 동의한 후 그들의 사고와 정책결정은 여러 요소의 영향을 받았다. 군사적 형세와 미국의 정책 그리고 중국과 동맹국 간의 관계 등은 정전협상 시 중국의 정책을 이해하는 주요 실마리라 할 수 있다. 앞서 언급한 바와 같이 중국 지도자들이 미국과의 정전협상을 결정한 것은 먼저 당시 군사력 비교를 통한 객관적인 상황에 대한 인식에 의한 것이었다. 동시에 다른 두 가지 요인 역시 중국

---

3 ≪斯大林与周恩來談話紀錄≫, 1952年9月3日, 沈志華編: ≪朝鮮戰爭: 俄國檔案館的解密文件≫, 下冊, 第1210頁.

지도자들의 결정에 지속적으로 영향을 주었다. 이 중 하나는 미국의 관련 정책의 변화와 발전이었고, 또 다른 하나는 중국이 동맹국과의 관계를 어떻게 협조, 조절하느냐 하는 것이었다. 중국의 한국전 개입과 소련과의 직접적인 연관, 동시에 또 다른 동맹국인 북한을 구하기 위해 소련과 북한과의 관계를 처리하는 것은 중국의 참전 시점부터 외교분야의 가장 중요한 문제였고 이는 정전협상에서도 마찬가지였다. 정전협상은 전쟁과 담판이 거듭 반복되는 과정을 거쳤는데 이 가운데 정책 결정과정은 참전 정책 결정과정과는 근본적으로 성격이 달랐으며 이로 인해 중국과 동맹국과의 관계 역시 더욱 복잡하게 변하였다.

중국 지도자들이 미군과의 정전협상을 결정한 데에는 당시 군사 상황에 대한 고려에서 비롯되었다. 따라서 담판을 처음 시작할 때만 하더라도 매우 안정적이지 못하였다. 실제로 지원군은 담판 초기에 여전히 제6차 전투를 준비하고 있었다. 당시 지원군은 전략의 조정과 배치를 진행할 시간이 필요하였고, 소련의 군사지원이 중국이 계획한 시간 내에 예상대로 도착할 수 없는 등의 문제를 안고 있었다. 8월 8일 펑더화이는 마오쩌둥에게 전보를 보내 지원군이 9월 10일 제6차 전투를 일으키려 한다고 보고하였다. 3일 후 저우언라이는 다방면에 걸친 검토 끝에 마오쩌둥에게 이번 전투를 연기해야 한다고 건의하였다. 그는 "우리는 준비에 더욱 매진하여야 하며, 전투를 연기하는 것이 더욱 유리하다."라고 하였다. 이유는 현재 준비가 부족하고 공군이 전투에 참가할 수 없는 상황에서 전투를 하게 되면 반드시 승리한다는 보장이 없다는 것이었다.[4] 17일 지원군 사령부는 베이징에 제6차 전투와 관련한 작전계획을 다시 보고하였다. 19일, 중앙 군사위원회는 펑더화이에게 제6차 전투를 일단 유보하며

---

4 周恩來: ≪加緊准備, 推遲大打≫, 1951年8月11日, 中共中央文獻硏究室、中國人民解放軍軍事科學院編: ≪周恩來軍事文選≫, 第四卷, 第211-213頁.

준비에 박차를 가하되 전투를 진행하지 않는다는 입장을 전달하였다. 군사위원회가 밝힌 이유는 필요한 군사적 준비가 아직 되지 않았고, 스탈린이 중국 공군이 시간을 지체하여 한반도에 출동하는 것을 동의하였는데, 이러한 조건하에 공격을 감행할 경우 반드시 승리한다는 보장이 없다는 것이었다. 다른 한편으로 군사적 행동은 반드시 협상의 요구에 부합하여야 한다는 것이다.[5] 일반적으로 이때를 기점으로 중국의 정책이 기본적으로 안정되기 시작하였다.

제5차 전투가 종료되는 시점을 전후하여 중국 지도자들은 미군과의 교전 경험과 교훈에 근거하여 한반도에서의 군사전략을 적극적으로 조정하기 시작하였다. 이시기 마오쩌둥은 중공 중앙 회의를 소집하고 한국전의 다음 단계에 어떻게 할 것인가? 라는 주제로 토론을 주재하였다. 회의에 참가한 정확한 인원수는 분명하지 않다. 회의 참석자 대다수는 38선 부근에서 정전을 하는 방안에 동의하고, 전투와 회담을 병행하면서 협상을 통한 한반도 문제 해결을 주장하였다. 그들이 내세운 이유는 두 가지였다. 첫째는 중국이 38선 이북을 점령한 것으로 이미 출병의 정치적 목적을 달성했다는 것이다. 두 번째는 38선을 경계로 정전을 해야 각 측이 비교적 무리없이 받아들일 수 있다는 것이다.[6] 이러한 관점은 중국 지도자들이 정전을 수용할 수 있는 두 가지 기본 조건을 보여주고 있다. 즉, 중국은 자신의 전략적 목적을 달성했다는 점으로 바꿔 말하자면 정의된 기본이익 즉, 북한을 보호하고 자신의 국경을 보위하는 데 성공했다는 점이다.[7] 또 다른 조건은 바로 각 측이 모두 수용할 수 있다는 점이다.

---

5 周恩來: ≪目前的作戰方針与第六次戰役的備而不戰≫, 1951年8月19日, 中共中央文獻研究室、中國人民解放軍軍事科學院編: ≪周恩來軍事文選≫, 第四卷, 第217-219頁。
6 聶榮臻: ≪聶榮臻回憶彔≫, 下冊, 第741-742頁。
7 周恩來: ≪關于朝鮮停戰談判問題≫, 1951年8月22日, 中共中央文獻研究室、中國人民解放軍軍事科學院編: ≪周恩來軍事文選≫, 第四卷, 第225頁。

여기서 말하는 각 측이란 당연히 맞수인 미국과 동맹국 소련과 북한을 포함한다. 사실 중국 지도자는 반드시 이중에서 어떤 선택을 해야 했다. 그들은 먼저 자신들의 전략목표의 기본적인 달성을 확정짓고 난 후 정책결정의 핵심요소인 적과 동맹을 생각하였다. 다시 말하면 그들은 자신의 전략적 목표를 이미 달성했다고 해서 쉽게 전쟁을 끝낼 수는 없었다는 것이다. 전체적으로 출병을 결정하든 정전담판을 결정하든 동맹국과의 관계는 시종일관 중국의 정책결정을 좌우하는 가장 기본적인 요인이었다. 중국 지도자들은 중국의 전략적 이익에 대한 확인 및 역량 비교에 대한 고려 등 일반적으로 동맹국과의 협조를 통해서 실시할 수 있는 정책을 필요로 하였다. 이번 회의를 통해 중국 지도자들은 38선을 둘러싸고 정전을 실행해야 한다는 입장을 기본적으로 확정하였다.

동맹국과의 관계의 복잡한 정도는 정전협상 시작 전 중국 지도자들과 스탈린과의 일련의 협상과정에서 뚜렷하게 드러난다. 당시 마오쩌둥은 심지어 중국은 주요 당사자로서 정전협상에 참여를 원하지 않는다고 할 정도였다. 6월 29일, 김일성은 전보를 통해 중국 지도자들에게 만약 미국이 담판제안을 해올 경우 어떻게 답변해야 할지 여부를 문의해왔다. 하루 전 마오쩌둥은 로시친을 통해 그로미코(Gromyko)와 소련주재 미국대사인 커크(Kirk, Alan G)간 회담내용을 전달받았다. 여기에는 일련의 담판의 구체적 배경이 언급되어 있었다. 마오쩌둥은 당일 스탈린에게 전보를 보내 만약 협상이 정말로 진행된다면 스탈린이 직접적으로 이 회담을 지도할 필요가 있다고 하고, 이렇게 해야지만 적에게 속임을 당하지 않는다고 하였다.[8] 다음날, 유엔군 사령관인 리지웨이는 중국, 북한과 정전협상을 벌이는 것에 대한 입장을 전장에서의 성명을 통해 공개적으로 발표

---

8 毛澤東:《關于朝鮮停戰談判等問題》, 1951年6月29日, 中共中央文獻研究室、中國人民解放軍軍事科學院編:《建國以來毛澤東軍事文稿》, 上卷, 第511-512頁.

하였다. 마오쩌둥은 보고를 받은 후 즉시 스탈린에게 전보를 보내 간략하게 취해야 할 필요조치에 대해 언급한 후 스탈린에게 김일성과 직접적인 연락을 통해 이번 회담을 근거리에서 지도하고 당신의 의견을 우리에게 알려주기만 하면 된다고 하였다.[9] 이와 동시에 마오쩌둥은 펑더화이와 김일성에게 스탈린의 전보를 전달하고 김일성에게 담판은 북한 측 대표가 주가 되고 스탈린이 직접 지도하며 김일성이 수시로 스탈린과 연락을 하여 문제가 있으면 직접 스탈린에게 지시를 받으라고 하였다. 마오쩌둥은 김일성이 협상의 내용과 방법을 고민하고 준비하기를 희망하고 중국은 외교부 부부장인 리커농(李克農)을 파견하여 내부적으로 도움을 주겠다고 하였다.[10]

스탈린은 이 일은 너무 큰일이라고 판단하여 당일 마오쩌둥에게 거절의사를 밝혔다. 그는 전보에서 "모스크바에서 정전협상을 지도하는 것은 불필요한 일이자 아무런 의의가 없는 일이다. 당신 마오쩌둥 동지가 이 담판을 지도할 수 있다."라고 하였다. 그는 소련의 역할은 기껏해야 일부 문제에서 제안을 하는 정도이며, 김일성과 직접적인 연락을 유지할 수 없으니 마오쩌둥이 김일성과 연락해야 한다고 하였다.[11] 정책결정 측면에서 마오쩌둥과 스탈린의 이번 왕래는 매우 중요하다고 할 수 있다. 그들은 실제로 소련, 중국, 북한 삼국간 실행 가능한 정책결정 시스템과 과정을 만들었다. 스탈린은 답신을 통해 중국 지도자들이 장차 정전협상

---

9 毛澤東: 《關于朝鮮停戰談判時間地点等事宜》, 1951年6月30日, 中共中央文獻研究室、中國人民解放軍軍事科學院編: 《建國以來毛澤東軍事文稿》, 上卷, 第513頁.
10 毛澤東: 《停戰談判代表以朝鮮人民軍爲主》, 1951年6月30日, 中共中央文獻研究室、中國人民解放軍軍事科學院編: 《建國以來毛澤東軍事文稿》, 上卷, 第515頁.
11 《史達林關于停戰談判問題致毛澤東電》, 1951年6月30日, 沈志華編: 《朝鮮戰爭: 俄國檔案館的解密文件》, 中冊, 第839頁.

에서 지도적 역할을 할 것임을 명확히 밝혔고, 소련, 중국, 북한 세 동맹국 간 정책결정 과정에서의 상대적인 위치를 확정해 주었다. 이는 장차 중국이 북한과의 관계를 더욱 쉽게 처리할 수 있게 해주었다. 후의 발전 과정을 살펴보면 이것은 아주 적절한 조치였다고 할 수 있다.

정전협상이 시작된 당일 북한 측 대표인 남일 장군은 세 가지 의사일정 방안을 제안하였다. 세 가지 의사일정 중 첫 번째는 교전 쌍방이 동시에 일체의 적대적인 군사행동을 금지하는 명령을 하달하는 것이다. 두 번째는 38선을 군사분계선으로 삼아 양측 군대는 38선을 기준으로 남북으로 각각 10킬로미터 후퇴한다는 것이다. 세 번째는 가장 빠른 시간 내에 모든 외국 군대를 철수시킨다는 것이다. 중국 측 대표인 덩화는 발언을 통해 지지의사를 밝혔다.[12] 중국 대표단이 중국과 북한관계에서 주도적 위치에 있었기 때문에 이런 방안을 제기한 것은 주로 중국 측의 주장을 반영한 것이라 할 수 있다. 6월 13일, 마오쩌둥은 모스크바에 있던 김일성에게 중국의 정전협상과 관련한 원칙 즉 38선을 경계선으로 한다는 입장을 통보하였다.[13]

미국은 중국과 북한 측이 제시한 방안 중 제3조 즉, 각국이 가까운 시일 내 한반도에서 철수해야 한다는 부분에 대해 즉각적으로 반대의사를 표시하였다. 그들이 제시한 이유는 확실한 보장을 받기 전에 유엔군을 한반도에서 철수시키면 새로운 충돌을 야기시킬 수 있다는 것이었다. 미국은 다수의 전략문제에서 그들의 동맹국과 모순 또는 의견대립 상황에 처해 있었는데 철군을 반대한다는 문제에서 유일하게 동맹국의 일치된

---

12 ≪朝中代表團首席代表南日將軍在開城停戰談判首次會議上關于停戰談判三項建議的發言≫, 1951年7月10日; ≪朝中代表團鄧華將軍在開城停戰談判首次會議上支持南日將軍的發言≫, 1951年7月10日, 載 ≪人民日報≫, 1951年7月11日.
13 ≪毛澤東關于停戰談判問題致高崗、金日成電≫, 1951年6月13日, 第383頁.

지지를 얻었다. 케난은 말리크를 처음 만난 자리에서 미국은 한반도에서 즉시 철수하지 않을 것이라고 하였다. 말리크는 이에 대해 어떤 이의도 제기하지 않았으며, 단지 6월 5일의 회견에서 미국은 중국, 북한과의 직접적인 담판을 통해 이 문제를 해결할 필요가 있다고 하였다.[14]

외국 군대의 철수문제가 담판의 의사일정에 포함될지 여부를 둘러싸고 16일 동안 논쟁이 벌어졌다. 당시 객관적인 군사력을 살펴보자면 중국과 북한은 미군을 한반도에서 쫓아낼 충분한 군사력이 없었다. 협상 테이블에서의 교전은 단지 전쟁터의 상황을 반영할 뿐이었다. 7월 17일, 중국 지도자들은 협상 대표단에게 모든 외국 군대가 한반도에서 철수해야 한다는 원칙을 반드시 견지해야 한다고 한 바 있다. 중국 측 대표는 마오쩌둥에게 보낸 회신에서 현재의 의사일정상 철군문제를 과도하게 주장하는 것은 적당하지 않으므로 먼저 38선을 기준으로 정전에 합의한 후에 다시 철군문제를 제기할 것을 건의하였다.[15] 23일 마오쩌둥은 회신을 통해 대표단의 의견에 동의하였다. 그는 "이번 정전협상에서 38선을 기점으로 군대철수와 정전을 쟁취함으로써 한반도 문제의 평화적 해결을 실현하는 첫걸음을 이루어야 한다. 그리고 한반도에서 외국 군대의 철수 문제는 후에 다시 논의해도 된다."고 하였다.[16] 중국과 북한 대표단은 협상을 거쳐 7월 25일 5가지 내용을 포함하는 절충안을 제시하였다. 이 방안에는 외국군이 한반도에서 철수해야 한다는 내용은 없고 5조 내용에 쌍방 모두와 관련이 있는 일부 문제들은 각국 정부에 결정을 제안한다고 하였다. 남일은 협상 발언을 통해 여기서 말하는 일련의 문제들에

---

14 資中筠: 《戰后美國外交史－－從杜魯門到里根》, 上, 第225-226頁.
15 周恩來: 《必須堅持一切外國軍隊撤离朝鮮》, 1951年7月17日, 中共中央文獻研究室、中國人民解放軍軍事科學院編: 《周恩來軍事文選》, 第四卷, 第200-203頁.
16 周恩來: 《撤軍問題可以不列入朝鮮停戰談判議程》, 1951年7月23日, 中共中央文獻研究室、中國人民解放軍軍事科學院編: 《周恩來軍事文選》, 第四卷, 第204-205頁.

는 외국군 철수문제가 포함된다고 해석하였다. 미국 역시 이런 모호한 문자 표현을 받아들일 용의가 있음을 내비쳤다. 7월 26일, 쌍방은 의사일정을 논의하고 5가지 협의안에 도달하였다.[17] 중국과 북한이 일정 부분 양보를 한 것은 중국 지도자들의 인식에 변화가 발생했음을 의미한다.

7월 27일부터 11월 27일은 협상의 제2단계였다. 쌍방은 논의의 초점을 군사분계선 문제에 집중하였다. 중국과 북한 대표단은 회담을 시작하자마자 쌍방이 38선을 군사분계선으로 정전을 하자고 제안하였다. 이는 중국의 전쟁 국부화(局部化)라는 전략적 목표를 특별히 반영한 것이다.

중국의 한국전 참가 정책결정 과정 중 전쟁의 국부화는 줄곧 전략적 지도의의가 있는 핵심 개념이었다. 이는 당시 중국이 조선문제를 해결하고자 하는 전략적 의도를 포함한 것으로 38선과 긴밀하게 연관이 되어있다. 전쟁 국부화 개념은 저우언라이가 10월 3일 중국주재 인도대사인 파니카와의 회담에서 최초로 제기되었다. 저우언라이가 당시에 사용한 것은 사건의 지역화라는 개념으로 한반도에서 교전쌍방은 즉시 정전을 하고 외국 군대는 철수해야 한다는 것이었다. 그가 당시에 제안한 중국 불개입의 전제조건은 바로 미군이 38선을 넘지 않아야 한다는 것이었다.[18] 후에 전쟁의 목표와 정전 관련과정을 여러 차례 연구하면서 중국 지도자들은 38선에 특별히 주목하기 시작했다. 이는 중국 지도자들의 마음속에 중요한 상징적인 의미가 있음을 보여주고 있다. 앞에서 언급한 바와 같이 정전회담을 받아들일지 여부를 토론하는 과정에서 중국 지도자들은 그들의 판단에 근거하여 38선 부근에서 전투와 회담을 병행하면서 회담을

---

17 ≪佩圖霍夫關于朝鮮停戰談判的情況報告≫, 1951年9月, 沈志華編: ≪朝鮮戰爭: 俄國檔案館的解密文件≫, 下冊, 第995頁.
18 周恩來: ≪美軍如越過三八線, 我們要管≫, 1950年10月3日, 中共中央文獻硏究室、中國人民解放軍軍事科學院編: ≪周恩來軍事文選≫, 第四卷, 第67--68頁.

통해 문제를 해결하는 것은 쌍방이 모두 받아들일 수 있다고 믿었다. 6월 13일, 마오쩌둥은 스탈린에게 중국의 정전과 관련된 입장을 통보하였다. 즉, 회담에서 38선을 경계로 정전을 실현하며, 중국의 유엔 내 합법적 지위 문제와 타이완 문제 등은 정전회담에서 해결하지 않아도 된다는 것이었다. 스탈린은 회신을 통해 현재 상황에서 정전은 좋은 일이다라고 하였다.[19] 38선을 기점으로 정전을 실현하는 것은 북한을 포함하여 중소 간에 기본적인 공감대를 형성하고 있었다. 이는 세 동맹국 간 협력의 주된 기초가 되었다.

미국은 회담 초기 38선을 군사분계선으로 삼는 것에 반대입장을 표시하였다. 이는 미국정부의 기존방침이었다. 미국 군부는 38선 이북 지대는 지리적인 이유 때문에 미군의 입장에서 효과적인 군사 방어선 구축이 어렵다고 판단하였다. 미국 대표는 회담에서 중국과 북한군대는 현재 진지에서 각각 38~68킬로미터 후퇴해야 하며 대략 1만 2천 제곱킬로미터에 해당하는 지역을 양보해야 한다고 주장하였다. 미국은 이처럼 거대한 전략적 이익을 요구하였지만 그들이 내세운 이유는 아주 억지스러웠다. 즉, 유엔군은 압도적인 해, 공군 우세를 보이고 있는데 정전 이후에는 이러한 해공군이 군사분계선 이북의 해역과 하늘에서 군사행동을 벌일 수 없으므로 중국과 북한군은 지면에서 양보를 함으로써 유엔군의 해상과 하늘에서의 손해를 보충해야 한다는 것이었다.[20] 회담은 즉시 급격히 경색되었다. 미군 지도자들은 이것이 필요하고 또한 그들은 충분한 능력을 보유하고 있어서 군사행동을 통해 해공군력의 우세를 증명할 수 있다고 판단하였다. 그러나 그들의 여름철 공세는 아주 빨리 실패에 봉착하고 만다.

8월 10일, 리커농은 마오쩌둥에게 당일 회담상황을 보고 하였다. 그는

---

19 ≪斯大林關于停戰和空軍使用問題致毛澤東電≫, 1951年6月13日, 沈志華編 ≪朝鮮戰爭: 俄國檔案館的解密文件≫, 中冊, 第806頁.
20 參閱資中筠主編: ≪戰后美國外交史－－從杜魯門到里根≫, 下冊, 第228頁.

보고에서 미군 대표 조이(Joy, Charles Turner)가 발언을 통해 자신들이 일전에 제안했던 군사분계선과 관련한 방안을 조정할 수 있다는 의사를 내비쳤다고 하였다. 미국은 실제 군사적 상황에 근거하여 군사분계선 문제를 토론해야 한다고 주장하였다. 다음날 마오쩌둥은 리커농에게 보내는 전보에서 자신의 새로운 구상을 언급하였다. 그는 중국과 북한 대표단에 보내는 지시를 통해 상대의 음모와 거짓선전을 계속해서 폭로함과 동시에 더욱 실행 가능한 제안을 할 수 있다고 하였다. 그는 38선을 쌍방 간 군사분계의 기본선으로 정하고, 이 기본선을 근거로 비무장지대를 건립하며, 쌍방은 지형의 실제상황에 맞게 후퇴할 수 있으며 일률적으로 10킬로미터씩 후퇴할 필요는 없다고 하였다.[21]

8월 12일, 지원군 회담 대표인 리커농, 덩화, 제팡과 차오관화(喬冠華)는 새로운 라운드의 회담에 참가한 후 상술한 마오쩌둥의 전보를 받았다. 그들은 내부 토론을 거쳐 마오쩌둥에게 보낸 답신에서 새로운 회담 상황에 근거하여 38선 문제에 대해 명확한 결정을 내려야 한다고 하였다. 리커농 등은 미국이 회담 과정 중에 보여준 태도는 대중국 정책에서 그들의 틀린 시각이 심화되고 있음을 보여주며, 여기서 말하는 틀린 시각은 중국이 정전에 급해서 최종적으로는 양보할 것이라고 단정하는 것이라는 것이다. 이에 미국은 한편으론 전쟁위협을 진행하고 동시에 회담을 중단할 준비를 하고 있다고 하고, 미국의 목적은 현재 쌍방이 처해있는 전선의 정전상황에서 일련의 조정을 하기를 원한다고 분석하였다. 그들은 전보에서 각 측의 상황을 종합적으로 보자면 미국을 압박하여 38선을 군사분계선으로 받아들이게 하는 것은 불가능함으로 결정을 내릴 필요가 있다고 하였다. 즉, 38선을 위해 투쟁하고 회담의 파국까지 준비하거

---

21 見中共中央文獻研究室、中國人民解放軍軍事科學院編: ≪周恩來軍事文選≫, 第四卷, 第216頁.

나 회담의 파국을 막고 군사행동을 중단하기 위해서 노력하는 방법이 그것이다. 그들은 후자가 더욱 유리하다고 판단하였다. 즉, 현재 전선이 형성된 지역에서 군사행동을 중단하는 것이 최선의 고려이며 38선을 위해 투쟁을 하여 회담의 파국을 가져와서는 안 된다는 것이다.[22]

8월 13일, 저우언라이는 마오쩌둥을 대신하여 리커농 등에게 회신을 하면서 그들에게 미국과의 회담 중 입장을 진지하게 연구하고 이를 김일성에게 알리도록 하였다. 저우언라이는 미국의 실제 방안은 현장에서 정전을 하고 작은 조정을 하는 것이라는 입장을 제기하였다. 실제 상황에 따라 만약 지형과 군사적 형세에 따라 분계선을 나누게 된다면 임진강 동쪽을 38선 북쪽으로 나누고 임진강 서쪽을 38선 이남으로 나누어 남북이 상호 대등한 지역으로 나누게 된다면 미국 측도 받아들일 가능성이 있다는 것이었다. 그는 대표단에 미국의 입장을 잘 파악하라고 지시하고 김일성에게 이런 상황을 전달하였다. 회담과정에서 대표단은 조치를 취해 미국 측이 원 계획을 포기하거나 수정하도록 할 필요가 있었다. 이후 미국의 입장 변화에 따라 베이징이 11일 전보를 통해 알려준 방안을 제안하면 되었다. 저우언라이는 한걸음 더 나아가 리커농 등에게 회담과정에서 38선과 현재 전선을 결합시키고 심지어 군사분계선과 완충지대를 결합시켜야 한다고 하였다. 즉, 절충방안을 제안하기 위해 복선을 깔아야 한다는 입장이었으며 이렇게 해야지만 미국이 우리가 구상한 방안에 근접할 수 있으며 선전에서도 주도권을 유지할 수 있다고 보았다.[23]

중국 지도자들은 8월 11일과 13일에 보낸 전보를 통해 그들이 군사분

---

22 見中共中央文獻研究室、中國人民解放軍軍事科學院編: ≪周恩來軍事文選≫, 第四卷, 第215-216頁.
23 周恩來: ≪軍事分界線与目前談判策略≫, 1951年8月13日, 中共中央文獻研究室、中國人民解放軍軍事科學院編: ≪周恩來軍事文選≫, 第四卷, 第214--215頁.

계선 문제에 있어서 실현가능한 조정을 하고 있음을 알렸다. 이는 중국 정책의 중요한 변화로써 중국 지도자들이 이 시기 점진적으로 정전협의 달성을 희망하고 있음을 보여준다. 17일, 마오쩌둥은 김일성에게 보낸 전보를 통해 군사분계선 문제에 대한 새로운 방침을 통보한다. 뒤이어 저우언라이는 국내의 각 부문 책임자 회의에서 이번 조정의 이유에 대해 설명하였다. 그는 "현재 쌍방의 전선이 38선을 두고 엇갈려 있다. 동쪽은 미군이 38선 이북까지 들어와있고, 서쪽은 중국과 북한군이 38선 이남까지 들어가 있다. 쌍방이 점령한 지역의 면적 차이가 그다지 크지 않으니 중국의 입장은 합리적인 담판을 통해 정전을 이루는 것이다."라고 하였다.[24] 중국 지도자들은 후에 스탈린에게 보낸 전보를 통해 군사분계선 조정문제를 상세히 설명하였다. 그들은 스탈린과 김일성에게 6월 초 베이징에서 회담을 했을 때 이런 의사가 있었음을 알렸고 중국은 이번에도 스탈린의 동의를 얻은 후 시작하겠다고 하였다.[25]

8월 15일, 담판 과정에서 약간의 진전이 생겼다. 미국이 먼저 상세히 표시한 지도를 건네면서 지켜야 할 군사분계선과 비 군사지대를 설명한 것이다. 다음날 미국은 새로운 제안을 하였는데 쌍방이 비교적 낮은 등급의 대표를 파견하여 전문가 그룹을 조직하고 군사분계선과 비 군사지역이 포함된 구체적 문제에 대해 의견을 교환하자는 것이었다. 16일, 리커눙은 마오쩌둥에게 중국과 북한 대표단은 미국이 제안한 전문가 그룹 조직 제안에 대해 동의할 생각이라고 보고하고, 더 나아가 비 군사지역 조정 가능성에 대해 언급하였다.[26] 8월 20일, 중국과 북한 대표단은 회담

---

24 周恩來: ≪關于朝鮮停戰談判問題≫, 1951年8月22日, 第224-225頁.
25 周恩來: ≪朝鮮停戰談判的若干問題≫, 1951年11月14日, 中共中央文獻研究室、中國人民解放軍軍事科學院編: ≪周恩來軍事文選≫, 第四卷, 第250頁.
26 ≪毛澤東關于轉發轉發停戰談判第25号簡報致史達林電≫, 1951年8月16日, 沈志華編: ≪朝鮮戰爭: 俄羅斯檔案館的解密文件≫, 下冊, 第964-965頁.

에서 마오쩌둥이 8월 11일 기초한 제안을 토대로 새로운 제안을 하였다. 미국은 이 제안을 거부하였다. 그들은 이미 점령한 38선 이북지역을 양보할 수 없다는 입장을 표명하고 동시에 소위 말하는 해공군 우세에 대한 보상을 재차 강조하였다. 미국이 중국과 북한 대표단의 입장에 대해 비현실적이라는 판단을 하고 강경한 태도를 보였기 때문에 중국과 북한 대표단 역시 다시 어떠한 양보도 할 수 없다고 결정하였다.

8월 22일 저녁, 미 군용기가 개성의 중립지대에 폭탄을 투하하고 기관총으로 중국 북한 대표단의 주둔지를 소사(掃射)하는 사건이 발생했다. 중국과 북한 대표단은 이를 이유로 회담의 중단을 선포하였다. 이 일이 발생하기 전인 8월 19일, 유엔군은 이미 하계 공세를 시작하였고 미국이 회담 과정 중 요구했던 일부 지역을 점령하려고 하였다. 중국은 미국의 군사적 압력하에서 회담을 진행할 수 없다고 판단하였다. 그렇지 않으면 어떤 합리적인 토론도 약한 모습을 보인 것으로 간주될 뿐만 아니라 미국이 회담이 진전이 없을 때 더욱더 무력을 사용하게 될 동기를 부여할 수 있기 때문이었다. 이것이 중국 지도자들이 회담을 중단한 주된 이유였고 이는 그들의 일관된 전략적 사유방식을 반영하고 있었다.

회담 중단 기간동안 중국 지도자들은 지원군에게 유엔군의 여름철 공세에 대해 결연히 맞설 것을 주문함과 동시에 미국의 진정한 의도가 무엇인지 분석하였다. 마오쩌둥 본인은 미국이 지연작전을 구사하는 와중에 태도를 바꿀 방법을 찾고 있으며 군사분계선 문제에 있어서도 여전히 타협을 원한다고 믿었다.[27] 마오쩌둥은 자신의 이와 같은 판단을 스탈린에게 말하고 스탈린에게 김일성에 자신의 생각을 전달하여 회담과정에서 중립국가를 초청해 감시역할을 맡기는 방안을 제안하였다.

---

27 ≪毛澤東關于敵人在中立區進行破坏問題史達林電≫, 1951年8月27日, 沈志華 編: ≪朝鮮戰爭: 俄羅斯檔案館的解密文件≫, 下冊, 第985頁.

스탈린은 마오쩌둥의 미국의 의도에 대한 판단에 동의하지 않았다. 그는 미국인이 담판을 더욱더 질질 끌려고 할 것이라 생각하였다. 그리고 김일성이 중립국을 감시자로 제안하게 되면 미국 사람들이 중국과 북한이 자신들보다 정전에 더욱 목말라하는 것으로 이해할 수 있어 중국과 북한에 좋은 점이 없다라고 하였다.[28] 스탈린의 이러한 태도는 북한 주재 소련 대사관으로부터 받은 목적이 의심스러운 보고와 관련있다. 이 보고에 따르면 이시기 중국과 북한 사이에는 의견상 충돌이 존재하는데 그 핵심은 중국은 빨리 이 전쟁을 끝내고 싶어하고 북한 지도자들은 이점 때문에 그들에게 불리한 정전조건을 강요할까봐 불안해한다는 것이다. 소련 대사관 일등비서인 페투호프(V. Petukhov)는 크레믈린 궁에 소련 대사관이 보는 정전회담 전망에 관한 보고서를 제출하였다. 이 보고서는 중국과 북한은 군사분계선 문제에 있어서 양보를 해서는 안 되며, 쌍방은 비군사 지역의 행정문제에서 입장의 일치를 보지 못할 것이라고 예상하였다. 이 보고서의 결론 부분 표현은 매우 신랄하다. 즉, 미국이 전쟁의 주도권을 쥐고 있으며, 소련과 중국 그리고 북한의 일련의 행동은 미국으로 하여금 연약하고 간절히 평화를 구한다는 인상을 준다고 하였다. 그리고 현재 북한은 조선 민주주의 인민공화국의 위엄을 훼손시킬 정전조건을 강요받을까 걱정하고 있으며, 중국은 공격을 거부하고 빠른 시일 내 전쟁을 종결시켜 북한 원조의 부담으로부터 해방되고자 한다고 하였다. 또한 이 보고서는 북한의 지도자들은 중국에 대해 매우 냉담하며 이에 반해 소련에 대한 기대는 점점 더 넓어지고 있다고 하였다.[29] 소련의 워싱

---

28 ≪史達林關于同意中朝方面談判立場致毛澤東電≫, 1951年8月29日; ≪毛澤東關于接受史達林的建議致史達林電≫, 1951年8月30日, 沈志華編: ≪朝鮮戰爭: 俄羅斯檔案館的解密文件≫, 下冊, 第986,987頁.
29 ≪佩圖霍夫關于朝鮮停戰談判的情況報告≫, 1951年9月, 沈志華編: ≪朝鮮戰爭: 俄羅斯檔案館的解密文件≫, 下冊, 第1003頁.

턴 주재 극동위원회 대표처 역시 스탈린에게 정전회담과 관련한 보고를 제출하였다. 이 보고서는 트루먼 정부의 전략적 의도를 분석하였는데 결론적으로 미국은 정전회담을 무제한 연기시키는 전략을 채택하였다고 하였다. 또한 트루먼 정부는 38선을 기반으로 한 정전을 전혀 고려하지 않으며 한반도에서 미군을 철수시킬 생각도 하지 않고 있다고 보고하였다.[30]

9월 10일, 북한주재 소련 대사관은 중국과 북한 간의 의견대립에 대한 전문적인 보고서를 제출하였다. 소련과 북한 간의 특수관계 특히 김일성 본인과 소련대사인 라주바예프 사이가 매우 밀접했기 때문에 라주바예프가 작성한 이 보고서는 당시 소련과 북한의 관계와 소련의 입장을 이해하는데 아주 도움이 된다. 보고서는 북한 지도자들의 기본입장은 그들은 이미 국가의 통일을 완성할 길이 없다고 생각하며, 이때문에 부득이하게 가장 나쁜 조건하에 전쟁 이전의 상태로 돌아가는 것에 동의하였으며, 김일성 본인은 이런 결과에 대해 부분적으로 중국에 잘못을 돌리고 있다고 하였다. 그들은 중국이 정전협상에서 합의를 볼 수 있다면 미국에 양보를 할 수 있다라고 생각하며 이 과정에서 북한의 입장은 그다지 중요시하지 않다고 보았다. 김일성은 심지어 리커농에게 일부 문제에서 상당한 의견 차이가 나며 미국 사람들에게 최대한의 관용과 양보를 베푼다고 불만을 토로하였다. 이런 일들은 김일성을 자주 화나게 만들고 있으며 특히 제3차 전투 이후 중국 지원군은 승리의 기세를 틈타 미국군을 한반도에서 쫓아내려 하지 않고 38선에서 정전만을 하려 한다고 하였다. 라주바예프가 말한 바에 따르면 북한은 이런 이유로 소련에 의지하려는 방침을 굳히게 되었다는 것이다. 주의할만한 사실은 라주바예프는 김일

---

30 ≪遠東委員會蘇聯代表處關于朝鮮停戰談判的報告≫, 1951年10月3日, ≪朝鮮戰爭: 俄羅斯檔案館的解密文件≫, 下冊, 第1046-1055頁.

성이 아직까지 소련과 중국이 어떤 경우에도 북한을 포기하지 않을 것이라는 희망을 가지고 있다고 생각한 점이다.[31] 이는 김일성이 중국의 회담 입장에 보조를 맞추지 않는 주된 근거라고 할 수 있다.

상술한 보고를 통해 우리는 스탈린의 결정을 합리적으로 추측할 수 있다. 그는 한편으로 중국과 북한이 환상을 버리고 정전에 관한 입장을 세우기를 요구하고 다른 한편으로는 마오쩌둥이 지원군에 반드시 필요하다고 요청했던 83명의 소련 군사고문 파견을 완곡하게 거절하고 5명만을 파견하기로 하였다. 이유는 그렇게 많은 군사고문을 파견할 필요가 없다는 것이었다.[32] 이렇게 중국은 미국과의 처절한 대항을 진행함과 동시에 자신의 동맹국과의 관계에서도 힘들게 협조를 요청해야지만 자신의 전략적 목표를 달성할 수 있게 되었다.

38선을 정전을 위한 군사분계선으로 삼는 문제에 관해서는 이 시기 트루먼 정부의 정책을 살펴보면 마오쩌둥의 판단이 보다 합리적임을 알 수 있다. 유엔군이 8월 19일 하계 공세를 시작한 후 트루먼 정부 역시 중요한 선택의 기로에 놓이게 되었다. 즉, 전쟁을 확대할 것인가? 하는 문제와 하계 공세가 목표에 도달하지 못할 경우 어떻게 할 것인가? 하는 문제였다. 미 국무원의 분석에 따르면 두 가지 상황이 발생할 가능성이 존재하였다. 첫째는 합의에 도달하지 못할 경우 쌍방이 계속해서 대치하는 것이고 둘째는 중국과 북한군이 새로운 공격을 해온다는 것이다. 첫 번째 상황에 대해 국무원이 제기한 문제 해결 방법은 한반도에서의 미국 군사력을 확대하고 현재의 전선을 유지함과 동시에 중국에 대한 경제봉쇄를 실행한다는 것이다. 두 번째 상황에 대한 국무원의 입장은 동맹국과

---

31 ≪拉祖瓦耶夫關于停戰談判中出現的政治情緖及中朝關系的電報≫, 1951年9月 10日, 沈志華編: ≪朝鮮戰爭: 俄羅斯檔案館的解密文件≫, 下冊, 第1022-1026頁.
32 ≪史達林關于派遣軍事顧問問題致毛澤東電≫, 1951年9月12日, 沈志華編: ≪朝鮮戰爭: 俄羅斯檔案館的解密文件≫, 下冊, 第1039頁.

협의하에 군사행동의 규모를 확대한다는 것이었다. 여기에는 공중 작전의 제한을 취소하고 압록강의 교량과 발전소 공격을 허용하는 것을 포함한다. 참모장 연석회의는 토론을 거쳐 군사행동을 확대하는 것이 반드시 필요하나 사전에 동맹국과 협의를 한다는 원칙은 받아들일 수 없다는 입장을 내놓았다. 그들은 그렇게 할 경우 아무런 일도 할 수 없다고 보았는데 당시 남한 정권을 제외하고 그 어떤 동맹국도 미국이 한반도에서 군사행동을 확대하는 것을 지지하지 않았기 때문이다.[33]

9월 하순, 하계 공세가 소기의 성과를 거두지 못하고 끝날 즈음 국무원과 군부는 한 차례 연석회의를 개최한다. 회의 참가자들은 현재의 형세가 이미 유엔군에게 유리하며 가능한 한 빨리 정전회담을 재개해야 한다고 판단하였다. 국무원은 회의 후에 리지웨이에게 회의의 결정을 전달하고 정전회담 중단의 주된 이유가 쌍방이 군사분계선 문제에 있어서 원칙적인 의견충돌 때문이라고 지적하였다. 그리고 현재 미국은 회담과 관련하여 국내외 여론의 지지를 획득해야 함으로 미국의 목표는 바로 정전을 실현하는 것이라 하였다.[34] 리지웨이는 미국정부의 지시에 근거하여 회담재개를 위한 절충방안을 제시하였는데 그것은 중국과 북한 대표가 회담장소를 선택할 수 있다는 것이었다. 이 제안은 후에 중국과 북한에 의해 받아들여졌고 회담이 재개된 후 전기가 마련되었다. 이때 미국정부 내에서도 군사분계선 문제에 관한 진일보한 논의가 이어졌다.

9월 26일, 리지웨이는 참모장 연석회의에서 전황에 근거하여 유엔군 공세의 목표는 38선 동쪽 이북의 캔자스 선을 통제하는 것이며, 이곳의

---

[33] "Memorandum on the Substance of Discussions at a Department of State-Joint Chiefs of Staff Meeting, Washington"; August 29, 1951, "Memorandum by the Joint Chiefs of Staff to the Secretary of Defense (Marshall), Washington, 29 August 1951," FRUS, 1951, vol. VII, Korea and China, pp. 859-864, 880-881.
[34] Attachment: "Draft Message for General Ridgway, Prepared in the Department of State," FRUS, vol. VII, Korea and China, pp. 945-946.

지형에 의거하여 방어 진지를 구축할 수 있다고 보고하였다. 이 목적을 달성하기 위해 유엔군은 일부 지역에서 남쪽으로 철수하고 중국과 북한과의 상응하는 조정에 따라 지역을 교환할 수 있기를 희망하였다. 워싱턴은 리지웨이의 제안을 받아들이고 한 가지 방안을 확정하였다. 즉, 먼저 현재 쌍방이 실제로 마주하고 있는 선을 중심선으로 하여 4킬로미터 넓이의 중립지역을 만들고 난 후 다시 조정을 진행하자는 것이었다.[35] 이 방안은 마오쩌둥의 8월 11일 구상과 거의 일치하였다. 이런 진전과정은 마오쩌둥의 기본판단이 틀리지 않았음을 증명하고 있다. 즉, 중국과 북한 군대가 전쟁터를 결연히 방어하고 미군의 공격을 격퇴해야지만 정전회담에서 기회가 있다는 것을 말해준다.

미국은 회담 재개라는 방침을 확정한 후에 다시 소련과의 접촉을 진행하였다. 10월 5일, 커크는 비신스키를 만나 구두로 미국정부의 두 가지 성명을 전달하였다. 첫째, 미국 정부는 정전회담의 의의가 막중하다고 여긴다는 사실이며 다음으로 미소관계의 개선을 희망한다는 것이었다. 커크가 이렇게 한 것은 이번 회담이 정전회담을 위해 거행되는 것처럼 비쳐져서 미국의 회담중의 지위가 약화되는 것을 원하지 않았기 때문이다. 심지어 그는 두 가지의 성명 원고를 비신스키에게 건네는 것에도 동의하지 않았다. 결과적으로 쌍방은 상대의 정전회담에 대한 태도를 이해함과 동시에 예전과 같이 정치원칙에 관해서 장시간 열띤 격론을 벌였다.[36] 10월 15일, 비신스키는 미국 대리대사를 소환하여 소련정부의 구두 답변을 하였다. 즉, 군사분계선 문제는 회담에서 해결해야지 전쟁터에서 해결할 사항이 아니며, 그럼에도 불구하고 소련은 가능한 한 모든 노력을

---

[35] "The Commander in Chief, Far East (Ridgway) to the Joint Chief of Staff, Tokyo", 26 September 1951, FRUS, vol. VII, Korea and China, pp. 952-955, 955-962.
[36] ≪維辛斯基与柯克關于朝鮮停戰問題的會談備忘彔≫, 1951年10月5日, 沈志華 編: ≪朝鮮戰爭: 俄羅斯檔案館的解密文件≫, 下冊, 第1058-1061頁.

다해 회담이 결과를 맺을 수 있도록 하겠다고 하였다.³⁷ 이때는 유엔군의 추계공세가 이미 끝이 났고, 심각한 인명의 피해를 본 결과 전선은 고작 북쪽으로 2킬로미터 옮겨진 상황으로 미국으로서는 회담재개를 외면할 방법이 없었다. 따라서 소련의 적극적인 반응과 중국과 북한이 회담장소를 판문점으로 바꿈에 따라 미국 역시 10월 25일 회담 재개에 즉시 동의하였다.

회담재개 전 중국 지도자들은 이미 가능한 한 빠른 시일 내 정전협의에 도달하기를 희망한다는 의사를 내비쳤다. 마오쩌둥은 18일 리커농에게 보낸 전보에서 "나는 되도록 빠른 시일 내 회의 개최라는 목표가 달성되기를 희망하며, 회담장소를 판문점으로 바꾸는 것과 중립지역과 관련한 문제는 적들의 입장에선 좋은 결과라고 생각하지 않을 것이다."고 하였다.³⁸ 그는 일부 구체적 문제에서의 다툼으로 인해 회담이 신속히 열리지 못하게 되는 상황을 우려하였다. 10월 22일과 23일 양일간 리커농은 회담 재개 후의 원칙문제에 대해 베이징에 보고하였고 마오쩌둥은 그들의 전보 모두를 스탈린에게 전달하였다. 이 전보들의 주요내용은 정전협의 달성쟁취라는 목표하에 군사분계선 문제를 조정하는 이른바 진일보한 타협을 준비한다는 것이었다.³⁹

10월 25일 정전회담이 재개된 당일 마오쩌둥은 리커농 등에게 회담

---

37 "The Charge in the Soviet Union (Cumming) to the Secretary of State, Moscow", October 15, 1951, FRUS, vol. VII, Korea and China, pp. 1041-1042; ≪維辛斯基与美國代辦卡明克的談話備忘彔≫, 1951年10月15日, 沈志華編: ≪朝鮮戰爭: 俄羅斯檔案館的解密文件≫, 下冊, 第1063頁.
38 ≪毛澤東關于停戰談判策略問題致史達林電≫, 1951年10月18日, 沈志華編: ≪朝鮮戰爭: 俄羅斯檔案館的解密文件≫, 下冊, 第1065頁
39 ≪毛澤東關于轉發對談判策略的請示致史達林電≫, 1951年10月25日; ≪毛澤東關于轉發對修改分界線建議第二方案的請示致史達林電≫, 1951年10月25日, 沈志華編: ≪朝鮮戰爭: 俄羅斯檔案館的解密文件≫, 下冊, 第1073-1074, 1075-1076頁.

재개 후 쌍방이 구 방안은 토론하지 말고 새로운 군사분계선에 관한 방법을 논의하도록 적극적으로 제안하도록 지시하였다. 만약에 미국 측이 동의하면 리커농은 23일 전보를 통해 이야기했던 새로운 방안을 제시할 수 있었다. 그는 노력 끝에 분계선을 현재의 전선에 기반하여 약간의 수정을 거치면 분계선을 확정 짓는 목표에 도달할 수 있을 것이라 하였다.[40] 다시 말하면 애초에 확정한 38선을 정전의 군사분계선으로 더 이상 주장하지 않겠다는 것이었다. 마오쩌둥은 이미 하루 전에 자신의 생각을 김일성에게 알렸고 25일 김일성의 동의를 얻었다. 31일, 마오쩌둥은 김일성의 동의 소식을 스탈린에게 알렸다.[41] 회담이 재개된 후 미국의 정책에도 변화가 생겼다. 미국 대표단 역시 해공군 보상문제를 더 이상 주장하지 않고 원칙적으로 쌍방의 대치선을 군사분계선의 기초로 한다는데 동의함과 동시에 금성(金城)과 간성(杆城)지역의 유엔군 소속 전선 돌출지역을 중국과 북한의 동의하에 개성을 중립지대로 지정하여 교환하는 방안을 제안하였다. 미국이 이러한 요구를 한 이유의 일부는 군사적 고려에 의한 것이었고 일부는 남한의 압력에 의해서였다. 중국과 북한 대표단은 이 요구를 거부하였다. 11월 12일, 미 국방부와 참모장 연석회의는 연합회의를 소집하고 군사형세에 관한 깊이 있는 토론을 진행하였다. 그리고 그들은 최종적으로 개성에 대한 요구를 포기하기로 결정하였으며 현재 실질적인 대치선을 임시 군사분계선으로 삼으며 동시에 정전의 유효기간을 30일로 선포함으로써 중국과 북한에 압력을 행사하여 쌍방의 담판을 통해 실제 대치선 조정을 마무리하고자 하였다.[42] 5일 후 미국 대표단은 참모장 연석

---

40 ≪毛澤東關于夏會后談判策略問題致史達林電≫, 1951年10月25日, 沈志華編: ≪朝鮮戰爭: 俄羅斯檔案館的解密文件≫, 下冊, 第1077頁.
41 ≪毛澤東關于金日成同意中方所提談判方案題致史達林電≫, 1951年10月31日, 沈志華編: ≪朝鮮戰爭: 俄羅斯檔案館的解密文件≫, 下冊, 第1083頁.
42 "Memorandum on the Substance of Discussions at a Department of State-Joint Chiefs of Staff Meeting, Washington", November 12, 1951, FRUS, vol. VII, Korea

회의의 지시에 따라 중국과 북한에 상술한 내용의 제안을 하였다.

중국 지도자들은 이미 미국의 정책변화를 주의깊게 살펴보고 있었다. 그리고 그들은 협의에 이를 가능성이 점차 커지고 있다고 여겼다. 11월 14일, 워싱턴이 중요한 타협을 결정한 이틀 뒤 마오쩌둥은 스탈린에게 한 통의 전보를 보낸다. 여기에서 그는 중국 지도자들의 정전 회담에 대한 기본적인 예상과 중국 측이 정전을 조속히 실현하기 위해 준비하고 있는 내용을 상세히 서술하였다. 그는 전보에서 미국이 휴전조건을 받아들일 가능성은 점차 커지고 있으며 쌍방의 군사분계선 문제에 대한 논쟁 역시 그리 오래 지속되지 않을 것이라고 하였다. 따라서 중국 측이 임시로 38선을 분계선으로 삼고 외국 군대의 철수문제 등을 해결하지 않는 것은 현재는 정전문제만을 해결하고 현재 전선에서의 정전이 중국과 북한에 유리하다고 보기 때문이었다. 그들은 스탈린에게 우리는 즉시 정전을 주장하며 현재 쌍방의 대치선에서 군사분계선 설정을 제안하는 바이며 이는 김일성의 동의를 받은 사항이라고 하였다. 특히 김일성은 6월에 베이징에서 이런 의사를 표시한 바 있으며 지금도 그의 동의를 구한 것이라 하였다. 그들은 또한 회담에서 논의 될 다른 문제에 관해서도 분석을 하였고 정전감독, 전쟁포로, 유관 국제회의 소집을 통한 한반도의 정치문제 해결 등에서도 어렵지 않게 해결할 수 있으리라 믿었다. 그들은 이에 근거해 회담을 통해 연내에 합의에 도달하도록 노력한다는 입장을 표명하였다. 그들은 전보의 마지막에 중국 국내의 각각의 항목에 대한 준비를 소개하고 특히 한국전쟁에 참여함으로써 중국정부의 재정예산이 지난해에 비해 60% 증가하였고, 국가 전체예산의 32%를 전쟁에 사용하였음을 언급하였다.[43] 중국 지도자들은 정전문제를 서술할 때 특히 한국

and China, pp. 1123-1124.
43 周恩來: ≪朝鮮停戰談判的若干問題≫, 1951年11月14日, 第249-251頁.

전쟁이 중국재정에 미친 영향을 이야기하였는데 이는 아무런 목적 없이 그러했을 리는 없다. 11월 20일, 마오쩌둥은 해방군 공군에 전한 전보에서 성탄절 이전에 정전을 할 가능성이 높다라고 하였다.[44]

마오쩌둥이 서명한 전보가 모스크바에 도착한 후 스탈린은 시간을 끌며 답변을 지체하였다. 일이 워낙 중요한 관계로 마오쩌둥은 저우언라이에게 중국주재 소련 대사인 로시친을 통해 스탈린의 빠른 태도표명을 요청하였다. 특히 스탈린에게 중국과 북한대표단은 이미 두 번에 걸쳐 미국 대표단과의 회의를 연기시키면서까지 그의 대답을 기다리고 있다고 하였다.[45] 19일, 스탈린은 로시친의 전보를 받은 당일 마오쩌둥에게 중국 지도자들의 형세에 대한 판단과 관련한 조치에 대해서는 동의를 표하지만 중국과 북한이 급하게 회담을 끝내려고 해서는 안된다라고 답변을 보내게 된다.[46] 이와 동시에 소련 외교부장 그로미코는 평양주재 소련 대사관에 전보를 보내 소련 대사인 라주바예프가 독단적으로 북한이 유엔에 발표한 군사분계선 문제에 대한 호소문에 동의한 것을 신랄하게 비판하였다. 특히 북한의 이런 행동이 중국과 협의가 되었는지 여부를 확인하지 않은 점에서 비난의 강도는 더욱 높았다.[47] 라주바예프의 사후 보고에 의하면 북한 호소문의 주요내용은 전쟁포로에 관한 문제였으며 이 밖에도 마지막에 부분적으로 군대를 전선에서 후퇴시키고, 2킬로미터에 달하는 비무장지대를 만들며, 모든 외국 군대가 한반도에서 철수하고,

---

44 毛澤東: 《空軍必須迅速組織新部隊參戰》, 1951年11月20日, 中共中央文獻研究室、中國人民解放軍軍事科學院編: 《建國以來毛澤東軍事文稿》, 上卷, 第562頁.
45 《羅申關于毛澤東要求史達林盡快答夏對談判的請示的電報》, 1951年11月19日, 沈志華編: 《朝鮮戰爭: 俄羅斯檔案館的解密文件》, 下冊, 第1107頁.
46 《史達林關于朝鮮停戰談判問題致毛澤東電》, 1951年11月19日, 沈志華編: 《朝鮮戰爭: 俄羅斯檔案館的解密文件》, 下冊, 第1108頁.
47 《葛羅米柯關于朝鮮呼吁停戰問題致拉祖瓦耶夫電》, 1951年11月20日, 沈志華編: 《朝鮮戰爭: 俄羅斯檔案館的解密文件》, 下冊, 第1109-1110頁.

전쟁을 발발한 전범에 책임을 물어야 한다는 내용이 포함되어 있었다.[48] 이러한 내용은 현상적으로는 뜻밖이지 않지만 정전조건과 관련하여 만약에 사전에 분명하게 밝히지 않는다면 동맹국 간에 혼란이 야기될 수도 있는 문제였다. 소련의 이러한 행동은 정전회담의 결정과정에서 중국이 주도적 위치를 차지하며 중소 간 고위층 간의 관계 역시 순조로움을 보여주고 있다. 다만 중국과 북한 간에는 다소간의 마찰이 있어서 소련 측에서는 그로미코가 중국과 북한과 관련된 사건에 대해 매우 민감하게 대했던 것이다.

11월 27일, 중국과 북한 대표단 그리고 미국 대표단은 마침내 군사분계선 문제에 대해 협의에 이르렀다. 당시 중국과 북한은 정전에 대해 비교적 낙관적이었다. 김일성은 당일 스탈린에게 비밀전보를 보내 마오쩌둥이 그에게 만약 연내에 정전협상이 완료되면 중국군은 돌아가서 개조 작업을 펼칠 것이며, 그때 일부 소련무기를 북한군대에 전해줄 수 있다고 말했다고 하였다.[49] 이 전보의 내용으로 보건대 마오쩌둥은 이때 전체 형세에 상당히 낙관적이었음을 알 수 있다. 이는 소련의 일부 예상과는 매우 큰 차이가 있는 것이었다. 소련의 극동 사무처의 보고에 따르면 미국은 전쟁포로, 감시 및 정치문제에서 양보할 가능성이 거의 없다고 하고 있다. 스탈린의 견해는 이 가운데에서 배회하였다. 그는 구체적인 담판문제에 있어서는 통상적으로 마오쩌둥의 제안에 순응하였지만 때때로 미국이 조기에 전쟁을 종결시킬 성의가 부족하다는 것에 대해서는 경고의 메시지를 남겼다. 후의 사태의 발전에서 알 수 있듯이 미국은 군사분계선 문제가 해결되었다고 그걸로 손을 떼지는 않았다.

---

48 ≪拉祖瓦耶夫關于轉發朴憲永的聲明致葛羅米柯電≫, 1951年11月21日, 沈志華編: ≪朝鮮戰爭: 俄羅斯檔案館的解密文件≫, 下冊, 第1083頁.
49 ≪拉祖瓦耶夫轉呈金日成關于援助問題致史達林的電報≫, 1951年11月27日, 沈志華編: ≪朝鮮戰爭: 俄羅斯檔案館的解密文件≫, 下冊, 第1130頁.

12월 초에 쌍방은 정전감독과 전후 한반도 내의 군사시설 통제 및 전쟁포로 교환 등의 문제에 관해 회담을 시작하였다. 이중 전쟁포로와 관련한 회담은 12월 11일 시작되었다. 일찍이 10월 27일, 즉 회담이 재개된 지 바로 이틀째인 이날 트루먼 본인은 중국 북한과 전쟁포로 전부를 교환하는 것에 찬성하지 않는다는 입장을 밝혔다.[50] 미 군부 역시 모든 포로의 송환을 염두에 두지 않았다. 그들은 유엔군이 장악하고 있는 중국과 북한의 포로 숫자는 상대가 보유한 포로 숫자를 엄청나게 초과하고 있기 때문에 만약 모든 포로를 송환하게 된다면 중국과 북한의 군사력 증대라는 결과로 이어져 이 전쟁포로들이 다시 작전부대에 배치될 수 있다고 보았다. 이외에도 중국과 북한의 포로 중에는 심리전에 의해 투항한 사람들이 있어서 이들은 송환을 원하지 않는다는 것이다. 따라서 이를 구별하지 않고 모두 송환한다면 미국의 심리전 효과를 반감시키게 될 것이라는 것이다. 미국의 정보기관과 정부기구는 전쟁포로가 송환된 후에 반공선전의 도구가 될 수 있으므로 전쟁포로를 보호하여 전 세계에 걸친 이데올로기 투쟁을 벌이는 것이 훨씬 중요한 가치가 있는 것으로 판단하였다.[51] 1952년 5월에 쌍방은 정전감독 문제와 정전 후 군사시설 사용제한 등의 문제에서 연이은 합의를 보았고 이후 전쟁포로 교환 문제는 정전의 주요 장애요소가 되었다.

미국의 전쟁포로 정책은 마오쩌둥의 예상을 벗어났다. 이전에 그는 전쟁포로 문제는 해결하기 어렵지 않다고 여겼다. 따라서 이러한 예상은 미국과 장기적으로 전쟁을 연장시키는 판단과 결부시키지 않았고 특히

---

50 "Memorandum by the Acting Secretary of State, Washington", October 29, 1951, FURUS, vol. VII, Korea and China, 1951, p. 1073.
51 "Memorandum of Conversation, by Frank P. Lockhart of the Bureau of Far Eastern Affairs, Washington", July 3, 1951; "Memorandum by the Joint Chiefs of Staff to the Secretary of Defense (Marshall), Washington", August 8, 1951, FRUS, vol. VII, Korea and China, 1951, pp. 6141-618, 792-794.

쌍방이 실제 대치선을 기준으로 군사분계선을 해결하는 문제와 연결시키지 않았다. 그는 스탈린에게 보낸 보고에서 확신에 차서 이렇게 말한 적이 있다. "우리는 하나하나씩 교환하는 원칙에 반대하고 얼마가 있으면 얼마를 교환하는 원칙을 주장한다. 예상컨대 이 문제는 어렵지 않게 협의에 이를 것이다."⁵² 훗날 아주 오랜 시간 동안 중국 지도자들은 여전히 전쟁포로 문제가 정전의 주된 장애가 되지 않을 것이라 믿고 있었다. 정전감독 문제와 군사시설 제한 문제 등이 진전을 이뤄냄에 따라 그들은 늦어도 5, 6개월이면 합의에 이를 것이라고 예상하였다.⁵³

미국의 정책 역시 끊임없이 기복이 있었다. 미국은 4월에 13만 2천 명의 중국과 북한 포로 중에서 11만 6천 명을 송환할 수 있다고 하였다. 이는 대체로 중국과 북한의 예상에 부합하였는데 문제는 이후 얼마 지나지 않아 스스로 이 제안을 부정하였다는데 있다. 이 기간 동안 유엔군의 군사작전은 끊임없이 업그레이드되었고 미 공군의 작전범위 역시 계속해서 확대되었다. 6월에는 압록강 남쪽의 수풍(水豊) 발전소와 장진(長津) 등지의 발전설비를 폭격하여 무력으로써 평화를 획득하고 동시에 정치적 심리적 우세를 획득하고자 하였다. 정전협상이 마지막 단계에서 전쟁포로 문제만을 남겨두고 합의에 도달하지 못하고, 미국이 또 다시 거대한 군사적 압력과 정치적 도전을 해옴에 따라 중국 지도자들은 다시 한 번 타협이냐 아니면 전쟁을 계속할 것이냐 하는 선택의 기로에 놓이게 되었다.

당시 중국 지도자들은 두 가지의 비교적 돌출된 문제에 직면하였다. 첫째는 국내의 경제 문제였다. 마오쩌둥과 스탈린의 왕래과정에서 알 수 있듯이 중국 지도자들은 전쟁의 조속한 종결에 기대를 품고 있었다. 그

---

52 周恩來: ≪朝鮮停戰談判的若干問題≫, 1951年11月14日, 第250頁.
53 周恩來: ≪對敵目前動向的估計≫, 1952年2月14日, 中共中央文獻研究室、中國人民解放軍軍事科學院編: ≪周恩來軍事文選≫, 第四卷, 第267頁.

이유는 이 전쟁이 중국에 가져다준 엄청난 재정적 부담 때문이었다. 1952년 가을 중국 지도자들은 이미 내전에서 건국으로 가는 과도적 단계는 끝이 났다고 규정하고, 1953년부터 제1차 5개년 계획을 실시하여 이를 통해 대규모 경제건설에 들어가기로 결정하였다. 그러나 한국전을 통해 대량의 자원과 재정을 소비하고 있어 경제적 부담은 표현할 수 없을 정도였고 이에 중국 지도자들이 중요한 정책결정을 내릴 때마다 지대한 관심을 표명하지 않을 수 없게 되었다. 그들이 전쟁포로 문제의 양보를 통해 전쟁을 끝내려고 한 것은 바로 재정상의 부담을 진지하게 고려했기 때문이다. 1952년 8월, 저우언라이는 <중국 경제상황과 5개년 건설 임무>의 초안 작성을 주도하였다. 그가 지도한 그룹이 내린 기본판단은 만약 한국전쟁이 계속될 경우에도 5개년 건설이 필요하며 중국은 5개년 건설을 시작할 수 있다였다.[54] 이런 결론은 중국 지도자들이 미국의 군사적 압력에도 불구하고 양보하지 않고 계속해서 투쟁할 근거가 되었다. 이에 국내의 정치 의사일정에 영향을 주지 않는다는 전제하에 마오쩌둥은 계속 싸워나갈 결심을 선포하게 된다. 그는 "미국이 몇 년 동안 싸우기를 원한다면 우리 역시 몇 년 동안 싸울 준비를 할 것이며, 이는 미제국주의가 그만둘 때까지 계속될 것이다."라고 하였다.[55] 결론적으로 미군의 전쟁 규모 확대와 강도의 심화 압력에 결코 굴복하지 않겠다는 것이다. 물론 중국 지도자들 역시 한반도 전장에서 대규모 군사적 행동을 진행하지 않고 적극적인 외교적 노력을 통해 소련의 더욱 많은 원조를 얻기로 결정하게 된다.

또 다른 문제는 동맹국인 북한이 시간이 지날수록 조속히 정전을 이루기를 희망했다는 사실이다. 미군이 군사적 압력을 강화하면서 특히 북한

---

54 中央文獻硏究室編: 《周恩來年譜(1949-1976)》, 上卷, 第255頁.
55 毛澤東: 《抗美援朝戰爭必須繼續加强》, 1953年2月7日, 中共中央文獻硏究室、中國人民解放軍軍事科學院編: 《建國以來毛澤東軍事文稿》, 中卷, 第121頁.

상공에 대한 폭격을 강화하면서 북한은 미국의 군사적 타격을 견뎌내기 힘들다는 점을 인지하였다. 특히 미 공군의 폭격은 북한 국민의 사기에 심각한 좌절을 맛보게 하였다. 1952년 초 북한 외무상인 박헌영은 펑더화이에게 북한 국민은 평화를 원하며 전쟁을 계속하기를 원하지 않는다고 하였다. 물론 만약에 중국과 소련이 계속 전쟁을 해나가길 원한다면 북한은 어떠한 어려움도 극복할 수 있다는 입장을 표시하였다.[56] 소련 측의 보고서에 의하면 당시 북한군은 사기가 확실히 많이 떨어져 있었고, 병사들의 소양은 높지 않았으며, 장비 훈련 등은 생각처럼 진행이 되지 않았다고 한다.[57] 이밖에 미 공군의 폭격은 북한의 도시와 농촌에 심각한 타격을 가져왔는데 소련 측의 미군 폭격에 대한 묘사는 보기만 해도 끔찍한 지경이었다. 예를 들어 소련대표는 두 눈으로 직접 멀쩡한 마을을 보았고 그곳에서 사람들의 경작활동을 보았는데 바로 이틀 후 미군의 폭격으로 인해 폐허가 되고 여기저기 포탄 구멍만 남아 원래 있던 마을이 통째로 사라져 버렸다는 것이다.[58] 김일성이 전쟁을 지속적으로 수행할 수 있도록 소련과 중국은 북한에 대한 다방면의 지원을 확대하였다. 양식과 운수자재 그리고 무기장비 등을 포함하였고 소련은 여기에 북한군에 대한 훈련까지 강화하였다.[59] 북한 지도자들은 소련과 중국의 원조에 대해 진심으로 감사를 표했지만 소련과 중국의 원조가 북한군의 전쟁

---

56 《毛澤東關于停戰和援助朝鮮粮食等問題致斯大林電》, 1952年2月8日, 第1153頁。
57 《蘇聯駐朝使館1951年的政治報告摘要(1951年1月)》, 沈志華編: 《朝鮮戰爭: 俄羅斯檔案館的解密文件》, 下冊, 第1139頁。
58 《科托夫關于朝鮮戰爭形勢給馬利宁的報告》, 1952年10月30日, 沈志華編: 《朝鮮戰爭: 俄羅斯檔案館的解密文件》, 下冊, 第1242頁。
59 《聯共(布)中央政治局關于援助朝鮮粮食的決議》, 1952年4月14日; 《蘇聯部長會議關于1952年与朝鮮貿易的決議》, 1952年6月13日; 《拉祖瓦耶夫關于人民軍訓練情況給什捷緬科的報告》, 1952年7月1日; 《毛澤東關于停戰和援助朝鮮粮食等問題致斯大林電》, 1952年2月8日; 沈志華編: 《朝鮮戰爭: 俄羅斯檔案館的解密文件》, 下冊, 1152-1153, 1171-1172, 1173-1177頁。

을 조속히 마무리 지었으면 하는 생각까지 바꾸지는 못했다.

6월부터 미군의 군사작전은 또 한 차례 강화되었다. 7월 11일과 12일 밤, 미 공군은 평양에 대규모 폭격을 가하여 6,000여 명의 주민 사상자를 발생시켰다. 13일, 미군은 회담에서 83,000명의 중국과 북한군 포로 송환을 제안하였다. 이중 북한군 전쟁포로는 76,000여 명이고 중국 지원군 포로는 6,400여 명이었다.[60] 리커농은 마오쩌둥, 펑더화이 그리고 김일성에게 어떻게 대응해야 할지를 자문하였다. 이 숫자는 중국과 북한이 내정한 송환대상 9만명이라는 숫자에 어느 정도 근접하였지만 당시 유엔군이 실제로 통제하고 있던 포로 수와는 어느 정도 차이가 있었다. 당시 중국과 북한 포로는 13만 8천 명으로 이중 북한군 전쟁포로가 11만 천 명, 중국 지원군 포로가 2만여 명이었다. 미국이 대규모로 평양을 공습한 후 이러한 비율의 송환방안을 제기한 것은 바로 중국과 북한 간을 이간질하려는 의도였다. 14일, 김일성 역시 마오쩌둥에게 전보를 보내 정전이 조속히 실현되기를 희망한다고 하였다.

15일, 마오쩌둥은 리커농과 김일성의 제안을 거부하였다. 그는 김일성에게 회신을 보내어 "이틀 동안의 심사숙고 끝에 중국은 현재 적들의 진정한 양보가 없는 방안을 특히 적의 폭격이 이루어지고 난 후에 받아들이는 것은 아주 불리하다고 판단한다."라고 하였다. 그가 말하는 불리하다는 것은 미국의 도발성향이 확대되어 욕심이 하염없이 커지는 것 외에 우리 자신의 위엄에도 손상이 있을 수 있다는 것을 의미하였다. 마오쩌둥은 위엄을 매우 중요시하였고 위엄이라는 것은 확실한 수치로 나타낼 수 없는 전략적 이익이었다. 그는 미군의 군사적 압박하에 위의 방안을 받아들이는 것을 절대로 용납하지 않았다. 마오쩌둥의 동맹들은 그가 어떠한 경우에도 중국과 북한을 하나로 보고 있음을 인정하며, 마오쩌

---

60 軍事科學院軍事歷史研究部: 《抗美援朝戰爭史》, 第三冊, 第252頁.

둥은 김일성에게 전쟁을 통해 이미 북한과 중국의 동북을 보위하였으며, 북한 역시 영광스럽게 세계평화 보위진영에 서게 되었고, 양국의 안보와 정치적 지위 모두 강화되었다고 하였다. 만약 미군의 제안을 받아들인다면 이는 바로 한 수의 패착으로 전체 바둑을 지는 형국이라는 것이다. 김일성을 고무하기 위해 그는 김일성에게 현재 북한에서 가장 필요한 문제를 스스럼없이 얘기하라고 하고 중국은 최선을 다해 도울 것이며 부족할 경우 소련에 요청해서라도 도울 것이라고 하였다.[61] 이와 동시에 그는 스탈린에게도 전보를 보내 중국은 미국의 도발적인 제안을 받아들이지 않을 것이며, 절대로 적의 압력에 굴복하지 않을 것이라고 하였다.[62]

김일성은 중국의 결정을 접한 후에 마오쩌둥에게 전보를 보내 15일 마오쩌둥의 결정에 동의를 표시함과 동시에 중국과 북한군의 소위 소극적 방위개념의 군사전략에 변화를 줄 것을 강렬히 요구하였다. 그는 건의를 통해 중국 지원군 공군의 작전범위가 압록강 일선에서 평양까지 확대되어야 하며, 전투력이 있는 공군 전투기를 적의 후방 깊숙이 침투시켜 미군 공항과 군사시설 등에 맹렬한 폭격을 퍼부어야 한다고 주장하였다. 이 밖에도 지상에서 지엽적인 공세를 취하여 미군에 압박을 가해야 한다고 하였다.[63] 전체적으로 중국이 미군의 제안을 받아들이지 않는 것은 가능하나 적극적인 군사조치를 통해 북한이 받고있는 각종 압박과 손실을 줄여주기를 희망하였다. 17일, 라주바예프는 바실옙스키(A. M. Vasilevskii)와 비신스키에게 김일성이 16일 작성한 스탈린에게 보내는 전보를 전달하였다. 김일성은 전보에서 정전회담의 전망에 대해 매우 비관적인 태도

---

61 周恩來: ≪不能接受敵人的遣返戰俘方案≫, 1952年7月15日, 中共中央文獻研究室、中國人民解放軍軍事科學院編: ≪周恩來軍事文選≫, 第四卷, 第289-290頁。
62 ≪毛澤東關于不接受美方建議問題致斯大林電≫, 1952年7月18日, 沈志華編: ≪朝鮮戰爭: 俄羅斯檔案館的解密文件≫, 下冊, 第1187頁。
63 ≪毛澤東關于不接受美方建議問題致斯大林≫, 1952年7月18日, 沈志華編: ≪朝鮮戰爭: 俄羅斯檔案館的解密文件≫, 下冊, 第第1187-1189頁。

를 보였다. 그는 중국과 북한 군대가 정전회담이 시작된 후 소극적인 방어전으로 일관하고 있으며 이는 북한의 인력과 물력의 극심한 손실로 이어진 반면 미군은 오히려 어떤 대가도 지불하지 않았다고 하였다. 또한 그는 북한은 미국이 내세운 정전조건을 받아들이지 않는다는 중국의 입장에 동의하였지만 북한의 중요 시설을 보호할 조치를 반드시 취해야 하며 더불어 적극적인 군사행동에 나서야 한다고 하였다. 전보에는 4가지 건의사항이 있었다. 구체적으로 말하자면 항공방어 능력을 강화하고, 적의 핵심지역에 지면전을 감행하여 중국과 북한에 대한 미국의 압박을 줄이고, 최대한 빨리 싸움을 중단하고 정전협정을 체결하며, 제네바 협정에 근거해 모든 포로를 교환해야 한다는 것이다. 이외에도 당연히 소련의 더욱 많은 군사원조 제공을 요청하였다.[64]

마오쩌둥은 이전 김일성의 전보와 그의 답신을 모두 스탈린에게 보냈다. 스탈린은 회신을 통해 마오쩌둥의 결정을 지지한다고 밝히면서 "당신의 정전 회담에서의 입장은 100% 정확하다."라고 하였다.[65] 그러나 한 차례의 의견 교류로는 문제를 해결하는데 한계가 있을 수밖에 없었다. 8월 저우언라이의 모스크바 방문 때가 되어서야 중국과 북한의 정책 결정자들은 스탈린과 함께 핵심사안을 결정할 기회를 가지게 된다.

저우언라이가 모스크바를 방문한 것은 준비중이던 제1차 5개년 계획에 소련의 원조를 얻기 위해서다. 물론 소련이 중국의 국방 현대화와 지원군을 위해 지속적으로 군사적 재정적 원조를 제공하는 것도 쟁취해야 했다. 8월 20일, 저우언라이는 크렘린 궁에서 스탈린을 만나 한반도 정전 문제에 관해 심도 깊은 협의를 진행하였다. 저우언라이는 전쟁포로 문제

---

64 ≪拉祖瓦耶夫轉呈金日成對停戰談判看法致華西列夫斯基電≫, 1952年7月17日, 沈志華編: ≪朝鮮戰爭: 俄羅斯檔案館的解密文件≫, 下冊, 第第1184-1185頁.
65 ≪史達林關于同意中方停戰談判立場致毛澤東電≫, 1852年7月17日, 沈志華編: ≪朝鮮戰爭: 俄羅斯檔案館的解密文件≫, 下冊, 第1186頁.

에서 중국과 북한의 의견충돌이 어디에 있는지를 설명하였다. 또한 북한이 일부 동요하고 있으며 정서가 그다지 안정적이지 못한 점을 표출하고 있다고 지적하였다. 스탈린의 질문에 대하여 저우언라이는 두 가지 문제에 대해 중점적으로 설명하였다. 첫째 지원군은 진지를 고수할 수 있으나 제한적인 국지전만을 수행할 수 있고 대규모 공격을 감행할 수는 없다고 하였다. 둘째, 7월 13일 미국이 제안한 전쟁포로 교환제의는 중국과 북한 간을 이간질하는 음모로써 중국은 절대로 받아 들일 수 없다는 것이다. 그는 중국은 일 년 더 전쟁을 치른다라는 마음의 준비를 하고 있으며 동시에 소련이 북한에 필요한 원조를 제공해주기를 희망한다고 하였다. 스탈린은 마오쩌둥의 결정을 결연히 지지하였다. 그는 한국전쟁이 미국의 기세를 무너 뜨렸으며, 북한은 어떤 것도 잃지 않았고, 지금 필요한 것은 굳센 의지와 인내력이라고 하였다. 스탈린은 북한에 군사원조 제공을 허락하면서 북한을 위해서라면 그 어떤 것도 아깝지 않다고 하였다. 그는 김일성이 제안한 중국 지원군 공군이 적 후방에 침입해 작전을 벌이자는 방법에는 찬성하지 않았고 중국과 북한 군대는 전술적 측면이든 전략적 측면이든 어떠한 공격도 진행해서는 안 된다고 하였다. 스탈린은 만약 미국이 일정한 양보를 하게 된다면 계속해서 담판을 진행하도록 하였다. 저우언라이는 이에 대해 중국은 준비한 바가 있는데 만약 미국이 양보를 한다면 그 양보가 크지 않더라도 이에 응할 것이라 하였다. 중국은 이를 위해 세 가지의 협의방안을 준비하고 있었는데 이중 가장 낮은 수준 협의의 마지노선은 바로 미송환된 일부 전쟁 포로들을 중립국가로 보낸다는 것이었다. 이 방안은 결국 전쟁포로 문제를 해결하는 최종 방법이 되었다. 마지막으로 저우언라이는 마오쩌둥의 제안을 전달하였는데 이것은 김일성과 펑더화이를 모스크바로 초대해서 스탈린과 면담을 갖자는 것이었다. 이에 대해 스탈린은 기꺼이 그들을 만나겠다고 하였다.⁶⁶ 이날 회담에 근거하여 중국과 소련, 북한 지도자들은 신속하게 김일성과 펑더화이의 소련 비밀방문 일정을 협의해서 결정하게 된다.

9월 4일, 스탈린과 저우언라이, 펑더화이, 김일성 그리고 박헌영은 회담을 거행하였는데 삼개국 모두 고급 관료들을 대동하였다. 스탈린은 이번 회담의 주인공으로서 저우언라이와 전면적으로 회담에 나서 회의가 합의에 이르도록 하였다. 그는 먼저 김일성을 통해 북한군의 사기를 확인하였다. 이어 스탈린은 북한에 대한 대규모의 원조를 허락하였다. 여기에는 1~3개 전투기 사단규모의 비행기와 장비, 10개 고사포 연대규모의 물자와 장비를 포함하고 있으며, 소련은 적시에 원조를 제공하기 위하여 1~2개 공군 사단을 삭감할 준비를 하였다. 김일성의 믿음을 확고히 하기 위하여 스탈린은 그의 요구에 모두 응하였다. 이렇게 하고 난 후 스탈린은 김일성에게 중국과 무슨 의견충돌이 있는지를 물었고 이에 대해 김일성은 중국의 여러 제안에 동의하지만 최대한 빨리 정전협정을 체결하기를 희망한다고 하였다. 스탈린은 중국이 자신의 전쟁포로 모두를 송환해야 한다는 입장을 견지하는 것에 찬성하며 동시에 비율에 따라 송환하는 방법 즉, 미국이 20%의 중국과 북한의 전쟁포로를 억류하면 중국과 북한 역시 20%의 비율로 상대의 전쟁포로를 억류하는 방법을 준비해야 한다고 하였다. 김일성은 북한군이 생포한 남한의 전쟁포로 중 2만 7천여 명은 이미 북한군에 편입된 관계로 계산의 범위에 넣고 있지 않다고 하였다. 이것이 바로 북한이 미국의 7월 13일 제안을 받아들이기 원했던 중요한 이유였다. 회담이 끝나기 전 스탈린은 중국과 북한에 각각 1개 규모의 공군사단을 지원한다고 선포하였다.⁶⁷ 동맹 삼국은 이렇게 그들의 의견

---

66 ≪史達林与周恩來的會談記彔≫, 1952年8月20日, 沈志華編: ≪朝鮮戰爭: 俄羅斯檔案館的解密文件≫, 下冊, 第1195-1204頁.
67 ≪史達林与金日成、彭德怀的談話記彔≫, 1952年9月4日, 沈志華編: ≪朝鮮戰爭: 俄羅斯檔案館的解密文件≫, 下冊, 第1214-1221頁.

충돌을 해결하였고 정책을 조율하게 되었다.

정전협상이 시작된 이래 스탈린은 중국 지도자들의 결정에 대해 지속적인 지지를 표명하였고 상당히 적극적으로 중국에 군사원조를 제공하였다. 중국과 북한 간 이견이 발생하였을 때에도 일반적으로 중국의 입장을 지지하고 중국 지도자들이 북한을 설득하는데 도움을 주었다. 스탈린이 이렇게 중국과의 관계를 더욱 밀접하게 하고 동시에 정전협상 과정에서 강경정책을 지지한 주된 요인은 바로 미국이 일방적으로 일본과의 강화과정을 추진하였기 때문이다. 미국의 일방적인 대일 화해조약 체결은 소련으로 하여금 중국과의 군사동맹을 강화하게 하였는데, 이러한 양자 간의 연관관계와 상호작용은 곳곳에서 찾아볼 수 있다. 1951년 9월 4일, 대일본 강화회의가 샌프란시스코에서 열렸다. 회의에 참가한 51개국 중 48개국이 일본과의 강화조약에 서명을 하였지만 소련과 폴란드 그리고 체코슬로바키아 3개국은 조약체결을 거절하였다. 특히 강화조약 체결 5시간 뒤 미국과 일본은 예정대로 안전보장조약을 체결하였다. 이 사건은 동아시아에서 중소동맹과 미일동맹을 중심으로 하는 집단적 대결국면이 최종적으로 형성되었음을 의미한다. 이러한 국면은 소련이 동아시아에서 대결 정책을 선택하는 계기가 되었다.

스탈린은 중국의 국방 현대화 계획에 관심과 지지를 보내는 한편 아시아에서 중국을 필두로 하는 지역조직을 만들려는 구상을 제기함으로써 지역 내 중국의 정치적 지위를 더욱더 높였다.[68] 1952년 3월 하순 중국과 소련은 뤼순주재 소련군의 주둔 연장문제를 논의하기 시작하였다. 이것은 중국과 소련이 미국과 일본의 안보조약 체결을 겨냥하여 선택한 중요한 조치였다.[69] 9월 15일, 저우언라이는 소련을 방문해 소련군의 뤼순 주

---

68 ≪史達林与周恩來的會談記彔≫, 1952年9月19日, 沈志華編: ≪朝鮮戰爭: 俄羅斯檔案館的解密文件≫, 下冊, 第1228頁。
69 ≪毛澤東關于中國國防和經濟建設等問題致史達林電≫, 1952年3月28日; ≪史

둔 연장에 관한 협의서를 교환하였다. 저우언라이가 모스크바를 방문한 후 중소 양국은 <중화인민공화국 대표단과 소련 정부 간 회담에 관한 중소성명>을 발표하고 소련군의 뤼순 해군기지 사용연장을 선포하였다.[70] 중소 간 군사동맹 관계는 이를 통하여 더욱 굳건해졌으며, 이러한 양국 간의 관계발전은 필연적으로 정전회담 처리를 위한 정책협조 과정에 반영되었다.

미소 간 아시아에서의 대결국면이 강화되는 과정에서 중국과 소련 그리고 북한 간의 정전협상에 관한 정책협조가 진행됨에 따라 중국의 미국과의 대결정책 역시 중요한 영향을 미쳤다. 중국 지도자들의 이러한 결심은 소련의 전폭적인 지지를 받았고 김일성의 허락도 얻었다. 10월 8일, 정전회담 쌍방은 어떠한 공통점도 찾지 못하고 무기한 휴회를 선언함으로써 회담은 파국에 직면했다. 이 시기 미국은 전쟁의 강도를 끊임없이 높였지만 중국과 북한은 판문점 담판과정에서 조금의 동요도 없었다. 이러한 대치상황에서 새로 당선된 아이젠하워(Eisenhower, Dwight) 미국 대통령 역시 속수무책이었다. 그는 중국에 대한 경제봉쇄와 수출금지를 강화하는 것을 포함한 여러 군사 또는 정치적인 수단을 사용하고 타이완해협 중립화 정책을 취소함으로써 국민당 군대의 대륙공격을 유도하는 등의 조치를 통해 중국과 북한을 압박하여 억지로 타협을 이루고자 하였다. 그는 심지어 국가안보위원회에서 개성지역에 전술 핵무기 사용 가능성을 제기하기도 하였다.[71] 그러나 결과적으로 이러한 조치들은 아무런 도움이 되지 못했고 미국은 중국으로부터 어떠한 양보도 얻어내지 못하

達林關于蘇軍撤出旅順等問題致毛澤東電》, 1952年4月2日, 沈志華編: 《朝鮮戰爭: 俄羅斯檔案館的解密文件》, 下冊, 第1160-1162, 1163-1164頁.
70 《關于中華人民共和國政府代表團与蘇聯政府的談判的中蘇公報》, 1952年9月15日, 中共中央文獻研究室編: 《建國以來重要文件選編》, 第三冊, 第340-341頁.
71 參閱資中筠主編: 《戰后美國外交史: 從杜魯門到里根》, 上冊, 第232頁.

였다. 12월에 국제 적십자사에서 쌍방이 부상중인 전쟁포로를 먼저 교환하자는 제안을 하였다. 워싱턴은 국제여론을 고려하여 리지웨이 후임인 유엔군 사령관 클라크(Mark Clark)에게 중국과 북한에 적십자사의 요청을 토론하자고 제안하게 하였다. 2월 22일, 클라크는 중국과 북한 대표단에 서한을 보내 전쟁기간 동안 쌍방이 먼저 부상당한 포로를 교환하자고 제안하고 이를 위해 적십자사의 제안을 토론할 수 있다고 하였다.[72] 중국은 이에 대해 어떠한 반응도 내놓지 않았고 회담은 여전히 교착상태를 이어갔다.

3월 5일, 스탈린이 갑자기 병사하였다. 이 사건은 냉전 초기 소련의 대외정책에 매우 큰 영향을 주어 소련의 동아시아 정책 역시 급속도로 변화하였다. 그 결과 소련의 새로운 지도자들은 가능한 한 빠른 시일 내 전쟁을 종결시키기로 결정한다.[73] 그리고 이러한 그들의 결심은 확고부동하였다. 3월 8일, 저우언라이는 대표단을 이끌고 모스크바에 도착해 스탈린의 조문활동을 시작하였다. 이 기간 동안 저우언라이와 소련 지도자들은 한국전 정전문제에 관한 회담을 열었는데 소련 지도자들은 저우언라이에게 그들의 한국전 조기종결에 관한 결정을 직접 통보하였고, 이에 대해 저우언라이는 베이징에 소련 정부의 이런 변화를 보고하겠다고 하였다. 이 시기 소련은 평양에도 특사를 파견하여 소련이 전쟁을 일찍 끝내기로 결정한 사실을 전달하였다.[74] 김일성의 반응은 충분히 상상할 수 있다. 그는 소련대표에게 소련 정부의 제안에 100% 동의한다고 하면

---

[72] "The Commander in Chief, United Nations Command (Ridgway) to the Joint Chiefs of Staff, Munsan 1952", April 4, FRUS, 1952-1954, vol. XV, Korea, pp. 136-138.
[73] 參閱沈志華、李丹慧著: *After Leaning To One Side: China And Its Allies in The Cold War*, (Washington D.C.: Woodrow Wilson Center Press and Stanford: Stanford University Press, 2011), pp. 98-99.
[74] ≪蘇聯外交部關于朝鮮戰爭的背景報告≫, 1966年8月9日, 沈志華編: ≪朝鮮戰爭: 俄羅斯檔案館的解密文件≫, 下冊, 第1349頁.

서 이 결정이 조기에 실현되기를 희망하였다. 그는 현재 나날이 북한의 손실이 커지고 있는 상황에서 전쟁 포로의 숫자를 토론하는 것은 현명하지 않으며 따라서 소련의 제안이 가장 정확하다고 하였다. 이에 북한은 회담재개를 적극적으로 준비할 것이라 하였다.[75]

3월 19일, 소련의 새 지도부는 마오쩌둥과 김일성에게 서한을 보내 소련의 전쟁포로 송환과 관련된 결의에 대해 설명하고 아울러 소련의 유엔 대표단에게 지령을 내렸다. 소련 지도부가 보낸 결의에는 '각 측에 보내는 지시'라는 명확한 문구로 시작이 되었는데 이는 소련 새 지도부가 결정한 결의에 변동 가능성이 없음을 보여주는 것이었다. 소련이 보낸 해당 문건에서 소련은 중국과 북한이 어떻게 회담을 재개해야 하는지에 관해 상당히 구체적으로 설명하고 있을 뿐만 아니라 회담재개의 목적이 정전을 실현하는 것임을 분명하게 알리고 있다.[76] 이로써 소련이 전쟁 종결을 결정하는 과정에서 동맹국과의 협의를 고려하지 않았음을 알 수 있다.

동맹국의 정책과 태도변화는 당연히 중국 지도부에도 영향을 미쳤다. 3월 22일, 저우언라이로부터 연속해서 두 통의 전보를 받은 마오쩌둥은 모스크바에 회신을 보내 베이징이 클라크의 2월 22일 제안에 대한 답변을 준비하고 있다고 하였다. 그는 소련의 제안이 작년 8월 저우언라이의 소련 방문기간 동안 스탈린에게 이야기했던 가장 낮은 수준의 방안과 일치한다고 하였다. 그러나 이번 회담재개에 동의한 목적이 무엇인지? 현실과 이상 중 어디에 발맞춰야 하는지? 단지 부상 포로 송환문제를 해결하기 위해 회담을 재개할 것인지 아니면 더욱더 큰 목표를 추구해야 하는 것인지? 등등의 문제에 관해서는 저우언라이가 베이징으로 돌아온

---

75 ≪庫茨涅佐夫和費德林關于停戰問題朝方立場致莫洛托夫電≫, 1953年3月29日, 沈志華編: ≪朝鮮戰爭: 俄羅斯檔案館的解密文件≫, 下冊, 第1305頁.
76 ≪蘇聯部長會議關于戰俘遣返問題給各方發出指示的決議≫, 1953年3月19日, 沈志華編: ≪朝鮮戰爭: 俄羅斯檔案館的解密文件≫, 下冊, 第1295-1300頁.

후 결정하는 것이 필요하다고 하였다.[77]

3월 26일, 저우언라이는 베이징으로 돌아왔다. 그는 즉시 마오쩌둥에게 소련의 정책 변화에 대해 보고하였다. 중국 지도부는 신속히 회담재개를 위한 구체적인 조치를 취하였다. 마오쩌둥은 소련의 제안이 저우언라이가 이전에 스탈린에게 얘기했던 마지노선을 넘지는 않았다고 보고 문제는 미국이 얼마나 더 멀리 가기를 원하는지 여부라고 생각하였다. 3월 28일 중국과 북한은 성명을 발표하고 회담재개 의사를 밝혔다. 소련도 이어 지지의사를 밝혔다.[78] 30일, 저우언라이는 성명을 발표하고 전쟁포로 문제해결을 위한 새로운 제안을 하였다. 즉, 쌍방은 정전 후 즉시 송환을 원하는 모든 전쟁포로의 송환을 보장하며 남은 전쟁포로는 중립국으로 인도함으로써 그들의 송환문제를 공정하게 해결한다는 것이다.[79]

이 시기 미국 지도자들의 몸과 마음 역시 지칠대로 지쳐 있었다. 신임 대통령인 아이젠하워는 군인 출신으로 2차 세계대전 때 유럽전장의 동맹군 사령관이었다. 그는 취임 전에 한국으로 와서 전장의 형세를 살펴보고 다음과 같은 판단을 내렸다. 즉, 미군은 움직이지 않는 전선에서 마냥 기다릴 수 없으며 확실한 의미도 없는 희생을 계속해서 받아들일 수는 없다는 것이었다.[80] 더불어 미국 역시 동맹국으로부터의 거대한 압력에 직면하고 있었다. 따라서 정전을 조기에 실현하는 것은 그들이 어쩔 수 없이 받아들여야 하는 선택이 되었다. 그들은 여전히 중국과 북한이 돌연

---

77 毛澤東: ≪同意所提戰俘交換方針≫ 3月22日, 中共中央文獻研究室、中國人民解放軍軍事科學院編: ≪建國以來毛澤東軍事文稿≫, 上卷, 第131頁。
78 ≪金日成元帥、彭德懷將軍致聯合國軍總司令克拉克函≫, 1953年3月28日, ≪人民日報≫, 1953年3月29日。
79 ≪周恩來外長關于朝鮮停戰談判問題的聲明≫, 1953年3月30日, ≪中美關系資料匯編≫, 第二輯, 上, 第1113頁。
80 Ambrose Stephen., Eisenhaower, Soldier, General of Army, The President-Elect, 1950-1952, (New York: Press, 1983), p. 31.

히 정책을 수정할 동기에 대해 의심하였지만 그래도 회담재개를 결정하여 보다 구체적으로 중국과 북한의 입장을 이해하고자 하였다. 4월 26일, 회담은 마침내 재개되었다.

5월 7일, 중국과 북한은 8개항의 새로운 제안을 하였다. 5월 28일, 중국과 북한의 새로운 제안을 받은 지 얼마 지나지 않아 소련주재 미국대사인 볼렌(Bohlen, Charles)은 몰로토프를 만나 미국이 이틀 전 회담에서 제안한 새로운 6개항 건의에 대해 설명하였다. 그는 새로운 제안의 핵심은 미국이 송환을 원하지 않는 전쟁포로를 정치위원회로 넘겨 처리하는 것에 동의한다는 것이고, 정치위원회의 구성과 운영은 인도가 유엔에서 제안한 방법에 따라 처리하면 된다는 것이었다.[81] 6월 3일, 몰로토프는 3분을 할애하여 볼렌을 만났다. 그는 볼렌에게 정전협상이 순조롭게 끝날 것이라 예상하지만 관례에 따라 협의에 도달하는지 여부는 소련에 의해 결정되지 않는다라고 하였다. 볼렌은 상대방의 의도를 깨닫고 다른 어떤 문제도 제기하지 않았으며 단지 회담이 성공적으로 끝나기를 희망한다고 하였다.[82] 3일 뒤 아이젠하워는 한국의 이승만 대통령에게 직접 서한을 보내 무력으로 한반도를 통일할 꿈을 버리라고 하고 미국은 전쟁을 질질끌지 않을 것이라 하였다.[83]

6월 8일 중국북한과 미국은 전쟁포로 교환에 관한 합의를 이루었다. 이로써 정전회담의 모든 의사일정이 완성되었다. 7월 27일 교전 쌍방은

---

81 ≪莫洛托夫關于接見美國大使波倫的備忘彔≫, 1953年5月28日, 沈志華編: ≪朝鮮戰爭: 俄羅斯檔案館的解密文件≫, 下冊, 第1310-1313頁.
82 ≪莫洛托夫關于接見美國大使波倫的備忘彔≫, 1953年6月3日, 沈志華編: ≪朝鮮戰爭: 俄羅斯檔案館的解密文件≫, 下冊, 第1314頁.
83 "Memorandum by the Joint Chiefs of Staff to the Secretary of Defense (Wilson), Washington, May 19,1953"; "Memorandum of Discussion at the 145th Meeting of the National Security Council, Wednesday", May 20, 1953, FRUS, 1952-1954, Vol. XV, Korea, pp.1059-1069.

정전합의서에 서명을 하여 장장 3년에 걸친 한국전이 마침내 끝나게 되었다. 정전협정 체결 전에 소련 지도부는 중국에 그들은 중국의 입장과 조치에 100% 찬성하며 중국의 회담 전술이 완벽한 성공을 거두었다고 믿는다 하였다.[84] 정전 협정이 체결된 후 소련 공산당 중앙은 중공 중앙에 축하전문을 보내왔다. 29일, 마오쩌둥은 중국주재 소련 대사인 쿠즈네초프(Kuznetsov, V.V.)를 만나 한반도의 군사형세와 중국 지원군의 전략적 지위 그리고 정전에 따른 대체적인 득실에 대해 분석하였다. 그는 군사적인 측면에서 지원군은 1년 더 작전을 거치면 한강지역까지 올라갈 능력이 있지만, 이 경우 전선이 너무 길어져서 지원군의 양쪽 측면이 심각한 위협을 받게 된다고 하였다. 이어서 그는 쿠즈네초프에게 중국은 아직 소련의 새로운 지도부와 상의할 부분이 아주 많다고 하였다.[85] 마오쩌둥의 군사형세에 대한 판단은 펑더화이와 일치하였다. 어찌되었건 한국전은 정전이 되었다. 그러나 이 전쟁으로 발생한 많은 문제들은 아직 끝이 나지 않았다.

한국전은 중국 지도자들에게 매우 중요한 계기가 되었다. 비록 마오쩌둥과 펑더화이가 정전시의 군사적 상황에 근거하여 정전 시기를 선택하는 문제에 있어서 유보적인 입장을 밝히기는 했으나 중국 지도자들은 대체적으로 한국전 정전으로 형성된 국면을 받아들이고 이러한 형세가 중국에 매우 유리하다고 판단하였다.[86] 1953년 9월 12일, 마오쩌둥은 중앙 정부위원 제24차 회의에서 한국전 종결의 중요성에 관해 설명하였다. 그는 '항미원조(抗美援朝)' 전쟁은 위대한 승리를 거두었으며, 제국주의

---

84 ≪莫洛托夫關于答夏克拉克函等致庫茨涅佐夫電≫, 1953年7月5日, 沈志華編: ≪朝鮮戰爭: 俄羅斯檔案館的解密文件≫, 下冊, 第1316頁.
85 ≪庫茨涅佐夫關于毛澤東談停戰問題給外交部的電報≫, 1953年7月29日, 沈志華編: ≪朝鮮戰爭: 俄羅斯檔案館的解密文件≫, 下冊, 第1323頁.
86 中共中央文獻研究室編: ≪周恩來年譜1949-1976≫, 上卷, 第304頁.

의 새로운 중국 침략전쟁을 연기시키고, 제3차 세계대전을 뒤로 미루었다는 점에서 아주 중요한 의의가 있다고 하였다.[87] 마오쩌둥이 이 시기 이러한 평가를 했다는 것은 생각해 볼만한 가치가 있다. 어찌되었던 간에 한국전 종결로 인해 중국 지도자들은 외교의 초점을 인도차이나로 신속하게 이동하였다. 그곳에서는 여전히 연일 전투가 벌어지고 있었고 중국은 '원월항법(援越抗法)' 전쟁을 수행 중이었다. 이런 이유로 미국 진영과의 또 다른 전쟁이 발생한 위험에 처해 있었다. 한국전을 통해 중국은 가늠할 수 없는 가치의 전략적 명망을 얻게 되었다. 또한 한반도의 지정학적 전략 형세가 기본적으로 고정되어 미군이 38선 이남에서 저지됨으로 인해 중국의 동북지역과 미군 간에는 횡으로 거대한 완충지대가 놓이게 되었다. 이런 모든 변화를 통해 마오쩌둥은 다시는 미국과 전쟁을 하지 않겠다는 결심을 하게 되었으며 이는 중국의 전략적 위엄을 손상시키는 기회를 미국에 다시는 주지 않겠다는 의미였다.

---

87 毛澤東: ≪抗美援朝的胜利和意義≫, 1953年9月12日, 中共中央文獻硏究室、中國人民解放軍軍事科學院編: ≪建國以來毛澤東軍事文稿≫, 中卷, 第173-176頁.

제2절
인도차이나 정전

    1953년 9월 28일, 한국전 정전협정이 체결된 지 2달이 지난 시점에 소련은 미국과 영국 프랑스 삼국에 각서를 보내어 소련, 미국, 영국, 프랑스, 중국이 참여하는 5개국 외무장관 회담소집을 제안하였다. 소련은 이를 통해 아시아의 한반도 문제와 동남아를 포함하여 국제적으로 긴장을 일으키고 있는 지역문제를 해결하고자 하였다.[88] 이와 동시에 소련은 중국을 초청하였으며 중국 역시 즉시 찬성입장을 표명하였다. 10월 8일, 저우언라이는 외교부장 명의의 성명을 발표하여 중국, 미국, 소련, 영국, 프랑스 5대국은 국제 안보문제와 같은 중요한 문제를 평화적으로 해결하는데 특별한 책임이 있다라고 하였다. 또한 중국 정부는 대표단을 파견하여 입안중인 5대국 회의에 참여하기를 간절히 바란다고 하였다.[89]

    일찍이 1950년 9월 소련은 이미 5대국의 개념을 제기하고 미국, 소련, 프랑스, 영국, 중국 이렇게 5개국이 국제평화를 강화하는 협약 체결을

---

[88] 《蘇聯政府致法、英、美三國政府建議召開中、蘇、法、英、美吳國外長會議的照會》, 1953年9月28日, 《中美關系資料匯編》, 第二輯, 第1385-1386頁.

[89] 《周恩來關于贊同召開五大國外長會議的聲明》, 1953年10月8日, 中華人民共和國外交部檔案館編: 《中華人民共和國外交檔案選編(第一集)1954年日內瓦會議》(此后書名簡称 《1954年日內瓦會議》), 世界知識出版社2006年版, 第3頁.

호소한 바 있다. 이는 중국이 유엔에 참여할 수 없는 상황에서 중국의 아시아 나아가 전 세계 정치에서의 지위를 높이기 위함이었다. 1951년 2월 28일, <런민르바오>는 사설을 발표하여 5대국이라는 명칭과 국제체제를 받아들인다고 하였다. 사설은 외교에서의 평등 이념을 지속적으로 표현하면서 동시에 5대국의 특수한 역할을 강조하였다. 즉, 5대국은 특별히 중요한 역할을 하고 있으며 5대국의 협력을 통해서만이 세계평화가 유지될 수 있다고 하였다.[90] 일주일 뒤 <런민르바오>는 다시 논평을 발표하여 5대국 간의 협력은 장차 세계평화의 앞날에 큰 역할을 할 것이라고 하였다.[91] 1951년 11월 1일, 중국 정치협상회의 제1기 전국위원회는 특별결의를 통과시켜 소련의 5대국 회의 소집 제안을 지지한다고 밝혔다.[92]

앞에서 언급한 언행을 단순히 중국의 대외선전 또는 소련에 보조를 맞추기 위한 행동으로 봐서는 안 된다. 이것은 중국 지도자들이 소위 말하는 대국외교에 참여하기 위한 여론몰이라고 할 수 있다. 대국의 국제정치에서의 중요성을 이렇게 높이 평가하고 긍정적으로 평가하는 것은 이전의 혁명외교 이념과는 맞지 않는 것이었다. 이 중에서 대국정치가 여전히 결정적인 역할을 한다는 것을 긍정하는 것은 특별히 중요한 부분이었다. 다음으로 중요한 것은 중국이 아시아 및 세계 여러 나라들과 다른 신분을 인정한다는 점이었다. 즉, 중국은 대국이며 아시아 유일의 대국으로써 보다 중요한 국제적 지위와 책임을 가진다는 것이었다. 5대국의 개념을 적극적으로 긍정한다는 것은 필연적으로 중국 지도자들의 사유방식에 영향을 주게 되어 5개국으로 인해 중국 지도자들은 다른 유형의

---

90 ≪爲爭取世界和平而斗爭到底－－擁護世界和平理事會的偉大決議≫, ≪人民日報≫, 1951年2月28日.
91 ≪爭取早日締結和平公約≫, ≪人民日報≫, 1951年3月4日.
92 ≪中國人民政治協商會議第一屆全國委員會關于支持五大國締結和平公約的要求的決議≫, 1951年11月1日, 世界知識出版社編: ≪中華人民共和國對外關系文件集(1951-1953)≫第二集, 世界知識出版社1958年版, 第50-51頁.

국가와의 신분적 차이와 대국과 비대국은 종합적인 역량이라는 국제정치의 전통적인 기본 표준에 따라 나뉘어짐을 인정하게 하였다. 물론 더욱 중요한 점은 그들이 장차 대국으로써 짊어져야 할 책임을 지겠다고 원했다는 점이다.

중국 지도자들은 확실히 강렬한 대국의식이 있었다. 또한 모종의 국제적 책임을 짊어짐으로써 대국적 신분을 이루려고 하였다. 특히 중국의 중요한 이익과 관련된 문제를 해결하는 데는 더욱더 그러했다. 그러나 중국의 대국신분은 원칙적으로 말하자면 국제체계 내에서 상호작용 중에 형성되는 것으로 단순한 선전이나 소련진영의 지지만으로는 불충분하였고 반드시 아시아 신흥국가와 기타 대국들의 광범위한 승인이 필요했다. 이 와중에 1954년 4월 개최된 제네바 회의는 중국 지도자들에게 중요한 기회를 제공하였다. 이 회의의 개최를 통해 국제사회는 아시아 지역충돌을 해결하기 위해 중국은 없어서는 안 될 존재라는 사실을 직접적으로 인지하게 되었다. 회의의 결과 중국 지도자들의 대국적 책임에 대한 이해와 그들이 감당하고자 하는 의무가 부분적으로 결정되었다. 훗날의 사실을 통해 알 수 있듯이 중국의 대국의식은 그들이 인도차이나 문제를 처리하는 사고에 영향을 주었을 뿐만 아니라 그 밖의 영역에서도 많은 역할을 하였다.

구체적으로 중국이 소련의 5개국 회의 소집제안에 호응한 것은 한편으로는 동맹국으로서 소련과의 입장을 일치시킬 필요에 의해서이고, 다른 한편으로는 1951년 7월 시작된 한국전 정전협상 때의 특수한 조건과 연관이 있었다. 당시 미국과 미국의 추종세력은 중국이 유엔 회의에 참여할 수 없는 상황을 이용하여 유엔의 틀 내에서 한국문제를 해결하는 방식을 통해 중국을 고립시키고자 하였다. 일부 중립적 입장을 유지하던 국가 역시 유엔을 통해 한반도 문제를 해결하고자 하였다. 다만 이들이 앞선 세력과 다른 점은 그들은 이와 동시에 유엔에서 중국의 위치를 회복하는 방법 역시 찾고자 하였다는 점이다.

당시 중국 지도자들은 유엔으로 복귀하는 것에 대해 환상을 가지지도 않았고, 이 문제에 대해 적극적이지도 않았다. 1951년 6월 미국과의 정전 협상을 결정했을 때 중국 지도자들은 아직까지 유엔으로 즉시 돌아갈 필요가 없다고 여겨 이 일을 정전협상과 연계하지 않았다.[93] 이시기 트루먼 정부의 방침은 협상은 단지 정전문제를 해결하는 것이며 외국군의 한반도에서의 철수나 정전 후의 정치문제는 논의하지 않겠다는 것이었다. 당시 중국 지도자들은 이러한 회담 의사일정을 받아들였다. 다만, 후에 정전협정 체결을 준비할 때에는 어쩔 수 없이 전후 한반도의 정치문제를 어떻게 해결해야 할지 고려할 수밖에 없었다.

중국 지도자들은 정전협상이 시작된 후 여러 차례에 걸쳐 중국이 참가하지 않는 어떠한 한반도 문제 해결방안도 받아들일 수 없다는 입장을 밝히고 여기에는 유엔이 통과시킨 모든 정치방안이 포함된다고 하였다. 중국은 일찍이 제3자를 통하여 정치문제 해결을 위한 회의소집 등의 문제에 대해 미국과 교섭을 진행한 적이 있었다. 1951년 11월 14일, 마오쩌둥은 스탈린에게 전보를 보내 소련, 중국, 미국, 영국 등 4개국 회의를 소집하여 한반도의 정치문제를 해결해야 한다고 제안하였다.[94] 1952년 8월, 저우언라이는 인도총리 네루(Nehru, Jawaharlal)가 미국, 소련, 중국, 영국, 프랑스 5대국 회의를 개최하여 한반도의 정치문제를 해결하자는 제안에 관하여 모스크바에서 스탈린과 논의한 적이 있었다. 그들은 네루가 회의를 제안한 동기가 어디에 있든 간에 중국과 소련은 이 제안을

---

93 ≪毛澤東關于停戰談判問題致高崗、金日城電≫, 1951年6月13日, 沈志華編: ≪朝鮮戰爭: 俄國檔案館的秘密文件≫, 中冊, 第313-314頁.
94 ≪毛澤東關于朝鮮停戰談判和中國國內情況等問題致史達林電≫, 1951年11月14日, 沈志華主編: ≪朝鮮戰爭: 俄國檔案館的解密文件≫, 下冊, 第1103頁.

지지하여야 한다고 의견의 일치를 보았다.⁹⁵ 이는 소련과 중국이 5대국 회의 개최에 대해 처음으로 직접적으로 의견의 일치를 본 것이었다.

스탈린이 사망한 후 소련 지도자들은 한반도의 정전협상을 적극적으로 추진하면서 정전 이후 정치문제를 어떻게 해결해야 할지에 관해서도 소홀히 하지 않았다. 이는 중소 간 정전협상 중 입장의 일치를 보게 하는 중요한 기초가 되었다. 소련의 새로운 지도부는 당시 중소 간 회담을 제안하면서 정전협상을 재개하는 것이 중국의 유엔 안보리의 자리를 되찾는데 도움이 될 것이라 하였다.⁹⁶ 소련은 정전으로 인해 중국의 장기적인 이익을 소홀히 하지 않을 것이라는 입장을 표명하였다. 몰로토프는 공개성명을 통해 한국전 정전협정의 체결은 당연히 중국이 유엔으로 돌아가는데 도움이 될 것이며, 그렇지 않으면 당연히 있어야 할 방식으로 국제안보와 평화를 강화시키는 가능성을 잃어버리는 것이다라고 지적한 바 있다.⁹⁷

앞서 언급한 공감대에 기반하여 마오쩌둥은 한국전 정전협정 체결 이틀 후 모스크바의 새로운 지도부에 긴급 비밀전문을 보내어 중국이 소련과 상의해야 할 일이 매우 많으며 10일 후 많은 조치와 계획이 포함된 제안을 할 것이라고 하였다.⁹⁸ 마오쩌둥의 조급함과 걱정은 당연한 것이었다. 필경 대국회의가 소집되기 전에는 모든 것이 여전히 공수표인 상황으로 중국이 한국전 정전을 위해 하였던 양보는 보상이 필요하고 잠시

---

95 ≪史達林与周恩來的會談記录≫, 1952年9月19日, 沈志華主編: ≪朝鮮戰爭: 俄國檔案館的解密文件≫, 下冊, 第1129頁.
96 ≪蘇聯部長會議關于戰俘遣返問題給各方發出指示的決議≫, 1853年3月19日, 沈志華主編: ≪朝鮮戰爭: 俄國檔案館的解密文件≫, 下冊, 第1298頁.
97 ≪莫洛托夫關于朝鮮問題的聲明給蘇聯部長會議主席團的呈文≫, 1953年3月31日, 沈志華主編: ≪朝鮮戰爭: 俄國檔案館的解密文件≫, 下冊, 第1307-1309頁.
98 ≪庫芙涅佐夫關于毛澤東談停戰問題給外交部的電報≫, 1953年7月29日, 沈志華主編: ≪朝鮮戰爭: 俄國檔案館的解密文件≫, 下冊, 第1323頁.

치렀던 대가는 기회로 보상을 받아야 했기 때문이다. 이는 모든 정치게임의 불변의 법칙이었다.

소련은 1953년 9월 28일 5대국 회의를 다시 한 번 제안하여 중국에 대한 약속을 지키고자 했다. 29일, 그로미코는 15분 동안 소련주재 중국 대사인 장원텐(張聞天)에게 "소련은 미국, 영국, 프랑스 3국의 4개국 외무장관 회담개최 제안에 대해 중국을 포함한 5개국 회의를 통하여 아시아 문제를 포함한 국제 긴장국면 완화를 위한 조치를 논의할 필요가 있다고 하였다. 4개국 외무장관 회의는 독일문제를 논의할 때에 가능하다고 회신을 보냈다."고 설명하였다.[99] 소련은 의제를 아시아와 유럽 두 개 부분으로 나누어서 미국, 영국, 프랑스를 압박하고 동시에 영국과 프랑스를 유인하여 5개국 외무장관 회담 개최제안을 받아들이게 하려는 의도였다. 만약 소련의 제안을 받아들이지 않아 중국의 참여가 없는 상태에서 동아시아의 이슈를 해결하지 못하게 되면, 이는 유럽 문제에까지 연쇄적으로 영향을 미치게 되어 영국과 프랑스의 입장에서 이 문제로 인해 더욱 중요한 유럽문제까지 해결할 방법이 없게 되는 것이었다.

1954년 1월 25일부터 2월 18일까지 미국, 영국, 프랑스, 소련 4개국 외무장관 회의가 베를린에서 열렸다. 이 회의는 5개국 외무장관 개최문제, 독일과 유럽의 안보 및 오스트리아 국가조약 등의 문제에 대해 논의하였다. 회의 결과 4월 26일 제네바에서 관련국가 및 무장세력의 대표회의를 개최하고 한반도 문제와 인도차이나 지역의 평화회복과 관련한 문제를 논의하기로 합의하였다.[100] 이점을 제외하고 회의는 다른 문제에서 의견의 일치를 보지 못했다. 이유는 소련을 비롯해 미국, 영국, 프랑스

---

99 ≪葛羅米柯關于召開四國外長會議与張聞天的談話備忘彔≫, 1953年9月29日, 沈志華主編: ≪朝鮮戰爭: 俄羅斯檔案館的解密文件≫, 下冊, 第1336頁.
100 ≪蘇、美、英、法四國外長會議公報≫, 1954年2月18日, 中華人民共和國外交部檔案館編: ≪1954年日內瓦會議≫, 第24-25頁.

모두 긴장완화에 대한 의지는 있었지만 그들이 대가를 지불해야 하는 지역은 동아시아 대륙의 남단이었지 결코 유럽의 중심지대는 아니었기 때문이다.

4개국 외무장관의 절충 결과 그들은 동아시아에서 타협을 이루기를 희망하였는데 이는 일정 부분 우스꽝스런 부분이 있는 것이 사실이다. 그러나 이러한 결과는 중국으로서는 기회였다. 왜냐하면 동아시아의 쟁패과정에서 중국은 빼놓을 수 없는 지역대국으로 이곳의 충돌을 해결하기 위해서는 중국의 참여와 중국과의 협력이 필수였다. 이는 당시 동아시아 지역정치의 현실이자 기본적인 특징이었다. 중국은 이미 새로이 부상하는 지역강국이었고 이 점은 베를린 외무장관 회의에서 이견이 없었다. 논쟁이 있었던 부분은 미국이 중국과의 협상을 달가워하지 않았다는 점이다. 미국 국무장관 덜레스는 갖은 노력을 다하여 중국의 국제적 명성과 위신이 확대되는 것을 막으려고 하였다. 미국이 제안한 결의 초안을 보면 소련이 제안한 5대국 회의는 수많은 유관국가들의 공동참여를 통해 한반도 문제를 해결하는 회의로 폄하되었고 인도차이나 문제해결을 위한 또 다른 회의 개최여부는 다시 생각해봐야 한다는 것이었다. 주목할 만한 사실은 해당 초안에 미국이 특별히 아주 어색한 성명을 추가하였는데 그 내용은 "비록 초청을 받고 정치회의에 참가한다고 하더라도 회의에서 아직 존재하지 않는 외교적 승인으로 보여져서는 안 된다."는 것이었다.[101] 덜레스는 어쩔 수 없이 제네바 회의 개최에 동의하였고, 미국은 이후 제네바 회의에서 시종일관 관찰자 자리를 비우지 않았는데 그 이유는 베트남에서 항불전쟁이 급속히 발전하고 한반도 정전이라는 두 가지 사건으로 인해 중국이 대체할 수 없는 지역 영향력을 가졌기 때문이었다.

---

101 ≪蘇聯駐華大使尤金提供的關于四國外長柏林會議情況的材料≫, 1954年2月 27日, 中華人民共和國外交部檔案館編: ≪1954年日內瓦會議≫, 第7頁.

중국 지도자들은 동아시아에서 중국의 지위 상승을 특별히 원하였다. 제네바 회의를 통하여 대국의 위상을 수립하는 것은 그들이 추구하는 주된 목표 가운데 하나였고, 이는 은연중에 그들의 언행에 영향을 미치기 시작했다. 그들의 제네바 회의와 관련한 언행을 살펴보면 대국은 과거 사설 등에서 사용했던 부정적 의미의 단어가 아니었다. 국가의 권력이 일국의 지위와 책임 그리고 의무를 결정한다는 전형적인 현실주의 논리에서 출발하여 중국의 5대국 회의라는 말은 주류의 언어가 되었다. 1953년 가을부터 1954년 1월까지 중국정부 관련문헌과 성명은 모두 5대국 회의 개최의 목적이 중국이 한반도 문제 해결에 참여함으로써 중국의 국제적 지위를 향상시키는 것이라고 강조하고 있다.

베를린 회의가 시작되고 난 후 인도차이나 문제 역시 점차 부각되기 시작하였다. 이는 먼저 소련이 중국이 참여하여 아시아 문제를 해결하는 5개국 외무장관 회의 개최입장을 견지하고 있었고, 이 회의가 인도차이나 평화실현을 위한 책임을 지는 것에 반대하지 않았기 때문이다.[102] 그러나 미국, 영국, 프랑스의 태도는 애매하기 그지없었다. 미국은 먼저 한반도 문제 해결을 위한 다자회의 개최를 제안하고 진전이 있을 경우 인도차이나 문제 해결을 위한 회의 개최여부를 결정하자는 입장이었다. 프랑스는 중국이 베트남에 대한 원조포기를 중국의 외무장관 회의 참여의 선결조건으로 내세웠다. 영국은 예전처럼 애매한 수사를 동원하여 유관 국가의 회의를 소집하여 특정한 문제를 논의하자고 제안하였다. 베를린 외무장관 회의의 최종적인 결과는 제네바 회의에서 우선 한반도 문제를 주로 논의하고 동시에 인도차이나 평화 회복 문제를 협의한다는 것이었다. 회의 참여국가는 소련, 미국, 영국, 중국, 프랑스와 기타 관련국가로

---

102 《蘇聯駐華大使尤金提供的關于四國外長柏林會議情況的材料》, 1954年2月 27日, 第6-7頁。

하였다.[103] 2월 17일 베를린 회의 폐막 하루 전에서야 소련은 중국에 베를린 회의에서 논의된 사항을 통보하고 중국이 소련의 제안을 받아들이기를 희망하였다. 중국 지도자들은 긍정의 회신을 보냈다.[104]

인도차이나 문제는 소련이 5대국 회의를 재촉하고 중국의 국제적 지위를 향상시키기 위해 제네바 회의 의사일정에 넣은 것이다. 그러나 훗날 제네바 회의의 대부분 시간은 인도차이나의 정전문제를 협의하는데 쓰여졌고, 회의에 참여한 각 측의 인도차이나 평화회복에 관한 합의 달성이 제네바 회의의 주요성과가 되었다. 이러한 결과는 한국전쟁이 종료된 후 동아시아의 정세에 따라 결정된 것이다. 인도차이나의 충돌은 한국전 정전으로 인해 부각이 되기 시작하였으며 이 지역은 이미 여러 역사적 요인이 얽히고설킨 지역이 되어 있었다. 역사는 때때로 이렇게 의외의 결과를 낳기도 한다. 여기에는 다양한 가능성이 존재한다.

먼저 인도차이나 전쟁은 역사적 전환점에 놓여 있었다. 이 전쟁은 엄밀히 말하면 식민통치를 유지하거나 반대하는 전쟁으로 군사적인 측면에서는 전형적인 지역충돌로 정의할 수 있다. 문제는 냉전이 시작됨에 따라 특히 미국의 정책으로 인해 인도차이나가 새로운 냉전의 장소가 될 가능성이 높다는 것이었다.

왜냐하면 이 전쟁의 발발과 냉전은 거의 동시에 시작되었으며, 프랑스는 원래 미국진영의 주요 구성원이고 호치민은 소련진영을 선택했기 때문에 그들은 각각 두 개의 적대적인 진영의 지지와 지원을 받게 되었다. 그러나 이 전쟁은 단지 이점 때문에 냉전의 일부분으로 여겨지지는 않았다. 프랑스가 베트남 공산당을 섬멸하고자 했던 것은 그들의 식민통치를

---

103 ≪蘇、美、英、法四國外長會議公報≫, 1954年2月18日, 第24-25頁。
104 劉少奇: ≪對蘇聯政府關于日內瓦政治會議備忘彔的批語≫, 1954年3月, 中共中央文獻研究室、中央檔案館編: ≪建國以來劉少奇文稿≫, 第六冊, 第153-154頁。

유지하기 위함이었고 베트남 공산당이 프랑스와 전쟁을 벌인 것은 국가의 독립과 통일을 실현하기 위해서 즉, 그들의 국가 독립을 추구하는 측면이 강했기 때문이다.

트루먼 정부는 처음에 호치민이 이끌고 있는 반(反) 프랑스 운동이 소련과 직접적인 연관이 있다고 단정짓지 않았다. 그러나 중국 공산당의 승리로 인해 트루먼 정부 내에서 베트남 공산당에 대한 우려와 적의가 점차 상승하게 되었고 한국전의 발발은 결정적으로 트루먼 정부의 간섭 욕구에 불을 질렀다. 그들은 한국전에 전면적으로 개입하기로 결정함과 동시에 인도차이나 지역의 프랑스군에 군사원조를 제공한다고 선포하였다. 1952년 2월, 트루먼 정부는 <공산당의 동남아시아 침략에 대한 미국의 행동목표와 방침>을 제정하고 프랑스를 지원하여 베트남 공산당과의 전쟁 수행에 중요한 전략적 의미를 부여하였다. 이에 미국은 재정, 군사 및 경제 등의 원조를 통해 프랑스가 월맹(越盟) 세력을 무너뜨리는 것을 돕고자 하였다.[105] 6월 25일, 미국 국가안보위원회의 124/2호 문건은 도미노 현상을 근거로 동남아시아 지역 전체가 중국의 확장이라는 위협에 직면하고 있으며 이에 미국은 프랑스에 대한 원조를 늘릴 필요가 있다라고 하였다.[106] 한국전 정전에 따라 미국의 프랑스에 대한 군사원조는 대폭 증가하였는데, 1953년에는 5.682억 달러로 그해 프랑스 전비의 33%에 이르렀으며, 1954년에는 13.13억 달러 규모의 지원을 계획하여 프랑스 전체 전쟁비용의 61%에 도달하였다.

아이젠하워 정부는 도미노 이론의 기반하에 인도차이나 정책을 수립

---

105 ≪國家安全委員會硏究報告: 美國針對共產黨在東南亞侵略所采取的行動目標与方針≫, 1952年2月13日, 陶文釗、牛軍編: ≪美國對華政策文件集≫, 第二卷下, 世界知識出版社2004年版, 第739-747頁.
106 ≪國家安全委員會政策說明: 美國在東南亞的行動目標和方針≫, 1952年6月25日, 陶文釗、牛軍編: ≪美國對華政策文件集≫, 第二卷下, 第749-754頁.

하여 인도차이나를 당시 미국이 건립 중이던 군사동맹 체계로 편입시키고자 하였다. 그들은 미국 국민과 동맹국들에게 인도차이나가 함락된다면 동남아시아 국가들은 연이어 공산당에 점령당할 것이며 이에 따라 미국의 글로벌 전략은 영원히 회복될 수 없을 것이라고 끊임없이 경고하였다.[107] 이런 배경하에 1954년 2월 24일 미국 국무원 정책 설계 위원회의 에드먼드 걸리온(Edmund A. Gullion)은 비망록을 통해 인도차이나의 정전은 미국에 불리하며 일단 베트남 공산당이 베트남을 장악하게 되면 동남아시아 국가들이 차례로 전복될 것이라 하였다. 이에 미국은 군사적 개입을 해야 한다고 주장하였다.[108] 3일 뒤, 덜레스는 특별회의를 소집하여 미국의 제네바 회의에 대한 입장을 토론하였다.[109] 그는 이 회의를 일종의 지연행동이라고 부르면서 이를 통해 프랑스가 전쟁수행 역량을 쌓는데 도움이 되도록 하고자 하였다.[110]

제네바 회의가 소집되기 전 미국 국무원은 두 개의 특별 업무 그룹을 만들어 제네바 회의와 관련한 각종 업무를 구체적으로 지도하고 협의 처리하도록 하였다. 그들은 덜레스의 요구에 따라 세 가지 원칙을 정하였다. 첫째, 제네바 회의의 결과 인도차이나 지역이 공산당의 통제하에 들

---

[107] "Secretary of State John Foster Dulles, address to the Overseas Press Club in New York", 29 March,1954; "President Dwight Eisenhower to British Prime Minister Winsto Churchill", 4 April 1954, Michea Hunt edite: *A Vietnam War Reader: American and Vietnamese Perspectives*, pp. 26-27. 另參閱資中筠: ≪戰后美國外交史－－從杜魯門到里根≫, 上冊, 第281頁.
[108] "Memorandum by Edmund A. Gullion of the Policy Planning Staff to the Director of That Staff (Bowie), Washington", February 24, 1954, FRUS, 1952-1954, The Geneva Conference, Vol.16, pp. 417-424.
[109] "Memorandum by the Deputy Director of the Executive Secretariat (Kitchen) to the Acting Secretary of State, Washington", March 1, 1954,FRUS, 1952-1954, The Geneva Conference, Vol.16, pp. 427.
[110] "Memorandum by the Deputy Director of the Executive Secretariat (Kitchen) to the Acting Secretary of State, Washington, March 1, 1954,FRUS, 1952-1954, The Geneva Conference, Vol.16, pp. 427.

어가서는 안 되며, 이점에서 미국은 중국에 양보를 할 수 없다. 둘째, 제네바 회의에서 5대국 회의의 특징이 부각되어서는 안 되며, 인도차이나 지역 국가의 대표를 초청하여 관련 토론에 참여시켜야 한다. 셋째 미국의 정책은 필히 동맹국의 지지를 획득하여야 한다.[111] 미국 지도자들은 즉시 영국, 프랑스 및 일부 아시아 국가들을 적극적으로 설득하기 시작했다. 특히 프랑스와의 담판과정에서 미국이 원하지 않는 양보를 하지 말아줄 것을 특별히 요청하였다. 중국을 억제하는 것은 미국의 인도차이나 정책의 핵심중의 핵심이었다.

호치민의 대 프랑스 투쟁 역시 갈림길에 서있었다. 베트남 지도자들은 프랑스의 식민통치를 종식시킨다는 포부를 가지고 있었다. 그들의 최종 목표는 국가의 독립을 쟁취하고 베트남이 중심이 되는 대(大) 인도차이나 연방을 건설하는 것이었다. 베트남 군대는 당시 북부 대부분 지역을 장악하고 있었고, 중부와 남부의 일부 지역 역시 그들의 제공권하에 있었다. 베트남 공산당 중앙의 많은 사람들은 이미 프랑스 식민 통치자들을 축출할 만큼의 군사적인 능력을 보유하고 있다고 믿었다. 그러나 이와 동시에 그들에게 다가온 위험요인 역시 점차 상승하고 있었다. 즉, 미국이 언제라도 대규모 군사적 개입을 할 가능성과 이로 인해 전쟁이 장기화될 가능성 역시 증가하고 있었다.

1952년 여름 중국과 베트남 고위 지도자들 간에는 이미 인도차이나 평화회담 문제에 관해 비밀리에 의견교환이 있었다.[112] 1953년 가을 중국

---

[111] "Memorandum by the Ambassador in the United Kingdom (Aldrich) to the British Secretary of State for Foreign Affairs (Eden), London", April 6, 1954; "Memorandum Prepared in the Department of State, Washington", April 7, 1954; "Memorandum by Charles P. Stelle of the Policy Planning Staff, Washington", April 9, 1954, FRUS, The Geneva Conference, 1952-1954, Vol.16, pp. 496-497, 503-507, 507-510.

[112] 劉少奇:《中央關于越南今后工作提出一些建議問題給羅貴波的電報》, 中共中央文獻研究室、中央檔案館編:《建國以來劉少奇文稿》, 第四冊, 第125頁

과 베트남은 평화회담과 관련하여 다시 한 번 서로의 입장을 교환하였다. 11월 23일, 마오쩌둥은 호치민에게 전보를 보내 프랑스 내부에 평화회담을 통해 전쟁을 끝내자는 주장이 점점 더 커지고 있다고 하면서 이때가 베트남이 정식으로 평화회담 의사를 표명할 가장 적합한 시기라고 하였다. 이렇게 함으로써 평화라는 깃발을 우리 수중에 둘 수 있으며, 미국과 프랑스 간의 모순을 이용하기도 확대할 수도 있다고 하였다. 마오쩌둥은 중국의 경험에 근거하여 평화회담과 군사투쟁은 상호 보완적이라는 사실을 강조하고, 협상과 전투를 병행해야지 그 어느 하나도 소홀히 해서는 안 된다고 하였다.[113] 삼일 후 호치민은 스웨덴 기자의 전보 인터뷰를 받아들인다고 발표하고, 만약 프랑스가 정전협상을 원하고 베트남 문제를 평화롭게 해결할 의지가 있으며, 프랑스가 진정으로 베트남의 독립을 존중한다는 전제하에 베트남은 언제든지 이를 받아들일 수 있다라는 성명을 발표하였다.[114] 호치민은 이렇게 평화회담 의사를 전달하였다. 그러나 그의 성명은 지나치게 신중하여 어떤 부분은 내용이 모호한 것도 사실이었다. 필경 호치민 등 베트남 지도자들에게 제네바 회의에서 인도차이나 문제의 평화적 해결이라는 의사일정이 추가된 것은 갑작스러운 면이 없지 않았으며, 그들은 중국 또는 중국을 거쳐 소련으로부터 사건의 전후관계를 이해하기를 희망하였다.

1954년 2월 26일, 소련 공산당 중앙은 유진(Yudin, P.F)를 통해 중공 중앙에 전보를 전달하고 중국 측에 호치민에게 베를린 회의에서 인도차이나 평화회담과 관련한 토론에 참여할 것을 요청하였다. 회의 성명에서 제기된 기타 유관국가에는 베트남민주공화국과 베트남의 바오 다이, 캄

---

[113] "毛澤東致胡志明電", 1953年11月23日, 引自逄先知主編: 《毛澤東傳1949-1976》, 上, 第552-553頁.
[114] 胡志明: 《答一个记者問》, 1953年11月26日, 《胡志明選集》, 第二卷, 人民出版社1962年版, 第263頁.

보디아, 라오스 세 곳의 괴뢰정부가 포함되었다. 전보에서 소련은 중공 중앙이 소련의 관점에 동의할 거라 믿고 있다고 하고 동시에 베트남의 입장을 알고 싶다고 하였다.[115] 3월 6일, 장원톈(張聞天)은 몰로토프를 만나 호치민이 모스크바 방문을 희망한다고 전하였다. 몰로토프는 상부에 지시를 요청한 뒤에 다시 결정하겠다고 하였지만 그는 중국과 북한 그리고 베트남 대표가 4월 중순에 소련방문이 가능할 것이라는 입장을 전하였다.[116] 이것은 소련의 입장에서 아직까지 호치민을 맞을 준비가 되어 있지 않았거나 직접 베트남 측의 의견을 들을 필요는 없다고 생각한 것 같다. 모스크바는 인도차이나 지역 충돌에 휘말리기를 결코 원하지 않았다. 따라서 보기에 따라 베트남과 매우 밀접하게 보이는 그 어떠한 행동도 하려고 하지 않았다. 이시기 소련은 프랑스와 영국, 독일과의 갈등을 이용하여 논의중이던 유럽방위집단 계획을 무너뜨리고자 하였으며 동시에 프랑스 공산당이 선거에서 난처한 국면에 빠지지 않도록 하려 하였다.

중국 역시 선택의 상황에 직면하였다. 베트남에 지속적인 지원을 하여 미국의 군사개입을 초래하고 다시 한 번 한국전쟁과 같은 위험상황을 감수하던지 아니면 빠른 시일 내 정전협상을 선택하는 것이었다. 이 경우 미국의 군사개입을 방지할 수 있을 뿐만 아니라 서남쪽 국경지대를 안정시킬 수 있게 된다. 훗날 동시에 다수의 아시아 이웃 국가들을 평안하게 할 수 있음이 증명되기도 하였다. 소련으로부터 중국에 통보된 베를린

---

115 "Telegram, Communist Party of the Soviet Union Central Committee (CPUS CC) to CCP(Chinese Communist Party)Central Committee,via (Soviet Ambassodo to the People's Republic of China (PRC) Comrade (Pavel F) Yudin", 26 February, 1954, CWIHP, 2008, Issue 16, p. 12.
116 ≪駐蘇聯大使張聞天于与蘇聯外長莫洛托夫會晤情況致外交部幷報周恩來及中央電≫, 1954年3月6日, 中華人民共和國外交部檔案館編: ≪1954年日內瓦會議≫, 第12頁.

회의에서 토론된 상황의 시간과 내용으로 볼 때 그들은 사전에 중국 지도자들과 인도차이나 문제를 어떻게 해결할 것인지에 대해 진지하게 협의한 적이 없었다. 또한 중국은 제네바 회의의 의사일정에 무엇을 포함해야 할지를 고려할 충분한 시간도 없었고 소련과 충분한 의견교환도 하지 못했다. 그러나 외교란 이런 것이다. 특히 특수한 시기에는 당사자들에게 충분한 준비를 할 시간을 주기 어려운 것이 사실이고 많은 일들이 촉박한 상황 속에서 시작된다. 이런 이유로 역사상 아주 많은 외교가들이 배출된 것이다.

2월 27일, 유진이 베를린 회의 성명을 전달한 다음 날 중국 지도부는 즉시 제네바 회의의 지도방침을 확정하기 위한 업무에 착수하였다. 그들은 일찍이 소련에 두 가지 문제를 제기한 바 있다. 첫 번째는 제네바 회의에서 5대국 외무장관들이 회의의 처음부터 끝까지 모두 참여할 수 있는지 여부였다. 즉, 그들은 회의가 실질적인 대국 간 회의인지에 매우 큰 관심을 표명하였다. 두 번째는 회의의 일정에 변화를 줄 수 있는지 여부였다. 3월 2일, 유진은 소련 지도부의 회신을 전달하고, 회의의 첫 번째 단계는 확실히 5개국 외무장관 회의지만 이후는 보아하니 아닌 것 같으나 외무장관 급이라고는 말할 수 있다고 하였다. 회의 의사일정과 관련해서 소련은 어떠한 제안도 하지 않는 것이 가장 좋다고 판단하였고, 순서에 있어서는 먼저 한반도 문제를 토론하는 것을 생각해 볼 수 있다 하였다. 마지막으로 중국이 2일에서 3일 내에 초청을 받아들인다고 선포하기를 희망한다고 하였다.[117] 소련 지도자들의 답변은 매우 명확한 것이라 말하기는 힘들었고, 이에 중국은 스스로 최대의 노력을 기울여야만 자신들의 요구를 실현할 수 있었다. 이틀 뒤인 3월 4일, 중국 정부는 제네바

---

117 ≪蘇聯駐華大使尤金交來關于邀請中國參加日內瓦會議的材料≫, 1954年 2月 2日, 中華人民共和國外交部檔案館編: ≪1954年 日內瓦會議≫, 第9-11頁.

회의 참가요청을 받아들인다고 선포하였다.

3월 2일, 중공 중앙 서기처는 저우언라이의 주도하에 작성한 <제네바 회의의 예상과 준비업무에 관한 일차적 의견>을 통과시켰다. 이 <의견>은 제네바 회의의 개최를 소련의 승리로 귀결시키고, 초청에 응하는 것은 국제적인 긴장추세를 완화시키는 중요한 발걸음이라고 하였다. 그리고 미국은 회의 소집에 반대하였고, 미국과 영국, 프랑스 사이에는 의견 대립이 있으며, 특히 인도차이나 문제에서 갈등이 존재한다고 보았다. <의견>은 회의에서 어떤 합의에 이르는데 그다지 큰 기대를 품고 있지 않았으며 단지 포괄적으로 적극적으로 회의에 참여하는 방침을 제안하고 이를 통해 미국의 봉쇄, 수출입 금지, 군비확장과 전쟁준비라는 정책을 깨트려 국제적 긴장완화 추세를 촉진해야 한다고 하였다. 구체적으로 말하자면 "모든 노력을 경주하여 모종의 합의 심지어 임시 또는 개별적인 합의에 이름으로써 대국 간의 협상을 통해 국제분쟁을 해결하는 길을 열도록 한다는 것이다."

<의견>중의 한반도 문제 해결에 관한 제안은 과거와 다를 바가 없으나 인도차이나 부분에 있어서는 확실히 다른 부분이 있었다. 먼저 담판이 결과 없이 해산되지 않도록 최선을 다해야 한다고 제안을 하여, 비록 인도차이나 평화협의가 이루어지지 않는다 하더라도 협상과 전투를 병행하는 국면을 조성하여 최종적인 해결을 볼 수 있는 여건을 만들고자 하였다. 평화회복의 구체조건에 대해서 <의견>은 현 자리에서 정전을 하는 것은 동서로 선을 나누고 남북으로 구역을 나누는 것만 못하다고 하고 16도선을 정전 경계선으로 하자는 주장을 하였다. 확실히 중국은 처음부터 베트남에서 남북으로 나누어 통치하는 형세가 유리하다고 믿었고 이는 장기적인 투쟁을 거쳐야만 실현할 수 있다고 판단하였다.[118]

---

118 "Preliminary Opinion on the Assessment of and Preparation for the Geneva Conference", March 2, 1954, CWIHP, Issue 16, pp. 12-13.

4일 후인 3월 6일, 장원톈은 모스크바에서 몰로토프를 만나 중국 지도자들이 관심을 가지고 있는 여러 문제에 대해 구체적으로 이야기를 나누었다. 여기에는 5개국 외무장관 모두가 회의에 참가하는지? 한반도와 인도차이나 문제 해결방안은 무엇인지? 어느 국가와 대표를 초청하고 회의에 참여하는지? 등등의 문제가 포함되었다. 인도차이나 문제와 관련하여 장원톈은 인도 등의 국가가 제기한 현장에서 즉시 휴전을 하는 방법은 받아들이기 어렵다는 입장을 전달하였다. 몰로토프는 만약 프랑스가 정전요구를 받아 들인다면 어떤 조건을 얻고 싶은지 알기를 원하였다. 장원톈은 16도선을 기준으로 정전을 하는 방안을 제안하였고 이는 호치민에도 유리하다고 하였다. 라오스와 캄보디아 문제에 대해서 장원톈은 양국의 저항세력 대표도 초청해야하며 그렇지 않을 경우에는 무게균형이 맞지 않는다고 하였다. 몰로토프는 이에 대해 생각할 시간이 필요하다고 하였다. 그러나 중국과 북한이 한반도 문제를 잘 처리하였기 때문에 중국과 베트남 역시 베트남 문제를 잘 처리할 것이라 하였다. 결론적으로 소련은 결코 구체적 제안을 할 생각이 없었으며 중국은 소련진영을 대표하여 중요한 역할을 해야만 하였다. 마지막으로 몰로토프는 중국, 베트남, 북한 삼국 대표단이 4월 10일부터 20일까지 모스크바를 방문하는 것에 동의한다고 하였다.[119] 이번 회담의 중요성은 소련이 중국의 주도하에 인도차이나 문제를 처리하는 것을 지지한다는 점이었다.

　3월 중순, 저우언라이는 호치민에게 전보를 보내 제네바 회의의 결과가 어떻든 간에 적극적으로 참가하여야 하며, 베트남 공산당도 즉시 대표단을 조직하고 계획을 세워서 이 문제를 공동으로 협의하기를 희망하였다. 그는 중국이 남북으로 구역을 나누어 정전을 하는 방안에 더 큰 관심

---

[119] "From the Journal of (Soviet Foreign Minister Vjacheslav M.): Secret Memorantum of Conversation between Molotov and PRC Ambassador (to the Soviet Union) Zhang Wentian", March 6, 1954, CWIHP, Issue, 16, pp.86-87.

이 있다는 것을 호치민에게 직접적으로 이야기하지는 않았지만 만약에 정전을 하게 된다면 비교적 고정적인 분계선이 있는 것이 완정한 지역을 유지할 수 있다는 점에서 좋다는 의견을 분명하게 전달하였다. 저우언라이는 "사실 오늘의 정전선이 미래의 분계선이 될 가능성이 아주 많다. 이 선을 어디에서 나눌 것인가 하는 문제는 전세의 발전상황을 지켜봐야 한다. 원칙은 베트남에 유리해야 하고 동시에 적이 받아들일 수 있는지 여부를 확인해야 한다는 것이다. 북위 16도선으로 하는 문제는 실행 가능한 첫 번째 고려대상이다."라고 하였다.[120] 이 얼마전에 저우언라이는 베트남에 있는 중국 군사고문단에 전보를 보내어 "외교적 주도권을 확보하기 위해 한국전 정전 이전과 같이 베트남에서 몇몇 훌륭한 전투를 조직해야 한다. 이를 위해 조기에 디엔비엔푸에서 공격을 감행할 수 있도록 해야 한다."고 하였다.[121] 3월 12일에서 15일 베트남 공산군은 디엔비엔푸의 프랑스군을 향해 1차 공격을 감행하였고 베트남 공산당은 협상의 방법에 대해 논의하기 시작하였다.

3월 23일, 중국대표단의 '베트남 그룹'은 <인도차이나 문제의 평화적인 해결에 관한 1차 의견>이라는 담판방안을 제출하고, 여기서 중국의 목표는 회담을 통하여 인도차이나에 평화를 실현하는 것임을 밝혔다. <의견>은 정책분석과 대책제안 두 개 부분으로 나누어졌다. 첫 번째 부분은 인도차이나 정전과 관련된 각종 문제와 가장 직접적으로 대립하고 있는 프랑스와 베트남 양측의 입장을 상세히 분석하였다.

회담에 참가하는 구성원과 관련해서 '베트남 그룹'은 먼저 실질적으로 중국의 국제지위를 높이는데 유리하게 회의가 진행되어야 한다고 보았다. 따라서 가장 좋은 방법은 소련을 통하여 5대국이 협의를 통해서 해결

120　中共中央文獻研究室編: ≪周恩來年譜(1949-1976)≫, 上卷, 第358頁.
121　中共中央文獻研究室編: ≪周恩來年譜(1949-1976)≫, 上卷, 第358頁.

하는 것이며, 회의시작과 더불어 5대국이 협상을 통하여 문제를 해결하는 분위기를 마련하여야 하고, 다음으로 5대국 외에 회의에 참가하는 주체는 인도차이나 지역에서 3:3의 비율이 적합하다는 의견을 제시했다. 3:3의 비율은 베트남민주공화국과 라오스, 캄보디아의 저항세력과 남베트남 정권과 라오스, 캄보디아 왕국정부를 의미한다. 만약 이 방안이 어려울 경우에는 1:3 즉, 라오스와 캄보디아 저항세력의 대표를 베트남 대표단에 포함시켜 하나로 묶고 상대는 3개국으로 하는 방법도 가능하다고 보았다. 이것은 소련이 이미 받아들인 방법으로써 관건은 베트남 공산당 역시 3곳을 대표하여 담판에 나서기를 희망한다는 사실이었다. 제네바 회의의 의사일정과 관련해서는 소련이 이미 베를린 회의의 합의에 따라 먼저 한반도 문제를 논의한 후에 인도차이나 문제를 다루기로 하였지만 '베트남 그룹'은 두 가지 문제를 병행 토론하는 방법을 제안하였다. 한반도 문제 논의를 시작한 후 바로 인도차이나 문제를 다뤄야지만 한반도 문제가 기분 나쁘게 끝나는 상황하에 인도차이나 문제를 논의조차 하지 못하는 국면을 면할 수 있다는 것이었다. 후의 상황이 말해주듯 이 조치는 매우 필요한 것이었다.

앞서 언급한 회담순서 문제 이외에도 <의견>에서 가장 중요한 것은 중국의 담판 의도를 반영한 것이었다. 즉 평화적으로 인도차이나 문제를 해결하는 전면적인 방법이 바로 그것이다. '베트남 그룹'은 인도차이나 회담의 핵심을 군사적 정전과 정치적 해결 두 개의 부분으로 나누었다. 프랑스에는 두 가지 선택의 가능성이 존재한다고 보았는데 첫째는 정전과 정치 두 가지 문제를 일괄적으로 해결하자는 것이고 둘째는 정전문제만 협상하고 정치문제는 협상하지 않는다는 것이었다. 이중 프랑스가 전자를 제안할 가능성이 더 높은 것으로 보았다. 베트남은 무조건적인 정전 즉, 선(先) 정전 후(後) 담판을 더욱 선호할 가능성이 있다고 보았다. '베트남 그룹'은 중국은 군사적 정전방안과 정치적 해결방안을 모두 아우르는 전면적인 방안을 제시하고, 내용이 합리적이어야 프랑스와 합의를 볼 수 있고 동시에 베트남과의 갈등을 해결할 수 있으며, 이렇게 되어야만 중국에 유리하다고 보았다.

군사적 정전문제에 관하여 '베트남 그룹'은 프랑스와 베트남 쌍방이 제기할 수 있는 방안을 상세히 분석하였다. 프랑스의 방안은 크게 4가지 중 하나로 예상했다. 1. 홍하(紅河) 삼각주 지역에 무인지대를 건립하고, 베트남군은 라오스와 캄보디아에서 철수하고 베트남 중부지역을 기점으로 구역을 나누어 주둔하며, 베트남 공산당은 남부에서 철수하거나 무장을 해제하는 방법. 2. 베트남군이 라오스와 캄보디아로부터 철수하고 바로 그 자리에서 정전을 실시하는 방법. 3. 베트남군이 캄보디아에서 철수하고 라오스에서는 현장에서 정전을 실시하는 한편 베트남군이 베트남 남부와 중부로부터 철수하고 북부에서는 현장에서 정전을 하는 방안. 4. 모든 지역에서 즉시 정전을 실시하는 방안. 첫 번째 방안이 프랑스의 가장 높은 수준의 요구단계라면 네 번째 방안은 탐색적 성격이 강한 방법이었다.

베트남의 방안은 1946년 12월 19일 이전 상태로 돌아가는 것이었다. 이 방안의 좋은 점은 베트남 북부와 중부의 광활한 지역을 확보함과 동시에 가장 중요한 경제자원을 베트남 공산당 통제하에 둘 수 있다는 점이었다. 그러나 이 방안의 가장 큰 문제점은 바로 비현실적이라는 것이다. 프랑스가 받아들일 리가 없었기 때문에 제안할 필요가 없었다. '베트남 그룹'은 위도 16도선을 경계로 정전을 실행하는 방안도 고려하였다. 이 방법의 장점은 16도선 이북 전체지역과 천만 이상의 인구를 통제할 수 있다는 점이었다. 단점은 남부 베트남과 캄보디아, 라오스의 일부 지역을 포기해야 한다는 것이었다. 그러나 형식적으로 전체 인도차이나 반도가 분열된 모습을 이루게 되어 일반 국민들이 이해하기 어려울 것이므로 중국이 이 방안을 먼저 제기하기에는 바람직하지 않았다.

'베트남 그룹'이 제안한 즉시 정전을 실시하고 조정을 하자는 방안은 회담을 통해 하나 또는 여럿의 군사분계선을 설정하자는 것이었다. 조정은 대규모 지역의 교환도 가능함을 말하는데 핵심은 역시 홍하 삼각주 지역의 장악 문제였다. 물론 작은 조정도 가능했다. 여기서 작은 조정이란 다음으로 중요한 지역을 교환하거나 현지에서 구체적인 조정을 진행하는 것을 의미하였다. 대 프랑스전쟁이 남부지역부터 시작되었기 때문에 베트남은 남부 베트남의 근거지에서 철수하는 것을 원하지 않았지만 완전히 조정하지 않는 것 역시 그들에게 불리하였다.

정치적 문제에 관해서 '베트남 그룹'은 평화, 독립, 민주, 통일의 깃발을 잡아야 하며, 인도차이나 연방 건립에 대한 베트남 공산당의 염원을 만족시킬 필요가 있다고 보고 통일 후 삼국이 인도차이나 연방을 건설하여야 한다고 제안하였다. 이 밖에 프랑스를 무마시키기 위해 인도차이나 연방의 불란서 연방 가입제안 역시 가능하나 자신들이 먼저 제안하는 것은 적절치 않다고 보았다.

상술한 분석에 근거하여 '베트남 그룹'은 1차 의견을 제기하였는데 여기에는 인도차이나 삼국대표 문제에 있어서 3:1 방안을 받아들일 수 있고, 회담 시작과 더불어 5대국 협상을 통해 문제를 해결하는 분위기를 쟁취하고, 한반도 문제와 인도차이나 문제를 같이 논의하는 것을 실현시키는 등의 내용이 포함되었다. 정전과 관련해서는 먼저 즉시 정전을 실현하고 조정을 진행하자는 주장을 제기하고, 전투와 회담을 병행하여 자신들에게 유리한 형세를 만들며, 가장 이상적인 방안은 북위 16도선을 경계로 분계선을 나누어 남북을 나누어 통치하는 것이지만 현재로써는 가능성이 없으며 자신들이 제안하기에도 적절치 않다라고 판단하였다. 정

치문제 해결을 위한 건의는 앞선 분석과 그다지 차이가 없었다.[122]

24일, '베트남 그룹'은 또한 <인도차이나 문제를 평화적으로 해결하기 위한 전면적인 방안>을 만들면서 현장에서의 정전도 여기에 포함시켰다.[123] 베트남 측과의 협상 후 최종적으로 확정한 <인도차이나 평화회복과 관련한 방안>에서는 조정을 진행한다는 내용에 대해 더욱 상세한 설명을하고 있다.[124] 그러나 '베트남 그룹'은 즉시 정전을 실시하고 조정을 진행 하는 방안과 동서로 경계선을 나누고 남북으로 지역을 나누어 정전을 하는 방안을 진지하게 비교하였고 결과적으로 첫 번째 방안이 더 낫지만 정치적 해결조건과 결부시키는 것이 필요하다고 보았다. 만약에 유리한 조건하에 선거를 진행할 수 있다면 즉시 정전을 수용한다는 것이었다. 만약 프랑스가 정전을 이용해 시간벌기 작전으로 나온다면 다음 공격을 위해 준비를 하여야 하고 남북을 나누어 정전 실시를 쟁취하여야 한다. 이밖에 라오스와 캄보디아의 정전 역시 여전히 구체적 상황에 근거하여 장기적인 계획 수립이 필요함으로 투쟁은 반드시 날카롭게 그리고 장기적으로 진행해야 한다고 하였다.[125]

3월 2일 중공 정치국이 통과시킨 <제네바 회의 예상과 준비업무에 관한 1차 의견>과 3월 23일 대표단이 제출한 <인도차이나 문제의 평화적인 해결에 관한 1차 의견>은 중국 지도자들의 인도차이나 문제해결을 위한 기본적인 생각을 보여주고 있다. 중국과 소련의 소통 측면에서 보자

---

122 ≪中國參加日內瓦會議代表團越南組會前准備的關于和平解決印度支那問題的初步意見≫, 1954年3月23日, 外交部檔案館: 206-00057-03, 第67-92頁.
123 ≪關于和平解決印度支那問題的全面方案≫, 1954年3月24日, 外交部檔案管: 206-00057-04, 第57-58頁.
124 ≪關于恢复印度支那和平問題的方案≫, 1954年3月24日, 外交部檔案館: 206-00057-04, 第101-103頁.
125 ≪關于停戰問題≫, 見 ≪中國參加日內瓦會議代表團越南組會前准備的關于与法國談判問題的初步意見≫, 1954年3月1日-3月31日, 外交部檔案館: 206-00057-07, 第116-118頁.

면 중국 지도자들은 베를린 회의에서 논의된 상황에 대한 이해가 그다지 충분하지 못했으며, 이에 그들의 결정은 자신들의 기본적인 판단하에 이루어졌다. 즉, 미국과 영국 프랑스 사이에는 상당히 심각한 모순이 존재하고 있으며, 영국과 프랑스는 비록 미국이 여전히 군사적으로 개입할 의도가 있다고 하더라도 계속해서 동남아시아에 연루되는것을 원하지 않는다고 판단하였다. 상술한 두 개의 <1차 의견>은 중국 지도자들이 장차 그들의 회담 상대가 미국이 아닌 프랑스이며, 프랑스의 베트남에서의 어려운 상황으로 인해 합의에 도달할 가능성을 어느 정도 확신하고 있음을 보여준다.

그러나 고려해야 할 부분은 단지 상대진영의 상황만이 아니었다. 중국과 동맹국 간 관계는 한반도 문제 해결 때와 달라서 중국이 직면한 최대의 난제는 바로 베트남과의 정책을 어떻게 조율하는가 하는 문제였다. 일반적으로 중국의 동맹국 베트남에 대한 영향력은 북한을 넘어선다. 물론 이는 당시 소련의 정책과도 관련이 있다. 크레믈린 궁의 새로운 지도자들은 대외정책을 조정 중이었고, 유럽 쪽 사무에 더욱 주목하였다. 비록 한반도 문제나 인도차이나 문제의 주도권을 모두 중국에 준다고 하더라고 그들은 곁에서 협조할 뿐이었고 소련은 인도차이나 문제를 이용하여 프랑스와 유럽의 안보문제를 두고 거래를 할 기회가 있었다.

베트남 측의 목표는 매우 명확했다. 즉, 수단과 방법을 가리지 않고 국가의 통일을 달성하는 것이며, 통일의 전망을 확실하게 보고, 국제사회가 인도차이나 연방성립을 인정하여 전체 지역의 통합에 유리한 국면을 마련해야 한다는 것이었다. 특히, 이들의 지역에 대한 포부는 북한을 뛰어넘고 있었다. 베트남에서 형성된 군사적 상황에 대해서 말하면 베트남 군대는 확실히 전장의 주도권을 확보하였지만 중국의 지도자들은 이것이 그들이 군사적 우세를 점한 것과 동일하다고 여기지는 않았다. 왜냐하면 프랑스군이 수적으로 여전히 우세를 차지했을 뿐만 아니라 미국이 직접적으로 간섭할 가능성이 여전히 존재하였기 때문이다.

29일, '베트남 그룹'의 천자강(陳家康)은 저우언라이에게 중국과 베트남 양측의 구체적 방안에 관해 보고하였다. 이 보고서에서 언급된 베트남 공산당의 입장은 베트남 공산당 정치국의 3월 5일과 13일 그리고 21일 소집된 회의 내용과 베트남군 총사령관인 보 응우엔 지압(Vo Nguyen Giap)이 3월 25일 제시한 의견과 다른 베트남군 고급 장성인 뉴엔 치 탄(Nguyen Chi Thanh)의 개인 의견에서 비롯되었다. 보고는 먼저 중국과 베트남이 회담에서 쟁취하고자 하는 목표에서 이견이 존재함을 언급하였다. 베트남 공산당 중앙은 3월 12일 회의에서 회담 참가 방침은 베트남의 독립과 평화 통일을 실현하는 것이며, 이를 위해 외국 군대는 인도차이나에서 철수해야 한다는 것이다. 중국 측은 23일 <1차 의견>에서 평화적으로 인도차이나 문제를 해결해야 한다고 제안함과 동시에 정치와 군사문제를 포함하는 전면적인 방안을 제안하였다. 만약 3월 2일의 <1차 의견>과 연관시켜 분석한다면 중국의 주요 목표는 베트남과 프랑스가 모두 받아들일 수 있는 조건을 통해 정전을 쟁취하는 것이었다. 확실히 중국과 베트남 양측의 목표 사이에는 상당히 큰 간극이 존재하고 있었.

'선 정전 후 담판'이냐 '선 담판 후 정전'이냐 하는 문제에 관해서 베트남 공산당 정치국 회의는 반드시 정전, 철군과 선거의 순서여야 한다고 판단하였으며, 보 응우엔 지압 본인은 선 담판 후 정전이 자신들에게 유리하다는 입장이었다. 왜냐하면 베트남군이 마침 디엔비엔푸 전투에서 주도권을 확보하고 있었기 때문에 지금 정전을 하는 것은 프랑스군에 유리하다고 생각하였다. 중국의 의견은 선 담판 후 정전에 가까운 입장이었다. 중요한 것은 정치와 군사문제를 해결할 전면적인 방안을 적극적으로 제기하는 데에 있었다.

정전 방안과 관련하여 베트남 공산당 정치국의 시각은 끊임없이 동요하였다. 23일 정치국 회의에서 프랑스가 전국적인 선거에 동의한다는 전제하에 즉시 정전을 실시하고 적절히 조정을 한다는 원칙을 결정하였다. 이 방안은 중국이 24일 초안한 내용과 동일하였다. 그러나 보 응우엔 지압과 군부는 모두 베트남 공산당 정치국의 방안에 찬성하지 않았다. 보 응위웬 지압은 즉시 정전을 실시할 경우 극히 불리하다고 판단하였다. 베트남 정치부는 남북 분계선을 설정하는 방법이 자신들에게 가장 유리하다고 보았고, 구체적으로 어떻게 분계선을 나누느냐 하는 문제는 형세에 따라 결정하면 된다고 보았다. 이렇게 하면 좋은 점이 있을 뿐만 아니라 실제 상황에도 부합한다고 생각하였다. '베트남 그룹'은 23일의 <1차 의견>을 통해 이 방안의 장단점에 대해 분석하였고, 그 결과 장단점이 모두 있다고 판단하여 중국 측이 먼저 이 방안을 제기하는 것은 적절치 않다고 보았다.

라오스와 캄보디아와 관련한 문제에 있어서 베트남 공산당 정치국의 방안은 삼국관계의 일치점과 밀접함을 강조하고 이러한 기본 바탕하에 원칙적으로 통일 해결을 제시하였다. 구체적으로 라오스와 캄보디아의 해결방법이 서로 상이함에 따라 얼마간은 쟁취하고 얼마간은 포기해야 한다고 하였다. 보 응우엔 지압의 의견은 라오스는 남북으로 분계선을 긋는 것이 비교적 유리하다고 보았다. 이는 중국 측의 방안과도 일치하였다.

회담의 전망에 대하여 보 응우엔 지압이 3월 25일 제시한 의견을 살펴보면 만약 제2 방안 즉, 선 담판 후 정전을 실현한다면 매우 좋으나 그렇지 못하면 한동안 회담과 전투를 병행할 수밖에 없다고 하였다.[126] 보 응

---

126 ≪和平解決印度支那問題方案對照表≫, 1954年3月29日(陳家康送周恩來日期), ≪中國參加日內瓦會議代表團越南組在會前准備的關于和平解決印度支那問題的方案對照表≫, 外交部檔案館: 206-0057-05, 第85-100頁.

우엔 지압은 이점 때문에 실질적으로 동서로 분계선을 나누고 남북으로 구역을 나누는 방법을 받아들일 수 있다고 하였다. 보 응우엔 지압은 베트남군의 최고 지휘자로 그의 의견은 기본적으로 베트남군의 의견을 대표한다. 이 밖에 중국의 군사고문단 대다수가 베트남군 지휘부에서 일하는 관계로 보 응우엔 지압과의 교류가 빈번하여 그의 정전에 관한 의견이 중국과 근접했던 것은 필연적인 결과였다.

3월말, 중국 대표단은 <인도차이나 문제의 평화해결에 관한 건의 초안>을 만들었다. 여기에는 군사와 정치 두 분야에 관한 내용이 포함되어 있다. <초안>은 인도차이나 평화회복을 가장 중요한 위치에 두고 동시에 인도차이나 삼국의 독립, 자유, 민주, 통일의 합법적인 소망이 실현되기를 기원하였다. 이러한 언급은 중국이 베트남과 일치하지 않은 관심을 조절하려고 시도했음을 나타낸다. 정전문제에 있어 가장 중요한 변화는 <초안>에서 즉시 정전을 실시하고 조정을 진행한다라는 방안과 동서로 분계선을 긋고 남북으로 구역을 나누어 정전을 한다는 두 개의 방안을 모두 포함했다는 점이다. 정치문제에 있어서 <초안>은 인도차이나 연방 건립 문제를 언급하지 않았고 연합정부 건설과 대선 진행 등에 대해 구체적인 조항을 제시하였다. <초안>은 또한 외국 군대 철수의 순서와 시간에 관해 매우 엄격한 규정을 제시하였다.[127] 이것은 의심의 여지없이 중국과 베트남 양측의 입장을 고려한 것이며 대략 프랑스가 받아들일 수 있는 정도를 예상하여 작성한 것이다.

초안을 작성한 후 중국 대표단은 모든 외국 군대의 철수 문제를 연구하였다. '베트남 그룹'은 4월 8일 철군 제안과 관련된 2부의 초고를 작성하였다. 이전에 저우언라이가 모스크바를 방문하였기 때문에 2부의 문건

---

127 ≪關于和平解決印度支那問題的建議草案≫, (日期不詳, 應在3月30日或31日), ≪中國參加日內瓦會議代表團越南組會前准備的關于和平解決印度支那問題的建議草案≫, 1954年3月1日-31日, 第134-138頁.

은 소련과의 협상내용도 반영하였다. 이 중 한 부는 두 가지 내용을 포함하는 초고였다. 이는 3월 말 제출했던 <인도차이나 문제의 평화해결에 관한 건의 초안>의 제3조 5항의 내용과 대체적으로 일치하였다. 제5조는 외국 군대의 인도차이나에서의 철수를 제안하였다. 이 초고는 더욱 구체적으로 설명을 하고 있다. 즉, 외국 군대는 베트남, 라오스, 캄보디아에서 철수해야 한다는 것이다.[128] 또 다른 한 부의 초고는 세 가지 내용을 포함한다. 이 중 제3조는 만약 철군방안이 협의에 이르면 베트남에 있는 크메르와 라오스 부대, 크메르에 있는 베트남과 라오스 부대, 라오스에 있는 베트남과 크메르 부대 등은 모두 본국으로 철수해야 한다고 명백히 제시하고 있다.[129] 이는 중국이 회의 시작 이전에 이미 베트남군의 라오스, 캄보디아로부터 철수하는 방안을 준비하기 시작했음을 보여주고 있으며, 이점은 베트남 공산당이 후의 담판과정 중 오랜 시간 동안 양보하기를 원하지 않았던 중요한 문제였다.

총괄적으로 연속적으로 작성된 지도성 문건으로 볼 때 중국과 베트남 양측 간에는 지도방침 뿐만 아니라 일련의 구체적인 방법에서도 중요한 의견대립이 있었고, 베트남 내부에서도 각기 다른 의견이 존재하고 있었다. 중국은 자신의 목표를 실현하기 위해서 반드시 동맹국을 설득하여 보조를 맞추어야 했는데 이는 결코 쉽지 않았다.

3월 하순, 호치민과 팜 반 동(Phạm Van Dong) 등 베트남 지도자들이 베이징을 방문하였다. 3월 29일, 마오쩌둥과 저우언라이는 그들에게 중국의 기본정책을 설명하고 특별히 한국전 정전협상 과정 중의 경험을

---

128 ≪關于撤退印度支那一切外國軍隊問題的方案(初稿)≫, 1954年4月8日, ≪中國參加日內瓦會議代表團越南組在會前准備的關于撤退印度支那境內外國軍隊的方案≫, 外交部檔案館: 206-0058-02, 第34-35頁.

129 ≪關于撤退印度支那一切外國軍隊問題方案(初稿)≫, 1954年4月8日, ≪中國參加日內瓦會議代表團越南組在會前准備的關于撤退印度支那境內外國軍隊的方案≫, 外交部檔案館: 206-0058-02, 第33頁.

소개하였다.¹³⁰ 31일, 중공 정치국은 확대회의를 소집하고 저우언라이의 제네바 회의관련 준비업무 보고를 청취하고 비준하였다. 다음 날, 저우언라이와 호치민 그리고 팜 반 동은 준비한 방안을 가지고 모스크바로 향했다. 소련 지도자들은 중국과 베트남의 방안에 매우 동의한다고 하였지만 이와 동시에 그들은 회담의 전망이 그리 밝지 않다고 토로하였다. 흐루시초프(Nikita Khrushchyov)는 어떠한 합의에도 이르지 못할 상황에 대비해야 한다고 하였다. 저우언라이는 중공 중앙의 기존방침을 그들에게 알리고 최선을 다해 진일보한 성과를 얻도록 하며 소련은 중국과 연락을 유지해야 한다고 하였다.¹³¹ 이번 방문을 통해 중국, 소련, 베트남 간의 정책 협조가 개괄적으로 완성되었으며, 중국의 정책은 소련의 허락을 얻었다.

4월 12일 저우언라이는 베이징으로 돌아왔다. 삼일 후 중공 정치국은 재차 확대회의를 소집하고 중국 대표단이 준비한 5개의 문건에 관해 토론하였다. 19일, 저우언라이는 회의에서 수정된 5개의 문건을 마오쩌둥에게 보내 심사를 요청하였고, 당일 저녁 마오쩌둥, 류샤오치, 주더, 천윈, 덩샤오핑 등과 최후의 협의를 거친 후 충분한 권한을 위임받았다.

4월 상순, 중국 대표단이 제네바 회의 출석을 위해 혼신의 힘을 쏟을 시점에 베트남군은 다시금 디엔비엔푸의 프랑스군을 향해 공격을 감행하여 해당 지역의 긴장추세가 나날이 심화되고 있었다. 이에 따라 미국의 군사적 간섭 의도 역시 뚜렷이 증가하고 있었다. 당시 미국 국내에서는 아이젠하워 정부가 곧 군대를 파견할 것이라는 소문이 분분하였고, 미국 지도자들 역시 첫 번째 도미노 현상에 의해 무너지는 것을 방지할 행동을 취하겠다고 끊임없이 위협을 가하고 있었다. 그들은 지속적으로 미국

---

130 參閱李海文: ≪周恩來在日內瓦會議期間爲恢夏印度支那和平進行的努力≫, ≪党的文獻≫, 1997年第1期, 第58頁.
131 師哲: ≪在歷史巨人身邊≫, 第540頁.

국민들을 두려움에 떨게 만들고, 중국 군대가 디엔비엔푸 전투에 참가하였고, 기관총을 사용하여 비행 중이던 프랑스의 작전용 비행기를 격추시켰다고 하였다.[132] 이어 2월에는 12기의 B-26 폭격기를 증파한다고 선포하고 미군은 인도차이나 부근 해역에 2척의 항공모함을 파견한다고 하였다. 덜레스 본인 역시 유럽으로 가서 프랑스 국민은 반드시 버텨내야 한다고 고무 격려하였다.

미국의 군사개입에 대한 경고와 걱정이 중국의 정책에 미친 영향은 매우 중요하다. 4월 19일, 저우언라이는 중국주재 인도대사인 라그하반(Raghavan)을 만난 자리에서 미국이 아시아를 침략하려 하며 더욱 큰 음모를 꾸미고 있다고 질책하였다. 당일, 저우언라이는 선전업무를 책임지고 있던 루딩이에게 지시를 내려 이틀 뒤 발표할 <런민르바오> 논평에 다른 이의 우리에 대한 어떠한 무장 침략적 행동을 우리는 결코 좌시하지 않을 것이라는 부분을 추가하도록 하였다.[133]

이 밖에 중국 지도자들은 남아시아, 동남아시아 각국의 인도차이나 형세에 대한 입장에도 매우 큰 관심을 가졌다. 이 시기 외교부는 제네바 회의 소집 이전 아시아의 정세에 대해 지속적인 분석활동을 하였는데 그중 콜롬보 5개국 수뇌회담이 대표적인 예이다. 중국 지도자들이 전문 외교관으로부터 들은 소식에 의하면 당시 아시아 국가들은 동요상태에 있으며, 인도와 미얀마 등의 국가 지도자들은 미국과 군사동맹을 맺기를 원하지는 않으나 인도차이나의 정전은 희망한다는 사실이었다. 콜롬보 회의에 참가한 국가들이 제안한 방안을 개괄적으로 말하자면 임시로 남북 분치(分治)를 실시하고, 하노이를 포함하는 베트남 북부지역을 베트

---

132 克拉爾.貝爾著、云汀, 吳元坎, 董湘君, 陳漪譯: ≪國際事務槪覽1954年≫, 上海譯文出版社1984年版, 第40頁.
133 中共中央文獻硏究室編: ≪周恩來年譜(1949-1976)≫, 上卷, 第360頁.

남의 통제구역으로 편입시키며 프랑스 군대의 철수를 받아들일 수 있다는 것이었다.[134] 제네바 회의가 개최되고 난 뒤 중국 지도자들의 콜롬보 5개국 회의에 대한 관심은 높아져갔으며, 이는 그들의 일련의 결정에 영향을 미쳤다. 왜냐하면 그들은 아시아에서 더욱더 큰 포부가 있었기 때문이다.

4월 26일, 제네바 회의의 막이 올랐다. 회의는 먼저 한반도 문제를 토론하였다. 관련한 담판은 6월 15일 끝이 났다. 중국은 3월초부터 북한 지도자들과 정책 협조를 시작하였다. 당시 중국 지도자들은 또 다른 새로운 협의 체결에 도달할 거라 생각하지 않았고, 북한 역시 자유선거에 대해 그다지 흥미를 느끼지 못하였다. 중국과 북한이 유엔군과 임시 정전협의에 이를 수 있었던 것은 동서 양대진영이 당시 한반도에서 이미 세력 균형을 이루었고 미국은 다시 양보를 할 가능성이 없었을 뿐만 아니라 전쟁도 당연히 다시 발발할 리 없었기 때문이다.[135] 사실 제네바 회의에서 한반도 문제와 관련한 토론은 최종적으로 단 한 글자도 합의를 보지 못했는데 이는 인도차이나 문제 해결을 위한 회담에 거대한 부정적인 압력으로 작용하였다.

인도차이나 문제와 관련한 회담은 5월 8일 시작되었는데, 당시 인도차이나 전장의 복잡한 형세는 회담에서 긍정적인 결과를 만들어낼 기회를 제공하였다. 5월 초, 베트남군은 디엔비엔푸 전투에서 총공격을 감행하였고, 여러 부분에 걸쳐 전세의 진행 상황을 관찰해야 했기 때문에 인도차이나 문제와 관련한 토론은 몇 번씩이나 지체되었다. 5월 7일, 디엔비엔푸 전투가 마무리되었고, 프랑스 군대의 피해는 막중하였으며 심지어 프랑스군 지휘관이 포로로 잡히기도 하였다. 다음날 담판이 시작되었고,

---

134 ≪關於亞洲五國總理會議問題(綜合一月至4月25日印度、緬甸、印尼、巴基斯坦訊)≫, 1954年4月30日, ≪一周電報第83期(關於亞洲五國總理會議問題)≫, 1954年4月30日, 外交部檔案館: 102-00212-06, 第25-28頁.

135 中共中央文獻研究室編: ≪周恩來年譜(1949-1976)≫, 上卷, 第355頁.

프랑스와 베트남은 각자의 해결방안을 제시하였다. 이어서 20여 일에 걸친 치열한 논쟁이 지속되었지만 어떠한 진전도 이뤄내지 못했다.

주된 쟁점은 크게 두 가지 부분으로 요약된다. 첫 번째는 라오스와 캄보디아의 정전문제를 어떻게 해결하느냐로 여기에는 두 가지 문제가 포함된다. 첫째는 프랑스, 영국 등이 제안한 방법으로 라오스와 캄보디아 문제는 베트남과의 정전문제와는 별도로 처리해야 한다는 것이다. 영국 외무장관인 이든(Eden, Anthony)과 프랑스 외무장관 비도(Bidault Georges)는 라오스와 캄보디아의 상황은 베트남과 다르다고 주장하고 현지에는 저항세력도 존재하지 않으며 그곳에서 작전을 진행하는 것은 베트남 부대로서 삼국을 묶어서 해결할 수 없다는 입장이었다. 두 번째는 라오스와 캄보디아 문제해결의 핵심은 베트남 공산당의 철군 문제이지 양국 국내의 교전 쌍방 간의 정전문제가 아니라는 것이다.

베트남 대표단은 라오스와 캄보디아 문제는 전체 인도차이나 문제로 보아야 하며, 따라서 삼국이 동시에 정전을 실현해야 한다고 주장했다. 베트남 공산당의 사고와 입장은 과거 역사의 영향을 받은 데 기인한다. 베트남은 프랑스와의 전쟁 중에 한편으로 라오스와 캄보디아의 저항세력을 적극적으로 지지하면서, 다른 한편으로는 전후 베트남을 중심으로 인도차이나 연방 설립을 시도하였다. 역사적 요인과 군사적 형세에 대한 예상이 합해져서 베트남 대표단은 라오스와 캄보디아 문제에서 양보하기를 원하지 않았으며, 심지어 라오스와 캄보디아 저항세력의 대표를 베트남 대표단에 포함시키고자 하였다. 소련은 처음부터 이 방안에 찬성하였고 중국도 받아들일 수 있다고 판단하였다.[136] 그러나 사실이 증명하기를 베트남 대표단이 3:1 방안을 받아들인 것은 그들의 목표라는 관점에

---

136 ≪周恩來關于第一次全體會情況致毛澤東、劉少奇幷中央電報≫, 1954年5月 9日, 中華人民共和國外交部檔案館編: ≪1954年日內瓦會議≫, 第120-121頁.

서 보면 결정적인 실수였다. 이는 라오스와 캄보디아 정부가 독립적인 대표지위를 가지는 것을 묵인하는 것과 마찬가지였으며 저항세력은 베트남에 의해 대표되었기 때문이었다.

베트남 대표단의 고집은 군사정세와도 관련이 있었다. 디엔비엔푸 전투의 승리 이후 베트남 대표단은 즉시 정전을 실시하고 약간의 조정을 거친 후 보통선거를 기다리는 것이 국가의 통일 실현에 유리하다는 판단을 하였다. 문제는 만약에 즉시 정전을 실시하고 조정을 진행한다는 원칙에 따른다면 라오스에서 정전을 실현하는 것은 거의 불가능에 가깝다는 사실이었다. 그곳의 군사적 형세는 대단히 복잡해서 교전 쌍방의 점령지역을 확정할 방법이 없었다. 이 밖에 인도차이나 삼국 중에서 라오스 왕국의 정부와 프랑스와 관계가 대단히 밀접하여 라오스 왕국 정부는 절대로 베트남 공산당의 방법을 받아들일 수 없다고 표시하였다.

중국 대표단은 한동안 라오스와 캄보디아를 베트남과 분리해서 해결한다는 제안에 절대로 동의할 수 없다는 입장이었다.[137] 그러나 그들과 베트남 대표단의 회담 출발점이 시작하자마자 달랐고, 디엔비엔푸 전투 후의 군사형세에 대한 판단 역시 베트남 공산당 중앙과 달랐다. 이에 그들은 남북에 구역을 나눠 정전하는 방법을 더 선호하였으며, 이와 관련하여 라오스, 캄보디아의 현지 실제상황에 맞는 조치를 취하는 게 낫다는 입장이었다.[138] 이 밖에 중국 대표단 성원의 라오스, 캄보디아 왕국 정부에 대한 시각 역시 변화가 있었다. 그들은 라오스와 캄보디아 왕국 정부가 각자의 나라에서 합법성을 보유하고 있음을 인식하였다. 회담에서 라오스와 캄보디아 왕국의 정부대표는 베트남군이 자국 내에서 작전을 펼치는 것을 반대하였고 매우 결연히 베트남군의 철수를 요구하였다. 심지

---

137 ≪周恩來關于第二次限制性會議情況致毛澤東、劉少奇幷報中央≫, 1954年5月 9日, 中華人民共和國外交部檔案館編: ≪1954年日內瓦會議≫, 第132頁.
138 參閱曲星: ≪中國外交50年≫, 江蘇人民出版社2000年版, 第116頁

어 그들은 만약 제네바 회의에서 목적을 달성하지 못할 겨우 유엔에 제소하겠다는 입장을 피력하였다. 확실히 베트남이 인도차이나 연방을 건설하겠다는 야심은 실현 불가능한 현실이 되어 버렸다.

중국 대표단이 직면한 현실은 먼저 라오스와 캄보디아 문제해결과 경색국면 돌파였다. 5월 27일, 베트남 그리고 소련 대표단과의 토론 후 저우언라이는 회담에서 6가지 내용을 포함하는 방안을 제시하였다. 핵심은 인도차이나 삼국에서 동시에 전면적으로 정전을 실시하되 현재의 회담은 먼저 집중적으로 군사집결지를 확정하고 이후 베트남, 라오스, 캄보디아의 구체적 상황에 따라 구역조정과 현지의 실제상황에 따라 각기 다른 방법으로 별도로 처리한다는 것이다.[139] 저우언라이의 방안에는 라오스와 캄보디아 문제를 구별해서 처리할 수 있는 가능성을 내포하고 있으며 이로써 회담에 일부 진전이 있게 되었다. 다음날, 몰로토프와 이든은 회담에서 세 가지 제안에 대해 협의하였다. 여기에는 교전 쌍방의 지휘관이 제네바 회의를 진행함과 동시에 전쟁터에서도 접촉을 시작하며, 회담에는 정전 후 군대 집결지역에 대해 먼저 토론해야 하고 가능한 한 빨리 회의 결과를 보고해야 한다는 부분이 포함되었다.[140] 5월 29일, 회의 참여 각 측은 협의에 도달하였다. 정전은 인도차이나 삼국을 포함하고, 우선적으로 베트남 정전문제 해결을 확인함과 동시에 교전 쌍방의 지휘관은 정전 후의 군사배치에 관해 논의하기로 하였다.[141]

이 시기 중국 대표단은 예상치 못한 어려움에 봉착하였다. 즉, 팜 반

---

139 ≪周恩來在第四次限制性會議上的卽席發言≫, 1954年5月27日, 中華人民共和國外交部檔案館編: ≪1954年日內瓦會議≫, 第136-139頁。
140 參見中共中央文獻硏究室、中央檔案館編: ≪建國以來劉少奇文稿≫, 第六冊, 第259頁。
141 ≪周恩來關于第八次限制性會議情況致毛澤東、劉少奇幷報中央的電報≫, 1954年5月30日, 中華人民共和國外交部檔案館編: ≪1954年日內瓦會議≫, 第139-140頁; 另參閱中共中央硏究室編: ≪周恩來年譜1949-1976≫上卷, 第370頁。

동이 교전쌍방의 지휘관이 제네바에서 회의를 거행하는 것에 반대하였기 때문이다. 이유는 베트남 공산당 중앙이 두 차례에 걸쳐 베트남 대표단에 쌍방의 군사대표는 작전지역에서만 접촉할 수 있다는 지침을 내려 보냈기 때문이다. 저우언라이는 당일 중공 중앙에 전보를 보내 베이징이 베트남 공산당 중앙에 다음과 같은 내용을 전달해 줄 것을 요구하였다. 즉, 중국과 소련 그리고 베트남 대표단은 쌍방의 사령부 대표단의 제네바 회담 거부는 불가능하며 또한 불리하다고 판단한다는 것이었다. 그는 특별히 소련이 이 문제에 대해 매우 큰 관심을 가지고 있다고 설명하였다. 류사오치는 전보를 받은 후 즉시 호치민에게 베이징은 저우언라이의 의견에 동의하며, 베트남 공산당 중앙은 신속히 답변을 결정해야 하고, 중국은 이미 베트남 군사대표를 제네바로 보낼 항공편을 준비했다라고 하였다.[142] 중공 중앙의 의견은 의심의 여지가 없었다. 그러나 이번 파동은 중국과 동맹국 간에 형성된 정책결정 구조가 실제 행동을 취할 어떠한 방법도 없으며 따라서 회담이 경우에 따라서 지체되는 국면이 나타날 수 있음을 보여주었다. 중국은 자신의 정책에 따라 회담의 성공을 추진하려고 했고 이를 위해서는 제네바의 결정권을 확보하는 것이 필요하였다.

회의에서 라오스와 캄보디아 문제를 집중적으로 논의할 때 프랑스는 외국 군대, 즉 베트남의 군대가 반드시 철수해야 함을 명확히 규정해야 한다고 주장하였다. 라오스와 캄보디아의 왕국정부 역시 프랑스와 입장이 같아서 베트남군의 철수를 주장하였다. 베트남 측은 계속해서 라오스와 캄보디아에서의 베트남군의 존재를 부정하였고, 중국과 소련은 기존 방침에 따라 이를 지지하였다. 이에 회의는 다시 교착국면에 빠지게 되었다. 6월 8일, 9일, 10일 연속 삼일 간 소집된 공개회의에서 쌍방 간에는

---

142 劉少奇: 《中央關于越南、法國軍事代表應在日內瓦會晤事的電報》, 1954年 5月30日, 中共中央文獻研究室、中央檔案館編: 《建國以來劉少奇文稿》, 第六冊, 第257-258頁.

라오스와 캄보디아 문제를 둘러싼 대립이 격화되었다. 미국과 영국, 프랑스 대표들이 베트남군의 철수를 강조하였을 뿐만 아니라 라오스와 캄보디아의 외무장관 역시 강경한 어조로 베트남군이 자국 내에서 떠나야 한다고 주장하였다.

이 기간 중에 연속적으로 발생한 일련의 사건들은 중국 대표단이 라오스, 캄보디아 문제에서 실질적인 양보 즉 베트남군이 반드시 철수해야 한다는 결정을 내리도록 하였다. 5월 30일 오후, 저우언라이는 방금 모스크바로부터 돌아온 몰로토프와 회담을 가졌는데, 여기에서 몰로토프는 그가 이미 이든에게 각국의 외무장관들은 먼저 귀국을 해도 좋으며, 실무 대표들을 남겨 회담을 계속하자고 제안하였다고 하였다. 이든은 이에 동의를 표하고 언론에 이 사실을 알렸다. 저우언라이는 당시 답변을 통해 문제를 해결하는 데는 아직 2주 정도의 시간이 필요하다고 하였다.[143] 몰로토프는 사실상 소련이 이번 회담에 그 어떠한 희망도 가지고 있지 않으며 베트남 공산당의 요구를 충족시키기 위해 인도차이나 문제처리를 함에 있어 장기적으로 뒤엉킬 준비를 하고 있지 않다고 입장표명을 하였다. 특별히 주목할 점은 이번 그의 행동이 중국과 베트남과의 협상 이전에 이미 영국과 밀약을 맺었다는 점이고 이점은 저우언라이에게 의심의 여지없는 중요한 경고 메시지였다.

이 기간 동안 프랑스 대표 역시 중국과 빈번하게 접촉하고, 그들의 라오스, 캄보디아 문제에 있어서의 마지노선과 회담이 결렬될 경우 발생할 문제점들을 설명하였다. 5월 27일 프랑스 대표단의 폴과 자크(Jacques Guillermaz)는 중국 측 대표 왕빙난(王炳南)을 만나 프랑스가 라오스와 캄보디아 문제를 유엔에 제기할 가능성이 있으며 이 경우 중국은 참여할

---

143 ≪周恩來關于第八次限制性會議情況致毛澤東、劉少奇幷報中央的電報≫, 1954年 6月1日, 中華人民共和國外交部檔案館編: ≪1954年日內瓦會議≫, 第143頁.

기회가 없게 됨을 알렸다. 또한 중국의 이익은 미국의 간섭을 배제하고 동남아시아에서 반공 공약을 방지하는데 있기 때문에 중국은 베트남 공산당의 철수를 권해야 하고 그렇지 않을 경우 몇 개월 뒤 베트남 공산당이 직면해야 할 대상은 프랑스가 아닌 미국이 될 것이라 하였다.[144] 3일 뒤 쌍방은 다시 회담을 열고 왕빙난은 상부의 지시를 받들어 프랑스 대표에게 전쟁을 복잡하게 그리고 국제화하지 않아야 하며, 전쟁을 남에게 넘겨주는 것은 프랑스 민족의 이익에 부합하지 않는다고 하였다. 이러한 논술의 논리는 당연히 프랑스의 급소를 직접적으로 겨눌 수는 없고, 프랑스 대표가 위험이 발생할 때라고 말한 것은 바로 미국이 군사적 간섭을 진행하는 것이 바로 진짜 상황이 됨을 의미하였다.[145] 6월 1일, 저우언라이가 비도를 만났을 때 비도는 만약 이렇게 계속해서 논쟁을 해나간다면 미국의 군사적 간섭을 피하지 못할 것이라고 강조하였다. 저우언라이는 그에게 중국이 가장 관심을 가지고 있는 부분은 미국의 간섭이 중국의 안보를 위협한다는 점이며, 팜 반 동 역시 회의석상에서 전쟁터에서 얻을 수 없는 것을 얻겠다고 요구하지는 않을 것이라고 하였다.[146]

비도는 첫 번째 중국 수석대표와의 회담 기회를 통해 라오스와 캄보디아 문제해결을 위한 심도 깊은 논의를 진행하지 않았다. 이것은 조세프 라니엘(Laniel, Joseph) 정부가 국내에서 맞이한 심각한 위기상황과 연관이 있으며 이로 인해 비도의 마음 역시 여기에 있지 않았다. 6월 12일, 라니엘 정부는 국민의회의 신임투표에서 패배하였고 이어서 사퇴를 선

---

144 ≪王炳南与保羅-彭古及吉勒馬茲的談話紀要≫, 1954年5月27日, 中華人民共和國外交部檔案館編: ≪1954年日內瓦會議≫, 第261-263頁
145 ≪王炳南与保羅-彭古談話紀要≫, 1954年5月30日, 中華人民共和國外交部檔案館編: ≪1954年日內瓦會議≫, 第264-267頁.
146 ≪周恩來關于与艾登、皮杜爾接触情況報中央≫, 1954年6月2日; ≪周恩來与皮杜爾會談記彔≫, 1954年6月1日, 中華人民共和國外交部檔案館編: ≪1954年日內瓦會議≫, 第239, 268-271頁.

언하였다. 다음날 프랑스 대통령은 라니엘의 사표를 수리하였고, 이로 인해 비도는 필히 귀국을 해야 할 상황이었다. 이든 역시 귀국을 준비하고 있다고 밝혔다. 14일, 미국, 영국, 프랑스 등 16개국 대표들은 회의를 소집하고 15일 한반도 문제에 대한 토론을 마무리 짓기로 결정하였다. 소련 역시 제네바 회의에서 어떠한 결과도 얻을 수 없을 것으로 판단하였다. 중국 대표단은 베트남 대표단의 집착 때문에 자신의 목표를 포기해야 하는지 마침내 선택의 기로에 놓이게 되었다.

6월 13일, 중국과 소련, 베트남 대표는 회의를 열었다. 그들은 프랑스는 이미 베트남에서 남북으로 분계선을 긋는 것에 기본적으로 동의하였다고 판단하였다. 그러나 미국이 현재 여론을 조성하여 회담을 철저하게 파괴하려 하고 있으며 영국 역시 이를 빌어 회담을 중단하려 한다고 생각하였다. 따라서 중국과 소련, 베트남은 라오스, 캄보디아 문제에서 구체적인 양보를 준비해야만 회담을 계속해 나가는데 유리하다는 결론에 이르렀다. 저우언라이는 다음 비밀회담에서 두 가지의 행동을 취할 것을 제안하였다. 먼저, 베트남 대표단이 인도차이나 삼국은 상호 독립과 통일 그리고 국내제도를 존중한다고 제안하고, 이어서 중국이 외국으로부터 라오스와 캄보디아로 군인과 무기 운반을 금지하는 등 상대방의 요구를 적당히 만족시킬 제안을 한다는 것이다.[147] 중국과 소련, 베트남은 이미 타협 쪽으로 입장을 바꿀 의향이 있었다. 삼국의 대표 중에서 상대적으로 저우언라이는 회의가 아무런 성과 없이 끝나기를 결코 원하지 않았다. 이는 중국의 방침에도 부합하지 않을 뿐만 아니라 담판 중재에 특기가 있던 저우언라이의 특징에도 부합하지 않았다.

그러나 상황은 계속해서 악화일로에 있었다. 14일 오후 소집된 비밀회

---

147 ≪周恩來關于中、蘇、越三方磋商情況致毛澤東、劉少奇幷中央電≫, 1954年 6月14日, 中華人民共和國外交部檔案館編: ≪1954年日內瓦會議≫, 第133-137頁.

의에서 중국과 베트남은 비록 일부 양보를 하기로 하였지만 회담은 여전히 어떠한 중요한 진전도 이뤄내지 못했다. 이든은 발언을 통하여 의견대립이 매우 커서 차라리 계속해서 회의를 하지 말고 각국 외무장관은 귀국을 하고 군사대표단의 논의에 결과가 있을 때 다시 이야기하자고 제안하였다. 이때 회의는 보기에 따라서 막다른 길에 몰린 형국이었다. 그런데 여기에서 해결의 실마리가 차츰 싹트기 시작하였다.

6월 15일 오전, 영국 대표단의 헤롤드 카치아(Harold Caccia)는 장원텐을 만나서 영국의 담판 마지노선을 설명함과 동시에 의도적으로 시간이 긴박함을 흘렸다. 그는 장원텐에게 영국의 담판 마지노선은 베트남군이 반드시 라오스, 캄보디아에서 철수해야 한다는 것이고 이는 절대로 양보할 수 없다고 강조하였다. 미국이 이를 빌미로 라오스와 캄보디아에 개입할 것이라는 중국의 걱정에 대해 그는 만약 베트남 철군에 관한 합의에 도달하게 된다면 그 어떤 나라도 협의를 통해 라오스와 캄보디아에 기지를 세울 수 없을 것이라고 하였다. 그는 마지막으로 만약 제네바 회의에서 합의에 이르지 못한다면 라오스와 캄보디아 문제는 중국이 참여할 수 없는 국제적인 장소로 이관되어 토론이 진행될 것이라 하고 영국은 중국이 참여하기를 희망한다고 하였다. 중국의 참가가 없다면 중국의 입장에선 어떠한 국제회의가 열리더라도 안 열리는 것과 마찬가지였다. 이때 중국 대표단은 전술 변화를 고려하고 있었으나 아직까지 소련과 베트남과는 협상하지 않았다. 장원텐은 카치야에게 내일 중국은 자신의 제안을 할 것이라 전했고, 카치야는 오늘 이야기한 것을 고려사항에 넣기를 희망하였다. 그들은 마지막으로 저우언라이와 이든이 16일 회의 시작 전에 다시 한 번 만나기로 약속하였다.[148]

당일 저녁, 저우언라이와 몰로토프 그리고 팜 반 동은 특별회의를 소

---

148 《張聞天与卡西亞談話記錄》, 1954年6月15日, 中華人民共和國外交部檔案館編: 《1954年日內瓦會議》, 第240-241頁.

집하였다. 저우언라이는 팜 반 동에게 장차 베트남을 중심으로 라오스와 캄보디아 문제에서 양보를 해야지만 합의에 도달할 수 있다고 하였다. 그가 말한 양보는 정전에 동의한 후 베트남군이 철수하는 것이며, 이후 베트남에서 경계선을 긋고 정전을 하는데에서 보상을 받도록 노력한다는 것이다.[149] 소련은 원래 특별한 이익이 없었고 심지어 별다른 흥미도 없었으며 몰로토프는 합의에 이르지 못할 경우에 대비하여 줄곧 심리적인 준비를 해오고 있었다. 따라서 그는 즉시 저우언라이의 제안에 지지를 표하였다. 이때 팜 반 동은 마지못해 동의를 하였다.

16일 오전, 저우언라이는 이든을 만나 오후 회의 시작 전에 상대방의 마지노선을 철저히 이해하고 상대방이 약속을 이행한다는 보증을 얻고자 하였다. 그는 이든에게 상세하게 중국의 정책을 설명하였고, 라오스, 캄보디아 문제의 핵심은 바로 이들 국가가 동남아형의 국가가 되어야 한다는 점이었다. 중국은 특히 미국이 이 지역에서 군사기지를 건립하는 것에 반대하고 그렇게 되면 베트남에 불리하고 중국의 안보에 위협이 되기 때문에 이에 대해 중국은 아무것도 묻지 않을 수 없다고 하였다. 저우언라이는 문제를 두 개의 부분으로 나누기를 제안하였다. 첫째는 라오스와 캄보디아에 저항세력이 존재함을 승인하여야지 정전을 실시할 수 있다고 하였다. 다음으로는 외국 군대의 철수문제로 과거에 베트남 지원군이 그곳에서 작전을 진행한 바 있으며, 만약에 아직까지 있다면 마땅히 철수해야 한다고 하였다. 라오스와 캄보디아의 내부문제는 민주적인 방식으로 정치적인 해결을 해야하며, 베트남은 라오스와 캄보디아의 독립과 주권 그리고 통일을 존중하기를 희망한다고 하였다. 이든에 이에 대해 "희망이 생겼다. 아주 큰 희망이 생겼다."라고 하고, 영국은 베트남과 미국을 막론하고 라오스와 캄보디아가 어떤 국가를 군사기지

---

149 中共中央文獻研究室編: ≪周恩來年譜1949-1976≫, 上卷, 第383-384頁.

화하는 것을 원하지 않으며 미국 역시 이곳에서 군사기지를 세우려고 하지 않는다고 하였다. 또한 그는 협의는 반드시 라오스와 캄보디아를 기지로 사용할 수 없다는 점이 포함되어야 한다고 하였다. 그는 저우언라이에게 프랑스와 직접 회담을 가질 것을 제안하고 영국이 가운데에서 중재를 할 것이며 프랑스 역시 라오스와 캄보디아가 중립국가가 되길 원한다고 하였다.[150]

이번 회의에서 회담 쌍방이 라오스와 캄보디아 문제에 있어 합의를 이룬 것은 매우 중요하다. 저우언라이는 라오스와 캄보디아 정책변화에 관한 모든 업무협조를 하였다. 당일 오후 저우언라이는 제14차 회의 발언을 통해 라오스, 캄보디아 정전문제 해결을 위한 상술한 제안을 제출하였다. 그는 특별히 정전 후 인도차이나 삼국 내에서 그 어떤 외부 국가도 군사기지를 세울 수 없다고 공개적으로 선언하였다.[151] 이 제안은 최종적으로 한 가지 원칙이 되어 중국의 정책에 장기적인 영향을 미치게 되었다.

6월 17일, 저우언라이는 비도와 회담을 거행하고 하루 전 이든과의 대화내용을 설명함과 동시에 캄보디아에서 즉시 정전을 실행하고 라오스에서 집결지를 이용하는 방법을 승인함으로써 문제를 해결해야한다고 하는 등 라오스와 캄보디아 문제 해결을 위한 진일보한 제안을 하였다. 한편 라오스와 캄보디아의 합리적인 요구를 만족시키기 위해서는 반드시 베트남의 합리적인 요구도 만족시켜야 한다고 하였다.[152] 비도는 회의가 아무런 결과 없이 마무리되게 할 수 없다는 입장을 표시하였다.

---

150 ≪日內瓦會議期間周恩來外長6月16日訪英國外交大臣艾登的談話記錄≫, 1954年 6月16日, 外交部檔案館: 206-00005-05(1)。
151 ≪周恩來在第十四次限制性會議上的發言≫, 1954年6月6日, 中華人民共和國外交部檔案館編: ≪1954年日內瓦會議≫, 第170-172頁。
152 ≪周恩來關于与皮杜爾談話情況致毛澤東、劉少奇幷報中央的電報≫, 1954年 6月18日, 中華人民共和國外交部檔案館編: ≪1954年日內瓦會議≫, 第181頁。

다음 날, 비도는 루네 등을 파견하여 왕빙난을 찾아 중국 측의 두 가지 구체적 문제에 대한 입장을 확인하였다. 첫 번째는 협의에서 언급하고 있는 교전 쌍방의 사령부 대표라는 문구에서 교전 쌍방이 가르키는 것은 누구인지? 베트남과 라오스와 캄보디아? 인지 여부를 묻고, 두 번째는 캄보디아 문제를 먼저 해결할 수 없는지? 였다. 왜냐하면 프랑스 측은 아직까지 라오스 국왕정부가 저우언라이의 제안에 동의할 지 알 수 없었기 때문이다. 왕빙난은 12시 30분에 답변을 주기로 한 후 정확히 시간에 맞추어 중국 측의 입장을 내놓았다. 즉, 중국이 말한 교전 쌍방은 프랑스와 베트남을 가리키는 것이며, 라오스와 캄보디아 문제는 프랑스와 베트남의 직접 담판을 통해 해결하고 중국 측은 일을 성사시키기를 원한다고 하였다. 캄보디아 문제를 먼저 해결할 수 없는지에 관한 문제에 대해 왕빙난은 문제를 구체적으로 해결할 때에 자연스럽게 선후가 생길것이라고 하였다.[153] 당일, 중국과 소련, 베트남은 회의를 가졌는데 저우언라이는 회의에서 베트남을 핵심으로 삼아야 하며, 라오스와 캄보디아는 상황을 참작하여 양보하여야 한다고 말했다. 캄보디아에서 즉시 정전을 요구하는 문제에 관해서는 정치적으로 문제를 해결하고 라오스에서는 남북으로 국경지역을 나누어야 한다고 하였다.[154]

6월 19일 오후 3시 30분, 왕빙난과 루네는 협의된 구체적 문제에 관하여 최종 협상에 들어갔다. 이중 이견이 존재하는 것은 대략 두 가지 문제에서였다. 첫째는 프랑스에서 제기한 것으로 캄보디아와 라오스 문제를 나누어서 두 개의 협의서를 작성하자는 것이었다. 두 번째는 프랑스가 라오스와 정식 협정을 체결한 적이 있기 때문에 라오스에 프랑스의 기술자들이 상주하고 있는 상황이며 이에 프랑스는 구체적으로 해결할 방법

---

153 《王炳南与魯恩吉勒馬兹兩次談話記彔》, 1954年6月18日, 中華人民共和國外交部檔案館編: 《1954年日內瓦會議》, 第282-285頁.
154 中共中央文獻研究室編: 《周恩來年譜1949-1976》, 上卷, 第385-386頁.

을 찾을 수 있다고 주장하고 가장 좋기는 합의서에 군사인원의 철수를 명시하지 않기를 희망하였다. 왕빙난은 지시를 요청한 후 4시 15분에 루네에게 답변을 주었다. 만약 내용이 완전히 일치한다면 중국은 두 가지 협의서로 나누어 작성하는데 동의한다. 군사인원의 철수와 관련하여 중국 측은 이것은 프랑스의 기술자들의 존재에 영향을 미치지 않으며 프랑스는 스스로 방법을 생각해 문제를 해결하면 된다는 입장이었다. 루네는 보다 융통성을 발휘하기를 희망하였고 왕빙난은 상부의 지시를 요청한 후 다시 답해주기로 하였다.[155] 이때 몰로토프와 이든은 이미 회담을 거쳐 협의의 문구에 관해서 의견일치를 보았다. 당일 마지막 회의를 거쳐 회담 참여 각 측은 마침내 <캄보디아와 라오스에서 적대행동을 중지하는 것에 관한 협의>에 도달하였다. 제네바 회의는 이렇게 이어지게 되었고 이는 중국 지도자들의 기대에 부합하는 것이었다.

각국이 라오스와 캄보디아 문제에서 합의에 이른 것은 인도차이나가 평화적인 방향으로 가는 전환점이 되었다. 중국의 정책발전이라는 측면에서도 중요한 전환점이 되었다. 저우언라이는 성공적으로 라오스와 캄보디아 문제를 해결하고 중국과 소련, 베트남 대표단에서 주도적 지위를 확보했을 뿐만 아니라 자신의 전략적 예측에 맞게 중국과 소련, 베트남 간의 정책을 효과적으로 조절할 수 있게 되었다. 한편 중국 대표단의 성공에는 영국과 프랑스 등에 대한 기계적인 인상의 변화도 포함된다. 이는 영국 프랑스의 지도자들과 합의를 이루거나 심지어 중국에 유리한 결과를 가져오기도 하였다. 가장 중요한 사실은 저우언라이는 이미 기본적으로 미국이 군사적으로 인도차이나 지역에 개입할 가능성이 없다고 확신하였으며, 이 밖에 그는 영국과 프랑스 외무장관을 통해 여러 차례에 걸

---

155 ≪王炳南与魯恩吉勒馬茲兩次談話記錄≫, 1954年6月19日, 中華人民共和國外交部檔案館編: ≪1954年日內瓦會議≫, 第286-288頁.

쳐 미국이 라오스와 캄보디아에 군사기지를 세울 계획이 없다는 점을 들었다. 영국과 프랑스의 태도 역시 저우언라이에 영향이 없었다고 말할 수 없으며 그는 시간이 흐름에 따라 그들이 합의에 이르길 희망한다고 믿었다. 특히, 라오스와 캄보디아 문제의 해결은 절대 양보할 수 없는 투쟁이 아니라 합리적인 타협을 통해야지만 중국은 자신의 예상보다 나은 결과를 얻을 수 있다고 믿었다. 이것 역시 훗날 그가 베트남 공산당 중앙에 양보를 하도록 설득한 중요한 이유가 되었다.

인도차이나 문제 중 두 번째 핵심 논쟁거리는 바로 어떻게 군사분계선을 나누느냐 하는 문제이다. 관련 회의가 시작되자마자 바로 군사 집결지에 동의하는가 여부와 어떻게 군사 집결지를 나누는가 하는 문제가 언급되었다. 중국 대표단의 구상에는 '즉시 정전 후 적당한 조정'과 '남북으로 경계선을 나누고 정전'하는 두 개의 방안이 포함되어 있었다. 앞의 문제는 정전을 해결한 후의 정치문제와 함께 이어져 있어서 즉, 가능한 한 빠른 시일 내에 전국적 범위의 선거를 치를 수 있느냐에 따라 결정이 나게 되어 있었다. 뒤의 문제는 정치방안과의 연관이 그다지 긴밀하지 않아서 내정된 원칙은 분계선을 가능한 한 남쪽으로 밀고 중국 측이 먼저 제기하지는 않는다는 입장이었다. 최초 논쟁의 초점이 라오스와 캄보디아 문제였기 때문에 토론이 전개되지는 않았다. 라오스와 캄보디아 문제에 있어 초보적인 합의를 이룬 후에 분계선을 긋고 정전을 하는 문제는 바로 부각이 되었고 아울러 회담의 중심논제가 되었다.

앞에서 언급한 바와 같이 6월 17일 저우언라이는 비도를 만나 분계선을 정하는 문제에 관해 중요한 정보를 전달하였다. 그는 이틀 전 팜 반 동에게 한 제안 즉, 라오스와 캄보디아 문제를 양보하는 대신 베트남의 분계선을 정할 때 보상을 얻겠다는 방안에 따라 비도에게 라오스와 캄보디아의 합리적인 요구를 만족시키려면 필히 베트남민주공화국의 합리적인 요구도 만족시켜야 한다라고 거듭 강조하였다.[156] 당일, 저우언라이는 이든과 담화를 나눌때에도 베트남에서 합리적 요구에 도달해야지만 라오스와 캄보디아에서도 불합리한 요구가 없게 됨을 강조하였다.[157] 말을 바꾸어 말하자면 저우언라이는 이미 라오스와 캄보디아 정전의 구체방안을 베트남 분계선 설정 및 정전방안과 연결시켜 놓고 있었다. 이는 당연히 라오스와 캄보디아 문제 해결에 유리할 뿐만 아니라 중국 대표단이 업무의 중심을 군사문제의 해결에 두는 결과를 가져왔다. 실제로 군사문제가 정치문제에 우선하는 원칙이 형성되었다.

6월 19일, 저우언라이는 중공 중앙에 보낸 전보를 통해 베트남을 중심으로 삼고 라오스와 캄보디아 문제에서 양보를 하는 방안에 대해 설명하였다. 그는 만약에 군사 회담에서 합리적이고 구체적인 방안을 제시할 수 있다면 프랑스와 신속히 문제를 해결하고 정전을 실현할 수 있으며, 이는 동서양 모두에게 유리하다고 판단하였다. 그는 모든 핵심문제는 동맹국에 확실하게 설명해야한다고 하고 그러나 전보에 의지해서는 일치된 결과를 얻기 쉽지 않다고 하였다. 이에 그는 난닝으로 가서 베트남 공산당 지도자들과 직접 회담을 가질 필요가 있으며 그들에게 상황을 보고하고 구역을 나누는 방침에 대해 설명하고자 한다라고 하였다.[158] 저우언라이는 여기에서 이미 정책을 대폭 조정하려는 구상을 밝혔다. 중국 대표와 각국 간의 회담내용으로 보건데 그가 말한 핵심문제는 주로 군사 집결지를 나누는 문제였다. 다음날 그는 베이징에 또 다른 전보를 보내어 이후 토론의 중심은 바로 군사문제이며 이로 인해 우리 측의 지역을 나

---

156 ≪周恩來關于与皮杜爾談話情況致毛澤東、劉少奇幷報中央的電報≫, 1954年 6月18日, 中華人民共和國外交部檔案館編: ≪1954年日內瓦會議≫, 第281頁.
157 ≪周恩來關于与艾登談話情況致毛澤東、劉少奇幷報中央的電報≫, 1954年6月 22日, 中華人民共和國外交部檔案館編: ≪1954年日內瓦會議≫, 第242頁.
158 中共中央文獻研究室編: ≪周恩來年譜1949-1976≫, 上卷, 第386頁; 參閱李海文: ≪周恩來在日內瓦會議期間爲恢夏日內瓦和平進行的努力≫, 第59頁.

누는 방법이 신속히 결정되어야 한다고 하였다. 그는 몰로토프와 팜 반 동의 동의를 얻어 인도를 방문한 뒤 난닝에 도착하여 베트남 공산당 중앙과 중국 군사고문단과 회의를 가지고 담판과 지역을 나누는 문제에 대해 소개하고 의견의 일치를 구함으로써 제네바 회담에 진전이 있도록 하겠다고 하였다.[159]

중공 중앙은 당일 회신을 보내 저우언라이가 난닝으로 가서 베트남 공산당 중앙과 중국 고문단 지도자와 회담을 가지는 것에 동의를 표하고, 이를 위해 인도 델리에서 광저우로 가는 전용기를 준비함과 동시에 군사고문단이 특별기를 파견하여 광저우에서 기다리게 하였다.[160] 이와 동시에 중공 중앙은 베트남에 있는 중국 고문단 지도자들에게 저우언라이 전보의 주요내용을 전달하고 웨이궈칭 등에게 지시를 내려 호치민과 보응우옌 지압과 중국 고문단 지도자들에게 6월 28일 난닝에서 저우언라이를 기다린 후 회담을 거행할 것을 요구하도록 하였다.[161] 확실히 베이징의 지도자들은 저우언라이의 판단에 100% 찬성했을 뿐만 아니라 그의 결정을 지지하였다.

6월 21일, 저우언라이는 중국 대표단 내부에서 행한 연설을 통해 인도차이나 담판은 한국전 정전담판과는 매우 다른 완전히 새로운 상황이라고 특별히 지적하였다. 그는 인도차이나 문제는 우리나라와의 관계가 아주 크며 동시에 유럽에도 영향을 미친다고 하였다. 그는 향후 3주가 회의가 합의에 도달할 수 있는지 여부를 가늠할 가장 중요한 시기라고 믿었

---

[159] 《周恩來關于暫离日內瓦的工作安排事致鄧小平轉毛澤東、劉少奇并中央的電報》, 1954年6月20日, 中華人民共和國外交部編: 《1954年日內瓦會議》, 第174-175頁.
[160] "Telegram, CCP Central Committee to Zhou Enlai, Concerning the Meeting at Naning", 20 June, 1954, *CWIHP*, Issue 16, pp. 48.
[161] "Telegram, CCP Central Committee to Wei Guoqing, Qiao Zaioguang and Convey to the Vietnam Works Party Central Committee, Regarding the Meeting between the Premier and Comrade Ding", 20 June, 1954, *CWIHP*, Issue 16, pp. 48-49.

다. 라오스와 캄보디아 문제에서 합의를 이루었기 때문에 이미 평화를 실현할 실마리를 찾긴 했으나 아직 노력이 필요하다고 하였다.[162] 이전에 그는 이미 중공 중앙에 보고를 통해 프랑스와 베트남 양측 군사대표의 인도차이나 현지 회담을 제안할 때 중국 고문도 참가해야 한다고 하였다. 중공 중앙은 신속히 동의를 표하고 제팡과 같은 고급장성을 보내야 한다고 판단하였다.[163] 제팡은 한국전 정전회담의 전 과정에 참여하여 상당히 풍부한 담판 경험을 보유하고 있었다.

회담의 전망에 대한 긍정적인 예상은 저우언라이가 더욱 주도적인 행동을 하는 원동력이 되었다. 그는 외무장관 회의 휴회 기간 동안 베트남과 라오스 캄보디아 대표 사이에서 중재를 시도하고, 팜 반 동과 라오스 캄보디아 정부 대표와의 회담을 이끌어 내는가 하면 그들이 함께 중국영화인 <량산보(梁山泊)와 주잉타이(祝英台)>를 보도록 하였다. 여기에 저우언라이와 프랑스 사회당원이자 신임 총리 겸 외무장관인 피에르 망데스-프랑스(Pierre Mendès-France)간의 만남은 마침 대외정책 조정을 준비하고 있던 중국 지도자들이 결심을 하는데 도움이 되었다.

6월 23일, 저우언라이는 스위스 베른(Bern)의 프랑스 대사관으로 가서 망데스-프랑스를 만났으며, 그들은 몇 가지 핵심 문제에 있어 의견을 같이하고 상호신뢰에 기반을 둔 개인관계를 구축하였다. 저우언라이는 망데스-프랑스에게 중국의 마지노선은 인도차이나 삼국이 미국의 군사기지가 되어서도 미국의 군사집단에 가입해서도 안 된다는 점을 밝히고, 라오스와 캄보디아가 중립국가가 되고 베트남이 이 두 개의 나라에서 철수하기를 희망한다고 하였다. 베트남과 관련한 문제에 있어서는 팜 반

---

162 《周恩來在日內瓦對代表團講話紀要》, 1954年6月21日, 中華人民共和國外交部檔案館編: 《1954年日內瓦會議》, 第453-454頁.
163 中共中央文獻研究室、中央檔案館編: 《建國以來劉少奇文稿》, 第六冊, 第270-271.

동이 5월 25일 다자회담에서 이미 남북으로 분계선을 긋는 문제를 제기하였기 때문에 저우언라이는 이것에 기반하여 먼저 남북으로 두 개의 거대한 군사집결지역으로 나누고 정전 후 일정 시기가 지난 후 자유선거를 거행하자고 제안하였다. 망데스-프랑스는 선 정전 후 정치적으로 두 단계로 나누어 가는 방법에 대해 100% 동의를 표시하였다. 눈앞에 우선적으로 분계선을 해결하는 문제에 대해서 프랑스 전문가들 역시 베트남이 5월 25일 제안한 군사 집결에 관한 제안을 주의하고 있으며, 지금까지 보기에 베트남이 제안한 경계선이 남쪽으로 과하게 편중되었다고 판단하고 있다고 하였다.[164]

망데스-프랑스와 인식의 일치를 본 것은 매우 중요하다. 저우언라이는 이로 인해 합의도달에 대한 믿음이 더욱 커졌으며 이제 남은 것은 자신들의 동맹국을 설득하는 일이었다. 만약 이 시기 저우언라이의 구상과 베트남 측의 최초 계획과 비교해 보면 쌍방의 의견대립이 어디에 있는지 쉽게 알 수 있다. 베트남 측은 국가의 독립과 통일이라는 목표를 실현하기 위해서 그 어떤 방안도 국가의 장기적인 분치(分治)라는 결과를 낳지 않아야 한다고 여겨서 그들은 군사방안과 정치문제 해결을 긴밀히 연계시키고자 하였다. 팜 반 동은 완고하게 그들의 입장을 내내 견지하였다. 6월 26일, 장원톈은 소련 대사관에서 행한 보고를 통해 중국대표단의 남북 지역 분할 및 정전에 관한 방침을 설명하였다. 그는 수많은 부르주아 계열 신문에서 중국이 남북 분치를 주장한다고 하는데 실제 집결지역을 나누는 것은 단지 정전에 용이하게 하기 위해서이며 정전 후 중국은 신속히 보통선거를 실행할 것을 주장한다고 하였다.[165] 이 말이 얼마나 충분

---

164 《周恩來与孟戴斯-弗朗斯會談記彔》, 1954年6月23日, 中華人民共和國外交部檔案館編: 《1954年日內瓦會議》, 第292-297頁.
165 《張聞天關于日內瓦會議的報告紀要》, 1954年6月26日, 中華人民共和國外交部檔案館編: 《1954年日內瓦會議》, 第460頁.

한 설득력이 있는지 간에 그가 이렇게 말한 것은 중국의 정책조정이 도전에 직면하고 있음을 알려 준다.

저우언라이는 6월 24일 제네바를 떠났고, 리커농이 임시로 중국 대표단의 수석대표 임무를 수행하였다. 26일, 중국, 소련, 베트남 대표는 회의를 열어 군사담판의 방안에 관하여 토론하였다. 팜 반 동은 주로 베트남과 라오스의 분계선에 관한 방안을 소개하였다. 그는 베트남은 상, 중, 하의 세 가지 분계 방안을 가지고 있는데, 상한선은 13도 또는 14도를 따라 분계하는 것이고, 중간 방안은 15도선에서 분계를 하며, 최하의 방안은 16도선을 따라 분계하는 것이며, 동시에 정치와 군사, 경제적 상황을 함께 종합적으로 고려해야 한다고 하였다. 라오스에 관해서 팜 반 동은 상부와 중부 라오스 지역을 얻기를 희망하며 하부 라오스의 경우 타협할 수 있다고 하였다. 소련대표인 노비코프(Novikov, K. V.)는 자신이 분계선에 대해 그다지 확실하지 않으며 단지 라오스의 마지노선은 상부 라오스에서 중국과 베트남에 가까운 국경지대를 획득하는 것이라 하고 팜 반 동의 견해에 따라 통제할 지역을 크게 확대해야 한다고 하였다. 회의 참가 3개국은 보다 진일보한 형세에 대한 이해가 필요하다고 보았고 중국과 베트남 지도자 간의 난닝 회의의 결정을 기다리자고 하였다.[166]

29일, 중국과 소련, 베트남은 이전 각국의 군사회담 후의 새로운 상황에 대해 계속해서 토론하였다. 소련대표인 바실리 쿠즈네초프(Kuznestrov, Vasily V.)는 프랑스 대표인 쇼벨(Chauvel, Jean)이 자기에게 팜 반 동이 회담에서 제기한 13도 또는 14도로 경계를 나누자는 요구는 지나친 것으

---

166 "Telegram, Li Kenong to Mao Zedong, Liu Shaoqi,and the CCP Central Committee, and Convey to Zhou Enlai, Zhang Wentian and (PRC Vice foreign minister)Wang Jiaxiang, Concerning the Content of a Meeting between the Soviet, Chinese, and Vietnamese Delegations", 26 June, 1954, *CWIHP*, Issue 16, p. 57.

로 프랑스는 받아들일 수 없다라고 얘기하였다고 하였다. 리커농은 회담 상황을 중공 중앙에 보고하고 분계선 문제가 핵심이나 양보를 많이 할 경우 불리해지고 양보를 적게 할 경우 합의에 이르지 못한 상황으로 난닝회의에서 빠른 시일 내에 결정을 내서 베트남 대표단에게 통지하기를 희망하였다.[167] 리커농의 보고 중 행간의 의미를 보자면 베트남 측이 과다한 요구를 하고 있다는 걱정이 있고, 따라서 그는 저우언라이와 베트남 공산당 지도자들 간에 협상에 희망을 걸 수밖에 없다는 뜻이 숨겨 있었다. 이때 리커농 등은 프랑스 측과 빈번하게 접촉을 하고 있어서 비교적 정확하게 프랑스의 입장을 이해할 수 있었다.[168] 이 보고들은 모두 난닝으로 송부되었고, 저우언라이와 베트남 공산당 중앙 간의 회의 때 제공되어 비교적 정확하게 제네바 그룹 회담의 상황을 이해할 수 있었다.

저우언라이는 제네바를 떠난 후 연이어 인도와 미얀마를 방문하였고, 마침내 7월 3일 광시의 류저우(柳州)에 도착하여 호치민을 비롯한 베트남 공산당 중앙의 여러 지도자들과 장시간에 걸친 회담을 진행하게 되었다. 회담에서 중국과 베트남 양측의 지도자들은 국제정세와 중국과 베트남의 정책에 관해 상세히 의견을 교환하고, 호치민의 제안에 따라 저우언라이는 베트남 공산당 중앙의 성원들에게 장편의 보고서를 작성하였다. 베트남 공산당 중앙의 정책은 군사형세에 대한 평가와 프랑스의 담판 의도에 대한 예상의 기초하에 결정되었다. 군사적 측면에서 보 응우엔 지압과 호치민은 베트남군이 조기에 완벽한 승리를 거둘 가능성은 희박하며, 적어도 2, 3년이 걸리거나 더 많이 걸릴 수도 있다고 판단하였다.

---

[167] "Telegram, Li Kenong to Mao Zedong, Liu Shaoqi, and the CCP Central Committee, "Briefing on the Meeting by the Chinese, Soviet and Vietnamese Delegation", 29 June, 1954, *CWIHP*, Issue 16, pp. 59-60.

[168] 《李克農關于出席法國代表團宴會情況致毛澤東、劉少奇幷中央的電報》, 1954年7月4日; 《張聞天、李克農宴請法國代表團談話紀要》, 1954年7月8日, 中華人民共和國外交部檔案館編: 《1954年日內瓦會議》, 第398-399, 300-302頁。

저우언라이는 2, 3년이라는 시간 동안에 미국이 군사적 간섭을 도발해오지 않을 것이라 장담할 수 없다고 지적하였다. 프랑스의 담판 의도에 대해서 보 응우엔 지압은 프랑스는 정전과 역량 축소를 활용하여 유리한 군사적 형세를 쟁취하려 한다고 보았다. 이는 저우언라이가 제네바에서 얻은 인상과는 아주 큰 차이가 있었다. 보 응우엔 지압과 웨이궈칭은 각기 군사형세에 관한 보고를 하고 저우언라이는 이어서 장시간에 걸친 연설을 하였다. 주요 내용은 아래의 두 가지이다. 즉, 왜 제네바에서 합의를 쟁취하려는가?와 어떻게 합의에 달성할 것인가 하는 문제였다.

왜 합의에 도달하려고 하는가라는 문제에 관해 저우언라이의 연설은 중국 지도자들의 시각과 사고논리를 반영하고 있다. 그는 먼저 마오쩌둥의 관점을 인용하여 말하길 소위 인도차이나 문제는 이미 고도로 국제화되었고, 국제화된 정도는 한국전쟁을 초과하였다. 만약 합의에 도달하지 못한다면 동남아시아와 유럽의 10억이 넘는 인구에 영향을 미칠 것이라고 보았다. 요약컨테 베트남 공산당 중앙은 큰 그림을 보고 이를 수용할 필요가 있다는 것이다. 마오쩌둥의 이러한 논술은 그가 전 세계와 아시아의 관점에서 인도차이나 문제를 보고 있음을 나타내지만 베트남 공산당 역시 이렇게 문제를 인식하기에는 매우 어려웠다. 다음으로 저우언라이는 베트남이 단기간에 전쟁이라는 수단을 통해 국가 통일을 달성할 수 없다는 점을 지적하였다. 만약 미국이 개입할 경우 장기적으로도 통일을 달성할 수가 없다고 하였다. 특히 한국전 경험에 의해 미국이 일단 군사적 간섭을 결정하면 매우 신속한데 일례로 한국전에서는 군사개입 결정에 단지 3일이 필요하였다. 저우언라이가 제시한 마지막 이유는 합의에 도달하는 것이 유리하다는 것이었다. 즉, 평화적인 방법을 통하여 일정 지역을 보호할 수 있고, 전국적인 선거를 실현할 수 있음과 동시에 서구 진영을 분열시키고 동남아 국가를 단결시킬 수 있다는 것이다. 어떻게 합의에 이를 것인가에 관해 저우언라이는 분계선을 정하는 것이 갈등의 중심이며, 16도선을 기본으로 삼는 것을 고려해 볼만 하며, 심지어 북으로 조금 더 올라가 9번 국도를 경계로 삼는 것도 괜찮다는 입장이었다. 그리고 라오스와 캄보디아를 중립화시키는 것이다. 관건은 해당 국가에 미국의 진입을 막는 것과 그들이 미국과 군사동맹을 체결하는 것을 허락하지 않는 것이라고 하였다. 저우언라이는 또한 베트남 측이 주도적으로 프랑스와의 회담에 응해야지만 합의에 도달할 수 있다고 제안하였다.[169]

호치민은 총괄발언을 통해 저우언라이의 의견에 동의함을 표시하고, 베트남 공산당 중앙은 원래의 끝까지 항전한다는 입장에서 지역을 구별해서 나누는 입장으로 전환하였으며, 간부들은 사상의 전환이 필요하다고 하였다. 베트남 공산당 중앙은 토론을 거쳐 저우언라이의 분석을 받아들였으며 회의는 조속한 시일 내에 인도차이나의 정전을 쟁취한다는 방침을 확정하였다. 경계선을 나누는 방안과 관련해서는 북위 16도선을 기준으로 적당히 타협할 수 있다고 정하였다. 회의는 <제네바 회의 관련방안 및 담판문제>라는 결의를 통과시켰다.

7월 5일, 베트남 공산당 중앙은 회의의 결의를 제네바에 있는 대표단에게 알렸다. 같은 날 저녁 7시, 중국주재 소련 대사관의 임시대사인 바스코프(V. V. Vaskov)는 마오쩌둥을 만나 모스크바의 지시사항을 전달하였다. 즉, 중국과 베트남은 프랑스 정국의 변동이 심한 것을 이용하여 인도차이나 문제를 해결하여야 한다는 것이다. 몰로토프 본인도 이틀 뒤에 제네바에 도착하여 정식 회의가 소집되기 전에 망데스-프랑스와 회담을 가질 것이라 하였다. 마오쩌둥은 소련의 제안에 동의를 표하고 아울러 저우언라이의 류저우 회담 관련한 전보를 바스코프에게 전하였다. 그는

---

169 參閱 李海文: ≪周恩來在日內瓦會議期間爲恢復日內瓦和平進行的努力≫, 第59-60頁; 另參閱 中共中央文獻研究室 編: ≪周恩來年譜(1949-1976)≫, 上卷, 第394-395頁.

또한 국제정세가 매우 좋은 상황임을 설명하고 저우언라이가 10일을 전후하여 모스크바에 가게 될 것이라고 하였다.[170]

이 기간 동안 미국, 영국, 프랑스 간에도 인도차이나 문제와 관련하여 협상이 진행되고 있었다. 6월 24일에서 28일 처칠과 이든 등은 워싱턴을 방문하여 미국 지도자들과 회담을 거행하였다. 회의의 의제에는 인도차이나 문제가 포함되어 있었다. 그들은 공동으로 인도차이나 문제해결을 위한 '7가지 강령'을 프랑스에 전달하는데 동의하였다. 여기에는 라오스와 캄보디아의 완전한 독립을 보장하고, 베트남 군대가 철수함과 동시에 경계선을 두고 남북으로 분치하는 것에 동의하는 내용이 포함되어 있었다.[171] 분치와 관련해서 미국인은 이것이 공산당의 인도차이나 침범을 기정사실화 하는 것과 같다고 판단하였기 때문에 이를 줄곧 반대하여 왔다. 미영간 회담의 결과는 미국 지도자들이 실질적으로 양보를 하기로 결정하였음을 보여준다. 6월 29일, 미국과 영국 양국의 지도자들은 6가지 조항이 포함된 연합선언을 발표하게 된다. 마오쩌둥은 이 문건을 매우 중요시하였으며, 그는 미영 연합선언의 일부 내용은 미국이 우리와 손을 잡겠다는 의지를 표명한 것이라고 하였다.[172]

저우언라이가 류저우에서 돌아온 후 중공 중앙 정치국은 7월 7일 확대회의를 소집하고 저우언라이로부터 제네바 담판과 베트남 공산당 중앙과의 회담 상황에 관한 보고를 청취하였다. 회의 참석자들은 저우언라이의 정세분석과 인도차이나 문제해결을 위한 제안 즉, 현재 아시아 정세의

---

170 From the Journal of (Soviet Charge'd affaires in Beiing) V.V.Vaskov, 27 August, 1954: Top Secret Memorandum of Conversation with Comrade Mao Zedong on 5 July, 1954, *CWIHP*, Issue 16, p.88.
171 "The Secretary of State to the Embassy in France, Washington", June 28, 1954, FRUS, 1952-1954, The Geneva Conference, Vol.16, p.1257.
172 毛澤東: ≪同个一切愿意和平的國家團結合作≫, 1954年7月7日, 中共中央文獻研究室編: ≪毛澤東文集≫, 第六卷, 第333頁。

초점은 바로 인도차이나 정전문제이며, 중국 대표단은 합의에 이르도록 노력해야 한다는 점에 모두 동의를 표하였다. 마오쩌둥은 회의의 발언을 통해 구체적 조치를 취하는데 바짝 신경을 써야지만 합의에 다다를 수 있다고 하였다.[173] 여기에 이르러 중국의 인도차이나 문제해결을 위한 정책이 비로소 중요한 조정을 완성했다고 할 수 있다. 새로운 정책은 자발적이고 적극적이며, 신속하게 그리고 직설적으로 현지의 문제를 해결한다는 것이고, 자국의 기본이익을 훼손하지 않는다는 전제하에 개별적으로 양보를 하여 합의에 달성한다는 것이다.[174] 담판에 협조하기 위하여 마오쩌둥은 광시성 위원회에 베트남군의 작전규모를 통제하라고 지시하였다. 그는 제네바 회의에 진전이 있고 7월에 합의에 도달할 가능성이 있는 상황하에 베트남 인민군의 작전규모는 확대될 필요도 없고 축소될 필요도 없이 현재의 규모를 유지하는 것이 비교적 적당하며 언제 작전규모를 확대하는가 여부는 제네바 회의의 상황에 따라 결정될 것이라고 하였다.[175]

  7월 10일, 저우언라이는 제네바로 돌아가는 도중 모스크바를 방문하여 소련 지도자들과 담판의 방침에 관해 의견을 교환하였다. 저우언라이의 주장과 제안은 소련 측의 찬성을 얻었다. 그는 당일 중공 중앙에 보낸 전보에서 현재 여러 상황을 종합해 볼 때, 북위 16도선을 경계로 하고, 툴롱항은 프랑스가 임시 사용하도록 하고, 9번 국도의 라오스 진출입을 허용하는 조건이면 대체로 합의에 이를 수 있을 것이라고 하였다.[176]

---

173 ≪毛澤東關于中國代表團參加會議方針、政策的講話(節彔)≫, 1954年7月7日, ≪1954年日內瓦會議≫, 第185頁; 另參閱中共中央文獻研究室編: ≪周恩來傳(1949-1976)≫, 上卷, 第189頁.
174 參閱中共中央文獻研究室編: ≪周恩來年譜1949-1976≫, 上卷, 第397頁.
175 毛澤東: ≪關于越南人民軍的作戰規模的電報≫, 1954年6月20日, 中共中央文獻研究室編: ≪建國以來毛澤東文稿≫, 第四冊, 第509頁.
176 轉引自中共中央文獻研究室編: ≪周恩來年譜1949-1976≫, 上卷, 第397頁.

7월 12일, 저우언라이는 제네바로 돌아왔으며, 당일 팜 반 동과 회담을 가져 그가 중국과 베트남 회담의 결의와 중국, 소련, 베트남 삼국 공산당 중앙이 합의한 의견을 받아들이도록 설득하였다. 그는 팜 반 동에게 주도적이고 적극적이며 신속히 문제를 해결하기 위해서 담판과정에서 원안과 조금 다른 방법 역시 받아 들여야 한다고 말했다.[177] 이 일이 발생하기 전에 몰로토프는 망데스-프랑스와 회담을 가졌는데 여기서 망데스-프랑스는 팜 반 동이 지나친 요구를 하고 있고, 입장의 변화도 너무 심하다고 원망한 적이 있다. 또한 베트남이 제기한 13, 14도선은 절대로 받아들일 수 없으며, 프랑스가 제기한 18도선은 역사적 지리적 근거가 있는 것이라고 하였다. 몰로토프는 그에게 내일 회의에서 팜 반 동의 의견에 변화가 있을 것이며, 프랑스가 제기한 방안의 핵심은 9번 국도를 보전하는 것이니 이 문제는 별도의 전문적인 토론을 진행할 수 있다고 하였다.[178] 확실히 소련은 이미 팜 반 동에게 압력을 행사하고 있었고 이는 어느 정도 효과를 보았다.

　저우언라이 역시 여러 차례에 걸쳐 프랑스와 영국 대표를 만나 그들이 합의에 이르기 위해서는 실질적인 양보를 해야한다고 설득하였다. 7월 14일, 망데스-프랑스는 저우언라이를 만나 군사 분계선 문제를 논의하였다. 저우언라이는 그에게 만일 프랑스가 양보를 한다면 팜 반 동은 더욱 큰 보답을 하게 될 것이라 하였다. 저우언라이는 이때 이미 프랑스가 18도선을 견지하던 입장에서 후퇴한 것을 알아차렸다. 이어 거행된 팜 반 동과 망데스-프랑스 간의 회담에서 팜 반 동은 베트남이 최후의 카드로

---

[177] ≪周恩來与范文同談話(摘录)≫, 1954年7月12日, 中華人民共和國外交部檔案館編: ≪1954年日內瓦會議≫, 第190頁.

[178] "From Journal of Molotov: Secret Memorandum of Conversation at Dinner in Honor of Mendes-France, French Prime Monister and Foreign Minister", 10 July, 1954, *CWIHP*, Issue 16, pp. 88-90.

북으로 16도선까지 물러날 수 있음을 밝혔다. 망데스-프랑스는 이에 9번 국도와 툴롱 그리고 후에(Hue) 등 프랑스가 장악하기를 희망하는 3곳의 구체적 지명을 제안하였다. 저우언라이는 당일 중공 중앙에 보낸 전보에서 프랑스는 실제로 18도선과 16도선 사이에서 합의를 이룰 생각을 하고 있다고 추측하였다.[179]

16일과 17일, 저우언라이와 몰로토프, 팜 반 동은 연속해서 회의를 열고 최후의 합의에 이르기 위한 협상을 진행하였다. 저우언라이는 회담에서 매우 결연히 중국의 정책에 대해 설명하면서, 미국의 개입을 막고 인도차이나 동남아 조약조직에 포함되는 것을 방지하기 위해서 합의에 도달하는 것은 필수적이며 이에 따라 9번 국도를 양보하는 것이 필요하다고 주장하였다. 팜 반 동은 만약 분계선에서 양보를 하게 된다면 베트남 전국에 걸친 선거 일정표를 명확히 규정할 필요가 있다고 하였는데 이는 베트남 공산당의 장기적인 국가분열에 대한 우려를 반영하는 것이었다. 이후 중국, 소련, 베트남 삼국은 최종적으로 합의를 보게 되었다. 즉, 군사 분계선은 9번 국도의 북쪽에서 나누며, 담판 과정에서 반드시 베트남 대선과 관련된 일정을 확정해야 하고, 인도차이나 지역에는 외국의 군사기지를 건립할 수 없으며, 인도차이나 국가는 어떠한 군사집단에도 가입할 수 없다는 것이었다.[180]

이후의 담판에서 프랑스와 베트남은 마침내 최종적인 합의에 이르렀으며, 북위 17도선을 경계로 정전하는데 동의하였다. 7월 21일, 무려 75일에 걸친 협의 끝에 각 측은 최후의 전체회의에서 인도차이나 평화회복

---

179 《周恩來關于与蘇、越等方會外接触情況致毛澤東、劉少奇幷中央電》, 1954年 7月14日, 中華人民共和國外交部檔案館編: 《1954年日內瓦會議》, 第233-234頁。
180 "From Journal of Molotov: Secret Memorandum of Conversation with Zhou Enlai and Pham Van Dong, 16 July 1954; From Journal of Molotov: Secret Memorandum of Conversation with Zhou Enlai and Pham Van Dong", 17 July, 1954, *CWIHP*, Issue 16, pp. 95-96, 97-98.

과 3개의 정전협정에 합의를 이루고 최종선언을 발표하였다. 미국대표는 최종선언에 사인하는 것을 거절하였지만 해당 협의에 의해 진행되는 평화적 진전을 방해하지 않겠다는 입장을 표명하였다.

중국의 주변지역 가운데 또 하나의 지역에서 전쟁의 포화가 잠들었다. 중국과 미국의 억제전선에는 또 하나의 중간지대가 생겨났으며 당시에는 이를 평화중립지대라고 불렀다. 저우언라이와 중국대표단은 한국전쟁에서 얻은 풍부한 경험을 인도차이나 담판 과정에서 효과적으로 활용하였다. 중국은 한국전에서 얻은 충분한 교훈을 통해 미국이 중국의 국경지대에 접근하여 군사력을 배치하는 것을 반대함과 동시에 동맹국이 미국과의 전쟁에 다시는 말려들지 않도록 결심하게 되었다.

제3절

타이완 해협 고담(高談)

1954년 7월 23일, 저우언라이는 제네바를 떠나 베를린, 바르샤바, 모스크바를 거쳐 귀국하였다. 그는 여정에 오르기 전에 인도차이나 지역의 평화회복은 긴장국면을 완화하고 다른 중요한 국제문제를 협상을 통해 해결할 수 있다는 좋은 선례를 만들었다는 성명을 발표하였다.[181] 그는 이때만 하더라도 동아시아의 또 다른 뜨거운 지역인 타이완 해협의 긴장국면이 급속히 고조되고 있음을 예상하지 못하였다.

7월 26일, 미 해군 항공기가 하이난다오(海南島) 해역 상공에서 해방군 전투기 2대를 격추시키는 사건이 발생하였다. 당일, 저우언라이는 바르샤바의 군중대회에서 또 한 번 제네바 회의가 국제적 긴장국면을 더욱 완화시켰다고 긍정적으로 말하였는데, 오히려 타이완 해협에서 발생한 격렬한 충돌은 언급하지 않았다.[182] 다음 날, 중공 정치국은 격앙된 분위기에서 회의를 소집하고 중미 간 타이완 해협에서의 발생한 군사충돌과 향후 예상되는 추세에 관해 논의를 하였다. 회의가 끝난 후에는 즉시 저우언라이에게 전보(이후 7. 27 지시로 통일함)를 보내어 정치국 회의의

---

181 ≪周恩來离開日內瓦時發表的聲明≫, 1954年7月23日, 中華人民共和國外交部檔案館編: ≪1954年日內瓦會議≫, 第484頁.
182 ≪周恩來在華沙群衆大會上的講話(摘彔)≫, 1954年7月27日, 中華人民共和國外交部檔案館編: ≪1954年日內瓦會議≫, 第485頁.

결정을 통보하고, 저우언라이가 모스크바에 도착한 후 소련 지도자들에게 중국의 타이완에 대한 새로운 정책을 설명하도록 지시하였다.

7. 27 지시에서 사용한 어휘는 매우 준엄하였다. 마오쩌둥을 비롯한 베이징의 지도자들은 비록 제네바 회의를 통해 인도차이나의 평화에 관한 합의를 이루어냈지만, 미국은 여전히 동아시아에서 긴장국면을 조성하려고 하며 또한 미국과 타이완 정부는 군사동맹을 맺으려하고 있다고 판단하였다. 이 때문에 중국은 국민당과의 전쟁에 직면하였을 뿐만 아니라 타이완을 해방시켜야 할 임무가 있다고 하였다. 전보는 특별히 "한국전쟁이 끝나고 난 후 우리는 적시에(대략 반년의 시간을 지체하였다.) 전국민에게 이러한 임무를 제기하지 못하였고, 제때에 이런 임무에 근거하여 군사, 외교 및 선전 부분에서 필요한 조치를 취하고 효율적인 임무를 진행하지 못했는데 이는 잘못된 것이다. 만약에 우리가 지금에도 이 임무를 제기하지 않고 업무를 진행하지 않는다면 이는 장차 아주 심각한 정치적 실수를 범하게 될 것이다."라고 문제를 제기하였다.[183] 전보에서 말하는 우리는 적시에 이런 임무를 제기하지 못했다고 하는 이 부분(대략 반 년가량 지체하였다.)은 바로 인도차이나 담판 시작 시점에 타이완 문제도 제기해야 했음을 의미하는 것이었다.

저우언라이는 28일 오후에 모스크바에 도착하였다. 그리고 다음 날 게오르기 말렌코프(Malenkov, G. M.)와 니카다 흐루시초프(Khrushchev, N.S.) 등을 만나 중공 정치국의 결정을 전달하고, 미국이 현재 동아시아에서 새로운 충돌을 선동하고 있으며, 장제스(蔣介石)의 대륙에 대한 군사행동을 지지하고, 상선을 침탈하며, 대륙 연해지역을 침범하고, 두 척의 항공모함을 직접 중국 근해에 파견시키고, 얼마 전에 해방군 전투기

---

[183] "1954年7月27日中共中央致周恩來電", 轉引自逄先知、金冲及主編: ≪毛澤東傳(1949-1976)≫, (上), 第585頁.

두 대를 격침시켰으며, 가장 심각한 것은 바로 "미국-타이완 공동방어조약"에 서명하는 등 직접적으로 중국을 겨냥하고 있다고 하였다. 그리고 미국의 도전에 반격을 가하기 위하여 중공 중앙은 타이완 해방지침을 제기하고, 이를 통해 미국과 타이완의 조약서명을 격퇴하고자 한다는 입장을 표명하였다. 그는 귀국 후 성명을 발표하여 중국은 미국과 영국, 프랑스 간의 갈등을 이용하여 미국이 동남아시아 조약조직을 세우려를 계획을 좌절시킬 것이라 하였다. 말렌코프는 중공 중앙의 판단과 결정에 동의를 표하였고 타이완 문제는 중국의 가장 중요한 관심 사안임을 이해한다고 하였다. 소련은 투-4s(Tu-4s) 장거리 폭격기를 제공할 의사가 있음도 표시하였다.

저우언라이는 중국과 인도네시아 관계의 새로운 진전에 대해서도 소개하였다. 인도네시아는 이미 그에게 자카르타 방문을 요청해왔으며, 중국과 상호 불가침 조약을 맺으려 한다고 하였다. 말렌코프는 중국의 인도네시아와의 관계발전에 지지입장을 표명하고, 만약 중국이 인도네시아와 합의에 도달할 수 있다면 소련은 최대한 선전을 확대하는데 도움을 줄 것이라 하였다. 마지막으로 말렌코프는 저우언라이의 초청을 받아들여 최고 지도자가 단체를 이끌고 중국의 건국 5주년 기념행사에 참가하겠다는 뜻을 밝혔다.[184] 후에 흐루시초프가 사절을 이끌고 중국을 방문한 것은 바로 이번 회의가 기원이 되었기 때문이다.

7. 27 지시와 저우언라이와 소련 지도자들의 회담은 중국 지도자들이 제네바 회의가 끝난 후 빠른 시간내에 단지 인도차이나 정전에 만족하지 않고, 그들이 더욱 적극적인 외교와 군사행동 선택을 준비하고 있음을 보여준다. 구체적으로 말하자면 현재 뜨거워지고 있는 타이완 해협의 긴

---

[184] "Reception of G.M.Malenkov by CDE. Zhou Enlai , Primie of The State Administrative Council And Minister of Foreign Affairs", 19 July 1954, *CWIHP*, Issue 16, pp. 102-103.

장국면을 이용하여 타이완 해방을 선포하는 등 정치적 동원과 군사행동의 강화를 통하여 미국과 타이완 정부 간에 군사조약 체결 계획을 좌절시킨다는 것이다.

7월 7일 저우언라이의 제네바 회의 관련 보고를 들은 후 마오쩌둥은 동아시아에서 긴장국면을 완화함과 동시에 미국이 타이완과 군사조약을 체결하려는 의도를 무너뜨려야 하며, 이를 위해 미국의 정책을 비판하고 미국과의 외교적 접촉을 진행하는 등 선전과 외교의 두 가지 방법을 사용하여 미국과 타이완이 조약을 체결하지 못하도록 해야 한다고 지적하였다. 당시 그는 미국 내부에도 갈등이 있다고 판단하였다. 대통령 아이젠하워를 포함한 일련의 사람들은 바로 전쟁을 찬성하지 않으며 우리와 손을 잡으려 하기 때문에 미국이라는 국가 역시 쓸만한 것이 없는 것은 아니라고 보았다.[185] 마오쩌둥이 이 시기 중미관계 완화와 미국과의 담판 쟁취라는 구상을 하게 된 것은 먼저 중미 대표들이 제네바 회의 기간동안 상호 접촉했던 영향이 컸으며 또 다른 한편으로는 앞서 언급한 바와 같이 미국, 영국과 함께 6월 29일 발표한 연합선언과 관련이 있었다.

제네바 회의 기간동안 소련만이 중국이 이 기회를 이용하여 미국과의 관계개선을 하기를 희망한 것이 아니라 영국 역시 매우 적극적으로 중미 간의 중재 역할을 하였다. 5월 19일, 중국 주재 영국 회담 대표겸 제네바 회의의 영국 대표단의 일원이었던 트리벨리언(Trevelyan, Humphrey)은 중국 대표 환샹(宦鄕)을 만나 소위 말하는 개인적 문제를 제기하였다. 즉, 자신이 중미 간 일반인의 송환문제 해결을 위한 중재에 참여할 수 있는지 여부를 물어왔다. 환샹은 상부의 지시을 받은 후에야 답변을 할 수 있다는 입장을 표명했다.[186] 트리벨리언의 행동은 적어도 미국의 동의

---

185 毛澤東: ≪同一切愿意和平的國家團結合作≫, 1954年7月7日, 中共中央文獻研究室編: ≪毛澤東文集≫, 第6卷, 第333-334頁.
186 ≪宦鄕与杜維廉關于中美兩國僑民回國問題的談話記彔(節彔)≫, 1954年5月

를 얻은 것이었다. 22일, 미국의 제네바 회의 참석 대표인 스미스(Smith)는 몰로토프에게 중국 측 대표와 양국의 교민송환 문제에 관해 협의하기를 희망한다고 밝히고, 미국의 중국과의 왕래를 금하는 정책은 시기에 적합하지 않는다고 하였다. 중국 대표단은 아주 빨리 몰로토프 측으로부터 이번 담화의 내용을 알게 되었다. 27일, 환샹은 트리벨리언에게 중국 대표단은 대화를 거절하지 않는다는 답변을 보냈고 중미 쌍방 간 제네바에서 직접 담판이 가능하게 되었다.[187]

6월 3일, 저우언라이는 베이징에 각국의 동태와 그의 중미 간 담판에 대한 견해를 보고하였다. 즉, 미국정부 내부에는 여전히 갈등이 존재하며, 이런 이유로 한동안 관찰할 시간이 필요하다고 하였다. 만약 미국 측이 담판을 결정하면 중국은 기존방침에 따라 미국과 접촉을 하고 담판 지점을 확정한다는 것이다.[188] 확실히 이 시기 저우언라이는 어떻게 교민송환관련 담판과 타이완 문제 해결을 연결시킬지 고려하고 있지 않았다. 3일 뒤, 중공 중앙은 답신을 보내 저우언라이의 계획에 동의하였다.[189] 영국의 적극적인 중재역할에 힘입어 중미 대표는 교민문제와 유학생문제에 대한 직접 회담을 거행하였다. 6월 5일부터 21일까지 중미 대표들은 모두 4차례에 걸쳐 회담을 가졌고, 쌍방의 교민송환 문제에 관해 구체적인 의견을 교환하였다. 회의 분위기는 실속이 있었고, 회의 후에 다시 논의하기로 약속하였다.

   19日, 中華人民共和國外交部檔案館編: ≪1954年日內瓦會議≫, 第379-380頁.
187 ≪宦郷与杜維廉關于中美兩國僑民回國問題的談話記彔(節彔)≫, 1954年5月 27日, 中華人民共和國外交部檔案館編: ≪1954年日內瓦會議≫, 第381-382頁.
188 ≪周恩來關于美國要求釋放在華犯罪僑民事致毛澤東、劉少奇幷中央的電報≫, 1954年6月3日, 中華人民共和國外交部檔案館編: ≪1954年日內瓦會議≫, 第383頁.
189 ≪中共中央對周恩來6月3日關于美僑問題電的夏電≫, 1954年6月6日, 中華人民共和國外交部檔案館編: ≪1954年日內瓦會議≫, 第384頁.

7월 19일, 스미스는 각국의 정식회의에서 명확한 태도로 미국은 인도차이나 전쟁의 참여자가 아니며 제네바 회의의 합의에 사인을 하지 않을 것이지만 이번 회의에서 합의한 내용을 파괴할 생각도 없다고 말하였다. 만약 한반도 문제와 관련한 마지막 회의와 비교해 본다면 미국의 정책에 분명한 변화가 있음을 알 수 있다. 그 회의에서 미국은 심지어 하나의 글자에 대해 합의를 보는 것에도 반대하였었다. 그러나 스미스는 휴회기간동안 저우언라이를 찾아와 인사말을 나누고 중미관계가 더욱더 서로를 이해하는 방향으로 나아가기를 희망하고, 병 치료차 귀국한 미국 수석 대표를 대표하여 저우언라이에 호의를 표하였다.[190]

저우언라이와 미국의 매번 접촉은 한 글자 한 글자 모두 마오쩌둥에 보고되었고, 이러한 일련의 담화중에서 미국과의 일련의 문제를 해결하고자 하는 인상은 결코 그리 나쁘지 않았다. 마오쩌둥은 이런 배경하에 미국과의 외교적인 접촉을 포함하는 등 여러 방법을 통하여 미국과 타이완이 조약을 체결하지 못하도록 하라고 하였다.

마오쩌둥은 "談談打打, 打打談談 한편으로 담판을 하면서 한편으로 전쟁을 하다."라는 언어 표현을 이용하여 중국 지도자들이 한반도 정세를 처리하는 과정에서 얻은 경험을 요약하였다. 이는 그들의 전략적 사고에 직접적인 영향을 미쳐 전체 동아시아 지역에서 미국과의 관계를 처리하는 지침으로 사용되었다. 타이완 해협과 관련하여 간단히 말하자면 미국인을 담판 테이블에 앉게 하고, 더불어 충분한 군사적 압력을 조성하여야 하며 또한 이 과정은 한번에 완성할 수 없다는 것이었다. 특별히 7월 중순 인도차이나의 형세가 막 완화되고 타이완 해협의 긴장국면이 고조됨에 따라 중국 지도자들은 진일보한 결론을 얻었는데 그것은 바로 또

---

190 ≪周恩來關于第二十三次限制性會議情況致毛澤東、周恩來幷報中央的電報≫, 1954年7月19日, 中華人民共和國外交部檔案館編: ≪1954年日內瓦會議≫, 第196-197頁。

한 차례 "한편으로 담판을 하면서 한편으로 전쟁을 한다."는 원칙이 시작되었으며, 군사적 대결국면을 통해서 미국을 담판에 임하게 할 수 있다는 것이었다.

해방군이 동남연해 지방의 도서를 탈취한 군사적 배치로 보면 중국 지도자들은 군사행동을 미국과 타이완이 동맹관계 형성을 반대하는데 연결시켰다. 다시 말하자면 이 시기 막 계획되고 점차적으로 전개되던 군사행동은 최초에는 대외정책과 직접적으로 밀접한 관계가 없었다. 미국과 타이완 당국 간 군사조약 체결이 있건 없던간에 타이완 해협의 긴장국면은 시종일관 높아져갔고, 동남연해 지역의 전투는 결국에는 발생할 것이었다. 이 시기 마오쩌둥은 정세에 따라 유리한 방향으로 이끌었을 뿐이며 군사행동의 효과를 극대화했던것 뿐이었다. 따라서 1954년 동남연해 작전의 선후 관계를 분석하는 것은 이 시기의 외교정책을 이해하는 데 매우 중요한 의미가 있다.

동남연해의 군사행동은 1954년 봄에 시작되었다. 여기에는 저장연해의 해공군 역량을 전진배치시키고, 봄 홍수 때 해군의 어업 보호를 위한 수시작전, 저장연해에서 공군의 제공권 확보작전, 해공군의 해상 운송 보호작전, 푸젠연해에서 대, 소 진먼(金門) 포격 및 저장연해의 다천(大陳)열도 탈취를 위한 삼군의 연합작전 등이 포함된다. 이 시기 군사행동은 대략 1955년 4월 23일까지 계속되었다. 당일, 저우언라이는 반둥(Bandung)회의에서 성명을 발표하여 중국정부는 미국정부와 회담을 가질 의향이 있으며, 타이완 지역의 긴장국면 완화에 관해 토론하기를 제안하였다.[191] 동남연해의 군사행동은 이로써 끝이 나게 되었다.

미군의 한국전쟁 개입부터 중국 지도자들은 미국이 한반도와 인도차

---

191 ≪周恩來關于緩和遠東緊張局勢問題的聲明≫, 1955年4月23日, 中華人民共和國外交部檔案館編: ≪中國代表團出席1955年亞非會議≫, 世界知識出版社2007年版, 第75頁.

이나 그리고 타이완 해협 등 세 개의 전략적 방향으로부터 중국을 위협하고 있다고 단정하였다. 그러나 한반도와 인도차이나 두 곳과 비교해서 타이완 해협의 군사충돌은 매우 달랐는데 이는 본질적으로는 국공 내전의 연속으로 냉전체제의 국제화라는 특징이 있었다. 1949년 봄, 해방군이 두장(渡江)전역에서 승리를 거둔 이후, 중공 중앙은 6월에 제3 야전군 지도자에게 타이완 공격을 제기하였는데 이는 상하이 및 연해 각 항구도시의 안전과 연관이 있었다.[192] 이후 대륙지역이 지속적으로 해방됨에 따라 타이완 공격은 점차 해방군 작전의 핵심사항 중 하나가 되었다. 특히 신중국이 성립된 후 타이완 공격 및 점령은 비교적 빠른 시일내에 완수해야 할 전략적 임무로 확정되었다. 중공 중앙의 이 시기 구상은 1950~1951년 사이에 타이완 공격을 감행하여 국가의 통일을 완성한다는 것이었다.[193]

중국 지도자들은 시작부터 미국의 정책을 매우 관심있게 지켜보았다. 당시 그들은 미국이 직접적으로 군사적 개입을 할 가능성은 그다지 크지 않다고 여겼지만 이런 판단은 한국전이 발발하고 미국이 타이완 해협을 봉쇄함으로써 근본적으로 변화하였기 때문에, 최종적으로 그들이 타이완 공격이라는 원계획을 미루도록 하였다. 1950년 12월, 중국 지도자들은 한국전 정전협상을 고려할 때, 타이완 문제와 중화인민공화국의 유엔에서의 합법적인 지위를 회복하는 문제를 한반도 문제와 일괄 해결하자

---

192 逢先知主編: ≪毛澤東年譜1893-1949≫, 下卷, 人民出版社、中央文獻出版社 1993年版, 第519頁; ≪粟裕傳≫編寫組: ≪粟裕傳≫, 当代中國出版社2007年版, 第849頁.
193 周恩來: ≪当前財經形勢和新中國經濟的几種關系≫, 1949年12月22日、23日, 中共中央文獻硏究室編: ≪建國以來重要文獻選編≫, 第1冊, 中央文獻出版社1992年版, 第73頁; 參閱何迪: "'The Last Campaign to Unify China': The CCP's Unmaterialized Plan to Liberate Taiwan, 1949-1950", *Chinese Historians*, Vol. 5, Number 1, Spring, 1992.

는 제안을 한 바 있다.[194] 1951년 6월, 그들은 한국전 정전문제만 논의하고 다른 문제는 언급하지 않는다는 방안을 받아들여, 타이완 문제는 최종적으로 담판 의사일정에 포함되지 못했다.

이후 일련의 시간 동안 타이완 문제는 중국 지도자들의 의사일정 중에 특별히 중요한 위치를 차지하지 못하였다. 그러나 그들의 타이완 문제에 대한 전략적 인식은 한국전쟁으로 매우 큰 변화가 일어났다. 그들은 미국의 군사간섭 때문에 타이완 문제를 미국이 중국을 위협하는 3가지 전략적 방향의 하나라고 보았다. 이때부터 타이완 문제는 중국의 주권과 국가통일과 관련되었을 뿐만 아니라 중국의 국가안보와도 관련이 되었다. 한반도와 인도차이나 두 곳의 지역정세가 완화됨에 따라 타이완 해협의 긴장국면은 필연적으로 부각되어 최고의 위협이 되고야 만다.

동남연해 지역에서의 작전은 최초에는 미국과 타이완이 공동방어조약을 체결하는 문제와는 직접적인 관계가 없었다. 주요 내용의 시작은 1952년 봄으로 거슬러 올라간다. 한국전쟁이 발발한 후 타이완에 공격을 중지한 것은 1953년 7월까지 지속되었다. 이때 동남연해에서 해방군의 작전행동의 규모와 횟수는 상당히 제한적이었고, 내용에 있어서도 국민당을 지지하는 해적을 소탕하거나, 연해도시의 방공작전에 참여하거나 국민당 군대의 해상봉쇄를 돌파하고 대륙에 매우 근접한 연해의 작은 섬을 확보하는 등 방어적인 성격을 띠고 있었다. 1951년 5월, 중앙 군사위원회는 푸젠 연해도서인 진먼(金門) 쟁취계획을 한국전에서 결정적인 승리를 확보할 때까지 유보한다고 발표하였다.[195] 1952년 봄과 여름 사이

---

[194] ≪周恩來外長關于12月14日五屆聯大決議的聲明≫, 1950年12月22日, ≪中美關系資料匯編≫, 第二輯, 上, 第358頁.
[195] 毛澤東: ≪同意在朝鮮戰爭結束前推遲解放金恩≫, 1951年5月10日, 中共中央文獻研究室、中國人民解放軍軍事科學院編: ≪建國以來毛澤東軍事文稿≫, 上卷, 第483頁.

화동군구는 저장연해의 몇몇 주요한 섬들을 쟁취할 계획을 마련하였고, 당시 다천열도 점령 계획을 수립하였다. 그러나 6월 중순에 군구에 작전지시가 떨어졌다. 당시 펑더화이는 "중미가 현재 한반도에서 교전중인 관계로 다천열도를 공격하게 되면 미국의 해공군 역시 참전한 가능성이 있게 된다. 이런 이유로 한반도에서 정전이 될 때까지 기다렸다가 다시 행동해야 한다."라고 하였다. 7월 27일, 마오쩌둥은 펑더화이의 의견에 동의를 표하고, 한반도에서 정전이 실행되기 이전에는 저장 연해도서 쟁취를 위한 전투를 실시하지 않으며, 한반도에서 전쟁이 끝난 후에도 언제 그리고 어떻게 전투를 진행할 것인지는 여전히 신중하게 고려해야 한다고 하였다.[196]

1953년 한국전 정전이 실현된 이후 해방군은 동남연해 지방의 군사적 배치를 한층 강화하였다. 먼저 저장 연해지방의 제공권 장악을 전개하였다. 이 시기의 지도사상은 막 건국했을 때 장제스가 점령한 도서를 쟁취하거나 타이완 공격을 준비하는 군사행동과는 이미 아주 큰 차이가 있었다. 건국을 전후하여 해방군이 장제스가 점령했던 도서를 되찾거나 타이완을 공격하는 것은 모두들 국민당 정권을 철저히 박살내고 국가통일을 완성하기 위한 것으로 받아들였다. 그러나 1953년을 전후해서 해방군의 전략적 사고에는 국가안보 보호의식이 점차 강화되어, 타이완 문제를 해결하는 군사계획에도 국가안보보호의 내용이 증가되었으며 이것이 차지하는 비중 역시 점차 확대되었다. 이는 먼저 해방군의 국방정책과 군사 현대화계획을 제정하는데에서 나타났다.

1952년 봄, 중국 정부는 제1차 5개년 계획을 제정하기 시작했다. 저우언라이는 총참모부에 군사건설 5개년 계획을 제출하도록 요구하였다. 총

---

196 毛澤東: ≪朝鮮戰爭結束前不要進行對大陳島的作戰≫, 1952年7月27日, 中共中央文獻研究室、中國人民解放軍軍事科學院編: ≪建國以來毛澤東軍事文稿≫, 中卷, 第45頁.

참모부는 계획을 제정하는 과정에서 미국이 한반도, 동남연해 그리고 인도차이나 등 3곳에서 신중국의 안전에 미치는 주요 위협사항을 확인하고 국방정책과 건군방안을 포함하는 <군사건설 5개년 건설계획>을 제출하였다. 이 계획은 7월에 중공 중앙의 비준을 획득한 후 실시되었다.[197] 이 계획은 북쪽의 산동반도와 랴오둥반도, 남쪽의 하이난다오를 중심으로 방어시설을 갖추고 견고한 방어망을 구축하는 것을 포함하였다. 이러한 국방 배치는 동남연해 지역의 전략적 방어의 깊이를 더했을 뿐만 아니라 각종 군사행동의 중요한 동력이 되었다.

해방군이 군사계획을 제정하는 것은 확실히 타이완 해협 정세의 영향도 받았다. 미국은 한국전이 발발하자 타이완 해협을 봉쇄한다고 선포하였는데, 이의 영향은 단순히 해방군이 타이완 공격계획을 중단한 것에서 그치지 않는다. 국민당 군대는 1949년 10월 이후 여전히 패배의 과정에 있었으며, 심지어는 다천열도와 진먼 등의 섬을 포기할 준비를 하고 있었다.[198] 한국전은 장제스에게 숨을 돌리고 회복할 기회를 주었고, 국민당 군대는 1952년부터 교란행위를 감행하기 시작하여 동남연해에 새로운 위협을 조성하여 중국 지도자들은 어쩔 수 없이 그곳의 안보상황에 관심을 가질 수밖에 없었다. 12월 28일, 마오쩌둥은 동남연해 지구의 지도자들에게 지시를 내려 국민당 군대의 공격에 반격을 가할 준비를 하라고 하였다.[199]

1953년 여름 한국전 정전을 전후해서 국민당 군대는 미국의 지원하에

---

197 張震: 《張震回憶錄》, 上冊, 解放軍出版社2003年版, 第474-475頁; 《粟裕傳》編寫組著: 《粟裕傳》, 第449-450頁.
198 胡璉: 《金門憶旧》, 台北黎明出版社, 1976年版, 第112頁, 轉引自黃文娟: 《20世紀50年代台海危机期間美國与兩岸互動模式之研究》, (博士論文), 2006年5月, 第62頁.
199 毛澤東: 《加強防備, 粉碎國民党軍對福建沿海的進攻》, 1052年12月28日, 中共中央文獻研究室編: 《毛澤東文集》, 第六卷, 第250-251頁.

동남연해의 점령도서에서 저장 다천열도를 중심으로 하는 전선을 구축하고, 이 도서들을 기지로 삼아 대륙연해 지역에 대한 해공군 공격을 감행하고 소요를 일으켰다. 이 중 가장 큰 규모는 7월 16일~17일 사이에 있었는데, 국민당 군대는 12,000명을 집결시키고 푸젠의 둥산(東山)섬을 공격하여 점령하였다. 국민당 군대의 이러한 행동은 공격적인 성격으로 동남연해 지역에 심각한 위협이 되었다. 이는 어민의 생명과 재산, 생산, 해상 교통과 일부 연해도시의 안전 등을 위협하였다.

타이완의 긴장국면이 한국전 정전을 전후하여 급속히 강화된 것은 아이젠하워 정부의 정책과 직접적인 관계가 있다. 아이젠하워는 대통령이 된 이후 국민당 군대의 대륙연해 도시에 대한 군사공격을 부추기고 또 지지하여 중국에 대한 군사적 압력을 행사하는 새로운 전선을 만들었다. 1953년 2월 2일, 아이젠하워는 국회에서 발표한 국정자문에서 중국이 한국전쟁에 참가하였기 때문에 미 제7함대는 국민당 군대가 대륙을 공격하는 것을 저지하지 않을것이라 하였다.[200] 이 정책은 흔히들 '장제스를 풀어 주어 새장에서 나오게 한다."라는 표현으로 형상화되기도 하였다. 이러한 배경하에 중국 지도자들은 타이완 당국의 군사행동을 미국의 중국에 대한 적대적인 그리고 위협적인 침략적 정책으로 정의하였고, 미국이 한국전의 실패를 달가워하지 않았기 때문에 새로운 도전을 야기한것이라 판단하였다.[201]

또 다른 심각한 사태는 미국이 타이완 정부와 군사동맹조약 체결을 위한 협상을 개시하였다는 점이다. 비록 쌍방은 와이다오(外島)를 방어할지 여부를 두고 의견의 대립이 있기는 하였으나 타이완 당국은 조약체결은 단지 시간문제일 뿐이라고 믿고 있었고, 미국 내부에도 타이완과의

---

200 ≪總統致國會咨文≫, 1953年2月2日, 陶文釗、牛軍編: ≪美國對華政策文件集≫, 第二卷上, 第134-135頁.
201 中共中央文獻硏究室編: ≪周恩來年譜1949-1976≫, 上卷, 第405頁.

협약체결을 지지하는 세력이 매우 큰 영향력을 행사하고 있었다. 미국과 타이완 간의 조약체결과 관련한 토론은 공교롭게도 1953년 봄, 여름 간에 시작되었고, 미국이 아시아에서 적극적으로 중국을 겨냥한 군사연맹을 세우려는 움직임과 동시에 진행되었다. 중국 지도자들은 미국의 이러한 행동에 매우 민감하였다. 당시 타이완을 제외하고, 저장연해의 다천열도와 푸젠연해의 진먼(金門), 마주(馬祖)는 아직 점령하지 않은 상태였다. 만약에 미국이 타이완과 조약을 체결할 때 이 연해도서를 포함시킨다면, 미국은 앞으로 직접 연해지방에 도착할 수 있게 되고, 이는 중국의 연해지방에 아주 심각한 위협이 되는 상황이었다. 실제로 미 군함이 불시에 국민당 군대가 점령하고 있던 다천열도를 방문한 것은 이미 저장연해에 주둔하고 있던 해방군에 큰 위협이 되었다. 10월 11일, 마오쩌둥은 군사위원회 연락부가 제출한 보고에 대해 미국과 타이완이 정말로 진먼과 얼천(二陳) 등을 협정에 포함하려 하는지 명확하게 조사할 것을 지시하였다.[202] 이 시기 중국은 미국이 아시아에서 군사동맹을 만들려고 하는 것은 중국을 침략할 의도가 있는 것이며, 아시아 지역의 긴장국면을 강화시키는 것이며, 미국과 타이완이 체결하고자 하는 군사조약은 미국이 장기적으로 타이완을 점령하고 중국을 위협하려는 음모라고 비난을 퍼부었다.[203]

아무튼 한국전쟁이 끝나고 난 후 타이완 문제 해결이 가지는 의미는 이미 건국 초기 국가의 통일을 완성하는 것에서 통일을 실현하고 국가의 안보를 보호하는 두 가지 내용으로 변화되었고, 이것은 모든 정책변화의

---

[202] 毛澤東: 《美蔣簽訂軍事協調諒解協定值得注意》, 1953年10月11日, 中共中央文獻研究室、中國人民解放軍軍事科學院編: 《建國以來毛澤東軍事文稿》, 中卷, 第178頁.

[203] "美國加緊進行敵視中國的侵略部署妄圖繼續奴役亞洲人民和加深國際緊張", 《人民日報》, 1954年3月26日; "美國統治集團敵視亞洲人民", 《人民日報》, 1954年5月14日.

주요배경이 되었다. 중국 지도자들은 이로부터 타이완 문제해결을 미국의 동아시아 억제전략에 대항하는 것과 연계시켰고, 미국과 타이완의 조약체결에 반대하는 것은 미국의 군사동맹 체제건설을 저지하는 주요 구성요소가 되었다. 좀 더 이야기해 보자면 국가안보요소가 타이완 해협의 긴장국면에 따라 끊임없이 강화되면서 타이완 문제해결을 둘러싼 외교적 구상과 군사적 행동은 매우 복잡하게 변했으며, 군사안보는 정치, 외교 등 각종 요구와 함께 상당히 밀접한 상호추동 관계를 형성하였다. 중공 중앙이 미국과 타이완의 조약체결에 반대한 첫 번째 목표는 저장과 푸젠의 연해도서가 미국과 타이완의 군사조약에 포함되는 것을 방지하는 것이었고, 이는 당시 군사와 외교의 가장 중요한 출발점이었다. 즉, 이 시기 외교는 연해 도시를 쟁취하기 위한 군사행동에 보조를 맞추는 것이었다.

해방군의 동남연해에서의 작전은 일 년 여 동안 지속되었다. 연해도시를 쟁취하는 것은 작전의 핵심목표였다. 이중 규모가 가장 큰 것은 다천열도를 획득하기 위한 전투였는데 이중 관건은 바로 1955년 1월 18일 이장산다오(一江山島)를 점령한 것이었다. 해방군의 연해도서를 쟁취하기 위한 작전계획은 공교롭게도 중국 지도자들이 반드시 타이완을 해방하고, 미국과 타이완의 조약체결을 격퇴하겠다는 계획을 제시한 시점에 시작되었는데 여기에는 특수한 배경이 있다.

화동(華東) 군구는 1952년 여름부터 동남연해 도서 쟁취를 고려하고 이를 실행해 옮기기 위한 준비를 시작하였다. 1953년 봄, 동남연해 지역의 긴장이 고조됨에 따라 화동 군구는 다시 한 번 장제스에 의해 점령된 동남연해 도서 탈취를 위한 군사계획을 정하기 시작하였다. 이에 1954년 7월 상순까지 반복적인 토론이 이어졌고, 최종적으로 '작은 것에서 큰 것으로, 북에서 남으로, 섬을 따라서 점차적인 공격'이라는 작전방침이 세워졌다.[204] 먼저 점진적으로 저장연해와 푸젠연해의 장제스 점령 도서를 획득하는 것이지 다천열도와 진먼, 마주 등 도서를 동시에 공격하지는 않는다는 것이다. 다음으로 저장연해 도서와 푸젠연해 도서 사이에서 먼저 저장연해의 다천열도를 쟁취하고 뒤에 푸젠 연해지역의 진먼, 마주를 쟁취하는 즉, 북에서 남으로의 전략을 취한다는 것이다. 세 번째는 다천열도를 공격하든 진먼 등 도서를 공격하든 일률적으로 작은 섬에서 큰 섬으로 점진적으로 공격한다는 것이다. 여기에는 동남연해의 장제스가 점령하고 있는 도서를 획득하는 작전 또한 실제로 투스텝(Two step)으로 나누어서 진행함을 의미한다.

작전방침을 고려하고 확정하는 동안 국부적인 군사행동은 이미 시작되었다. 1954년 봄부터 공군은 저장연해 지역에서 역량을 강화시키고, 국민당 공군과 제공권 다툼을 진행하고 있었다. 해군 역시 주도적으로 저장해역으로 나아가 봄 홍수기간 동안 어민보호 작전을 진행하고 여러 차례에 걸쳐 국민당 해군과 교전을 벌였다. 이때 해공군 모두 뚜렷한 전과를 거두었다. 이러한 군사적 배경 아래 7월 11일, 군사위원회는 저장연해지방의 도서에 대한 작전방안에 기본적으로 동의하였으며, 마오쩌둥 본인 역시 당일 이를 승인하였다.[205]

이틀 뒤인 7월 13일, 중국 지도자들은 항구로 들어오는 외국 상선의 호위문제에 관한 회의를 개최하였다. 외교부와 국외의 선박회사에 의해 회의가 소집되었고 이들은 해공군이 외국상선에게 호위업무를 제공하기를 요구하였다. 당시 국민당의 해공군이 외국상선을 공격하고 위협하는 일들이 자주 발생하였다. 가장 심각한 일은 6월 23일 국민당의 해군이 소련상선인 투압세호(Tuapse)를 가오슝항으로 납치한 사건이다. 이는 해

---

204 鄭文翰: ≪秘書日記里的彭老總≫, 軍事科學出版社1998版, 第32頁; 林曉光: ≪中國共産黨對台政策的歷史演進≫, ≪党史研究資料≫, 1997年, 第3期, 第3頁.
205 張震: ≪張震回憶彔≫, 上冊, 第494頁; 王焰主編: ≪彭德怀年譜≫, 第571頁.

상운항 안전을 위협했을 뿐만 아니라 중국의 국제적인 신망에도 심각한 타격을 입혔다. 소련 고문은 이 사건을 계기로 외국상선 호위에 관한 요구를 하게 되었고, 이는 해군의 호위에 대한 책임감을 가중시켰다. 13일 회의는 해방군 총참모부 작전부가 작성한 항해, 항공보위에 관한 작전계획을 완성하고, 회의 뒤에는 타이완에 대한 군사행동의 선전을 대폭 강화하였다. 언론 역시 미국에 대한 비판의 목소리를 일제히 높이기 시작하였다. 7월 16일, <런민르바오>는 해방군의 호위문제에 관한 문장을 발표하였다. 이 문장은 최종적으로 타이완을 수복하고 미국의 해적질을 깨부수고 끝까지 분투해야 한다고 하였다.[206]

바로 이 시기부터 마오쩌둥과 중공 중앙은 동남연해의 군사행동에 대해 더욱 복잡한 정치적 의미를 부여하였다. 그들은 제네바 회의 이후 아시아 정세에 대한 판단과 동남연해에서 지속적으로 가중되는 긴장국면에 기반하여 이미 실시하기로 확정되었던 와이다오(外島) 수복이라는 군사적 행동을 이용하여 타이완 해협 충돌이 가지고 온 심각한 결과를 부각시키고자 하였다.

이때 미국 역시 타이완 해협에 대한 외교적 군사적 행동을 강화하였다. 미국과 타이완은 군사적 교류를 끊임없이 확대하였고, 미 해공군은 동남연해에서의 군사적 활동을 강화하여, 미 7함대는 하이난다오 동부 해역에 진입한 상태였다. 이밖에 미국과 타이완은 모두 군사조약 체결을 준비하고 있다고 공개적으로 선전을 하였다. 타이완 주재 미국대사인 랭킨(Rankin, Karl)은 당시 워싱턴으로 돌아와 업무보고를 하였다. 7월 20일, 미국주재 타이완 대사 구웨이쥔(顧維鈞)은 타이베이로 돌아왔는데, 그는 타이베이로 돌아오기 전에 미국 대통령인 아이젠하워를 비롯한 정계 요인들과 회담을 가졌다. 랭킨과 구웨이쥔은 각각 워싱턴과 타이베이에

---

206 ≪人民日報≫, 1954年7月16日。

서 공개적으로 미국과 타이완이 동맹조약을 체결할 것이라고 발표하였고, 이에 타이완 언론은 미국과 타이완 사이에 조약체결은 단지 시간문제라고 믿고 있었다.

또한 미국은 유엔에서 중국의 유엔 안보리 이사국 자리 복귀를 위한 토론이 진행되는 것을 반대하는 외교활동을 강화하였다. 동시에 미국의 동맹국들 역시 타이완 해협 양안의 분열고착을 지지하는 대열에 참여하기 시작하였다. 7월 14일, 영국 수상 처칠은 회의 발언을 통해 타이완을 유엔의 관리하에 두는 방안을 제안하였다. 국제 여론에서 이러한 변화가 생긴 것은 중국 지도자들의 관심을 끌기에 충분하였다.[207] 국제사회에서 두 개의 중국이라는 여론이 고착되어 가는 상황을 반대하기 위해 중국 지도자들은 이 시기 "반드시 타이완을 해방시킨다."라는 구호를 제기하였다.

상술한 미국과 동맹국들의 행동, 그리고 국민당의 해공군에 걸친 공격 등이 겹쳐져 중국 지도자들은 타이완 해협에서 더욱 단호한 군사적 행동을 취해야겠다고 결심하게 된다. 7월 22일, 즉, 제네바 회의에서 막 인도차이나 정전에 관한 합의에 도달했을 때 중공 중앙 군사위원회는 특별회의를 소집하였다. 펑더화이는 회의에서 마오쩌둥의 타이완 문제해결과 관련한 지시를 전달하고 동시에 군사적으로 타이완 문제를 해결하는 구체적 계획을 세울 필요가 있다고 지적하였다. 그는 마오쩌둥이 정치국 회의에서 한국전쟁 이후 타이완 해방과 관련한 언급이 없었다는 점을 비판하였다고 하였다.[208]

23일, <런민르바오>는 <반드시 타이완을 해방시켜야 한다>라는 제목

---

207 ≪英國首相丘吉爾在下院關于台灣問題的發言≫, 1954年7月14日, ≪中美關係資料匯編≫, 第二輯, 下, 第1914頁; 尹啓明、程亞光: ≪第一任國防部長≫, 广東敎育出版社1997版, 第197頁
208 張震: ≪張震回憶彔≫, 上冊, 第498頁。

의 사설을 발표하였다. 사설은 미국과 타이완 사이에 비밀리에 군사동맹을 체결하려는 음모를 비판하고 동시에 처칠이 7월 14일 제기한 유엔의 타이완 신탁통치와 관련한 발언을 비난하였다.[209] 24일, 마오쩌둥은 해군이 보고한 작전방안에 대한 지시에서 화둥, 저장, 푸젠 군구의 지도자들이 베이징에 모여 저장 연해지방의 작전방안을 논의할 필요가 있다고 하였다.[210] 그는 동남연해의 군사적 활동을 보다 전면적으로 이해하고 조율시킬 필요가 있다고 판단하였다.

7월 26일, 중국 지도자들이 동남연해의 작전방안을 적극적으로 수립하고 있을 때 해방군 전투기 두 대가 미 군용기에 의해 격추되는 사건이 발생했다. 이는 마오쩌둥이 마지막으로 미국과 한판 겨룸을 결심하는 계기가 되었다. 앞서 언급한 7. 27 지시는 이러한 배경하에 나오게 된 것이다. 7. 27 지시는 저우언라이가 관례에 따라 중대한 정책을 결정할 때 소련과의 행동을 조율하고, 군사적 원조와 외교적 협력을 쟁취할 것을 요구하고 있다.

총참모부는 7월 22일 회의의 결정에 따라 <타이완 장제스 괴뢰군과의 적극적인 투쟁을 위한 군사적 계획과 실시방안>이라는 작전계획 초안을 재빨리 작성하였다. 작전계획의 제목에 타이완 해방이라는 말이 사용되지 않은 것은 아직까지는 즉각적으로 타이완에 대한 공격감행을 고려하지 않고 있음을 의미한다. 7월 30일과 31일, 중앙 군사위원회는 이틀간 연속으로 회의를 소집하여 총 참모부가 제출한 군사계획에 관해 토론하였다. 펑더화이는 먼저 즉시 타이완 해방 문제를 제기할 필요가 있다고 하였다. 그러나 그가 이후에 설명한 지도사상과 군사계획은 이전에 언급

---

209 ≪人民日報≫, 1954年7月23日.
210 毛澤東: ≪對攻擊大陳港敵艦方案的批語≫, 1954年7月24日, 共中央文獻研究室、中國人民解放軍軍事科學院編: ≪建國以來毛澤東軍事文稿≫, 中卷, 第222頁.

한 7월 11일의 계획과 비교해서 중요한 변화는 없었다. 8월 8일, 마오쩌둥은 이 계획을 비준하였다. 다음 날, 정치국은 회의를 소집하여 이 문제를 토론하고 아울러 통과시켰다.[211] 이 계획의 중요성은 타이완에 대한 군사투쟁이 장기화 될것이라는 판단하에 타이완 문제해결을 위해 투스텝 전략으로 나간다는 것이다. 즉, 먼저 동남연해의 와이다오를 빼앗아 제공권을 획득하고 난 뒤에, 여러 조건이 구비되었을 때에 타이완을 공격한다는 것이다.

8월 11일, 저우언라이는 정부 위원회 제33차 회의에서 외교관련 업무 보고를 하였다. 이 보고의 주요내용은 제네바 회의 이후의 정세완화 분석이었고, 그 역시 반드시 타이완을 해방시켜야 한다고 강조하였다.[212] <런민르바오>는 이어서 <중화인민공화국 각 민주당파와 각 인민단체의 타이완 해방을 위한 연합선언>을 게재하였다.[213] 그러나, 마오쩌둥 본인은 이 회의 연설을 통해 타이완 해방을 위해 더욱더 해야할 일은 정치적 동원을 진행하는 것이라 하였다. 그는 현재 이 문제를 제기하는 것은 이 문제를 강조하기 위함이고, 타이완 해방은 아주 짧은 시간내에 이루어질 리 없으며, 해공군이 강해져야지만 타이완을 수복할 수 있으며, 결론적으로 타이완 해방은 아주 험난하고 거대한 일이라고 하였다.[214] 실제로 중국 지도자들은 이미 대외정책을 대폭 조정하기로 결정하였으며, 타이완에서 대외관계의 전면적 발전에 위배되는 행동을 채택할 리 없었다.[215]

---

211 王焰主編: 《彭德怀年譜》, 第574頁; 張震: 《張震回憶彔》, 上冊, 第494, 499頁.
212 《周恩來總理兼外交部長在中央人民政府委員會第三十三次會議上的外交報告》, 《人民日報》, 1954年8月14日.
213 《人民日報》, 1954年8月23日.
214 毛澤東: 《海空軍强大起來了就能够收夏台湾》, 1954年8月11日, 中共中央文獻研究室、中國人民解放軍軍事科學院編: 《建國以來毛澤東軍事文稿》, 中卷, 第227-228頁.
215 有關對外政策調整的問題將在第五章專門討論.

8월 31일, 중앙 군사위원회는 정식으로 상술한 계획을 반포하였다. 9월 3일, 푸젠 전선의 주둔군이 진먼다오를 포격함으로써 연해도서 쟁취를 위한 서막이 열렸다. 29일, 소련 공산당 총서기 흐루시초프가 인솔하는 소련 당정 대표단이 예정대로 베이징에 도착하여 건국 5주년 기념식에 참가하였고 아울러 공식방문을 진행하였다. 양국의 지도자들은 여러 부문에 걸쳐 회담을 진행하였다. 흐루시초프는 중국에 대한 원조를 확대하겠다고 약속하였다. 그들은 긴장추세가 심화되고 있는 타이완 해협 정세에 관해서 특별한 이야기를 나누지는 않았다. 그러나 흐루시초프의 중국방문이 끝난 후 발표된 중소연합선언을 보면 양국은 중국의 영토인 타이완에 대한 미국의 지속적인 침략행위를 규탄한다는 표현이 있다.[216] 삼일 후, 비신스키는 유엔총회에서 미국의 타이완에서의 침략행위에 관한 토론을 제안하고, 아울러 미국을 규탄하는 제안을 통과시켰다.[217] 아이젠하워 정부는 마침 소위 말하는 제1차 타이완 해협 위기관리에 바빴기 때문에 흐루시초프의 중국방문 시기는 미국의 입장에서 보기엔 중국의 군사행동에 대한 지지와 약속으로 보일 수 있었다. 중국과 소련은 이렇게 양국 간의 긴밀한 협력을 과시하게 되었고 미국에 대한 강력한 제어를 행사할 수 있었다.

실제상황으로 보면 이 시기 미국과 타이완의 조약체결과 관련한 밀담은 확실히 해방군이 연해도서를 쟁취하는데 어려움으로 작용하였다. 이러한 국면은 마오쩌둥과 중공 중앙이 원래의 군사행동 계획에 더욱더 큰 정치적 의미를 부여하도록 하였다. 즉, 타이완 해방의 정치적 동원과 긴밀하게 연결시킴으로써 외교적으로 미국과 타이완의 동맹조약 체결을

---

216 《中華人民共和國和蘇維埃社會主義共和國聯盟政府聯合宣言》, 1954年 10月 12日, 《中美關系資料選輯》, 第二輯, 下, 第2009頁.
217 《蘇聯代表維辛斯基要求聯大討論美國侵略中華人民共和國問題致九屆聯大主席的備忘彔和提案》, 1954年 10月 15日, 《人民日報》, 1954年 10月 18日.

방지하는 것과 결합시키는 것이었다. 과거 일부 역사학자들은 당시 중국이 채택한 선전과 군사행동은 미국과 타이완 간의 공동방어조약 체결을 방지하기 위함이었고, 이로써 중국의 동남연해에서의 군사행동은 그 목적에 도달하지 못했을 뿐만 아니라 심지어 미국과 타이완 간의 조약체결을 재촉한 면이 있다고 판단하였다.[218] 일반적인 관찰에 의하면 중국이 동남연해 지역에서 군사행동을 강화한 것은 미국 내에서 조약체결을 주장하는 사람들이 여론을 주도할 환경을 만들어 주었고, 이는 그들이 미국과 타이완 간의 조약체결 회담을 추진하는 충분한 이유가 되었다. 또한 미국과 타이완은 12월 초 <공동방어조약>을 체결하였는데 이때는 바야흐로 해방군이 이장산다오 전역을 탈취하기 위해 총력을 기울이던 때였다. 그러나 이런 이유로 중국의 정책을 추측하는 것은 사실을 지나치게 간단히 보는 것이라 할 수 있다.

먼저 마오쩌둥 등 중국 지도자들이 정말로 신문에 발표한 선언과 연해지방에서의 제한적인 군사행동을 통하여 미국과 타이완의 조약 체결을 저지할 수 있었을 거라고 믿기 어렵다. 앞서 말한 바와 같이 다천열도를 점령하는 군사계획을 포함한 군사행동은 장시간에 걸쳐 형성되었고, 반드시 타이완을 해방시켜야 한다라는 구호를 제기하기 전에 확정이 되었다. 또한 이 계획의 내용은 시종일관 변화가 없었다. 7월 23일, 마오쩌둥은 친히 외국상선의 호위에 관한 지시를 수정하고 비준하였는데, 이때에도 여전히 군사행동에 관해서는 매우 신중하였다. 예를 들어 모든 외국의 비행기와 군함을 공격해서는 안된다. 외국의 해공군은 평화시기에 약탈행위가 발생할 리 없으므로 자위문제가 발생하지 않으며, 이에 일률적으

---

218 參見章百家、賈慶國: ≪對抗中的方向盤、緩衝器和測試儀: 從中國的角度看中美大使級會談≫, 姜長斌、Robert. Ross主編: ≪從對峙走向緩和: 冷戰時期中美關系再探討≫, 世界知識出版社2000版, 第175頁.

로 공격을 해서는 안된다고 규정한 것이 그 예이다.[219] 8월 21일, 마오쩌둥은 또 미군과 미 항공기가 없는 때를 확인한 후 다천열도에 대해 공격을 감행할 수 있으며, 그렇지 않은 경우에는 공격하지 말 것을 주문하였다.[220] 중국 지도자들은 타이완 해협에서 미군과 전투를 벌일 어떠한 계획이나 의도도 없었다. 이러한 사실을 그들 역시 모르지 않을 리가 없는데 이처럼 제한적인 군사행동을 통해서 미국과 타이완 사이의 조약체결을 저지할 군사적 압력을 조성할 수는 없었다.

확실히 더욱더 구체적인 분석이 필요하다. 첫 번째 관건은 중국 지도자들이 미국과 타이완 간 조약의 적용범위를 어떻게 이해하고 있었느냐 하는 문제이다. 마오쩌둥은 처음에는 이 조약의 범위가 저장과 푸젠의 와이다오를 포함하는지 여부를 매우 중시하였다. 저우언라이는 소련 지도자들과 회의를 할 때 심지어 이러한 예상까지 했었다. 즉, 미국과 타이완은 군사조약을 이용하여 장차 해상에서 중국대륙을 봉쇄하는 범위를 광둥 연해와 도쿄만(東京灣) 지역까지 확대할 가능성이 있다고 보았다.[221] 만약에 이러한 상황이 나타난다면 타이완과의 장기적인 분리상황이 발생할 뿐만 아니라 중국에 더욱더 심각한 안보 위협을 가져다주고, 심지어 원래 예정되었던 와이다오 쟁취계획을 실시할 방법이 없다는 것이었다.

중국 지도자들의 걱정은 근거가 있었다. 6월 초, 미 해군 편대가 다천다오 부근에서 무력으로 시위를 한 적이 있었다. 8월 19일, 미 해군의

---

219 毛澤東: 《對軍委關于保衛領海主權及護航注意事項指示稿的修改》, 1954年 7月23日, 中共中央文獻研究室、中國人民解放軍軍事科學院編: 《建國以來毛澤東軍事文稿》, 中卷, 第220-221頁.
220 毛澤東: 《關于攻擊上下大陳島時机問題的批語》1954年8月21日, 中共中央文獻研究室、中國人民解放軍軍事科學院編: 《建國以來毛澤東軍事文稿》, 中卷, 第229頁.
221 中共中央文獻研究室編: 《周恩來年譜(1949-1976)》, 上冊, 第405頁.

4척의 군함이 다천다오에 도착하였고, 미군 지휘관은 섬에 올라가 시찰까지 하였다. 이 시기는 미국과 타이완 간의 조약체결 담판이 속도를 내는 단계였고, 중국 지도자들과 군대 장성들은 이 조약의 응용범위가 와이다오를 포함할까 더욱더 걱정하였다. 그들의 입장에서 논리에 맞는 선택은 만약 미국과 타이완의 조약을 어차피 막을 수 없다면 반드시 이것의 범위를 제한해야만 했다. 이것은 당시에 단지 군사적 행동을 통해서만이 해결할 수 있었다.

11월 11일, 총참모장인 쑤위(粟裕)는 화동 군구의 유관부대에 명령을 내려, 반드시 적극적으로 전투에 참가하여 미국과 타이완 간의 조약이 와이다오에 적용될 수 없도록 압박하여야 한다고 하였다.[222] 11월 30일, 총참모부는 작전명령을 하달하고 가능한 한 빨리 저장의 와이다오를 점령함으로써 미국과 타이완 간의 조약에 와이다오가 포함되는 것을 막기로 결정하였다.[223] 미국과 타이완 간 <공동방어조약>의 체결은 화동 군구의 지도자들이 바라는 바대로 멈추지 않았다. 이에 1955년 1월, 그들은 계획에 따라 <이장산 공격에 관한 작전계획 방안>을 보고하였다. 이 전투 계획을 비준하는 과정중에 중국의 정책 결정층은 미국과 타이완 간의 조약체결 때문에 결코 전략방침을 바꾸지 않았다. 실제상황은 정반대로 미국과 타이완 간의 조약체결은 오히려 그들의 이장산다오 점령에 대한 결심을 더욱 굳게 만들었다.[224] 군사적인 측면에서 보자면 동남 와이다오를 차지하는 것은 의심할 여지없이 미국, 타이완 조약이 이를 포함하는 것을 방지하는 가장 신뢰할 만한 보증수표였다. 중국 지도자들이 소위 말하는 미국 타이완 간 조약 격퇴는 먼저 그들이 외이다오를 그 안에

---

222 參閱徐焰: 《金門之戰》, 中國广播電視出版社1992年版, 第180頁。
223 參見江英: 《50年代毛澤東外交思想述論》, 姜長斌、Robert. Ross主編: 《從對峙走向緩和: 冷戰時期中美關系再探討》, 第587頁。
224 張震: 《張震回憶彔》, 上冊, 第495頁。

포함시키는 것을 방지하는 것이었다.

1955년 1월 18일, 해방군은 계획에 따라 신속하게 이장산다오를 점령하였고, 동남 연해의 작전이 클라이맥스에 도달하였다. 다음 날, 미 7함대의 부분 군함은 다천열도의 외해에 도달하였고 중미 간 군사적 대치는 극도로 첨예화 되었다. 해방군 참전부대는 잠시 군사행동을 중지하라는 명령을 받음과 동시에 미군이 직접적으로 개입하는지 여부를 확인하고자 하였다. 이후 얼마 지나지 않아 미국은 소련정부를 통해 중국에 중요한 소식을 전해왔다. 즉, 다천열도를 지키고 있는 국민당 군대는 자동으로 철수할 것이며, 그들이 철수할 때 해방군이 공격을 하지 말것을 희망한다고 하였다.[225] 2월 8일부터 2월 12일까지 국민당 군대는 미군의 협조 하에 다천열도로부터 모두 철수하였고, 저장연해의 기타 와이다오의 국민당 군대 역시 연이어 철수하였다. 2월 하순, 이 지역에서의 작전은 기본적으로 끝이 났다. 중국 지도자들은 그들이 구상했던 최소한의 목표를 이루었는데 여기에는 저장 와이다오의 수복과 미국과 타이완 조약에서 진먼과 마주 등을 명확히 표기하지 않은 것 등이 포함된다.

사실 1954~1955년 사이 동남연해의 와이다오를 쟁취하기 위한 군사행동은 당시 발등에 불이 떨어진 급박한 군사적 위협을 겨냥한 것이었고, 이 시기를 선택하여 작전을 펼친 이유는 동남해안에서 직면하고 있던 안보위협을 해결하기 위함이었다. 미군은 이때 해상과 하늘에서 여러 차례에 걸쳐 해공군력을 배치하였고 군사 훈련을 진행하여 군사적 위협을 가하였다. 중국은 선전을 통해 미국을 매우 강력하게 비난하였지만 군사행동에 있어서는 인내심과 신중한 태도를 견지하였다. 거의 모든 중요한 군사행동에 마오쩌둥과 중공 중앙 군사위원회는 미군과의 군사적 충돌

---

225 ≪当代中國≫叢書編輯部: ≪当代中國海軍≫, 中國社會科學院出版社1987年版, 第222頁。

을 피하기 위하여 여러 구체적이고 엄격한 규정을 만들기도 하였다. 다천열도 공격을 준비할 때에 반복적으로 반드시 미국의 해공군과의 작전을 피해야한다고 강조한 것이 그 예이다.

6월 1일, 화동 군구는 참전부대가 자의적으로 미국의 해공군을 향해 공격을 할 수 없다고 규정을 내렸다. 7월 30일과 31일의 군사회의에서 펑더화이는 작전의 경우 반드시 미 해공군의 참전이 없는 경우에만 진행할 수 있다고 특별히 강조하였다. 그는 후에 전쟁준비에 관한 보고를 받을 때 거듭해서 미 해공군과의 전투를 피해야 한다고 언급하였다.[226] 12월 중순, 미 해공군은 군사적 위협을 강화하기 위하여 다천열도 해역 부근에서 대규모 군사훈련을 거행하였다. 이에 대해 마오쩌둥은 펑더화이와 쑤위 등에게 "미군이 저장 동해에서 훈련을 하고 있으니 지금 이장산 공격 시기가 적합한지 여부를 더욱더 신중하게 고려하기 바란다."라고 하였다.[227] 1955년 2월, 국민당 군대는 저장연해의 여러 도서에서 연이어 철수하였다. 마오쩌둥은 펑더화이에게 특별히 지시를 내려 국민당 군대가 철수하는 과정에 미국 군함의 참여 여부를 막론하고 공격을 가하지 못하도록 하였다. "적들이 안전하게 철수하도록 하여라. 작은 이익을 탐하려고 하지 마라."고 한 것이다.[228] 공군부대 역시 엄격한 규정을 통하여 미 전투기를 오폭하는 것을 방지하였다. 당시의 객관적 상황이 이러했기에 만약에 정책의 실수 때문에 미군과의 충돌이 발생하였다면 동남연해에서의 작전은 예정된 목표에 도달할 수 없었을 것이다.

미 해공군과의 군사적 충돌을 피한 것은 또 다른 중요한 이유가 있다.

---

226 王焰主編: 《彭德怀年譜》, 第574, 576頁。
227 毛澤東: 《關于攻擊一江山島時机的批語》, 1954年12月11日, 中共中央文獻研究室編: 《建國以來毛澤東文稿》, 第四冊, 第627頁。
228 毛澤東: 《蔣軍從大陳島撤退時我軍不向港口一帶射擊》, 1955年2月2日, 中共中央文獻研究室、中國人民解放軍軍事科學院編: 《建國以來毛澤東軍事文稿》, 中卷, 第256頁。

12월 미국과 타이완의 조약이 체결되기 전 미 해공군과의 작전을 피하고자 했던 것은 전투적인 측면에서의 고려뿐만 아니라 미국의 와이다오 방어의 정도가 어디까지 이르렀는지를 살펴보고자 하는 의도가 숨어 있었다. 7월 11일, 중앙 군사위원회는 화동군구에 먼저 이장산다오 점령을 지시하였다. 이는 미군이 취하게 될 행동을 확실히 알아보기 위한 의도도 있었다.[229] 미국과 타이완 간의 <공동방어조약>이 체결된 후, 이 조약이 포함하는 범위와 이 조약이 대륙을 침공할 의도가 있는지 여부는 동남연해 작전에서 반드시 명확하게 짚고 넘어갈 전략적 문제가 되었다. 1954년과 1955년의 군사행동이 숙제로 남긴 중요한 문제중의 하나는 바로 이를 최종적으로 확정짓지 않았다는 것이다. 즉, 미국과 타이완 간의 조약이 푸젠연해의 진먼과 마주 등을 포함하는지 여부는 1958년에 가서야 비로소 해결되었다.

1954년과 1955년의 전투는 제네바 회의가 끝나고 반둥회의가 소집되기 전에 시작되었다. 이 시기 중국 지도자들은 확실히 미국과의 외교적 담판 가능성을 고려하고 있었으며, 군사행동 중에 외교정책을 고려하는 특징이 점차 증가하고 있었다. '외교'라는 단어가 일련의 작전명령에서 출현하기 시작하였다. 국민당 군대가 빠른 시일 내 다천열도와 기타 저장 와이다오에서 연이어 철수를 한 후에 중국 정책의 중심은 점차 군사에서 외교로 바뀌어갔다. 미국은 소련을 통해 국민당 군대가 저장 와이다오에서 철수할 것이라 알려왔는데, 이는 중국 지도자들의 예상 밖이었다. 이로부터 국민당 군대를 푸젠 와이다오로부터 철수시키는 것은 해방군 작전의 중요한 선택항목이 되었다. 3월 9일, 중공 중앙 군사위원회는 마주를 공격하는 계획을 비준하였다. 마오쩌둥은 이 계획을 비준하면서 "만약에 마주 및 다른 섬에서 적들이 철수할 때 우리는 그들이 그냥 철수하

---

[229] 王焰主編: 《彭德怀年譜》, 第571頁; 張震: 《張震回憶录》, 上冊, 第494頁.

도록 하여야 하며, 그 어떤 공격을 감행해서는 안된다."라고 하였다.[230]

　재정압박 역시 중국 지도자들에게 영향을 준 중요한 요인이었다. 앞에서 언급한 바와 같이 그들이 한반도와 인도차이나에서 정전을 하고자 했던 거시적인 배경에는 국내에서 막 시작할 5개년 계획과 연관이 있었다. 대규모 경제건설을 위해서는 군사비 지출을 대대적으로 줄여야 했기 때문이다. 저장 와이다오를 점령한 후 군사적 압력을 행사해서 국민당 군대가 스스로 진먼과 마주로부터 철수하게 한 것은 군사적인 측면에서는 당연히 최고의 계책이라 할 수 있지만 모종의 의미에서는 중국 지도자들의 작전에 재정문제에 대한 고려가 반영되었다고 할 수 있다. 마오쩌둥을 포함한 중국 지도자들은 전쟁비용에 대해 상당히 민감하였다.

　실제로 동남 연해의 전투는 계획 초기부터 전비(戰費)에 매우 큰 영향을 받았다.[231] 1953년 10월, 총참모부의 계획은 먼저 진먼을 점령하는 것이었다. 마오쩌둥은 12월 하순 이 계획을 반대하였다. 당시 화동 군구에서 이 계획에 반대하는 의견이 있었을 뿐만 아니라 마오쩌둥이 소요경비가 너무 많다고 판단한 것도 중요한 요인이 되었다. 12월 21일, 펑더화이는 이 계획에 대해서 "진먼을 공격하는 비용이 너무 많다. 천이 동지와 상의하여 잠시 진행하지 않기로 했으며 좀 더 관찰한 후에 준비하도록 한다."라는 지시를 내렸다. 보고는 다음 날 마오쩌둥에게 전해졌다. 마오쩌둥은 "나는 이 의견에 동의한다. 거의 5억 위안이 필요한데 지출할 방법이 없다. 적어도 1954년에는 이처럼 막대한 경비를 사용하지 않아야 한다."라고 하였다.[232] 한국전 정전 결정에 영향을 미친것과 마찬가지로

230　毛澤東: ≪關于馬祖等島嶼敵人撤走時我軍不要攻擊的批語≫1955年3月14日, 中共中央文獻研究室編: ≪建國以來毛澤東文稿≫, 第五冊, 第51頁; 中共中央文獻研究室編: ≪周恩來年譜(1949-1976)≫, 上冊, 第478-479頁.
231　≪当代中國≫叢書編輯部: ≪当代中國海軍≫, 第71頁.
232　毛澤東: ≪同意目前不打金門≫, 1953年12月22日, 中共中央文獻研究室、中國人民解放軍軍事科學院編: ≪建國以來毛澤東軍事文稿≫, 中卷, 第194頁.

재정적 압박은 중국 지도자들이 군사 이외의 방법을 찾는 계기가 되었고, 이에 외교적 수단의 필요성이 대폭 증가하였다.

동남연해의 군사행동에 이처럼 중요한 외교적 고려가 있었음은 물론 이장산다오를 점령한 후의 국제정세와 타이완 해협 형세의 변화는 군사행동이 점차 외교적 수단에 발맞추는 계기가 되었다. 이는 중국 지도자들이 타이완 해협의 긴장국면을 이용하여 미국이 타이완 문제를 담판으로 풀거나 양자 관계의 기타 문제로 동의하도록 압박한데서 나타난다.

앞서 말한 바와 같이 중미 간 비군사 안보문제에 관한 직접적인 접촉과 회담은 제네바 회의 기간에 시작되었다. 저우언라이는 일찍이 솔직하게 이를 인정한 바 있다. 제네바에 가기 전에 그는 심지어 어떻게 미국인과 접촉해야 할지도 몰랐으며, 회의에서 덜레스를 만날 때 심각한 표정을 지어야 할지 아니면 부드러운 얼굴을 해야할지도 고민해야 할 정도였다라고 하였다.[233] 몰로토프와 이든의 고무 격려하에 중국 대표단은 미국 대표와 직접적으로 연결되었고 마침내 회담을 거행하였다. 이중 몰로토프의 영향은 비교적 특수한데, 그는 회의가 열리는 기간 중에 미국 대표 스미스를 도와 저우언라이에게 미국이 직접 접촉을 원한다는 의사를 전달하였다. 몰로토프는 이 소식을 중국 측에 전하면서 미국 대표단 내부에 의견이 갈리고 있으며, 스미스는 미국이 중국에 대해 적대적인 정책을 실시하는 것은 비현실적이라 판단한다고 전하였다. 몰로토프는 스미스의 관점을 반드시 중시해야 한다고 생각하였다.[234] 그는 이러한 방법으로 중국 측에 미국대표와의 왕래는 결코 불가능한 것이 아니며 좋은 점이 있다는 것을 알렸다.

---

233 《周恩來在日內瓦對代表團講話紀要》, 1954年6月21日, 中華人民共和國外交部編: 《1954年日內瓦會議》, 第454頁
234 王炳南: 《中美會談九年回顧》, 世界知識出版社1985年版, 第19頁.

제네바 회담이 끝난 후 중미 간 회담은 지속되지 못하였다. 중국 지도자들이 미국과의 담판 의사가 있었을 때, 아주 중요한 사실은 소련이 타이완 해협 위기가 발생한 후 다시 한 번 외교에서 적극적인 도움을 주었다는 것이다. 당시 소련 지도자들은 1955년 초 개최되는 소련, 미국, 영국, 프랑스 4개국 수뇌회담에서 타이완 해협 긴장국면을 논의할 것을 목표로 하며 중국을 위해 타이완 문제를 외교적으로 해결할 기회를 쟁취하겠다고 하였다. 물론 소련 지도자들이 중미 간 직접 회담을 서두른 것은 중국과 소련 간의 정책 협조가 필요했기 때문이고, 중미 간 긴장국면이 지속되는 것은 흐루시초프가 추진하던 서구와의 화해와도 맞지 않기 때문이었다. 중국 지도자들이 미국과의 대항이라는 행동을 취할 때마다 특히 군사행동에 있어서 소련은 동맹의 의무에 의해 반드시 중국을 따라야 했으며, 이는 어떤 경우 소련의 유럽에서의 영국과 프랑스와의 관계 그리고 미소관계에 영향을 줄 수밖에 없었다.

1954년 12월, 소련 공산당 중앙은 4개국 수뇌회담 관련 준비 문건을 중국에 보내 중국 측의 의견을 들었다. 1955년 1월 1일, 중국 외교부는 <4개국 정부회담 관련 소련 공산당 중앙에 보내는 답신>을 만들었다. 여기에서 중국은 먼저 동아시아 긴장추세가 회의의 의사일정에 반드시 포함되어야 함에 동의를 표했다. 구체적으로 타이완 문제와 관련하여 소련 공산당 중앙의 제안에 동의하고, "주요 역량을 중미 간 직접담판을 성사시키는데 모으기로 했다. 왜냐하면 이런 방식의 담판이 실현가능성이 비교적 크기 때문이었다. 중미 간 초기 접촉장소는 제3국 예를 들어 모스크바나 런던 또는 뉴델리로 선택할 수 있으며, 다른 방법 예를 들어 '5대국 회의' 또는 '아시아 국가회의' 등을 거행할 수 있지만 모두 중미 간 직접 담판의 가능성보다 높지는 않았다. 중국은 또한 소련 공산당 중앙의 의견에 동의하여 인도를 통해 가까운 시일 내에 미국 승무원을 석

방시킬 것이라는 소식을 전달하였다.²³⁵

중국이 외교적 방법을 통해서 미국과의 직접적인 회담을 원한다는 사실을 확인한 후 소련은 여러 기회를 통해 중미 간 담판을 성사시키기 위해 노력하였다. 2월 4일, 타이완 해협의 긴장이 가장 고조되었을 때 몰로토프는 중국, 미국, 영국, 프랑스, 소련, 인도, 미얀마, 인도네시아, 파키스탄, 스리랑카 등 10개국이 참여하는 회의를 소집하여 동아시아 긴장국면에 대해 논의해야 한다고 주장하였다.²³⁶ 이후 얼마 지나지 않아 소련은 다시 한 번 5대국 회의를 통해 동아시아 긴장완화와 관련된 회의 소집을 요구하였다. 3월 19일, 소련 지도자인 불가닌(Bulgania, N. A.)은 소련 주재 중국대사 류사오(劉曉)를 만나 소련의 대외정책 중 가장 중요한 문제는 서양에서는 독일문제, 동양에서는 타이완 문제라고 하고, 소련의 정책은 영원히 적극적이고 공세적일 것이며, 동아시아에서의 정책 역시 공격적일 것이라고 하였다.²³⁷

소련을 제외하고 먼저는 영국이 뒤로는 인도와 일부 아시아 국가들이 중재의 행렬에 참여하기 시작하였다. 중국은 영국과 인도 등을 통해 미국과 직접담판을 할 용의가 있음을 명확히 제시하였다. 1월 5일, 중국주재 영국대사인 트리벨리언은 저우언라이를 만나 중국의 와이다오를 겨냥한 군사행동 중지를 권유하였다. 저우언라이는 책임이 결코 중국 측에 있지 않으며, 중국과 미국은 여전히 협상을 진행할 수 있다고 하면서 "중국은 손을 내밀 수 있으며 미국 역시 예외가 아니다."라고 하였다.²³⁸ 2월 5일,

---

235 ≪關于四國會議答覆蘇共中央稿≫, 1955年1月1日, 外交部檔案: 111-00065-02.
236 ≪蘇聯外長莫洛托夫主張召開十國會議討論台灣問題的聲明≫, 1955年2月4日, ≪中美關系資料匯編≫, 第二輯, 下, 第2203頁.
237 ≪布爾加宁与劉曉的會談記錄≫, 1955年3月19日, 存華東師范大學國際冷戰史研究中心資料室, NO.16665(23023).
238 周恩來: ≪堅決反對制造"兩个中國"的陰謀≫, 1955年1月5日, 中華人民共和國外交部、中共中央文獻研究室編: ≪周恩來外交文選≫, 第100頁.

저우언라이는 중국주재 스웨덴 대사 휴고(Hugo)를 만났는데 그는 유엔 사무총장인 다그 함마르셸드(Harmmarskjold, Dag)의 타이완 해협 긴장국면 완화와 관련된 전갈을 전달하였다. 저우언라이는 그에게 중국은 미국과의 담판을 결코 거부하는 것이 아니며, 미국은 중국과의 직접담판 제안을 받아들여야 한다고 이야기하였다.[239]

2월 26일부터 주중국 인도대사인 라디크리슈난(Sarvepalli Radhakrishnan)은 여러 차례에 걸쳐 저우언라이를 만나 네루(Nehru) 수상이 중미 간 관계 중재에 나설 용의가 있음을 전달하고, 중국의 정책을 이해하고자 하였다. 저우언라이는 미국이 반드시 자리에서 일어나서 이야기 할것을 요구하고, 중국은 다자간 국제회의에서 미국과 양자회담을 거행할 수 있으며, 가장 직접적이고 간단한 방법은 바로 중미 간 회담을 진행하는 것이라는 의견을 피력하였다.[240] 2월 28일, 중국주재 영국 임시대사인 트리벨리언은 저우언라이를 만나 이든 수상이 홍콩이나 다른 국경지대에서 저우언라이와 만나고 싶어 한다는 의사를 전하고, 만약 중국이 무력으로 타이완을 공격하지 않는다고 선포할 수만 있다면 연해도서의 평화적인 해결의 실마리를 찾을 수 있을것이라 하였다. 3월 1일, 소련 대사는 저우언라이에게 소련정부의 전보를 전달하였는데 여기에는 모스크바에 있는 모든 이들은 중국 친구들이 이든과 회담을 갖는 것에 찬성한다는 내용이 들어 있었다. 저우언라이는 당일 이든에게 답신을 보내 그를 베이징으로 초청하며 타이완 지역의 긴장국면 해결방법을 논의했으면 한다고 하였다.[241] 얼마 뒤 열린 아시아아프리카 회의 기간동안에도 저우언라이는 수차례

---

239 周恩來: 《反對聯合國干涉中國內政》, 1955年2月5日, 中華人民共和國外交部、中共中央文獻研究室編: 《周恩來外交文選》, 第107頁.
240 中國外交部外交史研究室編: 《周恩來外交活動大事記(1949-1975)》, 世界知識出版社1993年版, 第100、102頁.
241 中國外交部外交史研究室編: 《周恩來外交活動大事記(1949-1975)》, 第102-103頁.

에 걸쳐 공개적으로 미국과 직접담판을 원한다는 의사를 표명하였다.

당시 중국의 지도자들은 미국의 방해 때문에 중화인민공화국이 유엔에서 합법적인 지위를 회복하는 것은 거의 불가능하다고 판단하였으며, 심지어 마오쩌둥은 이 일로 너무 많은 시간과 정력을 소비할 필요가 없다고 여겼다. 타이완 해협에 긴장이 형성됨에 따라 미국과의 담판을 통해 타이완 문제를 해결하는 것은 더욱 큰 전략적 의미를 지니게 되었다.[242] 4월 30일 저우언라이는 중공 중앙에 <출국 후 타이완 문제 협상에 관한 보고>를 제출하고, 미국은 중국과의 협상을 필요로 할 것이며, 관건은 타이완 문제를 내정과 국제라는 두 개의 부분으로 분리해서 진행하여야 하고, 중미 간 담판은 미국이 타이완에 대한 간섭을 중지하는 것에 초점을 맞추어 진행되어야지 정전을 논의할 수 있다는 입장을 제기하였다. 이것이 바로 타이완 문제와 한국전 정전 그리고 인도차이나 정전담판 간의 근본적인 차이점이다.[243] 이 보고의 주요관점은 중공 중앙의 동의를 얻었다.

4월 23일, 저우언라이는 반둥회의 기간 중 개최된 8개국 외무장관 회담에서 공개 성명을 발표하고 "중국 정부는 미국 정부와 담판을 희망하며, 동아시아 긴장국면, 특히 타이완 지역의 긴장완화 문제에 관해 토론하기를 희망한다."고 하였다.[244] 5월 12일, 저우언라이는 유엔주재 인도대표인 메논(Menon, V. K. Krishan)에게 8개국 외무장관 회의에서 타이완의 장제스와 담판을 원한다고 말한적이 있으며, 적당한 시기에 이런 입장을 공개적으로 선포할 준비를 하고 있다고 하였다.[245] 다음날, 저우언라이

---

242 《尤金与毛澤東的會談備忘彔》, 1955年1月8日, 存華東師范大學國際冷戰史研究中心, NO. 09844。
243 中央文獻研究室編: 《周恩來年譜(1949-1976)》, 上卷, 第474-475頁。
244 《周恩來關于緩和遠東緊張局勢問題的聲明》, 1855年4月23日, 中華人民共和國外交部檔案館編: 《中國代表團出席1955年亞非會議》, 第75頁。
245 中國外交部外交史研究室主編: 《周恩來外交活動大事記(1949-1975)》, 第111頁。

는 전국인민대표대회 상임위원회 제15차 회의에서 타이완 문제에 관하여 타이완 당국과 협상을 통한 해결 의지를 밝혔다. 즉, 가능한 조건하에 평화적인 방법을 통하여 타이완의 해방을 쟁취한다는 입장이었다.[246] 30일, 중국은 생포중이던 4명의 미국인 조종사 석방을 선포하였다.

　이 시기 중국 지도자들이 주도적으로 미국과의 담판을 진행하고자 했던 이유는 그들의 주변 정세에 대한 새로운 인식 때문이었다. 즉, 아시아의 대다수 국가들이 지역내 긴장이 지속되는것을 원하지 않았을 뿐만 아니라, 아시아 아프리카 회의를 거치면서 중국 지도자들 역시 아시아 국가들에 보다 직접적이고 정확한 이해의 바탕이 생겼기 때문이었다.[247] 그들은 미국과의 협상의지를 적극적으로 밝히는 것이 유관국가들의 호감과 지지를 받는데 유리하다고 믿었으며, 더불어 동맹국인 소련이 먼저 적극적인 협력을 보낼 것이라 생각하였다. 5월 25일 마오쩌둥은 유진과의 회담에서 인도가 현재 적극적으로 중미 간 회담중재를 하고 있으며, 인도를 제외하고 영국, 미얀마, 인도네시아와 파키스탄 등도 조정을 진행하고 있다고 하였다. 중국은 자신들이 이전에 비해 완화된 모습을 보인다면 아주 많은 조건을 이용할 수 있다고 판단하였다.[248]

　중국의 외교적 노력은 효과가 있었다. 실제로 미국은 지속적으로 비타협적인 태도를 견지하여 스스로 고립되는 결과를 자초한 반면 중국은 계속해서 동정이나 호감을 얻었을 뿐만 아니라 심지어 찬양까지 얻게 되었다. 미국은 이러한 국면이 형성된데다 중국과 생포된 미군 석방문제

---

246 ≪周恩來總理在全國人民代表大會常務委員會第十五次會議擴大會議上關于亞非會議的報告(有關台湾部分)≫, 1955年5月13日, ≪中美關系資料匯編≫, 第二輯, 下, 第2265頁。
247 ≪尤金与毛澤東的會談備忘彔≫, 1955年1月8日, 存華東師范大學國際冷戰史研究中心資料室: No. 09844。
248 ≪尤金与毛澤東的談話備忘彔≫, 1955年5月25日, 存華東師范大學國際冷戰史研究中資料室: No.09844。

까지 해결해야 했으니 상황은 더욱 말할 필요가 없어졌다. 지속적인 토론을 거쳐 아이젠하워 정부는 중국과의 제한적인 회담을 거행하기로 결정하였다. 7월 11일, 덜레스는 영국정부에 중미 간 대사급 회담을 진행하자는 제안전달을 요청하게 된다.[249]

7월 13일, 영국 임시대사 오닐(O' Neill, Con)은 저우언라이를 만나 미국정부의 중미 간 대사급 회담에 관한 제안을 전달하였다. 그는 오늘 아침 맥밀란(Macmillan, Harold) 외무장관의 지시로 미국정부의 전갈을 저우언라이 총리에게 전한다고 하였다. 그가 받은 지시는 구두전갈이었지만 문건으로 남겨 저우언라이에게 전하기를 원하였다. 이어서 그는 미국정부의 전문을 읽고 세 가지 보충할 점을 제시하였다. 여기에는 제안 내용에 대해 비밀을 유지할 것, 대사급 회담을 거행하는 것이 결코 미국이 중화인민공화국을 승인하는 것을 암시하지는 않는다는 점, 그리고 영국정부의 판단에 미국의 제안은 극히 유용하며 중국정부가 이 제안을 받아들이길 희망한다는 점이 포함되었다. 그는 마지막으로 저우언라이 총리가 미국이 보낸 전갈에서도 밝힌 것처럼 이 제안이 장차 쌍방 간의 논쟁이 있는 다른 실제적인 문제 해결에도 도움이 될 것이라는 점에 주의할 것을 희망하였다. 저우언라이는 중국은 시종일관 미국과의 지속적인 접촉을 희망해왔으며, 미국의 제안을 검토한 후에 다시 답변을 주겠다고 하였다.[250] 7월 15일, 중국은 영국을 통해 미국정부의 대사급 회담개최 제안에 동의하고, 더불어 7월 21일 1차 회담을 거행하자고 제안하였다.[251] 중국이 이 시기를 택한 것은 바로 소련의 4개국 수뇌회담에서 타이완 문제 논의와 보조를 맞추기 위함이었다.

---

249 參閱資中筠主編: ≪戰后美國外交史――從杜魯門到里根≫, 上冊, 第299頁.
250 ≪周恩來接見英國代辦奧爾尼談話紀要≫, 1955年7月13日, 207-00011-11.
251 ≪關于中美雙方大使級代表在日內瓦第一次會談的方案≫, 1955年7月18日, 111-00014-01.

7월 18일은 역사적으로 매우 중요한 하루였다. 당일 4개국 수뇌회담이 제네바에서 막을 올렸다. 베이징에서는 외교부가 <중미 간 대사급 대표의 제네바 회담에 관한 방안>을 작성하였는데, 여기에는 미국이 요구하는 회담의 원인과 목적이 자세히 분석되어 있었다. 또한 미국에 대한 압박을 강화하고, 이번 회담을 통해 일련의 문제해결을 쟁취하며, 중미 간 타이완 지역의 긴장을 완화시키기 위한 보다 높은 차원의 회담준비도 제안하였다. 당연히 중미 간 회담은 4개국 회담의 타이완 문제에 대한 토론과 소련, 영국, 인도가 중미 간 관계개선을 위해 지속적으로 진행해 오던 중재업무에 도움이 되어야 했다. 외교부 역시 미국이 중미 간 회담을 4개국 회의 뒤로 연기할 가능성은 있으나 회담은 21일 시작될 수 없으며, 이는 소련이 4개국 회의에서 타이완 문제 토론 요구에 더욱 유리할 수 있다고 판단하였다.[252] 당일, <런민르바오>는 1면에 <4대국 회의를 환영하면서>라는 사설을 발표하고 4대국 회의에서 동아시아 정세에 관한 논의를 반드시 해야 하며 이는 중국에도 특별한 의미를 지닌다고 하였다.[253]

　당일 오후 4시 15분 중국주재 영국 임시대사인 오닐(O'Neill, Con Douglas Walter)은 저우언라이에게 덜레스가 제시한 쌍방의 공동 발표문 초안을 전하였다. 이것은 읽기가 매우 어색하고 어려웠는데 이는 미국 정부가 문구 표현 한 자 한 자에 매우 신중했음을 의미한다. 주요내용은 중국과 미국은 8월 1일 개최되는 중미 간 대사급 회담에서 쌍방 간 일반인 송환문제를 해결함으로써 현재 상호 간에 의견충돌이 있는 다른 실제적인 문제를 논의하고 해결하는데 도움이 되게 한다는 것이었다. 영국이 이때를 선택해 미국의 제안을 전달한 것 역시 고심의 결과였다. 저우언라

252　《關于中美双方大使級代表在日內瓦第一次會談的方案》, 1955年7月18日, 111-00014-01。
253　"歡迎四大國會議", 《人民日報》, 1955年7月18日。

이는 즉시 장문의 담화를 발표하고, 미국이 베이핑(北平)이라는 말로써 중국을 지칭하지 말것과 영국 역시 이런 방식으로 미국의 의사를 전달하지 말것을 지적하였다. 그는 미국이 많은 관심을 가지고 있는 7월 20일 발표예정 성명에 대하여 시간이 확실히 부족할 것이라 하였다. 미국이 제안한 8월 1일 대사급 회담 개시에 관해 저우언라이는 명확한 답을 주지도 않았고 다른 시기를 제안하지도 않았다.[254] 미국의 제안은 회담 시간을 4개국 수뇌회담 이후로 미루려는 의도였고, 중국 지도자들은 4개국 수뇌회담에서 소련의 외교적 노력결과를 기다릴 필요가 있었다.

당일 24시 중국주재 소련 임시대사인 로마킨(Romakin)은 저우언라이에게 <제네바 회의의 소련 대표단 입장>을 직접 건네주었다. 17일 저녁, 저우언라이는 이미 다음 날 중국의 중미회담과 관련한 준비방안을 소련에게 전하기로 결정하였다. 따라서 소련은 이때 가장 빠른 방법으로 그들의 4개국 수뇌회담 방침을 전달한 것이라 할 수 있다.[255] 이 문건에는 상당히 포괄적으로 소련이 회의에서 제기하고 쟁취할 문제 8가지를 소개하고 있었다. 이 가운데 아시아와 동아시아 문제는 8번째 사항으로 분류되었는데, 타이완 문제는 8번째 항목의 두 번째 부분이었고, 내용은 소련은 향후 타이완 문제를 가장 중요한 문제로 삼아 제기할 것이며, 아울러 4월 23일 저우언라이의 중미 간 직접대화 진행과 관련한 성명을 지지한다는 것이었다.[256] 사실 소련은 타이완 문제를 중요한 위치에 놓지 않았으며, 결과적으로도 소련은 동아시아 문제를 4개국 회의의 의사일정에 편입시키는데 실패하였다.

---

254 ≪周恩來接見英國代辦歐念儒談話紀要≫, 1954年7月18日, 外交部檔案館: 110-00141-07。
255 ≪周恩來總理關于關于中美會談的具體指示≫, 1954年7月18日, 外交部檔案館: 111-00009-03。
256 ≪蘇聯代表團在日內瓦會議上的立場≫, 1955年7月18日, 外交部檔案館: 206-00061-07(1)。

회의가 시작되자 미, 영, 프랑스는 먼저 독일문제에 중점을 두고 논의해야 한다고 주장하였다. 이에 대해 불가닌은 군 인원 감축, 핵무기 금지에 관한 토론과 유럽 집단안보체제 구축 및 동아시아 문제를 논의해야 한다고 주장하였다. 4개국 지도자들은 협상 끝에 독일문제, 유럽 안보문제, 군 인원 감축문제와 동서양 접촉 강화 문제 등을 논의하기로 하였지만, 동아시아 문제는 논의에서 배제되었다. 소련 지도자들은 단지 비공식적인 회담에서 타이완 문제 해결을 주장하였지만 미국과 영국 지도자들은 즉시 거절의사를 밝혔다.[257] 21일, 덜레스는 회의에 참석한 불가닌에게 중미 간 회담에서 먼저 일반인 송환문제 논의를 희망하고, 다른 문제를 논의하는 것을 배제하지는 않았으나 진전이 아주 빠를 수는 없을 것이라고 하였다.[258]

4개국 회담에서 이미 동아시아 문제를 논의할 가능성이 없어진 상황에서, 7월 23일 중국은 영국을 통하여 미국에 8월 1일 대사급 회담 시작에 동의의사를 밝혔다. 이틀 후, 중국과 미국은 양국이 대사급 회담을 거행한다는 성명을 발표하였다. 26일, 4개국 회담 폐막 후의 상황에 맞춰 외교부는 중미 간 대사급 회담의 보충지시안을 작성했다. 이때는 이미 소련의 4개국 수뇌회담에서의 외교적 노력과 결합할 수 없는 상황이어서, 원안의 4개국 회의의 구체적 조치에 발맞춘다는 것은 필요하지 않은 상태였지만 다른 예정된 방침은 바뀌지 않았다. 중미 간 대사급 회담은 단지 일반인 송환문제에 국한하여 논의할 수 없었으며 목표는 여전히 협상을 통하여 일련의 문제를 해결하는 것이고, 중미 간 타이완과 관련한 긴장국면을 완화 또는 없애는 더욱 높은 단계의 담판을 위한 준비를 실현하는

---

[257] 德怀特 D.艾森豪威爾著、夏旦大學資本主義國家經濟研究所譯：《白宮歲月(上)－－受命變革》, 三聯書店1978年版, 第573頁.
[258] "Memorandum of Conversations, Geneva", July 21, 1955, FRUS, 1955-1957, Vol.2, pp. 670-671.

일이었다.[259]

7월 30일, 외교부는 일부 외국 외교사절에게 <중미 대사급 대표의 제네바 회담과 관련한 지시>를 보내고, 미국의 정책과 담판의 전망 및 중국의 정책에 대해 비교적 상세한 분석을 하였다. <지시>는 미국정부가 제네바에서 중미 간 대사급 회담을 거행하자고 제안한 것은 여러 방면의 압력에 굴복한 결과이며, 현재 미국의 각계 인사뿐만 아니라 정권을 잡고 있는 덜레스와 아이젠하워 역시도 공개적으로 이런 요구를 반대하지 못하며, 따라서 이번에 미국은 더 높은 수준의 중미 간 담판에 대해 문을 잠그지는 않을 것이라고 하였다. 미국의 목적은 두 개의 중국이라는 국제정세를 조성하여 중미 간 긴장국면을 완화하고, 타이완 문제에서 나날이 고립되는 상황을 개선하고자 한다고 분석하였다. 아주 중요한 점은 <지시>는 "만약 대사급 회담이 순조롭게 진행된다면 각 방면의 압력이 더욱 더 강화되고, 특히 우리의 연해 국방능력이 더욱 강화되어, 중미 간 더욱 높은 수준의 회담을 거행하고 심지어 연해도서 지역을 평화적으로 수복할 가능성도 증대될 것인데 바로 이러한 전망이 우리가 쟁취할 부분이다."라고 하였다. 따라서 이번 회의의 기본 방침은 회의가 일단 시작되면 주도적으로 우리가 이미 11명의 범법행위를 한 미국 군인을 석방하였다고 선포하여, 미국이 변명을 할 기회를 사전봉쇄하여 미국에 대한 압박을 강화하고, 이를 통해 이번 회담에서 일부 세부 문제를 해결하고 중미 간 더욱 높은 수준의 회담을 준비함으로써 미국이 타이완 문제에서 더욱 고립되고 피동적인 위치에 서도록 하는 것이라고 하였다.[260] 이틀 후, 중미 간 대사급 회담은 마침내 서막을 열었고, 이로부터 무려 15년에 걸친

---

259 ≪關于中美大使級代表在日內瓦會談的補充指示≫, 1955年7月26日, 外交部檔案館: 111-00009-04。

260 ≪關于中美大使級代表在日內瓦會談的指示≫, 1955年7月30日, 外交部檔案館: 111-00009-01。

지난한 담판이 시작되었다.

　동남연해의 와이다오를 쟁취하고 중미 간 대사급 회담을 시작한 것은 이 시기 중국이 주변지역에서 미국과 마지막으로 힘겨룸을 한 것이라 할 수 있다. 결과적으로 이는 중미 간 동아시아 냉전의 전선(戰線)을 긋는 결과를 가져왔다. 미국은 타이완과 <공동방어조약>을 체결함으로써 동아시아에서 중국을 억제하는 군사체계를 최종적으로 완성하였다. 중국은 저장 와이다오 쟁취 작전을 통하여 눈 앞의 군사적 위협을 제거하고, 미군이 이용할 수 있는 군사기지를 200해리 밖으로 밀어냄으로써 동남연해의 방어를 강화하고 연해지역의 완충지대를 확대하였다. 물론 푸젠연해의 진먼, 마주 등 도서는 이번 작전을 통해 근본적인 해결을 하지 못하였고, 중미 간 대사급 회담은 지속과 중단을 반복하게 되었다. 이러한 두 가지 요인은 최종적으로 1958년의 제2차 타이완 해협위기를 초래하게 된다.

　1955년 4월, 중국과 미국 사이에는 한반도에서 38선을 따라서, 인도차이나에서는 17도선을 따라서 그리고 동남연해에서는 타이완 해협을 중간선으로 군사적 대치를 하는 형세가 기본적으로 고정되기 시작하였으며, 이는 이후 아주 오랜기간 지속되었다. 또한 중국이 동남 와이다오 전역을 쟁취하기 위해 전투를 실시하고 이어서 외교적 행동을 진행한 것은 결과적으로 미국을 압박하여 중국과 타이완 문제 해결을 위한 담판에 참여하게 하려는 목적에 도달하지 못했다. 그러나 중국과 미국은 필경 비군사 안보업무 해결을 위한 담판을 시작하였으며 특히 대사급 회담의 소통 메커니즘을 확보하였다. 이로써 동아시아 지역은 5년여의 충돌과 긴장을 반복한 끝에 일시적인 평화와 안정상황이 나타나게 되었다. 8월 7일 <런민르바오>는 <냉전을 종식시키기 위해 계속해서 노력하자>라는 사설을 발표하고, 중미 간 대사급 회담을 겨냥한 평론을 발표하면서 중미 쌍방이 화해와 성의의 태도로 협상에 임한다면 회담은 문제를 해결할 출구를 찾을 수 있을 것이라고 하였다.[261] 이 문장은 때마침 이 시기 중국과 미국이 막 열전을 종식시키고 명실상부한 냉전으로 접어들었음을 보여주고 있다. 마오쩌둥은 후에 이러한 상황을 "냉전공존(冷戰共處)"이라는 용어로 지칭하기도 하였다.[262]

---

261 "爲結束冷戰而繼續努力", ≪人民日報≫, 1955年8月7日.
262 毛澤東: ≪同蒙哥馬利談國際形勢≫, 1960年5月27日, 中華人民共和國外交部、中共中央文獻研究室編: ≪毛澤東外交文選≫, 第422頁.

제4장

신중국(新中國) 외교의 형성

= 들어가며

1955년 4월은 신중국 외교 역사상 매우 특별한 한 달이었다. 연이어 발생한 두 가지 중요한 사건은 냉전 중 심지어 냉전 후 중국의 국제지위에 매우 중요한 영향을 미쳤다.

4월 17일, 저우언라이는 막강한 진용의 중국 대표단을 이끌고 인도네시아의 반둥에 도착하였고, 18일부터 22일까지 개최된 아시아 아프리카 회의에 참가하였다. 이 회의는 역사적으로 '반둥회의'라고 불리는데 30개국의 아시아 아프리카 국가 지도자들이 함께 모여 매우 광범위한 문제들에 관해 논의하였다. 이 회의를 기점으로 세계사에 아주 중요한 영향을 미친 아시아 아프리카 운동이 시작되었다. 중국은 이 회의에 참가하여 아시아 아프리카 운동의 특별한 성원이 됨으로써 새로운 신분과 정체성을 확보하게 되고, 소련진영의 기타 구성원들과는 다르게 스스로 사회주의 국가임을 인정함과 동시에 아시아 아프리카 신흥국가라는 동질성에 근거하여 국제무대에서 연합과 분열을 거듭하게 되었다.

4월 27일, 중국 정부 대표단은 모스크바에서 소련정부와 <국민경제 발전을 위한 원자력 이용에 관한 협정>을 체결하였다. 이 협의에 의해 소련은 장차 중국의 핵물리 연구와 핵실험에 도움을 제공하게 되었는데 여기에는 중국의 핵실험용 원자로와 가속기의 설계와 제조에 대한 도움이 포함되었다.[1] 이 협의는 중소 간 협력의 새로운 시대를 열었는데 특히 중국이 핵대국이 되는 새로운 추동력을 갖게 되는 등 중소동맹의 새로운 내용이 추가되었다. 냉전 중 중국은 핵을 보유하였기 때문에 지역강국에서 세계적으로 중요한 영향을 미치는 국가로의 지위가 상승하였다. 비록 10년 뒤의 일이기는 하지만 중국은 핵무기를 보유한 유일한 신흥국가가 되었다.

상술한 두 가지 사건은 이러한 특수한 단계에서의 신중국 외교의 발전을 반영하고 있다. 첫째, 국내의 경제가 신속히 회복하고 제1차 5개년 계획을 집행하게 됨에 따라 중국은 평화롭고 안정적인 외부환경이 간절히 필요하였다. 둘째, 건국 초기 동아시아에서의 일련의 군사와 외교적 행동을 통해 중국은 지역강국으로서의 지위를 공고히 하였고 특히 소련 진영내의 지위를 대폭 강화하였다. 이는 중국 지도자들의 자신감을 강화하였고 동시에 그들로 하여금 외부 세계와의 교류 중의 전략적 약점을 신속히 극복함으로써 중국의 대외관계가 더 넓은 영역으로 발전해 나가길 갈망하도록 하였다.

이러한 목적에 도달하기 위하여 중국 지도자들은 다시 한 번 익숙한 혁명언어로부터 신중국 외교방침을 포괄할 수 있는 어휘를 찾기 시작했고, 이런 배경하에 '국제평화 통일전선'이라는 표현이 출현하였다. 중국 외교는 이로써 새로운 출발점이 생겼고 또한 중요한 전환점이 시작되었다. 중국의 대외관계는 두 개의 다른 방향으로 신속히 그 범위를 확대해 나갔고 중소동맹을 더욱더 강화하였으며 아시아 아프리카 지역에서 새로운 발전공간을 열기 시작하였다. 이러한 두 가지 방향으로의 발전은 동시에 진행되었지만 충돌하지 않았으며, 이러한 전환은 중국외교의 새로운 기반을 마련해 주었다. 가장 중요한 점은 중국이 신외교를 체결하는 과정을 통해 국가의 신분구조를 완성하였다는 점이다.

---

1 參閱李覺: ≪当代中國的核工業≫, 中國社會科學出版社1987年版, 第20頁.

제1절
소량의 원자탄 제조

　중국의 핵무기 발전역사를 연구하는 사학자들은 대부분 1955년 1월 15일 중공 중앙 서기처가 중난하이에서 개최했던 정치국 확대회의를 정책결정의 핵심시기로 삼는다. 이 회의는 3시간에 걸쳐 진행되었고, 최종적으로 즉시 핵관련 공업을 발전시키기로 결정하였다. 만약 이때를 중국 핵무기 발전역사의 시초라고 한다면, 이러한 상황이 발생한 배경과 원인을 거슬러 올라갈 필요가 발생한다. 이 시기에 그들에게는 이미 자신들만의 독특한 핵전략 사상이 형성되어 있었다. 이는 미국 또는 소련과도 다르며 가장 기본적이고 명료한 점은 중국의 정책결정이 냉전초기 미국과 소련의 핵대치라는 배경에서 시작되었다는 점이다.

　1945년 7월 16일, 미국의 뉴멕시코주 앨라모고도(Alamogordo) 실험기지에서 세계 최초의 원자탄 폭발실험이 성공하였다. 다음날, 미국의 육군장관인 스팀슨(Stimson)은 포츠담(Potsdam)으로 날아가 당시 미, 영, 소 수뇌회담에 참가하고 있던 트루먼에게 핵실험과 관련한 상세한 보고를 하였다. 트루먼은 훗날 이때를 회고하면서 그 당시 그는 스팀슨의 원자탄 폭발상황에 대한 보고를 들은 후 매우 흥분하였으며, 이것은 역사적으로 가장 위대한 전례 없는 사건이라고 하였다.[2] 원자탄의 탄생은 확실히

2　李海著、馬登閣等譯: ≪我在現場≫, 第462頁.

거대하고 심오하였다. 그러나 트루먼이 원자탄을 가장 위대한 전대미문의 사건이라고 한 것은 당시 미국 지도자들이 일본과의 전쟁의 미래에 대해 여전히 노심초사하였기 때문이다. 그들은 반드시 일본을 패망시킬 것이라고는 믿었지만, 미군이 받게 될 참담한 결과에 대해서는 걱정이 가득하였다. 소련군이 대일본 작전에 조기에 참가하도록 재촉하기 위하여 트루먼은 루즈벨트(Franklin Delano Roosevelt)의 기존방침에 따라 스탈린과 지난한 협상의 시간을 가졌다. 이때 그가 핵실험이 성공했다는 소식을 듣고 얼마나 흥분했을지는 가히 상상이 간다. 핵실험 성공을 통해 미군은 손실을 줄일 수 있을 뿐만 아니라 소련의 조기참전을 위해 스탈린에게 많은 양보를 하지 않아도 되었다.

7월 24일, 이해득실에 관한 자세한 논의 후에 트루먼은 회의에서 우연을 빌어 스탈린에게 미국이 이미 엄청난 위력을 가진 신무기를 보유하고 있다고 하였다. 그는 이렇게 함으로써 스탈린이 미군의 갑자기 강해진 위치를 이해함과 동시에 민감한 소련 지도자가 미국이 압력을 행사중이라는 것을 느끼게 하고 싶었다. 그러나 스탈린의 반응은 예상 밖이었다. 그는 담담한 어조로 아주 기쁘다고 표시한 후 트루먼에게 이를 잘 이용하여 일본에 대처하라고 하였다.[3] 스탈린의 침착함에 트루먼은 한동안 스탈린이 원자탄이 무슨 물건인지 모르는게 아닌가 의심하기까지 하였다. 그러나 사실은 이 회의가 끝나자마자 스탈린은 소련에 더욱 빨리 원자탄을 제조하라는 명령을 발송하였다. 미국의 핵실험 성공은 세계의 역사가 과학기술의 진보로 인하여 새로운 시대에 접어 들었음을 나타낸다. 또한 이 새로운 무기가 2차대전 말미에 그리고 특수한 시기에 출현한 것은 미국과 소련의 협력이 대치국면으로 가는 특수한 상황하에 핵군비 경쟁과 통제라는 과정이 시작됐음을 보여준다. 세계는 전례가 없는 위험

---

[3] 哈里.杜魯門著、李石譯:《杜魯門回憶彔》, 第一卷, 第353頁。

한 상황에 둘러싸이게 되었고 미국과 소련 등 대국 간에는 별다른 노력을 하지 않아도 그들 사이에 전쟁을 피할 수 있게 되었다. 그들 사이에는 냉전만이 가능하게 되었다.

마오쩌둥은 까마득히 떨어진 옌안의 동굴에서 미국의 원자탄 개발에 대한 자신의 반응을 나타내었다. 이러한 그의 최초의 견해는 중국의 향후 핵전략 형성에 중요한 영향을 미쳤다. 8월 6일, 미 공군의 B-29 폭격기가 일본 히로시마 상공에서 첫 번째 원자탄을 투하하였다. 이것은 원자탄이 실전에 사용된 첫 번째 사례였다. 이 폭격은 TNT 2만 톤에 해당하는 규모로써, 30여만 명이 거주하는 도시가 순식간에 평지가 되고, 13만 명이 사망하였으며, 90%의 건축물이 훼손되었다. 소식이 전해진 후 전 세계는 놀람과 공포에 휩싸였다. 옌안의 중공 중앙 기관지인 <제팡르바오>는 히로시마 원자탄 투하소식을 신속히 보도하였다. 제팡르바오는 외신의 묘사를 빌어 미국의 거대한 위력의 신무기는 전쟁 기술상의 혁명이라고 한 후 원자탄 폭발의 심각한 후폭풍을 묘사하였다. 히로시마의 화염은 무려 4만 피트에 달하여, 단지 진한 연기만 볼 수 있을 뿐 아무것도 볼 수 없다. 도시에 있는 몇 개의 강도 보이지 않는다. 단지 화염으로 가득 차 있을 뿐인데 마치 번개가 치는 듯하다. 히로시마의 모든 생물은 모두 타서 죽었다고 하였다. 특히 동맹군은 폭탄 투하 후 일본의 빠른 투항을 재촉하였는데 투항하지 않을 경우 원자탄으로 일본 본토를 공격할 것이라고 하였다.[4] 9일, 미 공군은 일본의 나가사키에 두 번째 원자탄을 투하하였다. 다음 날 <제팡르바오>는 원자탄이 나가사키를 폭격하였다라고 보도하고 동시에 '원자탄 하나의 위력 평가'라는 단문을 첨부하면서 도시 가운데 60%의 건축물이 훼손되었고, 사상자 수는 10만 명 이상이라고 하였다.[5]

---

4 ≪解放日報≫, 1945年 8月 9日.
5 ≪解放日報≫, 1945年 8月 10日.

일반적으로 <제팡르바오>의 원자탄 폭발과 관련한 보도는 다른 중국과 외국의 언론매체와 비교해서 결코 충분하다고 말할 수 없다. 이는 중공 중앙의 결정과 관련이 있다. 앞에서 말한 바와 같이 소련이 소련과 일본의 중립조약 중단을 선포한 후 중공 중앙은 이미 선전부문에 동맹군의 작전과 관련한 보도에서 소련의 붉은 군대의 역할을 부각시키라는 요구를 하였다. 이후 <제팡르바오>에서 미군의 태평양 작전과 해공군의 기술적인 우위에 관한 보도는 명백히 감소하였다. 이런 상황에서 마오쩌둥은 미군의 원자탄 사용과 관련한 보도를 읽는 것이 여전히 불만스러웠으며 조금 지나치다고까지 생각하게 되었다. 그는 즉시 문선(文宣)을 책임지던 후챠오무 등을 만나 원자탄의 효과에 대해 과대포장하지 말아야 한다라고 지시하였다.[6] 이것은 마오쩌둥이 처음으로 핵무기에 대해 자신의 기본관점을 밝힌 것이라 할 수 있는데, 즉, 핵무기의 역할을 과대포장하지 말라는 것이었다.

소련군은 당일 즉시 일본에 대한 전쟁을 선포하였기 때문에 중공 지도자들의 주의는 바로 일본에 대한 반격과 일본의 투항 등의 문제로 옮겨졌다. 마오쩌둥은 이렇게 중요한 시기에 공개적으로 원자탄에 대한 자신의 견해를 상세히 논술하였다. 8월 13일, 그는 옌안에서 개최된 간부회의에서 원자탄은 일본을 투항시킬 수 없다고 하고, 당내 일부 동지들 역시 원자탄이 대단하다고 믿는데, 이는 자산계급의 영향을 받은 것이라고 비판하였다. 그는 이러한 무기 제일주의 사상에 대하여 먼지를 청소하는 것과 같이 자주 청소해야 한다라고 엄숙하게 이야기하였다.[7] 이후 중공 언론매체의 관련 보도에 확실한 변화가 나타났다.

8월 12일, <제팡르바오>는 영국의 <인터내셔널 헤럴드 트리뷴(International

---

[6] 逢先知主編:《毛澤東年譜1893-1949》, 中卷, 第617頁.
[7] 毛澤東:《抗日戰爭胜利后的時局和我們的方針》, 1945年8月13日, 《毛澤東選集》, 第四卷, 第1133-1134.

Herald Tribune)>의 소식을 전재하였는데 내용은 원자탄의 비밀을 공개하라는 것이고, 이를 군사적으로 독점하는 것에 반대한다는 것이었다.[8] 9월 6일 <제팡르바오>는 또다시 소련 잡지의 문장을 전재하였는데 핵심 관점은 원자탄은 만능이 아니고, 원자탄으로 세계의 정치문제를 해결할 수 없다는 것이었다.[9] 이로써 알 수 있듯이 중공 중앙은 핵무기에 대해서 처음부터 기본적으로 부정적인 평가를 해왔으며, 미군의 원자탄 보유의 정치적 영향을 제한하는데 집중하는 경향을 보여왔다.

마오쩌둥의 군사사상에서는 사람과 무기라는 두 가지 요소가 전쟁의 승패를 결정한다고 한다. 이는 군사철학적 문제임과 동시에 중국혁명의 전략문제이기도 하다. 그는 처음부터 핵무기의 작용을 확대해석해서는 안된다고 강조하였는데 이는 그의 전략사상의 논리와 합치되는 부분이다. 그는 전쟁의 승부를 결정하는 것은 우선 전쟁의 성질(性質)이며, 그 다음은 정의의 편에 서는 사람이지 물건이 아니라고 생각하였다. 그는 "무기는 전쟁의 중요한 요소이기는 하지만 결정적인 요소는 아니다."라고 판단하였다.[10] 한편 마오쩌둥은 이때 원자탄이 장차 세계정치에 가져다줄 변화를 명확하게 예측할 수는 없었으나 그가 반대한 소위 말하는 무기 제일주의는 중국혁명에 중요한 의의를 가진다. 중국 공산당이 이끄는 군대는 탄생부터 내전이 전면적으로 발발할 때까지 줄곧 무기장비가 열세인 조건에서 생존해왔다. 만약에 무기장비가 전쟁에서 결정적인 역할을 한다고 인정한다면 이는 중국 공산당이 필연적으로 실패하게 된다는 점을 인정하는 것과 마찬가지이다. 어떻게 핵무기의 역할을 평가할 것인가도 마찬가지이다. 하물며 원자탄을 보유한 국가가 소련이 아닌 미국이고 중공 중앙의 정책이 마침 미국과 대치하는 변화의 과정에 있는데

---

8 ≪解放日報≫, 1945年8月12日.
9 ≪原子彈不能解決世界政治問題≫, ≪解放日報≫, 1945年9月6日.
10 毛澤東: ≪論持久戰≫, 1938年5月, ≪毛澤東選集≫, 第二卷, 第469頁.

무슨 말이 더 필요하겠는가?

후의 사태발전으로 마오쩌둥이 원자탄의 위력을 통제하는 선전작업이 선견지명이 있고 또 필요한 조치였음을 증명하게 되었다. 그의 핵무기에 대한 기본적인 논술은 중국혁명의 발전에 대해서도 전략적인 의미가 있다. 전면적인 내전의 발발은 바로 중공 중앙이 미국과 대항의 길을 가기 시작하였음을 의미하고, 이로써 중공 내부의 중요 정책결정은 미국이 중국의 내전에 개입할지의 여부 및 중국에서 핵무기를 사용할 것인지를 두고 사고와 토론의 과정을 거치게 되었다. 바로 이때에 마오쩌둥은 명확한 언어적 표현을 사용하여 핵무기에 대한 평가를 하게 된다. 그는 직설적으로 원자탄을 미국과 같은 종이호랑이에 비유하였다. 그는 "원자탄은 미국 반동파들이 사람을 겁주기 위해 쓰는 종이호랑이에 불과하다. 보기에는 아주 무섭지만 실제로는 전혀 무섭지 않다. 물론 원자탄은 대규모 살상용 무기이다. 그러나 전쟁의 승패를 좌우하는 것은 인민이지 한두 개의 신형 무기가 아니다."라고 하였다.[11] 마오쩌둥의 핵무기에 대한 논술은 주로 그의 무기와 전쟁의 관계에 대한 기존의 인식과 중국혁명의 실제 필요에 근거하였다. 그러나 그와 다른 중공 지도자들의 논술은 여전히 그들이 이미 핵무기의 사용불가성과 비 선진국가와 지역에서의 파괴력은 제한적이라는 것에 주의하고 있었음을 대략적으로 반영하고 있다.[12]

1949년 8월 29일, 소련은 처음으로 원자탄 폭발실험에 성공하였다고 선포하고 세계에서 두 번째 핵보유 국가가 되었다. 중공 중앙의 소련의 핵개발에 대한 반응은 상당히 긍정적이었다. '일변도' 원칙이 핵무기에 있어서도 동일하게 적용되었다. 9월 5일, <런민르바오>는 일본 격파를

---

11 毛澤東: ≪和美國記者安娜.路易斯.斯特朗的談話≫, 1946年8月6日, ≪毛澤東選集≫, 第四卷, 第1194-1195.
12 周恩來: ≪全國大反攻, 打倒蔣介石≫, 1947年9月28日, ≪周恩來選集≫, 下冊, 第272-282頁.

기념하는 평론을 통해서 일본 제국주의를 격퇴하는데 소련이 결정적인 역할을 하였다고 평가하였다.[13] 9월 26일, <런민르바오>는 소련 타스(TASS) 통신사의 성명을 싣고 소련은 이미 핵무기를 개발하였고, 이 때문에 미국에 두려움에 떨 필요는 없다고 하였다.[14] 10월 10일, <런민르바오>는 일부 국가들의 보도를 통해 소련의 핵무기 보유가 장차 미국의 핵독점을 무너뜨리는데 유리할 것이며, 미국은 이로써 소련의 평화제안을 다시는 무시할 수 없을 것이라고 하였다.[15] 이러한 일련의 보도를 통해 형성된 논리를 살펴보면 즉, 핵무기가 누구의 수중에 있는 것인가 하는 사실이 핵무기의 위력보다 더욱 중요하며, 핵무기를 보유하는 것은 핵독점을 저지하는 가장 좋은 수단이라는 사실이고, 소련의 핵무기 보유는 미국의 독점적인 지위를 깨트리는데 유리하며, 이로써 미국의 행동에 제약을 가지고 올 수 있다는 것이다. 이데올로기와 정치제도에 기반한 논쟁을 이야기하지 않더라도 핵무기를 보유하여 핵독점을 깨트린다는 이런 생각은 논리적으로는 모두 인정하며, 핵무기 사용을 방지한다는 이점에 대해 두 개 이상의 국가가 핵무기를 보유하는 것이 단지 하나의 국가가 핵무기를 보유하는 것보다는 낫다는 것이다.

건국 후 얼마 지나지 않은 시점에서의 모스크바행은 마오쩌둥으로 하여금 원자탄 제조에 대한 생각을 싹트게 하였다. 즉, 스탈린의 언행으로 인해 핵무기 개발에 대한 흥미가 생긴 것이다. 스탈린은 소련이 성공적으로 원자탄 실험을 성공시키자 매우 고무되었고 동시에 소련진영의 다른 국가들을 고무시키기를 희망하였다. 특히 이러한 성공을 통하여 중국 지도자들의 소련진영 가입에 대한 믿음을 고착시킬 필요가 있었다. 마오쩌둥의 모스크바 방문기간 동안 스탈린은 친히 소련의 원자탄 핵실험 영상

---

13 "擊潰日本帝國主義蘇聯起了決定作用", ≪人民日報≫, 1949年9月5日.
14 ≪人民日報≫, 1949年9月26日.
15 ≪人民日報≫, 1949年10月10日.

자료를 보여주었다. 마오쩌둥은 이에 대한 인상이 매우 깊었으며, 이것은 그가 처음으로 직접적으로 원자탄의 어마어마한 위력을 느끼게 된 것이다. 그는 귀국 후 경호원인 예즈룽(葉子龍)에게 시야가 열리는 느낌을 받았으며 중국도 조금 만들 수 있겠다는 생각을 토로하기도 하였다.[16] 마오쩌둥이 조금 만들 수 있다고 말한 것은 단순한 립서비스가 아닌 마오쩌둥의 핵무기에 대한 또 다른 기본 인식이 반영되어 있었다. 즉, 핵무기는 필요한 것이긴 하지만 아주 많아서는 안된다는 것이며 따라서 그는 줄곧 조금 만들 필요가 있다고 말한 것이다.

<중소우호동맹조약> 제1조에는 조약을 체결한 일방이 제3국의 침략을 받았을 경우 전쟁상태에 처하기 때문에 조약을 체결한 다른 한쪽은 최선을 다해서 군사와 기타 부분의 원조를 제공해야 한다고 명확하게 규정되어 있다.[17] 소련은 이미 핵무기를 보유하였기 때문에 이는 소련이 장차 중국에게 핵우산을 제공하는 것을 의미하였다. 그러나 이어 발생한 한국전쟁으로 인해 이 조약의 실제 효력은 중국 지도자들의 마음에서 크게 퇴색하였다. 먼저, 북한이 치명적인 재난에 직면했을 때 소련 지도자들은 그 어떤 위험에도 불구하고 절대로 미국과 전쟁을 하지 않는 길을 선택하였다. 이어서 중국군이 한국전에 참전할 때 스탈린은 애초의 약속을 어기고 중국군의 전쟁수행 과정에서 즉시 공중엄호를 제공하려 하지 않았다. 이 모든 것은 단지 하나의 목적 즉 미국과의 군사적 충돌을 모면하기 위한 것이었다. 중국 지도자들은 원래 자력갱생(自力更生)을 생존과 발전의 근본준칙으로 삼았다. 그들에 있어서 소련의 이러한 행위가 준 교훈은 잊을 수 없는 것으로 그들의 정치경험으로 볼 때 중요한 전략적

---

16 參閱沈志華, ≪援助与限制: 蘇聯對中國研制核武器的方針(1949-1960)≫, 沈志華、李濱編: ≪脆弱的聯盟: 冷戰与中蘇關系≫, 社會科學文獻出版社2010年版, 第208-209頁.

17 ≪中蘇同盟有好條約≫, 1950年2月14日, 見牛軍著: ≪中華人民共和國對外關系史槪論≫, 第99頁.

이익을 소련의 핵우산에 의지해서는 안된다는 결론에 이르게 된다.

안보전략이라는 배경에서 보자면 중국 지도자들이 원자탄 개발을 결심한 것은 미국의 핵위협과 밀접한 관계가 있다. 중국이 처음으로 미국의 핵위협에 직면한 것은 한국전 기간이었다. 중국군이 연이어 두번에 걸친 전투에서 유엔군에 심각한 타격을 주자 1950년 11월 30일 트루먼은 기자회견에서 처음으로 중국에 대해 핵위협을 가하였다. 그는 미국정부는 현재 군사적 역량을 강화함으로써 중국의 참전 후 직면한 심각한 사태를 해결하고자 하고 있으며 줄곧 원자탄 사용을 적극적으로 고려하고 있다고 하였다.[18] 아이젠하워가 백악관에 입성한 뒤에도 미국이 제시한 조건에 따라 정전을 하기 위하여 미국은 장차 한반도에서 전술 핵무기를 사용할 것이라고 선언한 바 있다.[19] 중국이 두 번째로 미국의 핵위협에 직면한 것은 1954/55년의 타이완 해협 위기때였다. 아이젠하워 정부는 해방군의 동남연해에서의 군사행동을 저지하기 위하여 타이완 해협에 대규모로 해공군을 집결시킴과 동시에 타이완을 보호할 방법에 대해 논의하였고 여기에는 핵무기를 사용할지 여부도 포함되었다.

1954년은 냉전사에서 '폭탄의 해'라는 별칭이 붙은 해이다. 미국 국내에서는 핵무기와 핵전략을 겨냥한 토론이 긴박하게 준비되었고 관련 여론 역시 떠들썩하였다. 1월 12일, 덜레스는 뉴욕의 외교위원회에서 연설문을 발표하고 아이젠하워 정부는 대규모 보복전략을 새로이 실시한다고 선포하였다. 그는 이후에 전쟁이 어디서 발생하던지 미국은 대규모의 즉시 보복이 가능한 힘에 의지할 것이며 수단과 장소는 모두 우리의 선택에 달려있다라고 하였다. 당시 미국 부통령이었던 닉슨(Nixon, Richard Milhous)은 그다음 연설에서 아주 직접적으로 미국은 대규모의 기동성이

---

18 哈里.杜魯門著、李石譯:《杜魯門回憶錄》, 第二卷, 第472-473頁。
19 資中筠主編:《戰后美國外交史: 從杜魯門到里根》, 上冊, 第232頁。

있는 보복능력에 입각하여 침략의 주요 근거지를 격퇴하여야 하며 시간과 장소는 모두 우리가 선택해야 한다고 하였다.[20] 아이젠하워 정부의 새로운 전략은 핵군비 경쟁에 불을 붙였다. 이렇게 뜨거운 분위기하에 발생한 타이완 해협 위기는 자연스럽게 미국 매파가 강경정책을 추진하는 중요한 이유가 되었고, 그들의 이러한 소란스런 분위기는 필연적으로 중국의 걱정을 가중시켰다. 1955년 1월 7일과 8일 <런민르바오>는 연이어 사설을 발표하고 미국이 중국의 동남연해에서 군사배치를 강화하고 중국에 전쟁의 위협을 가하는 것을 질책하였다. 사설은 또한 "미국의 장군들은 최근들어 원자탄 사용을 더욱더 좋아하는 것 같다. 그들이 동양과 서양에서 원자탄 사용을 떠들어 대는 것은 중국을 위협하기 위한 것이지만 이것은 다 쓸데없는 짓이다. 원자탄은 이미 미국이 독점하고 있는 특허상품이 아니다."라고 하였다.[21] 사설에서 언급하고 있는 핵독점을 깨트린다는 내용은 이미 중국이 핵무기 개발을 진행하고 있다는 논리를 포함하고 있었다. 실제로 6일 후인 1월 15일 중국 지도자들은 핵무기 연구개발이라는 중대한 결정을 하게 된다.[22]

중국 지도자들이 핵무기 개발을 진지하게 고민하기 시작한 것은 한국전이 종료되고 얼마 지나지 않았을 때였다. 1952년 제1차 5개년 계획을 수립할 때에는 핵무기 개발이 검토사항에 포함되지 않았는데 이는 당시 진행되고 있던 한국전의 재정적 부담 때문이었다. 1953년 9월 8일, 펑더화이는 마오쩌둥에게 1952년 7월 제정한 5개년 군사건설 계획 수정을 제안하고 마오쩌둥의 비준을 받았다.[23] 펑더화이가 제안한 5개년 군사계

---

20 轉引自克拉爾.貝爾著 《國際事務槪覽1954年》, 上海譯文出版社1984年版, 第131、133頁。.
21 江南: 《中國人民是嚇不倒的江》, 《人民對戰爭玩火者是不會容情的》, 《人民日報》, 1955年1月7, 8日。
22 中共中央文獻硏究室編: 《周恩來年譜1949-1976》, 上卷, 第440-441頁。
23 王亞志回憶、沈志華、李丹慧整理: 《彭德怀軍事參謀的回憶: 1950年代中蘇

획 수정안에는 그가 지휘했던 한국전쟁에서의 경험과 중국의 국방 현대화에 대한 고민이 반영되었는데 여기에는 마오쩌둥이 중국 군대를 세계에서 두 번째로 우수한 현대화 군대로 키우겠다는 원대한 꿈이 포함되어 있었다.[24] 첫 번째는 당연히 소련의 붉은 군대로서 세계에서 두 번째로 우수한 현대화 군대가 되겠다는 것은 바로 논리적으로 핵무기를 보유해야한다는 것이었다. 11월에 펑더화이는 전군 고급간부 회의에서의 발언을 준비하면서 가오강을 만났는데, 가오강은 이때 전국의 경제계획과 관련한 업무를 책임지고 있었다. 펑더화이는 회견 중에 핵무기 개발과 관련한 미래 청사진을 제시하고 10년이면 핵무기 분야에서 미국을 따라잡을 수 있을것이라 하였다.[25] 가오강은 이전에 첸싼창(錢三強)이 원자력 개발 관련 이야기를 했을 때처럼 가타부타 자신의 의사를 표명하지 않았다. 12월 7일부터 다음 해 1월 26일까지 중앙 군사위원회는 군사발전계획을 제정하는 전군 고급간부 회의를 개최하였다. 이처럼 중요한 군사회의에서도 핵무기 개발 관련 문제는 논의되지 않았다.

역사의 사소한 부분은 때로는 마오쩌둥이 핵무기와 중국의 국제지위를 연관시키는 근원이 되기도 한다. 일찍이 1949년 9월 23일, 비신스키는 유엔 총회에서 무조건적으로 원자력 관련 무기사용 금지를 제안하고 충분하고도 엄격한 국제 관리제도를 실시하는 것을 더 이상 늦추어서는 안된다고 지적한 바 있다. 특별히 중요한 것은 그가 미국, 영국, 소련, 프랑스, 중국 등 5대 강국이 주된 책임을 지고 세계평화와 관련된 문제를 해결하자고 한 점이다.[26] 당시에는 국민당 정부의 대표가 유엔 안보리의 중국대표 자리를 차지하고 있었다. 그러나 비신스키가 이때 중국의 5대

軍事關系見証≫, 夏旦大學出版社2009年版, 第81頁.
24 彭德怀傳記組著: ≪彭德怀全傳≫, (三), 第1043頁
25 彭德怀傳記組著: ≪彭德怀全傳≫, (三), 第1087頁.
26 ≪人民日報≫, 1949年9月27日.

강국 지위를 확인하고 소련이 빠른 시일내에 이 칭호를 신중국에 돌려주는데에는 별 지장이 없었다. 이때에는 중화인민공화국이 아직 성립되지 않았을 때로 <런민르바오>는 비신스키의 말을 그대로 실었고 이는 마오쩌둥 등 지도자들은 신중국이 당연히 5대 강국의 반열에 들어갈 것이라고 판단하고 있음을 보여주는 것이다.

마오쩌둥의 중국이 세계대국이라는 인식은 건국 후 수차례에 걸쳐 좌절을 맛보게 된다. 특히 1954년 초 미국, 소련, 영국, 프랑스가 중국에 제네바 회의 참가요청을 할 것인지 하는 문제와 회의의 형식과 관련하여 토론을 전개한 것은 중국 지도자들의 사고에 심각한 영향을 주었다. 미국 정부는 먼저 중국의 외교부 장관이 참가하는 국제회의 소집에 반대하였고, 후에는 중국의 지위를 폄하하여 소련이 제안한 5대국 외무장관 회의를 각국 외무장관이 참가하는 회의로 명칭을 바꾸기도 하였다. 또한 미국이 대표를 파견하여 참가한 회의가 중화인민공화국 정부의 합법성을 인정하는 것은 아니라고 공개적으로 천명하였다. 제네바 회의는 최종적으로 5대국 회의가 되지 못하였다. 후에 마오쩌둥이 중국이 왜 핵무기를 개발하려고 했는지를 설명할 때 그는 핵무기의 정치적 가치에 관하여 그의 견해를 들려준 바 있다. 그의 마음속에 핵무기는 단지 국가의 기본적인 안보를 위해서가 아닌 한 나라의 명망과 국제적 지위와 관련이 있었다. 그는 "미국 등의 국가들이 중국을 얕보는 이유는 중국에 원자탄이 없고 단지 수류탄만 있기 때문이다. 따라서 중국은 더 많은 수의 비행기와 대포가 필요할 뿐만 아니라 원자탄이 있어야 한다. 현재 다른 나라의 괴롭힘을 받지 않기 위해서 이 물건이 없어서는 안 된다."라고 하였다.[27]

이 시기 소련은 10월의 <파리협정> 체결 후 유럽의 안보정세 변화를

---

27 毛澤東: ≪論十大關系≫, 1956年4月25日, 中共中央文獻研究室編: ≪毛澤東文集≫, 第七卷, 第27頁.

겨냥하여 핵군비를 증강함으로써 아이젠하워 정부의 대규모 보복전략에 맞선다는 결정을 내렸다. 소련군은 핵무기와 미사일 탑재 기능의 발전을 중심으로 하는 핵로켓 전략을 제안하고, 동시에 미국과 서유럽 국가 간의 군사안보협력 발전에 대항하기 위하여 동맹국과의 군사 일체화를 강화하기로 결정하였다. 이는 중국 지도자들이 최종 결심을 하는 도화선이 되었다.

1954년 9월, 펑더화이가 이끄는 고급 군사대표단이 소련을 방문하였다. 소련 방문 전 펑더화이는 특별히 첸싼창을 만나서 그로부터 원자탄 개발과 관련한 과학기술 지식과 생산문제에 관한 의견을 청취하였다. 이 대표단의 구성원에는 아주 유명한 장군들인 류보청(劉伯承), 쑤위(粟裕), 류야러우(劉亞樓), 쉬광다(許光達), 천정(陳賡) 등이 포함되었다. 그들은 초청에 응하여 '눈보라'로 명명된 핵폭발 군사 훈련과정을 참관하였다. 소련의 핵실험 기지에서 중국의 장군들은 처음으로 직접 버섯 구름이 피어오르는 장면을 목도하였고, 핵폭발이 가지는 엄청난 파괴력을 느끼게 되었다. 군사훈련이 종료된 후 불가닌은 원자탄 폭발 시 사용하는 열쇠 하나를 펑더화이에게 선물로 증정하였다. 중국의 국방과 안보 정책결정 체제에서 이 장군들은 모두 핵심보직을 맡고 있었으며 이들의 선진무기에 대한 갈망이 어떠한지는 가히 짐작할 수 있다. 이러한 시각적 충격을 경험한 후 이들이 핵무기 개발에 편향된 것은 어찌보면 당연한 일이라 할 수 있다. 실제 상황 역시 이러했다. 9월 30일, 펑더화이는 곧 방문을 앞둔 흐루시초프와의 회담을 준비하면서 리푸춘(李富春)에게 다른 항목이 삭제되는 한이 있다 하더라도 원자탄 개발을 반드시 회담일정에 포함시키도록 하였다.[28] 모든 중국 지도자들은 원자탄 개발과 관련하여 가장 빠른 방법은 소련의 도움을 얻는 것이란 사실에 공감대를 형성

---

28 梁東元: ≪原子彈調査≫, 解放軍出版社2005年版, 第30-31頁。

하고 있었다.

1954년 9월 29일부터 10월 12일까지 흐루시초프는 소련 대표단을 이끌고 중국을 방문하였으며 중국 건국 5주년 기념행사에 참가하였다. 10월 3일 마오쩌둥은 흐루시초프와의 회담에서 "우리는 원자력과 핵무기에 관심을 가지고 있으며, 원자력 관련 공업을 해보고 싶으니 소련이 도움을 주었으면 좋겠다."라고 직접적으로 말하였다. 마오쩌둥은 실제로 두 가지의 요구를 하였는데 이것은 중국의 핵물리 전문가와 군대 지도자들의 서로 다른 의견을 반영한 것이었다. 핵물리 전문가들의 주장은 원자력 과학과 핵공업을 발전시키자는 것이었고, 군 수뇌부는 핵무기를 개발해야 한다는 것이었다. 흐루시초프는 이번 중국 방문을 통해 중소관계를 대대적으로 격상시킬 준비를 하고 있었다. 이에 과거 중국 지도자들이 주장한 국제주의 준칙에 부합하지 않는 거의 모든 사실에 수정을 가해야 한다는 사실에 대해 스탈린이 과거에 했던 일들이 중국의 권익에 손해를 가했으며 마땅히 수정되어야 한다는 결심을 이야기하게 된다.[29] 이 밖에 그는 중국에 대한 대규모 원조제공을 결정함으로써 중국이 보다 빨리 공업국가로 발전하는데 도움이 되고자 하였다. 그는 진정한 노력과 희생을 거쳐야만 중소동맹이 더욱더 견고해질 수 있고, 소련의 국제적 지위가 진일보 높아질 수 있으며 소련진영이 더 단결할 수 있다고 믿었다. 이는 무산계급의 국제주의에 부합할 뿐만 아니라 장차 소련이 유럽에서 점차 가중되는 긴장국면에 대응하는 데에도 유리하며, 가장 중요한 사실은 흐루시초프 자신의 국내 정치지위를 더욱 강화할 수 있다고 보았다는 점이다. 비록 이렇긴 하였지만 흐루시초프는 마오쩌둥의 핵무기 개발을 도와달라는 돌연한 요구에 아직까지 충분한 마음의 준비를 하고 있지는 못하

---

29 參閱尤.米.加列諾維奇著、飛舟, 孟秀云, 李芳華, 盧敬利等譯: ≪兩个一把手: 赫魯曉夫和毛澤東≫, 四川人民出版社1999年版, 第15-18頁.

였다. 그는 본능적으로 즉시 중국의 핵무기 개발에 찬성하지 않는다는 입장을 밝히고 중국은 소련이 제공하는 핵우산이 있으면 충분하고 이 일 때문에 그렇게 많은 돈을 쓸 필요가 없다고 하였다. 원자탄 제조에는 매우 많은 비용이 들어가며 이는 먹을 수도 없고 사용할 수도 없으며, 생산한 뒤에 보관에도 만만치 않은 비용이 들어간다고 하였다. 그는 마오쩌둥이 국가경제와 국민생활을 우선으로 하기를 제안하며 소련은 먼저 중국이 소형 원자로를 만드는데 도움을 주어 중국이 먼저 연구를 진행하고 기술자들을 훈련시킬 수 있도록 하겠다고 하였다. 흐루시초프는 중국이 먼저 원자력 에너지에 관한 연구를 시작하는데 도움을 줄 수 있다는 의사를 표시하였으며 마오쩌둥은 흐루시초프의 제안을 고려해 보겠다는 입장을 표명하였다.[30]

10월 23일, 마오쩌둥은 베이징을 방문한 인도총리 네루와의 회담에서 원자탄에 대한 자신의 견해를 밝혔다. 그는 "원자탄은 일종의 신무기이지만 전쟁을 근본적으로 변화시키는 것은 아무것도 없다. 사상 인원이 증가하는 것 빼고는 근본적으로 다른 점이 없다."라고 하였다. 그는 네루에게 중국이 현재 연구를 시작하였는데 단시간 내에는 되지 않는다라고 하였다.[31] 이것은 중국 지도자가 처음으로 소련 이외의 국가 지도자에게 그들이 이미 핵무기 개발을 결정하였음을 알린 것이었다.

11월 29일, 소련은 동유럽 7개 국가와의 회의를 소집하고 바르샤바 조약기구를 조직하였다. 소련주재 중국대사인 장원텐은 이 회의에 참석하여 회의의 모든 결정을 지지한다는 성명을 발표하였다. 미소 간의 새로운 핵군비 경쟁으로 인한 긴장된 분위기와 소련진영의 군사일체화 과정으로 인해 중국 지도자들은 소련으로부터 꼭 필요한 도움을 얻을 수 있

---

30 師哲: 《在歷史巨人身邊》, 第572-573頁.
31 毛澤東: 《同印度總理尼赫魯的四次談話》, 1954年10月23日, 中共中央文獻研究室編: 《毛澤東文集》, 第六卷, 第367頁.

다는 믿음이 생겼다. 실제 흐루시초프가 베이징에서 귀국한 뒤 중소양국은 이미 원자력 기술합작과 관련한 협상을 시작하였고, 1월 상순에 소련과 중국은 중국에 핵 반응로를 포함한 중요한 원조제공에 있어 초보적인 합의를 이루었다.

소련의 원조 약속에 근거하여 1955년 1월 15일 중공 중앙 서기처는 중난하이에서 본문 모두에서 언급하였던 중요한 회의를 개최하였다. 회의는 마오쩌둥 본인이 주재하였으며 류샤오치, 저우언라이, 주더 등 주요 지도자들이 모두 회의에 참석하였다. 그들은 몇몇 과학자들의 보고와 그들의 중국 원자력 발전의 미래에 관한 예상을 청취하였다. 회의는 3시간여 동안 진행되었고 중국 지도자들은 최종적으로 핵국가로 향하는 진군의 발걸음을 드높이기로 결정하였다.[32] 마오쩌둥은 15인 회의석상에서 "진지하게 기회를 잡는다면 반드시 해낼 수 있을것이다."라고 하였다. 그는 중국이 충분한 인력과 자원을 보유하고 있으며, 소련의 도움하에 어떤 기적도 만들어 낼 수 있을 것이라고 믿었다.[33]

중공 중앙 서기처의 확대회의가 소집되고 난 사흘 뒤 <런민르바오>는 소련의 부장회의 성명을 게재하였다. 이 성명에서 소련은 장차 중국과 폴란드, 체코슬로바키아, 루마니아 그리고 동독의 평화적인 원자력 이용 발전 계획을 도울 것이라고 선포하였다. 소련이 제공할 도움에는 설계, 설비공급 및 5KW에 달하는 실험용 원자로 건설과 원자 입자 가속기, 필요한 수량만큼의 원자로와 과학연구용 가분열 물질 그리고 이 국가들의 과학자와 엔지니어들이 소련에 와서 관련 과학연구와 원자로 실험에 관해 학습하는 것 등이 포함되었다.[34] 20일, 중소 양국은 소련이 중국을

---

32 中共中央文獻硏究室編: ≪周恩來年譜1949-1976≫, 上卷, 第440-441頁.
33 ≪当代中國核工業≫編委會編: ≪当代中國的核工業≫, 中國社會科學1987年版, 第20頁.
34 "蘇聯部長會議發表聲明在促進原子能和平用途的硏究方面給予我國和其他國

도와 우라늄 광산을 탐사하고 채굴하는 의정서를 체결하였다.

의심의 여지 없이 중소 간 합작과 소련의 원조는 중국 지도자들이 이 시기 결심을 하게 된 핵심요소였다. 그리고 이시기 소련 지도자들이 중국에 대한 상술한 원조를 하기로 결심한 것은 미국과 서유럽 국가가 <파리협정>을 체결하여 유럽에서 핵군비를 강화하는 등 군사적 협력을 강화한 것과 직접적인 관련이 있다. 소련은 당시 북대서양 조약기구(NATO)에 대항하는 군사집단인 바르샤바 조약기구를 조직하고 있었는데, 소련 지도자들은 중국의 찬성과 협조를 얻는 것이 얼마나 중요한 의미가 있는지 확실하게 알고 있었다. 그러나 소련이 얼마나 복잡한 의도에서 시작하여 심지어 자신의 전략적 이익에서 출발했다고 하더라도 이시기 중국은 핵무기 개발에 있어 소련의 원조는 불수불가결한 요소로 반드시 획득해야 할 부분이었다. 31일, 저우언라이는 국무원 제4차 전체회의에서 핵에너지 발전과 소련의 원조제공에 관한 보고를 하였고, 회의는 관련한 결정을 통과시키고 이를 공포하였다.[35]

원자력 개발과 발전에 관한 결정은 이른 시간 내에 핵무기 연구개발과 관련한 정책결정을 촉진하게 되었다. 2월 18일, 펑더화이는 마오쩌둥에게 1955년의 군사업무를 보고할 때에 점진적으로 핵 무기를 연구개발해야 한다는 의견을 제시하였다.[36] 핵 무기 개발문제는 이로써 의사일정에 편입되었다. 대체로 이 시기부터 원자탄이라는 단어는 중국 지도자들의 말에서 언급되는 비율이 가장 높았던 개념이 되었고, 그들의 핵 전략사상이 처음으로 실마리를 드러내게 되었다.

중국 지도자들이 건국 후 얼마 되지 않은 시점에 핵 무기 개발을 결정

家以科學、技術和工業幫助", 《人民日報》, 1955年1月18日。
35 中共中央文獻研究室、中國人民解放軍軍事科學院編: 《周恩來軍事文選》, 第四卷, 第363頁。
36 彭德怀傳記組編: 《彭德怀全傳》, 第三冊, 第1081頁。

한 것은 냉전과 밀접한 관계가 있다. 미국과의 대항국면과 소련과의 동맹은 중국 지도자들이 빠른 시일 내 핵 국가의 행렬에 참여하도록 결심하는 중요한 요인이 되었다. 그러나 핵 무기 개발을 결정하는 과정중에 중국의 지도자들은 확실히 미국이나 소련과는 다른 독특한 핵 전략사상을 형성하였다. 중국의 핵 전략 사상의 특징은 상대적으로 매우 낙후된 중국의 현대화 수준 때문만은 아니었다.

먼저, 중국 지도자들은 핵 무기는 일종의 신형 무기로 확실히 대규모 살상력을 가지고 있긴 하지만 그렇다고 전쟁의 승부를 결정짓는 핵심요소는 절대로 되지 못한다는 생각을 여전히 가지고 있었다. 그들은 물론 중국의 경제가 매우 어렵고, 과학기술이 상대적으로 낙후되었으며, 공업적 기초가 많이 부족하기 때문에 핵 무기의 전쟁중 역할을 폄하하는 것은 아니었다. 마오쩌둥은 전쟁 무기는 화약을 사용하지 않는 무기에서 화약을 사용하는 무기로 다시 핵 무기로 발전해 왔지만, 사상자의 숫자를 제외하고는 별 차이가 없으며, 무기의 변화에 따라 사상자 수가 증가하는 것 뿐이라고 하였다.[37] 이러한 인식은 마오쩌둥의 핵 억지력 사상의 기초가 되었고, 여러 곳(먼저는 미국으로부터 후에는 소련으로부터)으로부터의 핵 위협을 무시하는 중요한 요인이 되었다. 물론 이 시기 중미 간의 첨예한 대립은 마오쩌둥이 미국의 핵 위협을 특별히 증오하게 만들었고, 설사 약간의 암시가 있다고 하더라도 반드시 반격을 해야만 했다. 가장 대표적인 예는 중국주재 핀란드 대사인 선드스트롬(Sundstrom, Carl-Johan)과의 대화이다.

1955년 1월 28일, 선드스트롬은 마오쩌둥에게 국서를 전달하는 자리에서 미국의 수소폭탄의 위력이 얼마나 대단한지 몇 개면 중국을 궤멸시킬 수준이라고 이야기하였다. 마오쩌둥은 그만의 특유한 날카로운 언사

---

37 毛澤東: 《同印度總理尼赫魯的四次談話》, 《毛澤東文集》第六冊, 第367頁。

를 통해 반격하기를 "원자탄이 세다고 한들 지구를 관통할 뿐이다. 만약 지구를 관통한다고 가정하면 중국으로부터 폭탄이 들어가서 지구의 다른 한편으로 나오게 될텐데 그곳은 바로 미국이 될 것이다. 제2차 세계대전의 사상자 총합이 1억이 되지 않았다. 만약 다시 한 번 전쟁이 나서 중국 한 나라의 사상자 수가 제2차 세계대전 사상자 수가 된다고 하더라도 우리에게는 아직도 5억이 넘는 인구가 있다. 미국은 공포를 이용하여 우리를 위협하려고 하지만 우리는 결코 겁먹지 않을 것이다."라고 하였다.[38] 중국은 핵 무기가 없을 뿐만 아니라 다른 무기장비에 있어서도 미국과 비교하면 많이 낙후되어 있었기 때문에 중국 지도자들은 핵 위협문제에 대해 계속해서 두렵지 않다고 말할 필요가 있었다. 그렇지 않으면 논리적으로 중국은 끊임없이 타협을 하게 되는데 이것은 마오쩌둥 입장에서 절대로 받아들일 수 없는 것이었다.

핵 무기의 미래 전쟁 중의 지위에 대한 중국 지도자들의 기본 판단은 사용할 수 없거나 사용의 가능성이 매우 적다는데 있었다. 이 부분에 있어서 저우언라이의 해석은 대표성을 지닌다. 그는 핵 무기를 생화학 무기에 빗대어 생화학 무기 사용금지처럼 핵 무기도 최종적으로 금지될 것이라고 예측하였다. 그는 "1차 세계대전 중에 독가스가 출현했고 이내 참전한 각국이 모두 이 무기를 보유하게 되었다. 네가 쓰면 나도 쓴다고 해서 전쟁이 진행될 방법이 없었다. 이런 이유로 국제적으로 독가스 사용을 금하는 조약을 체결하게 되었다. 2차 세계대전 중에 히틀러 역시 감히 독가스를 사용할 수 없었다."고 하였다. 이러한 발전 추세로 보건데 저우언라이는 현재에도 원자탄 사용을 금지할 가능성이 있다라고 판단하였다.

중국 지도자들의 핵 무기 사용불가라는 논리는 핵의 거대한 파멸성이

---

38 周恩來: ≪關于和平利用原子能問題≫, 1955年1月31日, 中共中央文獻硏究室、中國人民解放軍軍事科學院編: ≪周恩來軍事文選≫, 第四卷, 第358頁.

인류에게 끼치는 재난이 상상을 초월한다는 판단 때문이었으며 핵의 사용자 입장에서도 요행으로 모면할 수는 없는 노릇이었다. 마오쩌둥은 네루와의 회담에서 "핵 무기를 통제할 방법이 없게 되었기 때문에 문제 역시 해결될 것이다. 지구를 파멸에 이르게 할 수 있으니 인류가 허락하지 않을 것이다."라고 하였다. 그러나 그들은 핵 무기 사용금지의 확실한 보증은 바로 일국의 핵 독점(후에는 미소의 핵 독점을 타파하는 것)을 무너뜨리는 것이었다. 이것이 바로 중국 지도자들이 최초에 소련의 핵 무기 보유에 찬성한 중요한 이유였고 동시에 중국이 원자력을 발전시키고 핵 무기를 연구개발하는 중요한 이유가 되었다. 저우언라이의 말을 빌리자면 "한편으로는 원자 무기사용을 반대해야 하며, 다른 한편으로는 원자력 기술을 장악해야 한다."는 것이다.[39] 마오쩌둥은 핵 무기와 같은 무기개발을 언급할 때마다 항상 소량을 개발해야 한다라고 말했는데 이는 그가 핵 무기는 사용 가능성이 매우 낮기 때문에 한 국가가 대량의 핵 무기를 보유할 필요가 없고 단지 소량을 개발함으로써 핵 독점을 깨트리는데 사용하면 된다고 판단하였기 때문이다.

핵 무기로 인한 안보위협을 제거하는 것과 비교하여 중국의 종합국력을 강화하고 중국의 국제적인 지위를 높이는 것은 중국이 핵 무기 개발을 결정한 더욱 중요한 요인이 되었다. 이 시기부터 중국의 전략적 사유에서 정의하는 대국과 강국은 핵 무기를 보유해야만 하였다. 핵 무기 보유가 대국이나 강국을 의미하지는 않았지만 핵 무기가 없으면 반드시 대국이나 강국이 아니었다. 중국의 정책결정 과정에서 두 개의 집단이 줄곧 마오쩌둥의 결심에 영향을 미쳤다. 하나는 핵물리학자들로 그들은 과학기술 발전추세를 따라서 중국은 핵 공업을 발전시켜야 한다고 강력히 주장하였다. 이렇게 함으로써 중국의 과학기술은 빠른 시일 내 세계

---

39 周恩來: ≪關于和平利用原子能問題≫, 第359頁.

상위권에 도달할 수 있게 된다는 것으로 이러한 그들의 목소리는 민국 (民國)시기부터 있어왔다. 또 다른 집단은 펑더화이 등의 군부 지도자들로 앞서 언급한 바와 같이 그들은 세계 일류의 무장능력을 건설하기 위해 핵 무기 개발을 주장하였다. 이 두 개의 집단은 모두 정책결정 과정에 적극적으로 임하였으며 그들의 논술의 본질은 국가의 종합국력을 상승시키고 중국의 세계에서의 지위를 강화시키는데 있었다.

다른 한편으로 한국전쟁, 동남연해 작전 중의 미국의 간섭, 소련의 핵 군비와 군사전략의 발전 등등 끊임없이 발생하는 주요사건들은 중국 지도자들에게 부정적인 인식을 심어주게 되었고 이는 그들이 핵 무기 문제에 관심을 가지게 되는 계기가 되었다. 마오쩌둥이 핵 무기 개발을 결정했을 때 그의 핵 무기가 단지 일종의 신형무기일 뿐이라는 자신의 관점에는 변화가 없었다. 그러나 그는 핵 무기가 있고 없고의 여부가 중국의 국제지위에 영향을 줄 것이라는 점에는 동의하였다. 그는 "원자탄이라는 이 커다란 물건이 없으면 다른 사람들이 인정하지 않는다고 들었다. 그렇다면 좋다. 우리도 조금이라도 만들자."라고 하였다.[40] 중국 지도자들의 핵 무기에 대한 이러한 인식은 중국의 핵 전략이 핵 독점을 무너뜨리고 중국의 국제적 지위를 향상시킨다는 것을 주요 목표로 삼음과 동시에 이에 근거하여 핵 무기 개발계획을 확정하였던 것이다.

얼마 뒤 중국이 '적극적 방어'라는 군사전략을 확정함에 따라 소련과 중국의 군사안보협력의 경계가 점차 명확해졌고, 중국과 소련 간의 핵 분야 협력의 규모와 한계 역시 기본적으로 결정되었다. 중소 간 핵 무기 개발분야의 협력은 이 시기 일종의 접착제 역할을 하였고 중소동맹을 강화하는 유력한 수단이 되었다. 중국은 미국의 핵 독점을 타파하고 종합

---

40 毛澤東: 《搞一点原子彈氫彈洲際導彈》, 1958年6月21日, 中共中央文獻研究室、中國人民解放軍軍事科學院編: 《建國以來毛澤東軍事文稿》, 中卷, 第387頁.

국력 제고를 목적으로 소련의 도움에 의지하여 신속히 핵 대국으로 부상하였으며, 이는 동아시아 냉전과 동아시아 국제정세에도 매우 큰 영향을 주었다. 냉전이 종식될 때까지 중국은 동아시아에서 유일한 핵 무기를 보유한 국가였다. 한걸음 더 나아가 말하자면 중국은 핵 무기 보유를 통해서 동아시아 지역을 뛰어넘는 강국의 지위를 얻었던 것이다. 1960년대 말 중국의 전략사상과 외교적 언사에 나타나는 삼각지대(大三角)라는 개념은 바로 여기에서부터 출발하고 있다.

제2절
중간지대의 재건

6월 20일 제네바 회의의 휴회부터 7월 5일 류저우에서 끝난 베트남 공산당 지도자들과의 회담기간 동안 저우언라이의 외교활동은 긴장의 연속이어서 지금 상황에서 본다면 놀람 그 자체였다. 그는 라오스, 캄보디아 회의 대표단을 접견하고 프랑스 신임 총리겸 외무장관인 피에르 망데스-프랑스(Pierre Mendès-France)와 인도차이나 정전과 관련하여 초보적인 공감대를 형성하였고, 인도와 미얀마를 방문하고 류저우에서 베트남 공산당 중앙과 회의를 거행하고 다음 단계의 회담 방침을 확정하였다.

제네바 회의의 중요성 때문에 일부 역사학자들은 저우언라이의 6월 25일부터 29일까지 인도와 미얀마에 대한 기습방문을 소홀히 대한 측면이 없지 않다. 그러나 이 두 번에 걸친 방문은 매우 중요하다. 먼저, 이 방문은 건국 후 중국 총리의 첫 번째 비소련진영 아시아 국가에 대한 방문이었다. 이전에 그는 모스크바만을 가 본 적이 있어서 이 사실만으로도 그의 이번 외교적 행동이 평소와 다름을 추측해 볼 수 있다. 저우언라이는 얼마 후 그가 인도와 미얀마를 방문하고 연합성명을 발표한 것은 마오쩌둥 등이 베이징에서 결정하고 기획한 것이라고 말한 바 있다.[41] 역

---

41 ≪周恩來總理兼外長對外交部全體幹部的講話≫, 1954年11月3日, 外交部檔案館: 102-00168-01.

사의 진전 역시 이번 방문의 목적과 영향이 인도차이나 문제해결의 범위를 넘어서 저우언라이의 외교적 노력이 중국외교가 완전히 새로운 세상을 위한 교두보를 열었음을 증명하고 있다.

저우언라이가 제네바 회의 이전의 예정된 일정을 수행하지 않고 인도와 미얀마를 방문한 것은 인도 총리 네루의 거듭된 요청때문이었으며 미얀마 방문은 인도 방문길에 추가한 일정이었다. 중국 지도자들은 이 시기 소련진영 이외의 아시아 국가 방문을 생각지도 못하였다. 소련진영 국가와 비교하여 중국의 이러한 국가들에 대한 정책은 처음에는 매우 소극적이었으나 이때를 기점으로 점차 적극적으로 변화하기 시작하였다. 이러한 상황은 당연히 중국과 인도관계의 복잡한 면을 반영한다. 특히 인도의 대중국 정책이 일찍이 중국의 티베트 문제와 얽혀 있었기 때문이다. 다른 한편으로 중국의 대인도 정책 역시 양대진영(兩大陣營)이론과 '집을 청소한 후 다시 손님을 맞이한다."라는 정책을 반영하고 중국 내부에 심대한 영향을 주고 있었기 때문이다.

5월 23일, 유엔주재 인도대표인 메논(Menon, V. K. Krishan)은 저우언라이를 만났다. 그는 회담을 시작하자마자 저우언라이의 귀국 길에 뉴델리를 방문해달라는 네루의 요청을 전하였으나 저우언라이는 가부를 표명하지 않았다. 저우언라이는 다음날 회담내용을 베이징에 보고하였으나, 그의 관심은 여전히 인도차이나 문제에 있었고 네루의 초청사실은 아주 긴 보고의 네 번째 항목에 단지 두 마디로 정리되어 있을 뿐이었고 어떤 평론이나 제안도 하지 않았다.[42] 6월 13일 메논은 다시 한 번 저우언라이에게 초청 의사를 밝혔다. 당시 그는 저우언라이에게 비록 하루라도 괜찮으니 지나는 길에 인도에 머물러 달라고 간절하게 요청하였다. 그러

---

42 ≪周恩來關于与印度駐聯合國代表메논(Menon, V. K. Krishan)的談話情況致毛澤東、劉少奇幷報中央的電報≫, 1954年5月24日, 中華人民共和國外交部檔案館編: ≪1954年日內瓦會議≫, 第337頁.

나 저우언라이는 지금은 답을 주기 어렵다고 하였다. 이 말 역시 그가 베이징에 보낸 보고 기록에 있었으나 내용이 길지도 않았고 특별히 돋보이지도 않았다.[43] 저우언라이는 지시를 기다릴 뿐이었고 그의 보고에는 자신의 의견을 별달리 첨부하지 않았다.

베이징의 중공 중앙은 13일 답신을 보내어 저우언라이의 인도방문에 동의하였다. 외교부 부부장인 장한푸(章漢夫)는 하루 전에야 중공 중앙에 저우언라이가 인도를 방문해야할 지 여부를 문의하였고, 이는 동남아 각국과 상호불가침 조약 체결과 관련된 종합보고에 포함되었다. 보고 내용으로 보자면 베이징의 지도자들은 보다 광범위한 틀에서 중국과 인도관계와 저우언라이의 인도방문을 생각하였고 이에 비해 외교부는 상당히 신중한 태도를 취하였다. 이것이 바로 외교부가 저우언라이에 신속히 답을 하지 않은 중요한 요인이었다. 제네바 회의가 개최되고 얼마 되지 않아 외교부는 인도, 인도네시아, 미얀마, 파키스탄, 스리랑카의 5개국 총리회담을 겨냥한 특별 연구보고서를 제출하였다. 보고서는 5개국 총리는 인도차이나 정전에 찬성하며 그들의 정전방안 역시 중국의 주장과 상당히 근접하다고 분석하였다. 특별히 중요한 점은 인도와 인도네이사, 미얀마 등은 비록 각자의 셈법과 이유가 있다하더라도 미국의 동남아조약조직 건립계획에 반대한다는 사실이었다.[44] 총괄하면 5개국은 중국이 관심을 가지고 있는 지역의 안보문제에 있어서 중국과 공통된 입장을 취한다는 것이었고 이는 중국 지도자들이 결정을 내리는 주된 근거가 되었다.

장한푸가 12일 제출한 보고에는 저우언라이가 인도의 초청에 어떻게 할지 여부에 대해 명확한 태도 표명은 없고 단지 두 가지 어려운 선택만

---

43 ≪周恩來与梅農談話記彔≫, 1954年6月13日, 中華人民共和國外交部檔案館 編: ≪1954年日內瓦會議≫, 第352、354頁.
44 ≪一周電報匯編第83期(關于亞洲五國總理會議問題)≫, 1954年4月30日, 外交部檔案館: 102-00212-06。

을 제시하였다. 첫째는 중국은 인도와 미얀마 등과 복잡한 국경문제가 존재하고 있으며, 인도와 미얀마가 이 문제를 제기할 가능성이 있다는 것이고, 이 문제는 당분간 해결하기 어렵기 때문에 저우언라이가 초청을 받아들일지 여부는 심사숙고할 필요가 있다는 것이다. 다음은 초청을 거부함으로써 아시아 집단안보공약 건립이 연기된다면 실기하는 것으로 이것 역시 매우 큰 손실이 될것이라는 것이다. 그들은 만약에 이 국가들의 방침을 적극적으로 수렴할 수 있다면 네루의 초청을 받아들이는 것이 필요하며, 즉시 인도에 대해 호의를 보이고, 네루의 '아시아집단안보', '상호불가침조약' 등의 문제에 이해를 표시하고 네루의 중국 방문을 요청할 수 있다고 하였다.[45] 이 보고서의 논리와 경향은 비교적 뚜렷하였다. 저우언라이가 네루의 초청을 받아들일지 여부를 결정하는 것은 중국이 이전의 외교정책에 대해 충분한 조정을 거쳐 적극적인 태도로 인도 등 아시아 비사회주의 국가와의 관계를 추진할 수 있는지 여부에 달려있다는 것이었다.

마오쩌둥과 류샤오치 등은 이 보고를 본 뒤 신속하게 결정을 내렸다. 류샤오치는 13일 저우언라이에게 보낸 전보에서 네루의 초청을 받아들이라고 지시하였다. 후의 상황 전개로 보자면 이것은 상당히 중요한 결정이었다. 이 결정으로 중국 지도자가 처음으로 아시아의 비소련진영 국가를 정식으로 방문하게 되었다. "집을 청소한 후 다시 손님을 맞이한다."는 외교원칙에 따라 중국 지도자들은 이전에는 소련진영 이외의 국가 방문을 생각하지도 않았고 다른 국가 지도자들을 중국에 초대할 계획도 세우지 않았다. 17일, 저우언라이는 중공 중앙에 그가 휴회 기간에 뉴델리행을 결정하였다고 보고하였다.[46] 후에 그의 방문 계획 중에 미얀마 1

---

45 中共中央文獻硏究室、中央檔案館編: 《建國以來劉少奇文稿》, 第六冊, 第268-269頁.
46 中共中央文獻硏究室編: 《周恩來年譜1949-1976》, 上卷, 第386頁.

일 방문이 추가되었다. 그의 구상에 따르면 인도방문에는 세 가지 목적이 있었다. 즉, 아시아평화조약 체결을 준비하며, 미국의 동남아시아 조약 건설계획에 타격을 주고 이를 통해 인도차이나 정전을 추진한다는 것이다.[47] 이러한 논리에 의해 이번 방문의 목적은 주로 동아시아 지역 안보문제에서 네루와 의견을 교환하고 공감대를 형성한다는 것이었다.

방문의 결과만을 두고 보자면 저우언라이는 예상했던 목적을 달성하였다. 특히 중요한 것은 그가 인도총리 네루, 미얀마 총리 우 누(U Nu)와 각각 <총리연합성명>을 체결하였다는 사실이다. 이 두 개의 성명을 통해 인도와 미얀마 지도자들은 그들 역시 중국과 마찬가지로 '평화공존 5개항 원칙'을 아시아 국가와 세계의 다른 국가와의 관계에 적용하겠다는 입장을 밝혔다.[48] 바로 이 두 개의 성명으로 인해 중국 지도자들은 '평화공존 5개항 원칙'을 아시아 지역에서 높게 휘날릴 깃발로 삼을 수 있을 뿐만 아니라 이 깃발을 보유하는 것이 중국의 아시아 지역에서 추구하는 전략적 목표에도 유익하고 이후 중국 외교조정에도 매우 중요하다고 믿게 되었다.

이번 방문을 통해 저우언라이는 더욱 낙관적으로 자신감을 가지게 되었다. 제네바 회의와 휴회기간 동안의 외교활동을 통해 그의 국제사무를 보는 견해에 상당히 큰 변화가 생겼고, 특히 인도와 미얀마 방문은 금상첨화였다고 할 수 있다. 특히 그가 네루에게 중국과 인도 간의 국경문제에서 현상을 유지하자고 제안한 것에 대해 네루는 기회가 있다면 쌍방이 협상을 통해 조정을 진행할 수 있다는 태도를 표명하였다.[49] 후에 네루가 한 말의 숨은 뜻을 어떻게 해석할지 모르지만 저우언라이는 중국 외교부가 걱정하던 국경문제의 유보가 중인관계를 대폭 개선시키는 행동을 전

---

47 中共中央文獻研究室編: ≪周恩來年譜1949-1976≫, 上卷, 第386-387頁。
48 ≪中印兩國總理聯合聲明≫1954年6月28日, ≪中緬兩國總理聯合聲明≫, 1954年6月29日, 引自牛軍: ≪中華人民共和國對外關系史槪論≫, 北京大學出版社2010年版, 第99-101頁。
49 中共中央文獻研究室編: ≪周恩來年譜1949-1976≫, 上卷, 第393頁。

개하는 것에 아무런 압박이 되지 않으리라고 여겼다. 당시의 상황은 확실히 이러했다. 그는 건국 전야에 제정되었던 '집을 청소한 후 다시 손님을 맞이한다.'라는 시간표의 몇몇 조항에 변화가 필요하다고 느꼈다.

7월 5일, 저우언라이는 베트남 공산당과의 회담을 끝냈다. 다음 날 그는 갖은 고생을 다 겪은 후 난닝에서 베이징으로 돌아왔다. 이어 그는 여정의 피로를 뒤로하고 당일 저녁 중난하이의 마오쩌둥 거처로 가서 중요한 회의에 참가하고, 그동안의 외교활동과 금후 대외정책에 관하여 토론하였다. 중공의 중요 정책결정 방법을 살펴보면 마오쩌둥은 먼저 중요한 결정을 하기 전에 관련 분야의 주요 지도자들과 토론을 진행하고 합의점에 도달하는 과정을 거친다. 이번 회의 참석자는 류샤오치, 주더, 천윈, 덩샤오핑 등이었는데 의심할 여지없이 저우언라이의 보고는 그들이 최종적으로 대외정책 조정을 결심하는데 핵심작용을 하였다. 그들은 다음 날 정치국 확대회의 소집을 결정하고 인도차이나 문제와 더욱 광범위한 대외정책 문제를 논의하기로 하였다.[50]

7월 7일, 중공 중앙 정치국 확대회의가 개최되었고 중국의 대외정책에 관하여 전문적으로 토론하였다. 저우언라이는 회의에서 제네바 회의의 진전 사항과 휴회기간 동안 인도와 미얀마 방문 상황 및 베트남 공산당 중앙과의 회담에 관해 보고하였다. 그는 자신의 경험에 비추어 "원래는 일 년 더 문을 닫으려고 했는데 지금 상황을 보아하니 문을 닫을 수 없을 것 같다. 문을 닫고자 하나 이를 행할 수 없다. 중국의 국제적 지위가 너무 높고, 소련 역시 중국이 더욱 많은 국제사무에 참여하기를 원하기 때문이다."고 발언하였다.[51] 저우언라이는 회의가 끝나고 얼마 지나지 않아 열린 또 다른 회의에서 상술한 주장에 대해 더욱 구체적인 논술을

---

50 中共中央文獻硏究室編: 《周恩來年譜1949-1976》, 上卷, 第395頁.
51 "周恩來在中共中央政治局擴大會議上的報告記錄", 1954年7月7日, 轉引自金冲及主編: 《周恩來傳1949-1976》, 中央文獻出版社1998年版, 第189頁.

하였다. 그는 중국과 인도관계를 논하면서 "몇 년전 우리는 먼저 집을 청소한 후 손님을 맞이하겠다고 하였다. 지금은 1차적으로 정리를 하였고 집도 기본적으로 깨끗이 정리하였다. 따라서 일부 손님을 맞이할 수 있다."라고 하였다.[52]

저우언라이의 제네바 회의와 인도 미얀마 방문에 대한 언급은 회의 참석자들을 한껏 고무시켰다. 마오쩌둥은 저우언라이와 중국 대표단의 성과를 치하하고 저우언라이의 제안에 찬성 입장을 표시하였다. 그는 "문을 닫고자 하나 문을 닫을 수 없고 반드시 문을 열고 나가야 한다."라고 하고 저우언라이의 보고에 근거하여 "문을 꼭 닫는 것은 이미 불가능하다. 또한 아주 유리한 상황에 있으니 우리도 나갈 필요가 있다."라고 하였다.[53] 이렇게 "집을 깨끗이 청소한 후에 손님을 맞이한다."의 시기는 종료되었다. 그는 이어 일정기간 동안의 세계정치에 대한 생각을 설명하였으며 특별히 일련의 새로운 정책을 제안하였다.

마오쩌둥은 대외정책을 대폭 조정한 근거와 의의를 설명하기 위하여 회의의 발언중에 그가 8년 전에 포기했던 '중간지대(中間地帶)' 개념을 사용하여 그의 세계정치에 대한 결론을 개괄하였다. 그는 "세계에는 이미 거대한 변화가 발생하였으며 전체적으로 보자면 국제정세에서 미국이 매우 고립된 상태이다. 소련진영은 단결이 아주 잘되고 있고 세계의 다른 나라들은 사분오열된 상태로 철판처럼 견고한 관계는 불가능하다."라고 하였다. 또한 관건은 바로 미국의 전략으로 마오쩌둥은 "미국의 주된 목표는 중간지대를 정리하는 것으로 일본부터 영국에 이르기까지 이런 국가들을 정리해서 까옥까옥 울게 하는 것이다. 미국은 반공의 기치를

---

52 中共中央文獻研究室編: ≪周恩來年譜1949-1976≫, 上卷, 第420頁.
53 "毛澤東在中共中央政治局擴大會議上的發言記錄", 1954年7月7日, 轉引自金冲及主編: ≪周恩來傳1949-1976≫, 中央文獻出版社1998年版, 第189頁. 毛澤東: ≪同一切愿意和平的國家團結合作≫, 1954年7月7日, 第333頁.

들고 동맹국의 자리를 점령하고 있으며 특히 동양에서 일본, 필리핀, 파키스탄, 태국 등 많은 국가들을 점령하였다."라고 하였다. 마오쩌둥이 '중간지대' 개념을 다시 제시한 것은 단지 이 단어를 사용해서 국제정치 정세변화의 특징을 설명하고자 한 것이 아닌 현재 미국전략의 주요목표와 이로 인해 발생한 세계정치의 주된 모순을 새로이 정의하기 위해서였다. 마오쩌둥의 결론은 명확하였다. 미국의 전략목표는 1946년 여름 그가 설명한 바와 같이 반공의 이름을 빌어 '중간지대'를 장악하는 것이었다.

물론 마오쩌둥이 '중간지대' 개념을 다시 제기한 것은 이 단어를 사용하여 국제정치의 정세변화의 특징을 설명한 것 외에도 대외정책 조정을 위한 완정한 논리가 필요하였기 때문이다. 1946년 8월 제시된 '중간지대' 사상과 비교해서 마오쩌둥이 이번에 제시한 개념에는 아주 큰 차이가 있었다. 마오쩌둥의 묘사에 따르면 1946년 여름 제시한 중간지대에서 주요 행위자는 비록 일부 자본주의 국가가 있기는 했지만 바로 수천수만의 혁명인민이었다. 1954년 여름 제시한 중간지대에서 주요 행위자는 다양한 국가 즉 신흥 국가를 지칭하는 것이었다. 중국 지도자들은 그들의 시선을 각계각층의 인민과 혁명운동에 둘뿐만 아니라 이러한 국가의 정부와 대표 인물에도 집중해야만 하였다. 그들은 격변하는 세계에서 중국은 중소동맹을 강화함과 동시에 보다 넓은 무대로 나가야한다고 믿었다.

세계정치에 형세에 대한 상술한 판단은 마오쩌둥이 중국의 대외정책 조정을 결정하게된 중요한 근거가 되었다. 그는 7월 7일 정치국 회의에서 새로운 국제정세하에서 중국의 상황은 아주 좋으며 중국이 발전할 공간은 바로 중간지대에 있는 국가들이며, 지도방침은 평화공존이라고 하였다. 그는 "평화라는 문제에서 단결할 수 있다면 그들과의 관계개선을 통하여 조국과 사회주의를 보위할 수 있다."라고 하였다.[54] 다음 날,

---

54 毛澤東: ≪同一切愿意和平的國家團結合作≫, 1954年7月7日, 第333-334頁.

마오쩌둥은 정치협상회의 상무위원회에서 외교정책에 관한 연설을 하였다. 그는 앞으로 외교가 전면적으로 발전할 것이며, 외교의 지도방침은 '국제평화 통일전선'이라고 하였다.[55] 여기에 이르러 중국 지도자들은 마침내 자신들이 조정한 외교정책에 완정한 논리를 갖추게 되었다.

1954년 8월 24일, 마오쩌둥은 베이징에서 영국의 전임 수상인 애들리가 이끄는 노동당 대표단을 접견하고 다시 한 번 '중간지대' 문제를 언급하였는데 이때의 관점은 더욱 명확해져 있었다. 그는 세계정치 구조를 지리적 상황에 따라 세 개 부분으로 나누었다. 미국이 속해있는 북미를 유라시아 대륙의 저편으로, 소련과 중국을 유라시아 대륙의 이편으로 그리고 남은 지역을 모두 중간지대로 분류하였다. 그는 "미국은 반공을 빌미로 하지만, 진짜 목표는 광대한 중간지대 국가를 점령하고 이들을 기만하고, 그들의 경제를 통제하며, 그들의 영토에 군사기지를 건립하고 이들 국가를 약화시키는 것이다."라고 하였다.[56] 얼마 뒤 마오쩌둥은 중국을 방문한 네루에게 미국의 반공은 이것을 빌미로 삼아 다른 목적에 도달하고자 함이라고 하였다.[57] 마오쩌둥의 이러한 주장은 1946년과 마찬가지로 그의 사고법칙을 명확하게 보여주는 것이다. 즉, 세계정치 구조와 지연정치 구조 사이에는 뗄래야 뗄 수 없는 관계가 있다는 것으로, 지연정치는 매우 거대한 영향력을 가지고 있으며 심지어 세계정치를 결정까지 한다는 것이다. 마오쩌둥의 이런 사고는 냉전체제의 출현과 기본특징 등을 설명하는데 상당히 합리적이라 할 수 있다. 2차 세계대전 이후의 국제체제에 내한 설녕은 모두 이러한 기본 사실의 기초하에 세워졌다. 즉,

---

[55] "毛澤東在一屆全國政協第十五次會議上的講話要点", 1954年7月8日, 第562-563頁.
[56] 毛澤東: ≪關于中間地帶、和平共處以及中英中美關系問題≫, 1954年8月24日, 中華人民共和國外交部、中共中央文獻研究室編: ≪毛澤東外交文選≫, 中央文獻出版社和世界知識出版社1994年版, 第 159-160頁.
[57] 毛澤東: ≪同印度中立尼赫魯的四次談話≫, 1954年10月, 中共中央文獻研究室編: ≪毛澤東文集≫, 第六卷, 第363頁.

미국과 소련 이 두 개의 비유럽국가의 흥성과 유럽 국가들의 몰락의 기초하에서 말이다. 이는 냉전 발생의 가장 기본적인 원인이 되었고, 수많은 지연정치와 국제정치 판도의 윤곽 모두 이러한 변화에서 시작되었다. 이런 의미에서 말한다면 마오쩌둥의 중간지대는 매우 풍부한 내용을 담고 있는 국제정치 용어이며, 세계에 대한 이해와 개괄에 대해 독특하면서도 보편적인 내용을 묘사하고 있다.

마오쩌둥이 미소 양대 강국사이에 있는 국가들을 중간지대로 칭한 것은 개략적인 요약이고 더욱 큰 의의가 있는 것은 이러한 인지의 틀 속에서 점차 변화하고 풍부해진 대비책이라고 할 수 있다. 그는 다시 한 번 익숙한 혁명용어에서 알맞은 어휘를 찾아 새로운 외교방침을 요약하였는데, 이 과정에서 '국제평화 통일전선'이라는 개념이 나타나게 되었다. 이는 중국 지도자들이 얼마나 혁명언어를 사용하는 데 습관이 되었는지를 보여준다. 그러나 이러한 말의 숨은 뜻에는 합리적인 논리를 포함한다. 즉, 국제정치도 국내정치와 마찬가지로 이데올로기, 국가이익, 계급투쟁 및 역사문화 등 여러 요인의 모순에서 비롯되었으며 모든 현행하는 유효한 대외정책은 필연적으로 이러한 모순에 대한 인지와 구별의 기초 하에 만들어졌으며, 이러한 모순을 충분히 이용하기 위하여 충분한 행동공간과 합리적인 지도원칙을 제공하였다는 점이다. 역사는 인류에게 공연무대를 제공하지만 이러한 무대의 크기는 이미 정해진 것이다. 그러나 이러한 크기에 대한 인식과 장악은 또 다른 것으로 수준의 높고 낮음으로 인해 나누어지고, 근본적으로는 인지하는 사람의 사유수준에 따라 결정된다는 것이다. 이는 다시 한 번 중국외교의 내향성과 이러한 내향성의 거대한 영향을 증명하는 것이다. 중국 지도자들이 새로운 정책을 설명할 때에 그들은 이렇게 국내정치 투쟁의 경험과 국내정치 철학 및 사유방식 그리고 국내 정치투쟁에서 사용하는 어휘를 이용하여 그들의 생각을 표현하였던 것이다.

중국 지도자들의 정치적 논리에 비추어보면 상술한 문제를 해결하기 위해서는 먼저 세계정치의 주요모순이 무엇인지를 확정하는 것이 필요하다. 그 후에 각종 세력과 주요 모순 간의 관계에 의거하여 이것을 겨냥한 정책을 확정하게 되는 것이고, 이렇게 함으로써 국제통일전선 원칙이 나타나게 된 것이다. 중국 지도자들은 세계의 주요모순을 혁명, 전쟁과 평화로 정의하였으며 이러한 어휘는 주로 소련의 대외정책이론에서 나왔고 그 시대에 상당히 견고하게 그들의 인지의 틀에 자리잡고 있었다. 그들의 마음속에 제삼자는 각기 다른 시기에 서로 다른 순서와 중점사항을 가지고 있으며, 이것들은 두 가지의 모순을 만들어 낸다고 보았다. 하나는 '혁명과 전쟁'이고, 다른 하나는 '평화와 전쟁'이다.

신중국 성립을 전후한 시기에 전쟁문제는 확실히 말하자면 새로운 세계대전이 발생할지의 여부와 중국에 대한 대규모 침입이 있을지 여부 문제가 마오쩌둥 등이 세계정치를 고려할때의 첫 번째 관심 대상이었고 이는 그들의 중국외교에 대한 사고에 중대한 영향을 주었다. 그들은 당시 새로운 세계대전이 발발할 위험이 있는것으로 판단하였는데, 이는 그들이 신봉하는 레닌주의 이론과 스탈린의 논술과 관련이 있었다. 그러나 이 역시 2차 세계대전이 끝난 후 사람들의 보편적인 걱정을 반영하고 있었고 세계대전의 악몽은 그렇게 빨리 사람들의 마음속에서 지워지지 않음을 보여주고 있었다.

1948년 9월 8일, 중공 중앙은 정치국 회의를 개최하였다. 마오쩌둥은 당일 보고를 통해 8가지 문제를 이야기 하였는데 이야기의 처음은 바로 세계대전이 발발할 것인지 여부에 관한 것이었다. 그는 기억을 더듬어 말하기를 1947년 12월 회의에서 중공 중앙의 내부의견이 일치되지 않았으며, 그 당시 전쟁이 발생할 것이라는 주장과 발생하지 않을 것이라는 두 가지 주장이 있었는데, 본인은 세계대전은 막을 수 있을 것이라고 생각하였다고 하였다. 비록 이러했지만 나흘 뒤 그는 회의 말미에 비록 전쟁이 바로 발발하지는 않겠지만 전쟁의 위험은 매우 크다라는 지적을 하였다. 따라서 여러 가능한 어려움을 고려하여야 하며, 이중 가장 우선적인 어려움은 바로 우리가 계산을 잘못하여 일을 잘못하고, 역량이 부족해서 전쟁을 방지하지 못하여 세계대전이 발생하고 발발 시점 역시 매우 빠를 경우라고 하였다.[58]

중국 지도자들은 빠른 시일 내 세계대전이 발생하지 않을 것이라 판단하였지만 건국 이후의 모든 중요 정책결정에는 그들의 세계전쟁에 대한 사고와 염려가 포함되어 있었다. 이는 논쟁의 여지가 없는 사실이다. 이 단계에서 혁명과 전쟁은 그들이 생각했던 세계정치의 주요모순이었던 것이다. 중국혁명의 승리를 쟁취하고 이후 중국이 세계혁명을 지원하는 것 특히 아시아 혁명운동을 지원하는 것은 당시 미제국주의를 격퇴하여 최종적으로 제국주의를 없애는 가장 주요한 수단이었다. 역사의 흐름을 살펴보아도 국가의 기본 안전을 보호하고 미국의 억제정책에 반격하며 특히 동남아 지역에서 미국이 중국을 겨냥한 군사동맹체제를 저지하는 것은 중국 지도자들이 아시아 정책을 조정하는 최초의 그리고 가장 중요한 목적이었다. 그들은 한편으로는 중국이 주도하는 아시아 집단안보체제를 건설하고자 하였고,[59] 다른 한편으로는 모든 미국과 적대상태에 있는 다른 지역 안보조약 또는 지역정치 조직을 지원하는 것으로 미국에 의해 규합당하지 않으면 된다는 것이었다.[60]

---

58 毛澤東: 《在中共中央政治局會議上的報告和結論》, 1948年9月, 中共中央文獻研究室編: 《毛澤東文集》, 第五卷, 第131-132、145頁。
59 中共中央文獻研究室、中央檔案館編: 《建國以來劉少奇文稿》, 第六冊, 第268-269頁。
60 周恩來: 《推進中英關系, 爭取和平合作》, 1954年8月12日, 中華人民共和國外交部、中共中央文獻研究室編: 《周恩來外交文選》, 第85頁。

건국 초기의 충돌과 동요상태가 지나가고 처리하는 외교업무가 더욱 복잡해 짐에 따라 중국 지도자들은 외교정책 조정을 통하여 세계정치의 현실에 부합하여야 한다는 사실을 느꼈다. 동시에 보다 설득력 있는 논거를 통해 복잡해진 대외정책에 이론적 근거를 제공할 필요가 있었다.

1953년 6월 5일, 저우언라이는 외교업무 보고를 통해 건국 전후 중공 중앙의 세계정치에 대한 주장에 조정이 필요하며, 스탈린 사후 소련의 대외정책이 변화함에 따라 새로운 정책을 제기할 필요가 있다고 하였다. 그는 일련의 문제를 제기하였다. 예를 들어 "세계의 주요 모순은 무엇인가?", "미소 대립은 구체적으로 어떻게 표현되는가?", "미소 간의 투쟁 형세는 이미 아주 긴박해졌는가?" 등이 그것이다. 저우언라이의 대답은 그의 일관된 품격을 고스란히 드러내고 있다. 즉, 이론적으로 단지 두 개의 주요모순이 있을 뿐이나 말하기에 따라 아주 다양한 표현방법이 있을 것이라 하고 순서에 따라 자신의 입장을 표명하였다. 그는 현재의 모순은 주로 전쟁과 평화, 민주와 반민주, 제국주의와 식민지 및 제국주의 간의 4가지 형태로 나타난다고 말하였다. 그의 마음속에는 전쟁과 평화가 가장 주된 모순으로 4가지 모순 중에 첫 번째로 놓여야 했다. 보고 후 이어진 논술의 핵심과 논리가 바로 이점을 증명한다.[61] 이전의 논술과 비교한다면 저우언라이의 관점은 상당히 대담하고 참신한 면이 있었다. 그는 세계 중심이 양대진영이라는 이론의 토대를 부정하였으며, 주목할 점은 혁명운동의 전망을 예전처럼 중요한 위치에 두지 않고 평화와 전쟁을 세계정치의 핵심 문제로 보았다는 것이다.

이후 '7.7' 정치국 확대회의에서 마오쩌둥이 연설을 하기까지 다른 지도자들의 세계의 주요모순에 대한 언급은 찾아볼 수 없다. 중국 지도자들

---

61 周恩來: ≪今天國際上的主要矛盾是戰爭与和平問題≫, 1953年6月5日, 中華人民共和國外交部、中共中央文獻硏究室編: ≪周恩來外交文選≫, 第58-59頁。

의 논리 인식과정의 역사적 습관과 세계 주요모순 문제에 대한 인식의 부적절함과 부정확함 등은 필연적으로 대외정책 전환의 불충분, 불안정의 결과를 낳았는데 이는 역사적으로도 반복적으로 증명된 바 있다. 그러나 저우언라이가 제기한 이러한 논술은 확실히 중국 지도자들이 중국외교와 관련된 근본적인 문제를 사고하고 있으며, 직면하고 있는 현실세계와 중국외교의 현실적인 요구를 새롭게 해석하고자 하는 시도를 반영하고 있었다. 특히 한국전부터 제네바 회의까지의 외교활동은 중국 지도자들이 직접 동서양 사이의 담판을 통해서 일련의 충돌을 해결할 수 있다는 점을 깨닫게 하였다. 그들은 세계대전은 피할 수 있다는 생각과 더불어 많은 새로운 관점들에 대하여 대외정책을 조정하기 위한 공간을 제공하였으며, 그 결과 '국제평화 통일전선'이라는 고민의 성과를 내놓게 된 것이다. 평화를 찬성하는지 여부에 따라 적과 우방을 나누는 것은 당시 상황에서 중국의 외교정책을 조정하는 실행 가능한 표준과 커다란 발전 공간을 제공하였다.

    신중국 건국 후 외교의 발전과정을 보자면 중국 지도자들이 7월 6일부터 8일 사이 몇 차례 회의에서 언급한 사상은 중국외교의 첫 번째 역사적 전환을 의미하고, 신중국 외교의 역사적 발전과정 중 선대의 유업을 계승 발전시키는 역할을 하고 있다. 이전 각 장에서 신중국 외교의 기원과 각각의 대외정책 단계마다 각기 다른 환경과 사태를 겨냥하여 발전 변화하였음을 설명하였는데 이 과정에서 신중국 외교가 자연스럽게 과도기를 거침을 볼 수 있다. 이러한 과도기적 성질은 원래 역사 시기마다 필연적으로 거쳐야만 했다. 왜냐하면 혁명에서 건국으로의 전환자체가 일반적인 사실은 아니기 때문이다. 그러나 여전히 신중국 외교가 가지는 과도기적 성격의 구체적 함의를 보다 깊게 드러낼 필요는 있어 보인다. 즉, 신중국 외교 형성과정중 외교정책을 결정하는 주체로서 중국 공산당은 혁명

정당에서 집권당으로의 전환과정을 거쳤고, 마오쩌둥과 저우언라이 등의 중공 영수들 역시 혁명운동의 지도자에서 국가 지도자로 역할의 뒤바뀜이 있었다. 이러한 두 가지 변화는 매우 중요한데 주지의 사실은 혁명운동의 관점에서 중국과 세계의 관계를 고민하는 것과 국가의 관점에서 이 문제를 고민하는 것에는 매우 큰 차이점이 있다는 것이다. 여기에는 적어도 외교를 통해 해결하는 주요문제와 대외관계를 처리하는 주요원칙 등을 포함하는 중요한 차이점이 있다. 후의 역사발전 과정은 이 두 가지의 전환이 상당히 긴 시간 지속되었고 본서에서 언급하고 있는 기간 동안에 끝나지 않았다는 점이다.

신중국 외교와 중국혁명운동의 대외관계는 밀접한 관련이 있다. 신중국 외교의 지도사상은 혁명시기에 형성되었고, 중국혁명의 승리는 점진적인 방식에 의해 실현되었다. 중공은 오랜기간동안 스스로 통제하는 지역과 대량의 인구가 있고 자신의 정권과 군대를 보유한 비집권 정당이었다. 당의 지도자들은 어떤 경우 지역정권 지도자의 관점에서 대외관계를 고민하였고 이 과정에서 자신만의 독특한 경험을 쌓았다. 이점을 지적하는 것은 신중국 외교의 과도성이 포함하는 복잡한 의미를 이해하는데 도움이 되기 때문이다. 왜냐하면 혁명시기 중공 지도자들은 일찍이 공산당 영수의 신분으로 소련과 코민테른 대표들과 공동으로 일을 하였으며, 반대당과 근거지 정부대표의 신분으로 미국 대통령 특사와 군사인원과 담판을 진행하였고, 서구 국가들의 정부관리들과 접촉하였으며, 민족해방운동 지도자들의 신분으로 아시아 혁명조직의 대표들과 왕래를 하였기 때문이다. 아시아에서 중공은 북한을 제외한 기타 아시아 국가들과 공식적으로든 비공식적으로든 기본적인 왕래가 없었다. 중공의 비집권당 지위와 내전의 발발로 인해 중공 중앙은 대(對)아시아 국가정책을 고려할 겨를이 없었으며, 이는 건국초기 중국 지도자들이 계속해서 혁명의 관점에서 아시아 국가들과의 관계를 고려한 중요한 원인이 되었다. 건국 후, 중공 지도자들은 이미 국가 지도자의 신분을 갖추었으나 이러한 역할의 변화가 그들의 사고관념과 관련된 문제의 관점 역시 변화됨을 의미하지는 않았다. 이러한 변화는 여러가지 층면에서 상호적인 구성과정이 필요하였다. 그들은 한동안 혁명하는 사람의 시각에서 세계를 관찰하였고, 소련의 양대진영 이론에 대한 공감대 형성은 더욱 심각하게 그들의 국제정치형세에 대한 기본인식을 한정하였다.

신중국 건국 무렵 마오쩌둥은 <인민민주 독재를 논함>을 통해 중국혁명의 역사적 경험을 이렇게 결론내었다. 그는 중국혁명 승리의 주된 그리고 기본경험은 바로 국내 통일전선과 국제 통일전선 결성에 있다고 하였다. 여기에서 말한 국제 통일전선이란 바로 소련 및 소련진영 국가 그리고 기타 각국의 무산계급과 광범위한 인민과의 연합을 말한다.[62] 당시 그들이 국가를 분류하는 기준은 바로 혁명성의 보유 여부였다. 그들의 눈에는 소련진영의 국가를 제외한 기타 국가는 제국주의 국가가 아니면 피제국주의 또는 반혁명 세력이 장악한 국가만이 있을 뿐이었다. 류샤오치는 소련 방문기간 동안 동아시아 지역의 혁명전술과 관련한 문제에 대해 스탈린에게 보고를 한 적이 있었는데, 그는 동아시아를 예로 들면서 베트남, 말레이시아, 미얀마, 태국, 인도네시아, 필리핀과 인도 등 국가에서 도시는 반혁명 세력의 중심이라고 하였다.[63] 여기서 내포한 뜻을 해석할 필요는 없다. 중요한 것은 이러한 관념이 건국 후에 즉시 국가외교 업무에 그대로 전해졌다는 점이다. 류샤오치의 소련 방문 후 <런민르바오>는 아시아 혁명 관련 기사를 눈에 띄게 많이 보도하였는데, 예를 들면 월맹군이 한번에 500여 명의 프랑스 군대를 섬멸하였다든지 필리핀 유격대가

---

62 毛澤東: ≪論人民民主專政≫, 1949年 6月 30日, 第1472頁.
63 劉少奇: ≪關于東亞民族革命運動策略問題給斯大林的報告≫, 1949年 8月 14日, ≪建國以來劉少奇文稿≫, 第一冊, 第40頁.

루손(Luzon) 섬 공격을 준비하고 있다는 등이었다.⁶⁴

1949년 11월 8일, 외교부 창립 대회가 열렸다. 저우언라이는 대회 연설을 통해 신중국 외교의 임무를 두 가지로 분류하였다. 첫째는 소련 및 인민민주 국가들과 형제애를 만드는 것이고, 두 번째는 제국주의 반대였다. 그는 계급이 존재하는 조건하에 국가기구는 계급투쟁의 무기이고, 국가기구의 대외적인 기능은 여러 형제국가들을 연합시키고, 세계 각국의 피압박 인민을 단결시키며, 신중국을 적대시하는 국가를 반대하는 것이라 하였다.⁶⁵ 얼마 뒤 개최된 아시아 오세아니아 노동조합 회의에서 류샤오치는 다수의 아시아 신흥국가들을 '식민지 반식민지 국가'로 정의하고, 그곳의 혁명상황과 무장투쟁의 발전에 관해 터놓고 얘기하였으며, 중국혁명의 승리가 그곳의 민족해방 전쟁에 대한 격려이자 모범이며 특히, 신중국은 이러한 국가의 혁명운동을 지원할 막중한 책임이 있다고 하였다.⁶⁶ 이러한 인식은 중국 지도자들의 외교적 행위와 언사에서도 분명하게 반영되고 있다. 이 부분은 중국 지도자들이 건국 초기 인도와 미얀마와 수교를 할 것인지를 결정하는 언사에서 이들 국가들에 대한 기본적인 시각이나 태도를 비교적 전형적으로 보여주고 있다.

이 시기 중국 지도자들은 일정 기간동안 독립한지 얼마 되지 않았던 인도를 국제 반동세력의 일부분으로 여겼다. <런민르바오>는 인도 정부를 반동정부로 정의하고, 제국주의의 협력자라고 칭하였다. 중국 지도자들은 인도가 장기적으로 제국주의와 제국주의의 협력자라는 올가미에 갇혀있지 않을 것이라 믿으며, 결국에는 사회주의와 인민 민주주의 대가

---

64 ≪人民日報≫, 1949年9月7日, 9月12日.
65 周恩來: ≪新中國的外交≫, 1949年11月8日, 中華人民共和國外交部、中共中央文獻研究室編: ≪周恩來外交文選≫, 第1-2頁.
66 劉少奇: ≪在亞洲澳洲工會會議上的開幕詞≫, 1949年11月16日, 第130-139頁; ≪在北京各界慶祝亞洲澳洲工會會議成功大會上的講話≫, 1949年11月23日, 第145-150頁; ≪建國以來劉少奇文稿≫, 第一冊.

족의 일원으로 세상에 나타나게 될 것이라고 공개적으로 말하곤 하였다.[67] 인도에 대한 이런 부정적인 평가는 당시 인도의 티베트 문제에 대한 태도와 공세 때문이었다. 1949년 11월 12일, 인도 공산당 총서기인 라나디브(B. T. Ranadive)는 마오쩌둥에게 전보를 보내 신중국의 성립을 축하하였다. 그는 전보를 통해 중국의 혁명승리가 아시아 혁명운동에 미친 거대한 영향에 대해 찬양하고, 동시에 네루 정부가 신중국을 적대시하는 정책을 집행하는 것은 인도 인민을 대표하는 것이 아니며, 이 정부는 현재 영미 제국주의자들의 명령을 수행하고 있으며, 인도를 중국에 반대하는 반동의 보루로 만들려고 한다고 하였다.[68] 이 전보는 <런민르바오>에 게재되었으며, 마오쩌둥은 답신을 통해 감사를 표했는데 이는 중국 지도자들이 인도라는 국가에 대한 이러한 평가를 받아들였음을 의미한다. 이 축하 전보의 인도정부에 대한 묘사와 마오쩌둥이 인도는 제국주의의 부속국가라고 한 말의 인과관계는 확실하게 판단할 수 있다. 다만 이런 역사적 요인은 단지 역사의 발전과정을 통해서만이 없어지게 할 수 있었다.

1949년 12월 16일, 미얀마 정부는 중국 외교부에 전문을 보내어 신중국을 승인하고 외교관계 수립하겠다는 의사를 표시하였다. 저우언라이의 어떻게 대답할지 여부를 묻는 전보에 대해 마오쩌둥은 상대방이 책임대표를 베이징으로 보내 관련된 문제를 협의할 필요가 있다는 의사를 표시하였다. 그는 모든 자본주의 국가에 대해 이렇게 처리해야 하며, 이는 담판의 주도권을 여전히 우리 수중에 보유하기 위해서라고 하였다. 마오쩌둥의 답신은 미얀마의 계급적 한계를 분명히 규정했을 뿐만 아니

---

67 ≪印度反動政府 血腥鎭壓人民≫, ≪人民日報≫, 1949年3月15日; ≪中印人民團結起來！打敗帝國主義陰謀！印度共產党与社會共和党電賀中央人民政府毛主席分別賀電≫, ≪人民日報≫, 1949年11月20日.
68 ≪中印人民團結起來！打敗帝國主義陰謀！印度共產党与社會共和党電賀中央人民政府 毛主席分別賀電≫.

라 담판을 요구한 진정한 목적을 포함하였다.[69] 21일, 저우언라이는 답신에서 미얀마에 대한 한계를 규정하고 동시에 마오쩌둥의 주장에 동의하였다. 즉, 회담을 거행하자는 요구를 통해서 주도권을 확보한다는 것이었다. 그는 또한 담판에서 적당히 시간을 끌겠다는 즉, 국교수립을 서두르지 않겠다는 부분을 추가하였다.[70] 당일 그는 즉시 미얀마 정부에 답신을 보내 수교와 관련한 회담을 거행하자는 요구를 하였다. 얼마 뒤 인도정부 역시 국교수립 의사를 보여왔고 중국 지도자들은 기본적으로 미얀마와 똑같이 처리하였다.

1950년 1월 17일, 류샤오치는 마오쩌둥에게 네루가 양국 간 수교에 먼저 동의하고 실질적인 조치를 취해야지만 유효한 회담을 진행할 수 있다는 선 수교 후 담판 원칙 입장을 전해왔음을 알렸다.[71] 이후 류샤오치는 이일과 관련하여 마오쩌둥에게 전보를 보내고 인도에 대한 답변방식과 영국과의 관계에 관해 언급할 내용에 관해 물어왔다. 20일 새벽 1시, 마오쩌둥은 류샤오치에게 인도에 답신을 보내는 것에 동의하였다. 그러나 영국에 대한 답변은 응당 시간을 끌어야한다고 하였다. 외교부의 일부 직원들의 견해에 불만이 있었기 때문에 마오쩌둥은 그들이 시간 지체의 효과를 이해하지 못한다고 하면서 이는 주도권을 우리가 완전히 장악하기 위해서라고 하였다.[72] 그는 당일 류샤오치에게 다시 전보를 보내어 이

---

69 毛澤東: ≪關于同緬甸建立外交關系等問題的電報≫, 1949年12月19日, 中共中央文獻硏究室編: ≪建國以來毛澤東文稿≫, 第一冊, 第193頁.
70 周恩來: ≪關于同緬甸建交等問題給毛澤東的電報≫, 1949年12月18、21日, 中共中央文獻硏究室、中央檔案館編: ≪建國以來周恩來文稿≫, 第一冊, 第690-691頁.
71 劉少奇: ≪關于印度政府派代表來北京談判兩國建交等問題給毛澤東的電報≫, 1950年1月19日, 中共中央文獻硏究室、中央檔案館編: ≪建國以來劉少奇文稿≫, 第一冊, 第364頁頁.
72 毛澤東: ≪關于同意印度歷史代表到北京談判建立外交使團的電報≫, 1950年1月20日, 中共中央文獻硏究室編: ≪建國以來毛澤東文稿≫, 第一冊, 第249頁.

러한 국가들과 수교 담판을 요구하는 것은 시간을 끌기 위해서라고 특별히 설명하였다. 그는 영국과 인도 등과의 담판에 어려운 문제가 생겼을 때 시간을 끄는 것은 우리는 결코 제국주의 국가 및 그 부속 국가와의 외교관계 수립에 조급해하지 않는다는 것을 보여주고자 함이라고 하였다. 그리고 이와 반대로 이 국가들은 서둘러 들어오려는 점이 증명되었다고 하였다. 그는 시간을 지체하는 것의 장점은 동시에 미 제국주의 집단의 침투시간을 늦출 수 있기 때문이라고 하였다.[73]

마오쩌둥은 일부 국가들이 중국과의 수교를 주도적으로 제안하는 것을 중국에 침투하기 위해서라고 보았다. 이는 '집을 청소한 후에 손님을 다시 맞이한다.'는 논리의 확대였다. 마오쩌둥은 여기에서 인도를 제국주의의 부속국가로 정의하고 '불승인' 원칙을 적용하였다. 중국정부는 자신들이 진행하는 일련의 활동중에 특별히 인도의 대표 참가를 요청하지 않기로 결정함으로써 사회주의 국가와 자본주의 국가 간에 차이를 두는 정책을 실시함을 보여주었다. 후에 중국은 4월 1일 인도와 정식으로 수교하였다. 중국 지도자들이 이렇게 빨리 수교를 결정하게된 주된 이유는 해방군이 곧 티베트로 진입해야할 상황에서 인도가 티베트 문제는 중국의 내부 문제라고 인정하였기 때문이었다. 회담 과정은 이데올로기를 통해 인도 등의 국가의 성질을 규정한 것이 확실히 중국 지도자들의 사고와 정책결정에 영향을 미쳤음을 보여주고 있다.

중국과 아시아 신흥국가와의 관계에 영향을 준 요소는 아주 복잡하다. 냉전중의 양대진영 이론과 중소관계뿐만 아니라 여기에는 중국과 이들 국가와의 역사와 관련된 문제 예를 들어 국경 영토분쟁, 화인 화교문제 등도 포함된다. 물론 가장 기본적인 역사적 이유가 또 있는데 이 국가들

---

73 ≪毛澤東對英印談判其目的在拖延時日之指示≫, 1950年11月20日, 外交部檔案館: 110-00022-05。

은 새롭게 독립을 하여 중국 지도자들이 이러한 국가들과 교류한 경험이 전혀 없었다는 것이다. 그들은 이들 나라에 가본 적도 없었을 뿐만 아니라 그곳의 지도자들과 직접 접촉해본 적도 없었다. 이러한 지식과 경험의 부족은 냉전 이데올로기가 이 시기에 중국 지도자들의 정책과 사고를 지배하는 주된 이유가 되었다.

인도 등 신흥국가들이 주요 국제업무에서 점차 강력한 독립성을 띰에 따라 중국 지도자들의 이러한 국가들에 대한 인식 역시 점차 변화하였다. 특히 중국의 유엔 안보리 상임이사국 지위문제, 한국전 정전문제, 인도차이나 평화회복 문제, 미국의 동남아 조약조직 건설 등 중국의 국가안보와 국제적 지위에 직접적으로 관련된 문제에 있어서 아시아 신흥국가들은 실질적인 행동을 통하여 그들이 아주 강력한 독립성을 가지고 있고 더욱 더 충분한 자주권과 영향력을 추구하고 있음을 보여 주었다. 따라서 '원식민지 반식민지 국가', '제국주의 부속국가', '자본주의 국가' 등의 용어로 이 국가들의 속성과 대외정책을 정의하는 것은 실제상황과 많은 차이가 있었다. 그리고 이러한 국가들의 지도자들과의 빈번한 교류는 중국 지도자들의 관념을 점차 변화시켰다.

중국 지도자들이 이러한 아시아 국가들을 어떻게 정의하는가? 하는 문제에는 아주 오랜시간동안 어려움이 존재하였다. 그들은 기존의 정치 용어로는 중국과의 외교발전과 상응하는 단어를 찾기 어려웠고, 계급투쟁과 관련된 용어 역시 그들의 상상력을 제한하였다. 1954년 여름 중국외교에는 일련의 새로운 개념들이 나타났는데, 중국 지도자들은 이들 국가를 아시아 신흥국가(후에는 아프리카라는 말이 추가됨)라고 부르게 되었다. 이러한 개념은 대략 세 가지 부류로 나누어지는데, 여기에는 중국 지도자들이 인지하는 시각과 논리가 반영되었다. 첫 번째는 지리문화를 기준으로 한 것으로 예를 들면 '동방국가', '아시아 국가', '아시아 아프리카 국가' 등이 그것이다. 두 번째는 국가주권의 독립정도를 기준으로 한 것으로 예를 들면 '자주독립', '자주독립에 근접한' 등등이다. 세 번째는 냉전과 양대진영의 관계를 기준으로 예를 들면 '중간국가', '중립국가', '제3세계 집단 국가' 등이 그것이다.[74] 물론 중국 지도자들이 대외정책을 변화시키기로 결정했을 때 그들은 이미 의식적으로 이러한 국가를 새롭게 정의하여 새로운 정책이 합리적인 근거를 찾을 수 있도록 하였고, 교류에 유리하고 유효한 외교적 언사를 만들기 시작하였다.

아시아 신흥국가를 새롭게 정의하는 노력은 중국외교의 변화에 깊은 의미가 있다. 이런 정의에 기반하여 형성된 언어 계통은 실제로 중국외교의 새로운 인식을 반영하고 있다. 즉, 중국은 미국 등 자본주의 국가 신분이 아닐 뿐 아니라 소련 등 사회주의와도 신분이 다르다는 것이다. 이러한 인식은 류샤오치가 1949년 여름 소련을 방문하여 스탈린과 동양의 혁명운동에 관한 이야기를 할 때 처음으로 나타났으며 이후 1954년 7월 이후 중국 지도자들이 아시아 국가의 지도자들과 왕래하는 과정에서 의식적으로 생겨나기 시작하였다.

1954년 10월 19일, 마오쩌둥은 방문중인 네루를 만났다. 그는 고민 끝에 동양국가에 대한 인식을 회담주제로 결정하였다. 회담에서 마오쩌둥은 아시아 신흥국가들은 세 가지의 공통점이 있는데 모두 제국주의와 식민주의의 침략과 압박을 당한 경험이 있으며, 농업국가 또는 공업이 낙후되어 멸시를 당하였고, 지리적으로는 동양 즉 아시아에 있다고 하였

---

74 毛澤東: 《同印度總理尼赫魯的四次談話》, 1954年10月; 《同緬甸總理吳努的談話》, 1954年12月21日; 《同印尼總理沙斯特羅阿米佐約的談話》, 1955年5月26日; 中共中央文獻研究室編: 《毛澤東文集》, 第六卷, 第361、374、411頁。周恩來: 《我們的外交方針和任務》, 1952年4月30日, 中國人民共和國外交部、中共中央文獻研究室編: 《周恩來外交文選》, 第49頁; 《關于亞非會議》, 外交部檔案館: 207-00085-17.

다.[75] 이날부터 이러한 공통점은 중국 지도자들과 후에 방문하는 모든 아시아 아프리카 지도자들과의 회담주제가 되었다. 이 가운데 1955년 4월 19일, 저우언라이의 반둥회의 전체회의에서의 보충발언은 기념비적인 연설이 되었다. 그는 마오쩌둥이 확정한 이 주제의 붐을 일으켰다.[76] 의심의 여지 없이 중국 지도자들이 공통점이라는 어휘를 사용한 것은 중국 역시 이러한 본질과 이미지를 가지고 있는 국가라는 것을 표명한 것이었다. 이러한 본질과 이미지는 가치가 있고 긍정적이었으며, 중국 외교행위의 기초이자 출발점이 되었다. 이후 지속적으로 전개된 아시아 아프리카 국가와의 교류는 이런 의식을 끊임없이 강화하였다.

'7.7'회의 이후 한동안 중국 지도자들은 새로운 국가라는 인식을 세우는 부분에서 큰 성공을 거두었다. 이는 아시아 아프리카 국가와의 관계발전을 위해 견실한 기초를 세웠을 뿐만 아니라 보다 넓은 길을 열었다. 더욱 중요한 것은 이러한 인식구조의 붐은 중국 지도자들의 혁명사관과 결합되어 중국인이 자신들의 이러한 특수신분에 대한 믿음을 확고히 하도록 하였으며 자부심과 자신감으로 충만하게 하였다. 이는 당시 중국과 미국의 대항을 더욱 강화하고 훗날의 중소 간 분쟁을 초래한 중요한 이유가 되었으며 그 영향은 심지어 오늘날까지 미치고 있다. 중국 지도자들은 이러한 인식이 생김에 따라 마음속 깊은 곳에서 도덕적으로 소련보다 우월하다는 느낌을 가지게 되었고, 아시아 아프리카(후에 라틴 아메리카 추가) 민족해방운동에서 선천적으로 소련보다 우위에 있다는 합법성을 믿게 되었다.

건국 후, 아시아 국가 중 중국과 가장 먼저 수교한 나라는 북한과 베트

---

75 毛澤東: 《同印度總理尼赫魯的四次談話》, 1954年10月, 第361-364頁.
76 周恩來: 《在亞非會議全体會議上的發言》 "補充發言", 1954年4月19日, 中華人民共和國外交部, 中共中央文獻研究室編: 《周恩來外交文選》, 第120-125頁.

남민주공화국이었다. 후에 1955년 4월 아시아 아프리카 회의가 소집될 때까지 중국과 국교를 수립한 아시아권 국가는 인도, 미얀마, 인도네시아, 파키스탄 및 아프카니스탄 등이었다. 이러한 국면을 초래한 이유는 복합적인데 이중 한국전의 충격과 미국의 억제정책의 영향이 크긴 하였지만 이외에도 중국 지도자들이 양대진영 이론의 틀 속에서 제정한 외교정책의 제한 및 중국 지도자들의 외교에 대한 특수한 이해로 말미암은 부정적인 영향도 무시할 수 없다. 대외관계를 변화시키기 위한 이러한 상황은 대외정책 조정과 국가 간 관계에 대한 기본인식의 변화를 요구하였다.

1952년 4월 30일, 외교부는 제1차 외교사절 회의를 개최하였다. 저우언라이는 회의 연설을 통해 신중국의 외교방침과 미래의 임무를 발표하였다. 중국의 대외정책을 설명할 때에 저우언라이는 처음부터 분명하게 중국은 건국 이후 줄곧 평화적인 대외정책을 견지해 왔다고 밝힌 뒤 과거에 신봉해 왔던 예를 들면 '모든 것을 새롭게 시작하다. (另起爐灶)', '일변도(一邊倒)', '집을 깨끗이 청소한 후 손님을 청한다. (打掃干淨屋子再請客)', '오는 정이 있어야 가는 정도 있다. (礼尙往來)', '있는 것과 없는 것을 서로 융통한다. (互通有無)', '세계인이 단결한다. (團結世界人)' 등의 6개 부분을 평화정책 집행이라는 구체방침으로 총괄하였다. 이러한 역사와 논리에 대한 이해가 결코 쉽지 않은 논술의 기초하에 저우언라이는 건국 전후 중국 지도자들의 국제통일전선에 대한 언급을 수정하고 상당히 독창적인 발언을 하게 된다. 그는 중국외교에 대해서 말하면서 미국을 제외하고 다른 국가를 구별하는 가장 중요한 요소는 전쟁과 평화에 대한 태도이지 국가의 계급성이 아니라고 하였다. 저우언라이는 연설에서 아주 의식적으로 문제 하나를 제기하였다. 즉, "외교는 국가와 국가 간의 관계인가 아니면 인민과 인민 간의 관계인가?" 라는 문제였다. 그는 외교는 여러 국가의 인민들을 단결시켜야 하지만, 외교업무에 대해서 엄밀히 말하자면 국가와 국가 간의 관계가 대상이라고 하였다. 즉, 외교는 국가와 국가 간의 관계를 대상으로 한다는 것이다. 오늘날의 입장에서 보자면 너무나도 간단한 결론일지 몰라도 당시에는 상징적인 의미가 있었다. 이는 신중국 외교가 중국혁명운동의 대외관계와의 본질적인 차이를 마침내 인지하고 설명하기 시작했음을 보여준다. 그러나 저우언라이는 이때에도 여전히 그의 주장이 과거 외교에 대한 이해와 상호 협조가 필요하며, 외교는 국가와 국가 간의 관계라는 형식을 통해 진행되는 것이지만 지향점은 역시 인민들에 영향을 미치고 인민들의 마음을 얻는 것이다고 하였다. 그는 이것은 변증법적이며 이점을 분명히 해야한다하고 말하였다.[77]

저우언라이의 이러한 언급은 중국 지도자들이 새로운 단계에서 중국 외교정책의 새로운 시작을 고민하고 있음을 상징한다. 그의 연설은 이전 시대의 외교경험을 요약했을 뿐만 아니라 당시 중국 안보환경 악화에 대한 반응을 나타내기도 하였다. 소련진영의 편에서 미국과 대항을 하는 것 외에도 중국의 대외관계는 새로운 발전공간이 필요했다. 이에 이어서 전개된 외교활동이 해결해야하는 급선무는 소련진영중의 형제당이나 이끌고 있는 형제국가와의 관계가 아닌 중간지대 국가와의 관계였다. 당시 주된 대상은 아시아 국가들이었고 이중에서도 우선적으로 주변국가와의 관계에 주목하게 되었다. 중국 지도자들은 인도 등 국가 지도자들과의 왕래를 통해서 느낀 바가 있어서 인도를 대표로 하는 아시아 국가와 더욱더 강히게 통일전선 정책을 집행하게 되었다.[78]

이 시기 중국과 수교를 한 아시아 국가들은 소련진영에 포함된 북한, 베트남민주공화국, 인도 그리고 미얀마 등 아시아 신흥국가들이었다. 이

---

77 周恩來: ≪我們的外交方針和任務≫, 第48-54頁。
78 中共中央文獻研究室編: ≪周恩來年譜1949－1976≫, 上卷, 第420頁。

들 국가들은 서로 다른 성질과 유형의 국가들인 관계로 중국 지도자들이 왕래과정 중에 얻은 경험 역시 달랐다. 당시 소련진영 국가와의 사이에 결정적인 역할을 한 것은 집권하고 있는 공산당 간의 관계였다. 이러한 지배적 지위를 가진 당 간의 관계중에서 운영되는 원칙은 '무산계급 국제주의'라고 불리었고, 이것과 혁명운동의 대외관계를 처리하는 원칙은 대체로 일맥상통하였다. 그러나 다른 국가들과의 관계를 처리함에 있어서는 보편적인 적용이 불가능하여 어떤 기타 유형의 국가관계에도 적용할 수 없었다. 또한 훗날 역사가 증명하듯이 소련진영내 국가 간에도 이 원칙은 지속될 수 없었다.

중국 지도자들은 인도 등의 국가와의 교류와 이런 유형의 국가들의 주요 국제사무에 대한 입장과 태도를 통해서 점차 경험을 얻게 되었고 다른 정치제도를 가진 국가와의 관계를 처리하는 기본원칙을 개괄하게 되었다. 1951년 5월 23일, <중앙인민정부와 티베트 지방정부 간 티베트의 평화적인 해방을 위한 협의>가 체결되었다. 티베트의 정세는 점차 안정되어 갔으며, 이에 중국과 인도 사이에는 인도와 티베트 지방정부와의 갈등이 부각되기 시작하였다. 중국과 인도는 일련의 구체적인 문제에 관하여 지속적인 접촉을 진행하였다. 여기에는 주로 영국이 인도를 식민 통치하던 시기 티베트 지역에서 얻은 일부 특권과 관행, 예를 들면 티베트 일부 지역에서의 인도군 주둔과 인도 외교인원의 특권 등이 포함된다.

1953년 9월 2일, 네루는 저우언라이에게 서한을 보내 쌍방 간에 티베트 지역 관계에 관한 협상을 진행하자고 제안하였다.[79] 사흘 뒤, 인도 외교비서인 B. K 네루(B. K. Nehru)는 인도주재 중국대사인 위안중셴(袁仲賢)에게 직접 비망록을 전달하고 쌍방이 빠른 시일내에 가능한 모든 문

---

79 ≪賴嘉文大使轉達尼赫魯總理致周恩來總理關于全盤商談中印在西藏的關系問題的來電≫, 1953年9月2日, 第9-11頁, 外交部檔案館: 105-00119-03.

제를 해결하자고 제안하였다. 그는 과거의 많은 교섭이 자질구레한 개별적인 문제를 거론하여 원만한 결과를 낼 수 없었다고 하였다.[80] 한 달 뒤인 10월 3일, 라디크리슈난은 다시 한 번 위안중셴에게 비망록을 전달하고 중국정부가 가장 빠른 시기를 이용해 인도와 티베트 지방의 관계문제를 처리할 것을 제안하였다.[81] 15일, 저우언라이는 네루에게 답신을 보내 정식으로 12월에 베이징에서 회담을 거행했으면 하는 의사를 표시하였다. 그는 서한을 통해 중인(中印) 양국의 우호협력의 기초는 평등호혜와 상호 주권존중이며, 쌍방 간 티베트 지방의 관계 역시 이 세 가지를 포함하는 기초하에 협상을 통해 새롭게 건설되어야 한다고 하였다. 즉, 과거 영국 식민지 정부와 중국 간에 맺어졌던 불평등조약에 규정되었던 인도의 특권 등은 반드시 종료되어야 한다고 하였다. 그러나 인도의 티베트에서의 이익은 협상을 통해 해결할 수 있다는 입장을 표명하였다.[82] 23일, 네루는 답신을 보내 관련 담판제안에 동의를 표하고 저우언라이가 제시한 새로운 기초라는 부분에도 동의하였다.[83]

12월 말, 중국과 인도 사이의 회담은 예정대로 베이징에서 개최되었다. 31일, 저우언라이는 인도 대표단을 접견하였다. 여기서 그는 쌍방이 상호 주권을 존중하고, 불가침하며, 내정에 간섭하지 않고 평등호혜의 바탕하에 평화공존한다는 원칙을 제안하였다.[84] 중인관계가 가지는 극도의 복

---

80 ≪印外交秘書R.K.尼赫魯面交袁仲賢大使關于全盤商談中印在西藏的關系問題的備忘彔≫, 1953年9月5日, 第11-13頁, 外交部檔案館: 105-00119-03。
81 ≪賴嘉文大使面交章漢夫副部長關于全盤商談中印在西藏的關系問題的備忘彔≫, 1953年10月3日, 第18頁, 外交部檔案館: 105-00119-03
82 ≪周恩來總理致尼赫魯總理關于全盤商談中印在西藏的關系問題的夏函≫, 1953年10月15日, 第19-21頁, 外交部檔案館: 105-00119-03。
83 ≪高勃登參贊轉達尼赫魯總理致周恩來總理關于全盤商談中印在西藏的關系問題的夏電≫, 1953年10月23日, 第22-23頁, 外交部檔案館: 105-00119-03。
84 周恩來: ≪和平共處五項原則≫, 1954年12月31日, 中華人民共和國外交部、中共中央文獻研究室編: ≪周恩來外交文選≫, 第63頁。

잡성과 후일 양국관계의 우여곡절이라는 측면에서 보자면 저우언라이가 당시에 이렇게 많은 원칙을 체계적으로 제시한 것은 다분히 큰 목적이 있었으며, 이것은 중인관계의 전형적인 의미를 반영한 것이라 할 수 있다. 1954년 4월 29일, 중국과 인도는 협정을 체결하였는데, 협정의 서문에 저우언라이의 상술한 제안이 포함되어 있었다. 이로써 평화공존 5개항 원칙은 처음으로 외교문서에 완정하게 기입되었다.[85] '평화공존 5개항 원칙'이 중국과 인도간의 협의과정에서 처음으로 제시된 것은 우연이 아니며, 이는 중국 지도자들의 국가관계 인식 논리를 보여주고 있다. 중국 지도자들은 혁명운동을 지원할 필요가 있는 동시에 서로 다른 사회제도를 가진 국가와도 평화공존할 수 있다고 여겼기 때문에 통할 수 있고 또한 광범위하게 받아들일 수 있는 방법을 찾아낸 것이다. 다시 말하면 중국 지도자들은 혁명 이데올로기를 국가의 대외정책 및 외교행위와 반드시 분리해야만 평화공존 5개항 원칙이 사람들의 신뢰를 얻지 못하는 탁상공론이 되지 않으리라 판단하였다. 이를 위해서 비교적 자각하는 국가 지도자로서의 역할 의식이 필요했다.

역사적으로 중국 지도자들의 이러한 역할의식은 외교와 건국이 대내외적으로 상호영향을 주고받는 과정에서 점진적으로 형성되었다. 이 시기 가장 영향력이 컸던 사건은 바로 제네바 회의였다. 제네바 회의는 신중국 지도자들이 처음으로 국가를 대표하는 신분으로 비사회주의 국가간의 다자회담에 참가한 것이었다. 회의 기간동안 저우언라이가 접촉한 인물은 당시 세계에 존재하는 각양각색의 국가를 대표하는 인물들로서 이러한 인물 대부분은 저우언라이를 국가의 지도자로 상대하였지 중공 중앙 정치국의 상무위원으로 대하지 않았다. 저우언라이 본인과 중국 대

---

85 ≪中華人民共和國、印度共和國關于中國西藏地方和印度之間的通商和交通協定≫, ≪人民日報≫, 1954年4月30日.

표단의 기타 성원들이 국가의 외교대표라는 신분으로 국제 다자외교 무대에 나설 때 그들은 필연적으로 국가와 국가이익이라는 말을 사용해야 했으며, 이런 관점에서 중국의 정책과 행위에 대해 사고하고 설명하였다. 그렇지 않으면 기본적인 교류가 불가능하였다. 하물며 외교는 말할 필요가 없다. 저우언라이가 회의 기간동안 인도를 방문한 것은 매우 상징적인 의미가 있다. 그는 네루와의 회담에서 "혁명은 수출할 수 없다."라는 중요한 발언을 하였다.[86] 의미는 중국이 혁명 수출을 지원하는 바탕하에서는 더 이상 서로 다른 제도를 가진 국가와의 협력관계를 발전시킬 수 없다라는 것이다.

지속적인 대외교류는 역으로 대외정책의 조정을 촉진하기도 한다. 중국 지도자들은 외부와의 교류가 필요하다고 여김과 동시에 끊임없이 내부에 설명하고 동원작업을 진행하였다. 그들은 일련의 외국대표들에게 중국이 이 나라들과 평화공존을 원한다고 말할 필요가 있었을 뿐만 아니라 동시에 자신들의 간부들에게도 왜 그리고 어떻게 이런 나라들과 평화공존을 할 것인지 설명할 필요가 있었다. 이런 부분의 업무는 말처럼 그렇게 쉬운 일이 아니다. 네루의 10월 방중요청을 결정한 후에 적지 않은 사람들이 이 결정에 대해 의구심을 가졌다. 그들의 사고관념 속에 중국외교의 사명은 마땅히 혁명을 지원하는 것이지 부르주아 계급의 영수와의 교류가 아니었기 때문이다. 네루가 중국을 떠난 후 일부 사람들은 열렬히 그를 환영한것에 대해 이해하기 어렵다는 의사를 표시하였다.[87] 저우언라이는 중대한 외교적 행동을 선택하기 전에 일반적으로 내부에 이러한 행동과 새로운 대외정책간의 관계에 대해 설명하곤 하였다. 네루가 베이징에 도착하기 하루 전 소집된 회의에서 저우언라이는 인도와 같은 부류

---

86 中共中央文獻研究室編: ≪周恩來年譜1949-1976≫, 上卷, 第391頁。
87 ≪周恩來總理兼外長對外交部全體幹部的講話≫, 1954年11月3日, 第9頁, 外交部檔案館: 102-00168-01。

의 아시아 국가들에 대한 정책변화와 네루를 초청하게 된 이유를 특별히 설명하였다. 그는 인도 등의 국가들은 확실히 평화를 원하며 전쟁을 원하지 않는다고 하고 그들과 단결하게 되면 전쟁을 지연시킬 수 있을뿐만 아니라 전쟁의 방향도 바꿀 수 있다라고 하였다.[88]

11월 3일, 네루가 중국을 떠나기 대략 일주일 전에 저우언라이는 외교부 전체 간부회의 연설을 통해 중국의 새로운 대외정책에 관해 체계적으로 언급하였다. 그는 이러한 대외정책의 조정은 다분히 목적이 있는 것이며, 그 목적은 바로 건국 초기의 일련의 정책을 바꾸는데 있음을 암시하였다. 그는 대외정책 문제를 이야기 할 때 먼저 "외교부 성립시에 내가 한번 말한적이 있다."라고 한 뒤 국제평화 통일전선 정책을 관철시키는 것은 꼭 해결해야 할 핵심문제라고 직접 지적하였다. 그는 계급사회에서는 여전히 혁명을 해야하고, 인류사회는 사회주의에 진입해야 하며 최종적으로는 공산주의에 진입해야 한다고 말하고 난 뒤 비록 혁명을 해야하지만 혁명을 수출할 수 없는 이유에 대해서 설명하였다. 그는 말하였다. "혁명은 무엇에 의거하는가? 인민에 의지해야 한다. 먼저 노동인민에 의지해야한다. 따라서 혁명은 반드시 본국 인민에 의해 진행되어야지 다른 국가에 의지해서는 안된다. 이런 이유로 혁명수출의 논리를 비판하는 것이다." 라고 하였다. 그는 또한 "세계의 무산계급은 확실히 한가족이므로 마땅히 단결하여야 한다. 그러나 자산계급에서 민족은 분리시켜야 한다. 이런 상황하에 평화경쟁과 무력 불사용에 의지하여야 하고 우리의 제도가 가장 우월하다라고 믿어야 한다."라고 하였다. 결론적으로 평화정책은 중국의 근본 정책이며 세계혁명의 미래는 첫 번째 본국의 인민에 의지해야 하고 두 번째는 국가 간의 평화경쟁에 의지해야 한다는 것이다.[89]

---

88 中共中央文獻硏究室編: ≪周恩來年譜1949-1976≫, 上卷, 第420頁.
89 ≪周恩來總理兼外長對外交部全体干部的講話≫, 1954年11月3日, 第5-6頁, 外交部檔案館: 102-00168-01.

이렇게 저우언라이는 잠시 세계혁명 지원임무를 국가의 외교행위에서 떼어 내었다.

마오쩌둥 역시 이 시기 혁명은 수출할 수 없다는 관점에 기본적으로 동의하였다. 그러나 그는 저우언라이와 약간의 입장차이가 있었다. 그는 미얀마 총리 우 누와 회담을 하면서 이렇게 말한적이 있다. "한 나라가 외국의 혁명수출에 의지한다면 승리를 획득할 수 없다. 따라서 혁명은 수출할 수 없다. 그러나 한 나라의 혁명은 여전히 외국의 영향을 받는다. 이점 역시 부인할 수 없다."[90] 이 점은 그의 머릿속에 고정된 사고가 실제로 완전히 변화하기는 어렵다는 것이고 훗날의 상황발전은 그 영향이 아주 크다는 사실을 증명하고 있다.

제네바 회의가 종료됨에 따라 신중국 외교는 새로운 발전단계로 진입하기 시작하였다. 8월부터 중국 지도자들은 베이징에서 세계 각 지역에서 온 다수의 대표단을 연속해서 맞이하였다. 여기에는 흐루시초프가 이끄는 소련 정부 대표단과 일련의 소련진영 국가의 대표단뿐만 아니라 아시아, 유럽에서 온 지도자와 다양한 정부, 정당의 대표단이 포함되어 있었다. 이러한 모든 외교활동에서 마오쩌둥과 저우언라이는 모두 직접 이들을 맞이하고 접대하였다. 아시아 유럽 국가에서 온 여러 인물과의 교류과정 중 '중간지대' 개념이 '양대진영' 개념을 대체하고 있음을 어렵지 않게 발견하게 된다. '평화'와 '평화공존' 등의 개념 역시 자주 눈에 띄는데 이 어휘들은 중국 지도자들이 국제정치 문제와 중국의 대외정책을 설명하는 주요한 외교적 언사가 되었다. 특별히 지적할 만한 사항은 이런 표현들이 얼마 뒤부터 중국 지도자들이 소련과 소련진영 국가들과의 상호관계를 정의하는데 사용되었다는 점이다.

신중국의 외교정책 전환추세는 중국이 1955년 4월 개최된 반둥회의에

---

90 毛澤東: ≪同緬甸總理吳努的談話≫, 1954年12月21日, 第376頁.

참가하면서 최고조에 이르렀다. 1954년 봄부터 1955년 여름까지 외교부 관련인원들은 아시아에서 발생한 콜롬보 회의, 제네바 회의, 마닐라 회의, 보고르 회의, 반둥회의 등 중요한 사건 및 주요 아시아 국가를 겨냥하여 대량의 조사를 진행하고 깊이있는 분석을 시도하였다. 외교부는 옌안 시절 조직된 중앙 군사위원회 외사소조에서 다시 태어났으며, 신중국의 초창기 외교의 핵심인력은 군사위원회 외사소조의 구성원들이었다.

중국인들은 일반적으로 국내정치의 경험에 근거하여 국제정치를 관찰하는데 이는 혁명운동 시기의 직업 외교관들도 마찬가지였다. 그들은 국제통일전선 정책을 매우 쉽게 그리고 아주 빠른 속도로 받아들이고 활용하였다. 그들에게는 단지 혁명기의 국내정치 경험을 국제정치에 활용한 것 뿐이었다. 그들이 제출한 이러한 일련의 보고들은 국제통일 전선사상을 어떻게 효과적으로 사용하여 아시아 신흥국가의 대내외 정책을 분석하는지 충분히 보여주었다. 또한 중국 지도자들이 미국진영은 더 이상 철벽이 아니고 중국이 아시아 아프리카 신흥국 사이에서 충분히 능력을 발휘할 여지가 있음을 믿게 하는데 도움을 주었다. 이들 국가의 인민과 각계각층의 사람들은 모두 전쟁을 반대하고 평화를 요구하며 서구를 반대한다. 이곳의 통치계층은 자신의 통치를 유지하기 위하여 부득이하게 평화와 중립의 깃발을 들고 미국의 확장과 아시아에서 중국에 반대하는 군사동맹 체제 수립을 반대하는 것이다.[91] 이런 내용의 보고서는 중국 지도자들이 대외정책 조정을 결심하고 이것이 성공할 기회가 있고 동시에

---

91 ≪一周電報匯編第83期(關于亞洲五國總理會議問題)≫, 1954年4月30日, 外交部檔案館: 102-00212-06; ≪關于亞非會議問題≫, 1954年9月4日, 外交部檔案館: 207-00085-19; ≪東南亞集體防務條約及各國對該條約的反應≫, 1954年10月1日, 外交部檔案館: 105-00626-02; ≪關于亞非會議問題≫, 1954年12月15日, 外交部檔案館: 207-00085-17; ≪一周電報匯編第98期(東南亞五國茂物會議的程序及五國對中國參加亞非會議的態度)≫, 1954年12月29日, 外交部檔案館: 102-00212-21; ≪從茂物會議看亞非會議≫, 1055年1月1日-31日, 207-00085-25。

중국이 아시아 아프리카 회의를 통하여 아시아 무대의 중심이 될 수 있다고 믿게하는 중요한 근거가 되었다.

　반둥회의 참가를 결정하는 과정에서 마오쩌둥은 예전과 다름없이 지도와 정책 추진의 주요역할을 수행하였다. 그는 이 시기 베이징을 방문하는 외국의 정계요인을 친히 맞이하였다. 네루, 우 누 등 아시아 국가 지도자들과의 회담에서 마오쩌둥은 그들의 아시아 평화지역, 중립주의, 콜롬보 회의, 아시아 아프리카 회의 등의 개념과 이들이 신봉하는 정책의 본질 및 그들의 결심을 직접 청취하였다. 12월 21일, 마오쩌둥은 우 누에게 중국 지도부가 현재 준비중인 반둥회의에 큰 관심이 있다고 전하였다. 그는 "만약에 각국이 동의한다면 우리도 이 회의에 참가하기를 희망한다."라고 하였다. 더불어 그는 중국의 조건인 타이완 당국을 회의에 초청해서는 안된다는 점을 설명하였다.[92] 마오쩌둥은 이시기 그의 주의력을 외교분야에 집중하고 있었는데 이는 중국이 대외정책을 신속하게 전환하는데 유리하게 작용하였다. 이후 중국은 아시아 아프리카 회의 참가를 적극적으로 타진하였고 저우언라이가 반둥의 연단에 올라갈때까지 진지하게 준비에 몰두하였다.

　중국의 참여와 반둥회의 성공을 위한 노력의 결과 중국과 아시아 아프리카 국가와의 관계는 급속도로 개선되었다. 저우언라이 역시 사상 유례가 없는 명성을 얻고 막대한 영향력을 가지게 되었다. 특별히 기념할 만한 것은 그가 4월 19일 오후에 행한 보충발언이다. 그는 이 발언을 통해 '구동존이(求同存異-차이점을 인정하면서 같은 점을 추구해 나간다는 의미)' 원칙을 효과적으로 설명하였다.[93] 그는 이후 이어진 외교활동에서

92　毛澤東: ≪我們應該在合作中增進了解≫, 1954年12月21日, 中華人民共和國外交部、中共中央文獻硏究室編: ≪毛澤東外交文選≫, 第183頁.
93　≪周恩來在亞非會議全體會議上的補充發言≫, 1954年4月19日, 中華人民共和國外交部檔案館編: ≪中國代表團出席1955年亞非會議≫, 第56頁.

도 이 구동존이 원칙을 적절히 활용하였고 그 효과 역시 눈부셨다.

반둥회의의 결과 중국 지도자들은 '구동존이' 원칙이 통할 수 있다는 믿음을 가지게 되었고, 이로 인해 평화공존 역시 가능하다고 믿게 되었다. 물론 그들은 '구동존이'에 조건과 제한이 있다는 사실을 생각할 겨를이 없었다. 이 원칙의 유효성은 일부는 언급하고 있는 문제 자체에 의해 결정이 나거나 일부는 중국의 내부환경에 의해 결정이 났다. 여기에는 중국 지도자들의 주관적 바람 또는 중국의 특정시기 특정문제를 겨냥한 정책 등이 포함된다.

중국의 반둥회의 참가는 중국 외교사에 있어서 일종의 이정표라고 할 수 있다. 이는 건국 초기 소련과의 동맹을 통해 냉전에 휘말리고 난 뒤 중국 지도자들이 마침내 미소 양대진영 밖에 있는 중간지대를 열고자 결심하였음을 보여준다. 중국 지도자들은 마치 지금 징강산(井岡山)으로 가서 마침내 공농 무장할거와 농촌이 도시를 포위하는 길을 찾아낸 것처럼 중간지대를 중요시하였다. 그들의 눈에 중간지대에는 앞으로 세계정치에 영향을 미칠 거대한 잠재력이 있었고, 세계정치 판도를 변화시킬 새로운 전략공간이 있었다. 따라서 중국 지도자들은 중국은 이곳에서 충분한 능력을 발휘할 필요가 있다고 판단하였다. 여기에는 지정학적 안보측면의 특수한 중요성도 있었다. 즉, 중국의 동남방향으로 안보의 완충지대가 필요하였고, 중국은 이곳에서 미국의 확장을 저지할 필요가 있었다. 이곳은 또한 미소 양대진영 밖에서 중국이 펼치는 새로운 전략경쟁의 무대였기 때문에 중국은 이곳에서 강력한 영향력 심지어 지도적 지위를 보유할 필요가 있었다.

중국 지도자들은 매우 독특한 사유방식을 통해 중국외교가 중간지대에서 연합과 분열을 거듭하도록 하였다. 그들은 중간지대를 통해 국제냉전체제에서 새로운 외교적 장소를 열었으며, 당시에 이미 그 실마리가 보이기 시작했다. 당시 중국외교의 전환은 냉전의 판도를 재편성하고 냉전의 글로벌화라는 독특하고도 거대한 영향의 과정을 재촉하였다. 중국은 그때부터 지금까지 중간지대라는 무대의 중심을 벗어나지 않았으며, 중간지대는 중국외교에서 중소동맹보다 더욱 오래 지속되는 새로운 지향점 또는 출발점이 되고 있다.

| 맺음말 |

　본서는 1949년에서 1955년 사이에 발생한 일련의 중요한 사건에 관해 서술하고 있다. 각각의 사건에는 그 사건이 발생한 구체적 원인과 사건 종결의 독특한 메커니즘이 존재했다. 그리고 이와 관련한 중국 지도자들의 사고와 그들의 결정에도 아주 구체적인 원인과 배경이 존재하였다. 본서에서 언급하고 있는 내용은 구체적 상황에 대한 묘사와 분석을 빼고는 사실 특별한 분석서술이라고 할 것도 없다. 그러나 설령 이렇다 할지라도 본서를 마무리 짓는 시점에서 여전히 역사의 서술에서 포함하고 있는 보편적 의미에 대해 지적할 필요가 생긴다.

　본서의 서문에서 언급한 바와 같이 이 시기 발생한 여러 중요한 사건은 상호 연관되고 상호 영향을 주는 세 가지 요소가 만들어낸 구조 가운데에서 발생하였다. 이 구조는 그 자체로 주요 사건 발생의 가장 기본적인 실마리이자 윤곽이었다. 또한, 중국 지도자들은 이러한 구조에서 일련의 역사적 사건을 처리함으로써 중국외교의 기초와 냉전 중 중국의 국제적 지위를 다짐과 동시에 중국의 대외 정책의 관건이 되는 특징을 부여하였다. 특히 중요한 것은 국제사회에서 중국의 주요 위치와 정체성을 형성한 것이었는데 여기에는 사회주의 국가, 지역강국 및 신흥민족국가(후에 개발도상국으로 호칭을 통일함)가 포함된다. 이러한 세 가지 인식은 훗날 중국(심지어 지금까지도)의 수많은 대외정책과 외부 행동의 출발점이 되었으며 많은 중국인들이 자부심을 가지는 중요한 근거가 되었다. 이런 입장에서 본다면 냉전 중 중국외교가 중국의 현대국가 건설에 어떠한 영향을 주었는지에 대해 평가하는 문제는 여전히 진일보한 논의가 필요가 영역이다.

이 책은 일련의 역사적 사건에 대한 서술을 통해 국제체제와 중국 국내정치 간의 상호추동 과정 중 중국외교가 어떻게 형성되었는지를 보여준다. 여기에는 두 가지 측면의 함의가 있다. 첫 번째는 중국 지도자들이 어떠한 개성을 보유하고 인지를 하고 있었던 간에 그들이 대외정책 문제를 사고하고 처리할 때에는 필연적으로 중국역사의 기본적인 요구에 호응해야 했다는 사실이다. 예를 들어 지연정치 현실에서의 국가안보에 대한 요구나 세계사적 조류에 근거한 현대화 요구 등이 그것이다. 혁명이 만들어낸 특수한 환경과 인지수준은 그들의 반응을 조금 더 빨리 또는 조금 더 늦도록 하였고 비교적 급진적인 행동방식과 말 때문에 여러 뒤탈이나 대가를 치르는 등의 문제를 초래했다.

두 번째는 중국 근대역사에서 내부적으로 생겨난 요구는 필연적으로 외부세계의 거대한 영향을 받았다는 점이다. 본서에서 서술한 이야기는 단지 이러한 특징이 외교영역으로 확대된 것뿐이다. 건국시기 외교는 국가전략을 위한 것이었고, 국가전략의 형성은 냉전 중 소련으로의 일변도라는 선택과 인과관계가 있었다. 중국은 매 역사적 단계마다 당시의 국제체계가 만들어낸 국가전략과 대외정책의 틀을 벗어날 수 없었고, 이는 근본적으로 외교를 중국과 세계 사이를 단절하는 울타리로 삼을 수 없도록 결정하였다.

이상의 두 가지 사실은 특별한 깊이가 있어 이해하기 어려운 것은 아니다. 오히려 여기에는 매우 일반적인 이치가 있는데 그것은 국제관계와 외교의 상식이 신중국 외교의 구체영역에서 나타나고 있다는 점이다. 궁극적인 도리는 일반적으로 복잡하지 않다. 이는 상식의 선을 넘지 않아서 때로는 경시당하기도 된다. 서로 다른 시기에 상식에 입각하지 않은 상황이 자주 나타나면 역사서술은 긍정과 부정이라는 두 가지 측면에서 이점을 반복적으로 증명하게 되고 이에 따라 사람들의 인지수준을 부단히 높이는 데 도움을 준다.

　이 밖에 중국외교가 특별히 동아시아 냉전의 관점에서 국제 냉전에 어떠한 영향을 미치게 되었는지 이 시기 중국외교의 역사적 함의를 논의하고 분석해볼 필요가 있다. 건국초기 중국의 대외정책과 외교행위는 중국의 국내 의사일정에 매우 큰 영향을 주었을뿐만 아니라 국제 냉전체제에도 의미있는 충격을 주었다. 특히 동아시아 냉전체제를 형성하는데 그러했다. 중국은 한편으로 소련진영과의 긴밀한 단합을 통하여 동아시아에서 미국에 대항하는 전선을 형성하였으며, 다른 한편으로는 신속하게 강국의 대열에 오르려는 목표를 추구하여 중미 사이에서 보다 광활한 전략적 발전공간을 확보하는데 노력하였다. 이 시기가 종료되는 시점에 중국은 이미 냉전체제에 도전하는 새로운 기반을 마련하였고 동시에 냉전을 본질적으로 바꾸려는 발걸음을 강화하였다. 이는 냉전 중 흥성하기 시작한 중국이 마침내 냉전체제를 변화시키는 거대한 역량이 되었음을 예시하고 있다.

　이 시기 중국외교의 내용은 너무도 풍부하여 한 권의 책으로 담을 수 없을 지경이다. 그 가운데 의문 역시 넘치고 넘쳐서 한 두 번으로 명확하게 설명하기도 어렵다. 학문에는 끝이 없다는 말은 단지 거시적인 개괄만을 의미하는 것은 아니다. 특정한 역사시기의 연구에도 진실과 구체적인 진리가 포함되어 있다. 이런 의미에서 이 책은 나에게 새로운 연구의 출발점이다.

뉴쥔(牛軍)
2015년 10월

|참고문헌|

1. 역사문헌 및 기록

本書編譯組編: ≪德黑蘭雅爾塔波茨坦會議記彔摘編≫ 上海人民出版社1974
    年版。
≪陳云文選≫, 人民出版社1984年版。
鄧華: ≪論抗美援朝戰爭的作戰指導≫, 軍事科學出版社1989年版。
≪鄧小平文選≫, 第一卷, 人民出版社1994年版。
≪反法西斯戰爭文獻≫, 世界知識出版社1955年版。
夏旦大學歷史系中國近代史敎研組編: ≪中國近代對外關系史資料選輯≫,
    下卷, 上海人民出版社1977年版。
≪共産党情報局會議文件集≫, 人民出版社1954年版。
≪關于美國國防部侵越秘密報告材料匯編≫, 三聯書店出版社1973年版。
郭明, 羅方明, 李白茵編: ≪現代中越關系資料選編上≫, 時事出版社1986年版。
古屋奎二編: ≪蔣總統秘彔≫, 第14冊, 中央日報社1980年版。
≪毛澤東選集≫, 第一、 二、 三、 四卷, 人民出版社2001年版。
孟憲章主編: ≪中蘇貿易史資料≫, 中國對外經濟貿易出版社1991年版。
南方局歷史資料征集組編: ≪南方局党史資料≫, 重慶出版社1990年版。
≪彭德怀傳記≫ 編寫組編: ≪彭德怀軍事文選≫, 中央文獻出版社1988年版。
秦孝儀主編: ≪中華民國重要史料初編--對日抗戰時期第七編(戰后中國)≫,
    中國國民党中央委員會党史委員會1981年版。
秦孝儀主編: ≪中華民國重要史料初編--對日抗戰時期第三編(戰時外交)≫,
    中國國民党中央委員會党史委員會1981年版。
榮孟源主編: ≪中國國民党歷次代表大會及中央全會資料≫, 光明日報出版
    社1985年版。
薩納柯耶夫、 崔布列夫斯基編, 北京外國語學院俄語專業、 德語專業1971屆
    工農兵學員譯、 敎師校: ≪德黑蘭、 雅爾塔、 波茨坦會議文件集≫, 三聯
    書店1978年版。

沈志華編: ≪朝鮮戰爭: 俄國檔案館的解密文件≫, 上、中、下冊, 台湾中央研究院近代史研究所2003年出版。
司徒雷登著、陳礼頌譯: ≪司徒雷登日記: 美國調停國共爭持期間前后≫, 香港文史出版社1982年版。
蘇聯外交部編: ≪蘇聯偉大衛國戰爭期間蘇聯部長會議主席同美國總統和英國首相通信集≫ (中譯本), 第二卷, 世界知識出版社1963年版。
陶文釗主編、牛軍副主編: ≪美國對華政策文件集≫, 第二卷上、下, 世界知識出版社2004年版。
聞一多: ≪聞一多詩文選集≫, 人民文學出版社1955年版
中共中央辦公廳編: ≪中國共產党第八次全國代表大會文獻≫, 人民出版社1957年版。
中共中央馬克思恩格斯列宁斯大林著作編譯局編: ≪斯大林文選≫, 下卷, 人民出版社1979年版。
中共中央文獻編輯委員會編: ≪劉少奇選集≫, 人民出版社1985年版。
中共中央文獻編輯委員會編: ≪周恩來選集≫, 人民出版社1997年版。
中共中央文獻研究室、解放軍軍事科學院編: ≪建國以來毛澤東軍事文稿≫, 上卷, 軍事科學院出版社和中共中央文獻出版社2010年版。
中共中央文獻研究室、解放軍軍事科學院編: ≪周恩來軍事文選≫, 第4卷, 人民出版社1997年版。
中共中央文獻研究室、中央檔案館編: ≪建國以來周恩來文稿≫, 第一、二、三卷, 中央文獻出版社2008年版。
中共中央文獻研究室編: ≪建國以來毛澤東文稿≫, 第一、二、三、四、五、六卷, 中央文獻出版社1987年版。
中共中央文獻研究室編: ≪建國以來重要文獻選編≫, 第1、2、3、4冊, 中央文獻出版社1992年版。
中國軍事科學院、中共中央文獻研究室編: ≪毛澤東軍事文集≫, 第六卷, 軍事科學出版社、中央文獻出版社1993年版。
中國人民大學中共党史系資料室編: ≪中共党史教學參考資料"解放戰爭時期"≫, 1981年印。
中國人民大學中共党史系資料室編: ≪中共党史教學參考資料"抗日戰爭時期"≫, 1981年印。

中國人民大學中共党史系中國革命問題教研室編: ≪共產國際有關中國革命教學參考資料≫, 上冊, 1985年印刷。
中共中央文獻研究室編: ≪毛澤東書信選集≫, 人民出版社1983年版。
中共中央文獻研究室編: ≪毛澤東文集≫, 第四、五、六、七、八卷, 人民出版社, 1999年版。
中共中央文獻研究室編: ≪毛澤東在七大的報告和講話集≫, 中央文獻出版社1995年版。
中共中央文獻研究室、中共湖南省委≪毛澤東早期文稿≫ 編輯組編: ≪毛澤東早期文稿1912.6-1920.11≫, 湖南出版社1990年版。
中共中央文獻研究室、中共南京市委編: ≪周恩來一九四六年談判文選≫, 中央文獻出版社1996年版。
中共中央文獻研究室、中央檔案館編: ≪建國以來劉少奇文稿≫, 一、二、三、四卷, 中央文獻出版社2005年版。
中華人民共和國外交部和中共中央文獻研究室編: ≪毛澤東外交文選≫, 中央文獻出版社、世界知識出版社1994年版。
中華人民共和國外交部、中共中央文獻研究室編: ≪周恩來外交文選≫, 中央文獻出版社、世界知識出版社, 1990年版。
中華人民共和國外交部檔案館、人民畫報社編: ≪解密外交文獻－－中華人民共和國建交檔案≫, 中國畫報出版社, 2006年版。
中華人民共和國外交部檔案館編: ≪中華人民共和國外交檔案選編(第一集)1954年日內瓦會議≫, 世界知識出版社, 2006年版。
中華人民共和國外交部檔案館編: ≪中華人民共和國外交檔案選編(第二集)中國代表團出席1955年亞非會議≫, 世界知識出版社, 2007年版。
≪中華人民共和國對外關系文件集(1951-1953)≫ (2), 世界知識出版社1958年版。
中國人民解放軍軍事科學院編: ≪粟裕紀念文集≫, 軍事科學出版社2008年版。
≪中美關系資料匯編≫, 世界知識出版社1957年版。
中央編譯局編: ≪列宁全集≫, 人民出版社1986年版, 第37卷。
中央檔案館編: ≪中共中央文件選集≫, 第1、15、16、17、18冊, 中央党校出版社1992年版。
中央檔案館編: ≪皖南事變≫, 中共中央党校出版社1981年版。

中央統戰部、中央檔案館編: ≪中共中央解放戰爭時期統一戰線文件選編≫, 檔案出版社1988年版.
中央統戰部、中央檔案館編: ≪中共中央抗日民族統一戰線文件選編≫, 檔案出版社1986年版.

2. 연보 및 전기

東方鶴: ≪張愛萍傳≫, 人民出版社出版社2000年版.
广西社會科學院印度支那研究所編: ≪中越關系大事記≫, 1980年3月印刷.
逄先知、金冲及主編: ≪毛澤東傳1949-1976≫, 中央文獻出版社2003年版.
逄先知主編: ≪毛澤東年譜1893-1949≫, 人民出版社、中央文獻出版社1993年版.
≪彭眞傳編寫組≫ 編: ≪彭眞年譜一九0二---一九九七≫, 上卷, 中央文獻出版社2002年版.
≪粟裕傳≫ 編寫組: ≪粟裕傳≫, 当代中國出版社2000年版.
王焰主編: ≪彭德怀年譜≫, 人民出版社1998年版.
中華人民共和國外交部外交史研究室主編: ≪周恩來外交活動大事記(1949-1975)≫, 世界知識出版社1993年版.
≪志願軍第一任參謀長解方將軍≫ 編寫組編: ≪志願軍第一任參謀長解方將軍(1908-1984)≫, 軍事科學出版社1997年版.
中共中央文獻研究室編: ≪劉少奇年譜1898-1969≫, 下卷, 中央文獻出版社1996年版.
中共中央文獻研究室編: ≪周恩來年譜1898-1949≫, 中央文獻出版社与人民出版社1989年版.
中共中央文獻研究室編: ≪周恩來年譜1949-1976≫, 中央文獻出版社与人民出版社1997年版.
中央文獻研究室編: ≪周恩來傳, 1949--1976≫, 中央文獻出版社, 1998年版.

3. 회고록

埃德加·斯諾: ≪夏始之旅≫, ≪斯諾文集≫, 新華出版社1984年版.

埃德加·斯諾著、董樂山譯：≪西行漫記≫，三聯出版社1979年版。
薄一波：≪若干重大決策与事件的回顧≫，中共中央党校出版社1991年版。
杜平：≪在志愿軍總部≫，解放軍出版社1991年版。
季米特洛夫著，馬細譜、楊燕杰、葛志强等譯：≪季米特洛夫日記選編≫，广西師范大學出版社，2002年版。
哈里·杜魯門著、李石譯：≪杜魯門回憶彔≫，三聯出版社1974年版。
洪學志：≪抗美援朝回憶≫，解放軍文藝出版社1990年版。
胡喬木：≪胡喬木回憶毛澤東≫，人民出版社，1994年版。
黃華：≪親歷与見聞－－黃華回憶彔≫，世界知識出版社2007年。
黃文歡：≪滄海一粟：黃文歡革命回憶彔≫，解放軍出版社1987年版。
李奇微：≪朝鮮戰爭≫ (中譯本)，軍事科學出版社1983年版。
(南) 米洛凡·杰拉斯著、趙洵和林英譯：≪同斯大林的談話≫，吉林人民出版社1983年版
聶榮臻：≪聶榮臻回憶彔≫，解放軍出版社1984年版。
師哲：≪在歷史巨人身邊：師哲回憶彔(修訂本)≫，中央文獻出版社1995年版。
瓦·伊·崔可夫著，万成才譯：≪在華使命：一个軍事顧問的筆記≫，群衆出版社1983年
W.艾夫里爾·哈里曼和伊利·艾貝爾著、南京大學歷史系英美對外關系研究室譯：≪特使：与丘吉爾、斯大林周旋記≫，三聯出版社1978年版。
王炳南：≪中美會談九年回顧≫，世界知識出版社1985年版。
王亞志回憶、沈志華、李丹慧整理：≪彭德怀軍事參謀的會議：1950年代中蘇軍事關系見証≫，夏旦大學出版社2009年版。
伍修權：≪我的歷程(1908-1949)≫，解放軍出版社1984年版。
伍修權：≪在外交部八年的經歷1950.1-1958.10≫，世界知識出版社1983年版。
謝．馬．什捷緬科著，洪科譯：≪戰爭年代的總參謀部≫，下冊，三聯書店1973年版。
亞米華西列夫斯基著，柯雄譯：≪畢生的事業≫，下冊，三聯書店１９７７年版。
張震：≪張震回憶彔≫，解放軍出版社2003年版。
鄭文翰：≪秘書日記里的彭老總≫，軍事科學出版社1998版。
中共吉林省委党史研究室、吉林省東北抗日聯軍基金會編：≪韓光党史工作文集≫，中央文獻出版社1997年版。

中共中央党史資料征集委員會等合編: 《遼沈決戰(下)》, 人民出版社1988年版。
《中國軍事顧問團援越抗法實彔》編寫組: 《中國軍事顧問團援越抗法實彔(当事人的回憶)》, 中共党史出版社2002年版。

4. 전문 저작

A.M.列多夫斯基著、陳春華、劉存寬譯: 《斯大林与中國》, 新華出版社2001年版。
戴超武: 《蒂對于危机的年代－－1954-1958年的中美關系》, 社會科學文獻出版社2003年版。
(美) 戴維.霍洛威茨著, 上海市五七干校六連翻譯組譯: 《美國冷戰時期的外交政策: 從雅爾塔到越南》, 上海人民出版社1974年版。
《当代中國》叢書編輯部: 《当代中國海軍》, 中國社會科學院出版社1987年版。
(德) 迪特•海茵茨希著、張文武、李丹琳譯: 《中蘇走向聯盟的艱難歷程》, 新華出版社, 2001年版。
蔣廷黻: 《中國近代史》, 北京: 團結出版社2006年版。
郭明主編: 《中越關系演變四十年》, 广西人民出版社1992年版。
郭明: 《中越關系四十年》, 广西人民出版社, 1992年版。
賈慶國: 《未實現的和解: 中美關系的隔閡与危机》, 文化藝術出版社, 1998年版。
克拉爾.貝爾著、云汀、吳元坎、董湘君、陳漪等譯: 《國際事務概覽1954年》, 上海譯文出版社, 1984年版。
李春放: 《伊朗危机与冷戰的起源(1941-1947)》, 社會科學文獻出版社2001年版。
李家忠編譯: 《越南國父胡志明》, 世界知識出版社2003年版。
梁東元: 《原子彈調查》, 解放軍出版社2005年版。
劉同舜、姚椿齡主編: 《戰后世界歷史長編1953》, 上海人民出版社1992年版。
劉同舜、姚椿齡主編: 《戰后世界歷史長編1954》, 上海人民出版社1994年版。
劉同舜、姚椿齡主編: 《戰后世界歷史長編1955》, 上海人民出版社1997年版。

羅伯特.達萊克著、陳啓迪譯: ≪羅斯福与美國對外政策1932-1945≫, 下冊, 商務印書館1984年版。

尼·特·弗德林、伊·弗·科瓦廖夫、安·梅·列多夫斯基著, 彭卓吾譯: ≪毛澤東与斯大林、赫魯曉夫交往彔≫, 東方出版社2004年版。

牛軍: ≪從延安走向世界: 中國共產党對外關系的起源(1935-1949)≫, 中共党史出版社, 2008年版。

逄先知、李捷: ≪毛澤東与抗美援朝≫, 中央文獻出版社, 2000年版。

裴堅章主編: ≪中華人民共和國外交史(1949－1956)≫, 世界知識出版社1994年版。

齊德學: ≪巨人的較量－抗美援朝高層決策和指導≫, 中共中央党校出版社1999年出版。

曲星: ≪中國外交50年≫, 江蘇人民出版社2000年版。

舍伍德著、福建師范大學外語系編譯: ≪羅斯福与霍普金斯－－二次大戰時期白宮實彔(下冊)≫, 商務印書館1980年版。

沈志華主編: ≪中蘇關系史綱: 1917-1991年中蘇關系若干問題再探討≫, 社會科學文獻出版社2011年版。

沈志華: ≪毛澤東、斯大林与韓戰－－中蘇最高机密檔案≫, 香港天地圖書有限公司, 1998年版。

沈志華: ≪蘇聯專家在中國≫, 中國際广播出版社2003年版。

沈志華: ≪中蘇同盟与朝鮮戰爭研究≫, 广西師范大學出版社1999年版。

時殷弘: ≪敵對与冲突的由來－－美國對新中國的政策与中美關系(1949～1950)≫, 南京大學出版社, 1995年版。

蘇格: ≪美國對華政策与台湾問題≫, 世界知識出版社, 1998年版。

陶涵著、林添貴譯: ≪蔣經國傳≫, 華文出版社2010年版。

陶文釗: ≪中美關系史≫, 上冊、中冊, 上海人民出版社, 2004年版。

田增佩: ≪改革開放以來的中國外交≫, 世界知識出版社, 1993年版。

王奇生: ≪革命与反革命: 社會文化視野下的民國政治≫, 社會科學文獻出版社2010年版。

王繩祖主編: ≪國際關系史第七卷(1945-1949)≫, 世界知識出版社1995年版。

(挪威) 文安立著, 陳之宏、陳兼譯≪冷戰与革命－－蘇美冲突与中國內戰的起源≫, 广西人師范大學出版社2002年版。

沃爾特·拉弗貝著, 游爕庭等譯: 《美蘇冷戰史話》, 商務印書館1980年版。
沃捷特克·馬斯特尼著、郭懋安譯: 《斯大林時期的冷戰与蘇聯的安全觀》, 广西師范大學出版社2002年版。
徐達深主編: 《中華人民共和國實彔》, 第一卷, 吉林人民出版社1994年版。
徐焰: 《第一次較量-抗美援朝戰爭的歷史回顧与反思》, 中國广播電視出版社1990年版。
徐焰: 《金門之戰》, 中國广播電視出版社1992年版。
楊保筠, 于向東主編: 《變動世界中的奠邊府戰役与日內瓦會議》, 香港社會科學出版社有限公司2005年版。
楊奎松: 《"中間地帶"的革命:國際大背景下看中共成功之道》, 山西出版集團、陝西人民出版社2010年版。
尹啓明、程亞光: 《第一任國防部長》, 广東教育出版社1997版。
尤·米·加列諾維奇著, 部彦秀、張瑞璇譯: 《兩大領袖: 斯大林与毛澤東》, 四川人民出版社1999年版。
于群: 《美國對日政策研究》, 東北師范大學出版社1996年版。
約翰.斯帕尼爾著, 錢宗起和邬國孚譯: 《杜魯門与麥克阿瑟的冲突和朝鮮戰爭》, 夏旦大學出版社1985年版。
《戰后世界歷史長編》編委會編: 《戰后世界歷史長編1946》, 上海人民出版社1976年版。
《戰后世界歷史長編》編委會: 《戰后世界歷史長編(1947)》, 上海人民出版社1977年版。
張振江: 《冷戰与內戰——美蘇爭霸与國共冲突的起源91944-1946》, 天津古籍出版社2005年版。
張盛發: 《斯大林与冷戰》, 中國社會科學出版社2000年版。
中共中央党史研究室著: 《中國共產党歷史第一卷(1921-1949)》, 中共党史出版社2011年版。
中國軍事顧問團歷史編寫組編: 《中國軍事顧問團援越抗法斗爭史實》, 解放軍出版社1990年版。
中國人民解放軍軍事科學院軍事歷史研究部: 《抗美援朝戰爭史》, 第一、二、三卷, 軍事科學出版社2000年出版。
趙學功: 《巨大的轉變: 美國戰后對東亞的政策》, 天津人民出版社2002年版。

趙學功: 《朝鮮戰爭中的美國與中國》, 山西高校聯合出版社1995年版。
資中筠、何迪編: 《美台關系四十年》, 人民出版社1991年版。
資中筠主編: 《戰后美國外交史－－從杜魯門到里根》, 世界知識出版社1993年版。
資中筠: 《追根溯源－－戰后美國對華政策的緣起与發展: 1945-1960》, 中國社會科學出版社2007年版。
鄒谠著、王宁, 周先進譯: 《美國在中國的失敗》, 上海人民出版社1997年版。
林孟熹: 《司徒雷登与中國政局》, 新華出版社2001年版。

5. 논문집

袁明主編: 《跨世紀的挑戰: 中國國際關系學科的挑戰》, 重慶出版社1992年版。
姜長斌、Robert. Ross主編: 《從對峙走向緩和: 冷戰時期中美關系再探討》, 世界知識出版社2000版。
張沱生、史文主編: 《中美安全危机管理案例分析》, 世界知識出版社2007年版。
李丹慧: 《中國与印度支那戰爭》, 香港 天地圖書有限公司, 2002年版。
牛大勇、沈志華主編: 《冷戰与中國的周邊關系》, 世界知識出版社, 2004年版。
沈志華: 《中蘇同盟与朝鮮戰爭研究》, 广西師范大學出版社, 1999年版。
沈志華、李濱編: 《脆弱的聯盟: 冷戰与中蘇關系》, 社會科學文獻出版社2010年版。
章百家、牛軍: 《冷戰与中國》, 世界知識出版社, 2002年版。
趙宝煦: 《跨世紀的中美關系》, 東方出版社, 1999年版。
中俄關系史研究會編: 《戰后中蘇關系走向》, 社會科學文獻出版社, 1997年版。
袁明、(美) 哈里·哈丁 編: 《中美關系史上沉重的一頁》, 北京大學出版社, 1989年版。
國際戰略基金會: 《环球同此凉熱－一代領袖們的國際戰略思想》, 陝西師范大學出版社, 1993年版。
裴堅章主編: 《研究周恩來: 外交思想与實踐》, 世界知識出版社, 1989年9月版。
中華人民共和國外交部編: 《毛澤東外交思想研究》, 世界知識出版社, 1994年12月。

6. 영문자료

Ambrose Stephen., *Eisenhaower, Soldier, General of Army, The President-Elect, 1890-1952*, (New York: Simon and Schuster Inc., 1983).

Gareth Porter, *Vietnam: A History in Documents*, (NewYork: New American Library, 1979)

Cold War International History Project Bulletin, Inside China's Cold War, Winter 1995/1996.

Cold War International History Project Bulletin, Inside China's Cold War, Issue 16, Fall 2007/Winter 2008.

Harry Harding (ed), *China's Foreign Relations in the 1980s*, (New Haven: Yale University Press, 1984)

Hearings Before The Committee On Armed Services And Committee On Foreign Relations, *Military Situation in the Far East*, (Washington: US Government Printing Office, 1951)

Herbert Feis, *From Trust to Terror, The Onset of the Cold War, 1945-1950*, (New York: Norton, 1970)

Herbert Feis, *The China Tangle: the American Effort in China from Pearl Harbor to the Marshall Mission*, (Princeton: Princeton University Press, 1953)

George C. Herring, *America's Longest War: The United States and Vietnam 1950-1975*, 2th editon, (New York: Knopf, 1986)

John Paton Davies, *Dragon by the Tail: American, British, Japanese, and Russian Encounters with China and One Another*, New York, Norton, 1972.

Kenneth W. Rea and John C. Brewer edited: *The Forgotten Ambassador: The Reports of John Leighton Stuart, 1946-1949*, (NY: Westview Press, Inc, 1981), p. 323.

Lawrence Freedman, *The Evolution of Nuclear Strategy*, (new York: St. Martin's Press, 1989)

Michael Hunt edited: *A Vietnam War Reader: American and Vietnamese Perspectives*, (New York: Penguin Books Ltd. 2004), p. 23-24.

Russell D. Buhite, *Soviet-American Relations in Asia, 1945-1954*, (University of Oklahoma Press,1981)

Sergei N.Goncharov, John W. Lewis and Xue Litai: *Uncertain Partners: Stalin, Mao and Korean War*, (Stanford: Stanford University Press, 1993)

Shen Zhihua and Li Danhui, *After Leaning To One Side: China And Its Allies in The Cold War,* (Washington D.C.: Woodrow Wilson Center Press and Stanford: Stanford University Press, 2011)

Sumner Welles, *Seven Decisions That Shaped History*, New York, Harper, 1950.

The Pentagon Papers, The Defense department History of United States Decisionmaking on Vietnam, United States Dept. of Defense , (Boston: Beacon Press, 1971).

The U.S. Department of State, ed.,

Foreign Relations of the United States. Diplomatic Papers, (Washingtong, D.C.: Government Printing Office):

1943, China, (1961)

1944, Vol.6, (1967)

1945, Vol.6,(1972).

1949, Vol.7, (1975).

1950, Vols.1,2, (1979).

1951, Vols. 6(1977), 7(1983).

1952-1954, Vols. 6,7(1986).

U.S. State Department, *American Foreign Policy: Basic Documents 1950-1953*, (Washington D.C.: Government Printing Office, 1957

찾아보기

(ㄱ)

가오강(高崗) ······ 41, 67, 68, 106, 169, 170, 174, 227, 389
게오르기 말렌코프(Malenkov, G. M.) ···································· 336, 337
계급론 ·· 99
공산당 ·· 5
광서제(光緒帝) ································ 96
구동존이(求同存異) ················ 433, 434
구성(龜城) ······································ 192
국공(國共) ············· xvi, 7~11, 13, 16, 19, 45~47, 51
국공 내전 ················ 8, 18, 21, 45, 67, 134, 342
국민당 ···················· viii, 3, 5, 6, 8~19, 21, 29, 33, 45~48, 53, 56, 65, 67, 71, 74, 75, 78, 79, 80, 82~85, 97, 110, 120~123, 134, 137, 138, 272, 336, 343~347, 349, 351, 358~361, 389
국방선(國防線) ································ 190
국제연맹 ·· xv
국제평화 통일전선 ················ 378, 410
그로미코 ·· 214
그리고르 디미트로프(Dimirtov, Georgi) ···································· 210
김일(金一) ······································ 161

김일성 ···················· 112~116, 151, 152, 160~165, 168, 169, 172~174, 180, 184, 186, 188, 191, 198~200, 207, 209, 215, 217, 223, 224, 226, 227, 229, 242~244, 249~254, 258, 259, 261, 265~270, 272~274

(ㄴ)

나와얼(納瓦爾) 계획 ······················ 158
남일(南日) ······································ 244
내향성(內向性) ···················· 109, 410
냉전 ········ v, vi, vii, viii, x, xviii, xix 3, 5, 7, 18~20, 23, 27, 32, 61, 95, 118, 134, 229, 233, 234, 236, 273, 287, 373, 374, 377~379, 381, 396, 400, 409, 410, 420~422, 434~438
네루(Nehru, Jawaharlal) ················ 282
노먼 베쑨(Dr. Henry Norman Bethune) ·· 147
노비코프(Novikov, K. V.) ············· 326
노이(奴夷) ·· 16
뉴엔 치 탄(Nguyen Chi Thanh) ···· 302
니에룽전(聶榮臻) ···························· 127
니즈량(倪志亮) ············· 169, 173, 188
닉슨(Nixon, Richard Milhous) ······ 387

(ㄷ)

다그 함마르셸드(Harmmarskjold, Dag) ·· 365
다천열도 ················ 344~349, 355, 356, 358~360
덕천(德川) ································ 193
덜레스(Dulles, John F.) ······· 285, 289, 307, 362, 368, 369, 371, 372, 387
덩샤오핑 ···································· 52
덩화(鄧華) ······························· 204
도미노 이론 ···························· 288
도미노 현상 ···················· 288, 306
도미노 효과 ···················· 166, 167
동방 ··· 99
동북국(東北局) ············· 7, 15, 36~43, 64~73, 89
동비우(董必武) ······················· 127
두장전역(渡江戰役) ················· 51
두핑(杜平) ······························· 201
둥산(東山) ······························ 346
디엔비엔푸(奠邊府) ······· 153, 156~158, 296, 302, 306~308, 310

(ㄹ)

라그하반(Raghavan) ··············· 307
라나디브(B. T. Ranadive) ··········· 418
라디크리슈난(Sarvepalli Radhakrishnan) ·· 365
라오제징(老街靖) ···················· 124
라주바예프(V. H. Razuvaev) ········ 217, 253, 260, 267
랭킨(Rankin, Karl) ················· 350

랴오선(遼沈) 전역 ······················ 67
러시아 혁명 ···························· xiv
런민르바오(人民日報) ······· vi, 35, 120, 280, 307, 350, 351, 353, 369, 373, 384, 385, 388, 390, 394, 416~418
레닌 ·················· ix, xiv, xv, 48, 50, 51, 105, 152
레닌주의 ··········· xi, xiv, 33, 105, 411
로마킨(Romakin) ···················· 370
로시친(Roschin, N) ······· 161~165, 182, 185, 186, 211, 214, 215, 242, 260
루딩이(陸定一) ············ 20, 21, 22, 307
루안더뤼(阮德瑞) ···················· 120
루어구이보(羅貴波) ······· 122, 123, 126, 130, 133, 136, 137, 141~144, 145, 147~151, 154, 157
루즈벨트(Franklin Delano Roosevelt) ·· 380
루즈웨이(陸志偉) ······················ 86
류사오(劉曉) ·························· 364
류샤오치(劉少奇) ······ 6, 20, 21, 32, 35, 43, 50~56, 60, 91, 106~108, 111, 113, 122~129, 131, 132, 136, 137, 140~146, 149, 211, 238, 306, 312, 394, 404, 406, 416, 417, 419, 422
리미(李弥) ····························· 121
리반(李班) ····························· 120
리커눙(李克農) ·············· 243, 247~250, 253, 257, 258, 266, 326, 327
리타오(李濤) ··························· 79
리푸춘(李富春) ················· 42, 391
린뱌오(林彪) ··········· 37, 43, 67, 124, 125, 168, 169, 176, 182~184, 190

(ㅁ)

마르크스주의 ·········· xv, xvii, 51, 54, 104, 105
마샬(George Catlett Marshall)
·· 4, 8, 9
마샬플랜(Marshall plan) ················ v
마오쩌둥 ························· xi, xii, xiii, xiv, xv, xvi, xvii, xviii, 6, 7, 10, 12~14, 17, 19~27, 29, 30, 32~34, 37, 39, 44~60, 62, 67, 69, 71, 73~79, 81~83, 86~88, 91, 92, 98, 99, 101~105, 107~116, 118, 119, 121~134, 136~142, 146~148, 150~152, 155, 157, 160~163, 166~171, 173~176, 179, 180, 182~213, 215, 216, 219~224, 226, 227, 240~245, 247~252, 254, 256~264, 266~269, 274, 275, 277, 278, 282, 283, 291, 305, 306, 328~331, 336, 338, 340, 341, 344, 345, 347, 349, 350~356, 358, 359, 360, 361, 366, 367, 374, 381~386, 388~390, 392~399, 401, 404, 406~411, 413, 415, 416, 418~420, 422, 423, 431, 433
말리닌(Malinin.M.S.) ········· 41, 67, 68
말리크(Malik, Jacob) ···················· 226
망데스-프랑스 ············· 324, 325, 329, 332, 333, 401
매슈 벙커 리지웨이(Matthew Bunker Ridgway) ································ 216
맥밀란(Macmillan, Harold) ·········· 368
맥아더 ············ 83, 181, 191, 202, 203
메논(Menon, V. K. Krishan) ········ 366

몰로토프(V. M. Molotov) ·········· v, 26, 59, 186, 276, 283, 292, 295, 311, 313, 316, 317, 320, 323, 329, 332, 333, 339, 362, 364
무형(武亨) ···································· 101
미코얀(Mikoyan, A. I.) ················ 44, 47~50, 53, 55, 74, 104, 109
민족주의 ·········· 24, 29, 35, 41, 44, 62

(ㅂ)

바스코프(V. V. Vaskov) ··············· 329
바실리 쿠즈네초프(Kuznestrov, Vasily V.)
·· 326
바실예브스키(A. M. Vasilevskii) ··· 267
바오 다이(Bao Dai) ············· 102, 291
바오안(保安) ································ 98
바이충시(白崇禧) ························ 121
박헌영 ························· 173, 265, 270
반둥회의 ············· 341, 360, 366, 377, 423, 431~434
백모녀(白毛女) ···························· 153
베트남전쟁 ······ xix, 95, 116, 117, 146, 151, 174, 191, 235
보 응우옌 지압(Vo Nguyen Giap)
············· 302~304, 323, 327, 328
볼렌(Bohlen, Charles) ··················· 276
볼셰비키 ··························· xi, xiii, xiv
불가닌(Bulgania, N. A.) ··············· 364, 371, 391
브라운(Otto Braun) ······················· 133
비도(Bidault Georges) ········· 309, 314, 315, 318, 319, 321

비신스키(Vyshinsky, Andrey Yanuarevich)
················· 42, 61, 129, 215,
256, 267, 354, 389, 390

(ㅅ)

상료(上寮) ················ 154, 156~158
선드스트롬(Sundstrom, Carl-Johan) 396
성천(成川) ································· 193
쇼벨(Chauvel, Jean) ················ 326
수슬로프(Suslov, M. A) ············· 209
스미스(Smith) ·························· 339
스탈린 ············ 33~37, 44~49, 52~62,
75, 76, 102~106, 108~116, 119,
121, 126~130, 134, 137~139, 152,
160~165, 167, 168, 171~175, 179,
182~186, 188, 189, 208, 209, 210,
213, 214, 219~221, 223, 224, 226,
227, 236, 238, 241~243, 247, 250~
254, 257~261, 263, 267~271, 273~
275, 282, 283, 380, 385, 386, 392,
411, 413, 416, 422
스탈린주의 ································ 33
스테틴(Stettin) ···························· 5
스투코프 ·································· 114
스튜어트(John Leighton Stuart) ········ 4,
52, 75
스팀슨(Stimson) ······················· 379
시보포(西柏坡) ··········· 29, 44, 47, 53,
55, 74, 104
시티코프 테렌티 포미치(Shtykov, T.F.)
································· 160, 172
신중국 외교 ·········· viii, x, xi, xviii,
4, 24, 109, 233, 377, 378, 414,
415, 417, 425, 431, 437

신창리(新倉里) ························· 193
신해혁명 ·························· viii, xii
싼장잉(三江營) 지구 ···················· 76
쌍십협정(雙十協定) ······················· 8
쑤위(粟裕) ························ 167, 357

(ㅇ)

아이젠하워(Eisenhower, Dwight) ··· 272
아편전쟁 ······································ xii
안나 루이스 스트롱(Anna Louise Strong)
···································· 19
안드레이 안드레예비치(Gromyko, A. A)
···································· 214
안드레이 즈다노프(Zhdanov, Andrei)
································ 22, 26
애국주의 사상 ··························· 99
애들리 ···································· 409
애치슨(Dean Gooderham Acheson)
···················· 79, 85, 89, 91
앨라모고도(Alamogordo) ············· 379
얄타 비밀협의 ····························· 11
얄타체제 ································· 33
얄타협정 ································· 56
양대진영(兩大陣營) ········ v, vi, 22, 25,
35, 102, 134, 237, 308, 402, 413,
416, 420, 422, 424, 431, 434
양상쿤(楊尙昆) ························· 127
양자거우(楊家溝) ························ 25
양차오디아오(楊超調) ·················· 91
얼천(二陳) ······························ 347
에드가 스노우(Snow, Edgar P.) ······ 98,
99, 190, 191

에드먼드 걸리온(Edmund A. Gullion)
.... 289
엥겔스 105
영원(寧遠) 193
영원한 국방 110
옌안(延安) xvii
오노리(五老里) 193
오닐(O' Neill, Con) 368
오르로프(Orlov Terebin) 34, 45, 47
와이다오(外島) 346, 350, 353,
356~358, 360, 361, 364, 373
왕밍(王明) 48, 105
왕빙난(王炳南) 313, 314
왕자상(王稼祥) 132, 211, 214
외장력(外張力) 108, 109
우 누(U Nu) 405
우슈취안(伍修權) 69
우쑹(吳淞) 81
워드(Ward) 69, 72
워싱턴(Washington) 5
원월항미(援越抗美) 117
원월항법(援越抗法) 117, 118, 126,
130, 131, 141, 146, 153, 157, 278
원이두어(聞一多) xi
월레스(Wallace) 76
웨스터민스터(Westminster) 대학 5
웨이궈칭(韋國淸) 130, 152
위안중셴(袁仲賢) 426
유진(Yudin, P.F) 291
이든(Eden, Anthony) 309, 311,
313, 315~318, 320, 322, 330, 362,
365
이반(李班) 140

이이제이(以夷制夷) 10, 16
이장산다오(一江山島) 348, 355,
357, 358, 360, 362
인도차이나 xix
인민보 126, 152
일변도(一邊倒) .... 31, 32, 50~52,
61, 91, 384, 424, 437

(ㅈ)

자력갱생(自力更生) 41, 142,
145, 146, 169, 198, 199, 386
자오위안(棗園) 20
자크(Jacques Guillermaz) 313
장원톈(張聞天) 284
장제스(蔣介石) .... 8~12, 15~17,
25, 27, 28, 336, 344, 345, 346,
348, 349, 352, 366
장한푸(章漢夫) 403
저우언라이 .... xi, 6, 9, 13, 16,
20, 21, 30, 48, 57, 59, 60, 61, 65,
69, 70, 75, 79, 86, 89~91, 102,
108, 116, 122, 126, 127, 128, 159,
161, 164~168, 170, 171, 176~178,
182~189, 204, 214~218, 224, 238,
240, 246, 249, 250, 260, 264,
268~275, 279, 282, 294~296, 302,
304~307, 311~333, 335~341, 344,
352, 353, 356, 362, 364~366,
368~370, 377, 394, 395, 397, 398,
401~407, 413, 414, 415, 417~419,
423~431, 433
저우위강(周裕康) 88

적극적 방어 ·································· 399
제1차 세계대전 ················· xi, xii, xiii
제7함대 ······························ 163, 346
제국주의 ·········· v, xv, 17, 25, 26, 27,
　　30, 71, 78, 81, 82, 86, 89~91, 100,
　　106, 111, 167, 177, 197, 264, 277,
　　385, 412, 413, 416~418, 420~422
제네바 회의 ················· 117, 158, 159,
　　234, 281, 285, 286, 287, 289, 290,
　　291, 293~295, 297, 300, 306~308,
　　311, 315, 316, 320, 329, 331,
　　335~340, 350, 351, 353, 360, 362,
　　370, 390, 401~403, 405~407, 414,
　　428, 431, 432
제팡르바오(解放日報) ············ 21, 381,
　　382, 383
조반유리(造反有理) ······················ xvii
조세프 라니엘(Laniel, Joseph) ······· 314
조이(Joy, Charles Turner) ············· 248
조지 케난(Kennan, George Frost) ····· 6
주더(朱德) ·············· 27, 28, 101, 127,
　　131, 142, 306, 394, 406
주덕윤(周德潤) ······························ 96
주치원(朱其文) ······························ 66
중간지대(中間地帶) ············ 19~24, 33,
　　334, 407~410, 425, 431, 434, 435
중공 ················· vii, x, xi, xvi, xviii
　　3, 4, 6~10, 12~19, 22, 23, 24, 25,
　　26~59, 61~92, 97~99, 101~111,
　　113, 114, 118~122, 125, 133, 137,
　　141, 142, 144, 145, 148~150,
　　152~154, 157, 162, 179, 185, 186,
　　210, 211, 237, 238, 241, 277, 291,
　　292, 294, 300, 306, 312, 322, 323,
　　324, 327, 330, 331, 333, 335~337,
　　339, 342, 345, 348, 350, 351, 354,
　　358, 360, 366, 379, 381, 382, 383,
　　384, 394, 403, 404, 406, 411, 413,
　　415, 416, 428
중국 공산당 ················ vi, viii, ix, x
　　3, 7, 9, 12, 14, 17, 18, 21, 24, 32,
　　33, 44, 48, 50, 54, 58, 100, 104,
　　108, 109, 119, 120, 130, 132, 151,
　　162, 238, 288, 383, 414
중둥철도(中東鐵道) ················ 15, 49
중립미국(中立美國) ························ 8
중소동맹 ················ 4, 49, 52, 59, 61,
　　62, 109, 116, 119, 126, 187, 190,
　　229, 271, 378, 392, 399, 408, 435
중화인민공화국 ············ vi, vii, viii, 3,
　　95, 272, 342, 353, 366, 368, 390
지연정치(地緣政治) ·········· 20, 23, 96,
　　97, 229, 236, 409, 410, 437
지원군 ·············· 132, 151, 165, 176,
　　180, 183~187, 191~194, 197, 198,
　　200, 201, 205, 209, 216, 220, 223,
　　237, 240, 248, 251, 253, 254, 266,
　　267, 268, 269, 277, 317
진차지(晋察冀) ······························ 28

(ㅊ)

차오관화(喬冠華) ························ 248
창정(長征) ································ 150
창춘철도(中長路) ··· 40, 43, 49, 56, 61
처칠(Winston Leonard Spencer
　　Churchill) ································ 5

찾아보기 | 455

천경(陣賡) 141, 150
천밍수(陳銘樞) 88
천보다(陳伯達) 92
천이(陳毅) 190
천자캉(陳家康) 302
천하 95
철의 장막 5
첸싼창(錢三强) 389
충밍다오(崇明島) 80
충전위(總前委) 78
충칭(重慶) 5

톨리아티 팔미로(Togliatti, Palmiro)
.... 210
투압세호(Tuapse) 349
트루먼(Harry S. Truman) 5, 8, 9,
11, 135, 136, 163, 164, 178, 203,
208, 226, 227, 253, 254, 262, 282,
288, 379, 380, 387
트리벨리언(Trevelyan, Humphrey)
.... 338
트리에스테(Trieste) 5
티토(Tito) 26, 35, 36, 103

(ㅋ)

커크(Kirk, Alan G) 242
케난 7
코민테른 .... xv, 4, 33, 99, 119,
133, 209, 210, 415
코민포름(Cominform) 22, 23, 25,
35, 48, 104, 106, 209, 210
코발레프(Kovalev, I. V.) ... 37, 43, 57,
58, 59, 75, 82, 110
콜롬보 5개국 회의 308
쿠즈네초프(Kuznetsov, V.V.) 277
쿤체보 54
클라크(Mark Clark) 273

(ㅌ)

타이완 해협 위기 ...... xix, 354, 363,
387, 388
태천(泰川) 192
테헤란 회담 6

(ㅍ)

파니카(Panikkar) 176, 177
파리강화회의 xiii
파시즘 12
파읍(破邑) 193
팔로군(八路軍) 101
팜 반 동(Phạm Van Dong) 305,
306, 311, 314, 316, 317, 321, 323,
324, 325, 326, 332, 333
펑더화이(彭德懷) 132, 151,
176, 179, 185, 189, 192, 193, 194,
196, 197, 200~202, 204~206, 209,
212, 216~225, 229, 240, 243, 265,
266, 269, 270, 277, 344, 351, 352,
359, 361, 388, 389, 391, 395, 399
페투호프(V. Petukhov) 252
평화공존 5개항 원칙 405, 428
푸징보(Philip Fugh) 79
풀톤(Fulton) 5
프라우다(Pravda) 22, 120

피에르 망데스-프랑스(Pierre
　　Mendès-France) ·················· 324
핑진(平津) 전역 ························· 67

(기타)

5대국 ··········· 279, 280, 282~287, 290,
　　293, 296, 297, 299, 363, 364, 390

(ㅎ)

하이난다오 ······························· 144
한국전쟁 ········· xix, 92, 95, 140, 143,
　　147, 168, 181, 197, 223, 224, 226,
　　228, 237~239, 259, 264, 269, 287,
　　292, 328, 334, 336, 341, 343, 346,
　　347, 351, 386, 389, 399
항미원조(抗美援朝) ··············· 180, 277
핸더슨(Henderson) ······················ 178
헐리(Patrick Jay Hurley) ················· 4
헤롤드 카치아(Harold Caccia) ······· 316
혁명 민족주의 ················ xvii, 24, 39
혁명 민주주의 ··························· 24
호치민(Ho Chi Minh) ··········· 102, 116,
　　119, 122, 123, 125~130, 134, 138,
　　139, 141~143, 145, 148, 150, 152,
　　153, 157, 160, 161, 198, 287, 288,
　　290~292, 295, 296, 305, 306, 312,
　　323, 327, 329
환샹(宦鄉) ································ 338
황화(黃華) ································· 75
후챠오무(胡喬木) ················· 92, 382
휴고(Hugo) ······························ 365
흐루시초프(Nikita Khrushchyov) ···· 306,
　　336, 337, 354, 363, 391, 392, 393,
　　394, 431